스포츠 지도사

2급 필기

기출문제집

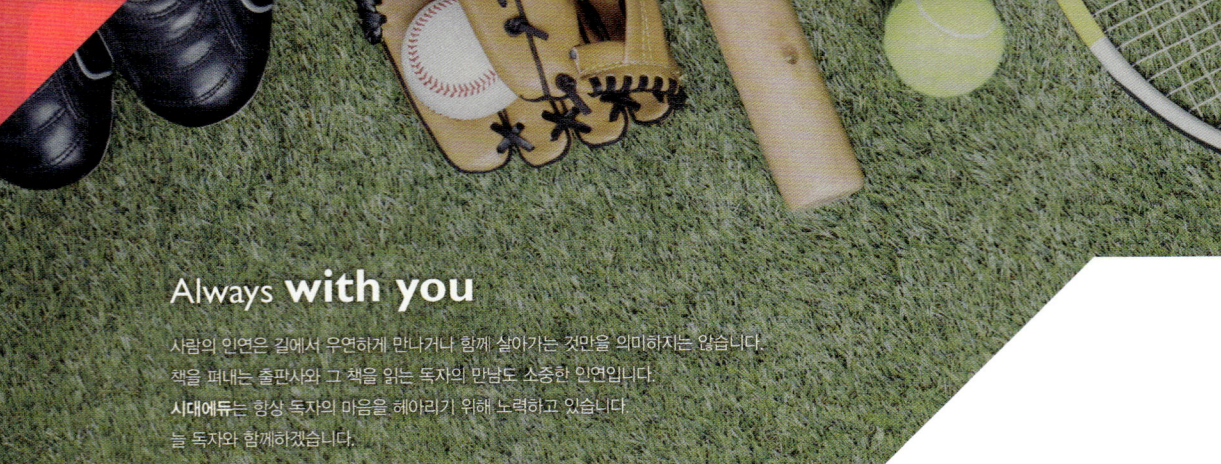

Always with you

사람의 인연은 길에서 우연하게 만나거나 함께 살아가는 것만을 의미하지는 않습니다.
책을 펴내는 출판사와 그 책을 읽는 독자의 만남도 소중한 인연입니다.
시대에듀는 항상 독자의 마음을 헤아리기 위해 노력하고 있습니다.
늘 독자와 함께하겠습니다.

저자

시대스포츠연구소

시대스포츠연구소는 국민체육공단에서 시행하는 스포츠지도사 시험에 대비하기 위해 조직하였습니다. 다양한 스포츠지도사 시험 대비 도서를 출간하여 수험생 여러분들의 합격에 기여하고 있습니다.

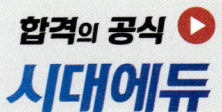

자격증·공무원·금융/보험·면허증·언어/외국어·검정고시·독학사·기업체·취업
이 시대의 모든 합격! 시대에듀에서 합격하세요!
www.youtube.com ▶ 시대에듀 ▶ 구독

머리말

최근 현대인의 무병장수 가치관과 신념에 따라 장애인, 노인, 유소년을 비롯한 전 세대 모든 국민의 스포츠 활동 참여가 증가하고 있습니다. 이로 인하여 체계적인 스포츠 활동 관리의 필요성이 증대됨에 따라 스포츠지도사의 역할이 더욱 강조되고 있습니다.

스포츠지도사는 프로그램 참가자들의 건강증진과 삶의 질 향상에 주력하며, 동기를 부여하고 스포츠 참여를 증진하기 위한 다양한 사업을 지도하고 관리합니다. 따라서 스포츠지도사는 스포츠 활성화와 사회의 스포츠 문화를 주도하는 중요한 임무를 수행하고 있다고 할 수 있습니다.

스포츠지도사 시험은 해마다 중요성이 높아지며, 난도 또한 높아지고 있습니다. 특히 최근의 시험은 과목별 난이도 차가 심하고 개념암기 문제뿐만 아니라 여러 사례를 들어 실전에서 발휘 가능한 능력을 평가하는 문제가 출제되고 있습니다. 따라서 수험생들은 자신이 관심과 흥미를 갖는 분야를 선택하는 것이 좋습니다.

다음은 본 도서의 개정 사항입니다.

❶ 2025년 기준 최신 출제경향 및 최신 법령 반영
  - 스포츠기본법 : 2022.06.16.(법률), 2023.01.25.(시행령)
  - 국민체육진흥법 : 2025.03.25.(법률), 2025.04.22.(시행령), 2025.01.02.(시행규칙)
  - 학교체육진흥법 : 2024.12.20.(법률), 2023.09.15.(시행령), 2024.10.18.(시행규칙)
  - 체육시설법 : 2025.04.23.(법률), 2025.04.23.(시행령), 2025.04.23.(시행규칙)
❷ 2025년 기출문제 및 해설 수록
❸ 문제 옆에 기출문제와 비슷한 유형이 출제된 연도를 표시해 빈출도를 한눈에 볼 수 있도록 구성

기출문제의 분석과 습독은 합격의 열쇠입니다. 본 도서의 학습과정을 차근차근 밟아 부족한 개념을 채워 탄탄한 개념을 바탕으로 2026년 시험의 합격으로 나아가시기 바랍니다.

본 도서로 학습하는 모든 수험생들이 시험에 합격할 수 있도록 최대한 알기 쉽게 도서를 만들었습니다. 처음 공부하는 분들도 포기하지 않고 끝까지 학습한다면 반드시 합격할 수 있을 것이라고 믿습니다. 본 도서가 스포츠지도사 자격시험을 준비하는 수험생들에게 효과적인 학습의 길잡이이자 든든한 동반자가 되기를 바라며, 모든 수험생의 합격과 건승을 기원합니다.

시대스포츠연구소 드림

자격시험 안내
INFORMATION

자격개요

① '스포츠지도사'란 학교·직장·지역사회 또는 체육단체 등에서 체육을 지도할 수 있도록 「국민체육진흥법」에 따라 해당 자격을 취득한 사람을 말합니다.

② 자격증 특성에 따라 아래와 같이 나뉘며, 전문/생활/장애인 스포츠지도사는 1급과 2급으로 세분됩니다.

자격요건

2급 생활스포츠지도사	18세 이상인 사람
2급 전문스포츠지도사	• 18세 이상인 사람 • 해당 자격 종목에 대하여 4년 이상의 경기경력이 있는 사람 • 「고등교육법」 제2조에 따른 학교에서 체육분야에 관한 학문을 전공하고 졸업한 사람이거나 법령에 따라 이와 같은 수준의 학력(학점은행제 등)이 있다고 인정되는 사람 • 「고등교육법」 제2조에 따른 학교에서 체육분야에 관한 학문을 전공하고 졸업한 사람이거나 법령에 따라 이와 같은 수준의 학력이 있다고 인정되는 사람으로 그 경기경력 및 수업연한의 합산 기간이 4년 이상인 사람 • 문화체육관광부장관이 인정하는 「고등교육법」 제2조에 해당하는 외국의 학교(학제 또는 교육과정으로 보아 「고등교육법」 제2조에 따른 학교와 같은 수준이거나 그 이상인 학교)에서 체육분야에 관한 학문을 전공하고 졸업한 사람으로 그 경기경력 및 수업연한의 합산 기간이 4년 이상인 사람

※ 위 자격요건은 2급 전문·생활스포츠지도사를 기준으로 작성되었습니다. 구체적인 정보는 홈페이지(sqms.kspo.or.kr)의 [시험안내 → 자격제도안내]에서 확인하시기 바랍니다.

필기시험 개요

1. 일정 : 매년 1회 4~5월
2. 시험형식 : 객관식(과목당 20문항 출제)
3. 시험시간
   - 1급류(전문·생활·장애인) : 80분
   - 2급류(전문·생활·노인·유소년·장애인) : 100분
4. 응시료 : 18,000원
5. 합격자 결정 기준 : 과목마다 만점의 40% 이상, 전 과목 평균 60% 이상 득점

시험과목

구 분		2급 전문	2급 생활	2급 장애인	유소년	노 인
선택과목	스포츠사회학	택5	택5	택4	택4	택4
	스포츠교육학					
	스포츠심리학					
	한국체육사					
	운동생리학					
	운동역학					
	스포츠윤리					
필수과목	특수체육론	–	–	○		
	유아체육론				○	
	노인체육론					○

필기시험 합격자수 통계

구 분	2급 전문	2급 생활	2급 장애인	유소년	노 인
2024년	1,441	16,315	1,598	212	835
2023년	3,212	26,107	1,395	383	1,111
2022년	1,592	13,683	1,354	219	816
2021년	1,779	14,378	1,740	320	938
2020년	2,305	14,750	1,666	196	1,111

※ 위 통계는 2025년 3월 기준으로 작성되었습니다. 구체적인 정보는 홈페이지(sqms.kspo.or.kr)의 [고객지원 → 자료실 → 자격시험통계자료]에서 확인하시기 바랍니다.

출제경향 분석
ANALYSIS

선택 제1과목 ▶ 스포츠사회학

최근 기출 분석

스포츠사회학은 대부분의 문제가 도서에 설명되어 있고 과년도 기출 유형과 유사하게 출제되어 어렵지 않게 풀 수 있었을 것으로 생각한다. 스포츠사회학은 생소한 학자로 문제 난도를 조절하는 경향이 있는데, 2025년에는 스포츠 정책 및 엘리트 스포츠 시스템에 대한 비교 연구로 잘 알려진 학자인 J. Grix의 스포츠 육성 모델 관련 문제가 나왔다. 스포츠사회학은 대부분 중요 이론에서 파트별로 고루 출제되기 때문에 차기 시험을 위해 중요한 파트(스포츠사회학 이론, 정치, 일탈, 계층, 스포츠사회화) 위주로 중요 이론과 내용을 숙지하고, 각 세부 내용을 꼼꼼하게 확인하여 외울 것을 권장한다.

파트별 출제 비중(2019~2025년)

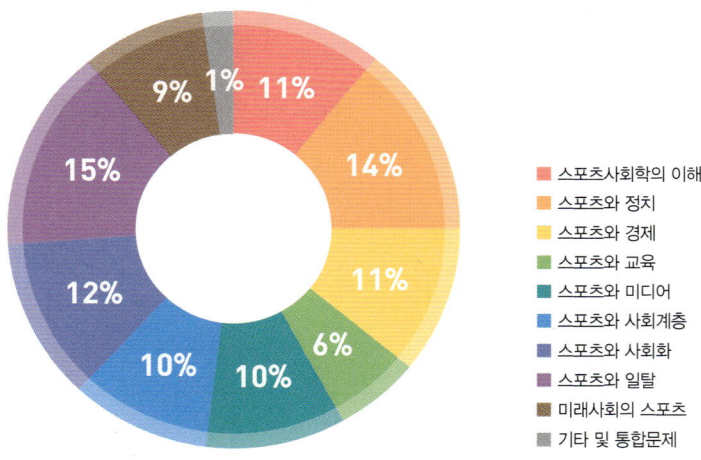

구 분	2025	2024	2023	2022	2021	2020	2019	합 계
스포츠사회학의 이해	3	3	1	2	2	2	3	16
스포츠와 정치	2	3	2	3	3	3	4	20
스포츠와 경제	2	1	2	2	2	1	5	15
스포츠와 교육	2	1	1	2	1	1	1	9
스포츠와 미디어	2	1	3	3	1	3	1	14
스포츠와 사회계층	2	2	2	2	2	2	2	14
스포츠와 사회화	3	2	3	2	2	3	2	17
스포츠와 일탈	2	3	4	2	4	4	2	21
미래사회의 스포츠	2	2	2	2	3	1	–	12
기타 및 통합문제	–	2	–	–	–	–	–	2

선택　제2과목 ▶ 스포츠교육학

최근 기출 분석

스포츠교육학은 예년처럼 [스포츠교육의 지도방법론] 파트에서 집중적으로 출제되었다. 그와 더불어 「생활체육진흥법」과 「국민체육진흥법」을 포함한 법령 문제가 두 문제 출제되고, 지도 방법 관련 문제 역시 실제 사례를 통하여 추론하는 방식으로 출제되어 높은 난도를 유지하였다. 특히 [스포츠교육의 평가론]에서 '게임수행평가(GPAI)'와 관련하여 새롭게 계산 문제가 출제되었으므로 앞으로 최신 이론까지 더욱 심도 있게 학습해야 할 것으로 보인다. 스포츠교육학은 대부분 [스포츠교육의 지도방법론]에서 출제되기 때문에 차기 시험을 위하여 수업모형·스타일·지도 전략을 깊게 공부할 것을 권장한다. 또한 기존에 출제되었던 법안(학교체육진흥법 등) 외에도 현재 스포츠교육학(스포츠기본법, 국민체육진흥법, 생활체육진흥법)에서 중시하는 주요 법안들의 내용을 숙지하는 것이 필요하다.

파트별 출제 비중(2019~2025년)

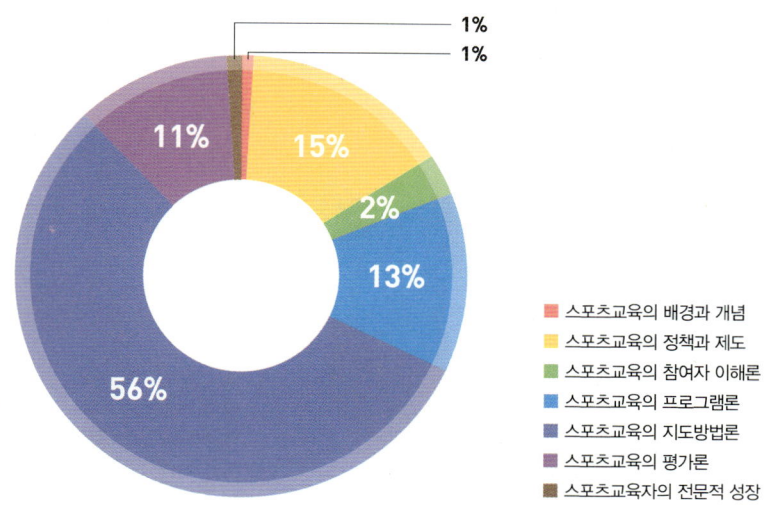

구 분	2025	2024	2023	2022	2021	2020	2019	합 계
스포츠교육의 배경과 개념	–	–	–	–	1	–	1	2
스포츠교육의 정책과 제도	2	4	3	5	2	2	3	21
스포츠교육의 참여자 이해론	–	1	–	–	2	–	–	3
스포츠교육의 프로그램론	3	1	3	3	4	1	3	18
스포츠교육의 지도방법론	12	12	11	10	9	14	10	78
스포츠교육의 평가론	3	1	2	2	2	3	3	16
스포츠교육자의 전문적 성장	–	1	1	–	–	–	–	2

출제경향 분석
ANALYSIS

선택 제3과목 ▶ 스포츠심리학

최근 기출 분석

스포츠심리학은 2024년과 달리 [인간운동행동의 이해] 파트가 눈에 띄게 줄어들었다. [스포츠수행의 심리적 요인] 파트에서 가장 많이 출제되기는 하였으나 그 편차가 크지 않아서 모든 파트에서 고르게 출제되었다고 볼 수 있다. 스포츠심리학의 학문적 발전에 이바지한 인물 관련 문제가 출제되었다는 것이 특징이다. 2024년과 같이 운동생리학이나 유아체육론(개방운동기술) 등에서 출제할 만한 내용도 출제되었다. 그러므로 출제영역이 겹치는 과목을 함께 학습하는 전략이 합격의 열쇠가 될 수 있으리라 생각된다.

파트별 출제 비중(2019~2025년)

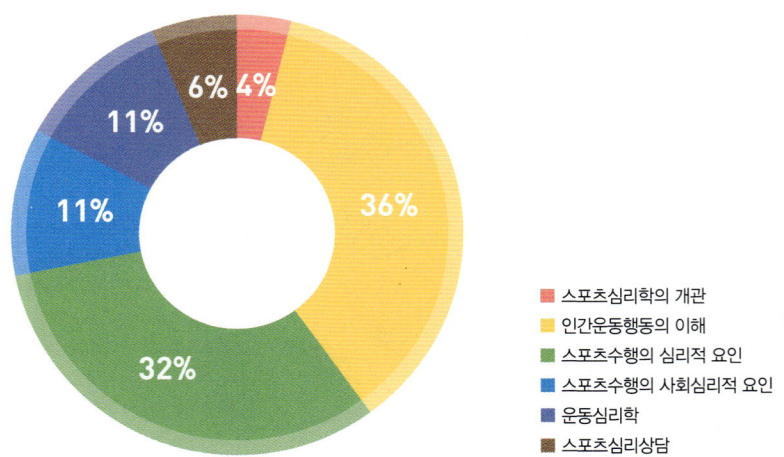

구 분	2025	2024	2023	2022	2021	2020	2019	합 계
스포츠심리학의 개관	2	–	1	–	1	–	1	5
인간운동행동의 이해	3	10	9	8	5	9	6	50
스포츠수행의 심리적 요인	7	4	6	5	7	7	9	45
스포츠수행의 사회심리적 요인	3	3	2	2	2	2	2	16
운동심리학	3	2	1	4	3	1	1	15
스포츠심리상담	2	1	1	1	2	1	1	9

선택 제4과목 ▶ 한국체육사

최근 기출 분석

한국체육사는 2024년과 비슷하게 [고려·조선시대 체육], [한국 근·현대 체육] 파트에서 대다수 출제되었다. 체육사 문제가 한 문제 증가하였고, 고려·조선시대 체육에서 한 문제 감소하였다. 대체로 예년 기출문제를 꼼꼼하게 공부했다면 대부분 쉽게 풀 수 있었을 것이다. 다만 개화기 병식체조 개념을 묻는 내용과 광복 이후 1940년대 말까지 체육의 내용 등은 새롭게 출제되었으므로 관련 내용을 숙지하는 것이 필요하다. 차기 시험을 위해 출제 비중이 높은 [고려·조선시대 체육], [한국 근·현대 체육] 파트 위주로 공부하되, 기출문제들을 깊이 있게 공부할 것을 권유한다.

파트별 출제 비중(2019~2025년)

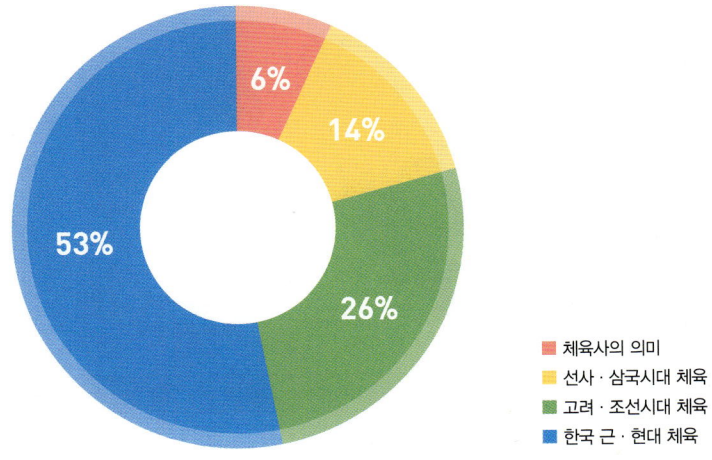

구 분	2025	2024	2023	2022	2021	2020	2019	합 계
체육사의 의미	2	1	1	2	2	–	1	9
선사·삼국시대 체육	3	3	4	3	3	2	2	20
고려·조선시대 체육	5	6	5	5	5	6	5	37
한국 근·현대 체육	10	10	10	10	10	12	12	74

출제경향 분석
ANALYSIS

선택 제5과목 ▶ 운동생리학

최근 기출 분석

운동생리학은 생소한 용어가 다수 등장하기 때문에 체감 난도가 높지만 효과적인 트레이닝을 위해서는 반드시 학습해야 하는 과목이기도 하다. 꽤 어렵게 출제되었던 2024년에 비해 2025년은 비교적 무난한 난이도로 출제되었다. 다만, 그림자료를 제시한 문제가 다수 출제되어 익숙하지 않은 수험생에게는 다소 어렵게 느껴졌을 수도 있다. 또한 [에너지 대사와 운동], [골격근과 운동], [호흡·순환계와 운동] 파트가 비중 있게 출제되었다. 고득점을 위해서는 무산소 및 유산소 에너지 대사 경로에 대한 내용을 반드시 이해하고 넘어가야 한다.

파트별 출제 비중(2019~2025년)

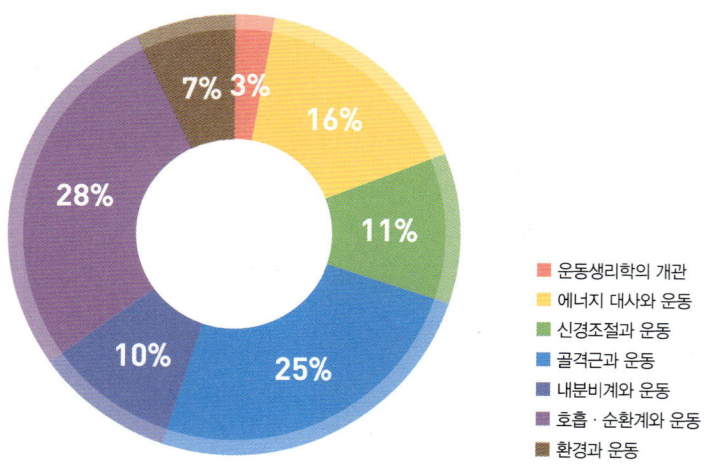

구 분	2025	2024	2023	2022	2021	2020	2019	합 계
운동생리학의 개관	–	–	1	2	–	–	2	5
에너지 대사와 운동	5	3	5	2	2	2	3	22
신경조절과 운동	1	2	3	2	4	2	1	15
골격근과 운동	5	6	4	4	4	7	5	35
내분비계와 운동	1	4	1	2	2	2	2	14
호흡·순환계와 운동	6	4	4	7	5	7	6	39
환경과 운동	2	1	2	1	3	–	1	10

선택 | 제6과목 ▶ 운동역학

최근 기출 분석

운동역학은 계산 문제가 있어 수험생들이 기피하는 과목이다. 올해도 간단한 계산 문제와 함께 선운동량 보존의 법칙에 따른 복합적인 문제와 반발계수를 직접 계산하는 다소 생소한 문제가 출제되어 어렵게 느껴질 수 있었을 것이다. 그밖에 관성모멘트에 대한 문제도 공식이나 그에 대한 이해도를 묻는 문제가 출제되었으므로 공식을 이해하며 암기하고 계산 문제의 포인트를 파악하며 문제를 풀어야 한다. [운동역학의 스포츠 적용]과 [운동학의 스포츠 적용] 파트에서 과반의 문제가 출제되었고 매년 출제 비중이 높으므로 집중적으로 공부해야 한다.

파트별 출제 비중(2019~2025년)

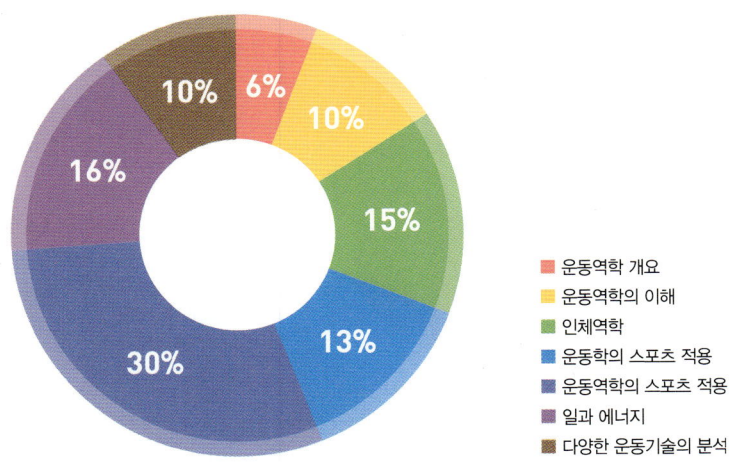

구 분	2025	2024	2023	2022	2021	2020	2019	합 계
운동역학 개요	2	2	1	1	1	–	2	9
운동역학의 이해	3	1	2	1	2	1	4	14
인체역학	2	4	4	2	3	3	3	21
운동학의 스포츠 적용	4	1	3	2	2	4	2	18
운동역학의 스포츠 적용	6	10	5	8	3	6	4	42
일과 에너지	3	1	4	3	6	3	2	22
다양한 운동기술의 분석	–	1	1	3	3	3	3	14

출제경향 분석
ANALYSIS

선택 제7과목 ▶ 스포츠윤리

최근 기출 분석

스포츠윤리는 2024년에 비해 [스포츠와 윤리] 파트가 줄고 [스포츠와 불평등] 파트가 늘었으며, 그 외에는 전반적으로 골고루 출제되었다. 한편 직접적인 개념을 묻는 문제보다 예시를 제시하고 이에 부합하는 개념을 찾는 문제가 많이 출제되었다. 기존에 출제되지 않았던 새로운 용어(게발트, 탈리오 법칙)와 개념['칸트의 의무에서 나온(aus Pflicht) 행위', '뒤르켐의 도덕교육론' 등]이 여러 문제 출제되어 체감 난도가 높았을 것으로 예상된다. 스포츠윤리는 어려운 용어나 개념이 출제되더라도 기본적인 윤리이론과 개념을 숙지하고 있다면 유추해서 연상할 수 있으므로 기본 개념을 확실하게 공부해야 한다.

파트별 출제 비중(2019~2025년)

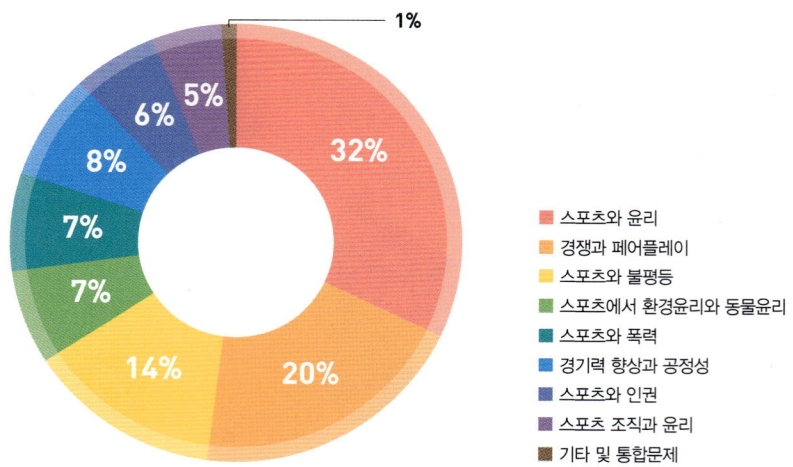

구 분	2025	2024	2023	2022	2021	2020	2019	합계
스포츠와 윤리	5	8	5	5	7	8	7	45
경쟁과 페어플레이	3	4	5	6	6	2	3	29
스포츠와 불평등	4	2	3	3	2	4	1	19
스포츠에서 환경윤리와 동물윤리	2	2	1	1	–	2	2	10
스포츠와 폭력	2	1	1	1	2	1	2	10
경기력 향상과 공정성	1	1	3	1	1	2	2	11
스포츠와 인권	1	1	–	2	2	–	2	8
스포츠 조직과 윤리	2	–	2	1	–	1	1	7
기타 및 통합문제	–	1	–	–	–	–	–	1

필수 제1과목 ▶ 특수체육론

최근 기출 분석

2025년 특수체육론은 생소한 로고나 검사 도구 지침과 준거를 제시하여 이와 관련된 설명을 묻는 문제가 출제되었다. [장애유형별 지도전략]에서 다수 출제되기 때문에 고득점을 위해서는 지적 장애, 정서·행동 장애, 자폐성 장애, 시각 장애, 청각 장애, 지체 장애 및 뇌병변 장애의 정의와 장애 유형별 체육활동 지도 전략(방법)을 집중적으로 학습하여야 한다. 또한 매년 빈출되는 특수체육의 개념과 특수체육 검사 도구(TGMD, BPFT, PAPS-D, PDMS-2 등)의 특성, 개별화교육프로그램에 관한 내용을 학습해야 한다.

파트별 출제 비중(2019~2025년)

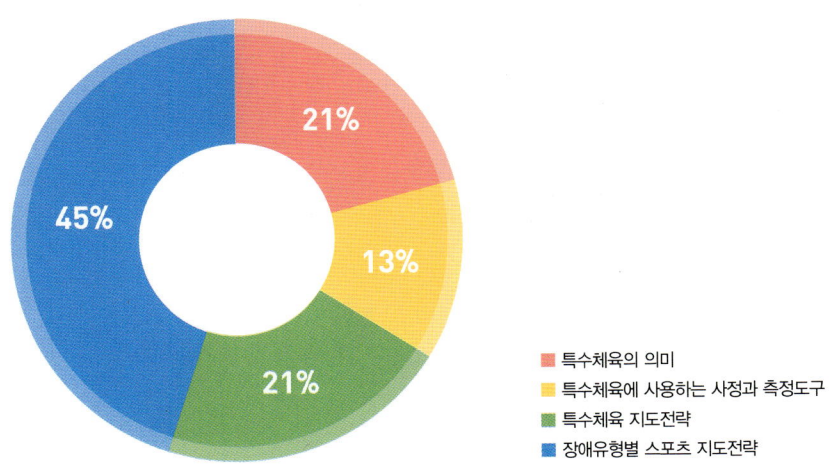

구 분	2025	2024	2023	2022	2021	2020	2019	합 계
특수체육의 의미	4	6	4	3	4	2	6	29
특수체육에 사용하는 사정과 측정도구	3	2	3	2	3	3	2	18
특수체육 지도전략	5	4	5	6	4	3	2	29
장애유형별 스포츠 지도전략	8	8	8	9	9	12	10	64

출제경향 분석
ANALYSIS

필수 제2과목 ▶ 유아체육론

최근 기출 분석

유아체육론은 2024년에 이어 [유아체육의 이해] 파트가 비중 있게 출제되었다. '영유아기 발달 특징'에서는 특수체육론과 연계되고, '유아체육 프로그램 교수법'에서는 스포츠교육학과 연계되는 개념이 출제되기도 했다. 유아체육은 일반 성인체육과 비교했을 때 프로그램 구성 원리와 지도 원리의 결이 다르기 때문에 유아기의 신체적·발달적 특성에 초점을 둔 문제가 출제될 가능성이 있다. 비장애인·장애인 모두를 대상으로 하는 검사도구(TGMD-2·3, BOTMP-2, K-DST, PDMS-2)도 한두 문항씩 출제되고 있으므로 숙지하고 있어야 한다. '유아의 기본움직임 기술 및 발달단계', '유아체육 프로그램 구성' 그리고 '유아의 발달이론'은 매년 출제되고 있으며, '에릭슨의 심리사회 발달단계', '피아제의 인지발달 이론'도 출제빈도가 높다. 특히 '갤러휴의 운동발달단계'에서는 단계별 특징을 확실히 구분할 수 있어야 풀 수 있는 문제가 출제되는 등 출제 빈도가 매우 높아 반드시 학습해 두어야 한다.

파트별 출제 비중(2019~2025년)

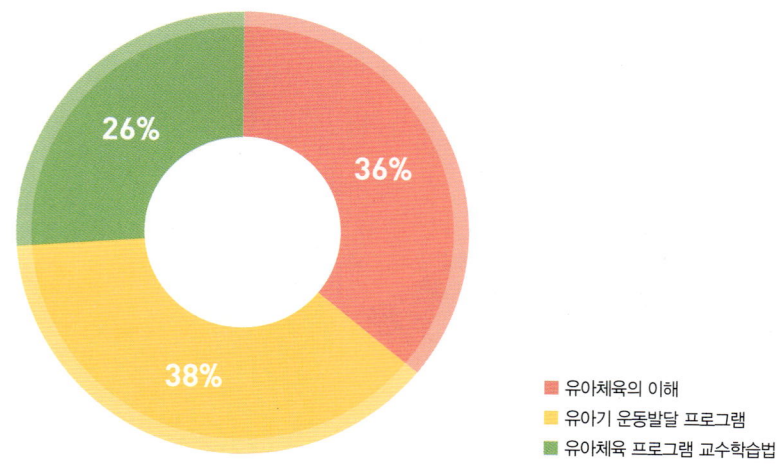

구 분	2025	2024	2023	2022	2021	2020	2019	합 계
유아체육의 이해	11	11	3	8	5	7	5	50
유아기 운동발달 프로그램	6	4	12	6	8	8	10	54
유아체육 프로그램 교수학습법	3	5	5	6	7	5	5	36

필수 　제3과목 ▶ 노인체육론

최근 기출 분석

2025년 노인체육론은 전 분야에 걸쳐 고르고 평이하게 출제되었지만, [노인운동의 효과], [질환별 프로그램의 설계] 등에서 사례 중심별 문제가 출제되어 단순 이론의 숙지보다 사례별 단계를 이해하고 응용하는 학습방법이 요구된다. 특히, 근감소증·뇌졸중·관절·만성질환 등을 지닌 노인들에게 적합한 운동방법이나 운동빈도를 묻는 실생활과 연결된 문제 등이 다수 출제되는 경향이 있으므로 사례별 질환 운동법에 대한 구체적인 학습을 해야 한다. 또한 지도사의 주의사항, 응급상황처리, 안전관리지침 준수의 효과 등의 내용도 매년 출제되므로 반드시 정리해야 하며, 노화의 특성에 대한 기본적인 학습과 노화 이론에 내용도 꼼꼼히 살펴 학습해야 한다.

파트별 출제 비중(2019~2025년)

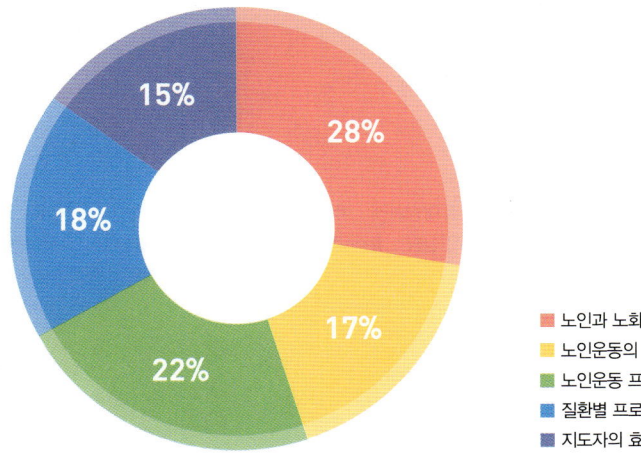

구 분	2025	2024	2023	2022	2021	2020	2019	합 계
노인과 노화의 특성	4	8	6	6	7	5	3	39
노인운동의 효과	5	1	3	5	3	4	3	24
노인운동 프로그램의 설계	2	4	4	4	5	5	7	31
질환별 프로그램의 설계	5	7	3	2	2	2	4	25
지도자의 효과적인 지도	4	-	4	3	3	4	3	21

2025 최신 기출 키워드

KEYWORDS

※ 2025년 시험에 출제된 문항들의 키워드를 수록했습니다.
※ 본 기출 키워드는 학습을 돕기 위해 이론별 관련 개념을 표시한 것이며, 개념 간 관계성이나 하위개념을 명시한 것이 아니므로 자세한 포함관계는 본문에서 확인하시기 바랍니다.

선택 제1과목 스포츠사회학

#스포츠사회학 연구영역 #교육적 기능 #미디어스포츠 수용자 욕구유형 #국제스포츠 이벤트 #미래스포츠 #사회계층 #미디어의 영향 #상징적 상호작용론 #국제정치 스포츠 #일탈행동 #계층이동 #스포츠사회화이론 #선순환모델 #근대스포츠 #스포츠 노동이주 #낙인이론 #상업주의스포츠 #정치의 스포츠이용 #스포츠사회화 주관자(주요타자) #스포츠사회화

선택 제2과목 스포츠교육학

#내용선정원리 #지도과제전달방법 #진단평가 #지도원리 #학습과제발달단계 #STAD #GPAI #상호작용 교수 #모스턴 교수스타일 #포괄형 교수스타일 #생활체육진흥기본계획 수립(생활체육진흥법) #이해중심게임수업모형 #싱글엘리미네이션 #학교체육 진흥을 위한 조치(국민체육진흥법) #사건기록법 #직접교수모형 학습영역 우선순위 #수업운영시간 #신호간섭 #전문체육프로그램개발단계 #과제전달질문유형

선택 제3과목 스포츠심리학

#스포츠심리학자 #심상 #내적 동기 #목표설정원리 #모노아민가설 #콜먼그리피스 #고원현상 #루틴 #반응시간 #체계적 둔감화 #상담윤리 #추동이론 #링겔만효과-사회적 태만현상 #질문지측정법 #운동변화단계이론 #본능이론 #스포츠자신감이론 #주의집중 #처벌행동지침 #맥락간섭

선택 제4과목 한국체육사

#각저총 #체육사관 #대향사례 #화랑도의 체육활동과 사상 #구당서 #고려 민속놀이 #방응 #훈련원 #활인심방 #식년무과 #체조 #민족말살기 #서상천 #원산학사 #남북한단일팀 #제5공화국 #생모리츠 동계올림픽경기대회 #광복 이후 체육사상 #국민생활체육진흥종합계획 #광복 이후 우리나라 체육

선택 제5과목 운동생리학

#글루코스 #혈중알부민 #장기간 무산소 트레이닝에 대한 적응 #해당과정 #골지건기관 #동방결절 #골격근수축과정 #동-정맥산소 차이 #건강관련체력요인 #1회박출량 #장기간 유산소 트레이닝에 대한 적응 #연수 #근육수축 #속근섬유 #판막 #글루카곤 #운동단위 #마이오글로빈 #세동맥 #고지대 장기간 노출로 인한 인체의 변화

선택 제6과목
운동역학

#운동역학 연구목적　#정성적 분석　#병진운동　#운동역학 사슬　#전단응력　#내력 외력
#평균속도　#각가속도　#충격량　#선운동량 보존의 법칙　#각속도　#근육수축
#관성모멘트　#반발계수　#에너지　#압력중심점　#이동거리　#일 일률
#안정성을 높이는 요인　#마찰력

선택 제7과목
스포츠윤리

#스포츠윤리센터 사업(국민체육진흥법)　#가치판단　#게발트　#타이틀 나인　#의무론
#도핑금지방법 분류　#동물권리론　#정의의 유형　#규칙위반유형　#도덕사회화론
#스포츠환경 3가지 범주　#맹자 사단　#스포츠조직의 윤리경영　#인종차별　#악의 평범성
#공리주의윤리규범　#체육활동의 차별금지(장애인차별금지법)　#탈리오법칙　#스포츠불평등
#의무주의윤리규범

필수 제1과목
특수체육론

#특수체육　#지적 장애인을 위한 체육활동지도　#역주류화수업　#쇼다운
#지체장애인 운동 지도 주의사항　#휠체어스포츠　#체력운동 원리　#특수체육 평가도구
#용암법　#TGMD-3　#뇌성마비　#갤러핑　#패럴림픽　#개별화교육프로그램
#청각 장애인 신체활동 지도 주의사항　#지적 장애인 체육활동 변형　#특수체육 서비스 전달체계
#장애인 체육활동 변형　#정서-행동장애 학생의 특성을 고려한 체육활동지도전략
#시각 장애인 지도전략

필수 제2과목
유아체육론

#안정성기술　#운동기술 일차원적 분류　#건강 수행 관련 체력요소　#원시반사
#유아발달 프로그램 기본원리　#조작운동　#심리사회발달단계　#발달과업이론
#공 치기 동작의 시작단계　#정보부호화단계　#스테이션 교수　#PDMS-2
#유아체육 프로그램 기본원리　#대근운동발달의 시기와 단계　#유아주도적 교수방법
#이해중심 게임수업　#인지발달 4단계　#유아기 걷기 동작단계　#사회학습이론
#유소년 스포츠지도사 정의(국민체육진흥법)

필수 제3과목
노인체육론

#활동이론　#근감소증　#생물학적 노화　#체중부하운동　#노인 운동빈도
#만성질환 노인 운동효과　#노화의 이론　#텔로미어　#뇌졸중 노인 운동 고려사항
#관절염 노인 운동방법　#노인 준비운동 효과　#청각 문제 운동 안전관리지침
#노인 운동지도 손상방지 응급상황 안전관리예방지침　#전 생애적 발달　#노인 평형성 운동
#노인 저항성 운동효과　#노인 운동참여 사회 효과　#노인 운동 목표설정
#노인 운동 주의사항　#노인스포츠지도사 마음가짐

이 책의 구성

FEATURES

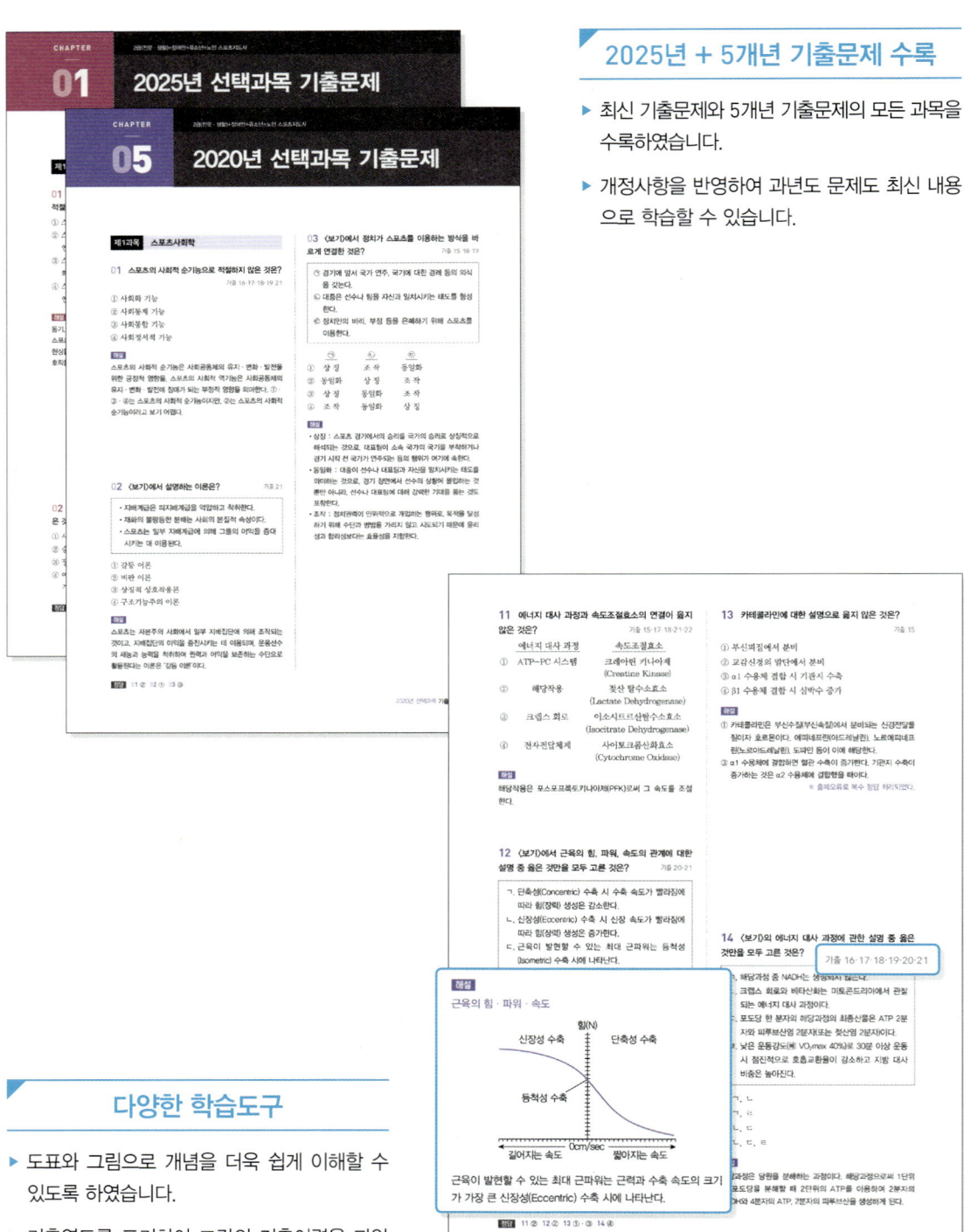

2025년 + 5개년 기출문제 수록

▶ 최신 기출문제와 5개년 기출문제의 모든 과목을 수록하였습니다.

▶ 개정사항을 반영하여 과년도 문제도 최신 내용으로 학습할 수 있습니다.

다양한 학습도구

▶ 도표와 그림으로 개념을 더욱 쉽게 이해할 수 있도록 하였습니다.

▶ 기출연도를 표기하여 그간의 기출이력을 파악할 수 있습니다.

2026 시대에듀 스포츠지도사 2급 필기 기출문제집

합격의 공식 Formula of pass | 시대에듀 www.sdedu.co.kr

일당백 공식집

▶ 과목·단원별로 자주 출제되는 공식과 자주 사용되는 변형 공식을 수록하였습니다.

▶ 핵심이론과 기출문제에 자주 등장하는 단위(독음, 물리량)를 수록하였습니다

시험장에서 일순위로 당연히 백퍼센트 출제되는 공식

운동생리학

02 에너지 대사와 운동

- 휴식대사량
  - 남자: 66.4 + (13.7 × 체중) + (5.0 × 신장) − (6.8 × 나이)
  - 여자: 655 + (9.6 × 체중) + (1.8 × 신장) − (4.7 × 나이)
- MET 운동 계산법
  - 운동강도(METs) × 3.5mL (1분당 필요한 산소량) × 체중 × 시간(분)
- 호흡교환율(PER)
  $$\frac{VCO_2}{VO_2}$$

06 호흡·순환계와 운동

- (심)박출량
  - 심박수 × 1회 박출량
- 최대산소섭취량
  - 최대 심박출량 × 동정맥산소차
- 심근산소비량 (심장의 일)
  - 심박수 × 수축기 혈압
- 구축률
  - $\frac{1회\ 박출량}{이완기말\ 혈액량} \times 100$
- 혈류
  - $\frac{압력}{저항}$
- 혈관저항
  - $\frac{혈관의\ 길이 \times 혈액의\ 점도}{혈관의\ 반지름^4}$
- 맥압
  - 수축기 혈압 − 이완기 혈압
- 평균동맥혈압
  - 이완기 혈압 + ⅓ 맥압

운동역학

04 운동학의 스포츠 적용

- 속력과 속도
  - 속력($Speed$) = $\frac{이동거리(d)}{소요된\ 시간(t)}$
  - 속도($Velocity$) = $\frac{변위(d)}{소요된\ 시간(t)}$
  ※ 각속도를 비교해 선속도라고 하기도 함
- 가속도(Acceleration)
  - 가속도(a) = $\frac{나중\ 속도(v) - 처음\ 속도(v_0)}{소요된\ 시간(t)}$
- 각속도와 각가속도
  - 각속도(ω) = $\frac{각변위(\theta)}{소요된\ 시간(t)}$
  - 각가속도 = $\frac{나중\ 각속도(\omega) - 처음\ 각속도(\omega_0)}{소요된\ 시간(t)}$
- 선속도와 각속도의 관계
  - 선속도(v) = 각속도(ω) × 회전 반지름(r)
  - = $\frac{각변위(\theta)}{이동\ 시간(t)}$ × 회전 반지름(r)
- 가속도의 법칙
  - $F = m \times a$
  - 힘(F)
  - 질량(m), 가속도(a)
  - $m = \frac{F}{a}$
  - $a = \frac{F}{m}$
- 탄성계수(k)
  - $\frac{응력}{변형률}$
- 반발계수·복원계수(e)
  - $\sqrt{\frac{h'}{h}}$ h' = 튕겨서 올라간 높이
  - h = 떨어진 높이
- 운동량
  - 운동량(p) = 질량(m) × 속도(v)
  ※ 각운동량과 비교해 선운동량이라고 하기도 함

제3과목 스포츠심리학

2급(전문·생활)+장애인+유소년+노인 스포츠지도사

01 스포츠심리학자의 역할

· 연구
- 심리적 요인이 경기력 및 운동 수행에 미치는 영향을 분석하고 검증
- 스포츠심리학 관련 연구를 수행하고 현장에 응용
- 자신의 연구 성과를 발표하고 검증받기도 함

· 교육
- 선수, 코치, 학습자 등을 대상으로 스포츠심리학의 학문적 지식 전달
- 스포츠심리학, 운동학습, 운동제어, 운동발달 등을 가르침

· 상담
- 심리상담이 필요한 대상에게 정신 건강 지원 및 불안 등의 심리상담 시행
- 운동선수뿐만 아니라 상담이 필요한 수행자를 대상으로 상담
- 상담을 통해 선수가 필요로 하는 심리 기술 훈련을 하기도 함

02 심상
기억 속에 있는 감각 경험을 회상하며, 외적 자극 없이 내적으로 운동을 수행하는 과정을 상상하는 것을 말한다. 이러한 심상은 통증과 부상에 대처하는 데도 도움이 된다.

03 내적 동기
감각체험, 과제성취, 지식습득

04 목표 설정 원리
- 수행목표 설정
- 구체적이고 객관적인 목표 설정
- 단기·중기·장기목표의 연계 설정
- 도전적이면서도 성취 가능한 목표 설정
- 부정적인 목표보다 긍정적인 목표 강조
- 팀 목표와 개인 목표를 충분히 검토하여 적절한 목표 설정

05 모노아민가설
운동이 우울증에 효과가 되는 근거를 설명하는 가설로, 운동시 세로토닌, 노르에피네프린, 도파민과 같은 신경전달물질 분비를 증가시켜 우울증을 개선한다고 본다.

06 콜먼 그리피스(Coleman Griffith)
- 미국의 교육 심리학 교수로 1920~1930년대 스포츠심리 연구에서 선구자 역할을 함
- 스포츠 선수들의 심리적·생리학적 특성 이해 후 자신이 연구한 여러 주제를 코치들과 선수들에게 적용
- 최초로 스포츠심리학 실험실을 설립
- 시카고 컵스 야구팀 스포츠심리 상담사로 활동
- 스포츠심리학의 아버지라고 불림

07 고원현상
운동 과정에서 처음에는 실력이 빠르게 향상되다가 어느 순간 정체되는 현상으로 협응 구조가 형성되는 과정이며 질적인 변화가 계속 나타나는 시기이다.

일당백 키워드 소책자

▶ 2025년 기출문제 키워드를 수록하였습니다.

▶ 학자명과 학술용어에 원어 및 한자도 병기하여 발음만 다르게 출제될 경우를 대비할 수 있습니다.

이 책의 목차
CONTENTS

PART 01 — 최신 기출문제

- 2025년 선택과목 기출문제 ········ 3
- 2025년 필수과목 기출문제 ········ 48

PART 02 — 과년도 선택과목 기출문제

- 2024년 기출문제 ········ 71
- 2023년 기출문제 ········ 114
- 2022년 기출문제 ········ 161
- 2021년 기출문제 ········ 207
- 2020년 기출문제 ········ 261

PART 03 — 과년도 필수과목 기출문제

- 2024년 기출문제 ········ 307
- 2023년 기출문제 ········ 330
- 2022년 기출문제 ········ 348
- 2021년 기출문제 ········ 368
- 2020년 기출문제 ········ 385

SPECIAL — 부록

- 일당백 키워드 소책자
- 일당백 공식집

운동생리학

02 에너지 대사와 운동

❶ 휴식대사량

- 남자 : $66.4 + (13.7 \times 체중) + (5.0 \times 신장) - (6.8 \times 나이)$
- 여자 : $655 + (9.6 \times 체중) + (1.8 \times 신장) - (4.7 \times 나이)$

❷ MET 운동 계산법

운동강도(METs) $\times$ 3.5mL(1분당 필요한 산소량) $\times$ 체중 $\times$ 시간(분)

❸ 호흡교환율(PER)

$$\frac{VCO_2}{VO_2}$$

06 호흡·순환계와 운동

❶ (심)박출량

심박수 $\times$ 1회 박출량

❷ 최대산소섭취량

최대 심박출량 $\times$ 동정맥산소차

❸ 심근산소소비량 심장의 일률

심박수 $\times$ 수축기 혈압

❹ 구축량

$$\frac{1회\ 박출량}{이완기말\ 혈액량} \times 100$$

❺ 혈류

$$\frac{압력}{저항}$$

❻ 혈관저항

$$\frac{혈관의\ 길이 \times 혈액의\ 점도}{혈관의\ 반지름^4}$$

❼ 맥압

수축기 혈압 - 이완기 혈압

❽ 평균동맥혈압

이완기 혈압 + ⅓ 맥압

운동역학

04 운동학의 스포츠 적용

❶ 속력과 속도

$$속력(Speed) = \frac{이동거리(d)}{소요된\ 시간(t)}$$

$$속도(Velocity) = \frac{변위(D)}{소요된\ 시간(t)}$$

※ 각속도와 비교해 선속도라고 하기도 함

❷ 가속도(Acceleration)

$$가속도(a) = \frac{나중\ 속도(v') - 처음\ 속도(v_0)}{소요된\ 시간(t)}$$

❸ 각속도와 각가속도

$$각속도(\omega) = \frac{각변위(\theta)}{소요된\ 시간(t)}$$

$$각가속도 = \frac{나중\ 각속도(\omega') - 처음\ 각속도(\omega_0)}{소요된\ 시간(t)}$$

❹ 선속도와 각속도의 관계

$$선속도(\omega) = 각속도(\omega) \times 회전\ 반지름(r)$$

$$= \frac{각변위(\theta)}{이동\ 시간(t) \times 회전\ 반지름(r)}$$

❺ 가속도의 법칙

$$F = m \times a$$

힘(F)	
질량(m)	가속도(a)

$$m = \frac{F}{a}$$

$$a = \frac{F}{m}$$

❻ 탄성계수(k)

$$\frac{응력}{변형률}$$

❼ 반발계수·복원계수(e)

$$\sqrt{\frac{h'}{h}}$$

h' = 튕겨져 올라간 높이
h = 떨어진 높이

❽ 운동량

$$운동량(p) = 질량(m) \times 속도(v)$$

※ 각운동량과 비교해 선운동량이라고 하기도 함

시험장에서 일순위로 당연히 백퍼센트 출제되는 공식

❾ 충격량

$$충격량(I) = 충격력(F) \times 작용한\ 시간(t)$$
$$= \frac{m(v' - v_0)}{작용한\ 시간(t)} \times 작용한\ 시간(t)$$
$$= mv'(나중\ 운동량) - mv_0(처음\ 운동량)$$
$$= 운동량의\ 변화량$$

❿ 토크(돌림힘)

편심력(F) × 회전축(팔·모멘트)에서 힘의 작용점까지의 거리(d)

⓫ 관성모멘트

질량(m) × 회전 반지름(r)²

⓬ 각가속도의 법칙

가해진 토크(T)	
관성모멘트(I)	각가속도(a)

$$T = I \times a$$
$$I = \frac{T}{a}$$
$$a = \frac{T}{I}$$

⓭ 각운동량

$$각운동량 = 관성모멘트 \times 각속도$$
$$= (질량 \times 회전\ 반지름^2) \times 각속도$$

⓮ 구심력과 원심력

- 구심력 = 질량(m) × 회전 반지름(r) × 각속도(ω)²
- 원심력 = 질량(m) × $\dfrac{선속도(v)^2}{회전\ 반지름(r)}$

06 일과 에너지

❶ 일

$$일(W) = 힘(F) \times 이동거리(S)$$

※ 중력에 대한 일을 할 때는 F에 무게($9.8 \times 질량$), 이동거리에 높이를 대입할 수 있음
※ 마찰력에 대한 일을 할 때는 F에 마찰력을 대입할 수 있음

❷ 일률

$$일률(P) = \frac{일의\ 양(W)}{일에\ 소요된\ 시간(t)}$$
$$= 힘(F) \times \frac{이동거리(S)}{일에\ 소요된\ 시간(t)}$$
$$= 힘(F) \times 속도(v)$$

❸ 일과 에너지의 관계

$$일(W) = 힘(F) \times 이동거리(S) = 에너지(E)$$

❹ 여러 가지 에너지

- 위치에너지(E_p) = 질량(m) × g(중력가속도 9.8) × h(높이)
- 운동에너지(E_k) = $\dfrac{1}{2} \times m(질량) \times v(속도)^2$

❺ 역학적 에너지 보존의 법칙

$$E = E_p(위치에너지) + E_k(운동에너지) + E_e(탄성에너지) \cdots$$

자주 사용되는 단위 모음

단위	독음	나타내는 것
$kcal$	킬로칼로리	열량
mV	밀리볼트	막전압
dL	데시리터	혈중농도의 단위 혈액량
L/min	리터 퍼 미닛	박출량
$mmHg$	수은주 밀리미터	혈압
kgf	킬로그램힘	무게·힘
N	뉴턴	무게·힘
m/s	미터 퍼 세크	속력·속도
m/s^2	미터 퍼 세크 제곱	가속도
rad/s	라디안 퍼 세크	각속도
rad/s^2	라디안 퍼 세크 제곱	각가속도
$kg \cdot m/s$	킬로그램 미터 퍼 세크	운동량·충격량
$N \cdot s$	뉴턴세크	충격량
J	줄	일·에너지
$N \cdot m$	뉴턴미터	일·에너지
W	와트	일률
J/s	줄 퍼 세크	일률
$kgf \cdot m/s$	킬로그램힘 미터 퍼 세크	일률

2026
최신개정판

14년간 22만 독자가 선택한 원조 스포츠지도사

스포츠 지도사
2급 필기

SPORTS

기출문제집

2급(전문·생활) + 장애인 + 유소년 + 노인

2025년 최신기출

2025년
최신기출문제 +
상세한 해설

6개년
(2020~2025년)
기출문제 수록

2025년 기준
최신동향 반영

최신 기출해설
강의 무료 제공

PART 01

최신 기출문제

CHAPTER 01 2025년 선택과목
CHAPTER 02 2025년 필수과목

교육은 우리 자신의 무지를 점차 발견해 가는 과정이다.

- 윌 듀란트 -

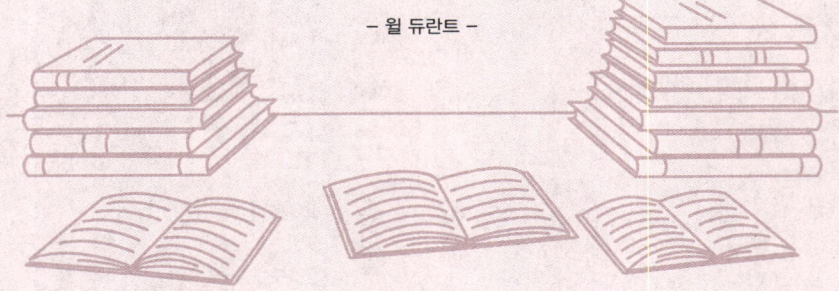

끝까지 책임진다! 시대에듀!

QR코드를 통해 도서 출간 이후 발견된 오류나 개정법령, 변경된 시험 정보, 최신기출문제, 도서 업데이트 자료 등이 있는지 확인해 보세요! **시대에듀 합격 스마트 앱**을 통해서도 알려 드리고 있으니 구글 플레이나 앱 스토어에서 다운받아 사용하세요. 또한, 파본 도서인 경우에는 구입하신 곳에서 교환해 드립니다.

CHAPTER 01

2025년 선택과목 기출문제

2급(전문·생활)+장애인+유소년+노인 스포츠지도사

제1과목 스포츠사회학

01 스포츠사회학의 주요 연구 영역에 관한 설명으로 적절하지 않은 것은?

① 스포츠 기능 향상의 심리적 기전을 연구한다.
② 스포츠 맥락에서 인간의 행위와 상호작용 현상을 연구한다.
③ 스포츠 사회 내 규범, 신념, 이데올로기, 환경의 변화를 연구한다.
④ 스포츠 집단의 유형, 특성, 기능, 구조, 변화 과정을 연구한다.

해설
동기, 집중력, 스트레스 관리 등의 심리적 기전을 연구하는 것은 스포츠심리학의 영역이다. 스포츠사회학은 스포츠라는 사회적 현상을 연구하는 학문으로, 스포츠와 사회구조, 집단, 제도, 상호작용, 규범, 문화 등을 다룬다.

02 스포츠의 교육적 순기능에 관한 설명으로 옳지 않은 것은?

① 사회화를 촉진하여 전인교육 기능을 한다.
② 승리 지상주의를 학습시켜 사회통합 기능을 한다.
③ 장애인의 적응력 배양으로 사회선도 기능을 한다.
④ 여성의 참여 증가를 통한 여권신장으로 사회선도 기능을 한다.

해설
② 승리 지상주의는 스포츠의 교육적 역기능이다.

스포츠의 교육적 기능

순기능	• 사회통합 : 학교 내 통합, 학교와 지역사회 통합, 규칙과 질서 준수 • 전인교육 : 학업 활동 격려, 사회화 촉진, 정서 순화, 사회 적응력 향상 • 사회선도 : 인권 의식 신장, 여권신장, 장애인의 적응력 배양, 평생체육 기반 조성
역기능	• 부정행위 조장 : 학원스포츠의 상업화, 위선과 착취, 학업에 대한 편법과 관행, 일탈과 부정행위 • 교육목표 훼손 : 승리 지상주의, 참여기회 제한, 성차별의 간접교육 • 편협한 인간 육성 : 비인간적 훈련, 독재적 코치

03 〈보기〉의 사례에 해당하는 버렐(S. Birrell)과 로이(J. Loy)의 미디어스포츠 수용자의 욕구 유형으로 가장 적절한 것은?

• NBA 팀의 정보를 얻으려고 인터넷 검색을 한다.
• 스포츠뉴스를 시청하며 이정후 선수가 속한 팀의 경기 결과와 리그 순위를 확인한다.

① 인지적 욕구   ② 도피적 욕구
③ 소비적 욕구   ④ 심동적 욕구

해설
미디어스포츠 수용자의 욕구 유형

인지적 욕구	스포츠 경기의 결과, 선수와 팀에 대한 통계적 지식을 제공해 준다.
정의적 욕구	스포츠에 대한 흥미와 흥분을 제공해 준다.
통합적 욕구	다른 사회집단과 경험을 공유하게 하며 공동체 의식을 갖게 한다.
도피적 욕구	스포츠를 통해 불안, 초조, 욕구불만, 좌절 등의 감정을 정화·충족하게 한다.

정답 01 ① 02 ② 03 ①

04 국제스포츠이벤트가 지역사회에 미치는 긍정적 영향으로 적절하지 않은 것은?

① 도시 브랜드 가치 향상
② 사회간접자본 시설의 확충
③ 지역사회 구성원의 문화 정체성 약화
④ 스포츠 참여 기회 확대 및 건강 증진 효과

해설

국제스포츠이벤트의 긍정적 영향

경제 부문	경제 활성화, 고용 창출, 생산 유발, 부가가치 유발, 관광 수입
사회 부문	국가·지역의 자긍심, 국민 통합, 기업들의 인지도 및 인식 향상, 사회간접자본 시설 확충, 지역·국가 브랜드 가치 향상, 건강 증진 및 참여 확대

05 〈보기〉의 미래 스포츠 특성에 관한 설명으로 적절한 것을 모두 고른 것은?

> ㉠ 노년층 스포츠 참가에 대한 중요성이 증가한다.
> ㉡ 프로스포츠에서 스포츠과학의 중요성이 감소한다.
> ㉢ 정보 기술의 발달로 스포츠 참여 형태가 다양해진다.
> ㉣ 탄소배출을 최소화한 친환경스포츠의 중요성이 증가한다.

① ㉠
② ㉠, ㉡
③ ㉠, ㉢, ㉣
④ ㉡, ㉢, ㉣

해설

㉡ 미래 스포츠는 프로스포츠에서 스포츠과학이 획기적으로 발전한다.

미래 스포츠의 특성
- 노년층 스포츠 참가에 대한 중요성 증가
- 프로스포츠에서 스포츠과학의 중요성 증가
- 정보 기술의 발달로 스포츠 참여 형태 다양화
- 탄소배출을 최소화한 친환경스포츠의 중요성 증가
- 정보 통신 기술의 발달로 스포츠 관람 형태가 다양화
- 기술 도핑(Technical Doping)으로 인한 스포츠 공정성 훼손
- 다양한 신소재의 개발은 스포츠의 용품 및 장비 개발에 활용
- 통신 및 전자 매체의 발달로 스포츠에서 미디어의 영향력 증가

06 〈보기〉에서 ㉠에 해당하는 투민(M. Tumin)의 계층 특성과 ㉡에 해당하는 베블런(T. Veblen)의 이론은?

> ㉠ 민철이는 취미로 골프를 시작하려 했지만, 골프 장비가 비싸서 포기했다. 결국 민철이는 초기 비용이 적게 드는 배드민턴을 하기로 했다. 반면, 부유한 집안에서 자란 준형이는 어렸을 때부터 부모님을 따라 자연스럽게 골프를 접할 수 있었고, 현재도 일주일에 한 번은 골프를 하고 있다.
> ㉡ 선영이는 요트에 흥미가 없지만 주변 지인들에게 자신의 경제력을 자랑하려고 요트를 구매했다. 선영이는 지인들과 요트를 함께 즐기면서 자연스럽게 자신의 부를 드러낸다.

	㉠	㉡
①	영향성	자본론
②	영향성	유한계급론
③	역사성	자본론
④	역사성	유한계급론

해설

㉠ 투민의 계층 특성 중 영향성은 스포츠계층에 따라 스포츠 참여 빈도, 유형, 종목이 달라지며, 이러한 차이는 개인의 삶에 영향을 미친다는 것이다.
㉡ 베블런의 유한계급론에서 유한계급(상류층)은 고가의 스포츠 용품, 골프 회원권 등의 과시적 소비 양상이 나타난다고 했다.

07 〈보기〉 중 스포츠가 미디어에 미친 영향에 해당하는 것으로만 묶은 것은?

> ㉠ 탁구공의 색이 흰색에서 주황색으로 변경되었다.
> ㉡ 월드컵, 올림픽은 미디어 보급 및 확산에 기여하였다.
> ㉢ 정지 화면, 느린 화면, 클로즈업 등의 방송 기법이 발달하였다.
> ㉣ 스포츠 관람 인구가 증가하고, 스포츠 활동이 생활의 일부로 확산되었다.

① ㉠, ㉡
② ㉠, ㉣
③ ㉡, ㉢
④ ㉡, ㉣

해설

스포츠와 미디어 간 주고받은 영향

스포츠가 미디어에 미친 영향		매체의 스포츠 의존도 증대, 스포츠 보도의 위상 향상, 방송 기술의 발달(㉢), 미디어에 콘텐츠 제공, 미디어의 보급 및 확산에 기여(㉡), 스포츠 관련 방송 시장 확대
미디어가 스포츠에 미친 영향	긍정적 영향	스포츠 인구의 증가(㉣), 스포츠 용구의 변화(㉠), 스포츠 기술의 향상, 새로운 종목의 창출, 스포츠에 대한 관심과 인기 증가
	부정적 영향	스포츠의 상품화, 경기 일정 과부하, 옐로 저널리즘으로 인한 선수의 프라이버시 침해, 규칙 변경의 부작용, 비인기 종목의 소외

08 〈보기〉에서 설명하는 스포츠사회학 이론으로 적절한 것은?

> • 미시적 관점의 이론이다.
> • 스포츠 참여 과정에 대한 이해와 하위문화 특성에 관심을 가진다.
> • 인간은 사회구조 및 제도에 대해 능동적으로 사고하며 행동하게 된다.

① 갈등 이론
② 비판 이론
③ 구조기능주의 이론
④ 상징적 상호작용론

해설

상징적 상호작용론
- 인간은 사회제도나 규칙에 대해 능동적으로 사고하고 의미를 부여하며 행동한다.
- 스포츠 팀의 주장은 리더십이 필요하기 때문에 점차 그 역할에 맞는 리더십을 발휘한다.

09 국제스포츠 사례에 관한 설명으로 옳지 않은 것은?

① 1969년 온두라스와 엘살바도르의 월드컵 예선전은 양국의 정치적·사회적 갈등이 격화되는 계기가 되었으며, 이후 무력 충돌로 이어졌다.
② 2008년 베이징올림픽경기대회 개최를 앞두고 중국의 티베트 인권탄압에 대한 국제사회의 비판이 제기되었다.
③ 1988년 서울올림픽경기대회에는 모스크바올림픽경기대회와 LA올림픽 경기대회의 보이콧 사례와 달리 미국과 소련 등 동서 진영 국가들이 참여하였다.
④ 1995년 남아프리카공화국 럭비월드컵경기대회에서는 아파르트헤이트(Apartheid)에 대한 국제사회의 반발로 다수 국가의 보이콧이 발생했다.

해설

남아프리카공화국은 인종차별 정책인 아파르트헤이트로 인해 IOC와 FIFA에서 추방당하여 1960년대부터 30여 년간 국제대회 참여가 거부되었다.

정답 07 ③ 08 ④ 09 ④

10 〈보기〉의 ㉠에 해당하는 로버트슨(R. Robertson)이 제시한 스포츠 세계화의 결과와 ㉡에 해당하는 매기(J. Magee)와 서덴(J. Sugden)이 제시한 스포츠 노동이주 유형으로 가장 적절한 것은?

> ㉠ A 스포츠 업체는 글로벌 브랜드 정체성을 유지하면서 뉴질랜드 럭비 대표팀인 올 블랙스(All Blacks)의 경기 전 의식으로 잘 알려진 마오리족의 하카(Haka) 댄스를 광고에 포함함으로써 지역 문화를 브랜드 메시지에 자연스럽게 녹여냈다.
> ㉡ 축구 선수 B는 현재 베트남의 C팀에서 활동 중이다. 그의 관심은 오로지 더 높은 연봉을 제시하는 팀으로 이적하는 것이다. 베트남의 문화를 즐긴다거나 사람과의 관계를 맺는 것에는 관심이 없다. 그는 언제든 떠날 준비를 하고 있다. 이전에 활동했던 중국의 D팀, 사우디의 E팀이 위치한 지역에 오래 머무른 적도 없다.

	㉠	㉡
①	세방화 (Glocalization)	용병형 (Mercenaries)
②	세방화 (Glocalization)	개척자형 (Pioneers)
③	국제적 고립 (Global Isolation)	용병형 (Mercenaries)
④	국제적 고립 (Global Isolation)	개척자형 (Pioneers)

해설
㉠ 세방화 : 어떤 지역이 지닌 고유한 전통이 경쟁력을 높여서 세계적인 보편성을 획득하는 현상으로, 〈보기〉에서 A 스포츠 업체가 글로벌 브랜드 정체성을 유지하면서 지역 문화를 브랜드 메시지에 자연스럽게 녹여냈다고 했으므로, 세방화에 대한 사례이다.
㉡ 용병형 : 스포츠 노동이주를 통해 경제적인 보상을 추구하는 유형으로, 〈보기〉에서 현재 베트남의 C팀에서 활동 중인 축구 선수 B의 관심은 오로지 더 높은 연봉을 제시하는 팀으로 이적하는 것이라고 했으므로, 용병형의 사례이다.

11 〈보기〉의 사례에 해당하는 머튼(R. Merton)의 일탈행동 유형은? 기출 18·21

> ㉠ 승리지상주의에 염증을 느껴 선수 생활을 포기하는 경우
> ㉡ 프로스포츠 선수가 경기력 향상을 목적으로 불법 약물을 복용한 경우
> ㉢ 스포츠 경기 참가에 의의를 두지만, 경기 성적을 중시하지 않는 경우

	㉠	㉡	㉢
①	도피주의	혁신주의	의례주의
②	도피주의	동조주의	의례주의
③	반역주의	도피주의	혁신주의
④	반역주의	동조주의	혁신주의

해설
㉠ 도피주의 : 스포츠에 내재된 비인간성, 승리지상주의, 상업주의, 학업 결손 등에 염증을 느껴서 스포츠 참가 중단 또는 포기
㉡ 혁신주의 : 승리하기 위해서 수단과 방법을 가리지 않는 것으로, 불법 스카우트, 금지약물 복용, 경기장 폭력 등
㉢ 의례주의 : 승패에 집착하지 않고 참가에 의의를 두는 것으로, 결과보다는 경기 내용 중시로 목표 포기 일탈에 해당

12 〈보기〉의 스포츠 계층 이동 유형과 사례에 관한 설명으로 옳은 것을 모두 고른 것은? 기출 19·20·22·24

> ㉠ 프로야구 선수가 대회에서 부진한 모습을 보여 2군으로 강등된 것은 수직이동의 사례이다.
> ㉡ 1980년대 프로스포츠 출범 후 운동선수의 지위가 전반적으로 높게 평가받게 된 것은 집단이동의 사례이다.
> ㉢ 프로배구 선수가 되면서 일용직 노동자였던 부모님에 비해 많은 수입과 높은 명성을 얻게 된 것은 세대 내 이동의 사례이다.
> ㉣ 고등학교 배구 선수가 전학 간 후에도 같은 포지션으로 활동한 것은 수평이동의 사례이다.

① ㉠, ㉡
② ㉢, ㉣
③ ㉠, ㉡, ㉣
④ ㉡, ㉢, ㉣

해설

ⓒ은 세대 간 이동의 사례이다.

기든스의 사회이동 유형

이동 주체	개 인	개인의 능력과 노력 또는 외부요인에 의한 지위 변화가 발생하는 경우
	집 단	유사한 조건을 갖추고 있는 집단이 어떤 촉매적 계기를 통하여 집단적으로 이동하는 현상
이동 방향	수직이동	집단 또는 개인이 지녔던 종전의 계층적 지위가 상하로 변화하는 경우
	수평이동	계층적 지위의 변화가 없는 단순한 자리바꿈
시간적 거리	세대 내 이동	개인의 생애주기 가운데 발생하는 지위의 변화로 경력이동이라고도 함
	세대 간 이동	한 세대로부터 다음 세대로 이어지는 과정에서 발생하는 사회·경제적 지위의 변화

13 스포츠사회화 이론에 관한 설명으로 적절하지 않은 것은?

① 사회학습 이론에서는 다른 구성원의 행동을 관찰학습하여 사회화가 이루어진다고 설명한다.
② 사회학습 이론에서는 모방, 강화 등을 통해 새로운 행동을 학습하여 사회화가 이루어진다고 설명한다.
③ 준거집단 이론에서는 구성원이 속한 집단의 규칙을 따르지 않아도 사회화가 이루어진다고 설명한다.
④ 역할 이론에서는 개인을 무대 위의 특정 역할을 부여받은 배우로 간주하여 그 역할을 수행하며 사회화가 이루어진다고 설명한다.

해설

준거집단 이론은 타인이나 어떤 준거가 되는 집단의 행동, 감정, 태도 등을 자신의 준거 척도로 삼는다는 이론이다.

정답 13 ③ 14 ①

14 〈보기〉는 스포츠사회학 수업에서 교수와 학생의 대화이다. ㉠, ㉡에 들어갈 내용으로 적절한 것은?

> 학생 1 : 최근 테니스와 마라톤이 인기를 끌고 있는데, 사람들이 왜 이런 스포츠에 열광하는지 다양한 사례를 심층적으로 알아보려면 어떤 연구 방법이 좋은가요?
> 교 수 : 참여관찰, 심층면담 등으로 자료를 수집하고 해석적인 절차에 따라 원인을 파악하는 (㉠) 방법이 적합해요.
> 학생 2 : 그러면 스포츠 육성 모델에는 어떤 것이 있나요?
> 교 수 : 국가별로 다양한 스포츠육성정책을 시행하고 있는데, 그릭스*에 따르면, 스포츠 선진국은 엘리트 스포츠의 성과가 일반시민의 스포츠 참가를 촉진하고, 그렇게 형성된 자원 속에서 다시 우수한 엘리트 선수가 탄생하여 국가이미지 향상에 기여하는 (㉡)을 구축하고 있다고 해요.
> * J. Grix(2016)

	㉠	㉡
①	질적 연구	선순환 모델
②	양적 연구	선순환 모델
③	질적 연구	피라미드 모델
④	양적 연구	피라미드 모델

해설

㉠ 질적 연구 : 스포츠사회학 연구 방법 중 하나인 질적 연구는 수치화된 데이터보다는 심층적 이해에 초점을 맞춘 연구방법으로 현상의 원인을 탐구하기 위한 심층 인터뷰, 참여 관찰, 사례 연구 등이 대표적이다. 이를 통해 복잡하고 섬세한 사회적 현상에 대한 설명이 가능하지만, 연구자의 주관이 개입할 수도 있다.

㉡ 선순환 모델 : 스포츠 선진국의 엘리트 스포츠 발전으로 학생 선수들이 우수한 성과를 내면 일반 청소년들의 스포츠 참여 확대가 일어난다. 그 결과 대중의 스포츠 참여가 확대되어 우수한 스포츠 선수를 육성할 수 있다고 본다.

15 〈보기〉의 내용에 해당하는 거트만(A. Guttmann)이 제시한 근대스포츠의 특징은? 기출 16·23

- ㉠ 인종·성별과 관계없이 누구나 스포츠에 참여할 기회를 동등하게 부여받는다.
- ㉡ 현대 축구가 발전하면서 점차 수비수, 미드필더, 공격수 등의 포지션이 다양화되었다.
- ㉢ 현대스포츠 참여자는 신에 대한 숭배가 아니라 기분전환과 오락, 이익과 보상을 추구한다.
- ㉣ 국제스포츠연맹은 규칙 제정, 기록 공인, 국제대회 운영 및 관리, 종목 진흥 등의 역할을 담당한다.

	㉠	㉡	㉢	㉣
①	합리화	평등성	세속화	관료화
②	합리화	수량화	전문화	세속화
③	평등성	관료화	세속화	전문화
④	평등성	전문화	세속화	관료화

해설

근대스포츠의 특징
- 관료화 : 규칙을 정하고 경기를 조직적으로 운영 (㉣)
- 전문화 : 포지션 분화와 리그의 세분화 촉진 (㉡)
- 세속화 : 즐거움, 건강, 경제적 이익, 명예 등 개인의 성취와 승리 중시 (㉢)
- 평등화 : 자산, 지위, 계층과 관계없이 동일한 조건에서 참여 (㉠)
- 합리화 : 규칙·전략과 같은 합리적인 수단으로 구성
- 수량화 : 시간, 거리, 점수 등 측정 가능한 숫자로 표현
- 기록화 : 기록 수립과 경신 중요

16 〈보기〉의 사례에 해당하는 베커(H. Becker)의 스포츠 일탈 이론은?

생활체육 배드민턴 동호회에서 신입 회원이 실력이 부족하다는 이유로 민폐 회원이라는 별명을 듣게 되었다. 어떤 회원은 게임에서 그를 배제하거나 눈치를 주었고, 몇몇은 노골적으로 비난했다. 시간이 지날수록 신입 회원은 자신이 정말 방해가 된다고 느끼며 위축되었고, 결국 동호회를 그만두고 운동도 포기하였다.

① 중화 이론(Neutralization Theory)
② 낙인 이론(Labeling Theory)
③ 욕구위계 이론(Hierarchy of Needs Theory)
④ 인지발달 이론(Cognitive Development Theory)

해설

낙인 이론은 특정인의 우연적이고 일시적인 일탈행위(1차적 일탈)를 다른 사람들이 일탈자로 낙인찍었기 때문에 일탈자로서의 자아정체성이 형성되고, 이로 인해 의도적이고 지속적인 일탈(2차적 일탈)이 발생하게 된다는 이론이다.

17 코클리(J. Coakley)가 제시한 상업주의 스포츠 출현의 사회적·경제적 조건에 해당하지 않는 것은?

① 자본주의 시장 경제 체제
② 스태그플레이션(Stagflation)
③ 소비가 장려되는 문화 형성
④ 인구 밀도가 높은 대도시 형성

해설

상업주의 스포츠 출현의 사회적·경제적 조건

자본주의적 시장 경제 체계	스포츠와 관련된 경제적 보상 체계가 발달
인구 밀도가 높은 대도시	스포츠와 관련하여 흥행 가능성이 높아짐
자본의 집중	대단위 체육시설의 유치 및 유지 용이
소비문화의 발전	스포츠를 통한 소비가 촉진

15 ④ 16 ② 17 ② **정답**

18 〈보기〉의 사례에 해당하는 정치가 스포츠를 이용하는 방법으로 가장 적절한 것은? 기출 22·23·24

> 스포츠는 정치인에게 권력을 강화하는 수단이 되기도 한다. 12.12 군사쿠데타와 5.18 민주화운동을 거치며, 당시 사회는 극도의 불안감과 정권에 대한 불신이 극에 달했다. 정권은 언론을 통제하고 정치적 발언을 통제하려 했지만, 뜻대로 되지 않았다. 그래서 국민의 관심을 돌리고 정권을 유지하기 위해 프로스포츠를 장려했다.
> 출처 : M사, 시사교양(2005.6.)

① 상 징
② 조 작
③ 동일화
④ 전문화

해설

- 조작 : 정치가 비리, 부정 등을 은폐하기 위해 스포츠를 이용하는 행위로, 정치는 조작을 통해 여론을 통치에 용이한 방향으로 조장하고, 여론에 직접 관여함으로써 체제를 유지·강화한다.
- 상징 : 스포츠 경기에서의 승리가 개인의 성취보다 그가 속한 성, 인종, 지역, 민족, 국가의 영광으로 해석되는 것으로, 대표팀이 소속 국가의 국기를 부착하거나 경기 시작 전 국가가 연주되는 등의 행위이다.
- 동일화 : 대중이 선수나 대표팀과 자신을 일치시키는 태도로, 경기 장면에서 선수의 상황에 몰입하는 것뿐 아니라, 선수나 대표팀에 대해 강력한 기대를 품는 것도 포함한다.

19 〈보기〉의 사례에 해당하는 스포츠사회화 과정이 바르게 연결된 것은?

> ⊙ 소영이는 '골때리는 그녀'라는 TV 프로그램을 보고 축구에 매력을 느껴 축구클럽에 가입하게 되었다.
> ⓒ 소영이는 축구에 흥미를 잃어 축구클럽을 탈퇴하였고, 6개월이 지났을 무렵, 친구의 권유로 테니스클럽에 가입하게 되었다.
> ⓒ 소영이는 테니스 활동을 하며 테니스 규칙, 기술, 매너 등을 잘 숙지한 테니스 동호인이 되었다.
> ⓔ 소영이는 무릎과 팔꿈치 부상이 잦아지면서 결국 좋아하는 테니스를 그만두게 되었다.

	⊙	ⓒ	ⓒ	ⓔ
①	스포츠로의 재사회화	스포츠로의 사회화	스포츠를 통한 사회화	스포츠 탈사회화
②	스포츠로의 재사회화	스포츠를 통한 사회화	스포츠로의 사회화	스포츠 탈사회화
③	스포츠로의 사회화	스포츠를 통한 사회화	스포츠로의 재사회화	스포츠 탈사회화
④	스포츠로의 사회화	스포츠로의 재사회화	스포츠를 통한 사회화	스포츠 탈사회화

해설

- ⊙ 스포츠로의 사회화 : 스포츠 참가를 의미하며, 주관자로는 가정, 또래집단, 학교, 지역사회, 대중매체 등이 있다.
- ⓒ 스포츠로의 재사회화 : 스포츠 활동을 중단하고 있던 비참가자가 새로운 종목이나 위치로 활동을 재개하는 것을 의미한다.
- ⓒ 스포츠를 통한 사회화 : 스포츠 참가를 통해 결과가 나타나는 것으로, 스포츠에서 학습한 기능·특성·가치·태도·지식 등이 다른 사회현상으로 전이되는 과정이다.
- ⓔ 스포츠 탈사회화 : 참여 중단, 중도 탈락, 은퇴 등 중도 포기나 그만두는 것으로, 환경, 취업, 정서 등의 요인은 스포츠 탈사회화에 영향을 미친다.

정답 18 ② 19 ④

20 〈보기〉의 사례에 해당하는 사회화 주관자는?

> ㉠ 지영이는 배드민턴 동호회 활동을 하는 부모님의 권유로 배드민턴을 시작하게 되었다.
> ㉡ 민수는 동네 주민센터에서 청소년 농구 프로그램 회원 모집 공고를 보고, 직접 센터를 방문하여 등록하였다.

	㉠	㉡
①	가족	학교
②	학교	동료
③	동료	지역사회
④	가족	지역사회

해설
〈보기〉의 사례에서 사회화 주관자는 ㉠ 부모님(가족), ㉡ 동네 주민센터(지역사회)이다. 스포츠사회화 주관자(주요 타자)는 가정, 동료집단, 학교, 지역사회, 대중매체 등을 말하며, 개인의 스포츠사회화에 큰 영향을 미친다.

제2과목 스포츠교육학

01 생활스포츠교육프로그램의 내용 선정 원리에 관한 설명으로 적절하지 않은 것은?

① 좋은 교육 내용이라면 실천 가능성과 관계없이 선정한다.
② 스포츠의 가치를 경험할 수 있도록 다양한 활동을 구성한다.
③ 생활스포츠의 교육목표를 성취하는 데 적합한 내용을 선정한다.
④ 참여자의 성별, 연령별 흥미와 요구를 반영하기 위한 조사를 실시한다.

해설
생활스포츠교육프로그램 시행 이후에 달성하고자 하는 상태 및 능력을 제시하고, 목표 간 우선순위와 실현 가능성을 고려해야 한다.

02 학교스포츠클럽 지도 시 효과적인 과제 제시 방법으로 적절하지 않은 것은?

① 실제 상황처럼 정확하게 시범을 보인다.
② 동작 설명과 시각적 정보를 함께 활용한다.
③ 은유나 비유보다는 개념 자체를 그대로 전달한다.
④ 학생이 이해할 수 있는 적절한 속도로 분명하게 전달한다.

해설
학습자에게 지도 과제를 전달하는 방법
- 스포츠 경험이 많지 않은 학습자는 구체적인 언어 전달이 필요하다.
- 개방기능의 단서는 복잡한 환경을 폐쇄기능의 연습 조건 수준으로 단순화한다.
- 집중력이 높지 않은 어린 학습자는 말이나 행동 정보 외에 매체를 활용하면 효과적이다.

20 ④ 01 ① 02 ③ **정답**

03 다음 설문지를 활용하는 데 가장 적절한 평가 단계는?

기출 15·16·17·19·22

영역	질문 내용	응답(✓ 표기)		
준비	준비된 개인 장비는?	□ 라켓	□ 운동화	□ 운동복
	테니스 강습 시 희망하는 강습 형태는?	□ 개인강습	□ 그룹강습	□ 상관없음
	최근 3년 이내 테니스 강습을 받은 경험은?	□ 있다	□ 없다	
수준	포핸드 그립을 잡을 수 있는가?	□ 그렇다	□ 보통이다	□ 아니다
	백핸드 그립을 잡을 수 있는가?	□ 그렇다	□ 보통이다	□ 아니다
	스플릿 스텝을 할 수 있는가?	□ 그렇다	□ 보통이다	□ 아니다

① 진단평가
② 종합평가
③ 형성평가
④ 총괄평가

해설

제시된 설문지는 학습자의 수준을 파악하고, 어느 정도의 준비성을 가지고 있는지를 진단하는 내용으로 구성되어 있다. 이처럼 계획된 학습의 목표를 달성하기 위하여 수업 시작 전 학습자의 상태를 진단하는 평가는 진단평가이다.

04 〈보기〉에서 설명하는 생활스포츠교육프로그램의 지도원리로 가장 적절한 것은?

기출 16·19·23

- 프로그램의 다양화를 지향한다.
- 직접 참여 활동과 간접 학습 활동을 균형 있게 제공한다.
- 스포츠 활동을 총체적으로 체험시켜 스포츠 학습의 질을 높인다.

① 개별성
② 자발성
③ 적합성
④ 통합성

해설

스포츠교육프로그램의 지도원리
- 통합성의 원리 : 교수 학습 내용의 다양화와 신체 활동의 총체적 체험을 위한 지도
- 개별성의 원리 : 개인차를 고려한 다양한 수준별 지도
- 자발성의 원리 : 참가자의 개별 흥미를 파악하여 참가자들이 자발적으로 참여하도록 지도
- 적합성의 원리 : 지도자의 창의적인 지도 활동을 적합하게 선정하여 지도
- 효율성의 원리 : 최소의 노력으로 최대 효과를 얻을 수 있도록 지도

05 〈보기〉에서 설명하는 링크(J. Rink)의 내용 발달 과제는?

기출 15·19·21·23

- 과제 내 발달과 과제 간 발달이 있다.
- 단순한 과제에서 복잡한 과제로 전개한다.
- 쉬운 과제에서 어려운 과제 순으로 참여한다.

① 시작형 과제
② 확대형 과제
③ 세련형 과제
④ 응용형 과제

해설

링크의 학습 과제 발달단계

시작형(전달)	기초적인 단계의 학습 과제
확대형(확장형)	난이도와 복잡성이 추가된 과제
세련형(세련)	기능의 질적 측면에 집중된 학습 과제
응용형(적용)	학습한 운동 기능을 실제 상황에 활용할 수 있도록 제작한 학습 과제

정답 03 ① 04 ④ 05 ②

06 〈보기〉에서 설명하는 협동 학습 모형의 전략은?

기출 18·23

- 1차 평가에서 모든 팀원의 점수를 합산하여 팀 점수로 발표한다.
- 지도자는 학생들과 토론하고 팀의 상호작용을 높일 수 있도록 조언한다.
- 모든 팀은 1차 평가와 동일한 과제를 반복해서 연습하고, 팀원 모두의 점수를 높이는 데 중점을 둔다.
- 2차 평가를 하여 1차 평가보다 향상된 정도에 따라 팀 점수를 부여한다.

① 직소(Jigsaw)
② 팀-보조수업(Team-assisted Instruction)
③ 팀 게임 토너먼트(Team Games Tournament)
④ 학생 팀-성취 배분(Student Teams-achievement Division)

해설

협동 학습 모형의 과제 구조

학생 팀-성취배분 (STAD)	• 모든 팀원들의 점수가 합쳐져 팀 점수가 됨 • 개인별 점수는 발표되지 않고 팀 점수만 발표되므로 팀 내 협동 유발
팀 게임 토너먼트 (TGT)	• 팀별 같은 등수 학생끼리 비교해 높은 점수를 얻은 학생에게 일정한 상점 부여 • 운동 기능이 낮은 학생도 공헌할 수 있다는 자신감 유발
팀 보조수업 (TAI)	• 혼자 또는 다른 팀원들의 도움을 받으면서 과제 연습 • 팀 성적은 매주 각 팀이 수행한 과제 수를 점수로 환산하거나 개인별로 시험을 본 후 개인 점수를 합산하여 계산
직소 (Jigsaw)	자신의 팀에 할당된 과제를 익힌 후 교사가 되어 다른 팀원 교육
집단연구 (GI)	• 일정 기간 안에 여러 매체를 이용하여 과제 완성, 발표는 프로젝트 형식 • 각 팀에 단일점수가 주어지기 전에 루브릭 점수를 학생에게 제시하여 평가

07 「생활체육진흥법」의 내용에 해당하지 않는 것은?

① 모든 국민은 건강한 신체활동과 건전한 여가 선용을 위해 생활체육을 즐길 권리를 가진다.
② 국가 및 지방자치단체는 생활체육강좌의 설치·운영에 드는 경비를 지원할 수 있다.
③ 문화체육관광부장관은 생활체육의 진흥을 위한 기본계획을 10년마다 수립·시행해야 한다.
④ 지방자치단체는 그 지역주민의 생활체육 활동을 위하여 체육동호인 조직의 육성에 필요한 시책을 마련할 수 있다.

해설

생활체육 진흥 기본계획의 수립 등(「생활체육진흥법」 제6조 제1항)

문화체육관광부장관은 생활체육의 진흥을 위한 기본계획을 5년마다 수립·시행하여야 한다.

08 〈보기〉에서 설명하는 링크(J. Rink)의 교수 전략은?

기출 15·19·21·22·23

- 상황에 따라 지시형 또는 연습형 스타일로 활용될 수 있다.
- 지도자는 과제의 단서를 선정하고 명확하게 전달해야 한다.
- 주로 집단 전체를 대상으로 하는 움직임 과제를 내용으로 선정한다.

① 동료교수(Peer Teaching)
② 상호작용 교수(Interactive Teaching)
③ 스테이션 교수(Station Teaching)
④ 자기교수 전략(Self-instruction Strategies)

해설

상호작용 교수(적극적 수업)

- 초보 단계에 있는 학습자 대상
- 교사 중심으로 이루어지는 직접교수방법
- 교사가 지시·질문·피드백을 제공하고 학생은 지시된 과제 수행
- 학습 경험이 상호작용적이며 내용의 개별화 가능
- 구조화된 과제에 효과적인 수업 형태

정답 06 ④ 07 ③ 08 ②

09 〈보기〉에서 모스턴(M. Mosston)의 교수 스타일에 관한 설명으로 옳은 것을 모두 고른 것은?

기출 18·19·20·21·22·23·24

> ㉠ 교수 스타일은 비대비 접근 방식에 근거를 둔다.
> ㉡ 교수 스타일마다 의사결정의 주도권은 교사에게 있다.
> ㉢ 교수 스타일의 A~E까지는 창조(Production)가 중심이 된다.
> ㉣ 교수 스타일은 과제 활동 전, 중, 후의 의사결정으로 구분된다.

① ㉠, ㉡
② ㉠, ㉣
③ ㉠, ㉢, ㉣
④ ㉡, ㉢, ㉣

해설

㉡ 모스턴은 체육 교수 스타일을 수업의 연속적 의사결정 과정으로 정의한다. 교수 스타일의 구조에 따라 의사결정의 주도권이 교사에게 있는 경우도 있지만, 학생에게 있는 경우도 있다.
㉢ 모스턴은 모방과 창조를 반영하여 교수 스타일을 구분하였는데 A~E 스타일은 모방(Reproduction)이 중심이 되고, F~K 스타일은 창조(Production)가 중심이 된다.

10 그리핀(L. Griffin), 미첼(S. Mitchell), 오슬린(J. Oslin)의 게임수행평가도구(GPAI)를 활용하여 학생의 게임수행 능력을 측정한 표이다. 게임수행 점수가 높은 학생 순으로 바르게 나열한 것은?

측정 항목 이름	의사결정		기술실행		보조하기	
	적절	부적절	효율적	비효율적	적절	부적절
다은	3회	1회	3회	1회	3회	1회
세연	2회	2회	5회	0회	2회	2회
유나	2회	2회	2회	0회	2회	0회

① 유나 → 세연 → 다은
② 다은 → 세연 → 유나
③ 유나 → 다은 → 세연
④ 다은 → 유나 → 세연

해설

게임수행평가도구(GPAI)에 의한 게임수행 점수 계산

의사결정 지수 (DMI)	$\dfrac{적절한 의사결정}{적절한 의사결정 + 부적절한 의사결정} \times 100$
기술실행 지수 (SEI)	$\dfrac{효율적 기술실행}{효율적 기술실행 + 비효율적 기술실행} \times 100$
보조하기 지수 (SI)	$\dfrac{적절한 보조하기}{적절한 보조하기 + 부적절한 보조하기} \times 100$
게임 참여	적절한 의사결정 + 부적절한 의사결정 + 효율적 기술실행 + 비효율적 기술실행 + 적절한 보조하기
게임 수행력	(DIM + SEI + SI) ÷ 3

공식에 대입하여 각 학생의 게임수행 점수를 계산하면 다음과 같다.

구분	의사결정 지수	기술실행 지수	보조하기 지수	게임 수행력
다은	3/4 × 100 = 75	3/4 × 100 = 75	3/4 × 100 = 75	(75 + 75 + 75) ÷ 3 = 75
세연	2/4 × 100 = 50	5/5 × 100 = 100	2/4 × 100 = 50	(50 + 100 + 50) ÷ 3 = 66.67
유나	2/4 × 100 = 50	2/2 × 100 = 100	2/2 × 100 = 100	(50 + 100 + 100) ÷ 3 = 83.33

게임수행 점수가 높은 학생 순으로 나열하면 유나 → 다은 → 세연이다.

정답 09 ② 10 ③

11 〈보기〉의 내용에 해당하는 모스턴(M. Mosston)의 교수 스타일은?   기출 22

- 지도자는 난이도가 다른 과제를 선정하고 조직한다.
- 학생은 자신에게 맞는 난이도의 과제를 선택하고 참여한다.
- 높이뛰기의 경우, 학생들은 바(Bar)의 높이가 다른 연습 과제를 선택할 수 있다.

① 연습형 ② 포괄형
③ 자기점검형 ④ 상호학습형

해설
② 포괄형 : 학습자가 자신의 수준을 인식하고 수행할 수 있는 난이도의 과제를 선택해 수업을 진행한다.
① 연습형 : 피드백이 주어진 기억·모방 과제를 학습자가 개별적으로 연습한다. 학습자는 9가지 특정 사항을 결정하는 한편, 기억·모방 과제를 개별적으로 수행한다.
③ 자기점검형 : 학습자가 자신의 수행을 스스로 점검하고 교정하는 방식으로, 비교와 대조, 결론 도출 능력을 스스로 적용한다.
④ 상호학습형 : 학습자는 자기 동료와 함께 두 명이 짝을 이루며 움직임을 수행한다. 한 명은 주어진 과제를 수행하고, 다른 한 명은 즉각적이고 지속적인 피드백을 제공하는 관찰자의 역할을 맡는다.

해설
이해중심게임 수업모형(Teaching Games for Understanding)
- 전술게임모형이라고도 하며, 게임 상황과 유사한 환경에서 학습
- 게임과 게임 유형에 대한 학습자의 흥미와 열정은 모형에서 긍정적인 동기유발의 소재로 활용
- 학습자는 자신이 이해한 것을 게임에 적용하여 수행
- 진행 단계 : 게임 소개 → 게임 이해 → 전술 인지 → 의사 결정 → 기술 연습 → 실제게임 수행

12 〈보기〉의 소프(R. Thorpe), 벙커(D. Bunker), 알몬드(L. Almond)의 이해중심게임 수업모형의 단계 중 ㉠, ㉡에 들어갈 용어는?

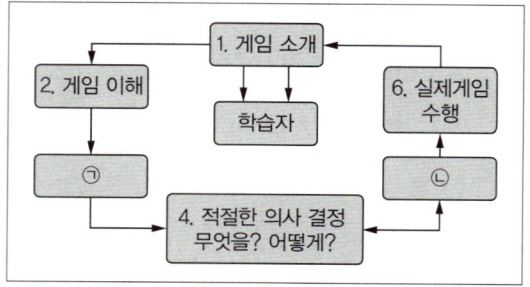

	㉠	㉡
①	전술 이해	기술 연습
②	과제 제시	기술 연습
③	기술 연습	전술 이해
④	전술 이해	게임 설계

13 학교스포츠클럽 대회 운영 방식에 관한 설명으로 적절하지 않은 것은?

① 통합리그 유형은 조별리그 유형보다 경기 수가 많다.
② 스플릿(Split) 리그는 통합리그의 성적을 바탕으로 그룹을 나누어 리그전을 진행하는 방식이다.
③ 더블 엘리미네이션(Double Elimination) 토너먼트는 모든 팀의 순위 산정이 가능한 방식이다.
④ 싱글 엘리미네이션(Single Elimination) 또는 녹아웃(Knockout) 토너먼트의 패배 팀은 패자부활전으로 상위 라운드 진출이 가능하다.

해설
싱글 엘리미네이션 또는 녹아웃 토너먼트는 승리한 팀은 계속하여 다른 승리한 팀과 경기를 진행하고, 패배하는 순간 대회가 종료된다. 패자부활전이 있는 게임은 더블 엘리미네이션 토너먼트이다.

11 ② 12 ① 13 ④ **정답**

14 〈보기〉에서 「국민체육진흥법」 제6조 '학교 체육의 진흥을 위한 조치'의 내용 중 학생 체력증진 및 체육 활동 육성을 위한 학교의 역할을 모두 고른 것은?

> ㉠ 운동회나 체육대회의 실시
> ㉡ 운동경기부와 선수의 육성·지원
> ㉢ 학생에 대한 한 종목 이상의 운동 권장과 지도
> ㉣ 체육동호인조직의 결성 등 학생의 자발적 체육 활동의 육성·지원

① ㉠, ㉢
② ㉠, ㉡, ㉢
③ ㉠, ㉡, ㉣
④ ㉠, ㉡, ㉢, ㉣

해설

학교 체육의 진흥을 위한 조치(「국민체육진흥법」 시행령 제6조)
- 운동회나 체육대회의 실시
- 학생에 대한 한 종목 이상의 운동 권장과 지도
- 체육동호인조직의 결성 등 학생의 자발적 체육 활동의 육성·지원
- 운동경기부와 선수의 육성·지원
- 그 밖에 학교 체육의 진흥을 위하여 필요한 사항

15 다음은 지도자의 교수 행동을 사건 기록법으로 관찰·기록한 표이다. 이 체계적 관찰 방법에 관한 설명으로 가장 적절한 것은?

행동	피드백 유형			
	긍정적	부정적	교정적	가치적
횟수	正正正正	正正	正正正	正
합계	20회	10회	15회	5회
비율	40%	20%	30%	10%

① 교수–학습에 관한 질적 정보를 얻기 위해 주로 활용한다.
② 지도자와 학생의 상호작용에 관한 기록을 간단히 측정할 수 있다.
③ 일정한 시간 간격을 기준으로 학생의 행동을 관찰하고 측정한다.
④ 교수–학습 시간 활용에 관한 구체적 정보가 필요할 때 사용한다.

해설

사건 기록법
피드백 유형별 발생 빈도를 체크하는 방법으로 불연속적인 사건의 발생 빈도에 관한 자료를 제공한다.

16 〈보기〉에서 인지적 영역이 학습 영역의 1순위인 학습자를 모두 고른 것은?

> ㉠ 직접교수모형에서의 학습자
> ㉡ 개별화지도모형에서의 학습자
> ㉢ 전술게임모형에서의 학습자
> ㉣ 스포츠교육모형에서 코치의 역할을 부여받은 학습자
> ㉤ 동료교수모형에서 개인교사 역할을 부여받은 학습자

① ㉠, ㉡, ㉤
② ㉡, ㉢, ㉣
③ ㉢, ㉣, ㉤
④ ㉡, ㉢, ㉣, ㉤

해설

㉠ 직접교수모형의 학습 영역 우선순위는 '심동적 영역(1순위) – 인지적 영역(2순위) – 정의적 영역(3순위)' 순이다.
㉡ 개별화지도모형의 학습 영역 우선순위는 '심동적 영역(1순위) – 인지적 영역(2순위) – 정의적 영역(3순위)' 순이다.

정답 14 ④ 15 ② 16 ③

※ 다음은 배구스포츠클럽을 지도하는 박 코치의 지도 일지이다. [17~18]

> 오늘 수업 내용은 배구 서브였다. ㉠ 출석 점검 후, ㉡ A팀은 서브 연습을 하였고, B팀은 서브 정확성이 낮은 학생이 많아 ㉢ 내가 서브 시범을 보여 주었다. C팀은 장난하는 학생이 많아 그때그때 ⓐ 손가락으로 학생의 부정적 행동을 가리키며 제지했다. 배구공이 부족해서 ㉣ D팀은 경기장 밖에서 대기하게 했다. 연습을 마친 후에는 ㉤ 학생들이 배구공과 네트를 정리하도록 했다.

17 〈보기〉의 ㉠~㉤ 중 수업 운영 시간에 해당하는 것을 모두 고른 것은?

① ㉠, ㉣
② ㉡, ㉢
③ ㉠, ㉡, ㉢
④ ㉠, ㉣, ㉤

[해설]
수업 운영은 실제 학습 시간 외의 상규적 활동을 줄이는 전략으로 이루어지며, 초기 활동 통제, 수업 시간 엄수, 출석 점검 시간 절약, 적극적 수업 진행, 피드백과 상호작용, 주의집중, 절차의 훈련, 관리 행동 등이 해당한다.

18 〈보기〉의 ⓐ에 해당하는 온스타인(A. Ornstein)과 레빈(D. Levine)이 제시한 부정적 행동 관리 전략은?

① 퇴장(Time-out)
② 삭제훈련(Omission Training)
③ 신호간섭(Signal Interference)
④ 접근통제(Proximity Control)

[해설]
③ 신호간섭 : 학습자의 이탈 행동을 예방하고 과제에 집중하게 하기 위해 교사가 간단한 신호를 사용하여 학습자에게 알리는 방법이다. 이 방법은 시선 마주침, 손 움직임 등 학습자에게 특정 신호를 보냄으로써 학습자가 과제에서 이탈하지 않도록 한다.
① 퇴장 : 학습자가 잘못된 행동을 했을 때 수업 현장에서 퇴장시킨다.
② 삭제훈련 : 학습자가 부정적 행동을 하지 않았을 때 칭찬이나 보상을 하여 부정적 행동을 삭제한다.
④ 접근통제 : 프로그램 진행을 방해하는 학습자에게 가까이 접근하거나 접촉하여 제지하는 것이다.

19 〈보기〉는 마튼스(R. Martens)의 전문체육 프로그램 개발 단계이다. ㉠, ㉡에 들어갈 용어는?

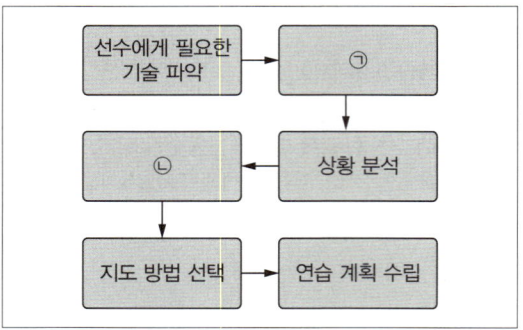

	㉠	㉡
①	선수 이해	우선순위 결정 및 목표 설정
②	선수 이해	전술 선택
③	종목 이해	우선순위 결정 및 목표 설정
④	종목 이해	전술 선택

[해설]
마튼스의 전문체육 프로그램 지도 개발 단계

1단계	선수에게 필요한 기술 파악	• 스포츠를 통해 훌륭한 선수로 성장할 수 있도록 지도 • 스포츠기술 지도, 생활기술 지도
2단계	선수 이해	선수들의 신체적·심리적·사회적 발달단계를 파악
3단계	상황 분석	지도계획을 수립하기 전 주변 상황에 대한 분석 및 개선
4단계	우선순위 결정 및 목표 설정	• 우선순위 결정은 목표 설정에 도움을 줌 • 목표는 구체적, 주어진 상황과 기간에 적합, 성취 가능하도록 설정함
5단계	지도 방법 선택	• 지도방법은 기술 및 연습에서 효과적으로 지식, 기능, 태도 등을 전달하는 과정 • 직접형, 과제형, 상호형, 유도발견형, 문제해결형 등
6단계	연습 계획 수립	• 연습 내용이 결정되면 시즌 계획과 일일 지도계획 수립 • 연습 수준과 범위, 목표, 체계적인 지도방안 등

17 ④ 18 ③ 19 ①

20 〈보기〉는 사회인 야구팀을 지도하는 조 코치의 지도일지이다. ㉠에 해당하는 질문 유형과 ㉡에 해당하는 운동 기능 유형은?

- 투수의 투구 시간이 너무 오래 걸려 지난 시간에 배운 '피치 클락'을 알고 있는지 확인하기 위해 ㉠ "투구 제한 시간이 몇 초이지?"라고 질문했지만 선수가 제대로 대답하지 못해 다시 한번 알려줌
- 투수의 제구력이 불안정하여 ㉡ 포구 그물에 공을 정확하게 던져 넣는 연습을 반복하게 함

	㉠	㉡
①	회상형(회고적) 질문	개방기능
②	회상형(회고적) 질문	폐쇄기능
③	수렴형(집중적) 질문	개방기능
④	수렴형(집중적) 질문	폐쇄기능

해설
㉠ 기억 수준의 질문이므로 회상형(회고적) 질문에 해당한다.
㉡ 환경 변화에 영향을 받지 않는 기능이므로 폐쇄기능 과제에 해당한다.
- 수렴형(집중적) 질문 : 경험했던 내용을 분석·통합하는 데 필요한 질문이다.
- 개방기능 : 환경의 변화에 영향을 받아 요구조건이 변화하는 기능으로, 팀 스포츠가 이에 해당된다.

제3과목 스포츠심리학

01 스포츠심리학자의 역할로 적절하지 않은 것은?
① 스포츠심리학 이론을 가르친다.
② 체력 향상을 위한 의약품을 판매한다.
③ 스포츠심리학 관련 연구를 수행하고 현장에 응용한다.
④ 심리기술훈련을 적용해 선수들의 경기력 향상을 돕는다.

해설
스포츠심리학자의 역할

연구	• 심리적 요인이 경기력 및 운동 수행에 미치는 영향을 분석하고 검증 • 스포츠심리학 관련 연구를 수행하고 현장에 응용 • 자신의 연구 성과를 발표하고 검증받기도 함
교육	• 선수, 코치, 학습자 등을 대상으로 스포츠심리학의 학문적 지식 전달 • 스포츠심리학, 운동학습, 운동제어, 운동발달 등을 가르침
상담	• 심리상담이 필요한 대상에게 정신 건강 지원 및 불안 등의 심리상담 시행 • 운동선수뿐만 아니라 상담이 필요한 수행자를 대상으로 상담 • 상담을 통해 선수가 필요로 하는 심리 기술 훈련을 하기도 함

정답 20 ② 01 ②

02 심상에 관한 설명으로 옳지 않은 것은? 기출 18·22

① 동기를 유발하고 강화한다.
② 감정을 조절하는 데 도움이 된다.
③ 스포츠 전략을 습득하고 연습할 수 있다.
④ 통증과 부상을 대처하는 데 도움이 되지 않는다.

해설
심상이란 기억 속에 있는 감각 경험을 회상하며, 외적 자극 없이 내적으로 운동을 수행하는 과정을 상상하는 것을 말한다. 이러한 심상은 통증과 부상에 대처하는 데도 도움이 된다.

03 〈보기〉 중 내적 동기를 향상하는 전략으로 옳은 것만을 모두 고른 것은? 기출 18·21·24

㉠ 성공 경험을 갖게 한다.
㉡ 언어적, 비언어적 칭찬을 자주 한다.
㉢ 팀의 의사결정에 선수를 참여시킨다.
㉣ 물질적 보상과 처벌을 주로 활용한다.
㉤ 최대한 높은 결과목표를 설정하여 도전하게 한다.

① ㉠, ㉡, ㉢
② ㉠, ㉡, ㉣
③ ㉡, ㉢, ㉣
④ ㉢, ㉣, ㉤

해설
외적 동기는 외부에서 제공되는 보상이나 처벌과 같은 요인에 의해 유발되는 동기를 의미하며 ㉣과 ㉤은 이러한 외적 동기를 향상하는 전략에 해당한다.

04 목표 설정 원리로 적절하지 않은 것은? 기출 23

① 수행목표보다 결과목표를 강조한다.
② 구체적이고 객관적인 목표를 설정한다.
③ 부정적인 목표보다 긍정적인 목표를 강조한다.
④ 단기목표, 중기목표, 장기목표를 함께 설정한다.

해설
목표 설정 원리는 결과목표보다 수행목표를 강조한다.

목표 설정 원리
- 수행목표 설정
- 구체적이고 객관적인 목표 설정
- 단기·중기·장기목표의 연계 설정
- 도전이면서도 성취 가능한 목표 설정
- 부정적인 목표보다 긍정적인 목표 강조
- 팀 목표와 개인 목표를 충분히 검토하여 적절한 목표 설정

05 〈보기〉가 설명하는 가설은?

> 운동은 세로토닌, 노르에피네프린, 도파민과 같은 신경전달물질 분비를 증가시켜 우울증을 개선한다.

① 열발생 가설
② 모노아민 가설
③ 사회심리적 가설
④ 생리적 강인함 가설

해설
② 모노아민 가설 : 운동이 우울증에 효과가 되는 근거를 설명하는 가설로, 운동이 세로토닌, 노르에피네프린, 도파민과 같은 신경전달물질 분비를 증가시켜 우울증을 개선한다고 본다.
① 열발생 가설 : 사우나 등 체온을 높이는 요법이 이완 효과가 있는 것처럼 운동을 하면 체온이 상승하기 때문에 불안 감소의 심리적인 효과가 있다고 설명하는 가설이다.
③ 사회심리적 가설 : 운동이 실제로 효과가 있다기보다 효과가 있다는 믿음 때문에 효과가 나타나는 위약 효과로 보는 가설이다.
④ 생리적 강인함 가설 : 운동이 상태불안과 특성불안을 감소시키는 이유를 심리·생리적 측면에서 설명하는 가설로, 스트레스에 자주 노출되면 대처 능력이 좋아지고 정서적으로 안정되기 때문에 불안이 낮아진다고 본다.

정답 02 ④ 03 ① 04 ① 05 ②

06 〈보기〉에 해당하는 학자는?

- 주요 활동은 1921~1938년
- 최초로 스포츠심리학 실험실 설립
- 북미 스포츠심리학의 아버지라고 불림
- 시카고 컵스 야구팀 스포츠심리 상담사
- 코칭심리학(Psychology of Coaching, 1926) 책 출판

① 프랭클린 헨리(Franklin Henry)
② 콜먼 그리피스(Coleman Griffith)
③ 레이너 마틴즈(Rainer Martens)
④ 노먼 트리플렛(Norman Triplett)

해설
콜먼 그리피스
미국의 교육 심리학 교수로 1920~1930년대 스포츠심리학 연구에서 선구자 역할을 하였다. 그는 스포츠 선수들의 심리적·생리학적 특성 이해 등 자신이 연구한 여러 주제를 코치들과 선수들에게 적용함으로써 스포츠심리학을 한 단계 발전시켰다. 최초로 스포츠심리학 실험실을 설립하였고 시카고 컵스 야구팀 스포츠심리 상담사로 활동하기도 하였다. 그는 이러한 업적으로 스포츠심리학의 아버지라고 불린다.

07 그림에서 ㉠의 고원현상에 관한 설명으로 옳지 않은 것은?

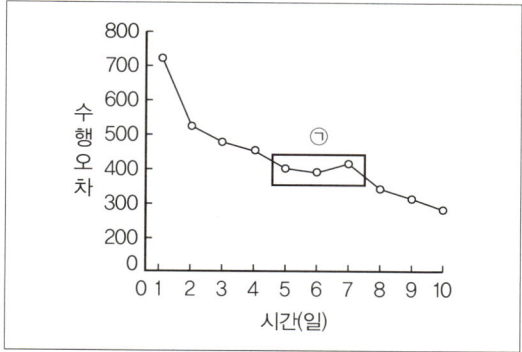

① 수행은 정체되지만, 학습은 진행된다.
② 연습 기간에 쌓인 피로나 동기 저하로 인해서 발생할 수 있다.
③ 협응 구조가 완성되어 더 이상의 질적인 변화가 없는 시기이다.
④ 하나의 동작 유형에서 다른 동작 유형으로 전환이 발생하는 시기이다.

해설
고원현상은 운동 과정에서 처음에는 실력이 빠르게 향상되다가 어느 순간 정체되는 현상으로 협응 구조가 형성되는 과정이며 질적인 변화가 계속 나타나는 시기이다.

08 루틴(Routine)에 관한 설명으로 적절하지 않은 것은?

① 다음 수행을 준비할 때 도움이 된다.
② 경기 직전에 수정하면 경기력 향상에 도움이 된다.
③ 정신이 산만해질 때 운동과 무관한 것을 차단해 준다.
④ 최고의 경기력을 위해 필요한 자신만의 심리적·행동적 절차이다.

해설
루틴이란 선수들이 최상의 운동 수행을 발휘하는 데 필요한 이상적인 상태를 갖추기 위한 자신만의 고유한 동작이나 절차를 의미한다. 루틴은 운동 수행에 앞서 사전에 설정된 수행 과정을 제공함으로써 일관된 운동 수행을 돕고, 경기 당일에는 루틴 변경을 방지한다.

정답 06 ② 07 ③ 08 ②

09 〈보기〉가 설명하는 심리기술훈련은?

- 1958년 월피(J. Wolpe)가 개발함
- 불안을 일으키는 상황을 중요도 순서에 따라 10단계 정도를 준비함
- 불안이 낮은 순서부터 극도의 불안을 일으키는 중요도가 높은 순서로 배열하고 훈련함
- 불안이나 스트레스를 유발하는 자극에 노출될 때 불안반응 대신 편안한 반응을 나타냄으로써 불안이나 스트레스를 감소하는 기법임

① 자생훈련(Autogenic Training)
② 점진적 이완(Progressive Relaxation)
③ 인지 재구성(Cognitive Restructuring)
④ 체계적 둔감화(Systematic Desensitization)

해설
④ 체계적 둔감화 : 불안을 적게 느끼는 상황부터 불안을 많이 느끼는 상황의 단계를 개발한 후 각각의 단계에서 불안을 극복하도록 유도하여 결국 불안을 가장 많이 느끼는 상황을 극복하도록 독려하는 심리기술훈련이다.
① 자생훈련 : 신체 부위의 따뜻함과 무거움을 느끼게 해주는 일련의 동작으로, 근육에 대조되는 두 느낌을 느낀다는 점에서 점진적 이완과 유사한 심리기술훈련이다.
② 점진적 이완 : 신체 모든 부위를 인위적으로 긴장시키고 긴장 상태에서 이완하는 과정을 통해 근육의 수축과 이완의 느낌을 체험하게 하는 심리기술훈련이다.
③ 인지 재구성 : 부정적인 생각을 긍정적인 생각으로 대체하는 방법과 관련된 인지적인 기법으로, 자기가 걱정하고 있는 것이 과연 자신이 통제할 수 있는 것인지를 인식한 다음, 자신이 통제할 수 있는 것에 대해서만 신경을 쓰고 그렇지 못한 것은 걱정하지 않도록 하는 심리기술훈련이다.

10 〈보기〉의 스포츠 상황과 반응 시간 유형이 바르게 연결된 것은?

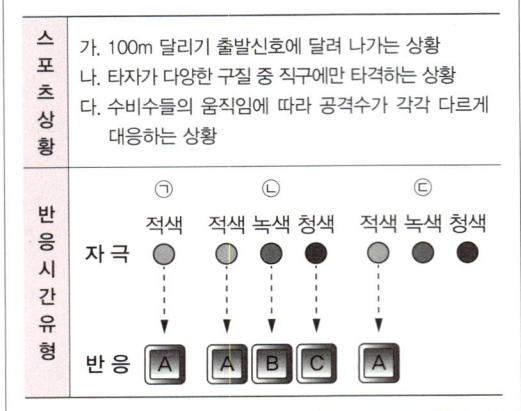

	가	나	다
①	㉠	㉡	㉢
②	㉠	㉢	㉡
③	㉡	㉢	㉠
④	㉢	㉠	㉡

해설
반응 시간의 유형
- 단순반응(자극 1, 반응 1) : 하나의 자극 신호가 주어지고, 하나의 반응을 요구하는 경우
- 변별반응(자극 2, 반응 1) : 두 개 이상의 자극이 주어졌을 때, 어느 특정 자극에 반응하는 경우
- 선택반응(반응 2 이상, 자극 2 이상) : 두 개 이상의 자극이 주어졌을 때, 각 자극에 대한 서로 다른 반응을 요구하는 경우

11 스포츠심리상담사의 상담 윤리에 관한 설명으로 옳은 것은?
기출 17·19·20·21·24

① 내담자와 상담실 밖에서 사적인 관계를 유지한다.
② 비언어적 메시지보다 언어적 메시지에만 집중한다.
③ 알고 지내는 사람과 전문적인 상담을 진행하지 않는다.
④ 상담 내용은 내담자의 동의가 없어도 타인과 공유할 수 있다.

해설
① 특수 상황이 아니면 내담자와 사적 관계를 유지해서는 안 된다.
② 언어적 메시지와 비언어적 메시지 둘 다에 집중한다.
④ 상담 내용은 내담자의 동의가 있어야 타인과 공유할 수 있다.

09 ④ 10 ② 11 ③ **정답**

12 추동 이론(Drive Theory)에 관한 설명으로 옳은 것은?

① 각성 수준과 운동 수행은 비례한다.
② 각성을 어떻게 해석하느냐에 따라 각성과 정서의 관계가 달라진다.
③ 인지적 불안과 신체적 불안이 각성 수준에 따라 수행에 다르게 영향을 미친다.
④ 적절한 각성 수준에서는 최고의 수행을 보이고 각성 수준이 낮거나 높으면 운동 수행이 감소한다.

해설
① 추동 이론(욕구 이론)은 운동 수행의 결과가 경쟁불안의 정도인 각성 수준과 비례하여 증가한다는 이론이다.
② 전환 이론(반전 이론)에 대한 설명이다.
③ 다차원적불안 이론에 대한 설명이다.
④ 적정각성 수준 이론(역U가설)에 대한 설명이다.

13 〈보기〉의 ㉠, ㉡에 해당하는 용어가 바르게 나열된 것은?

| 교 사 : 줄다리기의 경우, 집단이 내는 힘의 총합은 개인의 힘을 모두 합친 것보다 작아지게 된다. 이것을 (㉠) 효과라고 해. |
| 학 생 : "나 하나쯤이야." 하는 생각 때문에 힘을 덜 쓰는 거 같아요. |
| 교 사 : 게으름을 피우는 사람으로 인해 집단 내에 동기의 손실이 생기는데 이것을 (㉡)이라고 해. |

	㉠	㉡
①	링겔만	사회적 태만
②	링겔만	사회적 촉진
③	플라시보	사회적 태만
④	플라시보	사회적 촉진

해설
링겔만 효과 - 사회적 태만 현상
- 모일수록 책임감이 분산되는 현상
- 집단의 잠재 능력에 비해 실제 능력이 줄어드는 이유는 각자의 동기가 줄어들기(동기 손실) 때문
- 원인으로는 할당 전략, 최소화 전략, 무임승차 전략, 반무임승차 전략 등이 있음

정답 12 ① 13 ① 14 ④ 15 ③

14 질문지 측정법 도구가 아닌 것은?

① POMS(Profile of Mood States)
② MBTI(MyersBriggs Type Indicator)
③ 16PF(16 Personality Factor Questionnaire)
④ 주제통각검사(Thematic Apperception Test)

해설
주제통각검사는 개인의 성격과 환경 간의 관계를 밝히고자 하는 심리 검사 도구로, 내담자에게 그림(카드)을 제시하고 내담자가 그 그림을 자유롭게 해석할 수 있게 하여 그림에 투사된 욕구나 동기를 알아보고자 하는 투사법 검사이다.

15 그림에서 무관심 단계의 운동 실천 전략으로 가장 적절한 것은?

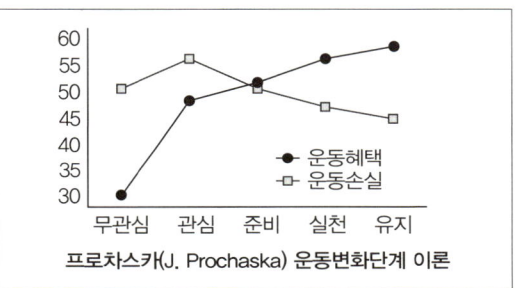

프로차스카(J. Prochaska) 운동변화단계 이론

① 장시간 고강도 운동에 참여하도록 조언한다.
② 다른 사람의 운동 멘토 역할을 하도록 한다.
③ 운동의 긍정적 효과에 관한 정보를 제공한다.
④ 운동중독의 위험성에 관한 자료를 공유한다.

해설
프로차스카 운동변화단계 이론

단계 구분	행동 변화의 형태	변화 전략
계획 전 단계 (무관심)	현재 운동을 하지 않으며, 6개월 이내에 운동을 시작할 의도가 없음	행동 변화의 필요성 인식 유도
계획 단계 (관심)	현재 운동을 하지 않지만, 6개월 이내에 운동을 시작할 의도가 있음	행동의 동기부여, 구체적 계획을 세우도록 격려
준비 단계	현재 운동을 하지 않지만, 1개월 이내에 운동을 시작할 의도가 있음	구체적 행동계획 개발, 실천 교육
실천 단계	운동하고 있지만 6개월이 아직 안 되었음	피드백, 문제해결책, 사회적 지지
유지 단계	중간 정도 강도로 매일 30분씩 6개월 이상 운동하고 있음	사회적 지지, 추후 관리

16 본능 이론(Instinct Theory)에 관한 설명으로 옳은 것은?

① 인간은 목표 달성이 좌절되면 공격성을 표출한다.
② 인간은 사회적 행위와 관찰학습으로 공격성을 배우고 표출한다.
③ 인간의 내부에는 공격성을 유발하는 에너지가 있어 공격성을 표출한다.
④ 인간은 목표가 좌절되면 무조건 공격행동을 유발하지 않고, 공격 행동이 적절하다는 단서가 있을 때 공격성을 표출한다.

해설

공격성 이론
- 사회학습 이론 : 환경에서 관찰과 강화로 공격 행동을 학습한다.
- 본능 이론 : 인간의 내부에는 공격성을 유발하는 에너지가 존재하며, 본능적으로 분출되어 나오는 공격에너지가 공격 행동을 일으킨다.
- 좌절–공격 가설 이론 : 좌절(목표를 추구하는 행위가 방해받는 경험)이 공격 행동을 유발한다.
- 수정된 좌절–공격 가설 이론(단서촉발 이론) : 좌절이 무조건 공격 행동을 유발하지 않고, 공격 행동이 적절하다는 외부적 단서가 있을 때 나타난다.

해설

베일리(R. Vealey)의 스포츠 자신감 이론
- 스포츠 자신감은 개인이 스포츠에서 성공할 수 있는 능력이 있다는 믿음이나 확신 정도를 말한다.
- 객관적 경쟁 상황에서 운동선수들은 특성 스포츠 자신감과 경쟁을 지향한다.
- 상태 스포츠 자신감은 수행이나 명백한 행동 반응을 예언한다.
- 특성 스포츠 자신감과 경쟁 지향성이 높은 사람 → 상태 스포츠 자신감이 높다. → 행동에 있어서의 만족감, 성공감, 개인의 주관적 정서와 판단을 결정하는 데 영향을 미친다.
- 스포츠 자신감은 특성 스포츠 자신감과 상태 스포츠 자신감으로 구분한다.
- 스포츠 자신감의 원천으로 성취 경험, 사회적 분위기, 자기조절 등이 있다.

17 〈보기〉의 ㉠~㉢에 해당하는 베일리(R. Vealey)의 스포츠 자신감 원천을 바르게 연결한 것은?

> ㉠ 시합에서 좋은 성과를 낸다.
> ㉡ 주변 사람들이 나를 믿어준다.
> ㉢ 시합에 필요한 체력, 전략, 정신력을 갖춘다.

	㉠	㉡	㉢
①	성취 경험	자기조절	사회적 분위기
②	자기조절	사회적 분위기	성취 경험
③	성취 경험	사회적 분위기	자기조절
④	사회적 분위기	성취 경험	자기조절

18 주의집중을 높이는 방법으로 가장 적절한 것은?

① 테니스 선수가 경기 중 루틴을 변경해 서브를 시도한다.
② 야구 선수가 지난 이닝의 수비 실책을 생각하면서 수비한다.
③ 멀리뛰기 선수가 1등의 최고 기록을 직접 확인하고 도움닫기를 한다.
④ 골프 선수가 실제 시합과 유사한 상황을 만들어 놓고 모의훈련을 한다.

해설

④ 주의집중이란 연습이나 시합에 임할 때 수행해야 할 기술 또는 유의해야 할 경기 상황 외에 다른 어떤 것에도 신경 쓰지 않고 집중하는 상태를 말한다. 주의집중을 높이는 훈련으로는 심상훈련, 참선훈련, 격자판 훈련, 모의훈련, 신뢰훈련 등이 있다.

16 ③ 17 ③ 18 ④

19 지도자의 처벌 행동 지침으로 옳은 것은?

① 처벌이 필요한 경우에는 처벌의 이유를 정확하게 말한다.
② 동일한 규칙을 위반하면 주장과 상급 학년 선수부터 처벌한다.
③ 규칙 위반에 대한 처벌 규정을 정할 때 선수의 의견은 반영하지 않는다.
④ 처벌이 필요할 때는 단호함을 보여주고 전체 선수 앞에서 본보기로 삼는다.

해설

와인버그(R. S. Weinberg)와 굴드(D. Gould)의 처벌 행동 지침
- 사람이 아니라 행동을 처벌한다.
- 처벌이 필요한 경우에는 처벌의 이유를 정확하게 말한다.
- 동일한 규칙 위반에 대해 누구에게나 동일하게 처벌한다.
- 규칙 위반에 관한 처벌 규정을 만들 때 선수의 의견을 반영한다.
- 신체활동을 처벌로 이용하지 않는다.
- 개인적인 감정으로 처벌하지 않는다.
- 전체 선수나 학생 앞에서 개인 선수에게 창피를 주지 않는다.
- 처벌이 필요할 때에는 단호함을 보여야 한다.

20 〈보기〉는 맥락간섭의 양에 따른 연습 형태이다. ㉠~㉢에 해당하는 코치를 바르게 나열한 것은?

	㉠	㉡	㉢
①	A코치	B코치	C코치
②	B코치	C코치	A코치
③	C코치	A코치	B코치
④	A코치	C코치	B코치

해설

맥락간섭이란 연습 시 개입된 사건이나 경험으로 인하여 발생하는 문제 때문에 학습이나 기억이 방해받는 현상을 말하며, 운동 기술을 연습하는 상황에서 운동 기술에 포함된 하위 요소 간에 간섭 현상이 발생하는 현상을 맥락간섭 효과라고 한다.

맥락간섭의 양에 따른 연습 형태

무선연습	• 운동 기술에 포함된 하위 요소들을 순서에 상관없이 무작위로 연습하는 방법 • 맥락간섭 효과가 높기 때문에 파지와 전이에 효과적인 연습법
구획(분단)연습	• 운동 기술에 포함된 변인을 나눈 후 각각 주어진 시간 동안 연습하는 방법 • 맥락간섭 효과가 낮기 때문에 연습 수행에 효과적인 연습법
계열연습	불연속적 운동 기술을 연속적으로 연결하여 연습하는 방법

정답 19 ① 20 ④

제4과목　한국체육사

01 고구려의 씨름에 관한 물적 사료는?

① 『경국대전(經國大典)』
② 각저총(角抵塚) 벽화
③ 무녕왕릉(武寧王陵) 벽화
④ 김홍도(金弘道)의 「씨름」 풍속화

해설

연구 사료 중 물적 사료는 유물·유적 등의 유산을 가리킨다. 고구려의 씨름에 관한 물적 사료는 각저총의 벽화이다. 각저총의 벽화는 고구려 시대 무덤 안 벽에 그려진 그림이며, 각저(角觝)는 두 사람이 맨손으로 허리의 띠를 맞잡고 힘과 기를 겨루어 넘어뜨리는 경기로 씨름과 비슷한 신체 활동이다.

02 〈보기〉에서 체육사관(體育史觀)에 관한 옳은 설명을 모두 고른 것은?

> ㉠ 체육과 스포츠의 역사에 관한 견해, 관념 등을 의미한다.
> ㉡ 체육과 스포츠의 역사적 사실이나 사건 등을 기록한 것이다.
> ㉢ 진보사관, 순환사관 등에 따라 체육사적 해석이 다른 경우도 있다.
> ㉣ 체육과 스포츠의 역사 서술과 역사가의 견해 형성에 바탕이 되기도 한다.

① ㉠, ㉡
② ㉡, ㉢
③ ㉠, ㉡, ㉣
④ ㉠, ㉢, ㉣

해설

㉡ 사료에 대한 설명에 해당한다. 사료는 역사를 고찰하는 단서가 된다.

체육사관(體育史觀)
- 체육과 스포츠의 역사에 대한 견해, 해석, 관념, 사상 등을 의미
- 유물 사관, 관념 사관, 진보 사관, 순환 사관 등이 있으며, 이에 따라 체육사적 해석이 다를 때도 있음
- 체육 역사가의 관점으로 다양한 과거의 역사적 사실을 해석
- 체육과 스포츠의 역사 서술과 역사가의 견해 형성에 바탕이 됨

03 부족국가 시대에 신체활동이 이루어진 행사가 아닌 것은?

① 대향사례(大鄕射禮)
② 성년의식(成年儀式)
③ 주술의식(呪術儀式)
④ 제천행사(祭天行事)

해설

① 대향사례(大鄕射禮)는 유교의 예(禮) 중 하나로 조선 시대 유교적 질서 안에서 이루어진 예의 체육 행사이다.
② 부족국가 시대 때 시행된 성년의식(成年儀式)은 젊은 청년들의 힘과 용기를 시험하는 과정으로 청년들이 나무를 메고 운송하는 등 신체적인 능력을 발휘하였다.
③ 부족국가 시대에는 애니미즘과 샤머니즘과 같은 주술의식을 통해 신체활동이 이루어졌다.
④ 부족국가 시대에는 농경생활로 정착되어 동맹, 영고, 무천 등 제천행사를 시행하면서 각종 무예나 힘을 겨루는 신체활동이 행해졌다.

04 신라 화랑도의 체육 활동과 사상에 관한 설명으로 옳지 않은 것은?　기출 16·17·18·20·21·22·23

① 무예 활동을 통한 덕(德)의 함양
② 효(孝)와 신(信) 등의 윤리를 강조
③ 무과 별시(別試) 응시를 위한 무예 수련
④ 무사정신과 임전무퇴의 군사주의 체육 사상을 내포

해설

③ 화랑도는 청소년 수련 단체로, 단체생활을 통한 심신 연마와 무예 수련을 통한 인재 양성이 목적이었다.

화랑도의 체육 활동과 사상
- 신체의 미(美)와 탁월성 중시
- 불국토 사상 – 편력 활동과 연계
- 심신일체론에 바탕을 둔 신체관
- 세속오계(도의교육의 핵심)와 군사주의 체육 사상 내포
- 효(孝)와 신(信) 등의 윤리 강조
- 무예 활동을 통한 덕(德)의 함양

정답　01 ②　02 ④　03 ①　04 ③

05 〈보기〉의 ㉠~㉢에 들어갈 용어는?

> 고구려에 관한 사료인 (㉠)에 따르면, "풍속에 독서를 즐긴다. 천민의 집까지 이르는 거리에 큰 집을 지어 이를 (㉡)이라고 한다. 여기서 미혼의 자제들이 밤새워 책을 읽으며 (㉢)을/를 익힌다."라고 하였다.

	㉠	㉡	㉢
①	『구당서(舊唐書)』	경당(扃堂)	각저(角抵)
②	『구당서(舊唐書)』	경당(扃堂)	궁술(弓術)
③	『삼국지(三國志)』	학당(學堂)	각저(角抵)
④	『삼국지(三國志)』	학당(學堂)	궁술(弓術)

해설
『구당서(舊唐書)』에 따르면, "고구려의 풍속은 책 읽기를 좋아하며, 허름한 서민의 집에 이르기까지 거리에 큰 집을 지어 이를 경당이라고 하고, 미혼의 자제들이 여기에서 밤낮으로 독서하고 활쏘기(궁술)를 익힌다."라고 되어 있다.

06 고려의 민속놀이에 관한 설명으로 옳은 것은?

① 석전(石戰) : 공놀이
② 추천(鞦韆) : 널뛰기
③ 풍연(風鳶) : 연날리기
④ 축국(蹴鞠) : 그네뛰기

해설
③ 풍연은 서민들의 스포츠로 연날리기를 말한다.
① 석전 : 돌싸움
② 추천 : 그네뛰기
④ 축국 : 발 공놀이

07 〈보기〉에서 방응(放鷹)에 관한 설명을 모두 고른 것은?

> ㉠ 매를 조련하여 수렵에 활용하였다.
> ㉡ 응방도감(鷹坊都監)에서 관장하였다.
> ㉢ 무예 훈련의 성격을 띠기도 하였다.
> ㉣ 삼국시대에도 전담하는 관청이 있었다.

① ㉠, ㉡, ㉢
② ㉠, ㉢, ㉣
③ ㉠, ㉡, ㉣
④ ㉡, ㉢, ㉣

해설
㉣ 방응은 삼국시대에도 있었으나 고려 후기에 크게 번성하여 관리 관청인 응방도감이 설치되어 체계적으로 관리되었다.

08 조선시대의 훈련원(訓鍊院)에 관한 설명으로 옳지 않은 것은?

기출 18·23

① 국왕의 친위 부대였다.
② 군사의 시재(試才)를 담당하였다.
③ 무예 교육과 훈련을 담당하였다.
④ 『무경칠서(武經七書)』 등의 병서 습득을 장려하였다.

해설
훈련원은 국왕의 친위 부대가 아니라 공식적 무예교육기관이다.
훈련원(訓鍊院)
- 조선시대 무인 양성과 관련된 공식적인 교육기관
- 활쏘기, 마상무예 훈련 등을 실시
- 『무경칠서(武經七書)』, 『병장설(兵將說)』 등의 병서 습득 장려
- 군사의 시재(試才) 담당

정답 05 ② 06 ③ 07 ① 08 ①

09 〈보기〉에서 『활인심방(活人心房)』에 관한 옳은 설명을 모두 고른 것은?

> ㉠ 『활인심(活人心)』을 근거로 하였다.
> ㉡ 도인법(導引法)은 신체 단련 방법이다.
> ㉢ 조선시대에 간행된 보건 실용서이다.
> ㉣ 양생지법(養生之法)과 도인법 등을 다루고 있다.

① ㉠, ㉡
② ㉢, ㉣
③ ㉠, ㉡, ㉢
④ ㉠, ㉡, ㉢, ㉣

해설

『활인심방(活人心房)』
- 조선시대 퇴계 이황이 명나라 주권의 도가서 『활인심(活人心)』을 근거로 간행된 보건 실용서
- 정신건강법 : 중화탕(마음으로 먹는 약탕), 환기환(마음으로 먹는 약재환), 치심(마음을 다스리는 법)
- 신체건강법 : 양생지법(호흡운동 및 생활방식), 도인법(호흡 및 신체운동), 거병연수육자결 및 사계양생가(호흡과 소리로 하는 양생법), 양오장법(건강체조법), 보양정신(몸을 보호하는 정신), 보양음식(몸을 보호하는 음식)

10 조선시대의 식년무과(式年武科)에 관한 설명으로 옳은 것은?

① 소과(小科)와 대과(大科)로 구분하여 실시하였다.
② 초시(初試), 복시(覆試), 전시(殿試)의 단계로 실시하였다.
③ 초시(初試), 복시(覆試), 전시(殿試)에는 강서 시험을 포함하였다.
④ 전시(殿試)는 목전, 철전, 기사, 기창, 격구 등 무예 종목을 실시하였다.

해설

①·② 조선시대의 식년무과(式年武科)는 초시, 복시, 전시의 3단계로 이루어지고 소과와 대과의 구분이 없었다.
③ 강서 시험은 복시에만 해당되는 시험이다.
④ 최종시험인 전시(殿試)에서는 격구(기격구, 보격구)를 실시하였다.

11 〈보기〉의 설명에 해당하는 체조는?

> 개화기 학교에서는 정규과목으로 체조가 편성되었으며 연령과 성별에 따라서 다양하게 실시되었다. 당시의 체조는 군사적 목적을 고려하여 규율에 반응하는 신체를 만드는 데 유효한 방법이었다.

① 유희체조
② 병식체조
③ 리듬체조
④ 기공체조

해설

체조는 개화기 학교체육 제3기(1905~1910) 근대 체육의 정립기 때 체육이 정식 교과목으로 채택되며 필수 과목으로 자리 잡았다. 특히 기독교계 사립학교와 일반학교 체계에서 군사훈련을 모델로 한 병식체조가 정규 교과로 편성되었다. 병식체조는 체력 증진보다는 군사적 단련과 충성심 함양을 목표로 하였다.

12 〈보기〉에 해당하는 시기는?

> 황국신민체조와 함께 검도, 유도, 궁도 등을 여학생에게 실시하게 한 것은 일본의 군국주의를 드러낸 것이었다. 학교체육의 성격은 점차 교련에 가까워졌다.

① 무단통치기
② 민족말살기
③ 문화통치기
④ 체조교습기

해설

민족말살기(1931~1945)
일본에 의해 황국신민체조가 도입되었고 전시동원체제에 맞는 학제로 개편하여 체육의 군사화를 실시하였다. 또한, 체조과를 체련과로 변경하는 등 학교체육을 점차 교련화하였다.

정답 09 ④ 10 ② 11 ② 12 ②

13 〈보기〉에서 문곡(文谷) 서상천(徐相天)의 활동을 모두 고른 것은?

> ㉠ 우리나라에 역도를 도입하였다.
> ㉡ 조선체력증진법연구회를 설립하였다.
> ㉢ 『현대체력증진법』, 『현대철봉운동법』 등을 발간하였다.
> ㉣ 조선체육회의 임원으로 병식체조를 개선한 교육체조를 가르쳤다.

① ㉠, ㉡
② ㉡, ㉢
③ ㉠, ㉡, ㉢
④ ㉠, ㉡, ㉢, ㉣

해설

서상천
- 1923년 일본체육회 체조학교 졸업
- 1926년 역도 국내 도입
- 1926년 휘문고등보통학교 체육 교사 역임
- 조선체력증진법연구회 설립
- 대한조협회 회장, 대한씨름협회 회장 역임
- 『현대체력증진법』, 『현대철봉운동법』 등을 발간

14 〈보기〉의 설명에 해당하는 교육기관은?

> 이 교육기관은 개항 이후에 일본인의 세력에 대응하고자 설립되었다. 무예반에는 병서와 사격 과목이 편성되었고, 무예반의 비중이 컸다는 점에서 무비자강(武備自强)을 지향했다고 할 수 있다.

① 무예학교
② 원산학사
③ 배재학당
④ 경신학당

해설

원산학사(1883)
- 정현석, 어윤중 등이 추진한 한국 최초의 근대식 학교
- 무비자강(武備自强)을 강조하고 교과 과정에 전통무예 포함
- 문사 양성을 위한 문예반(50명)과 무사 양성을 위한 무예반(200명) 개설
- 무사 양성에 주력하여 무예반에서 별군관 양성
- 서양식 교육 체계를 도입하여 우리나라 근대 교육의 초석을 다지는 데 중요한 역할
- 교과과정은 산수, 과학, 기계, 농업 등의 실용 과목과 경서, 병서 등으로 구성

15 1991년에 있었던 남북한 단일팀의 국제대회 참가에 관한 설명으로 옳지 않은 것은?

① 단일팀은 '코리아', 'KOREA'라는 명칭을 사용하였다.
② 제6회 포르투갈 세계청소년축구대회에서 8강에 진출하였다.
③ 제41회 지바 세계탁구선수권대회의 여자단체전에서 우승하였다.
④ 제24회 서울 올림픽경기대회 중에 열린 남북회담을 계기로 이루어졌다.

해설

① · ④ 1991년 남북체육회담에서 각종 국제대회에 참가할 단일팀 구성에 합의하였다. 1991년 4월 지바에서 열린 제41회 세계탁구선수권대회와 6월 포르투갈에서 열린 제6회 세계청소년축구대회에 남북단일팀을 구성하여 '코리아', 'KOREA'란 이름으로 출전하였다.
② 1991년 제6회 포르투갈 세계청소년축구대회에 청소년 대표팀이 남북 단일팀으로 참가하여 8강에 진출하였다.
③ 1991년 제41회 지바 세계탁구선수권대회에 남북 단일팀으로 참가한 코리아 팀은 여자 단체전에서 세계를 제패하였다.

16 제5공화국의 스포츠 정책으로 옳지 않은 것은?

① 태릉선수촌이 건립되었다.
② 국군체육부대를 창설하였다.
③ 제10회 서울 아시아경기대회를 개최하였다.
④ 야구, 축구, 씨름의 프로리그가 시작되었다.

해설

① 태릉선수촌은 1966년 도쿄올림픽 이후 대한체육회가 우수 선수의 지속적인 강화훈련을 위해 건립하였다.

정답 13 ③ 14 ② 15 ④ 16 ①

17 광복 이후 우리나라 선수단이 최초로 참가한 올림픽경기대회는?

① 제14회 런던 하계올림픽경기대회
② 제6회 오슬로 동계올림픽경기대회
③ 제15회 헬싱키 하계올림픽경기대회
④ 제5회 생모리츠 동계올림픽경기대회

해설
④ 1948년 1월 제5회 생모리츠 동계올림픽경기대회는 우리나라가 광복 이후 대한민국 국호와 태극기를 들고 최초로 참가한 대회로 세 명의 선수가 출전하였다.
① 1948년 7월 제14회 런던 하계올림픽경기대회는 우리나라 선수단은 국가 명칭을 '코리아'로 하여 처음 참가하였고, 김성집 선수가 역도에서 대한민국 최초 메달(동)을 획득하였다.
② 1952년 제6회 오슬로 동계올림픽경기대회는 6.25 전쟁으로 8.15 광복 이후 대한민국 선수단이 참가하지 못한 유일한 동계 올림픽이다.
③ 1952년 제15회 헬싱키 하계올림픽경기대회는 우리나라가 6.25 전쟁 중임에도 불구하고 육상·역도·복싱·사이클·레슬링·승마 6개 종목에 참가하여 동메달 2개를 획득하였다.

18 광복 이후 제5공화국까지의 체육에서 나타난 사상적 특징으로 옳지 않은 것은?

① 우수선수의 육성을 우선하는 엘리트주의가 나타났다.
②「국민체육진흥법」의 국위선양은 국가주의를 나타낸다.
③ 국가 주도의 강한 신체 훈련을 앞세우는 실존주의가 나타났다.
④ 건전하고 강인한 국민성의 함양을 강조하는 건민주의가 나타났다.

해설
광복 이후 체육사상
• 건민주의 : 건전한 정신과 강인한 체력 육성으로 강인한 국민성 함양
• 국가주의 · 엘리트주의
 - 국가주의(민족주의)적 이데올로기가 내재된 체육(국민 통합 수단)
 - 국위선양을 위한 엘리트 체육 육성
 - 국민 모두의 생활체육을 강조한 스포츠 대중화 지향

19 '국민생활체육진흥종합계획(호돌이 계획)'의 내용으로 옳은 것은?

① 제24회 서울 올림픽경기대회를 대비하고자 추진되었다.
②「국민체육진흥법」을 제정하여 스포츠 클럽을 체계적으로 관리하였다.
③ 국민생활체육협의회의 창설과 직장체육 프로그램의 보급이 이루어졌다.
④ 전문체육 육성을 위한 국가대표 연금과 우수선수 병역 혜택의 제도가 도입되었다.

해설
국민생활체육진흥종합계획(호돌이 계획)으로 국민생활체육협의회 창설과 서울올림픽기념생활관이 건립되는 등 생활체육 진흥을 위한 실질적인 정책 기반을 마련하였다.

20 〈보기〉에서 광복 이후 1940년대 말까지 체육의 내용을 모두 고른 것은?

┌─────────────────────────────────────┐
│ ㉠ 미국 '신체육'의 영향을 받았다.
│ ㉡ 일제강점기에 해산되었던 조선체육회가 재건되었다.
│ ㉢ 조선체육동지회의 결성은 민족 체육 재건의 계기가 되었다.
│ ㉣ 학도호국단이 결성되었고, 많은 체육 교사들이 교관으로 활동하였다.
└─────────────────────────────────────┘

① ㉠, ㉡
② ㉡, ㉢
③ ㉠, ㉡, ㉢
④ ㉠, ㉡, ㉢, ㉣

해설
㉠ 광복 이후 우리나라에 미군정이 주둔하면서 체육계는 미국 '신체육'의 영향을 받았다.
㉡·㉢ 1945년 9월 조선체육동지회가 결성되고, 그해 11월 조선체육회를 재건하여 민족 체육 재건의 계기가 되었다.
㉣ 1949년 '대한민국 학도호국단 규정'이 공포되면서 학도호국단이 결성되었고, 각 학교 단장은 대학 총장·학장·학교장이 맡았으며, 교관은 주로 체육 교사들이 맡아서 수행하였다.

17 ④ 18 ③ 19 ③ 20 ④ **정답**

제5과목 운동생리학

01 400m 트랙을 약 60초로 전력 질주 시 가장 많이 기여하는 에너지 공급 시스템에서 1분자의 글루코스(Glucose) 분해로 얻을 수 있는 ATP 수는?

① 2
② 4
③ 16
④ 18

해설
400m 전력 질주 시 근육 속의 포도당(글루코스)이 피루브산으로 분해되는 무산소성 해당과정(Glycolysis)이 일어난다. 이때 1분자의 글루코스가 분해되면서 2분자의 ATP를 얻을 수 있다.

02 중-고강도 운동 시 필요한 ATP 합성에 사용되지 않는 기질(Substrate)은?

① 혈중 알부민
② 혈중 포도당
③ 근육 글리코겐
④ 근육 중성지방

해설
중-고강도 운동 시 혈중 포도당, 근육 글리코겐, 근육 중성지방은 ATP 합성에 사용된다. 혈중 알부민은 혈액 속 혈장단백질로, 혈액의 삼투압 조절과 완충작용 및 운반 작용을 하며, ATP 합성에는 사용되지 않는다.

03 〈보기〉에서 장기간의 무산소 트레이닝에 따른 생리학적 적응으로 옳은 것만을 모두 고른 것은?

㉠ 산화 능력 증가
㉡ 근육의 수축 속도 증가
㉢ 미토콘드리아 밀도 증가
㉣ PCr 또는 PFK 효소의 양 및 활성도 증가

① ㉠, ㉡
② ㉡, ㉣
③ ㉠, ㉡, ㉣
④ ㉠, ㉢, ㉣

해설
㉠과 ㉢은 유산소 트레이닝에 의한 적응 현상에 해당한다.
장기간의 무산소 트레이닝에 대한 적응
• 근비대와 근력의 증가
  - 속근섬유(FT섬유)의 근비대
  - 근육의 수축 속도 증가
  - 근력의 증가로 피로에 견디는 능력 향상
• ATP-PCr 시스템과 해당과정 시스템에 관련된 효소(PFK) 활성화

04 〈보기〉에서 설명하는 에너지 대사 과정은?

기출 17·18·19·20·21·24

• 무산소성 에너지 시스템이다.
• 에너지 투자와 에너지 생산 단계로 구성된다.
• 대사 과정의 최종 산물로 피루브산염 또는 젖산염을 생성한다.

① 지방분해(Lipolysis)
② 해당과정(Glycolysis)
③ 동화작용(Anabolism)
④ 산화적 인산화(Oxidative Phosphorylation) 과정

해설
해당과정
무산소성 에너지 시스템으로, 근육 속의 포도당(글루코스)이 피루브산(Pyruvate)으로 분해되는 과정을 의미한다. 포도당이 피루브산으로 분해될 때는 2분자의 ATP가 소모(에너지 투자)되어 4분자의 ATP가 생성(에너지 생성)되므로 결과적으로 2분자의 ATP가 생성되게 된다. 이때 피루브산은 산소가 불충분 시 젖산으로 전환되어 축적되는 젖산 시스템이 일어난다.

정답 01 ① 02 ① 03 ② 04 ②

05 〈보기〉에서 설명하는 감각수용기는?

- 주동근의 수축을 억제한다.
- 근육 손상을 예방하는 기능을 한다.
- 근육-건 복합체의 장력 변화를 감지한다.

① 근방추
② 파치니소체
③ 골지건기관
④ 마이스너소체

해설

골지건기관(건방추)
- 수용기가 활성되면 주동근의 수축을 억제
- 저항성 운동에 중요한 역할
- 근육-건(힘줄) 복합체의 장력 변화 감지
- 장력을 억제하여 잠재적 위험성 감소, 근육 손상 예방 기능

06 〈보기〉에서 장기간 유산소 트레이닝에 의한 생리적 적응 현상으로 옳은 것만을 모두 고른 것은?

기출 17·20·21·23

㉠ 좌심실 용적 증가
㉡ 마이오글로빈 함유량 증가
㉢ 1회 박출량(Stroke Volume) 증가
㉣ 골격근 내 모세혈관 밀도 증가

① ㉠, ㉡
② ㉠, ㉢, ㉣
③ ㉡, ㉢, ㉣
④ ㉠, ㉡, ㉢, ㉣

해설

㉠·㉡·㉢·㉣ 모두 장기간 유산소 트레이닝에 의한 생리적 적응 현상에 해당한다.

장기간 유산소 트레이닝에 의한 적응
- 심폐조직의 유산소 능력 향상
  - 좌심실의 용적 증가
  - 1회 박출량(Stroke Volume) 증가
  - 혈액량 및 헤모글로빈 증가
- 근육 조직의 유산소성 대사 능력 향상
  - 미토콘드리아 및 마이오글로빈 밀도 증가
  - 근섬유를 둘러싼 모세혈관의 밀도 증가
  - 지근섬유의 비대
  - 산화적 인산화에 관여하는 효소 증가

07 〈보기〉의 골격근 수축 과정에 관한 설명 중 ㉠~㉢에 들어갈 용어로 옳은 것은?

- 활동전위(Action Potential)는 가로세관(T-tubles)으로 이동하여 (㉠)에서 (㉡) 방출을 자극한다.
- (㉠)에서 방출된 (㉡)이 트로포닌(Troponin)과 결합하게 되면 (㉢)의 위치를 이동시켜 마이오신 머리(Myosin Head)와 액틴 필라멘트(Actin Filament)가 강하게 결합하게 한다.

	㉠	㉡	㉢
①	원형질막	아세틸콜린	근절
②	원형질막	칼슘이온	트로포마이오신
③	근형질세망	아세틸콜린	근절
④	근형질세망	칼슘이온	트로포마이오신

해설

골격근 수축 과정
- 골격근막의 활동전위는 가로세관을 타고 이동하여 근형질세망으로부터 칼슘이온(Ca^{2+})의 유리를 자극한다.
- 근형질세망으로부터 방출된 칼슘이온(Ca^{2+})이 트로포닌과 결합하게 되면 트로포마이오신의 위치를 이동시켜 마이오신 머리와 액틴 필라멘트가 강하게 결합하게 한다.
- 액틴과 결합된 마이오신 머리에서 ADP와 P가 방출되고, 액틴이 근섬유 마디 중심으로 미끄러져 들어가 근육이 짧아지며 근수축이 발생한다.

정답 05 ③ 06 ④ 07 ④

08 그림의 산소-헤모글로빈 해리 곡선을 참고하여 〈보기〉에서 옳은 것만을 모두 고른 것은?

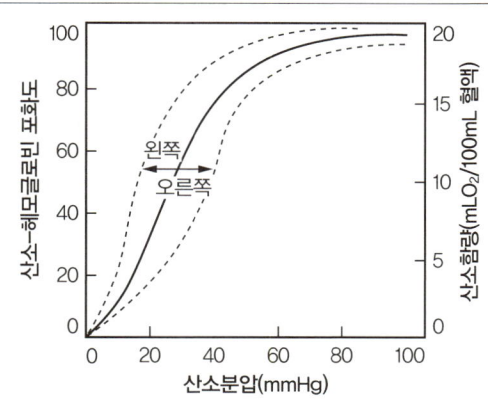

- ㉠ 운동에 의한 체온상승(예 심부온도 상승)은 헤모글로빈의 산소 친화력(Affinity)을 높인다.
- ㉡ 고강도 운동 시 동-정맥 산소 차이(Arteriovenous Oxygen Difference)는 안정 시와 비교하여 감소한다.
- ㉢ 고강도 운동에 의한 혈중 젖산 농도 증가는 산소-헤모글로빈 해리 곡선을 오른쪽으로 이동시킨다.
- ㉣ 운동 중 증가한 혈중 이산화탄소는 헤모글로빈의 산소 해리(Dissociation)를 높이는데, 이를 보어 효과(Bohr Effect)라고 한다.

① ㉠, ㉡
② ㉠, ㉢
③ ㉡, ㉣
④ ㉢, ㉣

해설
㉠ 운동에 의한 체온상승은 산소-헤모글로빈 해리 곡선을 오른쪽으로 이동시켜 산소-헤모글로빈(HbO_2)의 포화도를 감소시킨다. 따라서 헤모글로빈의 산소 친화력(Affinity)을 낮춘다.
㉡ 동-정맥 산소 차이는 동맥과 정맥 사이의 산소 함량 차이를 말하며, 고강도 운동 시 근육세포의 산소소비량이 증가하므로 안정 시와 비교하여 증가한다.

09 〈보기〉에서 건강관련체력 요인으로 옳은 것만을 모두 고른 것은?

- ㉠ 근력
- ㉡ 유연성
- ㉢ 근지구력
- ㉣ 신체구성
- ㉤ 심폐지구력

① ㉠, ㉡, ㉣
② ㉠, ㉢, ㉤
③ ㉡, ㉢, ㉣, ㉤
④ ㉠, ㉡, ㉢, ㉣, ㉤

해설
- 건강관련체력 요인은 사람이 활동하기 위해 필요한 능력으로 근력, 유연성, 근지구력, 신체구성(체지방율, 제지방율), 심폐지구력 등이 있다.
- 운동 기술관련체력 요인은 운동 기술 습득·향상을 위해 절대적으로 필요한 체력을 말하며, 순발력, 민첩성, 평형성, 협응력, 스피드, 반응 시간 등이 해당한다.

10 〈보기〉에서 동방결절(SA Node)에 관한 특성으로 옳은 것만을 모두 고른 것은?

- ㉠ 심장의 페이스메이커(Pacemaker)로 불림
- ㉡ 전도체계 중 가장 빠른 내인성 박동률을 가짐
- ㉢ 심실이 혈액을 충만하게 모을 수 있도록 자극전도 시간을 지연시킴
- ㉣ 다른 심장 전도 시스템보다 약 6배 빠르게 전기적 자극을 심실 전체로 전달하여 심실의 거의 모든 부위가 동시에 수축할 수 있게 함

① ㉠, ㉡
② ㉠, ㉡, ㉢
③ ㉠, ㉢, ㉣
④ ㉡, ㉢, ㉣

해설
㉢ 심실이 혈액을 충만하게 모을 수 있도록 자극전도 시간을 지연하는 것은 방실결절(AV Node)의 기능에 해당한다. 방실결절은 자극의 전도를 지연해 심실이 혈액을 충분히 채울 수 있도록 한다.
㉣ 다른 심장 전도 시스템보다 약 6배 빠르게 전기적 자극을 심실 전체로 전달하여 심실의 거의 모든 부위가 동시에 수축할 수 있게 하는 것은 푸르킨예 섬유(Purkinje Fibers)의 특성이다. 푸르킨예 섬유의 빠른 전도가 심실이 효율적으로 동시 수축을 할 수 있게 한다.

정답 08 ④ 09 ④ 10 ①

11 안정 시와 운동 중 심장 주기에 따른 좌심실의 용적과 압력을 나타낸 곡선을 참고하여 〈보기〉에서 옳은 것만을 모두 고른 것은?

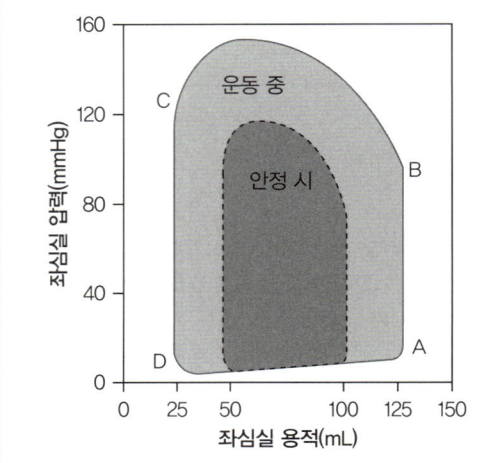

ㄱ. A~B 구간은 이첨판(Bicupid Valve)과 대동맥 판막(Aortic Valve)이 모두 닫힌 상태이며, 이를 등용적 수축(Isovolumic Contraction)이라고 한다.
ㄴ. 운동 중 좌심실 수축력의 증가는 C시점에서의 좌심실 용적 증가로 이어진다.
ㄷ. 안정 시와 운동 중 좌심실 박출률(Ejection Fraction)은 동일하다.
ㄹ. D~A 구간의 증가는 1회 박출량 증가로 이어진다.

① ㄱ, ㄴ   ② ㄱ, ㄹ
③ ㄴ, ㄷ   ④ ㄷ, ㄹ

해설
ㄴ. 운동 중 좌심실 수축력의 증가는 C시점에서의 좌심실 용적 감소로 이어진다.
ㄷ. 좌심실 박출률은 좌심실에 들어온 혈류량 대비 대동맥으로 빠져나간 혈류량의 비율을 의미한다. 안정 시에 비해 운동 시 심박수와 수축력이 증가하므로 좌심실 박출률이 증가한다.

좌심실 압력-용적 곡선

구간	구간 의미	특징
A→B	등용성 수축 (Isovolumic Contraction)	모든 판막 닫힘, 압력 ↑
B→C	수축기 혈액 박출(Ejection)	대동맥판 열림, 용적 ↓
C→D	등용성 이완 (Isovolumic Relaxation)	모든 판막 닫힘, 압력 ↓
D→A	이완기 충만(Ventricular Filling)	이첨판 열림, 용적 ↑

12 〈보기〉에서 고지대 환경에서 장기간 노출 시 나타나는 생리학적 적응으로 옳은 것만을 모두 고른 것은?

ㄱ. 심박출량 증가
ㄴ. 모세혈관 밀도 증가
ㄷ. 근육 단면적 증가
ㄹ. 산소운반능력 증가

① ㄱ, ㄷ
② ㄴ, ㄹ
③ ㄱ, ㄷ, ㄹ
④ ㄴ, ㄷ, ㄹ

해설
ㄱ. 고지대 환경에서 장기간 노출 시 산소 부족 환경에 적응하면서 적혈구용적률은 증가하고 혈장량은 감소함에 따라 심박출량은 줄어들게 된다.
ㄷ. 근육 조직의 모세혈관 밀도가 증가하고 미토콘드리아의 밀도도 증가하지만, 근육 단면적이 증가하는 것은 아니다. 근육 단면적의 증가(근 비대)는 운동을 통한 근섬유 크기 및 수의 증가에 의한다.

13 운동 자극에 관한 신체 내 기관(Organs)과 기능에 대한 설명이다. ㉠~㉢에 해당하는 것으로 옳은 것은?

기능 \ 기관	뇌하수체	부신	㉠
고온다습한 환경에서 운동 중 체액량 조절을 위한 호르몬을 분비한다.	㉡	○	×
중강도 이상 운동 중 교감신경의 영향을 받아 호르몬 (㉢)을 분비한다.	×	○	×
부교감신경인 미주 신경(Vagus Nerve)이 위치하며, 운동 종료 후 심박수를 낮춘다.	×	×	○

○ : 맞음, × : 틀림

	㉠	㉡	㉢
①	연 수	○	에피네프린
②	뇌 간	×	알도스테론
③	대뇌피질	○	에피네프린
④	대뇌피질	×	알도스테론

11 ② 12 ② 13 ① **정답**

해설
㉠ 부교감신경인 미주 신경이 위치하는 곳은 뇌간의 일부인 연수이다. 연수는 심박수 및 호흡 조절, 혈압 조절과 같은 인체의 생명 유지에 필수적 기능을 담당하는 중추로, 운동 종료 시 미주 신경을 통해 심박수를 낮추는 역할을 한다.
㉡ 고온다습한 환경에서 운동하게 되면 땀으로 인해 수분이 손실되고 혈액의 삼투압이 증가하게 된다. 이때 뇌하수체 후엽에서는 항이뇨 호르몬(ADH)이 분비되어 신장에서의 수분 재흡수를 촉진하고, 부질 피질에서는 알도스테론이 분비되어 신장에서 Na^+을 재흡수함으로써 수분 손실을 억제한다.
㉢ 중강도 이상 운동 시 교감신경의 말단에서는 에피네프린(아드레날린)이 분비되는데, 에피네프린은 심박출량을 증가시키고, 호흡을 촉진하여 근육에 더 많은 산소를 공급하며, 혈당량을 증가시켜 근육에 빠르게 에너지를 공급한다.

14 단축성 수축 시 그림의 골격근 초미세구조를 참고하여 〈보기〉에서 옳은 것만을 모두 고른 것은?

㉠ I 밴드의 길이는 변하지 않는다.
㉡ A 밴드의 길이는 변하지 않는다.
㉢ 근절(Sarcomere)의 길이는 짧아진다.
㉣ 액틴(Actin)과 마이오신(Myosin)의 길이는 짧아진다.

① ㉠, ㉡
② ㉠, ㉣
③ ㉡, ㉢
④ ㉢, ㉣

해설
㉠ I 밴드는 액틴 필라멘트만 있는 부분으로, 근수축 시 길이가 짧아진다.
㉣ 근수축 시 액틴 필라멘트가 마이오신 필라멘트 사이로 미끄러져 들어가면서 이들이 겹치는 정도가 늘어나게 되고, 결과적으로 근절의 길이는 짧아지지만, 액틴(Actin)과 마이오신(Myosin)의 자체 길이는 변하지 않는다.

15 〈보기〉에서 속근섬유(Type II)에 관한 특성으로 옳은 것만을 모두 고른 것은? 기출 17·19·20·21·24

㉠ 피로 저항이 높음
㉡ 수축 속도가 빠름
㉢ 산화 능력이 높음
㉣ 칼슘이온 방출 속도가 빠름

① ㉠, ㉡
② ㉠, ㉢
③ ㉡, ㉣
④ ㉢, ㉣

해설
㉠·㉢ 피로 저항이 높으며, 산화 능력이 높은 것은 지근섬유(Type I)의 특성이다.

16 순환계의 구조와 기능에 관한 설명으로 옳지 않은 것은?

① 혈액의 역류를 막기 위해 하지동맥 내에 판막이 존재한다.
② 호르몬 수송 및 면역 기능 조절은 순환계의 기능 중 하나이다.
③ 관상동맥(Coronary Artery)은 심장근에 혈액을 공급하는 혈관이다.
④ 폐순환의 주요 기능은 폐에서의 가스 교환(예 이산화탄소 배출)이다.

해설
혈액의 역류를 막기 위해 심장 및 정맥에 판막이 존재한다. 특히, 하지정맥에는 중력에 의한 혈액 역류를 방지하고 심장 방향으로 혈액을 유도하기 위한 다수의 판막이 존재한다.

정답 14 ③ 15 ③ 16 ①

17 〈보기〉에서 설명하는 호르몬은?

- 간의 글리코겐을 분해한다.
- 췌장 알파세포에서 분비된다.
- 혈중 글루코스 농도를 높인다.

① 인슐린
② 코티졸
③ 글루카곤
④ 에피네프린

해설
췌장의 알파세포에서 분비되며, 간의 글리코겐을 분해하여 혈중 글루코스(포도당)의 농도를 높이는 것은 글루카곤이다. 글루카곤은 인슐린과 함께 길항작용으로 혈당량 조절에 관여한다.

18 골격근의 운동단위(Motor Unit) 동원에 관한 설명으로 옳지 않은 것은?

① 동원된 운동단위의 증가는 근 수축력 증가로 이어진다.
② 운동단위는 운동신경과 그에 연결된 근섬유를 지칭한다.
③ 저강도 운동(예 VO_{2max} 30% 이하) 시 Type Ⅱx 근섬유가 가장 먼저 동원된다.
④ Type Ⅰ 근섬유의 운동단위는 Type Ⅱ 근섬유 운동단위보다 활성화 역치가 낮다.

해설
걷기와 같은 저강도 운동 시 주로 지근섬유(Type Ⅰ)가 먼저 동원되며, 운동 강도가 올라갈수록 Type Ⅱa 섬유, Type Ⅱx(Type Ⅱb) 섬유 순으로 동원된다.

19 〈보기〉의 ㉠, ㉡에 들어갈 용어는?

- (㉠)은 근육조직에서 산소를 저장하고, 운반하는 데 중요한 역할을 한다.
- 적혈구용적률이 증가하면 혈액의 점성은 (㉡)한다.

	㉠	㉡
①	헤모글로빈	감소
②	헤모글로빈	증가
③	마이오글로빈	감소
④	마이오글로빈	증가

해설
- 마이오글로빈(Myoglobin)은 근육세포 안에 있는 산소 저장 단백질로, 근육조직에서 산소를 저장하고, 운반하는 데 중요한 역할을 한다. 마이오글로빈이 많은 근육일수록 붉은색(적근)을 띤다.
- 적혈구용적률은 혈액 속 적혈구가 차지하는 비율을 나타내며, 적혈구용적률이 증가하면 혈액의 점성은 증가한다.

20 〈보기〉에서 운동 중 혈류 재분배(Blood Redistribution)에 관한 설명으로 옳은 것만을 모두 고른 것은?

㉠ 운동 시 골격근의 산소 요구량을 충족하기 위해 비활동 조직으로의 혈류량은 감소한다.
㉡ 최대 운동 시 심박출량은 증가하지만 안정 시와 비교하여 기관별(예 신장, 내장, 골격근 등) 혈류 분배 비율은 동일하다.
㉢ 고강도 운동에 참여하는 골격근의 세동맥(Arterioles) 혈관 저항은 안정 시와 비교하여 감소한다.

① ㉠, ㉡
② ㉠, ㉢
③ ㉡, ㉢
④ ㉠, ㉡, ㉢

해설
㉡ 최대 운동 시 심박출량은 증가하지만 안정 시와 비교하여 기관별 혈류 분배 비율은 동일하지 않다. 운동에 의해 골격근이 활성화되면 골격근에 더 많은 산소와 영양소의 공급이 필요하므로 골격근에 더 많은 혈류가 공급되며, 상대적으로 신장, 내장 등으로의 혈류량은 감소하게 된다.

정답 17 ③ 18 ③ 19 ④ 20 ②

제6과목 운동역학

01 운동역학의 내용과 목적이 아닌 것은?

기출 15·16·17·18·19·21

① 운동 기술의 향상
② 운동 수행 시 힘의 측정
③ 운동 수행 안전성의 향상
④ 인체 내 에너지 대사의 측정

해설
인체 내 에너지 대사의 측정은 운동생리학에서 연구하는 내용이다.
운동역학의 연구 목적
- 경기력 및 운동 기술 향상
- 운동 수행 시 힘의 측정
- 운동 수행 안전성 향상
- 과학적 스포츠 장비 개발

02 〈보기〉에서 설명하는 동작분석 방법으로 옳지 않은 것은?

> 동작을 측정하거나 계산하지 않는 비수치적 방법으로 지도자의 시각적 관찰로 움직임의 오류를 찾아 운동 기술 향상을 도모한다.

① 정량적 자료로 분석한다.
② 현장에서 즉각적인 분석이 가능하다.
③ 지도자 성향에 따라 결과가 달라진다.
④ 분석의 결과는 객관성을 담보할 수 없다.

해설
비수치적 방법에 의한 정성적 분석은 지도자의 경험적·시각적 관찰로 움직임의 오류를 찾아 운동 기술 향상을 도모하는 등의 정성적 자료로 분석한다.

03 운동의 종류에 관한 설명으로 옳지 않은 것은?

① 직선운동은 병진운동의 한 종류이다.
② 곡선운동은 회전운동에 포함되는 운동이다.
③ 병진운동은 직선운동과 곡선운동 모두를 말한다.
④ 복합운동은 병진운동과 회전운동이 혼합된 운동이다.

해설
곡선운동은 직선운동과 더불어 병진운동의 한 종류이다.

운동의 종류

병진운동 (선운동)	• 직선운동 : 인체나 물체의 각 점이 직선을 따라 움직이는 경우 • 곡선운동 : 각 점의 경로가 평행하게 곡선을 이루는 경우
회전운동 (각운동)	물체나 신체가 중심선(점), 즉 고정된 축 주위를 회전하는 운동
복합운동	병진운동과 회전운동이 혼합된 운동 형태

04 운동역학 사슬(Kinetic Chain)에 관한 설명으로 옳지 않은 것은?

① 힘의 적용 대상이 연결된 일련의 사슬고리이다.
② 사슬에 있는 연결 동작은 힘 전달에 영향을 미친다.
③ 닫힌형 운동역학 사슬(CKC)은 기능적이며, 스포츠에 특화될 수 있다.
④ 열린형 운동역학 사슬(OKC)에는 스쿼트, 팔굽혀펴기와 같은 동작이 있다.

해설
운동역학 사슬

열린형 운동역학 사슬 (Open Kinetic Chain)	사지말단이 자유롭게 움직이는 운동 예 레그익스텐션, 랫풀다운, 레그컬, 덤벨바이셉스컬 등
닫힌형 운동역학 사슬 (Closed Kinetic Chain)	사지말단이 지지면에 안정되거나 고정된 상태에서 하는 운동 예 스쿼트, 런지, 푸쉬업 등

정답 01 ④ 02 ① 03 ② 04 ④

05 신체에 작용하는 역학적 부하(Load)에 관한 정의로 옳지 않은 것은?

① 전단응력(Shear) : 조직의 장축을 따라 대칭으로 가해지는 힘
② 인장응력(Tension) : 두 힘이 서로 떨어지게끔 반대 방향으로 가해지는 힘
③ 압축응력(Compression) : 반대쪽의 두 힘이 서로 향하는 방향으로 가해지는 힘
④ 휨(Bending) : 축에서 벗어나는 두 힘이 가해져 한쪽에서 인장응력, 다른 한쪽에서 압축응력이 발생하는 힘

해설
전단응력은 조직의 장축을 따라 평행하게 작용하는 힘이다.

06 〈보기〉에서 내력(Internal Force)에 관한 설명으로 옳은 것만 모두 고른 것은?

> ㉠ 다이빙 동작에서 작용하는 중력
> ㉡ 높이뛰기의 도약 동작에서 선수가 발휘한 힘
> ㉢ 환경과의 상호작용으로 시스템에 작용하는 힘
> ㉣ 내력만으로 인체 전체의 위치는 이동할 수 없음

① ㉠, ㉡
② ㉡, ㉣
③ ㉠, ㉢, ㉣
④ ㉡, ㉢, ㉣

해설
㉠·㉢은 외력(External Force)에 관한 설명이다.
내력과 외력
- 내력 : 어떤 물체의 외부에 힘을 가했을 때 물체가 자기의 형상을 유지하기 위해 내부에서 버티는 힘
- 외력 : 외부에서 물체에 가하는 힘

07 〈보기〉에서 제시한 A 학생의 항속 구간 평균 보행 속도는? (단, 반올림하여 소수점 둘째 자리까지 표기)

> A 학생이 총 30m의 직선 구간을 걸었을 때, 가속과 감속 구간 각 5m씩 총 10m를 제외한 항속 구간에서의 스텝 수는 25회였고, 16초가 소요되었다.

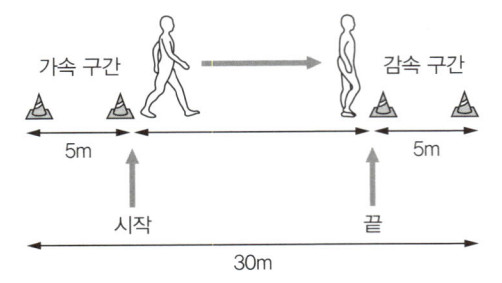

① 0.80m/s
② 1.25m/s
③ 1.56m/s
④ 1.88m/s

해설
평균 속도 = 전체 변위(30m−10m) ÷ 걸린 시간(16초)
= 20m/16s ∴ 1.25m/s

08 각가속도에 관한 설명으로 옳지 않은 것은?

① 회전하는 물체의 각가속도가 0이 되면 물체는 멈추게 된다.
② 각가속도는 각속도의 변화량을 시간의 변화량으로 나눈 값이다.
③ 처음 각속도가 30°/s에서 6초 후 90°/s로 변화했을 때 평균 각가속도는 10°/s²이다.
④ 각속도가 양(+)의 방향으로 선형적인 증가를 할 때 각가속도는 일정한 양(+)의 값을 가진다.

해설
각가속도는 각속도가 시간에 따라 변화하는 정도로, 회전하는 물체의 각가속도가 0이 되면, 물체의 각속도는 변하지 않고 일정하게 유지되며 회전한다.

정답 05 ① 06 ② 07 ② 08 ①

09 그림에 관한 설명으로 옳지 않은 것은? (단, 착지 전략을 제외한 모든 조건은 동일함)

기출 19·21·23

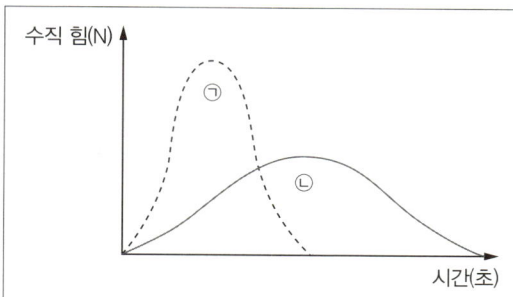

그림은 기계체조 선수가 경기 중 각 1회의 ㉠ 뻣뻣한 착지와 ㉡ 부드러운 착지를 수행하였을 때 착지구간에서 시간에 따른 수직 힘의 변화를 나타낸다.

① ㉠과 ㉡의 운동량의 변화량은 동일하다.
② ㉠의 경우 신체에 작용하는 수직 충격력이 더 크다.
③ ㉠의 경우 신체에 작용하는 수직 충격량이 더 크다.
④ 착지 직전의 무게중심의 속도는 ㉠과 ㉡ 모두 동일하다.

해설

충격량 = 충격력(F) × (충돌) 시간(t) = 질량(m) × 속도(v)에서 착지 전략을 제외한 모든 조건은 동일하다고 하였으므로 두 착지에서의 수직 충격량은 동일하다.

해설

선운동량 보존의 법칙에 따라
(클럽의 질량 × 임팩트 직전 속도)
= (클럽의 질량 × 임팩트 직후 속도) + (골프공의 질량 × 임팩트 직후 골프공의 속도)
0.6kg × 50m/s
= 0.6kg × 45m/s + 0.04kg × 골프공의 임팩트 직후 속도
→ 30 = 27 + 0.04 × 골프공의 임팩트 직후 속도
→ 0.04 × 골프공의 임팩트 직후 속도 = 3
골프공의 임팩트 직후 속도 = 3 ÷ 0.04 ∴ 75m/s

10 〈보기〉에서 임팩트 직후 골프공의 속도는? (선운동량 보존의 법칙 적용)

- 골프 클럽의 질량 : 600g, 골프공의 질량 : 40g
- 스윙 시 클럽의 임팩트 직전 속도 : 50m/s, 임팩트 직후 속도 : 45m/s(외부에서 따로 작용하는 힘은 없으며, 운동량의 손실 없이 정확하게 전달됨을 가정함)

① 65m/s
② 70m/s
③ 75m/s
④ 80m/s

11 스포츠에 적용된 각속도(Angular Velocity)에 관한 사례로 옳지 않은 것은?

① 숙련된 운동선수일수록 각속도를 잘 조절한다.
② 철봉의 대차돌기(휘돌기) 하강 국면에서 발의 무게중심점은 일정한 각속도를 유지한다.
③ 골프 클럽헤드의 각속도는 0에서 시작하여 최댓값으로 증가했다가 다시 0으로 돌아온다.
④ 야구에서 배트의 각속도가 일정하다면 회전반경이 클수록 임팩트된 공의 선속도는 증가한다.

해설

철봉의 대차돌기(휘돌기) 하강 국면에서 발의 무게중심점의 각속도는 시간이 지날수록 중력가속도의 영향으로 점점 증가한다.

정답 09 ③ 10 ③ 11 ②

12 인체의 움직임에서 토크(Torque)에 관한 개념이 적용된 사례로 옳지 않은 것은?

① 사지의 근육은 각 관절을 돌림시키는 토크를 생성한다.
② 덤벨 컬 시 덤벨의 무게는 팔꿈치를 펴하는 토크를 가진다.
③ 외적 토크보다 내적 토크가 크면 근육은 신장성 수축을 한다.
④ 동일한 힘을 낼 때 팔꿈치 각도 90°보다 굽히거나 폄에 따라 모멘트팔이 짧아져 내적 토크도 감소한다.

해설
내적 토크보다 외적 토크가 클 때 근육은 신장성 수축을 한다.

근육 수축(근육 움직임) 형태

분류			근육 길이 변화
정적 수축(등척성 수축)			변화 없음
동적 수축	등장성 수축	단축성 수축 (구심성 수축)	내적 토크 > 외적 토크 → 짧아짐
		신장성 수축 (원심성 수축)	내적 토크 < 외적 토크 → 늘어남
	등속성 수축		변 함

13 〈보기〉에서 설명한 내용 중 인체의 관성모멘트(Moment of Inertia)를 감소시킨 사례로 옳은 것만 모두 고른 것은?

> ㉠ 피겨스케이팅에서 양팔을 벌리고 회전한다.
> ㉡ 달리기 시 체공기(Swing Phase)에 있는 다리를 굽힌다.
> ㉢ 다이빙에서 공중 앞돌기 시 턱(움크린) 자세를 만든다.
> ㉣ 골프 아이언 헤드의 질량 분포를 양 끝으로 넓게 하여 클럽 헤드의 관성을 조작한다.

① ㉠, ㉡
② ㉡, ㉢
③ ㉠, ㉡, ㉢
④ ㉠, ㉢, ㉣

해설
관성모멘트
질량 × 회전 반경^2
㉠ 피겨스케이팅에서 양팔을 벌리고 회전하면 회전반경이 증가하므로 관성모멘트가 증가한다.
㉣ 골프 아이언 헤드의 질량 분포를 양 끝으로 넓게 하면 질량 분포가 회전축으로부터 멀어져 회전반경이 커지므로 관성모멘트가 증가하게 된다.

14 그림에 관한 설명으로 옳지 않은 것은? (단, 공의 높이는 무게중심을 기준으로 함)

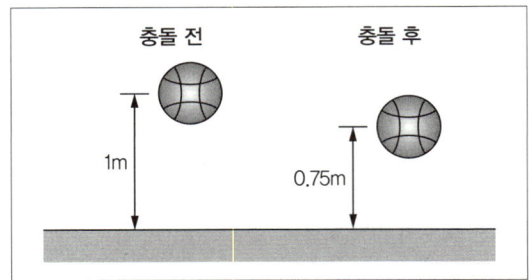

① 비탄성충돌이다.
② 충돌 전, 후 농구공의 속도는 다르다.
③ 운동에너지가 보존되지 않았다는 것을 의미한다.
④ 반발계수(복원계수, Coefficient of Restitution)는 0.75이다.

해설
공의 반발계수(복원계수) = $\sqrt{\dfrac{H_{up}(\text{튀어오른 높이})}{H_{down}(\text{자유낙하시킨 높이})}}$
= $\sqrt{0.75} ≒ 0.87$

정답 12 ③ 13 ② 14 ④

15 압력중심점(COP ; Center of Pressure)에 관한 설명으로 옳지 않은 것은?

① 압력중심점은 균형능력을 평가하기 위한 자료로 활용된다.
② 보행 시 한발 지지기(Stance Phase)에서 압력중심점은 변한다.
③ 허리를 앞으로 굽혔을 때, 압력중심점은 기저면 밖에 위치한다.
④ 압력중심점이란 지면에 접촉하는 부분 중 지면반력 전체가 작용된다고 가정되는 어느 한 점을 말한다.

해설
허리를 앞으로 굽히면 몸의 무게중심이 앞으로 이동하기 때문에 압력 중심점(사람의 몸이 지면에 작용하는 힘의 집중 위치)도 기저면(발바닥)의 앞쪽으로 이동하며 한쪽 발을 들고 서 있을 때 압력중심점이 지지하는 발의 기저면 밖에 위치하게 된다.

17 〈보기〉에서 설명한 A 선수의 이동거리와 변위가 옳은 것은?

> 육상 장거리 종목의 선수 A는 트랙의 길이가 400m인 경기장을 총 25바퀴를 달렸고, 28분 30초의 기록으로 결승점을 통과했다.
>
> 트랙 길이 : 400m
>
> 출발점/도착점

	이동거리(m)	변위(m)
①	0	400
②	0	10,000
③	10,000	10,000
④	10,000	0

해설
이동거리는 물체의 처음 위치부터 마지막 위치까지 물체가 실제로 이동한 운동 경로에 따른 길이의 측정치로 400m인 경기장을 총 25바퀴 달렸으므로 400m × 25바퀴 = 10,000m이다. 변위는 처음 위치부터 마지막 위치로의 방향과 두 지점을 잇는 최단 직선거리를 나타내는 벡터양으로 출발점과 도착점이 같으므로 두 지점을 잇는 최단 직선거리는 0m이다.

16 일과 에너지에 관한 설명으로 옳지 않은 것은?

① 에너지는 일을 할 수 있는 능력이다.
② 위치에너지는 운동에너지로 변환될 수 있다.
③ 질량이 일정하면 속도 변화는 운동에너지의 변화를 의미한다.
④ 어떤 물체가 에너지를 갖기 위해서는 움직임이 있어야만 한다.

해설
위치에너지는 운동에너지와 달리 물체의 움직임이 아닌 물체의 위치에 따라 에너지를 가질 수 있다.

정답 15 ③ 16 ④ 17 ④

18 〈보기〉에서 수행한 일과 일률이 바르게 나열된 것은?

> 물체에 2초 동안 2N의 힘을 가하여 2m를 움직였을 때 수행한 일은 (㉠) J이며 일률은 (㉡) J/s이다(단, 힘의 작용 방향과 물체의 이동 방향은 일치함).

	㉠	㉡
①	2	1
②	2	2
③	4	2
④	4	4

해설

일 = N(힘) × m(이동거리) = 2N × 2m ∴ 4N·m(J)
일률 = J(일)/s(시간) = 4J/2s ∴ 2J/s

19 인체의 안정성을 결정짓는 요인이 아닌 것은?

① 기저면의 크기와 관련이 있으며 형태와는 관련이 없다.
② 무게중심선이 기저면 밖에 있으면 불안정한 상태가 된다.
③ 무게중심선이 기저면의 중심에 가까울수록 안정성은 높아진다.
④ 무게중심의 높이와 관련이 있으며 낮을수록 안정성은 높아진다.

해설

기저면의 형태가 균등할수록 안정성이 향상된다.

안정성을 높이는 요인
- 기저면이 넓을수록 안정성이 향상된다.
- 무게중심선이 기저면 안에 있으면 안정한 상태가 된다.
- 수직 무게중심선이 기저면 중앙에 가까울수록 안정성이 향상된다.
- 무게중심 높이가 낮을수록 안정성이 향상된다.
- 몸무게가 무거울수록 안정성이 향상된다.

20 마찰력에 관한 설명으로 옳지 않은 것은?

① 최대정지마찰력은 운동마찰력보다 크다.
② 마찰력은 마찰계수와 물체 질량의 곱으로 구한다.
③ 마찰력은 물체 표면에 수직으로 작용하는 힘(수직항력, Normal Force)과 관계가 있다.
④ 마찰력은 접촉면과 평행하게 작용하며 물체의 운동 방향과 반대 방향으로 작용한다.

해설

②·③ 마찰력은 마찰계수와 접촉면에 수직으로 작용한 힘(수직항력)의 곱으로 구한다.
① 최대정지마찰력은 정지되어 있던 물체가 움직이기 시작하는 순간의 마찰력으로, 물체가 운동하면서 운동을 방해하던 원자들을 밀어내기 때문에 운동마찰력보다 항상 크다.
④ 마찰력은 물질이 다른 물질에 맞닿은 채 미끄러져 움직이거나 움직이려 할 때, 이를 방해하는 힘으로 항상 물질을 움직이게 만드는 힘과 반대 방향이며, 물질이 움직이는 평면과 평행한 방향으로 작용한다.

정답 18 ③ 19 ① 20 ②

제7과목 스포츠윤리

01 스포츠윤리센터의 주요 역할에 해당하지 않는 것은?
기출 21·22·23

① 체육 관련 입시 비리에 관한 조사
② 스포츠 산업 종사자의 직업 안정성 확보와 처우 개선
③ 스포츠 비리 및 스포츠 인권 침해 방지를 위한 예방 교육
④ 승부 조작 또는 편파 판정 등 불공정에 관한 신고 접수와 조사

해설

스포츠윤리센터에서 하는 사업(「국민체육진흥법」 제18조의3 제3항)

- 다음에 해당하는 체육계 인권 침해 및 스포츠 비리 등에 대한 신고 접수와 조사
  - 선수에 대한 체육 지도자 등의 성폭력 등 폭력에 관한 사항
  - 승부 조작 또는 편파 판정 등 불공정에 관한 사항 – ④
  - 체육 관련 입시 비리에 관한 사항 – ①
  - 체육 단체·경기 단체 및 그 임직원의 횡령·배임 및 뇌물 수수 및 「보조금 관리에 관한 법률」에 따른 보조금 및 「지방재정법」에 따른 지방 보조금의 용도 외 사용 금지 위반에 관한 사항
  - 그 밖에 체육계 인권 침해 및 스포츠 비리에 해당된다고 인정되는 사항
- 신고자 및 피해자에 대한 치료 및 상담, 법률 지원, 임시 보호 및 연계
- 긴급 보호가 필요한 신고자 및 피해자를 위한 임시 보호 시설 운영
- 체육계 현장의 인권 침해 조사·조치 상황 등을 상시 점검할 수 있는 인권 보호관 운영
- 스포츠 비리 및 체육계 인권 침해에 대한 실태 조사 및 예방을 위한 연구
- 스포츠 비리 및 체육계 인권 침해 방지를 위한 예방 교육 – ③
- 그 밖에 체육의 공정성 확보 및 체육인의 인권 보호를 위하여 필요한 사업

02 스포츠에 관한 가치판단에 해당하지 않는 것은?
기출 16·17·18·20·21·22

① 도핑을 이용한 실력 향상은 옳지 않다.
② 스포츠에서 희생과 헌신은 승리보다 가치가 있다.
③ 하얀색 복장 착용은 윔블던 테니스대회의 규정이다.
④ 스포츠에서 승리 추구는 규정 준수보다 더 중요하다.

해설

③ 객관적이고 검증 가능한 정보를 기반으로 이루어지는 사실 판단에 해당한다.
①·②·④ 주관적인 가치나 기준에 따라 이루어지는 가치판단에 해당한다.

- 가치판단 : 마땅히 그렇게 돼야 할 것(당위)을 지시하거나 옳고 그름 등 어떤 기준·규범에 따르는 것으로 개인의 가치관이 개입되는 주관적인 판단
- 사실판단 : 실제 사건과 현상에 대한 진술로, 측정을 통하여 진위(참과 거짓)를 파악할 수 있는 판단

03 〈보기〉의 스포츠 상황에 부합하는 개념과 해석은?

> 태권도 겨루기에서 소극적인 자세로 경기에 임하는 선수는 제재를 받는다. 적극적이고 공격적인 태도의 요구는 투쟁심을 독려하는 것이지만, 그 폭력적인 성향이 지나치면 또 다른 제재의 대상이 되기도 한다. 이처럼 스포츠는 폭력적인 성향의 분출을 자극함과 동시에 그것을 감시하고 제어한다.

① 게발트(Gewalt) – 스포츠 폭력의 부당성
② 게발트(Gewalt) – 스포츠 폭력의 이중성
③ 희생양(Scapegoat) – 스포츠 폭력의 부당성
④ 희생양(Scapegoat) – 스포츠 폭력의 이중성

해설

게발트

독일어로 '폭력'이라는 뜻으로 스포츠 폭력의 이중성을 가리키는 말로 쓰인다. 스포츠는 통제된 힘을 사용하는 것은 정당한 폭력으로 보고 태권도·권투와 같은 스포츠의 공격성은 지향하나 경기 중 규칙을 벗어난 행동은 제재하는 등, 폭력적 성향의 분출을 자극함과 동시에 감시·제어하는 이중성을 가지고 있다.

정답 01 ② 02 ③ 03 ②

04 '타이틀 나인(Title IX)'에 따른 스포츠계의 변화로 가장 적절한 것은?

① 미국 프로야구리그의 도핑 실태에 관한 보고서 발간
② 남아프리카공화국에서 흑인에 대한 차별 정책의 시행
③ 학교 스포츠 프로그램에서 의도적인 성차별 발생 시 재정 지원의 제한
④ 공공 및 민간 스포츠 시설의 출입구 등에 휠체어 이동 통로의 설치 및 확충

해설
타이틀 나인 법안은 1972년 미국에서 모든 교육프로그램에서 성별에 의한 차별을 금지하기 위해 제정되었으며, 미국 교육에서 성차별을 금지한 최초의 법이다.

05 세계도핑방지기구(World Anti-Doping Agency)가 정한 '금지 방법'의 분류 목록에 해당하지 않는 것은?

① 기술 도핑
② 화학적, 물리적 조작
③ 유전자 및 세포 도핑
④ 혈액 및 혈액 성분의 조작

해설
세계도핑방지기구(WADC)에서 규정한 도핑의 금지 방법의 분류 목록

혈액 및 혈액 성분의 조작	• 모든 분량의 자가혈액, 동종혈액 또는 이종혈액 및 모든 출처의 적혈구 제제를 순환계에 투여 또는 재주입 • 산소의 섭취, 운반 또는 전달의 인위적 향상 • 물리적 또한 화학적 수단을 이용한 혈액 또는 혈액성분에 대한 모든 형태의 혈관 내 조작
화학적 · 물리적 조작	• 도핑검사과정에서 채취한 시료 성분과 유효성을 변조하거나 변조를 시도하는 행위 • 12시간 동안 총 100ml보다 많은 양의 정맥투여나 정맥주사
유전자 및 세포 도핑	• 유전자 서열, 유전자 발현을 변경시킬 수 있는 핵산이나 핵산 유사물의 사용 • 정상세포 또는 유전적으로 조작된 세포의 사용

06 레건(T. Regan)의 동물권리론에 가장 부합하는 태도는?

① 모든 동물에게 자유를 보장하고 스포츠에 동물을 이용하지 않도록 한다.
② 세계시민주의적 사고에 따라 재활승마에서는 기수와 말의 친화를 강조한다.
③ 천연 거위털 셔틀콕의 성능이 인조 거위털 셔틀콕보다 더 좋으므로 생산을 장려한다.
④ 경마나 소싸움은 합법적으로 동물을 활용할 수 있는 종목이며 경제적으로도 유용하다.

해설
① 레건은 반종차별주의자로 동물권리론을 주장하며, 모든 의식 있는 생명체는 도덕적 권리를 지니고 이에 따라 인간과 동물은 동등한 '본래적 가치'를 지니므로 동물의 가치를 침해해서는 안 된다고 하였다.
② · ③ · ④ 자연을 보호하는 이유는 인간의 이익을 위해서라고 보며, 자연 보호의 당위성을 자연의 도구적 가치에서 찾는 종차별주의적 관점이다. 종차별주의 관점에서 스포츠 활동은 인간의 이상을 추구하기 위한 것이고, 그 이상의 실현을 위해 동물을 수단으로 활용할 수 있다고 본다.

07 〈보기〉의 대화 내용에 해당하는 정의(Justice)의 유형에 가장 가까운 것은? 기출 17·18·20·21·22·23

A : 오늘 테니스 경기 봤어? 한쪽 코트는 해가 정면에서 비치고 다른 쪽은 완전 그늘이더라.
B : 응. 그런 조건이면 한쪽 선수가 불리할 것 같아.
C : 그래서 테니스는 계속 코트를 바꾸면서 경기를 진행해.
A : 그러면 시합을 시작할 때 코트나 서브권은 어떻게 정해?
C : 동전 던지기로 정하는 경우가 많아.

① 평균적 정의
② 절차적 정의
③ 분배적 정의
④ 보상적 정의

정답 04 ③ 05 ① 06 ① 07 ②

해설

〈보기〉에서는 두 선수에게 동등한 기회를 보장하기 위해 코트 교체나 서브권 결정 방법에 대한 절차적인 공정성을 강조하고 있다. 이는 공정한 절차를 실천하면 그 결과도 공정한 것으로 간주하는 절차적 정의에 부합한다.

정의의 종류

평균적 정의	모든 인간은 동등한 가치를 지녔으므로 똑같이 대우해야 한다는 절대적 평등 이론으로 절대적, 산술적, 형식적 평등을 주장
절차적 정의	공정한 절차가 있어 그 절차만 제대로 따르면 내용에 상관없이 그 결과도 공정한 것으로 간주하는 분배 방식
분배적 정의	개인은 서로 다른 능력과 가치를 지녔으므로 집단에 기여하는 공헌도와 능력에 맞게 대우해야 한다는 실질적 평등 이론으로 상대적, 비례적, 실질적 평등을 주장
법률적 정의	사회는 개인의 권리를 존중하고 개인은 구성원으로서 의무를 다해야 한다는 이론으로 권리와 의무의 내용이 법에 규정되어 있음

08 롤랜드(S. Loland)가 분류한 규칙 위반의 유형에 연결한 사례로 옳지 않은 것은?

① 의도적 구성 규칙 위반 - 축구 경기에서 수비수가 실점을 당하지 않기 위해 손으로 공을 막았다.
② 의도적 규제 규칙 위반 - 육상 100m 경기에서 경쟁 선수를 방해하기 위해 레인을 침범했다.
③ 비의도적 구성 규칙 위반 - 골프 경기 중 페어웨이에서 흙이 묻은 볼을 무의식적으로 닦고 진행했다.
④ 비의도적 규제 규칙 위반 - 농구 경기 중 상대 수비를 피하는 과정에서 의도치 않게 3걸음을 걷고 슛을 쏘았다.

해설

롤랜드의 규칙 위반 유형

구 분		규칙의 유형	
		구성적 규칙 (일반적인 규칙과 경기 진행방식)	규제적 규칙 (개별행위의 세밀한 규칙)
반칙의 동기와 목표	분 명	의도적 구성 규칙 위반	의도적 규제 규칙 위반
	불분명	비의도적(무지적) 구성 규칙 위반	비의도적(무지적) 규제 규칙 위반

※ 문제 오류로 전항 정답 처리되었다.

09 칸트(I. Kant)의 의무론에서 〈보기〉 속 A와 B의 태도에 부합하는 행위 유형은?

선생님 : 도핑을 하면 경기 결과가 달라질 수 있는데, 여러분은 왜 하지 않나요?
A : 저는 도핑이 공정하지 못한 행위이기 때문에 하지 않아요. 제 실력으로 인정받고 싶어요.
B : 저는 사실 도핑 검사에 걸리면 처벌을 받으니까 하고 싶어도 못 하고 있어요.

	A	B
①	의무에서 나온 (Aus Pflicht) 행위	의무에 합치하는 (Pflichtmäßig) 행위
②	의무에 합치하는 (Pflichtmäßig) 행위	의무에 위배되는 (Pragmatische) 행위
③	의무에 합치하는 (Pflichtmäßig) 행위	의무에서 나온 (Aus Pflicht) 행위
④	의무에 위배되는 (Pragmatische) 행위	의무에서 나온 (Aus Pflicht) 행위

해설

칸트는 도덕성과 합법성의 차이는 '행위의 동기'로부터 나타난다고 하였다. 도덕성은 행위의 동기로 '의무감'을 가지고 있지만 합법성은 행위의 '결과'에 관심을 가진다는 것이다. 이에 따라 도덕성에 대해 '의무에서 나온 행위'라고 하였으며 합법성을 '의무에 합치하는 행위'라고 하였다. 〈보기〉에서 도핑을 하지 않는 이유가 A는 실력으로 인정받고 싶다는 동기에서 왔으므로 '의무에서 나온 행위'로 볼 수 있고, B는 도핑에 걸릴 수도 있다는 결과에서 왔으므로 '의무에 합치하는 행위'로 볼 수 있다.

정답 08 전항정답 09 ①

10 부올레(P. Vuolle)가 분류한 스포츠 환경이 아닌 것은?

① 시설(Built) 환경 – 농구, 탁구
② 개발(Developed) 환경 – 골프, 스키
③ 가상(Virtual) 환경 – e스포츠, 버츄얼 태권도
④ 순수(Genuine) 환경 – 스쿠버다이빙, 트레일러닝

> 해설

가상 환경은 부올레가 분류한 스포츠 환경에 속하지 않는다.

부올레의 스포츠 환경 3가지 범주

순수 환경	• 자연 그대로의 상태에서 스포츠 행위가 이루어짐 • 원래의 야생지, 공원, 보전구역 예 스쿠버다이빙, 트레일 러닝, 등산, 서핑 등 자연 속에서 행해지는 스포츠
개발 환경	• 자연의 상태를 변형한 후 스포츠 행위가 이루어짐 • 트레일, 슬로프, 스포츠필드, 실외수영장 등 야외 스포츠 공간 예 골프 코스, 스키 슬로프, 공원 조깅 트랙 등에서 행해지는 스포츠
시설 환경	완전한 실내 공간에서 스포츠 행위가 이루어짐 예 실내체육관, 축구 경기장, 야구장, 수영장, 아이스링크 등 인공 시설에서 행해지는 스포츠

11 뒤르켐(E. Durkheim)의 도덕교육론에 근거한 스포츠윤리 교육의 내용과 방법으로 옳지 않은 것은?

① 감독의 지도에 의존하는 도덕적 판단력을 길러준다.
② 스포츠를 통한 도덕적 습관과 행동의 변화에 초점을 맞춘다.
③ 스포츠윤리 교육을 스포츠 인성 교육의 유용한 틀로 활용한다.
④ 스포츠맨십을 경험하는 실천적 교육으로 도덕적 인격 형성을 유도한다.

> 해설

뒤르켐이 주장한 도덕사회화론은 도덕적 사회화를 통해 도덕적 습관과 행동의 변화를 기르려는 것으로, 도덕성 발달은 규율 정신, 사회집단에의 애착, 자율성의 순으로 발전해 가며 궁극적으로 자율성을 획득할 때 도덕적 인격이 완성된다고 보았다.

뒤르켐의 도덕사회화론

목표	개인의 도덕적 사회화를 통한 사회적 존재로서의 '품성' 함양
도덕적 사회화	개인을 사회의 집단적 규범과 이상에 일치하여 그 사회의 전체 이익을 위하여 도덕적으로 행동하는 사람으로 만드는 것으로, 도덕성의 세 가지 요소의 개발에 의해 이루어짐
도덕성의 세 가지 요소	• 사회적 규율, 집단에 대한 애착, 자율성(자기결정) • 도덕성 발달은 규율 정신, 사회집단에의 애착, 자율성 순으로 발전해 가며 궁극적으로 자율성 획득 시 완성됨
교육 방법	• 도덕적 습관과 행동을 중요시하며 도덕 교육을 받은 사람들의 구체적인 행동, 즉 결과에 초점을 둠 • 실천적 교육으로 도덕적 인격 형성 유도

12 스포츠조직의 윤리경영에 관한 설명으로 옳지 않은 것은?

① 스포츠조직을 투명하고 합리적으로 운영한다.
② 과대 선전 등으로 스포츠 소비자를 속이지 않는다.
③ 스포츠 시설 운영에서 공해, 소음 등으로 인한 사회적 비용을 고려한다.
④ 스포츠센터의 운영 수익을 더 늘이기 위해 지도자의 노동 강도를 높인다.

> 해설

윤리경영은 조직 경영 및 활동에 있어 윤리를 최우선 가치로 여기고, 투명하고 공정하며 합리적인 업무 수행을 추구하는 경영 정신을 말한다. 이윤을 위해 노동 강도를 높이는 것은 합리적인 업무 수행을 추구하는 것으로 볼 수 없다.

정답 10 ③ 11 ① 12 ④

13
〈보기〉의 사례에서 ㉠에 해당하는 심판의 자질과 ㉡에 해당하는 맹자의 사단(四端)은? 기출 19·23

> 배구 경기의 주심인 ㉠ A 심판은 최근 개정된 규정을 정확하게 숙지하지 못하여 오심을 범했다. 부심으로 경기를 관장하던 B 심판은 오심임을 알았으나 A 심판에 대한 징계가 걱정되어 침묵했다. 시합이 끝난 후 ㉡ B 심판은 양심의 가책을 지우지 못하고 활동을 중단했다.

	A	B
①	심판의 청렴성	사양지심(辭讓之心)
②	심판의 전문성	수오지심(羞惡之心)
③	심판의 자율성	시비지심(是非之心)
④	심판의 공정성	측은지심(惻隱之心)

해설
㉠ 경기 규정 숙지는 심판의 전문성에 해당하는 자질이다.
㉡ B 심판은 자신의 잘못에 대해 양심의 가책을 느꼈으므로 '자신의 잘못을 부끄러워하고 악을 미워하는 마음'을 뜻하는 수오지심(羞惡之心)에 해당한다.

맹자의 사단
- 수오지심(羞惡之心) : 자기의 잘못을 부끄러워하고 악을 미워하는 마음
- 측은지심(惻隱之心) : 남의 불행을 보고 불쌍히 여기고 측은하게 생각하는 마음
- 사양지심(辭讓之心) : 겸손하고 양보하는 마음
- 시비지심(是非之心) : 옳고 그름을 분별하는 마음

14
공리주의 윤리 규범을 스포츠에 바르게 적용한 것이 아닌 것은?

① 스포츠에서 결과에 따른 만족을 중시한다.
② 스포츠 규칙 제정은 공정과 평등의 원칙에 근거한다.
③ 스포츠 상황에서 행위의 유용성보다 인성의 바름을 강조한다.
④ 스포츠에서 소수보다 다수의 이익을 우선하는 것이 정당화될 수 있다.

해설
공리주의 윤리 규범은 행위의 옳고 그름을 판단함에 있어 행위의 의도나 수단보다는 행위의 결과를 중시하는 규범으로, 최대 다수가 최대 행복을 느낀다면 그것은 옳은 행동이라 주장하며 행위의 유용성과 행복의 총량을 극대화하는 이론이다.
③ 의무론적 윤리 이론은 행위의 옳고 그름을 판단할 때 결과를 중요시하는 공리주의와 달리 행위 그 자체를 도덕규칙의 판단기준으로 보는 이론이다. 절대적인 도덕규칙에 따라 행동을 판단하므로 행위의 유용성보다 인성의 바름을 강조한다.
① 공리주의적 관점에서는 패자라도 결과적으로 다수가 행복하다면 만족도가 높을 수 있다.
② 공리주의는 사회 전체의 이익을 위해 평등한 기회와 공정한 과정의 제공을 추구한다.
④ 공리주의는 최대 다수의 최대 행복을 추구하므로 소수보다 다수의 이익을 우선시하는 것이 정당화된다.

정답 13 ② 14 ③

15 〈보기〉에서 장애 차별의 개선을 위한 스포츠 실천의 조건만을 고른 것은?

> ㉠ 참여 종목과 대회는 지도자의 결정에 맡겨야 한다.
> ㉡ 비장애인과 분리하여 수업하는 것을 원칙으로 한다.
> ㉢ 활동 장비와 기구에 대한 재정적인 지원을 확보해야 한다.
> ㉣ 다양한 사람과의 관계를 통해 사회성 함양의 기회를 제공해야 한다.

① ㉠, ㉡
② ㉡, ㉢
③ ㉡, ㉣
④ ㉢, ㉣

해설
㉠ 지도자가 아닌 장애인 스스로 결정할 수 있도록 해야 한다.
㉡ 장애를 이유로 스포츠 참여에 대해 제한, 배제, 분리, 거부되어서는 안 된다.

체육활동의 차별금지(「장애인차별금지법」 제25조 제1항)
체육 활동을 주최 · 주관하는 기관이나 단체, 체육 활동을 목적으로 하는 체육시설의 소유 · 관리자는 체육 활동의 참여를 원하는 장애인을 장애를 이유로 제한 · 배제 · 분리 · 거부하여서는 아니 된다.

16 〈보기〉의 내용에 부합하는 철학자와 개념의 연결이 옳은 것은?

> • 지도자와 선배의 체벌과 폭력이 일상화되어 있다.
> • 악은 포악한 괴물이나 악마처럼 괴이하지 않고 합숙소 생활과 같은 일상에 함께 있다.
> • 폭력을 멈추게 할 방법은 행위의 내용과 책임을 묻고 반성하는 '사유' 또는 '이성'에 있다.

① 홉스(T. Hobbes) - 리바이어던
② 홉스(T. Hobbes) - 악의 평범성
③ 아렌트(H. Arendt) - 리바이어던
④ 아렌트(H. Arendt) - 악의 평범성

해설
악의 평범성(Banality of Evil)
독일의 정치철학자 한나 아렌트(H. Arendt)는 홀로코스트와 같은 역사 속 악행은 광신자나 반사회성 인격 장애자들이 아니라, 국가에 순응하며 자신들의 행동을 보통이라고 여기는 평범한 사람들에 의해 행해진다고 주장했다. 스포츠계에서도 폭력에 길든 위계질서와 문화로 인한 잘못된 관행에 복종하는 데 익숙해진 나머지, 폭력을 폭력으로 인식하지 못하고 이를 지속하는 데 기여하게 된다.

17 의무주의 윤리 규범에 근거할 경우, 〈보기〉의 괄호 안에 들어갈 내용으로 옳은 것은?

> 나는 반칙을 하지 않으려고 노력한다. 왜냐하면 (   ) 때문이다.

① 퇴장을 당하면 손해를 보기
② 반칙을 하는 것은 옳지 않기
③ 나의 플레이를 보는 사람들을 만족시켜야 하기
④ 사람들이 나를 훌륭한 선수라고 칭송할 것이기

해설
의무주의 윤리 규범은 행위를 결과가 아닌 절대적인 도덕 규칙에 따라 판단하며 행위에 있어 선의지를 중요하게 생각한다. 선의지는 도덕적인 선수가 갖추어야 할 내적인 태도로, 도덕적인 선수는 선의지를 가지고 자신의 양심에 따라 행동해야 한다고 본다. 따라서 반칙에 대해 '옳지 않기 때문에 하지 않겠다'라고 생각하는 것은 의무주의 윤리 규범에 근거한 태도이다.

정답 15 ④ 16 ④ 17 ②

18 〈보기〉는 트랜스젠더 여성의 여성 스포츠 참여에 관한 설명이다. 이를 지지하는 견해의 근거가 아닌 것은?

> 국제올림픽위원회(IOC)는 2016년 1월에 올림픽 대회를 비롯한 국제 경기대회에서 외과적인 수술을 받지 않은 성 전환자들도 선수로 출전할 수 있도록 허용해야 한다는 새로운 지침을 발표했다. 이에 따라 트랜스젠더 선수들은 꼭 성 전환 수술을 받지 않더라도 일정 요건만 충족하면 올림픽 등 국제 대회에 참가할 수 있게 되었다.

① 전통적인 젠더 이분법을 극복하고 양성 평등을 지향
② 트랜스젠더 여성의 스포츠 접근권은 공정성보다 우선
③ 트랜스젠더에 대한 차별과 배제가 아닌 관용과 포용의 정책
④ 트랜스젠더 여성 선수가 불공평한 이득을 가져 스포츠 본연의 의미 변화

해설
〈보기〉는 젠더 평등을 위한 스포츠 지침에 대한 내용이므로, 지침의 대상인 트랜스젠더 여성 선수들이 '불공평한 이득을 가진다'고 보는 관점은 〈보기〉의 지침을 지지하는 견해로 볼 수 없다.

19 함무라비 법전의 탈리오 법칙(Lex Talionis)이 정확하게 적용된 상황은?

① 농구 경기에서 한 경기에 5개의 파울을 한 선수를 퇴장시킨다.
② 축구 경기에서 부상 선수가 발생하면 선수의 안전을 위해 공을 밖으로 걷어낸다.
③ 야구 경기에서 빈볼을 맞게 되면, 상대팀에게도 동일하게 빈볼을 던져 보복을 한다.
④ 수영과 육상 경기의 결승전에서 준결승의 기록이 좋은 선수를 가운데 레인에 우선으로 배정한다.

해설
탈리오 법칙
탈리오 법칙은 피해자가 입은 피해와 동일한 손해를 가해자에게 가하는 보복의 법칙이다. 야구 경기에서 빈볼을 맞았을 때 빈볼을 던진 상대 팀에 빈볼을 던져 보복하는 것은 탈리오 법칙이 정확하게 적용된 상황이라 할 수 있다.

20 인종 차별과 관련된 사례로 맞지 않은 것은?

① 1936년 베를린 올림픽경기대회에서 히틀러의 육상 종목 4관왕 제시 오웬스에게 시상 거부
② 1948년 런던 올림픽경기대회에서 독일과 일본 선수의 참가를 불허
③ 1968년 멕시코 올림픽경기대회 시상식에서 미국의 토미 스미스와 존 카롤로스의 저항 표현
④ 2008년 미국여자프로골프협회(LPGA) 출전 선수의 영어 사용 의무화

해설
1948년 런던 올림픽경기대회의 경우는 독일과 일본은 제2차 세계대전을 일으킨 전범국으로 출전이 거부된 사례이다.

정답 18 ④ 19 ③ 20 ②

CHAPTER 02

2025년 필수과목 기출문제

2급(전문·생활)+장애인+유소년+노인 스포츠지도사

제1과목 특수체육론

01 특수체육에 관한 설명으로 옳지 않은 것은?

기출 15·16·20·21

① 특별한 요구를 가진 사람들을 위해 프로그램을 변형한다.
② 장애인이 참여하는 체육으로 비장애인과 함께하는 활동을 포함한다.
③ 신체활동 참여에서 장애인의 임파워먼트(Empowerment)를 강조한다.
④ 학교체육 중심으로 생활체육이나 경쟁 스포츠 참여는 제한한다.

해설
특수체육은 학교체육에 한정하지 않고, 장애인의 평생체육(생활체육)을 포함한다.

02 〈보기〉에 해당하는 장애 유형의 체육 활동 지도 방법으로 옳지 않은 것은?

- 지적 기능과 적응행동이 제한된다.
- 쉽게 좌절하거나 동기 유발이 부족하다.
- 주의집중 시간이 짧고 단기 기억에 어려움이 있다.

① 복잡한 계획이 필요하고 과제가 자주 바뀌는 활동을 강조한다.
② 활동 초기에 학생의 개별적 특성을 파악하여 친밀감을 형성한다.
③ 학생이 흥미를 보이는 활동에서 시작하여 다양한 형태로 발전시킨다.
④ 과제 활동을 제한하는 행동을 파악하고 개별적인 행동관리 계획을 수립한다.

해설
〈보기〉의 장애 유형은 지적 장애에 해당한다. 지적 장애인을 위한 체육 활동을 지도할 때는 활동을 단순화하고, 학생의 학습 동기가 감소할 경우 활동 내용에 변화를 주는 것이 좋다.

정답 01 ④ 02 ①

03 특수체육 수업 방식에 관한 설명으로 옳지 않은 것은?

① 또래 교수(Peer Tutoring) : 친구나 선배가 교사로 참여한다.
② 협동학습(Cooperative Learning) : 학생들이 팀이나 소집단으로 학습한다.
③ 스테이션 교수(Station Teaching) : 여러 곳에 과제를 배치하고 돌아가며 학습한다.
④ 역주류화 수업(Reverse Mainstreaming) : 교사와 학생이 역할을 바꿔가며 과제를 수행한다.

해설
역주류화 수업은 장애가 있는 학생을 위한 수업에 비장애 학생이 참여하는 수업 방식을 말한다.

04 정서·행동장애 학생의 특성을 고려한 체육 활동 지도 전략으로 적절하지 않은 것은?

① 주의를 분산시키는 자극을 최소화한다.
② 활동 규칙을 정하고 안전교육을 실시한다.
③ 환경을 구조화하고 예측이 가능한 과제를 제시한다.
④ 정서적 예민함을 고려하여 뉴스포츠와 경쟁 활동을 배제한다.

해설
뉴스포츠는 누구나 쉽게 즐길 수 있는 생활스포츠로, 활동 대상이나 지역 특성에 맞도록 규칙을 자유롭게 변경할 수 있어 정서·행동장애 학생에 적합하다.

05 〈보기〉에서 설명하는 시각 장애인 스포츠 종목은?

> • 시각 정보 없이 청각과 촉각을 활용하여 공의 위치와 방향을 파악한다.
> • 탁구대와 유사한 테이블 위에서 소리 나는 공을 배트로 쳐서 상대편 포켓에 넣는다.

① 골볼
② 보체
③ 쇼다운
④ 텐핀 볼링

해설
쇼다운(Showdown)은 시각 장애인을 위한 종목으로 탁구와 비슷하게 테이블에서 소리가 나는 공을 배트로 쳐서 테이블 중앙에 설치된 센터스크린 밑을 통과해 상대의 골 포켓에 공을 넣는 경기이다.

06 지체 장애인에게 운동을 지도할 때 주의할 사항으로 옳지 않은 것은?

① 절단 장애인의 절주 부위를 마사지하여 예민함을 감소시킨다.
② 절단 장애인의 절주 부위 땀과 체액 분비물을 주기적으로 닦아 준다.
③ 척수손상 장애인에게 기립성 저혈압이 발생하면 고강도 근력운동으로 전환한다.
④ 척수손상 장애인의 과도한 체온 상승 예방을 위해 휴식을 취하고 수분을 섭취하게 한다.

해설
척수손상 장애인에게 기립성 저혈압 증상 발생 시 고강도 근력운동보다는 충분한 준비운동을 하고 운동부하를 점진적으로 증가하는 것이 좋다.

정답 03 ④ 04 ④ 05 ③ 06 ③

07 휠체어 스포츠의 경기 방법에 관한 설명으로 옳은 것은?

① 휠체어 농구 : 공을 잡고 4회까지 휠체어를 밀고 이동할 수 있다.
② 휠체어 럭비 : 한 팀은 남녀 구분 없이 4명이 경기에 출전할 수 있다.
③ 휠체어 컬링 : 팀원 중 한 사람이라도 투구하는 사람의 휠체어에 닿으면 안 된다.
④ 휠체어 테니스 : 투 바운드가 허용되나 두 번째 바운드가 코트를 벗어나면 실점한다.

해설
① 휠체어 농구 : 공을 잡고 휠체어를 2회 밀면 드리블을 해야 한다. 3회 이상 휠체어를 밀고 이동하면 바이얼레이션이다.
③ 휠체어 컬링 : 모든 선수는 고정된 휠체어에서 스톤을 투구해야 하며 발이 얼음에 닿으면 안 된다.
④ 휠체어 테니스 : 투 바운드는 허용되며, 두 번째 바운드는 코트의 바깥 부분도 무방하나 신체를 이용한 중심이동은 금지된다.

08 〈보기〉에서 설명하는 체력운동의 원리는?

> 달리기를 지루해하는 지적 장애 학생을 위해 줄넘기와 달리기를 혼합하여 실시하고, 중간에 휴식을 적절히 제공하였다.

① 다양성의 원리
② 특수성의 원리
③ 전면성의 원리
④ 가역성의 원리

해설
① 다양성의 원리 : 운동이 몸에 적절한 자극으로 작용하고, 프로그램이 지루해지지 않도록 다양하고 새로운 트레이닝 프로그램을 개발해야 한다.
② 특수성(특이성)의 원리 : 운동의 효과는 운동 중 사용한 특정 근육 및 부위에만 적용되므로, 운동을 하고자 하는 목적에 알맞게 해야 한다.
③ 전면성의 원리 : 다양한 체력 요소가 골고루 발전되도록 운동해야 한다.
④ 가역성의 원리 : 운동으로 인해 초래된 인체의 변화는 훈련을 중지하면 운동 전의 상태로 돌아간다.

09 특수체육 평가도구에 관한 설명으로 옳은 것은?

① PDMS-2(Peabody Developmental Motor Scale-2) : 2~7세까지 운동 기술을 종합적으로 검사한다.
② BOT-2(Bruininks-Oseretsky Test of Motor Proficiency-2) : 2~10세까지 감각 운동과 기본 운동 기술을 검사한다.
③ PAPS-D(Physical Activity Promotion System for Students With Disabilities) : 심폐기능, 근 기능, 유연성, 민첩성, 장애 수용 정도를 검사한다.
④ BPFT(Brockport Physical Fitness Test) : 장애 유형에 따라 항목별 검사 방법이 구분되며 최소 건강 기준과 권장 기준을 제시한다.

해설
① PDMS-2 : 0~72개월 아동의 대상으로 하며, 아동의 전반적인 운동 발달을 대운동과 소운동을 나누어 평가한다.
② BOT-2 : 만 4~21세를 대상으로 하며, 8영역(소근육의 정밀함, 소근육의 통합, 정교함, 양측 협응, 균형, 달리기 속도와 민첩성, 상지 협응, 근력)으로 나누어 검사한다.
③ PAPS-D : 특수교육대상 학생의 장애 유형과 특성을 고려하여 건강체력을 평가하는 검사이다. 검사는 필수평가[심폐 지구력, 유연성, 근력 · 근지구력, 순발력, 신체구성(비만)]와 선택평가(비만평가, 자기신체평가, 자세 평가)로 구분된다.

10 그림의 순서대로 공 던지기를 지도하는 과정에 적용한 행동 관리 기법은?

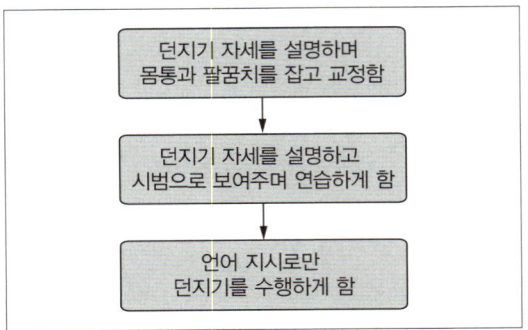

① 용암법(Fading)
② 과다 교정(Overcorrection)
③ 행동 계약(Behavior Contract)
④ 프리맥 원리(Premack Principle)

07 ② 08 ① 09 ④ 10 ①

> 해설
① 용암법 : 어떤 행동이 다른 상황에서도 발생할 수 있도록 연속적인 시도를 통해 반응을 유도하는 어떤 식별 자극이나 촉구를 점진적으로 줄이는 기법
② 과다 교정 : 문제행동을 일으킨 경우 교정에 관한 행동을 강제로 반복하게 하여 문제행동을 수정하는 기법
③ 행동 계약 : 목표 행동을 달성하기 위해 개인과 관련자 간에 서면 또는 구두로 합의된 계약을 체결하는 기법
④ 프리맥 원리 : 빈도가 높은 행동을 빈도가 낮은 행동의 강화물로 사용하여 행동을 촉진하는 기법

> 해설
〈표〉의 지침과 준거를 사용하는 검사도구는 TGMD이다.
② 6가지 이동 운동 기술과 6가지 공(Ball) 조작 운동 기술을 측정한다.
③ 각 기술은 정확하게 수행하지 못했을 경우 0점, 정확하게 수행했을 경우 1점을 부여한다.
④ 비장애인 유아·아동을 표본으로 개발된 검사 도구이다.

11 표의 지침과 준거를 사용하는 검사 도구에 관한 설명으로 옳은 것은?

기술	지침	수행 준거	1차	2차	점수
두 손으로 정지된 공 치기	• 배팅 티 위에 아동의 허리 높이로 공을 올려놓는다. • 아동에게 공을 세게 치라고 지시한다.	잘 쓰는 손을 위쪽에, 잘 안 쓰는 손은 아래쪽에 가도록 하여 배트를 잡는다.			
		아동이 잘 쓰지 않는 어깨와 엉덩이가 앞쪽으로 가도록 바라본다.			
		스윙하는 동안 어깨와 엉덩이를 회전한다.			
		잘 쓰지 않는 발을 공 쪽으로 내딛는다.			
		공을 쳐서 앞쪽으로 보낸다.			

① 준거지향적 방식과 규준지향적 방식 모두 활용 가능하다.
② 5가지 이동 운동 기술과 6가지 공(Ball) 조작 운동 기술을 측정한다.
③ 수행 준거를 어느 정도 성취했느냐에 따라 1점 또는 2점을 부여한다.
④ 발달장애 아동을 위한 검사 도구로 관찰과 면담을 통해 운동능력을 평가한다.

12 〈보기〉의 장애 유형에 관한 설명으로 옳은 것은?

> 중추신경계 손상에 의한 근육마비, 협응성 장애, 근육 약화, 기타 운동기능 장애를 보이는 비진행성 신경장애이다.

① 발작이 발생하면 움직임을 제한하고 곧바로 물을 마시게 한다.
② 단마비(Monoplegia)는 양팔이나 양다리에 마비가 있는 경우이다.
③ 비정상적 반사 발달과 신체 협응의 어려움, 가위 보행을 보이는 경우가 많다.
④ 운동실조증(Ataxia)은 대뇌 기저핵의 손상으로 불수의적 움직임과 머리 조절에 어려움을 보인다.

> 해설
〈보기〉는 뇌성마비에 대한 설명이다. 뇌성마비는 뇌의 손상 부위에 따른 운동능력의 제한 정도에 따라 경직성, 무정위운동성, 운동실조성으로 나눌 수 있으며 효율적인 움직임이 어려울 수 있다.
① 발작이 발생하면 억지로 누르거나 팔다리를 붙잡지 않아야 하며, 입안에 물이나 약 등을 넣지 않아야 한다.
② 단마비는 하나의 상지 혹은 하지에 마비가 있는 경우이다.
④ 운동실조 뇌성마비는 동작의 평형성, 협응 능력을 제어하는 소뇌 손상으로 발생, 비연속 걸음걸이 특징을 가진다.

정답 11 ① 12 ③

13 그림은 특수체육 프로그램 서비스 전달체계이다. ㉠~㉢에 들어갈 용어를 바르게 나열한 것은?

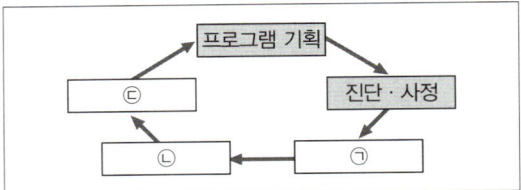

	㉠	㉡	㉢
①	개별화교육계획	평가	지도·상담
②	개별화교육계획	지도·상담	평가
③	지도·상담	평가	개별화교육계획
④	지도·상담	개별화교육계획	평가

해설
쉐릴(C. Sherrill)의 특수체육 서비스 전달체계
계획 → 진단·사정 → 개별화교육계획 → 교수·상담·지도 → 평가

14 〈보기〉가 설명하는 이동 운동 기술은?

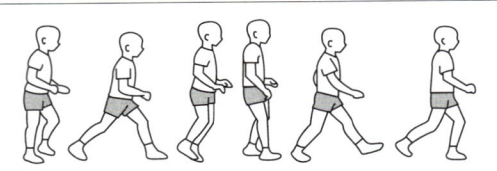

- 정면을 보고 서서 한 발을 다른 쪽 발 앞에 놓는다.
- 뒤쪽 발을 앞발 쪽으로 미끄러지듯 옮긴다.
- 그런 다음 앞쪽 발을 옮겨 놓는다.
- 양팔을 아래위로 움직이거나 교대로 움직인다.

① 호핑(Hopping)　② 갤러핑(Galloping)
③ 리핑(Leaping)　④ 슬라이딩(Sliding)

해설
② 갤러핑 : 한 발을 앞이나 옆으로 디디며 다른 발을 빨리 끌어와 부딪히며 걷는 동작
① 호핑 : 한 발을 사용하여 뛰어오른 후 동일한 발로 착지를 하는 점핑의 발달된 동작
③ 리핑 : 무릎을 펴면서 뛰어올라 공중에서는 두 무릎이 모두 펴지도록 다리를 벌리며 멀리 뛰는 동작
④ 슬라이딩 : 한 발을 옆으로 놓으며 미끄러지듯이 다른 발을 재빨리 붙이고 미는 동작

15 〈보기〉에서 청각 장애인에게 체육 활동을 지도할 때 고려할 사항으로 옳은 것만을 모두 고른 것은?

㉠ 체육관이나 운동장의 소음을 최소화한다.
㉡ 대화 중에 입을 가리거나 껌을 씹지 않는다.
㉢ 시범과 시각적 지도 단서를 활용하여 설명한다.
㉣ 공을 패스하기 전에 서로 눈을 맞추고 패스한다.

① ㉠, ㉡　　　② ㉠, ㉡, ㉢
③ ㉠, ㉡, ㉣　　④ ㉠, ㉡, ㉢, ㉣

해설
〈보기〉 모두 청각 장애인에게 체육 활동을 지도할 때 고려할 사항에 해당한다.

16 지적 장애인을 위한 체육 활동의 변형 방법으로 옳지 않은 것은?

① 배구 : 네트 높이를 낮춘다.
② 수영 : 레인의 폭을 축소한다.
③ 소프트볼 : 티 위에 공을 올려놓고 친다.
④ 줄넘기 : 양손에 각각 짧은 줄을 잡고 돌리며 점프한다.

해설
지적 장애인의 경우 발달 속도, 근지구력 활동 부족 등의 이유로 수영 활동 시 레인의 길이를 축소하는 것이 좋다.

17 장애학생 체육 활동 지도를 위한 개별화교육프로그램(IEP)의 목표 진술 3요소가 아닌 것은?

기출 15·19·22·23·24

① 행동(Action)
② 기준(Criterion)
③ 언어(Language)
④ 조건(Condition)

해설
개별화교육프로그램은 개인의 발달에 적합한 교육프로그램을 계획하고 시행하는 것으로 목표 진술 요소에는 조건, 기준, 행동이 있다.

13 ② 14 ② 15 ④ 16 ② 17 ③ **정답**

18 그림의 로고를 사용하는 국제장애인경기대회에 관한 설명으로 옳지 않은 것은?

① 창시자는 구트만(L. Guttmann)이다.
② 제1회 하계대회는 1960년 로마에서 개최되었다.
③ 주관 단체는 ISOD(International Sports Organization for The Disabled)이다.
④ 참가 대상은 척수손상, 절단 및 기타 장애, 뇌성마비, 시각 장애, 지적 장애이다.

해설

패럴림픽
- 1948년 영국의 구트만 박사 주도로 상이군인 재활을 목적으로 척수 장애인 체육대회를 조직
- 1960년 이탈리아 로마에서 제1회 하계 패럴림픽대회 개최
- 창설 당시 하반신 마비를 의미하는 'Paraplegia'와 'Olympic'을 합성하여 만든 용어였으나 신체가 불편한 모든 장애인을 대상으로 범위가 확대됨
- 국제장애인올림픽위원회(IPC)가 주최하여 4년 주기로 개최되는 신체 장애인들의 국제 경기 대회

19 장애인을 위한 체육 활동 변형 방법에 관한 설명으로 적절하지 않은 것은?

① 참여를 유도하는 방향으로 변형한다.
② 활동의 본질을 변형하여 새로운 활동으로 구성한다.
③ 장애로 인한 참여 제한이 발생하지 않도록 변형한다.
④ 변형된 활동이 효과적이지 못하면 다시 수정하거나 보완한다.

해설

체육 활동 변형은 활동의 본질적인 특성을 변형하지 않는 선에서 체육 환경, 경기장, 용기구, 참여 인원, 활동 유형, 교수 유형, 기타 사항들을 수정 및 보완하여 사용하는 것이다.

20 저시력을 가진 시각 장애인에게 체육 활동을 지도할 때 고려할 사항으로 적절하지 않은 것은?

① 안전을 고려하여 모든 수행을 직접적으로 보조한다.
② 단순하고 명확하게 디자인된 시각 자료를 사용한다.
③ 활동 경계선을 쉽게 알 수 있도록 바닥에 테이프를 붙여 준다.
④ 운동 장비에 음향 신호를 추가하여 위치 파악이 쉽도록 돕는다.

해설

체육 활동 시 스스로 움직일 수 있도록 지도하는 등 학생의 현재 수행 능력을 판단하고, 자립심을 키우는 방법을 사용한다.

정답 18 ③ 19 ② 20 ①

제2과목 유아체육론

01 기본운동 기술 범주에서 안정성 기술에 속하는 움직임 양식(Movement Pattern)이 아닌 것은?

① 굽히기(Bending)
② 스키핑(Skipping)
③ 늘리기(Stretching)
④ 직립 균형(Upright Balance)

해설
기본움직임기술과 주요 움직임 양식
- 안정성 기술 : 굽히기, 늘리기, 비틀기, 돌기, 흔들기, 직립 균형, 거꾸로 균형, 구르기, 멈추기, 피하기
- 이동 기술 : 걷기, 호핑, 스키핑, 점핑, 갤러핑, 슬라이딩
- 조작 기술 : 치기, 던지기, 차기, 공 멈추기, 던지기, 튀기기, 되받아치기

02 다음 '움직임 분류' 일차원 모델에서 ㉠~㉣에 들어갈 용어가 바르게 나열된 것은?

움직임의 (㉠)	움직임의 (㉡)	움직임의 (㉢)	움직임의 (㉣)
대근 운동 기술	불연속 운동 기술	개방형 운동 기술	안정 과제
소근 운동 기술	연속 운동 기술	폐쇄형 운동 기술	이동 과제
	지속 운동 기술		조작 과제

	㉠	㉡	㉢	㉣
①	근육	환경	맥락	기능
②	근육	시간적 연속성	환경	기능
③	의도	시간적 연속성	맥락	환경
④	기능	의도	시간적 연속성	근육

해설
운동 기술의 일차원적 분류

움직임의 근육	대근 운동 기술	큰 근육을 사용하며, 주로 큰 동작
	소근 운동 기술	비교적 작은 근육을 사용하며, 정확하고 세밀한 움직임
움직임의 시간적 연속성	불연속 운동 기술	• 동작의 시작과 끝이 분명하게 나타남 예 던지기, 슈팅 • 동작이 빠르고 짧은 시간에 끝남
	계열적(지속) 운동 기술	불연속 운동 기술이 연속적으로 연결되어 하나의 운동 기술로 표현 예 체조 연기, 야구 기술
	연속적 운동 기술	• 특정 움직임이 계속 반복 • 시작과 끝을 알 수 없음 예 걷기, 수영, 사이클
움직임의 환경	개방형 운동 기술	• 계속 변하는 환경에서 수행 • 환경 예측이 불가능하고(동적), 여러 상황에서 대처할 수 있는 다양하고 정확한 동작 패턴
	폐쇄형 운동 기술	• 환경이 변하지 않는 안정된 상태에서 수행 • 환경 예측이 가능하고(정적), 정확하고 일관성 있는 동작 패턴
움직임의 기능	안정 과제	이동하지 않고 서거나 앉아서 균형 감각을 기르는 운동
	이동 과제	위치를 이동하는 운동
	조작 과제	물체를 다루는 능력을 기르는 운동

03 〈보기〉에서 건강 및 수행 관련 체력 요소에 관한 설명으로 옳은 것만을 모두 고른 것은?

㉠ 평형성 – 신체의 자세를 유지하는 능력
㉡ 유연성 – 신체 내외의 자극에 대응하는 운동 능력
㉢ 민첩성 – 자극에 반응하여 속도·방향을 신속하게 전환하는 능력
㉣ 협응성 – 각각의 운동 체계와 다양한 감각 양식을 효율적인 운동 패턴으로 통합하는 능력

① ㉠, ㉡, ㉢
② ㉠, ㉡, ㉣
③ ㉠, ㉢, ㉣
④ ㉡, ㉢, ㉣

해설
㉡ 유연성은 신체를 부드럽게 움직일 수 있는 능력을 의미한다.

정답 01 ② 02 ② 03 ③

04 〈보기〉에서 설명하는 원시반사 유형에 관한 내용으로 옳지 않은 것은?

> - 출생 후 몸을 보호하는 데 필요한 반사 유형이다.
> - 신경적인 변이나 손상 예측에 사용되는 대표적인 반사이다.
> - 이 반사 유형이 비대칭적으로 나타날 경우 신경적인 변이나 손상을 추측할 수 있다.

① 시기 : 출생부터 4~7개월까지 나타난다.
② 반응 : 특정한 자극에 팔과 다리가 신전되며 팔을 벌리고 손가락을 편다.
③ 유발자극 : 놀라거나 아래로 떨어지는 자극에는 발생하지 않는다.
④ 기타 : 소멸 시기 이후에도 지속되면 감각운동 장애의 발생을 추측할 수 있다.

해설
〈보기〉는 모로반사에 대한 설명이다. 모로반사는 누워있는 상태에서 큰 소리가 나거나, 머리나 몸의 위치가 갑자기 변하면 팔과 다리를 벌렸다가 다시 움츠리는 반사로 원시반사에 해당하며, 모로반사 검사로 신경적인 변이나 손상을 추측할 수 있다.

05 〈보기〉가 설명하는 운동발달 프로그램의 구성 원리는?

> - 유소년의 연령, 성별, 신체 특성의 변화와 순서를 고려해야 함
> - 유소년의 발달단계를 고려하여 운동프로그램을 계획하는 것이 중요함
> - 간단한 동작에서 복잡한 동작으로, 쉬운 활동에서 어려운 활동으로 지도해야 함

① 다양성의 원리
② 안전성의 원리
③ 특이성의 원리
④ 연계성의 원리

해설
유아발달 프로그램의 기본 원리
- 연계성의 원리 : 운동발달, 인지발달, 사회성 및 정서발달의 상호작용을 통한 발달이 이루어지도록 프로그램을 연계적으로 구성해야 한다.
- 안전성의 원리 : 안전을 최우선으로 고려하여 프로그램을 구성해야 한다.
- 적합성의 원리 : 결정적 시기를 고려하여 적합한 운동을 프로그램에 구성해야 한다.
- 방향성의 원리 : 신체발달의 방향성을 고려하여 적절한 운동을 프로그램에 구성해야 한다.
- 특이성의 원리 : 유전과 환경요인에 따른 개인차를 고려하여 프로그램을 구성해야 한다.
- 다양성의 원리 : 전체적인 신체발달을 돕는 다양한 프로그램을 구성해야 한다.

06 〈보기〉에서 설명하는 에릭슨(E. Erikson)의 심리사회발달단계는?

> - 기초적인 인지 기술과 사회적 기술의 습득이 중요함
> - 소속된 사회, 문화를 습득하여 실수나 실패를 접하는 것이 중요함
> - 타인과 자신을 비교하여 긍정적, 부정적 경험을 할 수 있음

① 2단계(자율성 또는 수치심 발달)
② 3단계(주도성 또는 죄의식 발달)
③ 4단계(근면성 또는 열등감 발달)
④ 5단계(정체감 또는 역할혼미 발달)

해설
에릭슨의 심리사회발달단계 중 4단계(근면성 또는 열등감 단계)
- 학령기(5~12세)로, 또래 집단과 교사 등의 주위 환경이 지지 기반
- 기초적인 인지 기술과 사회적 기술을 습득하는 것이 중요한 시기임

정답 04 ③ 05 ④ 06 ③

07 하비거스트(R. Havighurst)의 발달 과제 이론에서 ㉠~㉢에 들어갈 내용을 바르게 나열한 것은?

발달 단계	1단계 (0~6세)	2단계 (7~12세)	3단계 (13~18세)
	걷기 학습	개인적 독립심 획득	자신의 체격 수용
성취 과업	옳고 그름을 구별하는 학습의 발달	일상 놀이에 필요한 신체적 기술의 학습	성숙한 관계 형성 및 사회적 역할 획득
	(㉠)	(㉡)	(㉢)

	㉠	㉡	㉢
①	사회적 · 물리적 실체 묘사를 위한 개념 습득	자신에 대한 건전한 태도 확립	행동을 이끄는 가치 체계 획득
②	자신에 대한 건전한 태도 확립	행동을 이끄는 가치 체계 획득	사회적 · 물리적 실체 묘사를 위한 개념 습득
③	일상생활에 필요한 개념 발달	자신에 대한 건전한 태도 확립	사회적 · 물리적 실체 묘사를 위한 개념 습득
④	사회적 · 물리적 실체 묘사를 위한 개념 습득	자신에 대한 건전한 태도 확립	일상생활에 필요한 개념 발달

해설

하비거스트는 발달 과제 이론에서 영 · 유아기 – 아동기 – 청년기 – 장년기 – 중년기 – 노년기의 발달과업을 제시하였다.

하비거스트의 발달과업 이론
- 영 · 유아기 : 사회적 · 물리적 실체 묘사를 위한 개념 습득(㉠)
- 아동기 : 자신에 대한 건전한 태도 확립(㉡)
- 청년기 : 행동을 이끄는 가치 체계 획득(㉢)
- 장년기 : 가족 형성, 직장생활 시작, 시민으로서의 책임 인식
- 중년기 : 성인 시민으로서의 사회적 책임 성취, 중년기 신체적 변화 수용 · 적응
- 노년기 : 감소되는 체력 · 건강에의 적응, 동년배 집단과 긴밀한 관계 형성

08 그림에 제시된 동작의 시작 단계 특징으로 옳지 않은 것은?

치기 동작의 시작 단계

① 양발은 고정한다.
② 몸통 회전이 없다.
③ 엉덩이를 회전시킨다.
④ 팔꿈치를 완전히 굽힌다.

해설

공 치기(Ball Striking) 동작의 시작 단계
- 동작은 등 뒤에서 앞으로 치는 형태를 보임
- 발은 움직임 없이 고정되어 있고, 몸통은 공이 오는 방향을 향하며, 회전이 없음
- 모든 치기 동작은 팔꿈치가 굽혀진 상태에서 이루어짐

09 초보 움직임 시기의 '반사 억제 단계(Reflexive Inhibition Stage)'에 관한 설명으로 옳지 않은 것은?

① 운동 피질의 발달과 특정 환경적 억제 요인의 감소 현상이 일어난다.
② 반사 억제 수준에서 수의적 움직임의 분화와 통합은 낮은 수준을 보인다.
③ 이 단계에 발생하는 수의적인 움직임들은 대부분 제어가 힘들고 정교함이 떨어진다.
④ 뇌하부 중추가 운동 피질보다 이전 단계에 비해 상대적으로 더 많이 발달하며 이 시기의 움직임 제어에 필수적으로 작용한다.

해설

④ 반사 움직임 시기의 '정보부호화 단계'에 대한 설명이다.

정보부호화 단계
- 태아기를 거쳐 생후 약 4개월까지 관찰될 수 있는 불수의적 움직임의 특징을 보임
- 뇌 중추는 다양한 강도와 지속시간을 가진 여러 자극에 대해 불수의적 반응을 유발할 수 있음
- 뇌하부 중추는 운동 피질보다 더 많이 발달하며 태아와 신생아의 움직임을 제어하는 데 필수

07 ① 08 ③ 09 ④ **정답**

10 유소년기 발달에 관한 검사 도구와 목적의 연결이 옳지 않은 것은?

	검사 도구	목적
①	TGMD-3 (Test of Gross Motor Development-3)	신체, 언어, 인지, 적응 행동의 기능 발달 검사
②	BOTMP-2 (Bruininks-Oseretsky Test of Motor Proficiency-2)	다양한 발달 문제의 진단 및 선별, 대근·소근운동 발달 검사
③	PDMS-2 (Peabody Developmental Motor Scale-2)	유아기 기본 운동 기술의 훈련 또는 개선 검사
④	K-DST (Korean Denver Development Screening)	발달에 문제가 있는 영유아를 선별하기 위한 부모 보고식 검사

해설

TGMD-3(Test of Gross Motor Development-3)
- 3~10세의 아동들을 대상으로 대근운동능력을 평가한다.
- 규준지향검사와 준거지향검사 방식을 모두 적용한다.
- 6가지 이동 기술(달리기, 질주하기, 뛰어오르기, 한 발로 뛰기, 수직점프, 슬라이딩) 검사와 6가지 공 기술(정지한 공 치기, 드리블, 차기, 붙잡기, 던지기, 굴리기) 검사를 포함한다.

---

11 〈보기〉에서 설명하는 모스턴과 애쉬워드(M. Mosston & S. Ashworth)의 교수-학습 전략(Strategies)은? 기출 22

> - 수업 시 공간과 장비의 제약을 보완해 줄 수 있다.
> - 학습자들이 서로 다른 과제들을 동시에 익히도록 하는 데 효과적이다.
> - 학습자들이 이미 배운 적이 있는 기술을 실행하거나 자신을 평가할 때 효과적이다.

① 스테이션 교수(Station Teaching)
② 동료교수(Peer Teaching)
③ 협동 학습(Cooperative Learning)
④ 전술게임(Tactical Games)

해설

스테이션 교수
교사 한 명이 둘 이상의 과제가 동시에 진행되도록 스테이션(학습 환경)을 설계하여 지도하는 수업 방법이다. 기구가 부족한 상황에서 적용할 수 있고, 학습자가 자신의 수업 내용을 능동적으로 선택할 수 있다.

---

12 계획적인 유아체육 프로그램을 구성할 때 고려해야 할 사항으로 옳지 않은 것은?

① 유아의 참여가 어려운 게임은 되도록 배제한다.
② 프로그램 사전 계획 시 대상자 연령, 인원, 장소, 도구 등을 미리 파악한다.
③ 다양한 교보재와 활동 지시문을 활용해 유아가 스스로 순환하면서 활동하도록 유도한다.
④ 설치하는 기구는 유아 개개인의 다양한 발달 수준을 고려하지 않고 획일적으로 활용한다.

해설

유아체육 프로그램 구성 시 유아 간 개인차를 이해하고 유아 개개인의 발달 속도에 맞춘 설치기구를 활용해야 한다.

정답 10 ① 11 ① 12 ④

13 그림은 얼릭(D. Ulrich)이 제시한 대근운동발달의 시기와 단계이다. ㉠, ㉡에 들어갈 내용을 바르게 나열한 것은?

기출 24

시기	내용	단계
초등 고학년에서 청소년 시기	여가, 스포츠 및 댄스 기술	4단계
초등 3~4학년 시기	(㉠)	3단계
학령 전 및 초등 저학년기	(㉡)	2단계
신생아기	반사와 반응	1단계

	㉠	㉡
①	기본 대근운동 기술과 양식(Patterns)	리드-업(Lead-up) 게임과 기술
②	자세조절 기술	운동감각 지각 (Kinesthetic Perception)
③	운동감각 지각 (Kinesthetic Perception)	자세조절 기술
④	리드-업(Lead-up) 게임과 기술	기본 대근운동 기술과 양식(Patterns)

해설
얼릭의 대근운동발달의 시기와 단계

구분	시기	내용
1단계	신생아기	반사와 반응
2단계	학령 전 및 초등 저학년기	기본 대근운동 기술과 양식
3단계	초등 3~4학년 시기	리드-업(Lead-up) 게임과 기술
4단계	초등 고학년에서 청소년 시기	여가 활동, 스포츠 및 댄스 기술

14 〈보기〉는 「국민체육진흥법」 시행령 제2조의9 '유소년 스포츠지도사' 정의에 관한 내용이다. ㉠, ㉡에 들어갈 용어로 옳은 것은?

기출 15·22

'유소년스포츠지도사'란 유소년의 (㉠), (㉡) 등에 대한 지식을 갖추고 제9조의6에 따른 자격 종목에 대하여 유소년을 대상으로 체육을 지도하는 사람을 말한다.

	㉠	㉡
①	행동양식	인지발달
②	방관적 행동	신체발달
③	방관적 행동	인지발달
④	행동양식	신체발달

해설
정의(「국민체육진흥법」 시행령 제2조 제9호)
'유소년스포츠지도사'란 유소년의 행동양식, 신체발달 등에 대한 지식을 갖추고 법령상의 자격 종목에 대하여 유소년을 대상으로 체육을 지도하는 사람을 말한다.

15 ㉠, ㉡에 해당하는 교수-학습 방법을 바르게 나열한 것은?

기출 16·17·19·23

	내용
㉠	• 지도자가 다양한 동작 과제나 질문을 학습자에게 제시함 • 지도자는 학습자가 제안한 해결 방법이 무엇이든 인정하고 받아들임 • 학습의 결과가 아니라 학습 과정 그 자체에 우선적인 초점을 둠
㉡	• 학습자의 구체적인 동작 경험을 위해 지도자나 또래의 활동을 관찰할 수 있는 기회를 제공함 • 학습자가 여러 가지 방법을 사용할 수 있는 충분한 시간을 제공해야 함 • 지도자는 계속해서 더 구체적인 질문을 하여 원하는 반응이 나오도록 유도함

	㉠	㉡
①	안내-발견적(Guide-discovery) 방법	탐색적(Exploratory) 방법
②	탐색적(Exploratory) 방법	학습자 설계(Child-designed)
③	탐색적(Exploratory) 방법	안내-발견적(Guide-discovery) 방법
④	학습자 설계(Child-designed)	안내-발견적(Guide-discovery) 방법

정답 13 ④ 14 ④ 15 ③

> [해설]

유아 주도적 교수 방법
- 탐색적 방법 : 시범이나 언어적 설명 없이 유아가 자신에게 적합하다고 생각하는 활동 과제를 수행하는 방법으로 학습의 결과보다 과정에 중점을 두는 방법 (㉠)
- 안내-발견적 방법 : 유아에게 교사의 활동을 관찰할 기회를 주고 유아가 또래나 교사의 동작을 관찰함으로써 과제 수행의 방법을 이해하도록 하는 방법 (㉡)

16 갤러휴(D. Gallahue)의 움직임 기술 2차원 분류법에서 이동 기술의 움직임 양식에 속하지 않는 것은?

① 잡기(Catching)
② 걷기(Walking)
③ 달리기(Running)
④ 점프하기(Jumping)

> [해설]

잡기는 조작 기술의 움직임 양식에 속한다.

기본움직임기술(FMS)과 주요 움직임 양식
- 안정성 운동 : 굽히기, 늘리기, 비틀기, 돌기, 흔들기, 직립 균형, 거꾸로 균형, 구르기, 멈추기, 재빨리 피하기 등
- 이동 운동 : 걷기, 달리기, 리핑, 호핑, 점핑, 갤러핑, 슬라이딩, 스키핑 등
- 조작 운동 : 던지기, 차기, 치기, 받기, 때리기, 튀기기, 되받아 치기 등

17 유소년스포츠에서 활용될 수 있는 게임수업 방법과 설명의 연결이 옳지 않은 것은?

① 기능중심 게임수업(Technical Model) : 교사가 제시한 '왜(Why)' 중심의 문제해결 수업을 진행한다.
② 기능중심 게임수업(Technical Model) : 행동주의에 근거하며, 기술을 자동화하기 위한 기능 숙달이 중심이다.
③ 이해중심 게임수업(Teaching Games For Understanding) : '무엇을 할 것인가(What to Do)'를 고민하며 인지적 학습이 선행된다.
④ 이해중심 게임수업(Teaching Games For Understanding) : 구성주의 인식론에 근거하며, 게임에 대한 '이해'를 중심으로 문제해결 능력을 기른다.

> [해설]

'왜(Why)' 중심의 문제해결 수업은 이해중심 게임수업에 대한 설명이다.

이해중심 게임수업의 기본 가정
- '어떻게(기술)'를 가르치기 전에 '왜, 무엇(전술)'을 가르친다.
- 학생 중심의 학습 교육과정으로, 게임 상황과 유사한 환경에서 학습한다.
- 학습자 스스로 이해를 바탕으로 의미를 구성하며, 학생의 총체적 경험을 중요시한다.

18 유아기 걷기 동작의 기술 단계 분류에서 시작 단계의 특징은?

① 보폭이 커지고 안정된다.
② 발바닥 전체로 바닥과 접촉한다.
③ 팔 흔들기가 반사적으로 이루어진다.
④ 발끝이 바깥쪽으로 향하는 현상이 줄어든다.

> [해설]

유아기 걷기 동작의 단계
- 시작 단계 : 팔을 올리고 발바닥으로 터벅거리며, 기저면이 넓고 다리가 중심선에서 외전된다.
- 초보 단계 : 보폭이 길어지고 팔 흔들림이 적으며, 발뒤꿈치가 힐-토우(Heel Toe) 모양이다.
- 성숙 단계 : 발이 신체 중심선에서 움직이고 뚜렷한 힐-토우(Heel Toe) 모양이 나타난다.

[정답] 16 ① 17 ① 18 ②

19 피아제(J. Piaget)가 제시한 인지발달단계와 특징의 연결이 옳지 않은 것은?

단 계	특 징
① 감각운동기	학습자는 감각경험과 움직임의 상호작용을 통하여 학습하게 된다.
② 전조작기	활동적인 놀이를 통한 지적 실험으로 가역성을 갖게 된다.
③ 구체적 조작기	보존개념이 형성되고 분류, 서열화 등의 수학적 조작능력이 나타난다.
④ 형식적 조작기	인지적 과정을 통하여 추상적, 논리적, 체계적 사고를 할 수 있다.

해설

②는 구체적 조작기의 특징이다. 전조작기에는 자기중심성이 강하여 다른 사람의 관점에서 사물을 이해할 수 없고 비가역성을 갖는다. 예를 들어 '보존개념'의 실험에서 같은 컵에 있는 같은 양의 물을 보여준 뒤, 한 컵의 물을 폭이 좁고 긴 다른 컵에 부으면(물 높이가 올라감), 긴 컵의 물이 더 많다고 말한다.

피아제의 인지발달 4단계
- 감각운동기(0~2세) : 감각을 사용하여 주변을 탐색하고, 새로운 경험을 찾기 위한 신체 활동을 한다(연습놀이).
- 전조작기(2~7세) : 지각 운동 시기로 사물과 사건의 관계를 인식하는 사고 능력의 진보가 이루어지지만 자기중심성이 강하여 다른 사람의 관점에서 사물을 이해할 수 없다.
- 구체적 조작기(7~11세) : 탈중심적 사고에 들어서고 사회지향적인 특징을 보이며, 구체적인 문제에 대한 논리적 사고가 가능하다(규칙이 있는 게임).
- 형식적 조작기(청소년~성인) : 가설적 · 연역적 사고가 가능하고, 논리적 사고에 의해서 문제를 해결한다.

20 〈보기〉에서 설명하는 발달 이론은?

- 직접 행동이 아니어도 사회적 상황에서 타인의 행동을 관찰하며 학습이 가능하다.
- 유아 주변의 인물, 특히 부모의 언어 형태, 성역할, 사회적 행동을 모방한다.

① 비고츠키(L. Vygotsky)의 상호작용 이론
② 반두라(A. Bandura)의 사회학습 이론
③ 매슬로(A. Maslow)의 욕구위계 이론
④ 프로이드(S. Freud)의 정신분석 이론

해설

② 반두라의 사회학습 이론 : 인간은 다른 사람의 행동을 관찰 · 모방하면서 발달한다는 이론
① 비고츠키의 상호작용 이론 : 인간의 발달은 사회적 · 문화적 환경의 영향을 받는다는 이론
③ 매슬로의 욕구위계 이론 : 인간은 욕구를 가지고 태어나고 욕구 충족을 위해 행동하며, 각각의 욕구는 위계적이어서 기본적인 욕구 충족이 이루어져야 상위 욕구 충족에 관심을 가지고 달성할 수 있다는 이론
④ 프로이드의 정신분석 이론 : 인간의 사고 · 감정 · 행동은 심리적 원인에 의해 결정된다는 이론

정답 19 ② 20 ②

제3과목 노인체육론

01 활동 이론을 옳게 설명한 것은?
기출 16·18

① 활성산소의 증가가 노화를 촉진한다.
② 노화와 관련한 대표적 생물학적 이론이다.
③ 사회에서 점진적 역할 배제가 노화의 핵심이다.
④ 노인의 사회활동 참여 정도가 높을수록 생활만족도가 높아진다.

해설

④ 활동 이론은 일생에 걸쳐 일상생활의 정신적·신체적 활동을 지속하는 사람은 건강하고 행복하게 늙는다는 이론으로 노인의 사회활동 참여 정도가 높을수록 생활만족도가 높아진다.
① 활성산소에 의한 세포 손상의 누적이 각종 질병의 위험과 노화를 증가시킨다는 이론은 손상 이론에 포함되는 자유기 이론의 주장이다.
② 대표적인 생물학적 노화 이론에는 유전적 이론, 손상 이론, 점진적 불균형 이론 등이 있으며, 활동 이론은 노화의 사회학적 이론이다.
③ 노인의 사회적 역할 배제를 설명하는 것은 분리 이론이다.

02 근감소증(Sarcopenia)에 관한 설명 중 옳지 않은 것은?
기출 18·23

① 호흡근의 마비를 유발할 수 있다.
② 노화와 관련한 대표적인 증상 또는 질환이다.
③ 근위축(Muscle Atrophy)으로도 알려져 있다.
④ 유산소 능력, 골밀도, 인슐린 민감성 및 신진대사율 감소를 유발할 수 있다.

해설

① 호흡근의 마비 유발이나 악화를 초래하는 것은 만성폐쇄성 폐질환자의 기도저항과 관련된 특징이다.

03 〈보기〉에서 생물학적 노화의 특성으로 옳은 것만 모두 고른 것은?

> ㉠ 노화는 치료가 가능하다.
> ㉡ 모든 사람에게 보편적으로 일어난다.
> ㉢ 시간의 흐름에 따라 점진적으로 일어난다.
> ㉣ 환경적 요인을 배제한 내재적 요인에 의해 발생한다.

① ㉠, ㉣
② ㉡, ㉢
③ ㉠, ㉡, ㉢
④ ㉡, ㉢, ㉣

해설

㉠ 현대 의학에서 노화는 치료할 수 없다.
㉡·㉢·㉣ 생물학적 노화는 모든 사람들이 보편적으로 겪는 생물학·심리·사회·점진적 변화이며, 노화의 속도와 기능의 저하 정도는 개인차가 존재한다. 또한 환경적 요인을 배제한 내재적인 요인에 의해 발생한다.

04 〈보기〉에서 체중부하운동으로 옳은 것만 모두 고른 것은?

> ㉠ 등 산
> ㉡ 스케이팅
> ㉢ 테니스
> ㉣ 고정식 자전거 타기
> ㉤ 암 에르고미터(Arm Ergometer)
> ㉥ 수 영

① ㉠, ㉡, ㉤
② ㉠, ㉡, ㉢
③ ㉢, ㉤, ㉥
④ ㉢, ㉣, ㉥

해설

㉠·㉡·㉢ 체중부하운동은 뼈에 적당한 충격을 주어 골밀도를 높이고 근기능 강화에 도움이 되는 운동으로 걷기, 계단 오르기, 줄넘기, 등산, 댄스, 테니스, 스케이팅 등이 있다.
㉣·㉥ 고정식 자전거 타기와 수영은 근골격계 질환이 있는 경우 체중에 대한 부담을 감소할 수 있는 운동이며, 심폐지구력을 향상할 수 있다.
㉤ 암 에르고미터는 팔의 힘으로 전신적인 일의 양을 측정하는 장비로 근지구력과 심폐지구력을 동시에 향상하는 운동이다.

정답 01 ④ 02 ① 03 ④ 04 ②

05 노인의 운동 빈도에 관한 설명으로 옳지 않은 것은?

① 운동 빈도는 규칙적이어야 한다.
② 신체적으로 무리가 없는 경우 주 5일 이상도 권장된다.
③ 운동 의욕이 높은 노인의 경우 매일 강도 높은 운동이 권장된다.
④ 운동 효과와 피로도를 고려했을 때 주 3회 정도가 가장 적절하다

해설
③ 건강한 고령자들은 운동의 강도를 낮추어 1시간 정도 운동을 지속해야 효과적이다.
① 노인은 운동 빈도를 규칙적으로 하고 활동량은 적절하게 배분할 것을 권장한다.
② 운동 초기에는 근피로 회복, 뼈와 관절의 손상 방지를 위해 격일제 운동을 하고 이후에는 일주일에 4~5일 정도의 운동 자극이 효과적이다.
④ 노인 질병 예방 운동프로그램에서는 운동 빈도를 주 3회 이상으로 정하고 있다.

06 만성질환 노인의 운동 효과로 옳지 않은 것은?
기출 18·19·20·23

① 비만 노인의 체지방량이 감소하고 근육량은 유지되거나 증가된다.
② 골다공증 노인의 골밀도 감소가 개선되고 낙상과 골절이 예방된다.
③ 당뇨 노인의 혈당량이 감소하고 근육의 인슐린 민감성이 감소된다.
④ 퇴행성관절염 노인의 유연성이 향상되고 관절의 가동 범위가 증가된다.

해설
당뇨 노인의 운동 효과로는 혈당량 감소와 인슐린 감수성 향상 등이 있다.

07 뇌졸중 노인을 위한 운동 지도 시 고려해야 할 사항은?

① 우측마비 노인의 경우 언어지시보다 행동적 시범을 보인다.
② 마비가 없는 쪽에 집중적으로 스트레칭 운동을 실시하도록 한다.
③ 낙상 위험이 있으므로 균형감각과 기동성 향상을 위한 운동을 실시하지 않는다.
④ 장애 정도가 심한 노인의 경우 똑바로 선 상태에서 스텝핑 운동을 빠르게 하도록 한다.

해설
우측 마비는 주로 좌측 뇌 손상으로 발생하는데, 좌측 뇌는 언어 이해, 논리적 사고를 주로 담당한다. 그러므로 우측 마비 노인의 경우, 언어지시만으로는 이해가 어려울 수 있어 직접적인 행동 시범을 함께 보여주는 것이 효과적이다.

08 〈보기〉에서 관절염 노인을 위한 운동 관련 설명으로 옳은 것만 모두 고른 것은?
기출 19·23

┌─────────────────────────────────┐
│ ㉠ 체중부하운동을 실시한다.
│ ㉡ 운동 시 느끼는 통증은 고려하지 않는다.
│ ㉢ 운동 전후에 냉찜질 또는 온찜질을 한다.
│ ㉣ 수중운동 시 물의 온도는 29~32℃를 유지한다.
│ ㉤ 특정 관절의 과사용을 피하기 위해 크로스트레이닝을 실시한다.
└─────────────────────────────────┘

① ㉠, ㉡, ㉢
② ㉡, ㉣, ㉤
③ ㉢, ㉣, ㉤
④ ㉠, ㉢, ㉣

해설
㉠ 체중 부하 시 관절에 무리가 갈 수 있어 저강도로 진행하고, 통증을 관찰하면서 조절해야 한다.
㉡ 운동 중 통증은 반드시 고려해야 하며, 통증이 발생하면 즉시 조정하거나 중단해야 한다.

정답 05 ③ 06 ③ 07 ① 08 ③

09 〈보기〉에서 설명하는 노화 이론은?

> 통계에 따르면 전문체육인이 일반인에 비해 퇴행성관절염 발병률이 더 높다고 보고되고 있다. 그뿐만 아니라 전문체육 종목 중에서도 상대적으로 몸을 더 많이 사용하는 축구나 미식축구 선수들의 은퇴 시기가 골프, 야구 선수에 비해 빠른 것으로 나타났다.

① 면역반응 이론
② 교차결합 이론
③ 세포노화 이론
④ 사용마모 이론

해설
④ 사용마모 이론 : 〈보기〉는 노화의 생물학적 이론 중 세포적 관점의 이론으로 인체가 마치 기계처럼 사용에 따라 점차 마모되어 노화가 진행된다는 것이다.
① 면역반응 이론 : 항체의 이물질에 대한 식별능력이 저하되어 이물질이 계속 체내에 있으면서 부작용을 일으켜 노화 촉진, 즉 면역 기능이 저하되어 노화가 발생한다.
② 교차결합 이론 : 결합조직의 커다란 분자에 교차결합이 일어나면서 노화가 발생한다.
③ 세포노화 이론 : 세포적 관점에서 노화가 어떻게 일어나는지를 설명하는 이론이다.

10 〈보기〉의 ㉠, ㉡에 들어갈 용어로 옳은 것은?

> • (㉠) 길이가 감소하면서 노화가 일어난다.
> • 노화로 인한 대표적 관절 질환은 (㉡)이다.

	㉠	㉡
①	텔로미어	퇴행성 관절염
②	글루코스	퇴행성 관절염
③	텔로미어	류마티스 관절염
④	글루코스	류마티스 관절염

해설
㉠ 텔로미어 : 유전인자 텔로미어는 염색체 말단의 보호 구조에 해당하는 것으로, 세포 분열 시 유전 정보를 대신하여 사라지는 보호막 역할을 수행한다. 텔로미어의 길이가 일정 수준 이하로 짧아지면 세포는 분열을 멈추는 세포 노화 상태로 접어들게 된다.
㉡ 퇴행성 관절염 : 노화로 인한 대표적인 관절 질환으로 관절을 오랫동안 빈번히 사용하여 관절 연골이 마모되어 발생한다.

11 노인 운동 시 준비운동과 정리운동의 이점에 관한 다음 표에서 ㉠, ㉡에 들어갈 용어로 옳은 것은?

준비운동	정리운동
• 손상 위험 감소 • 움직이는 동작 범위 향상 • 사용되는 근육으로의 혈액 순환 (㉠)	• 체내 온도 감소 • 젖산 농도 감소 • 혈액의 카테콜아민 수치 (㉡)

	㉠	㉡
①	증가	증가
②	증가	감소
③	감소	증가
④	감소	감소

해설
㉠ 사용되는 근육으로의 혈액 순환이 증가한다.
㉡ 혈액의 카테콜아민 수치가 감소한다.

12 〈보기〉의 노인 운동 지도 시 손상 방지 및 응급상황에 관한 안전관리 예방지침 중 옳은 것만 모두 고른 것은?

> ㉠ 운동 중에 적정한 실내 온도가 유지되는지 확인한다.
> ㉡ 운동 시작 전에 모든 참여자에게 사전 검사를 하여 현재 상태를 파악한다.
> ㉢ 실외 운동 시작 전에 모든 참여자에게 선글라스와 모자 등을 착용하도록 안내한다.
> ㉣ 심장질환자의 경우 운동 전후 혈당을 확인하고, 저혈당에 대비해서 당 섭취가 가능한 간식을 준비한다.
> ㉤ 운동 중 가슴 통증, 불규칙한 심박수, 호흡곤란, 현기증 등이 나타나면 곧바로 운동을 중단하고 병원으로 이동한다.

① ㉠, ㉢, ㉣
② ㉡, ㉣, ㉤
③ ㉠, ㉡, ㉢, ㉤
④ ㉠, ㉡, ㉢, ㉣, ㉤

해설
㉣은 당뇨병 환자의 예방지침이다.

정답 09 ④ 10 ① 11 ② 12 ③

13 〈보기〉에서 설명하는 노화를 보는 관점은?

> 발테스(P.Baltes et al.)와 그 동료들은 노화를 손실(Loss)과 이득(Gain)이 함께 일어나는 과정이라고 하였다. 노화로 인해 신체적 기능 손실이 있는 반면에 경험으로 얻은 환경에 대한 적응력, 지혜와 같은 이득도 있다. 그들은 인간 발달을 두 단계로 나누었는데 첫 단계는 초기 발달단계로 급속한 신체적 발달이 나타나고 이후의 단계에서는 신체적 발달은 더디나 환경에 적응하는 능력은 지속적으로 발달한다.

① 1차적 노화(Primary Aging)
② 2차적 노화(Secondary Aging)
③ 생태학적 발달(Ecological Development)
④ 전 생애적 발달(Life-span Development)

해설
발테스는 성공적인 노화를 비롯한 인간의 전 생애 발달이 3가지 전략과 관련된 과정이라고 설명하였다. 성공적 노화는 노화에 따른 손실이 있더라도 개인의 능력에 적합한 활동을 선택하고 최적화하며 손실한 것을 보상함으로써 성공적 노화에 이를 수 있다는 것이다.

14 〈보기〉에서 청각적 문제가 있는 박 할아버지가 안전한 환경에서 효과적인 운동을 지도받기 위한 안전관리 지침 중 옳은 것만 모두 고른 것은?

> ㉠ 운동 장소는 소음이 적은 조용한 곳을 선정한다.
> ㉡ 운동 장소는 눈이 부실 정도로 조명을 밝게 한다.
> ㉢ 운동 지도 시 잘 들리는 귀 쪽으로 가서 설명한다.
> ㉣ 운동 지도 시 입술 모양이나 표정을 활용해 지도한다.
> ㉤ 복잡한 운동 방법이나 기술을 설명할 때는 시범이나 사진과 같은 보조물을 활용한다.

① ㉠, ㉡, ㉢
② ㉡, ㉣, ㉤
③ ㉡, ㉢, ㉣, ㉤
④ ㉠, ㉢, ㉣, ㉤

해설
㉡ 조명을 조절하는 것은 청각보다 시각적 문제에 있는 경우에 해당한다. 시각적 문제가 있는 경우 운동 장소의 적절한 조명과 거울로 된 벽, 방향 표시를 하여야 한다.

15 노인의 평형성 향상 운동으로 옳지 않은 것은?

①
자기 체중을 이용한 한 발 들기

②
앉아서 허리 앞으로 구부리기

③
일렬로 걷기

④
짐볼 앉기

해설
②는 유연성 운동에 해당한다.

16 저항성 운동이 노인에게 미치는 효과로 옳지 않은 것은?

① 근육량 증가
② 혈중지질 증가
③ 인슐린 감수성 증가
④ 젖산에 대한 내성 증가

해설
저항성 운동을 할 경우 혈중지질이 감소한다.

13 ④ 14 ④ 15 ② 16 ②

17 운동의 사회적 관계 형성에서 노인 운동 참여로 얻을 수 있는 사회적 효과로 옳지 않은 것은?

① 새로운 운동 기술을 습득한다.
② 새로운 친구를 만나 교류를 촉진한다.
③ 역할 유지 및 새로운 역할 부여에 도움이 된다.
④ 세대 간 연결 기회를 제공하여 교류를 확대한다.

해설
노인 운동 참여의 사회적 효과
사회적 통합 증진의 역할, 새로운 친구 맺기, 사회문화적 네트워크 확장, 역할 유지 및 새로운 역할 습득, 세대 간 연결 기회 제공과 교류 확대, 원만한 인간관계 유지

18 노인의 지속적인 운동 참여를 위한 효과적인 목표의 특징과 실제 목표 설정이 옳지 않은 것은?

	특 징	실제 목표 설정
①	측정 가능한	"나는 1년 동안 주 3회 1시간씩 걷기를 할 것이다."
②	구체적	"나는 월, 수, 금요일 오전 10시 수영 수업에 참여할 것이다."
③	현실적	"나는 운동 참여를 통해 치매를 고칠 것이다."
④	행동적	"나는 주 3회 걷기와 주 2회 밴드 운동을 할 것이다."

해설
운동을 통한 질병 치유는 비현실적이다. 운동 참여를 통해 성취할 수 있는 현실적인 목표를 설정해야 한다.

19 노인을 대상으로 한 운동 시 주의 사항으로 옳지 않은 것은?

① 평형성 운동 시 모든 균형의 이동은 천천히 그리고 신중하게 수행할 수 있도록 한다.
② 유산소 운동 시 과부하를 증가시키기 전에 최소 2주의 적응 기간을 준다.
③ 유연성 운동 시 정적 스트레칭은 효과를 위해 최대의 통증이 있을 때까지 신장할 수 있도록 실시한다.
④ 저항성 운동 시 부하를 사용하는 경우가 있기 때문에 운동 중의 노인들은 세심하게 감독하고 관찰한다.

해설
노인을 대상으로 한 정적 스트레칭은 천천히 부드럽게 신장되는 느낌이 들도록 실시하며, 통증을 유발하지 않은 범위까지만 한다.

20 효과적인 노인 운동 지도를 위한 노인스포츠지도사의 마음가짐으로 옳지 않은 것은?

① 친근함을 위해 반말을 사용해도 된다고 생각한다.
② 과제 해결을 위한 문제 의식과 사명감을 가지고 임해야 한다.
③ 노인 운동 참여자의 운동 몰입 및 지속을 이끌어내는 마음가짐이 필요하다.
④ 기능 제한이 있는 노인에게는 처한 상황을 극복할 수 있게 조력자가 되어야 한다.

해설
노인들과 사교적 관계를 조성하여 우호적인 운동환경을 유지하되, 노인들을 존중하는 태도와 언어 사용은 필수적이므로 반말 등은 피하는 것이 좋다.

정답 17 ① 18 ③ 19 ③ 20 ①

인생이란 결코 공평하지 않다. 이 사실에 익숙해져라.

– 빌 게이츠 –

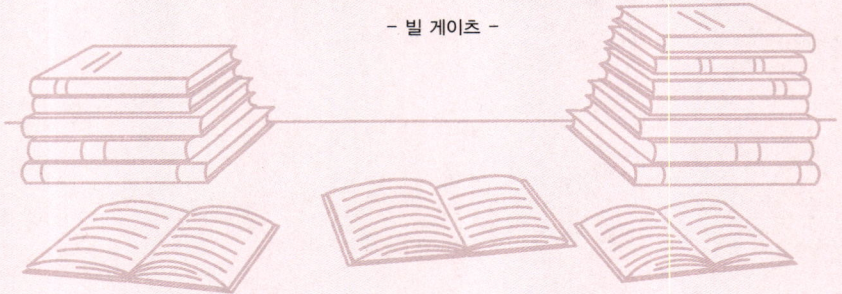

2026 최신개정판

14년간 22만 독자가 선택한 **원조** 스포츠지도사

스포츠 지도사
2급 필기

SPORTS

기출문제집
2급(전문·생활)

과년도 선택과목 기출문제

| 2025년 최신기출문제 + 상세한 해설 | 6개년 (2020~2025년) 기출문제 수록 | 2025년 기준 최신동향 반영 | 최신 기출해설 강의 무료 제공 |

PART

02

과년도 선택과목 기출문제

CHAPTER 01	2024년 선택과목
CHAPTER 02	2023년 선택과목
CHAPTER 03	2022년 선택과목
CHAPTER 04	2021년 선택과목
CHAPTER 05	2020년 선택과목

교육은 우리 자신의 무지를 점차 발견해 가는 과정이다.

– 윌 듀란트 –

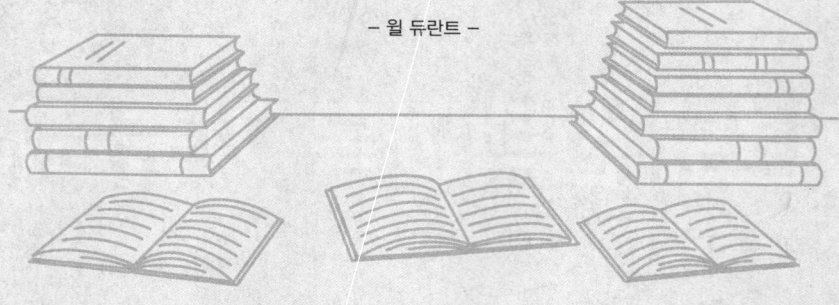

끝까지 책임진다! 시대에듀!

QR코드를 통해 도서 출간 이후 발견된 오류나 개정법령, 변경된 시험 정보, 최신기출문제, 도서 업데이트 자료 등이 있는지 확인해 보세요! **시대에듀 합격 스마트 앱**을 통해서도 알려 드리고 있으니 구글 플레이나 앱 스토어에서 다운받아 사용하세요. 또한, 파본 도서인 경우에는 구입하신 곳에서 교환해 드립니다.

CHAPTER 01 2024년 선택과목 기출문제

2급(전문 · 생활)+장애인+유소년+노인 스포츠지도사

제1과목 스포츠사회학

01 〈보기〉에서 훌리한(B. Houlihan)이 제시한 '정부(정치)의 스포츠 개입 목적'에 관한 사례인 것을 모두 고른 것은? 기출 21

> ㄱ. 시민들의 건강 및 체력유지를 위해 체육단체에 재원을 지원한다.
> ㄴ. 체육을 포함한 교육 현장의 양성평등을 위해 Title IX을 제정했다.
> ㄷ. 공공질서를 보호하기 위해 공원에서 스케이트보드 금지, 헬멧 착용 등의 도시 조례가 제정되었다.

① ㄱ
② ㄱ, ㄷ
③ ㄴ, ㄷ
④ ㄱ, ㄴ, ㄷ

해설

〈보기〉의 내용 모두 정치적 · 경제적, 사회 · 문화적 목적에 대한 정부의 스포츠 개입에 대한 예시이다.

정부가 스포츠에 개입하는 목적(B. Houlihan)
- 공공질서 보호
- 지역사회 · 국가적 명성 고취
- 시민들의 건강 및 체력 유지
- 정체성과 소속감 증진
- 지배적인 정치 이데올로기와 관련된 가치 재생산
- 정치 지도자와 정부에 대한 시민 지지 증대

02 「스포츠클럽법」의 내용으로 옳지 않은 것은?

① 지정스포츠클럽은 전문선수 육성 프로그램을 운영할 수 없다.
② 스포츠클럽의 지원과 진흥에 필요한 사항을 규정하고 있다.
③ 국민체육진흥과 스포츠 복지 향상 및 지역사회 체육발전에 기여함을 목적으로 한다.
④ 국가 및 지방자치 단체는 스포츠클럽의 지원 및 진흥에 필요한 시책을 수립 · 시행하여야 한다.

해설

「스포츠클럽법」에 '지정스포츠클럽은 전문선수 육성 프로그램을 운영할 수 없다'라는 조항은 없다. 다만, 제9조(선수의 육성 지원)에 우수선수 발굴, 육성을 위해 행정적, 재정적 지원을 할 수 있음을 명시한다.

03 〈보기〉에서 스티븐슨(C. Stevenson)과 닉슨(J. Nixon)이 구조기능주의 관점으로 설명한 스포츠의 사회적 기능 중 옳은 것만을 모두 고른 것은? 기출 19

> ㄱ. 사회 · 정서적 기능
> ㄴ. 사회갈등 유발 기능
> ㄷ. 사회 통합 기능
> ㄹ. 사회계층 이동 기능

① ㄱ, ㄴ
② ㄱ, ㄷ
③ ㄴ, ㄹ
④ ㄱ, ㄷ, ㄹ

해설

'사회갈등 유발 기능'은 갈등론적 관점에서 스포츠의 사회적 기능을 논하였을 때의 사항이다. 갈등론에서는 스포츠가 갈등, 대립, 경쟁, 투쟁의 도구로서 사회가 변화 또는 발전하게 하는 원동력이라고 논한다.

정답 01 ④ 02 ① 03 ④

04 〈보기〉의 ㉠~㉢에 해당하는 스포츠 육성 정책 모형이 바르게 제시된 것은? 기출 25

> ㉠ 학생들의 스포츠 참여 저변이 확대되면, 이를 기반으로 기량이 좋은 학생선수가 배출된다.
> ㉡ 우수한 학생선수들을 육성하면 그들의 영향으로 학생들의 스포츠 참여가 확대된다.
> ㉢ 스포츠 선수들의 우수한 성과는 청소년의 스포츠 참여를 촉진하고, 이를 통해 형성된 스포츠 참여 저변 위에서 우수한 스포츠 선수들이 성장한다.

	㉠	㉡	㉢
①	선순환 모형	낙수효과 모형	피라미드 모형
②	피라미드 모형	선순환 모형	낙수효과 모형
③	피라미드 모형	낙수효과 모형	선순환 모형
④	낙수효과 모형	피라미드 모형	선순환 모형

해설
㉠ 피라미드 모형 : 법령·시설·제도 등이 확충되어 스포츠 참여 저변이 확대되면, 세계 수준의 선수가 배출될 수 있다고 본다.
㉡ 낙수효과 모형 : 엘리트 스포츠로서 세계적 수준의 선수를 육성하게 되면 그 영향으로 대중이 스포츠에 참여하는 수준이 더욱 확대된다고 본다.
㉢ 선순환 모형 : 엘리트 스포츠 발전으로 인해 학생선수들이 우수한 성과를 내면, 일반 청소년들의 스포츠 참여 확대가 일어나고, 그 결과 대중의 스포츠 참여가 확대되어 우수한 스포츠 선수를 육성할 수 있다고 본다.

05 〈보기〉에서 스포츠 세계화의 동인으로 옳은 것만을 모두 고른 것은? 기출 16·17·19·20·21·22·23

> ㄱ. 민족주의
> ㄴ. 제국주의 확대
> ㄷ. 종교 전파
> ㄹ. 과학기술의 발전
> ㅁ. 인종차별의 심화

① ㄱ, ㄴ, ㄷ
② ㄴ, ㄷ, ㅁ
③ ㄱ, ㄴ, ㄷ, ㄹ
④ ㄱ, ㄷ, ㄹ, ㅁ

해설
인종차별의 심화는 다양한 방면에서 갈등을 일으켜 스포츠 세계화를 저해하는 요인이 된다.

06 투민(M. Tumin) 제시한 사회계층의 특성을 스포츠에 적용한 설명으로 옳은 것은? 기출 16·18·23

① 보편성 : 대부분의 스포츠 현상에는 계층 불평등이 나타난다.
② 역사성 : 현대 스포츠에서 계층은 종목 내, 종목 간에서 나타난다.
③ 영향성 : 스포츠에서 계층 불평등은 역사발전 과정을 거치며 변천해 왔다.
④ 다양성 : 스포츠 참여에서 나타나는 사회적 불평등은 일상 생활에도 유사하게 나타난다.

해설
② 역사성(고래성) : 스포츠 계층은 역사 발전 과정을 거치며 변천한다.
③ 영향성 : 스포츠 계층은 생활 기회와 생활 양식의 변화에 영향을 미친다.
④ 다양성 : 스포츠 계층은 다양한 기준으로 나뉜다.

04 ③ 05 ③ 06 ① **정답**

07 스포츠에서 나타나는 사회계층 이동에 대한 설명으로 옳지 않은 것은?

기출 19·20·22·25

① 스포츠는 계층 이동을 위한 수단으로 활용된다.
② 사회계층의 이동은 사회적 상황과 개인적 상황을 반영한다.
③ 사회 지위나 보상 체계에 차이가 뚜렷하게 발생하는 계층 이동은 '수직이동'이다.
④ 사회계층의 이동 유형은 이동 방향에 따라 '세대내이동', '세대간이동'으로 구분한다.

해설
세대간·세대내이동은 시간적 거리에 따라 구분한 것이다. 한편, 사회계층을 이동 방향에 따라 구분하면 수직·수평이동으로 구분할 수 있다.

08 〈보기〉에서 설명하는 스포츠 일탈과 관련된 이론은?

기출 19·20

- 스포츠 일탈을 상호작용론 관점으로 설명한다.
- 일탈 규범을 내면화하는 사회화 과정이 존재한다.
- 다른 사람과 상호작용을 통해 스포츠 일탈 행동을 학습한다.

① 문화규범 이론
② 차별교제 이론
③ 개인차 이론
④ 아노미 이론

해설
②·④는 일탈 이론에 속하지만, ①·③은 스포츠 미디어 이론에 속한다.
① 문화규범 이론 : 미디어가 스포츠를 보도하는 형태에 따라서 스포츠에 대한 태도가 바뀐다는 이론이다.
③ 개인차 이론 : 대중들은 능동적 수용자로서 특수한 심리적 욕구를 만족시키기 위해 매스 미디어를 적극 이용한다는 이론이다.
④ 아노미 이론 : 목표와 수단 간의 괴리, 무규범·이중규범으로 인한 혼란 등으로 일탈을 설명하는 이론이다.

09 스미스(M. Smith)가 제시한 경기장 내 신체 폭력 유형 중 〈보기〉의 설명에 해당하는 것은?

- 경기의 규칙을 위반하는 행위지만, 대부분의 선수나 지도자들이 용인하는 폭력 행위의 유형이다.
- 이 폭력 유형은 경기 전략의 하나로 활용되며, 상대방의 보복 행위를 유발할 수 있다.

① 경계 폭력
② 범죄 폭력
③ 유사 범죄 폭력
④ 격렬한 신체 접촉

해설
경계 폭력은 격렬한 신체 접촉보다 그 강도가 강한 폭력으로, 종목의 규칙에 위배되지만 스포츠 규범에는 부합한다는 특성 탓에 경기의 전략으로 사용되는 폭력의 유형 중 하나이다.

10 코클리(J. Coakley)가 제시한 상업주의와 관련된 스포츠 규칙 변화에 따른 결과로 옳지 않은 것은?

기출 22·23·25

① 극적인 요소가 늘어났다.
② 득점이 감소하게 되었다.
③ 상업 광고 시간이 늘어났다.
④ 경기의 진행 속도가 빨라졌다.

해설
흥미를 증진하기 위해 득점 요소를 다양화하는 과정에서 득점이 늘 수 있다.

정답 07 ④ 08 ② 09 ① 10 ②

11 파슨즈(T. Parsons)의 AGIL 이론에 관한 설명으로 옳지 않은 것은?   기출 21·22

① 상징적 상호작용론 관점의 이론이다.
② 스포츠는 체제 유지 및 긴장 처리 기능을 한다.
③ 스포츠는 사회구성원을 통합시키는 기능을 한다.
④ 스포츠는 사회구성원이 사회체제에 적응하게 하는 기능을 한다.

> **해설**
> 파슨즈의 AGIL 이론은 거시적 관점 중 구조기능주의적 관점에서 스포츠를 조망한 이론이다.

12 에티즌(D. Eitzen)과 세이지(G. Sage)가 제시한 스포츠의 정치적 속성 중 〈보기〉의 설명에 해당하는 것은?   기출 20·22·23

- 국가대표 선수는 스포츠를 통해 국위를 선양하고 국가는 선수에게 혜택을 준다.
- 국가대표 선수가 올림픽에 출전하여 메달을 획득하면 군복무 면제의 혜택을 준다.

① 보수성
② 대표성
③ 상호의존성
④ 권력투쟁

> **해설**
> ① 보수성 : 스포츠는 기존 질서와 권력구조 유지에 기여하며 변화를 지양한다.
> ② 대표성 : 스포츠 경기 참가자는 조직을 대표하며, 조직에 대해 강한 충성심을 품는다.
> ④ 권력투쟁 : 스포츠 조직에서 불평등하게 배분된 자원과 권한으로 인하여 대립적 갈등이 발생한다.

13 〈보기〉의 ㉠~㉣에 들어갈 스트렌크(A. Strenk)의 '국제정치 관계에서 스포츠 기능'을 바르게 제시한 것은?   기출 22·23

- (㉠) : 1936년 베를린 올림픽
- (㉡) : 1971년 미국 탁구팀의 중화인민공화국 방문
- (㉢) : 1972년 뮌헨올림픽에서의 검은구월단 사건
- (㉣) : 남아프리카공화국의 아파르트헤이트에 대한 국제사회의 대응

	㉠	㉡	㉢	㉣
①	외교적 도구	외교적 항의	정치이념 선전	갈등 및 적대감의 표출
②	정치이념 선전	외교적 도구	갈등 및 적대감의 표출	외교적 항의
③	갈등 및 적대감의 표출	정치이념 선전	외교적 항의	외교적 도구
④	외교적 항의	갈등 및 적대감의 표출	외교적 도구	정치이념 선전

> **해설**
> ㉠ 올림픽을 나치 정권 선전의 목적으로 사용한 것은 '정치이념 선전'의 대표적인 사례이다.
> ㉡ 핑퐁외교(Ping-pong Diplomacy)는 '외교적 도구'의 대표적인 사례이다.
> ㉢ 검은구월단 사건은 '국가 간 갈등 및 적대감의 표출'의 대표적인 사례이다.
> ㉣ 아파르트헤이트 사건은 '외교적 항의'의 대표적인 사례이다.

11 ① 12 ③ 13 ② **정답**

14 베일(J. Bale)이 제시한 스포츠 세계화의 특징에 관한 설명으로 옳지 않은 것은?

① IOC, FIFA 등 국제스포츠 기구가 성장하였다.
② 다국적 기업의 국제적 스폰서십 및 마케팅이 증가하였다.
③ 글로벌 미디어 기업의 스포츠에 관한 개입이 증가하였다.
④ 외국인 선수 증가로 팀, 스폰서보다 국가의 정체성이 강화되었다.

해설
스포츠 세계화로 인해 스포츠 노동 이주가 증가하면, 선수의 국적(국가)보다는 스폰서에 초점이 이동하게 되고, 정체성보다는 다양성이 더욱 강화하게 된다.

15 스포츠의 교육적 역기능에 해당하는 것은?
기출 15·18·21

① 정서 순화
② 사회 선도
③ 사회화 촉진
④ 승리지상주의

해설
스포츠의 교육적 기능

순기능	• 사회통합 : 학교 내 통합, 학교와 지역사회 통합 • 전인교육 : 학업 활동 격려, 사회화 촉진, 사회 적응력 향상, 정서 순화 • 사회 선도 : 여권 신장, 장애인의 삶의 질 향상, 평생체육과 연계
역기능	• 교육목표 훼손 : 학문적 성취 저하, 승리지상주의, 참여기회 제한 • 부정행위 조장 : 학원 스포츠의 상업화, 학업에 대한 편법과 관행, 일탈과 부정행위 • 편향된 인재 양성 : 비인간적 훈련, 독재적 코치

16 스포츠미디어가 생산하는 성차별 이데올로기에 관한 설명으로 옳지 않은 것은?

① 경기의 내용보다는 성(性)적인 측면을 강조한다.
② 여성 선수를 불안하고 취약한 존재로 묘사한다.
③ 여성들이 참여하는 경기를 '여성 경기'로 부른다.
④ 여성성보다 그들의 성과에 더 많은 관심을 보인다.

해설
선수의 여성성보다 성과에 초점을 두는 것은 오히려 성차별 이데올로기에 반하는 사례이다.

17 〈보기〉의 사례에 관한 스포츠 일탈 유형과 휴즈(R. Hughes)와 코클리(J. Coakley)가 제시한 윤리 규범이 바르게 연결된 것은?
기출 19·21·22·23

- 2002년 한일월드컵 당시 황선홍 선수, 김태영 선수의 부상 투혼
- 2022년 카타르 월드컵에서 손흥민 선수의 마스크 투혼

	스포츠 일탈 유형	스포츠 윤리 규범
①	과소동조	한계를 이겨내고 끊임없이 도전해야 한다.
②	과소동조	경기에 헌신해야 한다.
③	과잉동조	위험을 감수하고 고통을 인내해야 한다.
④	과잉동조	탁월성을 추구해야 한다.

해설
• 과잉동조 : 선수들의 부상 투혼과 과훈련, 태클, 벤치클리어링 등은 과잉동조의 대표적인 사례이다. 과잉동조에 빠지면, 선수가 집단에서 만들어진 규범·관습·목표에 무비판적으로 동조하게 된다.
• 과소동조 : 선수들의 범죄와 일탈은 과소동조의 대표적인 사례이다. 과소동조에 빠지면, 집단에서 만들어진 규범·관습·목표를 무시·거부하게 된다.

정답 14 ④ 15 ④ 16 ④ 17 ③

18 레오나르드(W. Leonard)의 사회학습 이론에서 〈보기〉의 설명과 관련된 사회화 기제는?

기출 19·21·22·23

- 새로운 운동기능과 반응이 학습된다.
- 학습자에게 동기를 부여할 수 있게 된다.
- 지도자가 적합하다고 생각하는 새로운 지식을 알게 된다.

① 강 화
② 코 칭
③ 보 상
④ 관찰학습

해설
① 강화 : 상과 벌을 통해 행동이 변화한다.
③ 보상 : 사회학습 이론의 구성요소가 아니다.
④ 관찰학습 : 다른 사람의 행동을 관찰하여 모방이 일어난다.

19 스포츠로부터의 탈사회화에 관한 설명으로 옳은 것은?

기출 17·22

① 부상, 방출 등의 자발적 은퇴로 탈사회화를 경험한다.
② 스포츠 참여를 통한 행동의 변화를 스포츠로부터의 탈사회화라고 한다.
③ 개인의 심리상태, 태도에 의해 참여가 제한되는 것을 내재적 제약이라고 한다.
④ 재정, 시간, 환경적 상황에 의해 참여가 제한되는 것을 대인적 제약이라고 한다.

해설
② 스포츠 참여를 통한 행동의 변화는 스포츠'로'의 사회화라고 한다.
④ 환경(재정, 시간, 성별, 계층, 교육수준, 직업 등)에 의한 제한은 외재적 제약이다. 대인적 제약은 말 그대로 물리적·심리적인 거리에 있는 사람들에 의한 제약으로 참가에 영향을 미친 중요한 사람이나 기관(주요 타자 : 가족, 좋아하는 운동선수, 또래집단, 동료 등)을 대표적인 사례로 들 수 있다.

※ 출제오류로 복수 정답 처리되었다.

20 과학기술의 발전에 따른 스포츠의 변화에 관한 설명으로 옳지 않은 것은?

기출 15·21

① IoT, 웨어러블 디바이스 발전으로 경기력 측정의 혁신을 가져왔다.
② 프로야구 경기에서 VAR 시스템 적용은 인간심판의 역할을 강화시켰다.
③ 4차 산업혁명에 따른 초지능, 초연결은 스포츠 빅데이터의 활용을 확대시켰다.
④ VR, XR 디바이스의 발전으로 가상현실 공간을 활용한 트레이닝이 가능해졌다.

해설
VAR 시스템의 적용은 심판의 객관성과 공정성의 향상을 기할 뿐이지, 스포츠 자체에 변화를 기한 것이 아니기 때문에, 과학의 기술적 발전에 따른 스포츠 변화의 사례로 적절하지 않다.

제2과목 스포츠교육학

01 슐만(L. Shulman)의 '교사 지식 유형' 중 가르칠 교과목 내용에 관한 지식에 해당하는 것은?

기출 17·18·21

① 내용 지식(Content Knowledge)
② 내용교수법 지식(Pedagogical Content Knowledge)
③ 교육환경 지식(Knowledge of Educational Contexts)
④ 학습자와 학습자 특성 지식(Knowledge of Learners and Their Characteristics)

해설
교사의 7가지 지식(L. Shulman)
- 교육과정 지식 : 참여자 발달단계에 적합한 내용과 프로그램에 관한 지식
- 교육환경 지식 : 수업에 영향을 미치는 환경에 관한 지식
- 교육목적 지식 : 교육목적·목표·교육시스템 구조에 관한 지식
- 내용 지식 : 교과 내용에 관한 지식
- 내용교수법 지식 : 교과나 주제를 참여자 특성에 맞게 지도할 수 있는 방법에 관한 지식
- 지도방법 지식 : 모든 교과에 적용되는 지도법에 관한 지식
- 학습자와 학습자 특성에 관한 지식 : 수업에 참여하는 학습자에 관한 지식

18 ② 19 ① · ③ 20 ② 01 ① **정답**

02 동료 평가(Peer Assessment)에 관한 설명으로 적절하지 않은 것은?

① 학생들의 비평 능력이 향상될 수 있다.
② 교사는 학생에게 평가의 정확한 방법을 숙지시킨다.
③ 학생은 교사에게 받은 점검표를 통해 서로 평가한다.
④ 교사와 학생 간 대화를 통해 심층적인 정보를 수집한다.

해설
동료 평가는 학생이 교사에게 받은 점검표(Checklist)로 서로를 평가하는 방법이다. 교사와 학생 간의 대화를 통해 심층정보를 수집하는 것은 인터뷰에 대한 설명이다.

03 〈보기〉에서 설명하는 박 코치의 '스포츠 지도 활동'에 해당하는 용어는? 기출 19

> 박 코치는 관리시간을 줄이기 위해서 다음과 같이 지도 활동을 반복한다. 출석 점검은 수업 전에 회원들이 스스로 출석부에 표시하게 한다. 이후 건강에 이상이 있는 회원들을 파악한다. 수업 중에는 대기시간을 최소화하기 위해 모둠별로 학습 활동 구역을 미리 지정한다. 수업 후에는 일지를 회수한다.

① 성찰적 활동
② 적극적 활동
③ 상규적 활동
④ 잠재적 활동

해설
상규적(常規的, Routine) 활동은 말 그대로 항상(常), 수업시간마다, 규칙(規)과 같이 지키는 활동을 말한다. 집합, 출석 및 준비물 점검, 과제 제시, 유인물의 배부 및 취합 등과 같이 정해진 수업습관이 이에 해당한다. 상규적 활동은 학습시간이 아니므로 이 활동에 소비하는 시간을 최소화해야 하며, 상규적 활동의 비중을 줄이는 것은 수업 중 학습자의 부주의하고 파괴적인 행동을 억제하는 효과가 있다.

04 글로버(D. Glover)와 앤더슨(L. Anderson)이 인성을 강조한 수업모형 중 〈보기〉의 ㉠, ㉡에 해당하는 것을 바르게 제시한 것은?

> ㉠ '서로를 위해 서로 함께 배우기'를 통해 팀원 간 긍정적 상호의존, 개인의 책임감 수준 증가, 인간관계 기술 및 팀 반성 등을 강조한 수업
> ㉡ '통합, 전이, 권한 위임, 교사와 학생의 관계'를 통해 타인의 권리와 감정 존중, 자기 목표 설정 가능, 훌륭한 역할 본보기 되기 등을 강조한 수업

	㉠	㉡
①	스포츠교육모형	협동학습모형
②	협동학습모형	개인적·사회적 책임감 지도모형
③	협동학습모형	스포츠교육모형
④	개인적·사회적 책임감 지도모형	협동학습모형

해설
인성을 강조한 수업모형(D. Glover & L. Anderson)
- 협동학습모형 : 서로를 위해 함께 배우기 (㉠)
- 개인적·사회적 책임감 지도모형 : 통합, 전이, 권한 위임, 교사와 학생의 관계 (㉡)
- 스포츠교육모형 : 유능하고 박식하며 열정적인 스포츠인으로 성장하기

정답 02 ④ 03 ③ 04 ②

05 〈보기〉의 ㉠~㉢에 들어갈 교사 행동에 관한 용어가 바르게 제시된 것은?

기출 17·20

- (㉠)은 안전한 학습 환경, 피드백 제공
- (㉡)은 학습 지도 중에 소방 연습과 전달 방송 실시
- (㉢)은 학생의 부상, 용변과 물 마시는 활동의 권리

	㉠	㉡	㉢
①	직접기여 행동	간접기여 행동	비기여 행동
②	직접기여 행동	비기여 행동	간접기여 행동
③	비기여 행동	직접기여 행동	간접기여 행동
④	간접기여 행동	비기여 행동	직접기여 행동

해설

교사의 기여행동

구분	내용
직접기여	직접 가르치는 행동, 수업 시 중요한 역할을 하는 행동 예 동작설명과 시범, 과제명료화와 강화, 긍정적 학습 환경 유지, 피드백 제공, 개인과 소집단을 위한 과제변화, 수정, 학습자 반응의 관찰 분석
간접기여	수업과 관련 있지만 수업에 직접 기여하지 않는 행동 예 시설보수, 과제 외 문제토론에 참여, 용변과 물 마시는 행동 처리, 부상 학생의 처리
비기여	학습지도에 부정적 역할 예 소방 연습, 전달 방송, 교실을 방문한 손님과의 대화

06 〈보기〉의 ㉠~㉢에 들어갈 기본 움직임 기술을 바르게 제시한 것은?

기본 움직임	예시
(㉠)	걷기, 달리기, 뛰기, 피하기 등
(㉡)	서기, 앉기, 구부리기, 비틀기 등
(㉢)	치기, 잡기, 배팅하기 등

	㉠	㉡	㉢
①	이동 움직임	비이동 움직임	표현 움직임
②	전략적 움직임	이동 움직임	표현 움직임
③	전략적 움직임	이동 움직임	조작 움직임
④	이동 움직임	비이동 움직임	조작 움직임

해설

움직임 기술의 분류

구분		내용
이동성 운동	이동	공간상의 이동이 있고, 물체 및 도구를 사용하지 않는 운동기능 예 걷기, 달리기, 피하기
	비이동	공간상의 이동이 없고, 물체 및 도구를 사용하지 않는 운동기능 예 균형 잡기, 구부리기, 비틀기
조작성 운동	물체조작	물체 및 도구를 사용하나, 그것을 몸에 고정하지 않고 사용하는 운동기능 예 던지기, 토스하기, 차기
	도구조작	물체 및 도구를 사용하나, 하나를 사용하여 다른 하나를 움직이게 만드는 운동기능 예 라켓 휘둘러 공 맞히기
전략적 움직임 기술		역동적 상황에 적용되는 움직임 예 농구 수비하기, 축구공 뺏기
표현 및 해석적 움직임 기술		느낌, 개념, 생각, 주제를 표현하기 위한 움직임 예 '아리랑'을 듣고 몸으로 느낌 표현하기
움직임 주제		복잡한 패턴을 발전시키기 위해 운동기능(비이동, 이동, 조작)과 움직임(신체, 노력, 공간, 관계)을 결합 예 테니스 경기

05 ② 06 ④

07 「학교체육진흥법」 제10조 '학교스포츠클럽 운영'의 내용에 해당하지 않는 것은?   기출 19·22

① 학교스포츠클럽을 운영하는 경우 전담교사를 지정해야 한다.
② 전담교사에게 학교 예산의 범위에서 소정의 지도수당을 지급한다.
③ 활동 내용은 학교생활기록부에 기록하지만, 상급학교 진학자료로 활용할 수 없다.
④ 학교의 장은 학교스포츠클럽을 운영하여 학생들의 체육활동 참여 기회를 확대해야 한다.

해설
학교스포츠클럽의 운영(「학교체육진흥법」 제10조 제4항)
학교의 장은 학교스포츠클럽 활동내용을 학교생활기록부에 기록하여 상급학교 진학자료로 활용할 수 있도록 하여야 한다.

08 다음 중 모스턴(M. Moston) '상호학습형 교수 스타일'에 관한 설명으로 적절하지 않은 것은?
                    기출 18·19·20·21·22·23·25

① 학습자는 교과내용을 선정한다.
② 학습자는 수행자나 관찰자의 역할을 수행한다.
③ 관찰자는 지도자가 제시한 수행 기준에 따라 피드백을 제공한다.
④ 지도자는 관찰자의 질문에 답하고, 관찰자에게 피드백을 제공한다.

해설
상호학습형 교수 스타일에서 수업 참가자의 역할
- 지도자(교사) : 모든 교과의 내용과 기준 및 운영절차를 결정하고, 관찰자에게 피드백을 제공함
- 학습자 : 주어진 과제를 수행함
- 관찰자(동료교수) : 즉각적·지속적 피드백을 학습자에게 제공함

09 〈보기〉에서 '학교체육 전문인 자질'로 ⊙~ⓒ에 들어갈 용어를 바르게 제시한 것은?

(⊙)	(ⓒ)	(ⓒ)
학습자 이해 교과지식	교육과정 운영 및 개발 수업 계획 및 운영 학습 모니터 및 평가 협력관계 구축	교직 인성 사명감 전문성 개발

	⊙	ⓒ	ⓒ
①	교수	기능	태도
②	지식	수행	태도
③	지식	기능	학습
④	교수	수행	학습

해설
⊙ 학습자의 특성과 교과 내용을 아는 것은 지식(인지)적 측면의 자질에 속한다.
ⓒ 교육과정을 운영 및 개발하고 이와 연계된 사람들과 협력관계를 구축하는 것은 수행(기능)적 측면의 자질에 속한다.
ⓒ 교직 이행 시 필수적인 인성과 사명감 등은 태도(인성)적 측면의 자질에 속한다.

10 〈보기〉에서 설명하는 모스턴(M. Moston)의 교수 스타일의 '인지(사고)과정' 단계는?

> - 학습자가 해답을 찾고자 하는 욕구가 있는 단계이다.
> - 학습자에 대한 자극(질문)이 흥미, 욕구, 지식 수준과 적합할 때 이 단계가 발생한다.
> - 학습자에게 알고자 하는 욕구를 실행에 옮기도록 동기화시키는 단계이다.

① 자극(Stimulus)
② 반응(Response)
③ 사색(Meditation)
④ 인지적 불일치(Dissonance)

해설

의식적 사고과정의 일반 모형 'SDMR'

단 계	내 용
자극 (Stimulus)	• 자극은 질문을 유발함 • 질문은 인지적 불일치를 유도하여 해답을 찾음
인지적 불일치 (Dissonance)	• 불안정하거나 흥분한 상태 • 주로 해답을 찾고자 하는 욕구에 의해 나타남
사색 (Meditation)	구체적인 인지 작용의 탐색
반응 (Response)	• 인지작용 사이에서의 상호작용이 (다양한) 반응을 유도함 • 발견, 기억, 창조의 결과로 나타남

11 〈보기〉에서 「국민체육진흥법」 제11조의 '스포츠윤리교육 과정'에 관한 내용으로 옳은 것만을 모두 고른 것은?

> ㄱ. 도핑 방지 교육
> ㄴ. 성폭력 등 폭력 예방 교육
> ㄷ. 교육부장관령으로 정하는 교육
> ㄹ. 스포츠비리 및 체육계 인권침해 방지를 위한 예방 교육

① ㄱ, ㄴ
② ㄴ, ㄷ, ㄹ
③ ㄱ, ㄴ, ㄹ
④ ㄱ, ㄴ, ㄷ, ㄹ

해설

체육지도자의 양성(「국민체육진흥법」 제11조 제3항)
연수과정에는 다음의 사항으로 구성된 스포츠윤리교육 과정이 포함되어야 한다.
- 성폭력 등 폭력 예방교육
- 스포츠비리 및 체육계 인권침해 방지를 위한 예방교육
- 도핑 방지 교육
- 그 밖에 체육의 공정성 확보와 체육인의 인권보호를 위하여 문화체육관광부령으로 정하는 교육

10 ④ 11 ③

12 〈보기〉의 '수업 주도성 프로파일'에 해당하는 체육 수업모형은?

기출 17·22

	직접적	상호작용적	간접적
내용 선정			
수업 운영			
과제 제시			
참여 유형			
상호 작용	A	B	
학습 진도			
과제 전개			

① 동료교수모형
② 직접교수모형
③ 개별화지도모형
④ 협동학습모형

해설

〈보기〉의 프로파일을 보면, 내용 선정·과제 제시·참여 유형·과제 전개를 교수자가 직접 주도하지만, 학습 진도는 학습자가 (간접적으로) 조절하는 것을 알 수 있다. 그와 더불어 상호작용은 교수자(A)가 관찰자(B)에게 피드백을 전달하고 이를 다시 관찰자가 학습자에게 제공하는 것이기 때문에 직접적이고도 상호작용적이라는 것을 알 수 있다. 따라서 교사-관찰자-학습자가 상호작용하는 동료교수모형임을 알 수 있다.

13 〈보기〉에서 설명하는 시덴탑(D. Siedentop)의 교수(Teaching) 기능 연습법에 해당하는 용어는?

> 김 교사는 교수 기능의 향상을 위해 다음과 같은 절차로 연습을 했다.
> • 학생 6~8명의 소집단을 대상으로 학습 목표와 평가 방법을 설명한 후, 수업을 진행한다.
> • 수업에 참여한 학생들의 질문지 자료를 토대로 김 교사와 학생, 다른 관찰자들이 모여 김 교사의 교수법에 대해 '토의'를 한다.
> • 객관적인 자료를 근거로 교수 기능 효과를 살핀다.

① 동료 교수
② 축소 수업
③ 실제 교수
④ 반성적 교수

해설

〈보기〉는 교사에 대한 평가를 통해 반성의 자료를 제공하는 방법으로 반성적 수업(교수)에 대한 설명이다.

① 동료 교수 : 적합한 발문, 피드백, 시범, 매체의 사용과 같은 몇 가지 교수 기능에만 초점을 맞추어 짧은 시간 동안 동료들을 대상으로 연습하는 방법이다.
② 축소 수업(마이크로티칭) : 제한된 범주 안에서 한 가지 구체적인 내용으로 소수의 학생들을 대상으로 하는 방법이다.
③ 실제 교수 : 교생실습을 달리 이르는 말로, 교사가 일정한 기간 동안 여러 학급에 대해서 전면적인 책임을 지고 실제로 수행하는 방법이다.

정답 12 ① 13 ④

14 스포츠강사의 자격조건에 관한 설명으로 옳은 것은?

기출 19

① 「초·중등교육법」 제2조 제2호에 따른 초등학교에 스포츠강사를 배치할 수 없다.
② 「국민체육진흥법」 제2조 제6호에 따른 체육지도자 중에서 스포츠강사를 임용할 수 있다.
③ 「학교체육진흥법」 제2조 제6항 학교에 소속되어 학교운동부를 지도·감독하는 사람을 말한다.
④ 「학교체육진흥법」 제4조 재임용 여부는 강사로서의 자질, 복무 태도, 학생의 만족도, 경기 결과에 따라 결정하여야 한다.

해설

① "스포츠강사"란 「초·중등교육법」에 따른 초등학교에서 정규 체육수업 보조 및 학교스포츠클럽을 지도하는 체육전문강사를 말한다(「학교체육진흥법」 제2조 제7호).
③ "학교운동부지도자"란 학교에 소속되어 학교운동부를 지도·감독하는 사람을 말한다(「학교체육진흥법」 제2조 제6호).
④ 학교의 장은 학교운동부지도자를 재임용할 때에는 직무수행 실적, 복무 태도, 학교운동부 운영 성과, 학생선수의 학습권 및 인권 침해 여부를 평가한 후 그 결과에 따라 재임용 여부를 결정해야 한다(「학교체육진흥법 시행령」 제3조 제4항).

15 메츨러(M. Metzler)가 제시한 '체육학습 활동' 중 정식 게임을 단순화하고 몇 가지 기능에 초점을 두며 진행하는 것은?

① 역할 수행(Role-playing)
② 스크리미지(Scrimmage)
③ 리드-업 게임(Lead-up Game)
④ 학습 센터(Learning Centers)

해설

① 역할 수행 : 학습자들이 스포츠 활동 내에서 심판, 기록자, 코치, 선수 등을 경험하게 하는 방법
② 스크리미지 : 언제든지 게임을 멈출 수 있는 특징을 가진 완전게임의 형태로 지도하는 방법
④ 학습 센터(학습 스테이션) : 학습자를 소집단으로 나눠서 연습장소 주변에 지정된 몇 개의 센터(스테이션)를 순회하게 하는 방법

16 〈보기〉는 시덴탑(D. Siedentop)이 제시한 '스포츠교육모형'의 특징을 설명한 것이다. ㉠~㉢에 들어갈 용어가 바르게 제시된 것은?

- 이 모형의 주제 중에 (㉠)은 스포츠를 참여하는 태도와 관련된 정의적 영역이다.
- 시즌 중 심판으로서 역할을 할 때 학습영역 중 우선하는 것은 (㉡) 영역이다.
- 학습자 수준에 적합하게 경기 방식을 (㉢)해서 참여를 유도한다.

	㉠	㉡	㉢
①	박 식	정의적	고 정
②	열 정	인지적	변 형
③	열 정	정의적	변 형
④	박 식	인지적	고 정

해설

스포츠교육모형은 수업을 하나의 스포츠 '시즌'으로 구성하여 유능하고(심동적), 박식하고(인지적), 열정적인(정의적) 전인적 스포츠인을 양성하는 것을 목적으로 한다. 참가자의 태도인 열정은 정의적인 측면을, 게임의 규칙을 이해해야 하는 심판의 경우는 인지적인 측면을 강조한 것이다. 한편, 해당 모형은 수업 시 교사가 학습자의 수준에 맞게 경기방식을 변형하여 참여를 유도하거나 학생이 자신의 발달단계에 맞는 스포츠를 직접 설계할 수 있다는 특징이 있다.

14 ② 15 ③ 16 ② **정답**

17 〈보기〉에서 설명하는 체육수업 연구 방법으로 적절한 것은?

기출 19

- 연구의 특징은 집단적(협동적), 역동적, 연속적으로 이루어짐
- 연구의 절차는 문제 파악-개선계획-실행-관찰-반성 등으로 순환하는 과정임
- 연구의 주체는 지도자가 동료나 연구자의 도움을 받아 자신의 수업을 탐구함

① 문헌(Literature) 연구
② 실험(Experiment) 연구
③ 현장 개선(Action) 연구
④ 근거 이론(Grounded Theory) 연구

해설

〈보기〉는 현장 개선 연구의 특징을 나열한 것이다. 현장 개선 연구는 현장교사·동료교사·대학연구자의 도움을 받아 자신의 지도 행동을 스스로 체계적·반성적으로 탐구하여 개선하는 것이다.
① 문헌 연구 : 연구주제에 관한 서적, 논문 등을 종합하고 분석하는 연구 방법
② 실험 연구 : 다른 변수를 통제한 후 연구 대상자에게 교육적인 처치를 가하고, 그로 인해 나타나는 변화를 파악하는 연구 방법
④ 근거 이론 연구 : 질적 연구방법 중 하나로, 자료를 수집하고 이를 체계적으로 분석하여, 자료를 근거로 한 이론을 생성하는 연구 방법

18 학습자 비과제 행동을 예방하고 과제 지향적인 수업을 유지하기 위한 교수 기능 중 쿠닌(J. Kounin)이 제시한 '동시처리(Overlapping)'에 해당하는 것은?

① 수업의 흐름을 유지하면서 수업 이탈 행동 학생을 제지하는 것이다.
② 학생들의 행동을 항상 인지하고 있다는 것을 알리는 것이다.
③ 학생의 학습 활동을 중단시키고 잠시 퇴장시키는 것이다.
④ 모든 학생에게 과제에 몰입하도록 경각심을 주는 것이다.

해설

교수 기능(J. Kounine)
- 상황파악 : 학생들의 행동을 항상 인지하고 있다는 것을 알리는 것
- 동시적 처리 : 수업의 흐름을 유지하면서 동시에 수업 이탈 행동 학생을 제지하는 것
- 여세 유지 : 학습활동 및 수업의 흐름을 늦추거나 끊지 않고 활력 있게 이어나가는 것
- 유연한 수업전개 : 수업의 흐름을 늦추거나 끊지 않고 유연하게 이어나가는 것
- 집단경각 : 모든 학생에게 과제에 몰입하도록 경각심을 주는 것
- 개인책무성 : 교사가 학생에게 과제 수행에 대한 책임감을 부여하는 것

정답 17 ③ 18 ①

19 〈그림〉은 '국민체력100'의 운영 체계이다. 체력인증센터가 이용자에게 제공하는 서비스가 아닌 것은?

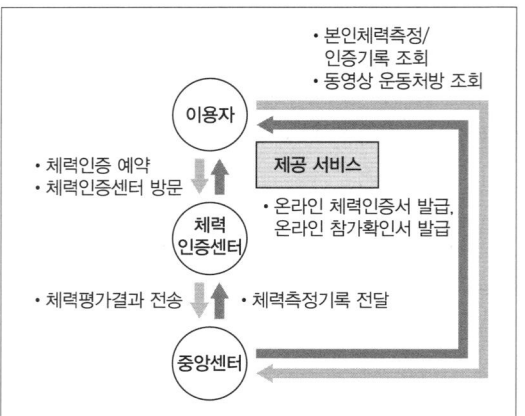

① 체력측정 서비스
② 맞춤형 운동처방
③ 국민 체력인증서 발급
④ 스포츠클럽 등록 및 운영지원

해설
체력인증센터는 이용자에게 체력측정 서비스를 제공하고, 내담자 개별 특성에 맞게 운동 프로그램을 처방하며, 국민 체력인증서를 발급한다. 스포츠클럽 등록 및 운영지원은 체력인증센터에서 제공하는 서비스가 아니다.

20 〈보기〉에서 해당하는 평가기법으로 적절한 것은?
기출 18

- 운동 수행을 평가하는 데 자주 사용하는 평가 방법이다.
- 운동 수행의 질적인 면을 파악하여 수준이나 숫자를 부여하는 평가 방법이다.

① 평정척도
② 사건기록법
③ 학생저널
④ 체크리스트

해설
평정척도는 질적인(정성적인, 수치화할 수 없는) 가치가 있는 정보를 양적인(정량적인, 수치화한) 점수로 기록하는 것으로, 운동 수행을 평가하는 데에 자주 사용하는 평가방법이다.

제3과목 스포츠심리학

01 〈보기〉가 설명하는 성격 이론은? 기출 19·21·22·23

자기가 좋아하는 국가대표선수가 무더위에서 진행된 올림픽 마라톤 경기에서 불굴의 정신력으로 완주하는 모습을 보고, 자기도 포기하지 않는 정신력으로 10km 마라톤을 완주하였다.

① 특성 이론
② 사회학습 이론
③ 욕구위계 이론
④ 정신역동 이론

해설
〈보기〉는 사회학습 이론의 요소 중 타인의 행동을 관찰하여 개인의 과제를 학습·수행하는 '관찰학습'의 사례이다.

02 개방운동기술(Open Motor Skills)에 해당하지 않는 것은?
기출 19

① 농구 경기에서 자유투하기
② 야구 경기에서 투수가 던진 공을 타격하기
③ 자동차 경주에서 드라이버가 경쟁하면서 운전하기
④ 미식축구 경기에서 쿼터백이 같은 팀 선수에게 패스하기

해설
개방운동기술은 계속 변화하는 환경에서 수행하는 운동기술이다. 농구에서 반칙을 당했을 때 얻을 수 있는 공격 수단인 자유투와 같이 관중을 제외한 누구의 방해도 받지 않는, 변화가 없는 환경에서 공을 던지는 것은 폐쇄운동기술에 해당한다.

19 ④ 20 ① 01 ② 02 ①

03 〈보기〉의 ㉠~㉢에 들어갈 개념을 바르게 나열한 것은?

기출 18·21·24·25

- (㉠) : 노력의 방향과 강도로 설명된다.
- (㉡) : 스포츠 자체가 좋아서 참여한다.
- (㉢) : 보상을 받으나 처벌을 피하고자 스포츠에 참여한다.

	㉠	㉡	㉢
①	동기	외적 동기	내적 동기
②	동기	내적 동기	외적 동기
③	귀인	내적 동기	외적 동기
④	귀인	외적 동기	내적 동기

해설
동기는 인간 행동의 선택, 방향, 강도 및 지속을 결정짓는 심리학적 개념을 말한다. 동기는 내적 동기와 외적 동기로 나뉜다. 내적 동기는 기쁨이나 만족감을 추구하며 스스로 활동에 참여하는 것이고, 외적 동기는 외적 보상을 위해서 참여하거나 경기 결과에 따른 상·벌·칭찬을 위해 참여하는 것을 말한다.

04 〈보기〉의 ㉠, ㉡에 들어갈 정보처리 단계를 바르게 나열한 것은?

기출 16·19·20·21

- (㉠) : 테니스 선수가 상대 코트에서 넘어오는 공의 궤적, 방향, 속도에 관한 환경정보를 탐지한다.
- (㉡) : 환경정보를 토대로 어떤 종류의 기술로 어떻게 받아쳐야 할지 결정한다.

	㉠	㉡
①	반응 선택	자극 확인
②	자극 확인	반응 선택
③	반응/운동 프로그래밍	반응 선택
④	반응/운동 프로그래밍	자극 확인

해설
㉠ 자극 확인 단계는 자극이 발생된 것을 인지하고 확인하는 단계이다. 이 단계에서 감각기로 감지된 환경정보와 운동정보를 확인한다.
㉡ 반응 선택 단계는 자극 확인이 끝난 뒤 어떠한 반응을 할 것인지 결정하는 단계이다. 감각기로 감지된 환경정보와 운동정보를 토대로 어떤 종류의 기술로 반응해야 하는지 결정한다.

05 〈보기〉에서 설명하는 심리기술훈련 기법은?

기출 20

- 멀리뛰기의 도움닫기에서 파울을 할 것 같은 부정적인 생각이 든다.
- 부정적인 생각은 그만두고 연습한 대로 구름판을 강하게 밟자고 생각한다.
- 스스로 통제할 수 있는 것에 집중하자고 다짐한다.

① 명상
② 자생 훈련
③ 인지 재구성
④ 인지적 왜곡

해설
인지 재구성은 부정적인 생각을 긍정적인 생각으로 대체하는 방법과 관련된 인지적인 기법이다. 자기가 어떤 것에 대해 부정적으로 생각하는 것(도움닫기를 할 때 파울을 할 것 같은 생각)이 과연 자신이 통제할 수 있는가를 인식한 다음 자신이 통제할 수 있는 것(구름판을 밟는 방법)에만 신경을 쓰고 그렇지 못한 것은 신경을 쓰지 않는 것을 말한다.

06 운동발달의 단계가 순서대로 바르게 제시된 것은?

기출 18·21

① 반사단계 → 기초단계 → 기본움직임단계 → 성장과 세련단계 → 스포츠기술단계 → 최고수행단계 → 퇴보단계
② 기초단계 → 기본움직임단계 → 반사단계 → 스포츠기술단계 → 성장과 세련단계 → 최고수행단계 → 퇴보단계
③ 반사단계 → 기초단계 → 기본움직임단계 → 스포츠기술단계 → 성장과 세련단계 → 최고수행단계 → 퇴보단계
④ 기초단계 → 기본움직임단계 → 반사단계 → 성장과 세련단계 → 스포츠기술단계 → 최고수행단계 → 퇴보단계

해설
반사단계(출생~1세 신생아기) → 기초단계(1~2세 영아기) → 기본움직임단계(2~6세 유아기) → 스포츠기술단계(7~14세 아동기) → 성장과 세련단계(청소년 시기) → 최고수행단계(20~30세 성인 초기) → 퇴보단계(30세 이후)

정답 03 ② 04 ② 05 ③ 06 ③

07 반두라(A. Bandura)가 제시한 4가지 정보원에서 자기효능감에 가장 큰 영향력을 미치는 것은?

기출 15·18·19

① 대리경험
② 성취경험
③ 언어적 설득
④ 정서적/신체적 상태

해설
반두라가 제안한 자기효능감 강화법 중 제일 중요한 것은 성공적인 경험을 통해 자신감을 얻는 것이다.

08 〈보기〉에서 연습방법에 관한 설명으로 옳은 것만을 모두 고른 것은?

기출 16·17·18·20·21

> ㄱ. 집중연습은 연습구간 사이의 휴식시간이 연습시간보다 짧게 이루어진 연습방법이다.
> ㄴ. 무선연습은 선택된 연습과제들을 순서에 상관없이 무작위로 연습하는 방법이다.
> ㄷ. 분산연습은 특정 운동기술과제를 여러 개의 하위 단위로 나누어 연습하는 방법이다.
> ㄹ. 전습법은 한 가지 운동기술과제를 구분 동작 없이 전체적으로 연습하는 방법이다.

① ㄱ, ㄴ
② ㄷ, ㄹ
③ ㄱ, ㄴ, ㄹ
④ ㄱ, ㄷ, ㄹ

해설
분산연습은 휴식시간을 충분히 갖고 여러 번 걸쳐 연습하는 방법이다. 운동기술과제를 여러 개의 하위 단위로 나누어 연습하는 방법은 분습법이다.

09 미국 응용스포츠심리학회(AASP)의 스포츠심리상담 윤리 규정이 아닌 것은?

기출 15·17·19·20·22

① 스포츠에 참여하는 모든 사람과 전문적인 상담을 진행한다.
② 직무수행상 자신의 한계를 인식하고 한계를 넘는 주장과 행동은 하지 않는다.
③ 회원 스스로 윤리적인 행동을 실천하고 남에게 윤리적 행동을 하도록 적극적으로 권장한다.
④ 다른 전문가에 의한 서비스 수행 촉진, 책무성 확보, 기관이나 법적 의무 완수 등의 목적을 위해 상담이나 연구 결과를 기록으로 남긴다.

해설
「AASP 윤리 원칙 및 표준」(2024)
① 정의된 전문적 또는 과학적 관계 또는 역할의 맥락에서만 진단, 치료, 교육(Teaching), 교육(Educational), 감독, 멘토링 또는 기타 컨설팅 서비스를 제공한다(일반 윤리 기준 : 제1조 제a항).
② 자신의 과학적 작업의 한계를 인식하고 이러한 한계를 초과하는 주장을 하거나 조치를 취하지 않는다(일반 윤리 기준 : 제2조 제e항).
③ 학생, 멘티, 감독자, 직원 및 동료의 윤리적 행동을 적절하게 장려한다(전문 제3문단).
④ 과학 및 연구 활동을 수행하는 사람은 다른 전문가와의 작업 공유를 촉진하고 책임을 보장하며 기관 또는 기관의 기타 요구 사항을 충족하기 위해 적절한 경우 기관 윤리 위원회의 승인을 포함하여 자신의 과학적 작업 및 연구를 적절하게 문서화해야한다(일반 윤리 기준 : 제14조 제b항).

07 ② 08 ③ 09 ① **정답**

10 〈보기〉가 설명하는 기억의 유형은?

> - 학창 시절 자전거를 타고 학교에 등하교 했던 A는 오랜 기간 자전거를 타지 않았음에도 불구하고 여전히 자전거를 탈 수 있다.
> - 어린 시절 축구선수로 활동했던 B는 축구의 슛 기술을 어떻게 수행하는지 시범을 보일 수 있다.

① 감각 기억(Sensory Memory)
② 일화적 기억(Episodic Memory)
③ 의미적 기억(Semantic Memory)
④ 절차적 기억(Procedural Memory)

해설
절차적 기억은 특정 기술과 습관을 수행하는 방법에 대한 정보를 저장하는 기억으로, 특정한 기술과 습관을 의식적으로 생각하지 않고 수행할 수 있게 한다. 예를 들어 오랜만에 자전거를 탄다거나, 은퇴한 선수가 자신이 수행했던 기술을 선보인다거나, 오랫동안 손대지 않았던 악기를 연주한다거나, 작업할 때 키보드를 보지 않고 정확한 글쇠를 두드리는 것 등이 있다.

11 〈보기〉는 피들러(F. Fiedler)의 상황부합 리더십 모형이다. 〈보기〉의 ㉠, ㉡에 들어갈 내용을 바르게 나열한 것은?

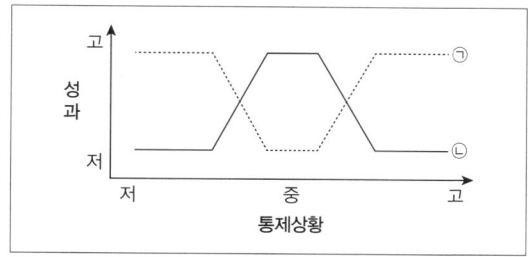

	㉠	㉡
①	관계지향형리더	과제지향형리더
②	과제지향형리더	관계지향형리더
③	관계지향형리더	민주주의리더
④	과제지향형리더	권의주의리더

해설
㉠ 과제지향형리더는 통제상황이 매우 유리할 경우 혹은 매우 불리할 경우에 적합한 리더이다. 과제지향형리더는 언어적 강화 및 집단의식의 필요성을 인식하며, 과제의 성취도가 구성원의 관계 유지에 중요한 요소로 작용한다고 여긴다.
㉡ 관계지향형리더는 통제상황이 중간일 때 적합한 리더이다. 관계지향형리더는 과제보다 상호 협조 및 긍정적 상호 관계를 중요시한다.

12 운동학습에 의한 인지역량의 변화에 관한 설명으로 옳지 않은 것은?

① 정보를 처리하는 속도가 빨라진다.
② 주의집중 역량을 활용하는 주의 체계의 역량이 좋아진다.
③ 운동과제 수행의 수준과 환경의 요구에 대한 근골격계의 기능이 효율적으로 좋아진다.
④ 새로운 정보와 기존의 정보를 연결하여 정보를 쉽게 보유할 수 있는 기억체계 역량이 좋아진다.

해설
근골격계의 기능은 스포츠심리학적 처치보다는 운동역학적 처치나 운동생리학적 처치를 시행했을 때 그 효율성이 높아진다.

정답 10 ④ 11 ② 12 ③

13 〈보기〉는 아젠(I. Ajzen)의 계획행동 이론이다. 〈보기〉의 ㉠~㉣에 들어갈 개념을 바르게 나열한 것은?

기출 17·21

> (㉠)는 행동을 수행하는 것에 대한 개인의 정서적이고 평가적인 요소를 반영한다. (㉡)은/는 어떤 행동을 할 것인지 또는 안 할 것인지에 대해 개인이 느끼는 사회적 압력을 말한다. 어떠한 행동은 개인의 (㉢)에 따라 그 행동 여부가 결정된다. (㉣)은/는 어떤 행동을 하기가 쉽거나 어려운 정도에 대한 인식 정도를 의미한다.

	㉠	㉡	㉢	㉣
①	태도	의도	주관적 규범	행동통제인식
②	의도	주관적 규범	행동통제인식	태도
③	태도	주관적 규범	의도	행동통제인식
④	의도	태도	행동통제인식	주관적 규범

해설

계획행동 이론
- 행동에 대한 태도와 주관적 규범은 행동에 간접적인 영향을 주지만, 행동통제인식은 의도뿐만 아니라 행동에 직접 영향을 준다.
- 운동방해 요인을 극복하고 자신이 계획한 운동을 통제할 수 있다는 생각은 운동의 지속적 실천에 꼭 필요하다.
- 구성요인으로는 태도(Attitude), 의도(Intention), 주관적규범(Subjective Norm), 행동통제인식(Perceived Behavioral Control) 등이 있다.

14 〈보기〉에서 정보처리 이론에 관한 설명으로 옳은 것만을 모두 고른 것은?

기출 16·19·20·21

> ㄱ. 정보처리 이론은 인간을 능동적인 정보처리자로 설명한다.
> ㄴ. 도식 이론은 기억흔적과 지각흔적의 작용으로 움직임을 생성하고 제어한다고 설명한다.
> ㄷ. 개방회로 이론은 대뇌피질에 저장된 운동프로그램을 통해 움직임을 생성하고 제어한다고 설명한다.
> ㄹ. 폐쇄회로 이론은 정확한 동작에 관한 기억을 수행 중인 움직임과 비교한 피드백 정보를 활용하여 움직임을 생성하고 제어한다고 설명한다.

① ㄱ, ㄴ
② ㄷ, ㄹ
③ ㄱ, ㄴ, ㄹ
④ ㄱ, ㄷ, ㄹ

해설

도식 이론은 일반화된 운동프로그램을 근거로 하여 운동행동의 원리를 설명한다.

정답 13 ③ 14 ④

15 〈보기〉의 ㉠~㉢에 들어갈 개념을 바르게 나열한 것은?

- (㉠) : 타인의 존재가 과제수행에 미치는 영향을 말한다.
- (㉡) : 타인의 존재만으로도 각성과 욕구가 생긴다.
- (㉢) : 타인의 존재가 운동과제에 대한 집중을 방해하기도 하지만, 수행자의 욕구 수준을 증가시키기도 한다.

	㉠	㉡	㉢
①	사회적 촉진	단순존재가설	주의 분산/갈등 가설
②	사회적 촉진	단순존재가설	평가우려설
③	단순존재가설	관중효과	주의 분산/갈등 가설
④	단순존재가설	관중효과	평가우려설

해설

스포츠수행의 사회심리적 요인
- 사회적 촉진 : 타인의 존재가 과제 수행에 미치는 영향력을 말하는데, 사회적 추동 이론과 자아 이론으로 구분할 수 있다. (㉠)
- 단순존재가설 : 타인이 존재하는 것만으로도 수행이 달라진다고 보는 이론이다. 수행기능이 단순하고 학습이 잘되어 있을수록 각성이 증가할수록 수행이 향상되며, 그 반대일 경우에는 수행이 저하된다고 설명한다. (㉡)
- 관중효과 : 운동 수행 중에 그것을 타인이 보고 있음으로써 그 수행의 양이나 속도, 질 등에 영향을 받는 현상이다.
- 주의 분산/갈등 가설 : 관중으로 인한 집중 방해 효과가 잘 하려는 노력의 효과보다 크면 수행이 손상되고, 작으면 수행이 향상된다는 이론이다. (㉢)
- 평가우려가설 : 자신의 수행을 지켜보는 타인의 전문성을 평가하여 수행력이 결정된다는 이론이다. 수행자가 관찰자의 전문성을 높게 평가하면 욕구가 상승하고, 수행자가 관찰자의 전문성을 낮게 평가하면 욕구가 저하된다고 설명한다.

16 힉(W. Hick)의 법칙에 관한 설명으로 옳은 것은?

기출 22

① 자극-반응 대안의 수가 증가할수록 반응시간은 길어진다.
② 근수축을 통해 생성한 힘의 양에 따라 움직임의 정확성이 달라진다.
③ 두 개의 목표물 간의 거리와 목표물의 크기에 따라 움직임 시간이 달라진다.
④ 움직임의 속력이 증가하면 정확도가 떨어지는 속력-정확성 상쇄(Speed-accuracy Trade-off)현상이 나타난다.

해설

힉의 법칙은 고를 수 있는 자극 반응의 대안 수(Number of Stimulus-response Alternatives)가 증가함에 따라 선택반응시간(Choice Reaction Time)이 길어지는 현상을 말한다.

17 〈보기〉의 ㉠에 들어갈 용어는?

- 복싱선수가 상대의 펀치를 맞고 실점하는 장면이 계속해서 떠오른다.
- 이 선수는 (㉠)을/를 높이는 훈련이 필요하다.

① 내적 심상
② 외적 심상
③ 심상 조절력
④ 심상 선명도

해설

심상 조절력은 심상을 조정하여 내가 원하는 대로 심상이 이루어지도록 연습하는 것이다. 심상 조절력은 실패하는 것을 심상하는 대신에 성공적인 것을 심상할 수 있도록 돕는다.

정답 15 ① 16 ① 17 ③

18 〈보기〉의 ㉠, ㉡에 들어갈 운동 수행에 관한 개념이 바르게 제시된 것은?

- 운동 기술 과제가 너무 쉬울 때 (㉠)이/가 나타난다.
- 운동 기술 과제가 너무 어려울 때 (㉡)가 나타난다.

	㉠	㉡
①	학습 고원 (Learning Plateau)	슬럼프 (Slump)
②	천장 효과 (Ceiling Effect)	바닥 효과 (Floor Effect)
③	웜업 감소 (Warm-up Decrement)	수행 감소 (Performance Decrement)
④	맥락 간섭 효과 (Contextual-Interference Effect)	부적 전이 (Negative Transfer)

해설
운동 행동을 설명하는 이론

- 천장 효과 : 운동 기술 과제의 난도가 너무 낮아서 검사에 응한 모든 대상자가 매우 높은 점수를 얻는 현상이다. (㉠)
- 바닥 효과 : 운동 기술 과제의 난도가 너무 높아서 검사에 응한 모든 대상자가 매우 낮은 점수를 얻는 현상이다. (㉡)
- 학습 고원 : 연습을 하는데도 운동 기능의 수준이 발달하지 않고 일시적으로 제자리에 머물러 있는 상태이다.
- 슬럼프 : 기능 수준이 오히려 전보다 퇴보된 채로 머무는 현상이다.
- 웜업 감소 : 연습을 마치고 휴식 후 운동 과제를 수행할 때 수행이 감소하는 현상이다. 이 현상은 기억의 손실 또는 망각에 의한 것이 아니라 적응적 조율과정으로 인해 일시적으로 발생되는 현상으로 인식된다.
- 수행 감소 : 모종의 사유에 의해 운동 기능의 양적·질적 수준이 퇴보하는 현상이다.
- 맥락 간섭 효과 : 학습과 학습 사이, 한 학습 도중에 개입된 사건이나 경험에 의하여 학습이나 기억에 방해를 받는 현상이다.
- 부적 전이 : 한 가지 과제 수행이 다른 과제 수행을 간섭하거나 제지하는 현상이다.

19 〈보기〉에서 운동 실천을 위한 환경적 영향요인을 모두 고른 것은? 기출 16·17

ㄱ. 지도자
ㄴ. 교육수준
ㄷ. 운동집단
ㄹ. 사회적 지지

① ㄱ, ㄴ
② ㄷ, ㄹ
③ ㄱ, ㄴ, ㄹ
④ ㄱ, ㄷ, ㄹ

해설
운동 실천을 위한 환경적 영향요인으로 다음과 같은 것이 있다.

- 운동지도자의 영향 : 리더십 스타일
- 운동집단의 영향 : 집단 응집력
- 물리적 환경의 영향 : 날씨, 접근성
- 사회와 문화의 영향 : 신념, 운동규범의 변화
- 사회적 지지의 영향 : 도구적 지지, 정서적 지지, 정보적 지지, 동반자 지지, 비교확인 지지

20 〈보기〉가 설명하는 개념은? 기출 22

농구 경기에서 수비수가 공격수의 첫 번째 페이크 슛 동작에 반응하면서, 바로 이어지는 두 번째 실제 슛 동작에 제대로 반응하지 못하는 현상이 발생한다.

① 스트룹 효과(Stroop Effect)
② 무주의 맹시(Inattention Blindness)
③ 지각 협소화(Perceptual Narrowing)
④ 심리적 불응기(Psychological-refractory Period)

해설
심리적 불응기란 1차 자극에 대한 반응을 수행하고 있을 때 2차 자극을 제시할 경우 2차 자극에 대한 반응시간이 느려지는 현상이다.

18 ② 19 ④ 20 ④ **정답**

제4과목 한국체육사

01 〈보기〉에서 한국체육사에 관한 설명으로 옳은 것만을 모두 고른 것은? 기출 15·16·17·22

> ㄱ. 한국 체육과 스포츠의 시대별 양상을 연구한다.
> ㄴ. 한국 체육과 스포츠를 역사학적 방법으로 연구한다.
> ㄷ. 한국 체육과 스포츠에 관한 역사 기술은 사실 확인보다 가치평가가 우선한다.
> ㄹ. 한국 체육과 스포츠의 과거를 살펴보고, 이를 통해 현재를 직시하고 미래를 조망한다.

① ㄱ, ㄴ, ㄷ
② ㄱ, ㄴ, ㄹ
③ ㄱ, ㄷ, ㄹ
④ ㄴ, ㄷ, ㄹ

해설
역사 기술(記述, Description)의 1차적인 과정은 사실 확인이다. 이를 위해 가치평가보다는 사료를 바탕으로 사실(史實)을 객관적으로 기술하는 것이 우선이 되어야 한다.

02 〈보기〉에서 신체활동이 행해진 제천의식과 부족국가가 바르게 연결된 것만을 모두 고른 것은? 기출 17·19·22

> ㄱ. 무천 - 신라
> ㄴ. 가배 - 동예
> ㄷ. 영고 - 부여
> ㄹ. 동맹 - 고구려

① ㄱ, ㄴ
② ㄷ, ㄹ
③ ㄱ, ㄴ, ㄹ
④ ㄴ, ㄷ, ㄹ

해설
부족국가별 제천의식
부여(영고), 고구려(동맹), 동예(무천), 삼한(계절제), 신라(가배)

03 〈보기〉에 해당하는 부족국가시대 신체활동의 목적은? 기출 20

> 중국 역사 자료인 『위지·동이전(魏志·東夷傳)』에 따르면, "나이 어리고 씩씩한 청년들의 등가죽을 뚫고 굵은 줄로 그곳을 꿰었다. 그리고 한 장(一丈) 남짓의 나무를 그곳에 매달고 온종일 소리를 지르며 일을 하는데도 아프다고 하지 않고, 착실하게 일을 한다. 이를 큰사람이라 부른다."

① 주술의식
② 농경의식
③ 성년의식
④ 제천의식

해설
『위지·동이전』에 따르면 등가죽을 뚫어 줄을 꿰고 나무를 꽂는 의식을 거행 후 통과하면 '큰사람'이라고 불렀으며, 이는 성인식과 주술의 신체 문화를 방증한다.

04 〈보기〉에서 삼국시대의 무예에 관한 설명으로 옳은 것만을 모두 고른 것은? 기출 15·16·17·22

> ㄱ. 신라 : 궁전법(弓箭法)을 통해 인재를 등용하였다.
> ㄴ. 고구려 : 경당(扃堂)에서 활쏘기 교육이 이루어졌다.
> ㄷ. 백제 : 훈련원(訓鍊院)에서 무예 시험과 훈련이 행해졌다.

① ㄱ, ㄴ
② ㄱ, ㄷ
③ ㄴ, ㄷ
④ ㄱ, ㄴ, ㄷ

해설
훈련원은 조선시대에 등장한 무예 교육기관이다.

정답 01 ② 02 ② 03 ③ 04 ①

05 고려시대 최고 교육기관과 무학(武學) 교육이 바르게 연결된 것은?
기출 16·21·22

① 성균관(成均館) - 대빙재(待聘齋)
② 성균관(成均館) - 강예재(講藝齋)
③ 국자감(國子監) - 대빙재(待聘齋)
④ 국자감(國子監) - 강예재(講藝齋)

해설
국자감은 고려시대의 국립교육기관으로 산하에 전문7재를 두었으며, 그중 강예재에서 무예를 관장하게 하였다.

06 고려시대의 신체활동에 관한 설명으로 옳지 않은 것은?
기출 15·17·18·20·21·22·23

① 기격구(騎擊毬) : 서민층이 유희로 즐겼다.
② 궁술(弓術) : 국난을 대비하여 장려되었다.
③ 마술(馬術) : 무인의 덕목 중 하나로 장려되었다.
④ 수박(手搏) : 무관이나 무예 인재의 선발에 활용되었다.

해설
기격구(騎擊毬)
- 서양의 폴로 경기와 유사하며, 말을 타고(기, 騎) 채를 이용하여 공(구, 毬)을 치는(격, 擊) 경기이다.
- 귀족들 사이에서 성행한 대표적인 오락 및 여가활동이다.
- 전시에는 보격구(步擊毬)와 더불어 군사훈련의 수단으로도 사용되었다.
- 사치성으로 인한 폐단이 발생하기도 하였다.

07 석전(石戰)의 성격에 관한 설명으로 옳지 않은 것은?
기출 16·19·22

① 관료 선발에 활용되었다.
② 명절에 종종 행해지던 민속놀이였다.
③ 전쟁에 대비한 군사훈련에 활용되었다.
④ 실전 부대인 석투군(石投軍)과 관련이 있었다.

해설
석전은 세시의 민속놀이, 군사훈련, 관람스포츠, 운동경기의 수단으로 사용되었지만, 무관의 선발에는 활용되지 않았다.

08 조선시대 서민층이 주로 행했던 민속놀이와 설명으로 옳지 않은 것은?
기출 17·21

① 추천(鞦韆) : 단오절이나 한가위에 즐겼다.
② 각저(角觝), 각력(角力) : 마을 간의 겨룸이 있었는데, 풍년 기원의 의미도 있었다.
③ 종정도(從政圖), 승경도(陞卿圖) : 관직 체계의 이해와 출세 동기 부여의 뜻이 담겨 있었다.
④ 삭전(索戰), 갈전(葛戰) : 농경사회의 대표적인 민속놀이로서 농사의 풍흉(豊凶)을 점치는 의미도 있었다.

해설
종정도·승경도는 양반집 아이들이 하던 놀이이다. 여러 관직의 이름을 높낮이 순서로 써 놓고 1~5의 숫자가 새겨진 윤목을 던져 나온 숫자에 따라 말을 놓아 하위직부터 차례로 승진하여 고위관직에 먼저 오르는 사람이 승리하는 놀이이다.

09 조선시대의 무예서에 관한 설명으로 옳지 않은 것은?
기출 20·23

① 『무예도보통지(武藝圖譜通志)』 : 정조의 명에 따라 24기의 무예가 수록, 간행되었다.
② 『무예신보(武藝新譜)』 : 사도세자의 주도하에 18기의 무예가 수록, 간행되었다.
③ 『권보(拳譜)』 : 광해군의 명에 따라 『무예제보』에 수록되지 않은 4기의 무예가 수록, 간행되었다.
④ 『무예제보(武藝諸譜)』 : 선조의 명에 따라 전란 중에 긴급하게 필요했던 단병기 6기가 수록, 간행되었다.

해설
『권보(拳譜)』는 광해군(1604) 때에 맨손무예인 권법을 위해 편찬된 무예서이다.

05 ④ 06 ① 07 ① 08 ③ 09 ③ **정답**

10 〈보기〉에서 조선시대의 궁술에 관한 설명으로 옳은 것만을 모두 고른 것은?

기출 15·16·21·23

ㄱ. 군사훈련의 수단이었다.
ㄴ. 무과(武科) 시험의 필수 과목이었다.
ㄷ. 심신 수련을 위한 학사사상(學射思想)이 강조되었다.
ㄹ. 불국토사상(佛國土思想)을 토대로 훈련이 이루어졌다.

① ㄱ, ㄴ
② ㄷ, ㄹ
③ ㄱ, ㄴ, ㄷ
④ ㄴ, ㄷ, ㄹ

해설
불교의 사상인 불국토사상을 토대로 훈련이 이루어진 것은 고대 신라의 화랑도이다. 조선시대에는 학사사상(學射思想)을 토대로 궁술 훈련이 이루어졌다.

11 고종(高宗)의 교육입국조서(敎育立國詔書)에서 삼양(三養)이 표기된 순서는?

기출 16·17·23

① 덕양(德養), 체양(體養), 지양(智養)
② 덕양(德養), 지양(智養), 체양(體養)
③ 체양(體養), 지양(智養), 덕양(德養)
④ 체양(體養), 덕양(德養), 지양(智養)

해설
고종은 교육입국조서에서 '덕양-체양-지양' 순으로 표기하여 3양에 힘쓸 것을 주장하였다.

참고
이제 짐이 교육의 강령(綱領)을 보이노니 헛이름을 물리치고 실용을 취할지어다. 곧, 덕(德)을 기를지니, 오륜의 행실을 닦아 속강(俗綱)을 문란하게 하지 말고, 풍교를 세워 인세의 질서를 유지하며, 사회의 행복을 증진시킬지어다. 다음은 몸(體)을 기를지니, 근로와 역행(力行)을 주로 하며, 게으름과 평안함을 탐하지 말고, 괴롭고 어려운 일을 피하지 말며, 너희의 근육을 굳게 하고 뼈를 튼튼히 하여 강장하고 병 없는 낙을 누려받을지어다. 다음은, 지(知)를 기를지니 사물의 이치를 끝까지 추궁함으로써 지를 닦고 성(性)을 이룩하고, 아름답고 미운 것과 옳고 그른 것과, 길고 짧은 데서 나와 남의 구역을 세우지 말고, 정밀히 연구하고 널리 통하기를 힘쓸지어다. 그리고 한 몸의 사(私)를 꾀하지 말고, 공중의 이익을 도모할지어다.

12 〈보기〉에서 설명하는 개화기의 기독교계 학교는?

기출 19

- 헐버트(H. B. Hulbert)가 도수체조를 지도하였다.
- 1885년 아펜젤러(H. G. Appenzeller)가 설립하였다.
- 과외활동으로 야구, 축구, 농구 등의 스포츠를 실시하였다.

① 경신학당
② 이화학당
③ 숭실학교
④ 배재학당

해설
① 경신학당(1886) : 언더우드가 설립하였으며, 1891년 이후 체조를 정식교과목으로 편성하였다.
② 이화학당(1886) : 스크랜턴이 설립한 최초 여성교육기관으로, 1890년 이후 체조를 교과목으로 편성하였다.
③ 숭실학교(1897) : 윌리엄 베어드가 평양에 세운 중·고등교육기관이다.

13 개화기 학교 운동회에 관한 설명으로 옳지 않은 것은?

기출 17·20

① 민족의식을 고취하는 역할을 하였다.
② 초기에는 구기 종목이 주로 이루어졌다.
③ 사회체육 발달의 촉진제 역할을 하였다.
④ 근대스포츠의 도입과 확산에 기여하였다.

해설
개화기 초기에 실시한 운동회에서는 주로 단체 경기와 육상 종목(특히 달리기)이 실시되었다. 이후 점차 근대 스포츠가 도입되면서 구기와 투기 종목이 실시되었다.

정답 10 ③ 11 ① 12 ④ 13 ②

14 다음 중 개화기에 설립된 체육단체가 아닌 것은?

기출 15·16·18·21·23

① 대한체육구락부
② 조선체육진흥회
③ 대동체육구락부
④ 황성 기독교청년회운동부

해설

조선체육진흥회는 일제강점기 시기인 1942년에 일본의 주관으로 설립된 단체로 광복이 되기까지 체육을 통제하였다.

15 〈보기〉의 활동을 주도한 체육사상가는?

- 체조 강습회 개최
- 체육 활동의 저변 확대를 위해 대한국민체육회 창립
- 체육 활동을 통한 애국심 고취를 위해 광무학당 설립

① 서재필
② 문일평
③ 김종상
④ 노백린

해설

〈보기〉는 노백린에 대한 설명이다.
① 서재필 : 이승만과 함께 구한말 체육언론인으로 활동하였으며 근대 스포츠를 도입하는 데 일조하였다.
② 문일평 : 태극학보에 '체육론'을 게재하였으며, 체육이 국가를 작동한다고 주장하였다.
③ 김종상 : YMCA의 초대 간사로, 회원들에게 체조·아령·곤봉을 지도하였다.

16 일제강점기의 체육사적 사실에 관한 설명으로 옳지 않은 것은?

기출 20·21·22·23

① 원산학사가 설립되었다.
② 체조교수서가 편찬되었다.
③ 학교에서 체조가 필수 과목이 되었다.
④ 황국신민체조가 학교체육에 포함되었다.

해설

원산학사는 함경남도 원산에서 관과 민의 주도하에 개화기(1883)에 설립된 최초의 근대학교로, 무사 양성을 위해 무예가 정규교육과정에 포함되었다.

17 〈보기〉에서 일제강점기의 조선체육회에 대한 설명으로 옳은 것만을 모두 고른 것은?

기출 16·19·20·22·23

ㄱ. '전조선축구대회'를 창설하였다.
ㄴ. 조선체육협회에 강제로 흡수되었다.
ㄷ. 국내 운동가, 일본 유학 출신자 등이 설립하였다.
ㄹ. 종합체육대회 성격의 전조선종합경기대회를 개최하였다.

① ㄱ, ㄴ
② ㄷ, ㄹ
③ ㄴ, ㄷ, ㄹ
④ ㄱ, ㄴ, ㄷ, ㄹ

해설

조선체육회
- 1920년 동아일보의 주도 하에 국내 운동가, 일본 유학 출신자 등이 설립하였다.
- 첫 사업으로 제1회 '전조선야구대회'를 개최하였다.
- 전조선축구대회라는 명칭으로 한국축구 최초의 전국 규모 축구대회를 창설하였다.
- 조선체육회 창립 10주년을 기념하여 최초의 종합 대회인 전조선경기대회를 개최하였다.
- 1938년 일제에 의해 강제 해산되어 조선체육협회로 통합·흡수되었다.

14 ② 15 ④ 16 ① 17 ④ **정답**

18 〈보기〉의 괄호 안에 들어갈 일제강점기의 체육사상가는?

( )은/는 '체육 조선의 건설'이라는 글에서 사회를 강하게 하는 것은 구성원의 힘을 강하게 하는 것이며, 그 방법은 교육이며, 여러 교육의 기초는 체육이라고 강조하였다.

① 박은식
② 조원희
③ 여운형
④ 이 기

해설
〈보기〉는 여운형에 대한 설명이다.
① 박은식 : 체육의 강화를 통해 강건한 인재 육성을 주장하고, 선진외국의 체조교육을 제시하였다.
② 조원희 : 휘문의숙 체육 교사로 신식체조법(신편유희법)을 발간하고, 교육 체조를 보급하였다.
④ 이기 : 대한자강회(1906)를 조직하였으며, 지덕체의 균형적 교육과 체육의 필요성을 강조하였다.

19 대한민국 정부의 체육정책 담당 부처의 변천 순서가 옳은 것은? 기출 15·20·21

① 체육부 → 문화체육관광부 → 문화체육부
② 체육부 → 문화체육부 → 문화체육관광부
③ 문화체육부 → 체육부 → 문화체육관광부
④ 문화체육부 → 문화체육관광부 → 체육부

해설
체육정책 담당 부처의 변천 과정
문교부 → 문화공보부 → 체육부 → 체육청소년부 → 문화체육부 → 문화관광부 → 문화체육관광부

20 〈보기〉는 국제대회에서 한국 여자 대표팀이 거둔 성과를 나타낸 것이다. 〈보기〉의 ㉠~㉢에 들어갈 종목이 바르게 제시된 것은?

- (㉠) : 1973년 사라예보 세계선수권대회에서 단체전 우승 달성
- (㉡) : 1976년 몬트리올 올림픽대회에서 구기 종목 사상 최초의 동메달 획득
- (㉢) : 1988년 서울 올림픽대회에서 당시 최강국을 이기고 금메달 획득

	㉠	㉡	㉢
①	배구	핸드볼	농구
②	배구	농구	핸드볼
③	탁구	핸드볼	배구
④	탁구	배구	핸드볼

해설
㉠ 1973년 사라예보 세계선수권대회 여자 탁구 종목 최초로 단체전에서 우승하였다.
㉡ 1976년 몬트리올 올림픽의 배구 종목에서 여자 구기 종목 사상 최초로 동메달을 획득하였다.
㉢ 1988년 서울 올림픽대회의 핸드볼 종목에서 당시 최강국인 소련을 이기고 한국 여자 구기 종목 사상 첫 금메달을 획득하였다.

정답 18 ③ 19 ② 20 ④

제5과목 운동생리학

01 지구성 훈련에 의한 지근섬유(Type I)의 생리적 변화로 옳지 않은 것은? 기출 19·21

① 모세혈관 밀도 증가
② 마이오글로빈 함유량 감소
③ 미토콘드리아의 수와 크기 증가
④ 절대 운동강도에서의 젖산 농도 감소

해설
지구성 훈련은 오랜 시간에 걸쳐 운동할 수 있는 능력을 기르는 훈련법이다. 지구성 훈련으로 발달된 지근섬유는 이전보다 미토콘드리아가 많아서 산화 능력(유산소 능력)이 우세하며 이전보다 더 많은 모세혈관에 둘러싸이게 된다. 그러므로 혈색소의 일종인 마이오글로빈의 농도도 더 높아지게 된다.

02 유산소성 트레이닝을 통한 근육 내 미토콘드리아 변화와 관련된 설명으로 옳지 않은 것은? 기출 19·20·21·22·23

① 근원섬유 사이의 미토콘드리아 밀도 증가
② 근육 내 젖산과 수소이온(H^+) 생성 감소
③ 손상된 미토콘드리아 분해 및 제거율 감소
④ 근육 내 크레아틴 인산(Phosphocreatine) 소모량 감소

해설
손상된 미토콘드리아가 스스로 사멸하는 과정을 '미토파지(Mitophagy)'라고 하는데 이 과정에 관여하는 단백질 인자가 유산소성 트레이닝 수행 시 일정 수준으로 증가한다. 따라서 유산소성 트레이닝 시 손상된 미토콘드리아 분해 및 제거율이 증가한다.

03 운동 중 지방분해를 촉진하는 요인으로 옳지 않은 것은? 기출 19·20

① 인슐린 증가
② 글루카곤 증가
③ 에피네프린 증가
④ 순환성(Cyclic) AMP 증가

해설
인슐린은 당원의 합성에 관여하는 호르몬이다. 인슐린은 혈액에 있는 포도당을 여러 세포가 사용하게 하고, 간에서 포도당을 글리코겐으로 합성하게 하여 혈당을 낮추는 기능을 한다. 다만, 간 글리코겐과 근글리코겐의 양이 일정 수준을 넘으면 중성지방으로 전환되어 결과적으로 지방의 '합성'이 촉진되므로 인슐린을 '지방 저장 호르몬'이라고 부르기도 한다.

04 운동에 대한 심혈관 반응에 관한 설명으로 옳은 것은? 기출 16·18·19·20

① 점증 부하 운동 시 심근산소소비량 감소
② 고강도 운동 시 내장 기관으로의 혈류 분배 비율 증가
③ 일정한 부하의 장시간 운동 시 시간 경과에 따른 심박수 감소
④ 고강도 운동 시 활동근의 세동맥(Arterioles) 확장을 통한 혈류량 증가

해설
① 점증 부하 운동 시 이전보다 운동의 강도가 높아지므로 심근산소소비량이 증가한다.
② 고강도 운동 시 내장기관보다는 근육으로 혈액을 많이 보내야 하기 때문에 내장기관으로의 혈류 분배 비율이 감소하게 된다.
③ 일정한 부하라도 장시간 운동하게 되면 운동기관에 점차 더 많은 산소와 에너지를 전달해야 하기 때문에 시간 경과에 따라 심박수가 증가하게 된다.

01 ② 02 ③ 03 ① 04 ④ **정답**

05 〈보기〉의 ⑤, ⓒ에 들어갈 용어가 바르게 나열된 것은?
기출 22

- 심장의 부담을 나타내는 심근산소소비량은 심박수와 (⑤)을 곱하여 산출한다.
- 산소섭취량이 동일한 운동 시 다리 운동이 팔 운동에 비해 심근산소소비량이 더 (ⓒ) 나타난다.

	⑤	ⓒ
①	1회박출량	높게
②	1회박출량	낮게
③	수축기 혈압	높게
④	수축기 혈압	낮게

해설
⑤ 심근산소소비량은 심박수와 수축기 혈압을 곱하여 산출한다.
ⓒ 팔 운동이 다리 운동보다 교감신경 자극이 더 크기 때문에 심박수가 늘어나고, 팔 쪽으로 이동하는 동맥이 더 좁기 때문에 혈압이 높아진다. 따라서 다리 운동이 팔 운동에 비해 심근산소소비량이 더 낮게 나타난다.

06 골격근의 수축 특성을 결정하는 요인에 대한 설명 중 〈보기〉의 ⑤, ⓒ에 들어갈 용어가 바르게 연결된 것은?

- 특이장력 = 근력 / (⑤)
- 근파워 = 힘 × (ⓒ)

	⑤	ⓒ
①	근횡단면적	수축속도
②	근횡단면적	수축시간
③	근파워	수축속도
④	근파워	수축시간

해설
골격근의 수축 특성

특이장력	• 단위면적당 근육에서 발생하는 힘으로, 근육마다 다르다. • 특이장력 = 근력 / 근횡단면적
근파워	• 근육의 일률(파워)로, 순발력이라고도 하며 근육이 힘을 폭발적으로 빠르게 발휘할 수 있는 능력을 말한다. • 파워 = 힘 × 속도 = 근력 × 수축속도 　　　 = 근육이 한 일 × 수축시간

07 〈보기〉의 ⑤~ⓒ에 들어갈 용어가 바르게 나열된 것은?
기출 17·19·23

수용기	역할
근방추	(⑤) 정보 전달
골지 건기관	(ⓒ) 정보 전달
근육의 화학수용기	(ⓒ) 정보 전달

	⑤	ⓒ	ⓒ
①	근육의 길이	근육 대사량	힘 생성량
②	근육 대사량	힘 생성량	근육의 길이
③	근육 대사량	근육의 길이	힘 생성량
④	근육의 길이	힘 생성량	근육 대사량

해설
근육 내 수용기

근방추	근섬유의 길이 변화를 감지하여 근수축을 유발함
건방추 (골지 건기관)	건(힘줄)의 장력 변화(힘 생성량)를 감지하여 근육을 이완시킴
관절수용기	관절의 각도, 가속도, 압력으로 변형된 정보를 중추신경계로 전달함
화학수용기	근육의 대사량, 근육 내 pH, 세포 외 칼륨 농도, O_2와 CO_2의 압력 변화를 감지하여 중추신경계에 정보를 전달함

정답 05 ④ 06 ① 07 ④

08 〈그림〉은 도피반사(Withdrawal Reflex)와 교차신전반사(Crossed-extensor Reflex)를 나타낸 것이다. 이에 관한 설명으로 옳지 않은 것은?

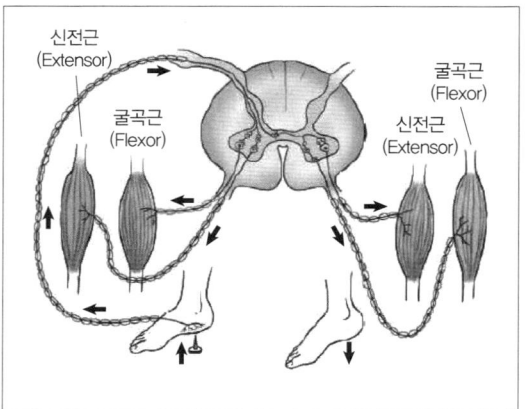

① 반사궁 경로를 통해 통증 자극에 대한 빠른 반사가 일어난다.
② 통증 수용기로부터 활동전위가 발생하여 척수로 전달된다.
③ 신체 균형을 유지하기 위해 반대편 대퇴의 굴곡근 수축이 억제된다.
④ 통증을 회피하기 위해 통증 부위 대퇴의 굴곡근과 신전근이 동시에 수축된다.

해설
④ 통증을 회피하기 위해 통증 부위 대퇴의 굴곡근은 수축하며, 같은 쪽 대퇴의 신전근 수축은 억제된다. 도피반사는 굴곡근의 수축으로써 다리를 위해성 자극으로부터 멀게 하려는 반사이다. 교차신전반사는 통증과 같은 위해 자극을 회피하고 신체를 지탱하기 위해 통증을 느낀 부위의 반대쪽 대퇴의 신전근이 수축하는 것이다.

09 〈보기〉에서 고온 환경의 장시간 최대하 운동 시 운동수행능력을 저하시키는 요인으로 옳은 것만을 모두 고른 것은? (단, 심각한 탈수 현상은 발생하지 않는 환경)

기출 15·17·18

ㄱ. 글리코겐 고갈 가속
ㄴ. 근혈류량 감소
ㄷ. 1회박출량 감소
ㄹ. 운동단위 활성 감소

① ㄱ, ㄷ
② ㄱ, ㄴ, ㄹ
③ ㄴ, ㄷ, ㄹ
④ ㄱ, ㄴ, ㄷ, ㄹ

해설
고온 환경으로 인한 열 자극은 피부 혈류량을 증가시키고 근 혈류량을 줄어들게 한다. 줄어든 근 혈류량은 운동단위 활성 역시 감소시킨다.

10 〈보기〉의 조건으로 트레드밀 운동 시 운동량은?

• 체중 = 50kg
• 트레드밀 속도 = 12km/h
• 운동시간 = 10분
• 트레드밀 경사도 = 5%
(단, 운동량(일) = 힘 × 거리)

① 300kpm
② 500kpm
③ 5,000kpm
④ 30,000kpm

해설
트레드밀 에르고미터와 운동량
• 체중 = 50kp(kp는 정상적인 중력 가속도에서 1kg의 질량에 힘을 가하는 것)
• 트레드밀 속도 = 12km/h = 12,000m/60min ∴ 200m/min
• 이동거리 = 200m/min × 10min ∴ 2,000m
• 경사진 트레드밀에서의 이동거리 = 2,000m × 0.05(경사도)
∴ 100m
• 운동량 = 힘 × 거리
        = 50kp × 100m
∴ 5,000kpm

11 에너지 대사 과정과 속도조절효소의 연결이 옳지 않은 것은?   기출 15·17·18·21·22

	에너지 대사 과정	속도조절효소
①	ATP-PC 시스템	크레아틴 키나아제 (Creatine Kinase)
②	해당작용	젖산 탈수소효소 (Lactate Dehydrogenase)
③	크렙스 회로	이소시트르산탈수소효소 (Isocitrate Dehydrogenase)
④	전자전달체계	사이토크롬산화효소 (Cytochrome Oxidase)

해설
해당작용은 포스포프룩토키나아제(PFK)로써 그 속도를 조절한다.

12 〈보기〉에서 근육의 힘, 파워, 속도의 관계에 대한 설명 중 옳은 것만을 모두 고른 것은?   기출 20·21

ㄱ. 단축성(Concentric) 수축 시 수축 속도가 빨라짐에 따라 힘(장력) 생성은 감소한다.
ㄴ. 신장성(Eccentric) 수축 시 신장 속도가 빨라짐에 따라 힘(장력) 생성은 증가한다.
ㄷ. 근육이 발현할 수 있는 최대 근파워는 등척성(Isometric) 수축 시에 나타난다.
ㄹ. 단축성 수축 속도가 동일할 때 속근섬유가 많을수록 큰 힘을 발휘한다.

① ㄱ, ㄴ, ㄷ ② ㄱ, ㄴ, ㄹ
③ ㄴ, ㄷ, ㄹ ④ ㄴ, ㄷ, ㄹ

해설
근육의 힘·파워·속도

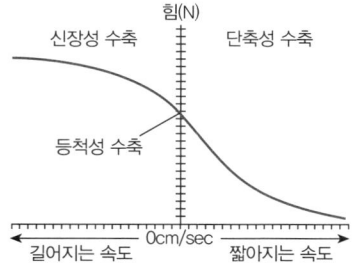

근육이 발현할 수 있는 최대 근파워는 근력과 수축 속도의 크기가 가장 큰 신장성(Eccentric) 수축 시에 나타난다.

13 카테콜라민에 대한 설명으로 옳지 않은 것은?   기출 15

① 부신피질에서 분비
② 교감신경의 말단에서 분비
③ α1 수용체 결합 시 기관지 수축
④ β1 수용체 결합 시 심박수 증가

해설
① 카테콜라민은 부신수질(부신속질)에서 분비되는 신경전달물질이자 호르몬이다. 에피네프린(아드레날린), 노르에피네프린(노르아드레날린), 도파민 등이 이에 해당한다.
③ α1 수용체에 결합하면 혈관 수축이 증가한다. 기관지 수축이 증가하는 것은 α2 수용체에 결합했을 때이다.
※ 출제오류로 복수 정답 처리되었다.

14 〈보기〉의 에너지 대사 과정에 관한 설명 중 옳은 것만을 모두 고른 것은?   기출 16·17·18·19·20·21

ㄱ. 해당과정 중 NADH는 생성되지 않는다.
ㄴ. 크렙스 회로와 베타산화는 미토콘드리아에서 관찰되는 에너지 대사 과정이다.
ㄷ. 포도당 한 분자의 해당과정의 최종산물은 ATP 2분자와 피루브산염 2분자(또는 젖산염 2분자)이다.
ㄹ. 낮은 운동강도(예 VO_2max 40%)로 30분 이상 운동 시 점진적으로 호흡교환율이 감소하고 지방 대사 비중은 높아진다.

① ㄱ, ㄴ
② ㄱ, ㄹ
③ ㄴ, ㄷ
④ ㄴ, ㄷ, ㄹ

해설
해당과정은 당원을 분해하는 과정이다. 해당과정으로써 1단위의 포도당을 분해할 때 2단위의 ATP를 이용하여 2분자의 NADH와 4분자의 ATP, 2분자의 피루브산을 생성하게 된다.

정답 11 ② 12 ② 13 ①·③ 14 ④

15 운동 중 혈중 포도당 농도를 유지하기 위한 호르몬에 대한 설명으로 옳지 않은 것은?

기출 15·16·17·18·19·20·21·23

① 성장호르몬 : 간에서 포도당신생합성 증가
② 코르티솔 : 중성지방으로부터 유리지방산으로 분해 촉진
③ 노르에피네프린 : 골격근 조직 내 유리지방산 산화 억제
④ 에피네프린 : 간에서 글리코겐 분해 촉진 및 조직의 혈중 포도당 사용 억제

해설
노르에피네프린은 스트레스 상황에서 골격근 조직 내의 유리지방산의 산화를 촉진하는 역할을 한다.

16 운동 중 수분과 전해질 균형에 관한 설명으로 옳은 것만을 모두 고른 것은?

기출 16·17·18·21·22

ㄱ. 장시간의 중강도 운동 시 혈장량과 알도스테론 분비는 감소한다.
ㄴ. 땀 분비로 인한 혈장량 감소는 뇌하수체 후엽의 항이뇨호르몬 분비를 유도한다.
ㄷ. 충분한 수분 섭취 없이 장시간 운동 시 체내 수분 재흡수를 위해 레닌-안지오텐신Ⅱ 호르몬이 분비된다.
ㄹ. 운동에 의한 땀 분비는 수분 상실을 초래하며 혈중 삼투질 농도를 감소시킨다.

① ㄱ, ㄴ
② ㄱ, ㄹ
③ ㄴ, ㄷ
④ ㄴ, ㄹ

해설
ㄱ. 운동 강도가 증가하면서 땀을 흘려 혈장량이 감소하면, 체내 삼투압을 조절하기 위해 부신에서 알도스테론 분비량을 늘려 물과 나트륨의 흡수를 촉진하고 칼륨을 분비하게 한다.
ㄹ. 땀 분비로 인한 수분의 상실은 혈중 삼투질(무기염류)의 농도를 높여 이 이상의 체수분 유출을 막기 위해 항이뇨호르몬을 분비케 함으로써 수분의 재흡수를 촉진한다.

17 〈표〉는 참가자의 폐환기 검사 결과이다. 〈보기〉에서 옳은 것만을 모두 고른 것은?

기출 22

참가자	1회 호흡량 (mL)	호흡률 (회/min)	분당 환기량 (mL/min)	사강량 (mL)	폐포 환기량 (mL/min)
주은	375	20	( )	150	( )
민재	500	15	( )	150	( )
다영	750	10	( )	150	( )

ㄱ. 세 참가자의 분당환기량은 동일하다.
ㄴ. 다영의 폐포 환기량은 분당 6L/min이다.
ㄷ. 주은의 폐포 환기량이 가장 크다.

① ㄱ, ㄴ
② ㄱ, ㄷ
③ ㄴ, ㄷ
④ ㄱ, ㄴ, ㄷ

해설
폐환기 검사의 실시
ㄱ. 분당환기량(VE)은 1회 호흡량과 호흡률의 곱으로 산출한다. 공식을 활용하여 산출하면, 아래와 같이 세 참가자 모두 7,500mL/min으로 나온다.

주은	375 × 20 = 7,500mL/min
민재	500 × 15 = 7,500mL/min
다영	750 × 10 = 7,500mL/min

ㄴ·ㄷ. 폐포 환기량은 1회 호흡량에서 사강량을 뺀 값을 호흡률과 곱하여 산출한다. 공식을 활용하여 산출하면, 다영의 폐포 환기량은 6L/min으로 나오며, 세 사람 중 다영의 폐포 환기량이 가장 크고, 주은의 폐포 환기량이 가장 작은 것을 알 수 있다.

주은	(375−150) × 20 = 225 × 20 = 4,500mL/min = 4.5L/min
민재	(500−150) × 15 = 350 × 15 = 5,250mL/min = 5.25L/min
다영	(750−150) × 10 = 600 × 10 = 6,000mL/min = 6L/min

15 ③ 16 ③ 17 ① **정답**

18 1회박출량(Stroke Volume) 증가 요인으로 옳지 않은 것은?

기출 18·19·21·22·23

① 심박수 증가
② 심실 수축력 증가
③ 평균 동맥혈압(MAP) 감소
④ 심실 이완기말 혈액량(EDV) 증가

해설

1회박출량은 심장이 한 번 박동하여 짜내는 혈액의 양을 말한다.. 심박수가 증가하면 오히려 혈액이 충만되는 시간이 짧아져 1회박출량은 상대적으로 감소한다.

19 골격근 섬유에 관한 설명으로 옳은 것은?

기출 16·17·18·19·20·21·23

① 근수축에 필요한 칼슘(Ca^{2+})은 근형질세망에 저장되어 있다.
② 운동단위(Motor Unit)는 감각뉴런과 그것이 지배하는 근섬유의 결합이다.
③ 신경근 접합부(Neuromuscular Junction)에서 분비되는 근수축 신경전달물질은 에피네프린이다.
④ 지연성 근통증은 골격근의 신장성(Eccentrik) 수축보다 단축성(Concentric) 수축 시 더 쉽게 발생한다.

해설

② 운동단위는 감각뉴런이 아니라 '운동뉴런'이 지배하는 근섬유의 결합이다.
③ 신경근 접합부(시냅스)에서 분비되는 신경전달물질은 아세틸콜린이다.
④ 지연성 근통증은 근육의 신장성 수축을 과도하게 하고 나면 발생한다.

20 지근섬유(Type I)와 비교되는 속근섬유(Type II)의 특성으로 옳은 것은?

기출 17·19·20·21·25

① 높은 피로 저항력
② 근형질세망의 발달
③ 마이오신 ATPase의 느린 활성
④ 운동신경세포(뉴런)의 작은 직경

해설

속근섬유는 수축이 빠른 섬유로, 근형질세망이 발달해 근수축에 관여하는 칼슘이온이 많이 분비되어 수축 속도가 빠른 대신, 유산소 능력이 낮아 피로에 오래 못 견디는 특성이 있다.

제6과목 운동역학

01 뉴턴(I. Newton)의 3가지 법칙과 관련이 없는 것은?

기출 15·18·19·21

① 외력이 가해지지 않으면, 정지하고 있는 물체는 계속 정지하려 한다.
② 가속도는 물체에 가해진 힘에 비례한다.
③ 수직 점프를 할 때, 지면을 강하게 눌러야 높게 올라갈 수 있다.
④ 외력이 가해지지 않으면, 물체가 가진 각운동량은 변하지 않는다.

해설

뉴턴의 법칙에는 만유인력의 법칙과 운동법칙이 있다.
- 만유인력의 법칙 : 모든 물체 사이에는 서로 끌어당기는 힘이 작용하고, 그 크기는 두 물체의 질량의 곱에 비례하며 두 물체 사이 거리의 제곱에 반비례한다는 법칙
- 운동 제1법칙(관성의 법칙) : 외력을 받지 않으면 물체는 정지 또는 등속도 운동 상태를 계속한다는 법칙 (①)
- 운동 제2법칙(가속도의 법칙) : 운동하는 물체의 가속도는 힘이 작용하는 방향으로 일어나며, 그 힘의 크기에 비례한다는 법칙 (②)
- 운동 제3법칙(작용-반작용의 법칙) : 모든 작용력에 대하여 항상 방향이 반대이고 크기가 같은 반작용 힘이 따른다는 법칙 (③)
- 각운동량 보존의 법칙 : 외부로부터 회전력이 작용하지 않는 한 회전체의 각운동량은 일정하게 보존된다는 법칙. 뉴턴의 운동법칙에서 도출된 것 (④)

※ 출제오류로 최종정답에서 전항 정답 처리되었다.

정답 18 ① 19 ① 20 ② 01 전항 정답

02 〈보기〉에서 힘(Force)에 관한 설명으로 옳은 것을 모두 고른 것은?
기출 17·20·22

> ㄱ. 움직임을 일으키는 원인으로 에너지이다.
> ㄴ. 질량과 가속도의 곱으로 결정된다.
> ㄷ. 단위는 N(Newton)이다.
> ㄹ. 크기를 갖는 스칼라(Scalar)이다.

① ㄱ, ㄴ
② ㄱ, ㄹ
③ ㄴ, ㄷ
④ ㄷ, ㄹ

해설
ㄱ. 힘과 에너지는 그 개념이 다르다. 힘은 운동을 일으키거나 운동상태를 변하게 하는 요인이고, 에너지는 물리적 일을 할 수 있는 능력을 말한다.
ㄹ. 힘은 크기와 방향을 갖는 벡터(Vector)이다.

03 쇼트트랙 경기에서 원운동을 할 때 원심력과 구심력에 관한 설명으로 옳은 것은?
기출 17·20

① 원심력과 구심력은 크기가 같고, 방향이 반대이다.
② 원심력은 원운동을 하는 선수의 질량과 관계가 없다.
③ 원심력을 극복하는 방법으로 반지름을 작게 하여 원운동을 한다.
④ 신체를 원운동 중심의 방향으로 기울이는 것은 접선속도를 크게 만들기 위함이다.

해설
원심력(遠心力)과 구심력(求心力)
• 원심력은 원운동(회전운동)을 하는 물체나 입자에 작용하는, 회전 중심(心)에서 멀어지려는(遠) 힘(力)이다.

$$F = \frac{m \times v^2}{r}$$

m은 물체의 질량, r은 회전반경(반지름), v는 선속도를 나타낸다.

• 구심력은 원운동(회전운동)을 하는 물체나 입자에 작용하는, 회전 중심(心)으로 가까워지려는, 원의 중심으로 운동을 추구(求)하는 힘(力)이다.

$$F = m \times r \times \omega^2$$

m은 물체의 질량, r은 회전반경(반지름), ω는 각속도를 나타낸다.

① 원심력과 구심력은 크기가 같고 방향이 반대이다.
② 원심력은 물체의 질량이 클수록, 물체의 회전속도가 빠를수록, 회전반경이 작을수록 커진다.
③ 쇼트트랙이나 스피드스케이팅, 계주와 같은 운동에서 원심력을 극복하기 위해서는 원심력은 작게, 구심력은 크게 해야 한다. 따라서 회전반지름을 크게 해야 한다.
④ 신체를 원운동 중심의 방향으로 기울이는 것은 접선속도를 크게 하는 것이 아니라 구심력을 크게 만들기 위해 무게중심을 회전중심으로 옮기기 위함이다.

04 선운동량 또는 충격량에 관한 설명으로 옳은 것은?
기출 17·18·20

① 선운동량은 질량과 속도를 더하여 결정되는 물리량이다.
② 충격량은 충격력과 충돌이 가해진 시간의 곱으로 결정되는 물리량이다.
③ 시간에 따른 힘 그래프에서 접선의 기울기는 충격량을 의미한다.
④ 충격량이 선운동량으로 전환되기 위해서는 먼저 충격량이 토크로 전환되어야 한다.

해설
① 선운동량(p)은 질량(m)과 선속도(v)의 곱으로 결정되는 물리량이다.
③ 시간에 따른 힘 그래프에서 접선의 기울기가 아니라 밑넓이가 충격량을 의미한다.
④ 토크와 관련된 것은 선운동량과 (선)충격량이 아니라 각운동량과 회전충격량이다.

05 운동학적(Kinematic) 분석과 운동역학적(Kinetic) 분석에 관한 설명으로 옳지 않은 것은?

기출 16·17·18·20·21·22

① 일률, 속도, 힘은 운동역학적 분석요인이다.
② 운동학적 분석은 움직임을 공간적·시간적으로 분석한다.
③ 근전도 분석, 지면반력 분석은 운동역학적 분석방법이다.
④ 신체중심점의 위치변화, 관절각의 변화는 운동학적 분석요인이다.

해설
운동학적 분석은 운동의 변위, 속도, 가속도, 무게중심, 관절각 등 운동 형태에 관해 분석하는 것이다.

06 〈보기〉에서 물리량에 대한 설명으로 옳은 것만 고른 것은?

기출 18·22

> ㄱ. 압력은 단위면적당 가해지는 힘이며 벡터이다.
> ㄴ. 일은 단위시간당 에너지의 변화율이며 벡터이다.
> ㄷ. 마찰력은 두 물체의 마찰로 발생하는 힘이며 스칼라이다.
> ㄹ. 토크는 회전을 일으키는 효과이며 벡터이다.

① ㄱ, ㄴ ② ㄱ, ㄹ
③ ㄴ, ㄷ ④ ㄷ, ㄹ

해설
ㄴ. 일은 물체에 힘이 작용하여 물체가 힘의 방향으로 일정한 거리만큼 움직였을 때에, 힘과 거리를 곱한 양으로 이동방향이 있으므로 벡터이다. 단위시간당 에너지의 변화율은 일률이다.
ㄷ. 마찰력은 두 물체의 마찰로 발생하는 '힘'이므로 크기와 방향을 갖는 벡터이다.

07 〈보기〉에서 항력과 관련된 설명으로 옳은 것만 고른 것은?

> ㄱ. 육상의 원반 투사 시, 최적의 공격각(Attack Angle)은 $\frac{항력}{양력}$이 최대일 때의 각도이다.
> ㄴ. 야구에서 투구 시 공에 회전을 넣어 커브 구질을 만든다.
> ㄷ. 파도와 같이 물과 공기의 접촉면에서 형성되는 난류에 의하여 발생하기도 한다.
> ㄹ. 날아가는 골프공의 단면적(유체의 흐름방향에 수직인 물체의 면적)에 비례한다.

① ㄱ, ㄴ ② ㄱ, ㄹ
③ ㄴ, ㄷ ④ ㄷ, ㄹ

해설
유체에서 투사체의 운동
ㄱ. 육상의 원반 투사 시, 최적의 공격각은 양항비$\left(\frac{양력}{항력}\right)$가 최대일 때의 각도이다.
ㄴ. 커브볼은 마그누스의 힘(마그누스 효과)을 이용한 것이다. 마그누스 효과는 물체가 회전하면서 유체 속을 지나갈 때 물체의 외부에 압력이 발생하는데, 발생한 압력 차이에 의해 물체의 이동 경로가 변화한다는 이론이다.

08 2차원 영상분석에서 배율법(Multiplier Method)에 관한 설명으로 옳지 않은 것은?

① 동작이 수행되는 평면에 직교하게 카메라를 설치한다.
② 분석대상이 운동평면에서 벗어나면 투시오차(Perspective Error)가 발생할 수 있다.
③ 체조의 공중회전(Somersault)과 트위스트(Twist)와 같은 운동 동작을 분석하는 데 주로 활용된다.
④ 기준자(Reference Ruler)는 영상평면에서의 분석대상 크기를 실제 운동 평면에서의 크기로 조정하기 위해 사용된다.

해설
2차원 영상분석은 2차원인 평면에서 동작이 일어나는 것으로 가정하여 운동 정보를 얻는 방법이다. 공중회전이나 다이빙, 트위스트와 같은 운동 동작들은 대부분 3차원에서 일어나므로 영상 왜곡을 줄이기 위해 보조기법으로 활용하는 것이다. 배율법은 주로 철봉, 역도와 같은 종목에서 활용된다.

정답 05 ① 06 ② 07 ④ 08 ③

09 〈보기〉에서 각운동에 관한 설명으로 옳은 것만 고른 것은?

기출 16·19·20·22

> ㄱ. 각속력은 벡터이고, 각속도(Angular Velocity)는 스칼라이다.
> ㄴ. 각속력(Angular Speed)은 시간당 각거리(Angular Distance)이다.
> ㄷ. 각가속도(Angular Acceleration)는 시간당 각속도의 변화량이다.
> ㄹ. 각거리는 물체의 처음과 마지막 각위치의 변화량이다.

① ㄱ, ㄴ
② ㄱ, ㄹ
③ ㄴ, ㄷ
④ ㄷ, ㄹ

해설

ㄱ. 각속력은 크기만 갖는 각거리를 다루므로 스칼라이고, 각속도(Angular Velocity)는 크기와 방향을 갖는 각변위를 다루므로 벡터이다.
ㄹ. 각변위가 물체의 처음과 마지막 각위치의 변화량이다.

10 〈보기〉의 ㉠~㉣에 들어갈 내용이 바르게 제시된 것은?

> • (㉠)가 커질수록 부력도 커진다.
> • (㉡)가 올라갈수록 부력은 작아진다.
> • (㉢)는 수중에서의 자세 변화에 따라 달라진다.
> • (㉣)은 물에 잠긴 신체의 부피에 비례하여 수직으로 밀어 올리는 힘이다.

	㉠	㉡	㉢	㉣
①	신체의 밀도	신체의 온도	무게중심의 위치	부력
②	유체의 밀도	신체의 온도	무게중심의 위치	항력
③	신체의 밀도	물의 온도	부력중심의 위치	항력
④	유체의 밀도	물의 온도	부력중심의 위치	부력

해설

부력(浮力, Buoyancy)

㉣ 물체가 유체 속에 잠겨있을 때 중력의 반대 방향으로 물체를 밀어 올리려는 힘이다.
  • 부력은 액체와 기체 같은 유체에서 작용하는 힘이기 때문에 유체의 이학적 성질을 결정하는 온도·부피에 영향을 받는다.
  • 주위의 유체보다 밀도가 작은 물체는 같은 부피의 유체보다 무게가 가벼워 부력(유체의 무게)에 의해 그대로 놓으면 떠오른다. 물체와 유체의 밀도가 같은 경우엔 물체가 위치 그대로 정지해 있고, 물체의 밀도가 유체보다 클 경우엔 가라앉게 된다.

㉠ 부력은 유체의 밀도에 비례한다. 따라서 유체의 밀도가 커질수록 부력도 커진다.

$$F = -PVg$$

ρ는 유체의 밀도, V는 유체에 잠긴 만큼의 물체의 부피, g는 중력 가속도, 음의 부호는 중력의 반대 방향으로 작용한다는 것을 나타낸다.

㉡ 온도가 올라갈수록 유체는 부피가 커진다. 밀도는 부피에 반비례하므로 그 값이 작아지고, 부력은 밀도에 비례하므로 그 값이 작아진다.

$$P = d = \frac{m}{V'}$$

ρ는 유체의 밀도, d는 일반적으로 나타내는 밀도, m은 유체의 질량, V'는 유체의 부피를 나타낸다.

㉢ 부력중심은 부력의 작용점이다. 물 위에 떠 있는 몸에서는 물 아래에 잠긴 부분의 기하학적 중심이 된다. 부력중심은 물체의 모양, 떠 있는 위치와 방향에 따라 달라진다.

11 〈보기〉와 같이 조건을 (A)에서 (B)로 변경하였을 때, ㉠~㉢에 들어갈 내용으로 바르게 나열한 것은? (단, 각운동량 그리고 줄과 공의 질량은 변화가 없는 것으로 가정) 기출 17·18·21·22·23

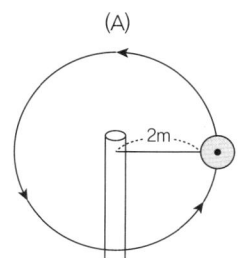

(A)

- 회전축에서 공의 중심까지 거리 : 2m
- 회전속도 : 1회전/sec

⇩

(B)

회전축에서 공까지의 거리를 1m로 줄이면, 회전반경이 (㉠)로 줄어들고 관성모멘트가 (㉡)로 감소하기 때문에 공의 회전속도는 (㉢)로 증가한다.

	㉠	㉡	㉢
①	$\frac{1}{2}$	$\frac{1}{2}$	2회전/sec
②	$\frac{1}{2}$	$\frac{1}{4}$	2회전/sec
③	$\frac{1}{4}$	$\frac{1}{2}$	4회전/sec
④	$\frac{1}{2}$	$\frac{1}{4}$	4회전/sec

해설

관성모멘트와 각운동량의 보존

- 관성모멘트는 회전하는 물체가 회전 속도의 변화에 저항하려는 성질로, 운동하는 물체의 질량에 비례하고 회전반지름의 제곱에 비례한다.

$$I = m \times r^2$$

I는 관성모멘트, m은 물체의 질량, r은 회전반경(반지름)을 나타낸다.

- 각운동량은 회전하는 물체의 운동량으로, 관성모멘트와 각속도에 비례한다.

$$L = I \times \omega = m \times r^2 \times \omega$$

L은 각운동량, I는 관성모멘트, ω는 각속도, m은 물체의 질량, r은 회전반경(반지름)을 나타낸다.

문제의 단서에서 물체의 질량은 일정하다고 하였으므로 임의의 질량 1kg으로 설정하여 계산하면 다음과 같다.

구 분	(A) 변화 전	(B) 변화 후	차 이
회전반경	2m	1m	$\frac{1}{2}$로 감소
관성모멘트	$I_{(A)} = 1kg \times (2m)^2$ $= 4kg \cdot m^2$	$I_{(B)} = 1kg \times (1m)^2$ $= 1kg \cdot m^2$	$\frac{1}{4}$로 감소

(A)의 경우로 각운동량을 구할 수 있다. 또, 문제의 단서에서 각운동량은 보존된다고 하였으므로 (B)의 경우에도 각운동량 4가 나와야 하므로 회전속도(각속도)는 '4회전/sec'임을 알 수 있다.

구 분	(A) 변화 전	(B) 변화 후	차 이
각운동량	$L_{(A)} = 4kg \cdot m^2 \times$ 1회전/sec = 4	$L_{(B)} = 1kg \cdot m^2 \times$ x회전/sec = 4	보존
회전속도	1회전/sec	4회전/sec	4배 증가

12 인체에 적용되는 지레(Levers)의 원리에 관한 설명으로 옳지 않은 것은? 기출 18·20·22·23

① 1종 지레에서 축(받침점)은 힘점과 저항점(작용점) 사이에 위치하고 역학적 이점이 1보다 크거나 작을 수 있다.
② 2종 지레는 저항점이 힘점과 축 사이에 위치하고 역학적 이점이 1보다 크다.
③ 3종 지레에서 힘점은 축과 저항점 사이에 위치하고 역학적 이점이 1보다 크다.
④ 지면에서 수직 방향으로 발뒤꿈치를 들고 서는 동작(Calf Raise)은 2종 지레이다.

해설

3종 지레에서 힘점은 축과 저항점 사이에 위치하고 역학적 이점이 항상 1보다 작다.

정답 11 ④ 12 ③

13 〈그림〉의 수직점프(Vertical Jump) 동작에 관한 운동역학적 특성을 바르게 설명한 것은? (단, 외력과 공기 저항은 작용하지 않는 것으로 가정)

기출 15·16·17·19·20·21·22·23

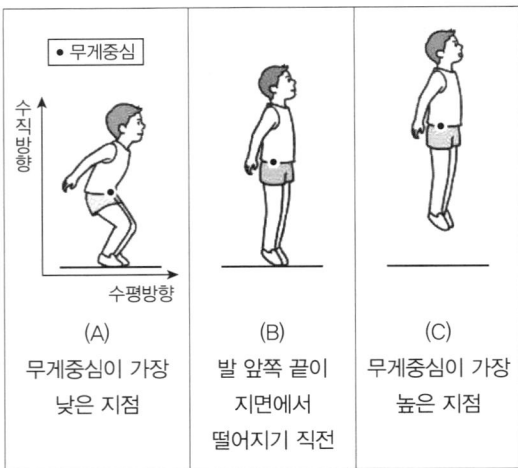

(A)	(B)	(C)
무게중심이 가장 낮은 지점	발 앞쪽 끝이 지면에서 떨어지기 직전	무게중심이 가장 높은 지점

① (A)부터 (B)까지 한 일(Work)은 위치에너지의 변화량과 같다.
② (A)부터 (B)까지 넙다리네갈레근(대퇴사두근, Quadriceps)은 신장성 수축(Eccentric Contraction)을 한다.
③ (B)부터 (C)까지 무게중심의 수직가속도는 증가한다.
④ (C)지점에서 인체 무게중심의 수직속도는 0m/sec이다.

해설
① (A)부터 (B)까지 한 일(Work)은 위치에너지와 운동에너지의 변화량과 같다.
② (A)부터 (B)까지 넙다리네갈레근(대퇴사두근)은 단축성 수축을 한다.
③ (B)부터 (C)까지 무게중심의 수직가속도는 중력가속도의 영향으로 감소한다.

14 회전운동에 관한 설명으로 옳지 않은 것은?

① 회전하는 물체의 접선속도는 각속도와 반지름의 곱으로 구한다.
② 회전하는 물체의 각속도는 호의 길이를 소요시간으로 나누어 구한다.
③ 인체의 관성모멘트(Moment of Inertia)는 회전축의 방향에 따라 변한다.
④ 토크는 힘의 연장선이 물체의 중심에서 벗어난 지점에 작용할 때 발생한다.

해설
② 각속도는 단순한 호의 길이가 아닌 나중 각위치에서 처음 각위치의 차를 운동 시간으로 나누어 산출한 것이다.
③ 인체의 관성모멘트는 회전축의 방향은 물론 질량과도 관계가 있기 때문에 꼭 회전축의 방향에 따라 변하는 것만은 아니다.

※ 출제오류로 복수 정답 처리되었다.

15 인체의 무게중심에 관한 설명으로 옳지 않은 것은?

기출 15·16·17·19·20·21·22·23

① 무게중심은 인체 외부에 위치할 수 있다.
② 무게중심의 위치는 안정성에 영향을 준다.
③ 무게중심은 토크의 합이 '0'인 지점이다.
④ 무게중심의 위치는 동작의 변화와 관계없이 일정하다.

해설
무게중심의 위치(높이)는 성별, 나이, 체형, 자세에 따라 달라진다.

정답 13 ④ 14 ② · ③ 15 ④

16 중력가속도의 개념에 관한 설명으로 옳지 않은 것은?
기출 18

① 중력가속도의 크기는 9.8m/sec²이다.
② 중력가속도는 지구 중심방향으로 작용한다.
③ 인체의 무게는 질량과 중력가속도의 곱으로 산출한다.
④ 토스한 배구공이 상승하는 과정에서는 중력가속도의 영향을 받지 않는다.

해설
토스한 공은 상승할 때 중력가속도의 영향으로 속도가 감소한다.

17 인체의 근골격계에 관한 설명으로 옳은 것은?

① 골격근의 수축은 관절에서 회전운동을 일으키지 못한다.
② 인대(Ligament)는 골격근을 뼈에 부착시키는 역할을 한다.
③ 작용근(주동근, Agonist)은 의도한 운동을 발생시키는 근육이다.
④ 팔꿈치관절에서 굽힘근(굴근, Flexor)의 수축은 관절의 각도를 커지게 한다.

해설
① 골격근이 수축하고 이완함으로써 우리 몸은 수의적으로 움직일(듦, 내림, 엎침, 뒤집음, 굽힘, 폄, 비틂, 돌림 등) 수 있다.
② 인대(Ligament)는 뼈와 뼈를 연결한다. 골격근과 뼈를 연결하는 것은 건(힘줄, Tendon)이다.
④ 팔꿈치관절에서 굽힘근(굴근, Flexor)의 수축이 일어난다는 것은 '팔을 굽힌다' 내지 '팔이 굽는다'라는 말과 같다. 따라서 관절의 각도가 작아진다.

18 기저면의 변화를 통해 안정성을 증가시킨 동작으로 옳지 않은 것은?
기출 15·17·18·21·23

① 산에서 내려오며 산악용 스틱을 사용하여 지면을 지지하기
② 씨름에서 상대방이 옆으로 당기자 다리를 좌우로 벌리기
③ 평균대 외발서기 동작에서 양팔을 좌우로 벌리기
④ 스키점프 착지 동작에서 다리를 앞뒤로 교차하여 벌리기

해설
③ 기저면은 인체 또는 물체 등이 지면과 접촉하는 각 점으로 이루어진 전체 면적으로, 양팔을 좌우로 벌리는 동작은 지면과 접촉하지 않으므로 기저면의 변화를 통해 안정성을 증가한 동작이 아니다.

19 역학적 일(Work)과 일률(Power)의 개념을 바르게 설명한 것은?
기출 15·16·17·18·19·21·23

① 일의 단위는 watt 또는 joule/sec이다.
② 일률은 힘과 속도의 곱으로 산출한다.
③ 일률은 이동한 거리를 고려하지 않는다.
④ 일은 가해진 힘의 크기에 반비례한다.

해설
① 일의 단위는 joule과 N·m이다. 일률의 단위가 watt 또는 joule/sec이다.
③ 일률은 일의 양을 단위 시간(1초)으로 나눈 것이다. 일의 양은 힘과 이동거리의 곱으로 나타내기 때문에 이동거리를 고려하지 않을 수 없다. 이를 공식으로 나타내면 아래와 같다.

$$일률(P) = \frac{일의\ 양(W)}{걸린시간(T)} = \frac{힘(F) \times 이동거리(S)}{걸린시간(T)} = 힘(F) \times 속도(v)$$

④ 일은 가해진 힘의 크기에 비례한다.

정답 16 ④ 17 ③ 18 ③ 19 ②

20 운동역학을 스포츠 현장에 적용한 사례로 적절하지 않은 것은? 기출 15·16·17·19·20·21·22·23

① 멀리뛰기에서 도약력 측정을 위한 지면반력 분석
② 다이빙에서 각운동량 산출을 위한 3차원 영상분석
③ 축구에서 운동량 측정을 위한 웨어러블 센서(Wearable Sensor)의 활용
④ 경기장 적응을 위해 가상현실을 활용한 양궁 심상훈련 지원

해설
경기장 적응을 위해 가상현실을 활용한 양궁 심상훈련을 지원하는 것은 스포츠심리학을 스포츠 현장에 적용한 사례이다.

제7과목 스포츠윤리

01 〈보기〉에서 설명하는 법령은?

> 이 법은 국민 모두가 스포츠 및 신체활동에 자유롭고 평등하게 참여하여 건강하고 행복한 삶을 영위할 수 있도록 스포츠의 가치가 교육, 문화, 환경, 인권, 복지, 정치, 경제, 여가 등 우리 사회 영역 전반에 확산될 수 있게 국가와 지방자치단체가 그 역할을 다하며, 개인이 스포츠 활동에서 차별받지 아니하고, 스포츠의 다양성, 자율성과 민주성의 원리가 조화롭게 실현되도록 하는 것을 기본 이념으로 한다.

① 스포츠클럽법
② 스포츠기본법
③ 국민체육진흥법
④ 학교체육진흥법

해설
〈보기〉는 '스포츠기본법의 기본이념(「스포츠기본법」 제2조)'을 인용한 것이다.

02 〈보기〉에서 스포츠에서 발생하는 폭력의 유형과 특징으로 옳은 것만을 모두 고른 것은?

> ㄱ. 직접적 폭력은 가시적, 파괴적이다.
> ㄴ. 직접적 폭력은 상해를 입히려는 의도가 있는 행위이다.
> ㄷ. 구조적 폭력은 비가시적이며 장기간 이루어진다.
> ㄹ. 구조적 폭력은 의도가 노골적이지 않지만 관습처럼 반복된다.
> ㅁ. 문화적 폭력은 언어, 행동양식 등의 상징적 행위를 통해 가해진다.
> ㅂ. 문화적 폭력은 위해를 '옳은 것'이라 정당화하여 '문제가 되지 않게' 만들기도 한다.

① ㄱ, ㄷ, ㅁ
② ㄱ, ㄷ, ㄹ, ㅂ
③ ㄱ, ㄴ, ㄷ, ㄹ, ㅁ
④ ㄱ, ㄴ, ㄷ, ㄹ, ㅁ, ㅂ

해설
스포츠 상황에서의 폭력

유 형	특 징
직접적 폭력	• 상해를 입히려는 의도가 있는 행위 • 가시적이고 파괴적임
구조적 폭력	• 의도가 노골적이지 않지만 관습처럼 반복됨 • 비가시적이며 장기간 이루어짐
문화적 폭력	• 언어, 행동양식 등의 상징적 행위를 통해 가해짐 • 위해를 옳은 것이라 정당화하여 문제가 되지 않게끔 만들기도 함

03 스포츠에서 여성에 대한 차별이 발생하거나 심화되는 원인으로 볼 수 없는 것은? 기출 16·17·20·23

① 생물학적 환원주의
② 남녀의 운동 능력 차이
③ 남성 문화에 기반한 근대스포츠
④ 여성 참정권

해설
여성 참정권의 보장은 성차별이 완화되는 요소 중 하나이다.

정답 20 ④ 01 ② 02 ④ 03 ④

04 〈보기〉에서 (가)의 문제를 해결하기 위해 생명중심주의 입장에서 (나)를 제시한 학자는?

기출 20

> (가)
> 스포츠에서 환경문제가 발생하는 근본 원인은 스포츠의 사회문화적 가치와 환경 혹은 자연의 보전 가치 사이의 충돌이다.
>
> (나)
> - 불침해의 의무 : 다른 생명체에 해를 끼쳐서는 안 된다.
> - 불간섭의 의무 : 생태계에 간섭해서는 안 된다.
> - 신뢰의 의무 : 낚시나 덫처럼 동물을 기만하는 행위를 해서는 안 된다.
> - 보상적 정의의 의무 : 부득이하게 해를 끼친 경우 피해를 보상해야 한다.

① 테일러(P. Taylor)
② 베르크(A. Berque)
③ 콜버그(L. Kohlberg)
④ 패스모어(J. Passmore)

해설
(나)는 테일러의 4가지 의무(불침해·불간섭·신뢰·보상적 정의)이다. 테일러는 자연 내 존재는 스스로 고유한 선을 가질 수 있으나 그것이 반드시 살아 있어야 함을 명시하였다. 즉, 인간 외 동물뿐만 아니라 식물을 비롯한 낮은 단계의 유기체들의 선에 대해서도 관심을 가져야 한다고 주장하였다.

05 〈보기〉의 ㉠~㉢에 들어갈 용어로 바르게 묶인 것은?

기출 15·18·19·20·21·22·23

> - (㉠) : 생물학적, 형태학적 특징에 따라 분류된 인간 집단
> - (㉡) : 특정 종목에 유리하거나 불리한 인종이 실제로 존재한다는 사고 방식
> - (㉢) : 선수의 능력 차이를 특정 인종의 우월이나 열등으로 과장하여 차등을 조장하는 것

	㉠	㉡	㉢
①	인종	인종주의	인종차별
②	인종	인종차별	젠더화 과정
③	젠더	인종주의	인종차별
④	젠더	인종차별	젠더화 과정

해설
인종 · 인종주의 · 인종차별

인종	생물학적, 형태학적 특징에 따라 분류된 인간 집단 예 백인, 황인, 흑인 등
인종주의	인종의 특징에 따라 불평등한 억압을 합리화하는 비과학적인 사고방식 예 흑인이 백인보다 수영과 육상 경기에서 기록이 우세한 것은 사지가 긴 인종적 특성에서 비롯된 것이나, 백인이 흑인보다 그 기록이 우세한 경우에는 노력에 의한 것으로 보는 의견
인종차별	인종 집단에 따라 행동 특성의 차이나 우열이 존재한다는 신념, 또는 이에 기반한 행위 예 2023년 5월 라리가 35R에서의 비니시우스 사건

정답 04 ① 05 ①

06 〈보기〉의 축구 경기 비디오 판독(VAR)에서 심판 B의 판정 견해를 지지하는 윤리 이론에 가장 부합하는 것은?

기출 16·17·18·19·20·22·23

> - 심판 A : 상대 선수가 부상을 입었지만 퇴장은 가혹하다.
> - 심판 B : 그 선수가 충돌을 피할 수 있는 시간은 충분했다. 그러나 그는 피하려 하지 않았다. 따라서 퇴장의 처벌은 당연하다.

① 최대다수의 최대행복
② 의무주의
③ 쾌락주의
④ 좋음은 옳음의 근거

해설
- 상대 선수가 부상을 입었지만 퇴장은 가혹하다는 심판 A의 말은 선수들의 운동행동을 분석할 수 있는 단서가 없기에 어느 윤리 이론이라 단정할 수 없다.
- 선수가 충돌을 피할 수 있었으나 피하지 않은 이유를 퇴장 조치를 받을 만한 부도덕한 목적(행위에 대한 동기)이 있음으로 판단하였기 때문에 심판 B의 말은 윤리 이론 중 옳고 그름을 판단하는 기준이 행위에 대한 동기임을 주장하는 의무론적 윤리체계를 바탕으로 한 것이라 할 수 있다.

07 〈보기〉에 담긴 윤리적 규범과 관련이 없는 것은?

기출 18·19·21·23

> 나는 운동선수로서 경기의 규칙을 숙지하고 준수하여 공정하게 시합을 한다.

① 페어플레이(Fair Play)
② 스포츠딜레마(Sport Dilemma)
③ 스포츠에토스(Sport Ethos)
④ 스포츠퍼슨십(Sportpersonship)

해설
〈보기〉의 내용은 스포츠맨십, 스포츠퍼슨십, 스포츠에토스를 포괄하는 것이다. 스포츠딜레마는 스포츠 상황에서 발생하는 두 선택지 중 어느 하나를 택해야 하는데, 그 어느 쪽을 택해도 바람직하지 못한 결과가 나오게 되는 곤란한 상황을 가리키는 것이므로 제시문과는 무관한 용어이다.

08 〈보기〉의 사례로 나타나는 품성으로 스포츠인에게 권장하지 않는 것은?

> - 경기 규칙의 위반은 옳지 않음을 알면서도 불공정한 파울을 행하기도 한다.
> - 도핑이 그릇된 일이라는 점을 알고 있지만, 기록갱신과 승리를 위해 도핑을 강행한다.

① 테크네(Techne)
② 아크라시아(Akrasia)
③ 에피스테메(Episteme)
④ 프로네시스(Phronesis)

해설
아리스토텔레스는 3가지 지적 덕목을 주장하였으며, 이는 아래와 같이 구성되어 있다.

에피스테메 (Episteme)	과학적 · 기술적 · 전문적 지식 등의 지식
테크네 (Techne)	• 솜씨나 손재주 등의 일반적인 기술부터 의술이나 변증술같이 전문적인 기술까지 총칭하는 말 • 어떠한 대상의 근본적인 원인과 작동 · 작용 원리까지 정확히 알 때에 사용할 수 있음
프로네시스 (Phronesis)	• 도덕적인 앎으로, 지식을 도덕적인 차원에서 다룰 수 있는 수준을 의미함 • 실제, 경험과 연관된 실천적 지혜에 사용할 수 있음

아크라시아(Akrasia)는 '자제하지 못함'이라는 뜻으로, 실천지가 덕성과 불일치할 경우를 이르는 말이다. 카키아(Kakia, 악덕), 테리오테스(Theriotes, 짐승과 같은 품성상태)와 함께 피해야 할 품성들에 속한다.

정답 06 ② 07 ② 08 ②

09 〈보기〉의 내용과 가장 밀접한 것은?
기출 21

- 정정당당하게 경기에 임하라.
- 어떠한 경우에도 최선을 다해라.
- 운동선수는 페어플레이를 해야 한다.

① 모방욕구
② 가언명령
③ 정언명령
④ 배려윤리

해설

정언명령(定言命令)은 어떠한 조건이나 결과와 무관하게 그 행위 자체가 선(善)하므로 절대적이고 의무적으로 행해야 하는(행하도록 정해진) 도덕 법칙을 말한다. 스포츠 참여 시 모든 선수는 페어플레이 원칙에 따라 정정당당하게 경기에 임해야 하므로 〈보기〉의 내용이 스포츠 선수에게 정언명령으로 작용할 수 있다. 한편, 가언명령(假言命令, 조건부 명령)은 어떠한 가설·조건에 달성하기 위한 수단으로서 내리는 명령이다. '동료 선수에게 좋은 대접을 받고 싶으면, 먼저 그 선수에게 좋은 대접을 하라'와 같은 것을 예로 들 수 있다. 가언명령은 정언명령과는 달리 그 목적에 동의하고 수긍하는 사람에게만 의미가 있을 뿐, 모든 이에게 보편타당하지 않다는 특성이 있다.

10 〈보기〉의 내용에 해당하는 윤리적 태도는?
기출 17·18·21

> 나는 경기에 참여할 때마다, 나의 행동 하나하나가 가능한 한 많은 사람이 만족하는 데 기여할 수 있도록 노력한다.

① 행위 공리주의
② 규칙 공리주의
③ 제도적 공리주의
④ 직관적 공리주의

해설

행위 공리주의는 개별적 행위가 최대의 유용성을 낳는가에 초점을 두는 관점이다. 〈보기〉의 '나'는 경기에 참여 시 행동(개별 행위) 하나하나가 가능한 한 많은 사람이 만족(최대의 유용성)하는 데에 기여토록 노력하므로 행위 공리주의적 태도를 취함을 알 수 있다.

11 〈보기〉의 설명에 해당하는 스포츠에서의 정의(Justice)는?
기출 17·20·22

> 정의는 공정과 준법을 요구한다. 모든 선수에게 동등한 기회를 보장해야 한다는 공정의 원칙은 지켜지지 않을 때가 있다. 스포츠에서는 완전한 통제가 어려운 불평등을 줄이기 위해 공수교대, 전후반 진영 교체, 홈·원정 경기, 출발 위치 제비뽑기 등을 한다.

① 자연적 정의
② 평균적 정의
③ 분배적 정의
④ 절차적 정의

해설

〈보기〉에서는 모든 선수에게 동등한 기회를 보장하기 위해 공수교대, 전후반 진영 교체 등과 같은 절차적 공정성을 강조하고 있다. 이는 분배의 원칙을 합의해 나가는 절차에서 공정성을 실천하는 절차적 정의에 부합하는 설명이다.

12 〈보기〉의 ㉠~㉢에 해당하는 용어가 바르게 제시된 것은?
기출 19·21

> 공자의 사상은 (㉠)(으)로 설명할 수 있다. (㉡)은/는 마음이 중심을 잡아 한쪽으로 치우치지 않는 상태를 의미하고, (㉢)은/는 나와 타인의 마음이 서로 다르지 않다는 뜻으로 배려와 관용을 나타낸다. 공자는 (㉢)에 대해 "내가 원하지 않는 일을 남에게 하지 말라(己所不欲 勿施於人)"는 정언명령으로 규정한다. 이는 스포츠맨십과 상통한다.

	㉠	㉡	㉢
①	충효(忠孝)	충(忠)	효(孝)
②	정의(正義)	정(正)	의(義)
③	정명(正名)	정(正)	명(名)
④	충서(忠恕)	충(忠)	서(恕)

해설

공자의 도덕론, 충(忠)과 서(恕)

충(忠)	• 자신의 양심(도덕적 기준)에 충실한 것 • 마음(心)이 중심(中)을 잡아 한쪽으로 치우치지 않는 상태
서(恕)	• 충을 바탕으로 다른 사람의 마음을 헤아리는 것(배려와 관용) • 나와 타인의 마음(心)이 서로 다르지 않음(如)

정답 09 ③ 10 ① 11 ④ 12 ④

13 〈보기〉의 주장과 가장 밀접한 관련이 있는 것은?
기출 17·18·21

> 스포츠 경기에서 승자의 만족도는 '1'이고, 패자의 만족도는 '0'이라고 말하는 사람이 있다. 그러나 스포츠 경기에서 양자의 만족도 합은 '0'에 가까울 수 있고, '2'에 가까울 수도 있다. 승자와 패자의 만족도가 각각 '1'에 가까울 수 있기 때문이다.

① 칸트
② 정언명령
③ 공정시합
④ 공리주의

해설
〈보기〉의 내용은 승자와 패자의 만족도는 항상 1과 0으로 정해진 값은 아니며, 공리주의적 관점에서 바라봤을 때 패자여도 결과적으로 다수가 행복하다고 생각한다면 만족도는 1이 될 수 있다고 해석할 수 있다. 이와 더불어 칸트의 의무론적 윤리설에 따르면, 의무적 성격을 띤 정언명령은 공정경쟁을 꾀하는 스포츠에서 중요한 윤리요소이기 때문에 스포츠 경기의 내용을 다룬 〈보기〉와 일치한다고 볼 수 있다.

※ 출제오류로 최종정답에서 전항 정답 처리되었다.

14 〈보기〉의 설명에 해당하는 반칙의 유형은? 기출 21

> - 동기, 목표가 뚜렷하다.
> - 스포츠의 본질적인 성격을 부정하는 의미로 해설할 수 있다.
> - 실격, 몰수패, 출전 정지, 영구 제명 등의 처벌이 따른다.

① 의도적 구성 반칙
② 비의도적 구성 반칙
③ 의도적 규제 반칙
④ 비의도적 규제 반칙

해설
반칙의 유형

구 분		스포츠의 본질적인 성격	
		해 침	해지지 않음
반칙의 동기와 목표	분명	의도적 구성 반칙	의도적 규제 반칙
	불분명	비의도적(무지적) 구성 반칙	비의도적(무지적) 규제 반칙

15 〈보기〉의 대화에서 '윤성'의 윤리적 관점은?
기출 17·18

> 진서 : 나 어젯밤에 투우 중계방송 봤는데, 스페인에서 엄청 인기더라구! 그런데 동물을 인간 오락의 대상으로 삼는 것은 윤리적으로 허용될 수 없는 거 아니야?
> 윤성 : 난 다르게 생각해! 스포츠 활동은 인간의 이상을 추구하기 위한 것이고, 그 이상의 실현을 위해 동물은 수단으로 활용될 수 있는 거 아닐까? 승마의 경우 인간과 말이 훈련을 통해 기량을 향상시키고 결국 사람 간의 경쟁에 동물을 도구로 활용한다고 볼 수 있잖아.

① 동물해방론
② 동물권리론
③ 종차별주의
④ 종평등주의

해설
〈보기〉의 대화를 미루어보아 윤성은 스포츠 현장에서 동물의 도구화를 찬성하는 입장, 진서는 스포츠 현장에서 동물의 도구화를 반대하는 입장을 견지함을 알 수 있다. 이를 윤리학적으로 각각 종차별주의와 종평등주의로 표현할 수 있다.

16 〈보기〉의 사례에서 나타나는 윤리적 태도와 가장 밀접한 관련이 있는 것은?
기출 17·18·19·23

> 선수는 윤리적 갈등을 겪을 때면, 우리 사회에서 오랫동안 본보기가 되어온 위인들을 떠올린다. 그리고 그 위인들처럼 행동하려고 노력한다.

① 매킨타이어(A. MacIntyre)
② 의무주의(Deontology)
③ 쾌락주의(Hedonism)
④ 메타윤리(Metaethics)

해설
〈보기〉의 내용은 훌륭한 수준에 이른 위인처럼 행동하고자 노력하는 것으로 덕윤리에 해당하는 것이며 덕윤리 학자인 매킨타이어와 밀접한 연관이 있다. 매킨타이어는 개인의 내적 품성과 관련된 도덕성을 강조하였다.

13 전항 정답 14 ① 15 ③ 16 ①

17 스포츠윤리의 특징으로 적절하지 않은 것은?

기출 18·19·20·21·23

① 스포츠 경쟁의 윤리적 기준이다.
② 올바른 스포츠 경기의 방향이 된다.
③ 보편적 윤리로는 다룰 수 없는 독자성이 있다.
④ 스포츠인의 행위, 실천의 기준이다.

해설
스포츠윤리의 목적에는 일반 윤리학이 제시한 윤리적 원리와 덕목을 고찰하는 것도 포함되기 때문에 보편적인 윤리로 다룰 수 없는 독자성이 있다고 보기는 어렵다.

18 〈보기〉에서 학생운동선수의 학습권 보호와 관련된 것으로 옳은 것만 모두 고른 것은?

기출 15·16·18·22

ㄱ. 최저 학력 제도
ㄴ. 리그 승강 제도
ㄷ. 주말 리그 제도
ㄹ. 학사 관리 지원 제도

① ㄱ, ㄴ, ㄷ
② ㄱ, ㄴ, ㄹ
③ ㄱ, ㄷ, ㄹ
④ ㄴ, ㄷ, ㄹ

해설
리그 승강 제도는 스포츠 리그에서 팀들을 실력 단위로 상위 리그와 하위 리그로 분할해 놓고, 시즌 결과에 따라 일정한 수의 리그의 위치를 맞바꾸는 것이다. 팀 창단이 계속됨에 따라 경기 개최 일정이 리그의 수를 수용할 수 없고, 창단된 리그도 경기력의 수준을 유지할 수 없기 때문에 발생한 제도이다. 해당 제도는 학생운동선수의 학습권 보호보다는 선수들의 경기력 및 체력 보호와 관련이 있는 제도이다.

19 〈보기〉의 주장에 나타난 윤리적 관점은?

기출 20

스포츠 행위의 도덕적 가치는 사회에 따라, 또는 사람에 따라 다를 수 있다. 물론 도덕적 준거가 없는 것은 아니다.

① 윤리적 절대주의
② 윤리적 회의주의
③ 윤리적 상대주의
④ 윤리적 객관주의

해설
스포츠 행위의 도덕적 가치는 절대적인 것이 아니라 사람에 따라 달라질 수 있음을 시사하는 윤리적 상대주의에 대한 설명이다.

20 〈보기〉의 대화에서 논란이 되고 있는 도핑의 종류는?

기출 23

지원 : 스포츠 뉴스 봤어? 케냐의 마라톤 선수 킵초게가 1시간 59분 40초의 기록을 세웠대!
사영 : 우와! 2시간의 벽이 드디어 깨졌네요! 인간의 한계는 끝이 없나요?
성현 : 그런데 이번 기록은 특수 제작된 신발을 신고 달렸으니 킵초게 선수의 능력만으로 달성했다고 볼 수 없는 거 아니야? 스포츠에 과학기술의 도입은 필요하지만 이러다가 스포츠에서 탁월성의 근거가 인간에서 기술로 넘어가는 거 아니야?
혜름 : 맞아! 수영의 전신 수영복, 야구의 압축 배트가 금지된 사례도 있잖아!

① 약물도핑(Drug Doping)
② 기술도핑(Technology Doping)
③ 브레인도핑(Brain Doping)
④ 유전자도핑(Gene Doping)

해설
기술도핑은 약물이 아닌 장비나 도구로 경기력 향상을 꾀하여 공정한 경쟁을 방해하는 도핑이다. 그 예로 킵초게의 특수제작 신발이나, 수영의 전신 수영복, 야구의 압축 배트 등이 있다.

정답 17 ③ 18 ③ 19 ③ 20 ②

CHAPTER 02

2급(전문·생활)+장애인+유소년+노인 스포츠지도사

2023년 선택과목 기출문제

제1과목 스포츠사회학

01 〈보기〉에서 스포츠의 교육적 순기능으로만 묶인 것은?

기출 15·17·20·22

> ㉠ 학교와 지역사회의 통합
> ㉡ 평생체육의 연계
> ㉢ 스포츠의 상업화
> ㉣ 학업활동의 격려
> ㉤ 참여기회의 제한
> ㉥ 승리지상주의

① ㉠, ㉡, ㉣
② ㉠, ㉢, ㉤
③ ㉡, ㉢, ㉣
④ ㉡, ㉤, ㉥

해설

스포츠의 교육적 순기능

㉠·㉡·㉣ 스포츠의 교육적 순기능으로 각각 사회통합, 사회선도, 전인교육에 해당한다.

02 〈보기〉에서 코클리(J. Coakley)의 상업주의에 따른 스포츠의 변화에 관한 설명으로 옳은 것을 모두 고른 것은?

기출 15·17·18·19·21·22·24

> ㉠ 스포츠 조직의 변화 : 스포츠 조직은 경품 추첨, 연예인의 시구와 같은 의전행사에 관심을 갖게 되었다.
> ㉡ 스포츠 구조의 변화 : 스포츠의 심미적 가치보다 영웅적 가치를 중시하게 되었다.
> ㉢ 스포츠 목적의 변화 : 아마추어리즘보다 흥행에 입각한 프로페셔널리즘을 추구하게 되었다.
> ㉣ 스포츠 내용의 변화 : 프로 농구의 경우, 전·후반제에서 쿼터제로 변경되었다.

① ㉠, ㉡
② ㉠, ㉢
③ ㉡, ㉢, ㉣
④ ㉠, ㉢, ㉣

해설

상업주의에 따른 스포츠의 변화

㉡ 스포츠의 심미적 가치보다 영웅적 가치를 중시하는 것은 스포츠 내용의 변화에 해당한다.
㉣ 전·후반제에서 쿼터제로 변경하는 것과 같이 경기의 방식 또는 구성을 변경하는 것은 스포츠 구조의 변화에 해당한다.

정답 01 ① 02 ②

03 〈보기〉에서 설명하는 스포츠 세계화의 원인은?

기출 16·19·21·22

'코먼웰스 게임(Commonwealth Games)'은 영연방 국가들이 참가하는 스포츠 메가 이벤트로, 영연방국가의 통합에 기여하는 측면이 있다. 영국의 스포츠로 알려진 크리켓과 럭비는 대부분 영국의 식민지였던 영연방국가에서 인기가 있다.

① 제국주의
② 민족주의
③ 다문화주의
④ 문화적 상대주의

해설

스포츠 세계화 : 제국주의
〈보기〉는 영국이 식민 지배를 강화하기 위해 크리켓과 럭비를 활용한 사례이다. 이는 스포츠 세계화의 원인 중에서 제국주의의 한 사례이다. 과거 영국과 같은 제국주의 국가들은 자국 식민지의 국민을 자국민으로 동화시키기 위해 스포츠를 이용했다. 이러한 접근은 스포츠의 세계화에도 영향을 미쳤다. 오늘날에도 영연방 국가에서 크리켓과 럭비가 여전히 인기를 누리는 것은 바로 이러한 제국주의의 영향이라고 볼 수 있다.

04 〈보기〉에 해당하는 케년(G. Kenyon)의 스포츠 참가유형은?

기출 17

- 특정 선수의 사인 볼 수집
- 특정 스포츠 관련 SNS 활동
- 특정 스포츠 물품에 대한 애착

① 일탈적 참가
② 행동적 참가
③ 정의적 참가
④ 인지적 참가

해설

케년의 스포츠 참가유형
- 행동적 참가 : 선수로서 경기에 직접 참가(1차적 참가), 코치·심판·방송원·팬(fan) 등으로 경기에 참가(2차적 참가) (②)
- 정의적 참가 : 특정 선수나 팀에 대해 감성적 성향을 표출하는 간접적 참가 (③)
- 인지적 참가 : 공공기관이나 미디어를 통해 스포츠 관련 정보 수용 (④)
- 일탈적 참가 : 직업을 등한시하고 대부분의 시간을 스포츠 참가에 할애(1차적 일탈), 경기 결과에 금전을 걸고 스포츠를 관람(2차적 일탈 : 도박, 탐닉)

※ 출제오류로 복수 정답 처리되었다.

정답 03 ① 04 ②·③·④

05 〈보기〉의 ㉠, ㉡에 해당하는 거트만(A. Guttmann)의 근대 스포츠 특징은?
기출 16

- (㉠) : 국제스포츠조직은 규칙의 제정, 대회의 운영, 종목 진흥 등의 역할을 담당한다.
- (㉡) : 투수라는 같은 포지션 내에서도 선발, 중간, 마무리 등으로 구분된다.

	㉠	㉡
①	관료화	평등성
②	합리화	평등성
③	관료화	전문화
④	합리화	전문화

해설

근대 스포츠의 특징(A. Guttmann)
- 관료화 : 규칙을 정하고 경기를 조직적으로 운영한다. (㉠)
- 전문화 : 포지션 분화와 리그의 세분화를 촉진한다. (㉡)
- 세속화 : 경제적·사회적 가치와 같은 세속적 관심의 충족을 추구한다.
- 평등화(평등성) : 참가 대상, 게임 규칙, 경쟁 조건의 측면에서 평등함을 추구한다.
- 합리화 : 규칙·전략과 같은 합리적인 수단으로 구성된다.
- 수량화(계량화) : 시간, 기록, 거리 등 경기에 수반되는 모든 것을 측정할 수 있는 수치로 표현한다.
- 기록화 : 기록을 수립하고 경신하는 것을 추구한다.

06 스나이더(E. Snyder)가 제시한 스포츠사회화의 전이 조건이 아닌 것은?
기출 17

① 참가의 가치
② 참가의 정도
③ 참가의 자발성 여부
④ 사회화 주관자의 위신과 위력

해설

스포츠사회화의 전이 조건(E. Snyder)
- 참가의 정도
- 참가의 자발성
- 사회화 주관자의 위신
- 사회화 관계의 본질성
- 참가자의 개인적·사회적 특성
- 스포츠 조직 내 사회적 관계

07 〈보기〉는 버렐(S. Birrell)과 로이(J. Loy)의 스포츠 미디어를 통해 충족할 수 있는 욕구에 관한 설명이다. ㉠~㉢에 해당하는 용어가 바르게 연결된 것은?
기출 19·21·22

- (㉠) 욕구 – 스포츠 경기의 결과, 선수와 팀에 대한 통계적 지식을 제공해 준다.
- (㉡) 욕구 – 스포츠에 대한 흥미와 흥분을 제공해 준다.
- (㉢) 욕구 – 다른 사회집단과 경험을 공유하게 하며 공동체 의식을 갖게 한다.

	㉠	㉡	㉢
①	정의적	인지적	통합적
②	인지적	통합적	정의적
③	정의적	통합적	인지적
④	인지적	정의적	통합적

해설

㉠ 인지적 욕구 : 경기의 결과, 선수와 팀에 대한 통계적 지식과 같이 스포츠에 대한 정보와 지식을 제공하는 욕구이다.
㉡ 정의적 욕구 : 스포츠에서 느낄 수 있는 재미와 흥분을 통해 각성적 기능을 제공하는 욕구이다.
㉢ 통합적 욕구 : 스포츠를 매개로 해 타인 및 사회집단과 경험을 공유하며, 친밀감을 형성케 하는 욕구이다.

스포츠 미디어를 통해 충족할 수 있는 욕구 유형(S. Birrell & J. Loy)
버렐과 로이가 제시한 스포츠 미디어를 통해 충족할 수 있는 욕구 유형에는 위의 세 가지 말고도 '도피적 욕구'가 있다. 스포츠를 통해 불안, 우울, 초조, 욕구불만, 좌절 등의 부정적인 감정을 해소해 주는 기능을 제공한다.

08 〈보기〉의 ㉠, ㉡에 해당하는 용어가 바르게 연결된 것은?

기출 15·16·17·18·19·20·22

- (㉠) – 국민의 관심이 높은 스포츠 경기를 무료 혹은 저렴한 비용으로 시청할 수 있는 권리를 말한다.
- (㉡) – 선수 개인의 사생활을 중심으로 대중을 자극하고 호기심에 호소하는 흥미 위주의 스포츠 관련 보도를 지칭한다.

	㉠	㉡
①	독점 중계권	뉴 저널리즘 (New Journalism)
②	보편적 접근권	옐로 저널리즘 (Yellow Journalism)
③	독점 중계권	옐로 저널리즘 (Yellow Journalism)
④	보편적 접근권	뉴 저널리즘 (New Journalism)

해설

스포츠미디어 이론, 스포츠 저널리즘
- 보편적 접근권 : 정보를 누구나 평등하게 누릴 수 있는 환경을 제공하는 것이다. (㉠)
- 독점 중계권 : 스포츠 경기에 대한 방송권을 한 방송사에서 독점하는 것이다.
- 옐로 저널리즘(황색 언론) : 상업적인 목적으로 선수의 사생활과 같은 흥미 위주의 보도를 하는 저널리즘의 양식이다. (㉡)
- 뉴 저널리즘 : 전통적인 저널리즘의 객관성과 단편성을 거부하고, 언론사의 의견을 더하거나 심층적이고 해설적인 보도를 추구하는 저널리즘의 양식이다.

09 〈보기〉에서 설명하는 프로스포츠의 제도는?

기출 19·22

- 프로스포츠 구단이 소속 선수와의 계약을 해지하고 다른 구단에게 해당 선수를 양도받을 의향이 있는지 공개적으로 묻는 제도이다.
- 기량이 떨어지거나 심각한 부상을 당한 선수를 방출하는 수단으로 이용하고 있다.

① 보류 조항(Reserve Clause)
② 웨이버 조항(Waiver Rule)
③ 선수대리인(Agent)
④ 자유계약(Free Agent)

해설

웨이버 조항(웨이버 공시)
프로스포츠 구단이 소속 선수와 계약을 일방적으로 해지하고, 다른 구단에 해당 선수를 양도받을 의향이 있는지 공개적으로 통보하는 제도이다.

정답 08 ② 09 ②

10 스포츠일탈의 순기능에 관한 사례로 적절하지 않은 것은? 기출 19·21·22

① 승부조작 사례를 보고 많은 선수들이 경각심을 갖는다.
② 아이스하키 경기에서 허용된 주먹다짐은 잠재된 공격성을 해소시켜 준다.
③ 스포츠에서 선수들의 약물복용이 지속되면 경기의 공정성이 훼손된다.
④ 높이뛰기에서 배면뛰기 기술의 창안은 기록 경신에 기여하고 있다.

해설
선수들의 도핑으로 인해 경기에서의 공정성이 훼손되는 것은 스포츠일탈의 역기능에 해당하는 사례이다.

스포츠일탈의 기능
- 스포츠일탈의 순기능
  - 규범을 재확인함으로써 규범에 대한 동조를 강화한다. (①)
  - 사회적 안전판의 역할을 수행한다. (②)
  - 사회적 개혁의 계기를 제공한다.
  - 스포츠 상황에 창의성을 부여해 변화의 기회를 제공한다. (④)
- 스포츠일탈의 역기능
  - 사회적 긴장을 초래한다.
  - 스포츠 참가자의 사회화에 부정적 영향을 끼친다.
  - 스포츠 체계의 질서(스포츠맨십, 공정성 등)를 위협한다. (③)
  - 부정적 행동에 대한 가치를 내면화한다.

11 〈보기〉는 스트렝크(A. Strenk)가 제시한 국제정치에서 스포츠의 기능에 관한 설명이다. ㉠~㉢에 해당하는 내용이 바르게 연결된 것은? 기출 15·18·19·20·22·24

- (㉠) – 2002년 한일월드컵 4강 진출로 대한민국이 축구 강국으로 인식
- (㉡) – 1980년 모스크바올림픽에서 서방 국가들의 보이콧 선언
- (㉢) – 1936년 베를린올림픽에서 나치즘의 정당성과 우월성 과시

	㉠	㉡	㉢
①	외교적 도구	정치이념 선전	국위선양
②	국위선양	외교적 항의	정치이념 선전
③	국위선양	외교적 도구	외교적 항의
④	외교적 도구	외교적 항의	정치이념 선전

해설
스포츠의 정치적 기능
㉠ 월드컵 4강 진출로 대한민국기 축구 강국으로 인식된 것은 스포츠가 국위 선양의 수단으로 기능한 사례이다.
㉡ 구소련의 아프가니스탄 침공을 문제 삼아 서방 국가들이 모스크바 올림픽을 보이콧 선언한 것은 스포츠가 외교적 항의 수단으로 기능한 사례이다.
㉢ 베를린 올림픽에서 스포츠를 나치즘의 정당성과 우월성을 과시하기 위한 수단으로 이용한 것은 스포츠가 정치이념 선전의 수단으로 기능한 사례이다.

12 〈보기〉에서 설명하는 부르디외(P. Bourdieu)의 문화자본 유형은?

기출 17·19

- 테니스의 경기 기술뿐만 아니라 경기 매너도 습득하게 된다.
- 스포츠 활동처럼 몸으로 체득하게 되는 성향을 의미한다.
- 획득하는 데 시간이 오래 걸리고, 타인에게 양도나 전이, 교환이 어렵다.

① 체화된(Embodied) 문화자본
② 객체화된(Objectified) 문화자본
③ 제도화된(Institutionalized) 문화자본
④ 주체화된(Subjectified) 문화자본

해설

〈보기〉의 설명과 같이 체득과 체화, 개인의 특성의 키워드로 설명할 수 있는 것은 체화된 문화자본이다. 체화된 문화자본은 말 그대로 '체화(몸에 배어서 자기 것이 됨)'되어서 타인에게 양도 및 전이될 수 없고, 타인과 교환하기 어렵다.

문화자본론(P. Bourdieu)

부르디외는 문화자본을 체화된 문화자본, 객체화된 문화자본, 제도화된 문화자본의 세 가지 유형으로 구분했다.

13 〈보기〉에서 투민(M. Tumin)이 제시한 스포츠계층의 특성 중 보편성(편재성)에 해당하는 것으로만 묶인 것은?

기출 18·20·21·22

㉠ 스포츠는 인기 종목과 비인기 종목으로 구분된다.
㉡ 과거에 비해 운동선수들의 지위가 향상되고 있다.
㉢ 종합격투기는 체급에 따라 대전료와 중계권료 등에 차등이 있다.
㉣ 계층에 따라 스포츠 참여 빈도, 유형, 종목이 달라지며, 이러한 차이는 개인의 삶에 영향을 미친다.

① ㉠, ㉡
② ㉠, ㉢
③ ㉡, ㉣
④ ㉢, ㉣

해설

스포츠 계층의 특성

- 보편성(편재성): 스포츠계층은 장소와 시간을 불문하고 존재하며, 종목 간이나 종목 내에서도 나타남 (㉠·㉢)
- 역사성 : 스포츠계층은 역사발전 과정을 거치며 변천해 왔음 (㉡)
- 영향성 : 스포츠계층은 생활기회와 생활양식의 변화에 영향을 미침 (㉣)
- 사회성 : 스포츠계층은 다양한 사회문화적 현상을 반영함
- 다양성 : 스포츠계층은 소득, 교육, 직업 등 다양한 기준으로 나뉨

정답 12 ① 13 ②

14 〈보기〉의 밑줄 친 ㉠, ㉡을 설명하는 집합행동 이론이 바르게 연결된 것은? 기출 20·21

> 이 코치 : 어제 축구 봤어? 경기 도중 관중폭력이 발생했잖아.
> 김 코치 : ㉠ 나는 그 경기를 경기장에서 직접 봤는데 관중들의 야유 소리가 점점 커지면서 관중폭력이 일어났어.
> 이 코치 : ㉡ 맞아! 그 경기 이전에 이미 관중의 인종차별 사건이 있었잖아. 만약 인종차별이 먼저 발생하지 않았다면, 어제 경기에서 그런 관중폭력은 없었을 거야.

	㉠	㉡
①	전염 이론	규범생성 이론
②	수렴 이론	부가가치 이론
③	전염 이론	부가가치 이론
④	수렴 이론	규범생성 이론

해설

관중폭력을 설명하는 이론
- 전염 이론 : 특정 관중들의 행동에 전체 관중이 동조·전염되어 집단 폭력이 일어난다는 이론이다. (㉠)
- 부가가치 이론 : 인종차별 사건에 부정적인 가치가 부가되어 집단적 폭력행위로 이어진다는 이론이다. (㉡)
- 수렴 이론 : 군중 속 개인의 잠재적 본성(폭력성)이 익명성을 바탕으로 표출된다는 이론이다.
- 규범생성 이론 : 군중의 폭력 행위에 동조하지 않고 군중 속의 개인이 이성적으로 판단하여 행동할 수 있다는 이론이다.

15 메기(J. Magee)와 서덴(J. Sugden)이 제시한 스포츠 노동이주의 유형에 관한 설명 중 적절하지 않은 것은? 기출 21

① 개척자형 : 스포츠 보급을 통해 금전적 보상을 추구하는 유형
② 정착민형 : 영구적으로 정착할 수 있는 곳을 찾는 유형
③ 귀향민형 : 해외에서의 스포츠 경험을 바탕으로 자국으로 복귀하는 유형
④ 유목민형 : 개인의 취향대로 흥미로운 장소를 돌아다니면서 스포츠에 참여하는 유형

해설

개척자형은 새로운 스포츠 기회를 찾아 미개발 지역으로 이주하는 유형이다.

스포츠 노동이주의 유형 : 개척자형
개척자형(야망가형)은 지도자 자신이 보유한 스포츠 기술과 특정 종목을 외국에 보급하거나 타 국가 출신 선수의 수행 능력을 향상하는 것에 이주의 목적을 두는데, 이 유형은 타 유형과 달리 지도자 개인과 해당 국가 간에 우호적인 관계를 형성하는 것이 특징이다.

14 ③ 15 ① **정답**

16 ⟨보기⟩는 코클리(J. Coakley)가 제시한 스포츠일탈에 관한 설명이다. ㉠, ㉡에 해당하는 용어가 바르게 연결된 것은?   기출 19·21·22·24

> - (㉠)에 따르면 스포츠일탈이 용인되는 범위는 사회적으로 타협하는 과정을 통해 구성된다.
> - (㉡)는 과훈련(Over-training), 부상 투혼 등을 거부감 없이 무비판적으로 수용하는 것이다.

	㉠	㉡
①	상대론적 접근	과소동조
②	절대론적 접근	과잉동조
③	절대론적 접근	과소동조
④	상대론적 접근	과잉동조

해설

코클리(J. Coakley)의 스포츠일탈
- 상대론적 접근 : 특정 행위가 사회구조에서 바라보는 인간관계의 상호작용을 기반으로 일탈의 범위가 결정되는 것을 말하며, 이를 통해 과잉동조를 설명할 수 있다. 상대론적 접근에 따르면 스포츠일탈은 개인의 윤리적 문제가 아닌 사회 구조적인 문제이다. (㉠)
- 절대론적 접근 : 사회규범은 불변한다는 주장에 근거하여 사회가 요구하는 절대적 기준에서 벗어나는 것을 일탈로 보는 것이다. 개인의 특정 행동이 일탈이냐 아니냐 하는 것은 사회적으로 보편타당한, 절대 불변한 가치 체계·규범에 따라 판단되는 것이다. 코클리는 개인의 특정 행동이 이러한 사회규범에 어긋난다면, 개인의 일탈행동에 해당된다고 본다.
- 과잉동조 : 집단에서 만들어진 규범, 관습, 목표에 무비판적으로 동조하는 행위이다. (㉡)
- 과소동조 : 집단에서 만들어진 규범, 관습, 목표를 무시·거부하는 행위이다.

17 스포츠사회화를 이해하기 위한 사회학습 이론의 관점으로 적절하지 않은 것은?   기출 17·19·21·22·24

① 상과 벌을 통해 행동이 변화한다.
② 다른 사람의 행동을 관찰하여 모방이 일어난다.
③ 사회화 주관자의 가르침을 통해 행동이 변화한다.
④ 개인은 자신이 처해있는 상황을 스스로 학습하고 변화한다.

해설

역할 이론에 관한 설명이다. 역할 이론은 개인이 처한 환경에 스스로를 맞추기 위해 변화하는 과정에서 사회화가 이루어짐을 강조한다.

사회학습 이론(W. Leonard II)
사회학습 이론은 개인이 사회적 행동을 습득하고 수행하는 방법을 분석하고 규명하는 이론으로, 강화·코칭·관찰학습으로 사회화가 이루어진다고 본다.

18 ⟨보기⟩에서 설명하는 스포츠의 정치적 속성은?   기출 20·21·24

> 에티즌(D. Eitzen)과 세이지(G. Sage)에 의하면 다양한 팀, 리그, 선수 단체 및 행정 기구는 각각의 특성에 따라 불평등하게 배분된 자원과 권한을 갖게 되고, 더 많은 권한을 갖기 위해 대립적 갈등을 겪게 된다.

① 보수성
② 긴장 관계
③ 권력투쟁
④ 상호의존성

해설

스포츠의 정치적 속성 : 권력투쟁
스포츠 조직 내에서 불평등하게 배분된 자원과 권한 때문에 더 많은 권한과 자원을 차지하기 위해 대립과 갈등을 겪는 것을 권력투쟁이라고 한다.

정답 16 ④ 17 ④ 18 ③

19 〈보기〉에서 설명하는 맥퍼슨(B. McPherson)의 스포츠미디어 이론은? 기출 19·21·22

> - 대중매체를 통한 개인의 스포츠 소비 형태는 중요타자의 가치와 소비행동에 의해 영향을 받는다.
> - 스포츠 수용자 역할로의 사회화는 스포츠에 참여하는 가족 구성원으로부터 받은 스포츠 소비에 대한 승인 정도가 중요하게 작용한다.

① 개인차 이론
② 사회범주 이론
③ 문화규범 이론
④ 사회관계 이론

해설
사회관계 이론(B. McPherson)
사회관계 이론은 대중매체를 통한 개인의 스포츠 소비 형태가 중요타자의 가치관과 행동에 의해 다양하게 영향을 받는다는 이론이다. 가족, 친구, 동료 등과 같은 비공식적 사회관계는 개인이 대중매체의 메시지에 대해 반응하는 태도를 수정하게 하는 중요한 역할을 한다.

20 〈보기〉에서 설명하는 스포츠사회학 이론은? 기출 17·19·20·21·22

> - 일상에서 특정 물건을 소비하는 것은 자신의 계급 위치를 상징화하는 행위이다.
> - 자원과 시간의 소비가 요구되는 스포츠에 참여하는 것은 계급 표식 행위이다.
> - 고가의 스포츠 용품, 골프 회원권 등의 과시적 소비 양상이 나타난다.

① 갈등 이론
② 구조기능 이론
③ 비판 이론
④ 상징적 상호작용론

해설
유한계급론(T. Veblen)
〈보기〉에서 설명하는 스포츠사회학 이론은 베블런의 유한계급론이다. 유한계급(有閑階級, Leisure Class)은 생산 활동에 무관심하고 과시적인 소비를 하는 계층을 말한다. 베블런은 유한계급이 그들의 사회적 지위를 유지하고 과시하기 위해 과시적인 소비를 하지만 이것이 생산성 향상이나 사회 발전에 기여하지는 않는다고 주장했다.
※ 유한계급론에 대한 문제로 전항 정답 처리되었다.

제2과목 스포츠교육학

01 〈보기〉에서 설명하는 스포츠 교육 평가의 신뢰도 검사 방법은? 기출 15·16·17·19·22

> - 동일한 검사에 대해 시간 차이를 두고 2회 측정해서 측정값을 비교해 차이가 작으면 신뢰도가 높고, 크면 신뢰도가 낮은 것으로 판단한다.
> - 첫 번째와 두 번째 측정 사이의 시간 차이가 너무 길거나 짧으면 신뢰도가 낮게 나올 수 있다.

① 검사-재검사
② 동형 검사
③ 반분 신뢰도 검사
④ 내적 일관성 검사

해설
검사-재검사
검사-재검사 방법은 동일한 검사를 같은 집단에 두 번 실시하여 두 검사 간의 결과값을 바탕으로 신뢰도를 측정하는 방법이다. 검사 과정에서 첫 번째 검사와 두 번째 검사의 시간적 간격이 너무 길거나 짧으면 신뢰도가 낮게 측정될 수 있다.

19 ④ 20 전항 정답 01 ①

02 〈보기〉의 수업 장면에서 활용한 모스턴(M. Mosston)의 교수 스타일에 관한 설명으로 적절하지 않은 것은?

기출 16·18·19·20·21·22

신체활동	축구
학습목표	인프런트킥으로 상대방 수비수를 넘겨 동료에게 패스할 수 있다.

수업 장면
지도자 : 네 앞에 상대방 수비수가 있을 때, 수비수를 넘겨 동료에게 패스하려면 어떻게 공을 차야 할까? 학습자 : 상대방 수비수를 넘길 수 있을 정도의 높이로 공을 띄워야 해요. 지도자 : 그럼, 발의 어느 부분으로 공의 밑부분을 차면 수비수를 넘길 수 있을까? 학습자 : 발등과 발 안쪽의 중간 지점이요. (손가락으로 엄지발가락을 가리킨다) 지도자 : 좋은 대답이야. 그럼, 우리 한 번 상대방 수비수를 넘기는 킥을 연습해 볼까?

① 지도자는 논리적이며 계열적인 질문을 설계해야 한다.
② 지도자는 질문에 대한 학습자의 해답을 검토하고 확인한다.
③ 지도자는 학습자에게 예정된 해답을 즉시 알려준다.
④ 지도자는 학습자와 지속적으로 상호작용하며 의사결정을 한다.

해설
지도자는 학습자에게 해답을 즉시 알려주기보다는 학습자가 수업 내용에 대해 호기심이 생기게 하고 답변을 준비하는 데 추리력을 활용케 하기 위해 탐구 시간을 제공한다.

모스턴(M. Mosston)의 교수 스타일 : 수렴발견형 교수 스타일
〈보기〉에서 활용한 모스턴의 교수 스타일은 수렴발견형이다. 수렴발견형이 적용된 수업에서 지도자는 교과 내용을 결정하고 질문을 계획하여 학습자에게 예정된 해답을 발견하게 하고, 이와 같은 수렴적 과정을 통해 학습자는 지식을 깨치게 된다.

03 로젠샤인(B. Rosenshine)과 퍼스트(N. Furst)가 제시한 학습성취와 관련된 지도자 변인에 해당하지 않는 것은?

① 지도자의 경력
② 명확한 과제 제시
③ 지도자의 열의
④ 프로그램의 다양화

해설
학습성취와 관련된 지도자 변인(B. Rosenshine & N. Furst)
• 명확한 과제 제시 (②)
• 프로그램의 다양화 (④)
• 과제지향적·능률적 지도행동
• 지도자의 열의 (③)
• 프로그램 내용의 적절성

04 링크(J. Rink)가 제시한 교수 전략(Teaching Strategy) 중 한 명의 지도자가 수업에서 공간을 나누어 두 가지 이상의 과제를 동시에 진행하는 것은?

기출 15·19·21·22

① 자기 교수(Self Teaching)
② 팀 티칭(Team Teaching)
③ 상호 교수(Interactive Teaching)
④ 스테이션 교수(Station Teaching)

해설
스테이션 교수
스테이션 교수(Station Teaching)는 교사 한 명이 둘 이상의 과제가 동시에 진행되도록 스테이션(학습 환경)을 설계하여 지도하는 수업 방법이다. 기구가 부족한 상황에서 적용할 수 있으며, 학습자가 자기가 수행할 수업 내용을 선택할 때 능동적으로 선택할 수 있다는 장점이 있다.

정답 02 ③ 03 ① 04 ④

05 〈보기〉는 「국민체육진흥법」 제18조의3 '스포츠윤리센터의 설립'에 관한 내용이다. ⊙, ⓒ에 들어갈 용어가 바르게 연결된 것은? 기출 22

체육의 (⊙) 확보와 체육인의 (ⓒ)를 위하여 스포츠윤리센터를 설립한다.

	⊙	ⓒ
①	정당성	권리 강화
②	정당성	인권 보호
③	공정성	권리 강화
④	공정성	인권 보호

해설
스포츠윤리센터의 설립(「국민체육진흥법」 제18조의3 제1항)
체육의 공정성 확보와 체육인의 인권 보호를 위하여 스포츠윤리센터를 설립한다.

06 스포츠 교육프로그램의 지도원리에 관한 설명이 적절하지 않은 것은? 기출 16·19·22

① 개별성의 원리 : 개인차를 고려한 다양한 수준별 지도
② 효율성의 원리 : 학습자 스스로 내용을 파악하고 문제 해결
③ 적합성의 원리 : 지도자의 창의적인 지도 활동의 선정과 활용
④ 통합성의 원리 : 교수·학습 내용의 다양화와 신체활동의 총체적 체험

해설
학습자 스스로 내용을 파악하고 문제를 해결하는 것은 자발성의 원리에 해당한다.

스포츠 교육프로그램의 지도원리
스포츠 교육프로그램의 지도원리에는 ① 개인차를 고려하고 다양한 수준별 지도를 제공해 학습자의 소외현상을 막는 개별성의 원리, ③ 지도자의 창의적인 지도 활동의 선정과 다양한 전략의 활용을 도모하는 적합성의 원리, ④ 교수학습 내용의 다양화와 신체활동의 총체적 체험을 추구하는 통합성의 원리가 있다.

07 직접교수모형에 관한 설명으로 적절하지 않은 것은? 기출 22

① 학습 영역의 우선순위는 심동적 영역이다.
② 스키너(B. Skinner)의 조작적 조건화 이론에 근거한다.
③ 지도자 중심으로 의사결정이 이루어져 학습자의 과제참여 비율이 감소한다.
④ 수업의 단계는 전시과제 복습, 새 과제 제시, 초기 과제 연습, 피드백과 교정, 독자적 연습, 본시 복습의 순으로 진행된다.

해설
직접교수모형
직접교수모형에서는 지도자 중심으로 의사결정이 이루어지므로 수업 시간을 효과적으로 이용할 수 있다. 이때, 교사는 학습자가 연습 과제와 기능 연습에 많이 참여토록 안내하며, 학습자가 연습하는 것을 관찰하고 피드백을 제공하기 때문에 학습자의 과제참여 비율이 높다.

08 「스포츠기본법」 제7조 '스포츠 정책 수립·시행의 기본원칙' 중 국가와 지방자치단체의 스포츠 정책에 관한 고려사항에 해당하지 않는 것은? 기출 22

① 스포츠 활동을 존중하고 사회 전반에 확산되도록 할 것
② 스포츠 대회 참가 목적을 국위선양에 두어 지원할 것
③ 스포츠 활동 참여와 스포츠 교육의 기회가 확대되도록 할 것
④ 스포츠의 가치를 존중하고 스포츠의 역동성을 높일 수 있을 것

해설
스포츠 정책 수립·시행의 기본원칙(「스포츠기본법」 제7조)
국가와 지방자치단체는 스포츠에 관한 정책을 수립하고 시행할 때에는 다음의 사항을 충분히 고려하여야 한다.
• 스포츠권을 보장할 것
• 스포츠 활동을 존중하고 사회전반에 확산되도록 할 것
• 국민과 국가의 스포츠 역량을 높이기 위한 여건을 조성하고 지원할 것
• 스포츠 활동 참여와 스포츠 교육의 기회가 확대되도록 할 것
• 스포츠의 가치를 존중하고 스포츠의 역동성을 높일 수 있을 것
• 스포츠 활동과 관련한 안전사고를 방지할 것
• 스포츠의 국제 교류·협력을 증진할 것

정답 05 ④ 06 ② 07 ③ 08 ②

09 모스턴(M. Mosston)의 포괄형(Inclusion) 교수 스타일에 관한 설명으로 적절하지 않은 것은?

기출 16·18·19·20·21·22

① 지도자는 발견 역치(Discovery Threshold)를 넘어 창조의 단계로 학습자를 유도한다.
② 지도자는 기술 수준이 다양한 학습자들의 개인차를 수용한다.
③ 학습자가 성취 가능한 과제를 선택하고 자신의 수행을 점검한다.
④ 과제 활동 전, 중, 후 의사결정의 주체는 각각 지도자, 학습자, 학습자 순서이다.

해설
유도발견형 스타일은 교사가 제시한 논리적 질문에 대해 학습자가 스스로 답을 찾는 방식으로, 교사는 학습자가 발견해야 할 해답에 대한 계열적 질문을 제공하여 학습자 스스로 발견 역치를 넘어 창조 단계로 넘어오도록 유도한다.

모스턴(M. Mosston)의 교수 스타일 : 포괄형 교수 스타일
포괄형 교수 스타일은 학습자가 자신의 수준을 인식하고 수행할 수 있는 난이도의 과제를 선택해 수업을 진행하는 방법이다.

10 〈보기〉에서 설명하는 링크(J. Rink)의 학습과제 연습방법은?

기출 15·19·21·22

• 복잡한 운동기술의 경우, 기술의 주요 동작이나 마지막 동작을 초기 동작보다 먼저 연습하게 한다.
• 테니스 서브 과제에서 공을 토스하는 동작을 연습하기 전에 공을 라켓에 맞추는 동작을 먼저 연습한다.

① 규칙 변형
② 역순 연쇄
③ 반응 확대
④ 운동수행의 목적 전환

해설
링크(J. Rink)의 학습과제 연습방법 : 역순 연쇄
동작이 일어나는 순서에 따라 가르치지 않고 주요 동작이나 마지막 동작부터 먼저 교수하는 것을 역순 연쇄라 한다.

11 〈보기〉에 해당하는 쿠닌(J. Kounin)의 교수기능은?

기출 24

• 지도자가 자신의 머리 뒤에도 눈이 있다는 듯이 학습자들의 행동을 파악하는 것
• 지도자가 학습자들 간에 발생하는 사건을 인지하는 것

① 접근통제(Proximity Control)
② 긴장 완화(Tension Release)
③ 상황이해(With-it-ness)
④ 타임아웃(Time-out)

해설
쿠닌(J. Kounin)의 교수기능 : 상황이해
상황이해(With-it-ness)는 지도자가 수업 환경에서 일어나는 모든 일을 알고 있는 것처럼 알리고 행동하는 것이다.

정답 09 ① 10 ② 11 ③

12 〈보기〉에서 활용된 스포츠 지도 행동의 관찰기법은?

기출 15·16·17·19·22

- 지도자 : 강 감독
- 관찰자 : 김 코치
- 수업내용 : 농구 수비전략
- 시 간 : 19:00~19:50

구 분	피드백의 유형	표기(빈도)		비 율
대 상	전 체	∨∨∨∨∨	(5회)	50%
	소집단	∨∨∨	(3회)	30%
	개 인	∨∨	(2회)	20%
성 격	긍 정	∨∨∨∨∨∨∨∨	(8회)	80%
	부 정	∨∨	(2회)	20%
구체성	일반적	∨∨∨	(3회)	30%
	구체적	∨∨∨∨∨∨∨	(7회)	70%

① 사건 기록법(Event Recording)
② 평정 척도법(Rating Scale)
③ 일화 기록법(Anecdotal Recording)
④ 지속시간 기록법(Duration Recording)

해설

사건 기록법은 특정 행동이 발생할 때마다 그 사건을 기록하는 방법이다.

평가의 기법과 사례
- 평정 척도법 : 정성적인 특성을 지닌 정보를 정량적 수치로 환산하여 기록하는 방법이다. (②)
- 일화 기록법 : 교사가 수업을 관찰한 후에 관찰한 사항을 기록하는 방법이다. (③)
- 지속시간 기록법 : 특정 행동이 지속되는 시간을 기록하는 방법이다. (④)

13 배구 수업에서 운동기능이 낮은 학습자의 참여 증진을 위한 스포츠 지도방법으로 적절하지 않은 것은?

기출 21·22

① 네트 높이를 낮춘다.
② 소프트한 배구공을 사용한다.
③ 서비스 라인을 네트와 가깝게 위치시킨다.
④ 정식 게임(Full-sided Game)으로 운영한다.

해설

지도방법론
운동기능이 낮은 학습자의 참여 증진을 위해 학습자의 흥미를 이끌어내기 위해 게임에 참여시킬 수 있다. 이때, 정식 게임에 먼저 참여케 하기보다는 변형 게임에 먼저 참여케 하는 것이 적절하다. 선지의 ① · ② · ③은 ④의 정식 규칙을 변형한 규칙이다.

14 메이거(R. Mager)가 제시한 학습목표 설정의 요소가 아닌 것은?

① 설정된 운동수행 기준
② 운동수행에 필요한 상황과 조건
③ 학습자에게 기대되는 성취행위
④ 목표 달성이 불가능할 경우의 대처방안

해설

ABCD 학습목표 설정요소(R. Mager)
- 학습 대상자(Audience)
- 학습자에게 기대되는 성취행위(Behavior) (③)
- 운동수행에 필요한 상황과 조건(Condition) (②)
- 운동수행의 기준 및 수준(Degree) (①)

12 ① 13 ④ 14 ④ **정답**

15 〈보기〉에서 메츨러(M. Metzler)의 탐구수업모형에 관한 설명으로 옳은 것을 모두 고른 것은?
기출 21·22

> ㉠ 모형의 주제는 '문제해결자로서의 학습자'이다.
> ㉡ 학습 영역의 우선순위는 심동적, 인지적, 정의적 순이다.
> ㉢ 지도자는 학습자가 '생각하고 움직이기'를 할 수 있도록 과제를 제시한다.
> ㉣ 지도자의 질문에 학습자가 바로 대답하지 못하는 경우 즉시 답을 알려준다.

① ㉠, ㉢
② ㉡, ㉢
③ ㉠, ㉡, ㉢
④ ㉠, ㉡, ㉣

해설
탐구수업모형(M. Metzler)
㉡ 학습영역의 우선순위는 인지적 > 심동적 > 정의적 순이다.
㉣ 학습자가 질문에 바로 대답하지 못할 경우, 즉시 답을 알려주기보다는 사고를 정교화할 수 있게 단서나 피드백을 제공하여 스스로 답을 찾을 수 있게 한다.

16 스포츠 참여자 평가에서 심동적(Psychomotor) 영역에 해당하는 것은?
기출 17·18

① 몰 입
② 심폐지구력
③ 협동심
④ 경기규칙 이해

해설
스포츠 참여자 평가
- 심동적 영역 : 신체적 기능 및 능력의 발달에 관한 영역이다. (②)
- 인지적 영역 : 지식, 사고 등의 정신 능력을 포함하는 행동 특성의 영역이다. (① · ④)
- 정의적 영역 : 행동과 관련한 동기, 감정, 가치 등을 포함하는 영역이다. (③)

17 〈보기〉에 해당하는 운동기능의 학습 전이(Transfer) 유형은?
기출 16·17·19

> 야구에서 배운 오버핸드 공 던지기가 핸드볼에서 오버핸드 공 던지기 기능으로 전이되는 경우이다.

① 대칭적 전이
② 과제 내 전이
③ 과제 간 전이
④ 일상으로의 전이

해설
과제 전이 유형 : 과제 간 전이
과제 간 전이는 한 과제의 학습이 다른 과제의 수행에 영향을 미치는 것이다. 일상으로의 전이는 헬리슨(D. Hellison)이 제시한 개인적·사회적 책임감 수준의 단계로 과제 전이 유형과는 무관하다.

과제 전이 유형
- 대칭적 전이 : 사지의 어느 쪽을 학습하는 것과 상관없이 양쪽 모두에 대한 전이효과가 유사하게 나타나는 것이다. (①)
- 과제 내 전이 : 같은 과제를 수행할 때 서로 다른 조건에서 수행에 영향을 받는 것이다. (②)
- 비대칭 전이 : 한쪽 사지의 학습이 다른 쪽 사지의 운동기술 학습에 영향을 주는 것이다.

18 스포츠 교육프로그램의 구성요소에 관한 설명으로 적절하지 않은 것은?
기출 15·16·17·19·22

① 평가 : 프로그램을 개선하는 데 도움을 준다.
② 내용 : 스포츠 지도의 철학, 이념 또는 비전이다.
③ 지도법 : 프로그램을 체계적으로 전달하는 방법이다.
④ 목적 및 목표 : 일반적인 목표와 구체적인 목표로 구분할 수 있다.

해설
스포츠 교육프로그램의 구성요소
'내용'은 스포츠 프로그램이 추구하는 교육 목표를 구체화한 것이다. 스포츠 지도의 철학·이념·비전을 담은 것은 '목적'이다.

정답 15 ① 16 ② 17 ③ 18 ②

19 메츨러(M. Metzler)의 개별화지도모형의 주제로 적절한 것은? 기출 21·22

① 지도자가 수업 리더 역할을 한다.
② 나는 너를, 너는 나를 가르친다.
③ 유능하고, 박식하며, 열정적인 스포츠인으로 성장한다.
④ 학습자가 가능한 한 빨리, 필요한 만큼 천천히 학습 속도를 조절한다.

해설

개별화지도모형(M. Metzler)
메츨러의 개별화지도모형은 '수업진도는 학생이 결정한다'를 주제로 교수학습이 진행되며, 해당 모형에서는 학습자가 가능한 한 빨리, 필요한 만큼 천천히 자기주도적 연습을 수행할 수 있다.

다양한 지도모형들의 주제
- 직접교수모형 : 지도자가 수업 리더 역할을 한다. (①)
- 동료교수모형 : 나는 너를, 너는 나를 가르친다. (②)
- 스포츠교육모형 : 유능하고, 박식하며, 열정적인 스포츠인으로 성장한다. (③)

20 「학교체육진흥법 시행령」 제3조 '학교운동부지도자의 자격기준 등'에서 제시한 학교운동부지도자 재임용의 평가 내용이 아닌 것은? 기출 16·17·18·19·20·21·22

① 복무 태도
② 학교운동부 운영 성과
③ 인권교육 연 1회 이상 이수 여부
④ 학생선수의 학습권 및 인권 침해 여부

해설

학교운동부지도자의 자격기준 등(「학교체육진흥법 시행령」 제3조 제4항)
학교의 장은 학교운동부지도자를 재임용할 때에는 다음의 사항을 평가한 후 그 결과에 따라 재임용 여부를 결정해야 한다.
- 직무수행 실적
  - 학생선수에 대한 훈련계획 작성, 지도 및 관리
  - 학생선수의 각종 대회 출전 지원 및 인솔
  - 훈련 및 각종 대회 출전 시 학생선수의 안전관리
  - 경기력 분석 및 훈련일지 작성
  - 훈련장의 안전관리
- 복무 태도
- 학교운동부 운영 성과
- 학생선수의 학습권 및 인권 침해 여부

정답 19 ④ 20 ③

제3과목 스포츠심리학

01 스포츠심리학의 주된 연구의 동향과 영역에 포함되지 않는 것은? 기출 21

① 인지적 접근과 현장 연구
② 경험주의에 기초한 성격 연구
③ 생리학적 항상성에 관한 연구
④ 사회적 촉진 및 각성과 운동수행의 관계 연구

해설
생리학적 항상성에 관한 연구는 운동생리학의 연구영역이다.

스포츠심리학의 연구 동향과 영역
스포츠심리학은 심리적·사회적 요인이 경기력에 미치는 영향과 현상을 논하는 학문이다.

02 데시(E. Deci)와 라이언(R. Ryan)이 제시한 자기결정 이론(Self-determination Theory)에서 외적 동기 유형으로 분류되지 않는 것은? 기출 16·19·21

① 무동기(Amotivation)
② 확인규제(Identified Regulation)
③ 통합규제(Integrated Regulation)
④ 의무감규제(Introjected Regulation)

해설
자기결정 이론(E. Deci & R. Ryan)
자기결정 이론은 동기 형태에 따라 인간의 성취 행동이 달라진다고 보는 관점으로, 인간의 행동을 자율성의 정도에 따라 개념화한다. 데시와 라이언이 분류한 여러 동기 중 외적 동기에는 확인규제, 통합규제, 의무감규제가 있다. 무동기는 외적 동기에 해당하지 않는다.

03 〈보기〉에서 설명하는 개념은? 기출 20·21

> 체육관에서 관중의 함성과 응원 소리에도 불구하고, 작전타임에서 코치와 선수는 서로 의사소통이 가능하다.

① 스트룹 효과(Stroop Effect)
② 지각협소화(Perceptual Narrowing)
③ 무주의 맹시(Inattention Blindness)
④ 칵테일파티 효과(Cocktail Party Effect)

해설
칵테일파티 효과
우리는 소란스러운 상황에서도 자신과 관련된 정보를 선택적으로 받아들일 수 있는데 이를 칵테일파티 효과라 한다. 칵테일파티 효과는 뇌의 선택적 청취 능력으로 인해 발생하는 현상으로, 응원과 함성 소리로 인해 소란스러운 상황에서도 선수들이 코치와 의사소통이 가능한 이유를 설명할 수 있다.

정답 01 ③ 02 ① 03 ④

04 〈표〉는 젠타일(A. Gentile)의 이차원적 운동기술분류이다. 야구 유격수가 타구된 공을 잡아서 1루로 송구하는 움직임이 해당하는 곳은? 기출 17·18·19

구 분			동작의 요구(기능)			
			신체 이동 없음 (신체의 안정성)		신체 이동 있음 (신체의 불안정성)	
			물체 조작 없음	물체 조작 있음	물체 조작 없음	물체 조작 있음
환경적 맥락	안정적인 조절 조건	동작 시도 간 환경 변이성 없음				
		동작 시도 간 환경 변이성				
	비안정적 조절 조건	동작 시도 간 환경 변이성 없음	①		③	
		동작 시도 간 환경 변이성		②		④

해설
야구에서 유격수가 타구된 공을 잡아 1루로 송구하기 위해 움직일 때에는 신체가 송구를 위해 경기장 내를 이동해야 하고(환경적 맥락 – 비안정적 조절 조건 – 동작 시도 간 환경 변이성), 공을 던지는 물체 조작이 존재하므로(동작의 요구 – 신체 이동 있음 – 물체 조작 있음) 표 내에서 ④에 해당한다.

05 뉴웰(K. Newell)이 제시한 움직임 제한(Constraints) 요소의 유형이 다른 것은?

① 운동 능력이 움직임을 제한한다.
② 인지, 동기, 정서상태가 움직임을 제한한다.
③ 신장, 몸무게, 근육형태가 움직임을 제한한다.
④ 과제목표와 특성, 규칙, 장비가 움직임을 제한한다.

해설
움직임 제한 요소(K. Newell)
• 과제 : 움직임 형태에 제한을 주는 과제의 특성 (④)
• 환경 : 물리적·사회적·문화적 환경
• 유기체 : 인간의 물리적·인지적·심리적·정서적 특성 (①·②·③)

04 ④ 05 ④

06 〈보기〉에서 설명하는 게셀(A. Gesell)과 에임스(L. Ames)의 운동발달의 원리가 아닌 것은? 기출 16·17·19·21

- 머리에서 발 방향으로 발달한다.
- 운동발달은 일련의 방향성을 갖는다.
- 운동협응의 발달순서가 있다.
  - 양측 : 상지 혹은 하지의 양측을 동시에 움직이는 형태를 보인다.
  - 동측 : 상하지를 동시에 움직이는 형태를 보인다.
  - 교차 : 상하지를 동시에 움직이는 형태를 보인다.
- 운동기술의 습득 과정에서 몸통이나 어깨 근육을 조절하는 능력을 먼저 갖추고, 이후에 팔, 손목, 손, 그리고 손가락 근육을 조절하는 능력을 갖춘다.

① 머리-꼬리 원리(Cephalocaudal Principle)
② 중앙-말초 원리(Proximodistal Principle)
③ 개체발생적 발달 원리(Ontogenetic Development Principle)
④ 양측-동측-교차 운동협응의 원리(Bilateral-unilateral(Ipsilateral)-crosslateral Principle)

해설

게셀은 운동발달에서 학습보다는 성장과 성숙을 강조했다. 개체발생적 발달 원리는 학습(연습, 경험 등)에 의한 운동행동에 의해 이루어지는 발달이므로 게셀의 운동발달 원리로 볼 수 없다.

운동발달 원리(A. Gesell & L. Ames)

- 머리-꼬리 원리(두미 발달경향) : 머리에서 발 방향으로 발달한다. 운동발달은 일련의 방향성을 갖는다.
- 중앙-말초 원리(근원 발달 경향) : 운동발달은 일련의 방향성을 갖는다.
- 양측-동측-교차 운동협응의 원리(기능적 비대칭의 원리) : 운동협응의 발달에는 일정한 순서가 있다.

07 스포츠를 통한 인성 발달 전략에 대한 설명으로 옳지 않은 것은?

① 상황에 맞는 바람직한 행동을 설명한다.
② 도덕적으로 적절한 행동에 대하여 설명한다.
③ 바람직한 행동을 강화하고, 적대적 공격행동은 처벌한다.
④ 격한 상황에서 자신의 감정을 공격적으로 표출하도록 격려한다.

해설

격한 상황에서 자신의 감정을 공격적으로 표출하도록 격려하는 것은 스포츠를 통한 인성 발달 전략이 아니다.

08 〈보기〉에서 설명하는 목표의 유형은? 기출 18·19

- 운동기술을 잘 수행하기 위해서 필요한 핵심 행동에 중점을 둔다.
- 자기효능감과 자신감을 높이고 인지 불안을 낮추는 데 도움이 된다.
- 자신의 운동수행에 대한 목표를 달성하는 데 중점을 두는 목표로 달성의 기준점이 자신의 과거 기록이 된다.

① 과정목표와 결과목표
② 수행목표와 과정목표
③ 수행목표와 객관적목표
④ 객관적목표와 주관적목표

해설

목표 설정

- 과정목표 : 배팅 연습 전에 사이드 플랭크를 15회 3세트 수행하기, 배팅 연습 후에 30분간 근막 이완 스트레칭하기처럼 어떻게 과제를 수행할 것인지를 나타내는 목표이다. 성과를 기준으로 삼는 목표로 운동기술을 잘 수행하기 위해 필요한 핵심 행동에 중점을 두며, 자기효능감과 자신감을 높이고 인지 불안을 낮추는 데 도움이 된다.
- 수행목표 : 팔꿈치를 완전히 펴서 스윙하기, 자유투 성공률과 같이 운동수행을 성취 기준으로 삼는 목표이다. 자신의 운동수행에 대한 목표를 달성하는 데 중점을 두는 목표로 달성의 기준점이 자신의 과거 기록이 된다.

정답 06 ③ 07 ④ 08 ②

09 스미스(R. Smith)와 스몰(F. Smol)이 개발한 유소년 지도자 훈련 프로그램인 CET(Coach Effectiveness Training)의 핵심 원칙이 아닌 것은?

① 자기관찰
② 운동도식
③ 상호지원
④ 발달모델

해설

유소년 지도자 훈련프로그램(CET)
유소년 지도자 훈련프로그램 CET의 핵심 원칙에는 ① 자기관찰, ③ 상호지원, ④ 발달모델, 선수참여, 긍정적 접근이 있다.

10 균형유지와 사지협응 및 자세제어에 주된 역할을 하는 뇌 구조(영역)는? 기출 16·22

① 소뇌(Cerebellum)
② 중심고랑(Central Sulcus)
③ 대뇌피질의 후두엽(Occipital Lobe of Cerebrum)
④ 대뇌피질의 측두엽(Temporal Lobe of Cerebrum)

해설

소뇌의 기능
소뇌는 빠른 동작의 정확한 수행을 위한 통합적인 조절을 담당하며, 고유 수용기로부터 유입되는 정보를 활용하여 동작을 제어하는 역할을 한다. 그와 더불어 평형감각기로부터 오는 신호에 따라 몸의 평형을 유지하는 역할을 하며, 신체가 어떠한 동작을 취할 때 제 부분이 협응하게 한다.

11 골프 퍼팅 과제를 100회 연습한 뒤, 24시간 후에 동일 과제에 대해 수행하는 검사는? 기출 16·17·19

① 속도검사(Speed Test)
② 파지검사(Retention Test)
③ 전이검사(Transfer Test)
④ 지능검사(Intelligence Test)

해설

파지검사
한 과제를 연습한 뒤, 일정 시간 후에 동일 과제를 수행하는 것은 파지검사로, 연습으로 향상된 수행력이 일정 시간 후에도 유지되는가를 확인하기 위해 사용한다.

12 〈보기〉에서 설명하는 일반화된 운동프로그램(Generalized Motor Program)의 불변 특성(Invariant Feature) 개념은? 기출 22

A 움직임 시간(Movement Time) = 500ms		B 움직임 시간(Movement Time) = 900ms	
하위 움직임 1	= 25%	하위 움직임 1	= 25%
하위 움직임 2	= 25%	하위 움직임 2	= 25%
하위 움직임 3	= 25%	하위 움직임 3	= 25%
하위 움직임 4	= 25%	하위 움직임 4	= 25%

• A 움직임 시간은 500ms, B 움직임 시간은 900ms로 서로 다르다.
• 4개의 하위 움직임 구간의 시간적 구조 비율은 변하지 않는다.
• 단, A와 B 움직임은 모두 동일인이 수행한 동작이며, 하위 움직임 구성도 4개로 동일하다.

① 어트랙터(Attractor)
② 동작유도성(Affordance)
③ 상대적 타이밍(Relative Timing)
④ 절대적 타이밍(Absolute Timing)

해설

일반화된 운동프로그램
일반화된 운동프로그램에서 불변 특성은 변하지 않고 동일하게 유지되는 자극의 유형을 의미하며, 이는 순서, 시상, 상대적 힘, 상대적 타이밍 등의 요소로 구성된다. 그중 〈보기〉처럼 전체 움직임의 시간을 각 하위 움직임에 분배하는 과정을 상대적 타이밍이라고 한다.

13 〈보기〉에서 구스리(E. Guthrie)가 제시한 '운동기술 학습으로 인한 변화'에 관한 설명으로 옳은 것을 모두 고른 것은?

> ㉠ 최대의 확실성(Maximum Certainty)으로 운동과제를 수행할 수 있다.
> ㉡ 최소의 인지적 노력(Minimum Cognitive Effect)으로 운동과제를 수행할 수 있다.
> ㉢ 최소의 움직임 시간(Minimum Movement Time)으로 운동과제를 수행할 수 있다.
> ㉣ 최소의 에너지 소비(Minimum Energy Expenditure)로 운동과제를 수행할 수 있다.

① ㉠, ㉡, ㉢
② ㉠, ㉢, ㉣
③ ㉡, ㉢, ㉣
④ ㉠, ㉡, ㉢, ㉣

해설
운동기술 학습으로 인한 변화
구스리(E. Guthrie, 1952)는 운동기술을 '최소한의 ㉢ 시간과 ㉣ 에너지를 소비하여 ㉠ 최대의 확실성을 갖고 과제의 목표를 달성하는 능력'이라고 정의하며, 기술 학습으로 이러한 변화를 꾀할 수 있다고 보았다.

14 〈보기〉에 제시된 공격성에 관한 설명과 이론(가설)이 바르게 연결된 것은? 기출 17

> • (㉠) : 환경에서 관찰과 강화로 공격행위를 학습한다.
> • (㉡) : 인간의 내부에는 공격성을 유발하는 에너지가 존재한다.
> • (㉢) : 좌절(예 목표를 추구하는 행위가 방해받는 경험)이 공격행동을 유발한다.
> • (㉣) : 좌절이 무조건 공격행동을 유발하지 않고, 공격행동이 적절하다는 외부적 단서가 있을 때 나타난다.

	㉠	㉡	㉢	㉣
①	사회학습 이론	본능 이론	좌절-공격 가설	수정된 좌절-공격 가설
②	사회학습 이론	본능 이론	수정된 좌절-공격 가설	좌절-공격 가설
③	본능 이론	사회학습 이론	좌절-공격 가설	수정된 좌절-공격 가설
④	본능 이론	사회학습 이론	수정된 좌절-공격 가설	좌절-공격 가설

해설
㉠ 환경에서 관찰과 강화로 공격행위를 학습하는 이론은 사회학습 이론이다.
㉡ 인간의 내부에 공격성을 유발하는 에너지가 존재한다는 이론은 본능 이론이다.
㉢ 좌절이 공격행동을 유발하는 것은 좌절-공격 가설이다.
㉣ 수정된 좌절-공격 가설은 좌절-공격 가설과 사회학습 이론이 결합된 이론으로, 좌절과 학습 모두 공격의 원인이 될 수 있고, 공격은 학습에 의해 수정될 수 있다고 보았다.

정답 13 ② 14 ①

15 〈보기〉에서 하터(S. Harter)의 유능성 동기 이론 모형에 관한 설명으로 옳은 것을 고른 것은?

> ㉠ 심리적 요인과 관련된 단일차원의 구성개념이다.
> ㉡ 실패 경험은 부정적 정서를 갖게 하여 유능성 동기를 낮추고, 결국에는 운동을 중도 포기하게 한다.
> ㉢ 성공 경험은 자기효능감과 긍정적 정서를 갖게 하여 유능성 동기를 높이고, 숙달(Mastery)을 경험하게 한다.
> ㉣ 스포츠 상황에서 성공하기 위한 능력이 있다는 확신의 정도나 신념으로 특성 스포츠 자신감과 상태 스포츠 자신감으로 구분한다.

① ㉠, ㉡
② ㉠, ㉣
③ ㉡, ㉢
④ ㉡, ㉣

해설

유능성 동기 이론(S. Harter)
유능성 동기 이론은 지각된 유능성, 통제감, 동기지향성의 3가지 심리적 변인과 관련된 다차원적 동기 이론이다. ㉠ 유능성 동기 이론 모형은 단일차원이 아닌 다차원적으로 구성되어 있다. ㉣은 스포츠 자신감 모형에 대한 설명이므로 정답이 아니다.

16 〈보기〉에서 설명하는 용어는? 기출 16

> 번스타인(N. Bernstein)은 움직임의 효율적 제어를 위해 중추신경계가 자유도를 개별적으로 제어하지 않고, 의미 있는 단위로 묶어서 조절한다고 설명하였다.

① 공동작용(Synergy)
② 상변이(Phase Transition)
③ 임계요동(Critical Fluctuation)
④ 속도-정확성 상쇄 현상(Speed-accuracy Trade-off)

해설

공동작용(N. Bernstein)
공동작용은 관절 및 골격근과 같은 신체 각부의 움직임을 효율적으로 제어하기 위해 중추신경계가 자유도를 개별적으로 제어하지 않고, 유의미한 단위로 묶어서 조절하는 것을 가리키는 말이다.

17 〈보기〉에서 연구 결과를 통해 확인할 수 있는 목표설정에 관한 설명으로 옳은 것을 고른 것은?

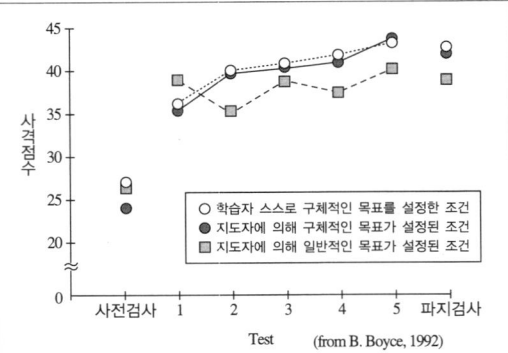

> ㉠ 목표설정이 운동의 수행과 학습에 효과적이다.
> ㉡ 학습자에게 어려운 목표를 설정하도록 조언해야 한다.
> ㉢ 구체적인 목표를 설정했던 집단에서 더 높은 학습 효과가 나타났다.
> ㉣ 구체적이고 도전적인 목표를 향해 전념하도록 격려하는 것은 운동의 수행과 학습의 효과를 감소시킨다.

① ㉠, ㉡
② ㉠, ㉢
③ ㉡, ㉢
④ ㉡, ㉣

해설

목표설정의 원리
〈보기〉의 그래프에서 ㉠ 목표를 설정하지 않았을 때보다 설정했을 때, ㉢ 일반적인 목표를 설정했을 때보다 구체적인 목표를 설정했을 때 수행력이 개선된 것을 알 수 있다. 특히, 지도자에 의한 목표설정보다 스스로에 의한 목표설정에서 더 나은 수행력을 보였는데, 이는 스스로 설정한 구체적인 목표가 수행력 개선에 더 효과적이라는 사실을 알 수 있다.

15 ③　16 ①　17 ②　**정답**

18 〈보기〉에서 설명하는 피드백 유형은?

기출 16·18·20·21

높이뛰기 도약 스텝 기술을 연습하게 한 후에 지도자는 학습자의 정확한 도약 기술 습득을 위해 각 발의 스텝 번호(지점)를 바닥에 표시해주었다.

① 내적 피드백(Intrinsic Feedback)
② 부적 피드백(Negative Feedback)
③ 보강 피드백(Augmented Feedback)
④ 부적합 피드백(Incongruent Feedback)

해설

보강 피드백(외재적 피드백)은 지도자나 동료의 충고에 의한 피드백으로, 운동의 기술과 같은 수행 지식과 수행 결과나 성적과 같은 결과 지식을 주고받을 수 있다. 〈보기〉는 운동기술과 같은 수행 지식에 대해 정보를 주고받은 것으로 보강 피드백의 사례에 해당한다.

19 〈보기〉는 칙센트미하이(M. Csikszentmihalyi)가 주장한 몰입의 개념이다. ㉠~㉣에 들어갈 개념이 바르게 연결된 것은?

기출 17·19

- (㉠)과 (㉡)이 균형을 이루는 상황에서 운동수행에 완벽히 집중하는 것을 몰입(Flow)이라 한다.
- (㉡)이 높고, (㉠)이 낮으면 (㉢)을 느낀다.
- (㉡)이 낮고, (㉠)이 높으면 (㉣)을 느낀다.

	㉠	㉡	㉢	㉣
①	기술	도전	불안	이완
②	도전	기술	각성	무관심
③	기술	도전	각성	불안
④	도전	기술	이완	지루함

해설

몰입(M. Csikszentmihalyi)

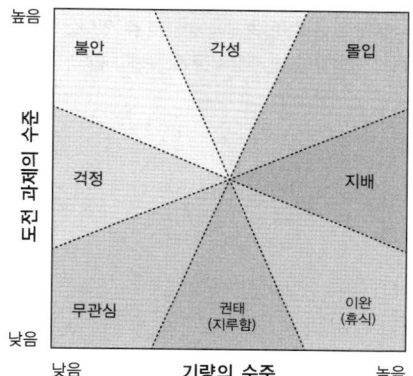

칙센트미하이는 기량의 수준과 도전 과제의 수준이 균형을 이루는 상황에서 운동수행에 완벽히 집중하는 것을 몰입(Flow)이라 주장했다. 그의 주장에 따르면 수행자가 자신의 기량 수준과 도전할 과제의 수준을 인식할 때, 도전 과제의 수준이 높고 기량의 수준이 낮으면 불안을 느끼고, 도전 과제의 수준이 낮고 기량의 수준이 높으면 이완을 느낀다.

정답 18 ③ 19 ①

20 학습된 무기력(Learned Helplessness) 상태에 있는 학습자에게 귀인 재훈련(Attribution Retraining)을 위한 적절한 전략은?   기출 17·19·20·22

① 실패의 원인을 외적 요인에서 찾게 한다.
② 능력의 부족을 긍정적으로 받아들이게 한다.
③ 운이 따라 준다면 다음에 성공할 수 있다고 지도한다.
④ 실패의 원인을 노력 부족이나 전략의 미흡으로 받아들이게 한다.

해설
귀인 훈련
귀인 (재)훈련은 성공의 원인을 자기 능력에서 찾고, 실패의 원인은 자기 노력 부족이나 전략적인 실수로 여기도록 학습자를 변화시키는 훈련이다. 학습된 무기력에 빠진 학습자는 실패를 능력 부족에 귀인하거나, 성공을 운이나 쉬운 과제 난이도에 귀인하게 된다. 따라서 ④ 실패의 원인을 노력 부족이나 전략의 미흡으로 수용케 해야 하며 미래에 성공할 수 있다는 기대감과 긍정적인 정서 체험을 통해 수행력을 향상해야 한다.

제4과목 한국체육사

01 체육사 연구에서 사관(史觀)에 관한 설명으로 적절하지 않은 것은?   기출 19·21·22

① 유물사관, 관념사관, 진보사관, 순환사관 등이 있다.
② 체육 역사에 대한 견해, 해석, 관념, 사상 등을 의미한다.
③ 체육 역사가의 관점으로 다양한 과거의 역사적 사실을 해석한다.
④ 과거 체육과 관련된 사실을 담고 있는 역사자료를 의미한다.

해설
사관과 사료
과거의 체육과 관련된 사실을 담고 있는 역사자료는 사료이다. 이러한 사료를 바라보는 다양한 관점들을 사관이라 한다.

02 〈보기〉의 ㉠~㉢에 들어갈 용어가 바르게 연결된 것은? (단, 시대구분은 나현성의 방식을 따름)   기출 18·22

- (㉠) 이전은 무예를 중심으로 한 무사 체육 등의 (㉡) 체육을 강조하였다.
- (㉠) 이후는 「교육입국조서(敎育立國詔書)」를 통한 학교 교육에 기반을 둔 (㉢) 체육을 강조하였다.

	㉠	㉡	㉢
①	갑오경장(1894)	전 통	근 대
②	갑오경장(1894)	근 대	전 통
③	을사늑약(1905)	전 통	근 대
④	을사늑약(1905)	근 대	전 통

해설
개화기 체육의 특징
갑오경장(갑오개혁, 1894) 이전에는 무예를 중심으로 한 무사 체육 등의 전통체육을 강조하였고, 갑오경장 이후에는 교육입국조서(1895)를 통해 학교 교육을 근간으로 한 근대체육을 강조하였다.

20 ④ 01 ④ 02 ① **정답**

03 〈보기〉에서 설명하는 민속놀이는? 기출 16·19·22

- 사희(柶戲)라고도 불리었다.
- 부여의 사출도(四出道)라는 관직명에서 유래되었다.
- 남녀노소 누구나 즐길 수 있으며, 장소에 크게 구애받지 않은 놀이었다.

① 바둑
② 장기
③ 윷놀이
④ 주사위

해설
사 희
사희는 윷가락(柶)을 가지고 노는 놀이(戲)라 하여 척사(擲柶)라고도 하는 민속놀이로, 오늘날의 윷놀이이다. 윷가락을 던져 그 결과에 따라 말을 놓아 승부를 겨루는 놀이이다. 도(돼지)·개(개)·걸(양)·윷(소)·모(말)의 명칭 중 도, 개, 윷, 모는 각각 부여의 사출도 이름인 저가, 구가, 우가, 마가에서 유래됐다고 한다.

04 화랑도에 관한 설명으로 옳지 않은 것은?
기출 15·16·17·18·20·21·22

① 진흥왕 때에 조직이 체계화되었다.
② 세속오계는 도의교육(道義敎育)의 핵심이었다.
③ 신체미 숭배 사상, 국가주의 사상, 불국토 사상이 중시되었다.
④ 서민층만을 대상으로 한 청소년단체로서 문무겸전(文武兼全)을 추구하였다.

해설
화랑도
화랑도는 신라의 귀족 청소년 조직으로 화랑과 낭도로 구성되었다. 진흥왕 때에 국가적 조직으로 체계화되었으며, 원광 법사의 세속오계를 정신적 기반으로 삼아 귀족 자제들에게 문무와 도의를 교육하였다.

05 〈보기〉에서 설명하는 신체활동은? 기출 16·19·22

- 가죽 주머니로 공을 만들어 발로 차는 놀이였다.
- 한 명, 두 명, 열 명 등 다양한 형식으로 실시되었다.
- 〈삼국사기(三國史記)〉와 〈삼국유사(三國遺事)〉에 따르면 김유신과 김춘추가 이 신체활동을 하였다.

① 석전(石戰)
② 축국(蹴鞠)
③ 각저(角抵)
④ 도판희(跳板戲)

해설
가죽 공(鞠)을 발로 차고(蹴) 노는 놀이는 축국이다. 편을 나누어 돌을 던져 승부를 가르는 석전은 돌싸움, 각저는 씨름, 판자 위에서 번갈아 뛰어오르는 놀이인 도판희는 널뛰기이다.

06 〈보기〉에서 민속놀이와 주요 활동 계층이 바르게 연결된 것으로만 묶인 것은? 기출 18·19·20·21·22

㉠ 풍연(風鳶) – 귀족
㉡ 격구(擊毬) – 서민
㉢ 방응(放鷹) – 귀족
㉣ 추천(鞦韆) – 서민

① ㉠, ㉡
② ㉢, ㉣
③ ㉠, ㉣
④ ㉡, ㉢

해설
고려시대의 계층별 민속놀이
- 고려시대 귀족의 민속놀이 : 격구, 방응(매 사냥), 투호
- 고려시대 서민의 민속놀이 : 각저(씨름), 추천(그네 뛰기), 축국, 석전(돌싸움), 풍연(연날리기)

정답 03 ③ 04 ④ 05 ② 06 ②

07 고려시대 수박(手搏)에 관한 설명으로 옳지 않은 것은?   기출 16·19·22·24

① 관람형 무예 경기로 성행되었다.
② 응방도감(鷹坊都監)에서 관장하였다.
③ 무인 선발의 기준과 수단이 되었다.
④ 무예수련과 군사훈련 등의 목적으로 활용되었다.

해설
응방도감은 고려시대 때 매(鷹)를 관리하는 임시 관청으로, 매를 놓아 작은 동물을 사냥하는 방응(放鷹)을 주관하였다.

수 박
수박은 한국 전통무예로, 맨손으로 상대를 공격하거나 수련하는 기술이다. 무예수련과 군사훈련 등의 목적으로 활용되었으며, 이후 체계화된 운동 경기로 발전하여 많은 사람들이 관전하기도 했다. 고려 말기에는 인재 등용 시 중요한 과목이었다.

08 〈보기〉에서 조선시대의 훈련원에 관한 설명으로 옳은 것을 모두 고른 것은?   기출 18·22·25

> ㉠ 성리학 교육을 담당하였다.
> ㉡ 활쏘기, 마상무예 등의 훈련을 실시하였다.
> ㉢ 무인 양성과 관련된 공식적인 교육기관이었다.
> ㉣ 〈무경칠서(武經七書)〉, 〈병장설(兵將說)〉 등의 병서 습득을 장려하였다.

① ㉠, ㉡
② ㉢, ㉣
③ ㉡, ㉢, ㉣
④ ㉠, ㉡, ㉢, ㉣

해설
훈련원
훈련원은 병조와 더불어 무예를 주관하는 국가기관으로, 무예의 시험과 훈련, 병서의 강습을 담당하던 공식 교육기관이다. 활쏘기와 마상무예에 중점을 두고 훈련을 실시하였으며 전술을 연구하기도 하였다. 조선시대에 성리학 교육을 담당한 교육기관은 성균관, 향교, 서원이다.

09 조선시대 궁술(弓術)에 관한 설명으로 옳지 않은 것은?   기출 16·18·19·22·24

① 육예(六藝) 중 어(御)에 해당하였다.
② 무관 선발을 위한 무과 시험의 한 과목이었다.
③ 대사례(大射禮), 향사례(鄕射禮) 등으로 행해졌다.
④ 왕, 무관, 유학자 등 다양한 계층에서 실시하였다.

해설
궁 술
조선시대의 육예에는 예(禮, 예법), 악(樂, 음악), 사(射, 궁술), 어(御, 말타기), 서(書, 서예), 수(數, 산수)가 있었다. 그중에서 궁술은 무과의 한 과목이었으며, 성균관·향교·서원 등에서 의례로도 행해졌다. 또한 왕과 사대부들 사이에서 교양으로서 향유되던 스포츠이기도 했다.

10 〈보기〉에서 설명하는 조선시대의 무예서는?   기출 16·24

> • 24종류의 무예가 기록되어 있다.
> • 정조의 명령하에 국가사업으로 간행되었다.
> • 한국, 중국, 일본의 관련 문헌 145권이 참조되었다.

① 무예제보(武藝諸譜)
② 무예신보(武藝新譜)
③ 무예도보통지(武藝圖譜通志)
④ 무예제보번역속집(武藝諸譜翻譯續集)

해설
무예도보통지
무예도보통지는 1790년 정조의 명으로 박제가, 이덕무, 백동수에 의해 간행된 병서이다. 무예제보 6기와 무예신보 18기를 바탕으로 24기의 기예를 그림과 글로 해설한 것이 특징이다. 왜란의 영향으로 기예와 창술의 내용을 강화하였으며 궁술에 관한 내용은 수록되어있지 않다.

07 ② 08 ③ 09 ① 10 ③ **정답**

11 〈보기〉에서 설명하는 개화기 민족사립학교는?

기출 16·19·21

- 1907년에 이승훈이 설립하였다.
- 대운동회를 매년 1회 실시하였다.
- 체육은 주로 군사훈련의 성격을 띠었다.

① 오산학교
② 대성학교
③ 원산학사
④ 숭실학교

해설

오산학교
오산학교는 1907년 이승훈이 애국 계몽 운동 단체인 신민회의 민족 운동 노선에 따라 민족운동의 인재를 양성할 목적으로 평안북도 정주에 세운 학교이다. 대운동회를 매년 1회 실시하였으며 이곳의 체육 활동은 주로 군사훈련의 성격을 띠었다.

12 개화기의 체육사적 사실에 관한 설명으로 옳은 것은?

기출 16·17·18·19·21·22·24

① 동래무예학교는 문예반 50명, 무예반 200명을 선발하였다.
② 개화기 최초의 운동회는 일본인 학교에서 주관한 화류회(花柳會)였다.
③ 양반들이 주도하여 배재학당, 이화학당, 경신학당 등 미션스쿨을 설립하였다.
④ 고종은 「교육입국조서」를 반포하고, 덕양, 체양, 지양을 강조하였다.

해설

① 문예반 50명, 무예반 200명으로 운영된 학교는 원산학사이다.
② 화류회는 체육사상 첫 운동회로, 1896년 한성영어학교에서 개최하였다.
③ 기독교 선교 단체의 영향하에 배재학당, 이화학당, 경신학교 등과 같은 미션스쿨이 설립되었다.

13 개화기의 체육단체에 관한 설명으로 옳은 것은?

기출 16·18·19·22·24

① 청강체육부 : 탁지부 관리들이 친목 도모를 위해 1902년에 조직하였고, 최초로 연식정구를 도입하였다.
② 회동구락부 : 최성희, 신완식 등이 1910년에 조직하였고, 정례적으로 축구 시합을 하였다.
③ 무도기계체육부 : 우리나라 최초 기계조 단체로서 이희두와 윤치오가 1908년에 조직하였다.
④ 대동체육구락부 : 체조 교사인 조원희, 김성집, 이기동 등이 주축이 되어 보성중학교에서 1909년에 조직하였고, 병식체조를 강조하였다.

해설

개화기의 체육단체
- 청강체육부 : 1910년 최성희를 주도로 중동학교 학생이 조직한 축구 클럽으로 최초의 교내 체육단체이다.
- 회동구락부 : 탁지부(재경부)에서 관리한 최초의 직장 체육단체로, 최초로 연식 정구 경기를 진행하였다.
- 대동체육구락부 : 권성연의 주도로 조직되었으며, 사회진화론적 자강론에 입각하여 체육의 가치를 국가 부강과 존폐의 근간으로 인식하여 체육 계몽운동을 주도하였다.

14 일제강점기 체육에 관한 사실로 옳지 않은 것은?

기출 17·20·22·24

① 박승필은 1912년에 유각권구락부를 설립해 권투를 지도하였다.
② 조선체육협회는 1920년에 동아일보사 후원으로 설립되었다.
③ 서상천은 1926년에 일본체육회 체조학교를 졸업하고, 역도를 소개하였다.
④ 손기정은 1936년에 베를린올림픽경기대회 마라톤 종목에서 우승하였다.

해설

② 1920년에 동아일보사 후원으로 설립된 것은 조선체육회이다. 조선체육협회는 1919년 일본인 중심으로 조선의 스포츠 단체를 관리하기 위해 조선신문사의 후원으로 설립되었다.
③ 서상천은 1923년 일본체육회 체조학교를 졸업하고, 1926년 휘문고등보통학교에서 부임하여 역도를 소개하였다.

※ 출제오류로 복수 정답 처리되었다.

정답 11 ① 12 ④ 13 ③ 14 ② · ③

15 〈보기〉에서 설명하는 단체는? 기출 16·19·22

- 외국인 선교사가 근대스포츠인 야구, 농구, 배구를 도입하였다.
- 1916년에 실내체육관을 준공하여, 다양한 실내스포츠를 활성화하였다.

① 황성기독교청년회
② 대한체육구락부
③ 조선체육회
④ 조선체육협회

해설
황성기독교청년회
황성기독교청년회는 1903년 서울에서 창설된 단체이다. 총무였던 YMCA 선교사 질레트를 주축으로 하여 서구 스포츠의 보급과 한국 민속스포츠의 부활에 기여했다.

16 〈보기〉에서 박정희 정부 때 실시한 체력장 제도에 관한 설명으로 옳은 것을 모두 고른 것은? 기출 20·21·22

- ㉠ 1971년부터 실시되었다.
- ㉡ 1973년부터는 대학입시에 체력장 평가가 포함되었다.
- ㉢ 국제체력검사표준회위원회에서 정한 기준과 종목을 대상으로 하였다.
- ㉣ 시행 종목에는 100m 달리기, 제자리멀리뛰기, 팔굽혀 매달리기(여자), 턱걸이(남자), 윗몸일으키기, 던지기가 있었다.

① ㉠, ㉡
② ㉢, ㉣
③ ㉠, ㉡, ㉢
④ ㉠, ㉡, ㉢, ㉣

해설
체력장 제도
체력장 제도는 1971년부터 10~17세 학생들을 대상으로 교육부에서 실시하는 기초체력 향상을 위한 체력검정이다. 1973년부터는 대학입시에 체력장 평가를 포함하였으며, 국제체력검사표준위원회의 기준과 종목을 기반으로 표집 및 실시되었다. 주요 시행 종목으로는 100m 달리기, 제자리멀리뛰기, 팔굽혀 매달리기(여자), 턱걸이(남자), 윗몸일으키기, 던지기가 있었다.

17 〈보기〉에서 설명하는 스포츠 경기 종목은? 기출 16·18·19·20·21·22

- 1988년 제24회 서울올림픽경기대회에서 시범 종목으로 채택되었다.
- 2000년 제27회 시드니올림픽경기대회에서 정식 종목으로 채택되었다.
- 2007년에 정부는 이 종목을 진흥하기 위한 법률을 제정하였다.

① 유 도
② 복 싱
③ 태권도
④ 레슬링

해설
태권도
태권도는 서울올림픽대회(1988)에서 시범 종목으로 채택되었고, 시드니올림픽대회(2000)에서 정식 종목으로 채택되었다. 2007년에 정부에서 태권도를 진흥하기 위해 「태권도 진흥 및 태권도 공원 조성 등에 관한 법률」을 제정하였다.

18 1948년 제5회 동계올림픽경기대회에 관한 설명으로 옳지 않은 것은? 기출 16·18·19·20·21·22

① 개최지는 스위스 생모리츠였다.
② 제2차 세계대전을 일으킨 독일과 일본도 출전하였다.
③ 광복 이후 최초로 태극기를 단 선수단이 파견되었다.
④ 이효창, 문동성, 이종국 선수는 스피드스케이팅 종목에 출전하였다.

해설
스위스 생모리츠동계올림픽
- 스위스 생모리츠동계올림픽은 제2차 세계대전 이후 최초의 올림픽으로 독일과 일본은 전쟁을 일으킨 나라로 출전이 거부되었다. (②)
- 우리나라에서는 스피드스케이팅 종목에 이효창, 문동성, 이종국 선수 등이 참가하였다. 다만 문동성 선수가 경기 중 노르웨이 선수와 부딪혀 입은 부상으로 최용진 감독이 대신 500m 경기에 출전했다. (④)

※ 출제오류로 복수 정답 처리되었다.

정답 15 ① 16 ④ 17 ③ 18 ②·④

19 대한민국에서 개최된 하계아시아경기대회가 아닌 것은?
기출 17·18·19·21

① 1986년 제10회 서울아시아경기대회
② 2002년 제14회 부산아시아경기대회
③ 2014년 제17회 인천아시아경기대회
④ 2018년 제18회 평창아시아경기대회

해설
2018년 대한민국에서 개최된 국제경기는 평창동계올림픽이며, 2018년 18회 하계아시아경기대회는 자카르타와 팔렘방에서 개최되었다.

제5과목 운동생리학

01 ATP를 합성하는 데 사용되는 에너지원이 아닌 것은?
기출 16·17·18·19

① 근중성지방
② 비타민C
③ 글루코스
④ 젖 산

해설
대사와 에너지원
인체가 ATP를 합성하는 데 사용되는 대표적인 에너지원은 탄수화물(당질), 지방(지질), 단백질이다. 따라서 에너지원에 당질인 글루코스와 젖산, 지질인 근중성지방은 해당되지만 비타민C는 해당되지 않는다.

---

20 1991년에 남한과 북한이 단일팀으로 탁구 종목에 참가한 국제경기 대회는?
기출 17·18·19·21

① 제41회 지바세계선수권대회
② 제27회 시드니올림픽경기대회
③ 제28회 아테네올림픽경기대회
④ 제6회 포르투갈세계청소년선수권대회

해설
남북체육교류
남북은 1991년 남북한 단일팀 구성 합의를 통해 일본 지바에서 열린 제41회 세계탁구선수권대회에 단일팀 '코리아'로 출전하였다.

---

02 근수축에 필수적인 Ca^{2+} 이온을 저장, 분비하는 근육 세포 내 소기관은?
기출 15·21·22

① 근형질세망(Sarcoplasmic Reticulum)
② 위성세포(Satellite Cell)
③ 미토콘드리아(Mitochondria)
④ 근핵(Myonuclear)

해설
근형질세망
근수축에 필수적인 근형질세망은 근육의 근형질 내 근원섬유와 나란하게 붙어 있는 막 채널 연결망으로 칼슘이온의 저장소의 역할을 하는데, 칼슘이온의 농도를 조절함으로써 근수축을 제어한다.

정답 19 ④ 20 ① 01 ② 02 ①

03 운동 후 초과산소섭취량(EPOC)에 영향을 미치는 요인으로 적절하지 않은 것은? 기출 19

① 운동 중 증가한 체온
② 운동 중 증가한 젖산
③ 운동 중 증가한 호르몬(에피네프린, 노르에피네프린)
④ 운동 중 증가한 크레아틴인산(Phosphocreatine, PC)

해설
초과산소섭취량(EPOC)
초과산소섭취량은 운동 후에 VO_2가 안정 시 수준으로 회복되는 과정에서 발생하는 산소섭취량으로, 운동 시간과 강도에 비례하여 나타난다. 일반적으로 운동 후 일정 시간 동안은 평상시보다 더 많은 양의 산소가 소비되는데, 운동 중에 발생한 체온의 상승 및 호르몬 농도의 증가에 대한 강하, 근육 내 PC 재합성, 젖산 제거, 근육과 혈액의 산소 저장 등의 작용에서 기인한 것이다.

04 수중운동 시 체온유지를 위한 요인으로 옳지 않은 것은? 기출 16·18·19·21

① 폐활량
② 체지방량
③ 운동강도
④ 물의 온도

해설
수중운동과 항상성
수중운동 시 체온유지에 영향을 주는 요소에는 물의 온도, 체지방량, 운동강도 등이 있다. 체온은 열 발생량과 열 방출량이 균형을 이룰 때 유지되는데, 물의 온도가 높을수록, 체지방량이 많을수록 열 방출량이 감소하고, 운동강도가 높을수록 열 발생량이 증가해 체온을 유지할 수 있게 된다. 그러나 폐활량은 호흡계의 가스교환 기능을 나타내는 지표로, 체온유지와는 무관하다.

05 운동강도 증가에 따라 동원되는 근섬유 순서로 옳은 것은? 기출 16·17·18·19·21·24

① TypeⅡa 섬유 → TypeⅡx 섬유 → TypeⅠ 섬유
② TypeⅡx 섬유 → TypeⅡa 섬유 → TypeⅠ 섬유
③ TypeⅠ 섬유 → TypeⅡa 섬유 → TypeⅡx 섬유
④ TypeⅠ 섬유 → TypeⅡx 섬유 → TypeⅡa 섬유

해설
근섬유의 동원

운동강도	저강도 ←→ 고강도		
	TypeⅠ 섬유	TypeⅡa 섬유	TypeⅡx (TypeⅡb) 섬유
근섬유	• 유산소대사 • 지근	• 유산소대사·무산소대사 • 중간근 (지근·속근)	• 무산소대사 • 속근

저강도에서 TypeⅠ 섬유부터 동원되어 운동강도가 올라갈수록 TypeⅡa 섬유, TypeⅡx(TypeⅡb) 순으로 동원된다. TypeⅡx 섬유는 TypeⅡb 섬유라고도 한다.

06 장기간 규칙적 유산소 훈련의 결과로 최대 운동 시 나타나는 심폐기능의 적응으로 옳은 것을 모두 고른 것은? 기출 17·20·21

㉠ 최대 산소섭취량 증가
㉡ 심장용적과 심근수축력 증가
㉢ 심박출량 증가

① ㉠, ㉡
② ㉠, ㉢
③ ㉡, ㉢
④ ㉠, ㉡, ㉢

해설
운동과 순환계·호흡계의 적응
장기간 규칙적으로 유산소 훈련을 하면 심폐기능의 적응 현상으로 혈액량이 증가하게 된다. 이로 인해 혈액을 전신으로 내보내는 ㉡ 좌심실의 심장용적이 증가하고 좌심실의 근육이 강해져 좌심실에서의 심근수축력이 증가하게 된다. 따라서 ㉢ 심박출량이 증가하고, ㉠ 최대 산소섭취량도 증가하게 된다.

03 ④ 04 ① 05 ③ 06 ④ **정답**

07 항상성 유지를 위한 신체 조절 중 부적 피드백(Negative Feedback)이 아닌 것은? 기출 16·17·18·19·22

① 세포 외액의 CO_2 조절
② 체온 상승에 따른 땀 분비 증가
③ 혈당 유지를 위한 호르몬 조절
④ 출산 시 자궁 수축 활성화 증가

해설

출산할 때 옥시토신이 분비되어 자궁 수축이 촉진되는 것은 정적 피드백(양성 피드백)에 해당한다.

호르몬과 항상성의 조절

- 음성 피드백 : 결과가 원인을 억제하는 피드백 작용
  예 티록신의 TSH, TRH 분비 조절
- 양성 피드백 : 결과가 원인을 강화하는 피드백 작용
  예 옥시토신의 자궁 수축 작용

08 운동 중 1회박출량(Stroke Volume) 증가 원인으로 옳지 않은 것은? 기출 16·17·18·19·22·24

① 대동맥압 증가에 따른 후부하(After Load) 증가
② 호흡펌프작용에 의한 정맥회귀(Venous Return) 증가
③ 골격근수축에 의한 근육 펌프작용 증가
④ 교감신경 자극에 의한 심근수축력 증가

해설

1회박출량

1회박출량을 결정하는 요소에는 정맥혈 회귀량, 심실의 수축력, 그리고 대동맥압이 있다. 대동맥압이 상승하면 후부하도 증가하게 되는데, 이는 좌심실에서 혈액을 전신으로 보내는 과정에서 혈류가 대동맥판막을 통과할 때의 저항이 증가하기 때문이다. 이러한 후부하의 증가로 인해 1회박출량은 상대적으로 감소하게 된다.

후부하(後負荷, After Load)

후부하는 심장이 수축한 후에 발생하는 부하로, 수축기에 심장이 혈액을 내보내기 위해 얼마나 강하게 수축해야 하는가에 관한 것이다. 후부하가 클수록 심박출량이 적어진다. 판막이 제대로 기능하지 않아 혈액이 역류할 때, 동맥이 막혀있거나 혈액의 점도가 높아 혈압이 상승할 때 혈액을 내보내기 위해 심장이 더 강하게 수축해야 한다.

정답 07 ④ 08 ①

09 〈보기〉의 ㉠, ㉡에 들어갈 내용이 바르게 연결된 것은?   기출 19

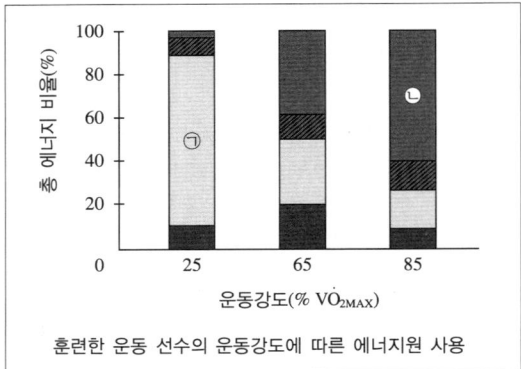
훈련한 운동 선수의 운동강도에 따른 에너지원 사용

	㉠	㉡
①	혈중 포도당	근중성지방
②	혈중 유리지방산	근글리코겐
③	근글리코겐	혈중 포도당
④	근중성지방	혈중 유리지방산

해설
운동강도에 따른 에너지원의 사용
인체는 운동강도에 따라 지방, 탄수화물, 단백질 순으로 에너지원으로 사용한다. 저강도에서는 대부분의 에너지원으로 ㉠ 혈중의 유리지방산을 사용하고, 고강도에서는 대부분의 에너지원으로 빠르게 분해해 사용할 수 있는 ㉡ 근육 속 글리코겐을 사용한다.

10 운동 중 소뇌의 기능에 대한 설명으로 옳은 것을 모두 고른 것은?   기출 15·22

㉠ 골격근 운동 조절의 최종 단계 역할
㉡ 빠른 동작의 정확한 수행을 위한 통합 조절
㉢ 고유 수용기로부터 유입되는 정보를 활용하여 동작 수정

① ㉠, ㉡   ② ㉠, ㉢
③ ㉡, ㉢   ④ ㉠, ㉡, ㉢

해설
골격근 운동과 같은 수의근을 최종적으로 조절하는 것은 대뇌이다.

소뇌의 기능
소뇌는 ㉡ 빠른 동작의 정확한 수행을 위한 통합적인 조절을 담당하며, ㉢ 고유 수용기로부터 유입되는 정보를 활용하여 동작을 수정하는 역할을 한다. 그와 더불어 평형감각기로부터 오는 정보에 따라 몸의 평형을 유지하는 역할을 하며, 신체가 어떠한 동작을 취할 때 제 부분이 협응하게 한다.

11 운동에 따른 환기량의 변화로 옳은 것을 모두 고른 것은?   기출 18·21·24

㉠ 운동 시작 직전에는 운동수행에 대한 기대감으로 환기량이 증가할 수 있다.
㉡ 운동 초기 환기량 변화의 주된 요인은 경동맥에 위치한 화학수용기 반응이다.
㉢ 운동강도가 증가하면 1회호흡량은 감소하고 호흡수는 현저히 증가한다.
㉣ 회복기 환기량은 운동 중 생성된 체내 수소이온 및 이산화탄소 농도와 관련 있다.

① ㉠, ㉡   ② ㉠, ㉢
③ ㉠, ㉣   ④ ㉡, ㉢, ㉣

해설
운동에 대한 반응과 적응
㉡ 운동 초기에 환기량을 변화하게 하는 요인은 근육 활동에서 비롯된 관절의 자극이다.
㉢ 운동강도가 증가할수록 1회호흡량과 호흡수 모두 증가한다.

09 ② 10 ③ 11 ③

12 〈보기〉의 ㉠, ㉡에 들어갈 내용이 바르게 연결된 것은?

기출 17·22·24

1개의 포도당 분해에 따른 유산소성 ATP 생성		
대사적 과정	고에너지 생산	ATP 누계
해당작용	2 ATP	2
	2 NADH	7
피루브산에서 아세틸조효소A까지	2 NADH	12
㉠	2 ATP	14
	6 NADH	29
	2 FADH₂	㉡
합 계	㉡	ATP

	㉠	㉡
①	크렙스 회로	32
②	β 산화	32
③	크렙스 회로	35
④	β 산화	35

해설

크렙스(TCA) 회로
- 산화적 인산화 과정에서 아세틸조효소A단계의 다음 과정은 ㉠ 크렙스 회로이다.
- 조효소 NADH 1분자는 2.5 ATP를 생성하고(2.5×6=15), FADH₂ 1분자는 1.5 ATP를 생성하므로(1.5×2=3) 총 ATP의 누계는 ㉡ 32 ATP이다.

13 체중이 80kg인 사람이 10METs로 10분간 달리기 했을 때 소비 칼로리는? (단, 1MET = 3.5mL · kg^{-1} · min^{-1}, O₂ 1L당 5kcal 소비)

① 130kcal
② 140kcal
③ 150kcal
④ 160kcal

해설

대사당량(METs)과 열량 소비

체중이 80kg인 사람이 10METs로 10분간 달리기했을 때 소비한 칼로리는 1METs 공식으로 산출할 수 있다.

1METs = 3.5mL/kg/min

- 소비한 산소량 계산 : 10 × 3.5mL/kg/min × 80kg × 10min = 28,000mL
- mL를 L로 환산 : 28,000mL / 1,000 = 28.0L
- 소모한 칼로리 계산 : 산소 1L당 5kcal를 소비하므로 28.0L × 5kcal = 140kcal

∴ 이 사람이 소비한 총 칼로리는 140kcal이다.

14 〈보기〉는 신경 세포의 안정 시 막전위에 영향을 주는 Na^+과 K^+에 대한 그림이다. ㉠~㉣에 들어갈 내용이 바르게 연결된 것은?

기출 17·18·21

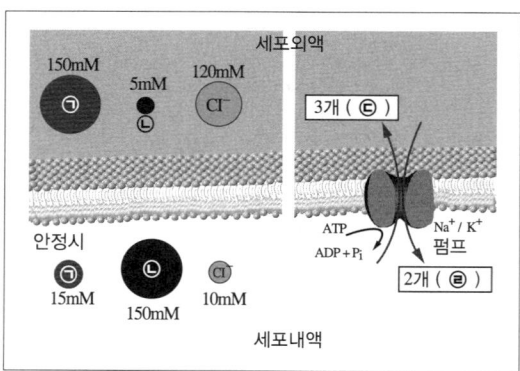

	㉠	㉡	㉢	㉣
①	K^+	Na^+	Na^+	K^+
②	Na^+	K^+	Na^+	K^+
③	K^+	Na^+	K^+	Na^+
④	Na^+	K^+	K^+	Na^+

해설

세포의 전기적 활동

분극 상태(세포의 안정 시 막전위 상태)에서 세포 안은 칼륨이온(K^+)이 많아 음전하를 띠고, 세포 밖은 나트륨이온(Na^+)이 많아 양전하를 띤다. 세포는 항상 전위차를 유지하기 위해 세포막에서 에너지(ATP)를 써서 나트륨-칼륨펌프를 가동하는데, 세포 밖으로는 나트륨이온(Na^+)을 3개씩 내보내고 세포 안으로는 칼륨이온(K^+)을 2개씩 들여보내며 일정한 전위차를 유지한다.

15 〈보기〉의 최대 산소섭취량 공식에서 장기간 지구성 훈련에 의해 증가되는 요소를 모두 고른 것은?

기출 16·17·18·19·22

최대 산소섭취량 = ㉠ 최대 1회박출량 × ㉡ 최대 심박수 × ㉢ 최대 동정맥산소차

① ㉠
② ㉠, ㉡
③ ㉠, ㉢
④ ㉡, ㉢

해설

㉡ 최대 심박수는 약간 감소하거나 변화가 없다.
㉠ 심실의 팽창력 및 수축력이 증가하고 정맥혈 회귀량이 증가할 때 최대 1회박출량이 증가한다.
㉢ 모세혈관 밀도의 증가로 인해 산소와 이산화탄소 교환이 활발해져 최대 동-정맥 산소차가 증가한다.

16 〈보기〉의 내용이 모두 증가되었을 때 향상되는 건강체력 요소는?

기출 16·19·22

- 모세혈관의 밀도
- 미토콘드리아의 수와 크기
- 동정맥산소차(Arterial-venous Oxygen Difference)

① 유연성
② 순발력
③ 심폐지구력
④ 근 력

해설

심폐지구력

모세혈관 밀도와 미오글로빈 함량, 미토콘드리아의 수와 크기가 증가하면, 산소와 이산화탄소 교환이 활발해져 동정맥산소차가 증가하게 된다. 동정맥산소차가 증가했다는 것은 호흡계와 순환계의 상호작용이 잘 일어나고 있다는 증거이다. 따라서 〈보기〉의 내용이 모두 증가되었을 때 향상되는 건강체력은 심폐지구력이다.

14 ② 15 ③ 16 ③ **정답**

17 1시간 이내의 중강도 운동 시 시간 경과에 따라 혈중 농도가 점차 감소하는 호르몬은? 기출 16·17·18·19

① 에피네프린(Epinephrine)
② 인슐린(Insulin)
③ 성장호르몬(Growth Hormone)
④ 코르티솔(Cortisol)

해설
대사와 에너지에 미치는 호르몬의 영향
인슐린은 혈중 글루코스의 양을 감소시키는 역할을 한다. 그러나 운동 중에는 에너지 공급을 위해 혈중 글루코스의 양이 증가해야 한다. 이때, 혈중 에피네프린·성장호르몬·코르티솔의 농도가 증가하지만, 인슐린의 농도는 감소한다. 따라서, 1시간 이내의 중강도 운동을 하는 동안 혈중 농도가 점차 감소하는 호르몬은 인슐린이다.

18 〈보기〉에서 설명하는 고유 수용기는? 기출 24

- 감각 및 운동신경의 말단이 연결되어 있다.
- 감마 운동 뉴런을 통해 조절된다.
- 근육의 길이 정보를 중추신경계로 보낸다.

① 근방추(Muscle Spindle)
② 골지 건기관(Golgi Tendon Organ)
③ 자유신경종말(Free Nerve Ending)
④ 파치니안 소체(Pacinian Corpuscle)

해설
근방추
근방추는 근섬유에 나란히 부착되어 근육 길이의 변화를 감지하는 기관으로 근육이 과도하게 길어지지 않도록 억제하는 역할을 한다. 감마 운동 뉴런을 통해 조절되고 큰 근육보다는 상대적으로 미세한 움직임이 요구되는 작은 근육에 많이 분포되어 있다.

19 근력 결정요인으로 옳지 않은 것은?

① 근육 횡단면적
② 근절의 적정 길이
③ 근섬유 구성비
④ 근섬유막 두께

해설
근력의 결정요인
근력은 ① 근조직의 양이 증가해 근육의 횡단면적이 넓어질수록, ② 근수축 시 근절의 길이가 적절할수록 ③ 지근섬유보다 속근섬유의 구성비가 높을수록 커진다. 그러나 근섬유막의 두께는 근섬유를 감싸는 막 조직의 두께로, 근력과는 무관하다.

20 상완이두근의 움직임에 대한 근육 수축 형태로 옳지 않은 것은? 기출 18·20·21·22

① 자세를 유지할 때 : 등척성 수축
② 턱걸이 올라갈 때 : 단축성 수축
③ 턱걸이 내려갈 때 : 신장성 수축
④ 공을 던질 때 : 등속성 수축

해설
근육의 수축 형태와 기능
등속성 수축은 관절각이 일정한 속도로 수축하는 것이다. 일반적으로 공을 던지는 동작은 관절의 각속도, 즉 취하는 동작에서의 관절각마다 속도가 일정치 않기 때문에 등속성 수축으로 볼 수 없다.

정답 17 ② 18 ① 19 ④ 20 ④

제6과목 운동역학

01 운동역학(Sports Biomechanics)의 내용으로 적절한 것은? 기출 15·16·17·18·19·21·22

① 스포츠 현상을 사회학적 연구 이론과 방법으로 설명하는 학문이다.
② 운동에 의한 생리적·기능적 변화를 기술하고 설명하는 학문이다.
③ 스포츠 수행에 영향을 주는 심리적 요인을 설명하는 학문이다.
④ 스포츠 상황에서 인체에 발생하는 힘과 그 효과를 설명하는 학문이다.

해설
① 스포츠사회학에 대한 설명이다.
② 운동생리학에 대한 설명이다.
③ 스포츠심리학에 대한 설명이다.

02 근육의 신장성(원심성) 수축(Eccentric Contraction)이 아닌 것은? 기출 19·21

① 스쿼트의 다리를 굽히는 동작에서 큰볼기근(대둔근, Gluteus Maximus)의 수축
② 팔굽혀펴기의 팔을 펴는 동작에서 위팔세갈래근(상완삼두근, Triceps Brachii)의 수축
③ 턱걸이의 팔을 펴는 동작에서 넓은등근(광배근, Latissimus Dorsi)의 수축
④ 윗몸일으키기의 뒤로 몸통을 펴는 동작에서 배곧은근(복직근, Rectus Abdominis)의 수축

해설
근수축의 형태
팔굽혀펴기의 팔을 펴는 동작에서 위팔세갈래근의 수축은 근육의 길이가 짧아지며 장력이 발생하는 움직임으로 단축성(구심성) 수축에 해당한다.

신장성(원심성 수축)
근육의 신장성(원심성) 수축은 근육의 길이가 늘어나며 장력이 발생하는 수축이다. 다리를 굽힐 때의 대둔근, 턱걸이할 때 팔을 펴는 동작에서의 광배근, 윗몸일으키기를 할 때 뒤로 몸을 펴는 동작에서의 복직근은 그 길이가 늘어나며 장력이 발생한다.

03 단위 시간당 이동한 변위(Displacement)를 나타내는 벡터양은? 기출 16·18·22

① 속도(Velocity)
② 거리(Distance)
③ 가속도(Acceleration)
④ 각속도(Angular Velocity)

해설
속도
속도는 단위 시간당 변위의 변화율로, 크기와 방향을 갖는 벡터양이다.

04 지면반력기(Force Plate)를 통해 얻을 수 있는 변인이 아닌 것은? 기출 16·17·18·20·21·22

① 걷기 동작에서 디딤발에 가해지는 힘의 방향
② 외발서기 동작에서 디딤발 압력중심(Center of Pressure)의 이동거리
③ 서전트 점프 동작에서 발로 지면에 힘을 가한 시간
④ 달리기 동작의 체공기(Non-supporting Phase)에서 발에 작용하는 힘의 크기

해설
운동 시 힘의 분석
지면반력기는 주로 서기, 걷기, 달리기, 뛰어오르기 등의 동작에서 인체가 주고받는 힘인 인체에 작용하는 힘, 땅과 주고받는 힘인 충격력, 추진력 등을 분석하는 기구이다. 따라서 달리기 동작에서의 체공기와 같이 발이 땅에 닿지 않는 동작에서 인체에 작용하는 힘은 지면반력기가 측정할 수 없다.

01 ④ 02 ② 03 ① 04 ④ **정답**

05 인체의 시상(전후)면(Sagittal Plane)에서 수행되는 움직임이 아닌 것은? 기출 16·18·19·21

① 인체의 수직축(종축)을 중심으로 회전하는 피겨스케이팅 선수의 몸통분절 움직임
② 페달링하는 사이클 선수의 무릎관절 굴곡/신전 움직임
③ 100m 달리기를 하는 육상 선수의 발목관절 저측/배측굴곡 움직임
④ 앞구르기를 하는 체조 선수의 몸통분절 움직임

해설
운동면과 운동
- 수평면(횡단면) 운동 : ①의 움직임처럼 몸을 위아래로 나누는 가상의 면인 수평면(횡단면)에서 발생하는 운동이다.
- 시상면(전후면) 운동 : ②·③·④의 움직임처럼 인체를 좌우로 나누는 가상의 면인 시상면에서 일어나는 운동이다.

06 〈보기〉에서 복합운동(General Motion)에 해당하는 것을 모두 고른 것은?

┌─────────────────────────────────────┐
│ ㉠ 커브볼로 던져진 야구공의 움직임
│ ㉡ 페달링하면서 직선구간을 질주하는 사이클 선수의 대퇴(넙다리) 분절 움직임
│ ㉢ 공중회전하면서 낙하하는 다이빙 선수의 몸통 움직임
└─────────────────────────────────────┘

① ㉠   ② ㉠, ㉢
③ ㉡, ㉢   ④ ㉠, ㉡, ㉢

해설
복합운동
복합운동은 선운동인 병진운동과 회전운동인 각운동이 함께 일어나는 운동 형태이다.
〈보기〉에 제시된 사례를 병진운동과 회전운동으로 나누면 아래와 같다.

구 분	병진운동(선운동)	회전운동(각운동)
㉠	앞으로 나아가는 야구공	던질 때 커브를 주어 회전하는 야구공
㉡	직선구간으로 나아가는 자전거	페달링하는 사이클 선수의 무릎관절
㉢	공중에서 낙하하는 다이빙 선수의 몸체	공중에서 회전하는 다이빙 선수의 몸체

07 인체 무게중심에 대한 설명으로 옳은 것은? (단, 공기저항은 무시함) 기출 15·16·17·19·20·21·22·24

① 무게중심은 항상 신체 내부에 위치한다.
② 체조 선수는 공중회전하는 동안 무게중심을 지나는 축을 중심으로 회전하게 된다.
③ 지면에 선 상태로 팔을 위로 올리면 무게중심은 아래로 이동한다.
④ 서전트 점프 이지(Take-off) 후, 공중에서 팔을 위로 올리면 무게중심은 위로 이동한다.

해설
① 무게중심은 취하는 자세에 따라 신체 내부, 외부 어디로든 이동할 수 있다.
③ 지면에 선 상태로 팔을 위로 들면 무게중심은 배꼽 부근에서 상체 쪽으로 이동한다.
④ 서전트 점프에서 이지(離地, Take-off)한 후, 공중에서 팔을 위로 들면 무게중심은 중력의 영향으로 아래로 이동한다.

08 농구 자유투에서 투사된 농구공의 운동에 대한 설명으로 옳은 것은? (단, 공기저항은 무시함)

① 농구공 질량중심의 수직속도는 일정하다.
② 최고점에서 농구공 질량중심의 수평속도는 0m/s가 된다.
③ 최고점에서 농구공 질량중심은 수평방향으로 등속도 운동을 한다.
④ 최고점에서 농구공 질량중심은 수직방향으로 등속도 운동을 한다.

해설
① 농구공 질량중심의 수직속도는 중력가속도(약 $9.8m/s^2$)의 영향으로 일정하게 증가하므로 투사된 농구공은 등가속도 운동을 하게 된다.
② 최고점에서 농구공 질량중심의 수직속도는 0m/s다.
④ 최고점에서 농구공 질량중심은 수직방향으로 등가속도 운동을 한다.

정답 05 ① 06 ④ 07 ② 08 ③

09 〈그림〉과 같이 공이 지면(수평고정면)에 충돌하는 상황에 관한 설명으로 옳은 것은? (단, 공의 충돌 전 수평속도 및 수직속도는 같음)   기출 20·22

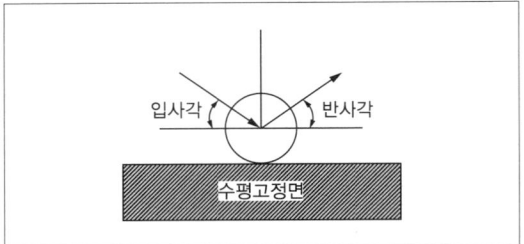

① 충돌 후, 무회전에 비해 백스핀된 공의 수평속도가 크다.
② 충돌 후, 무회전에 비해 톱스핀된 공의 수직속도가 크다.
③ 충돌 후, 무회전에 비해 톱스핀된 공의 반사각이 크다.
④ 충돌 후, 무회전된 공과 백스핀된 공의 리바운드 높이는 같다.

해설
리바운드 높이에 영향을 주는 수직속도는 회전 형태와 상관없이 탄성계수에 의하여 결정되고 문제에서 같다고 하였으므로 리바운드 높이는 스핀과 관계없이 충돌 후 동일하다.

10 〈그림〉에서 달리기 선수의 질량은 60kg이며 오른발 착지 시 무게중심의 수평속도는 2m/s이다. A와 B의 면적이 각각 80N·s와 20N·s일 때, 오른발 이지(Take-off) 순간 무게중심의 수평속도는?

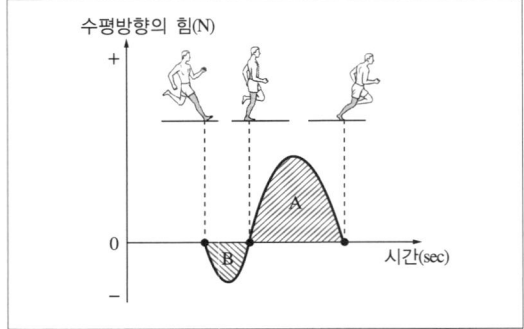

① 3m/s
② 4m/s
③ 5m/s
④ 6m/s

해설
충격량과 충돌
- 운동량은 운동하는 물체가 갖는 물리량으로 질량(m)과 운동속도(v)의 곱으로 나타낸다. 따라서 달리기 선수의 운동량은 60kg × 2m/s = 120kg·m/s이다.
- 충격량(I)은 운동량의 변화량으로, 〈그림〉에서 제시된 그래프의 면적에 해당한다. 이지 순간의 충격량은 충돌 후 운동량에서 충돌 전 운동량을 뺀 것이다.
∴ 80N·s − 20N·s = 60N·s
- $I = mv_{충돌후} - mv_{충돌전}$이므로 (60kg × 이지 순간 수평속도) − (120kg·m/s) = 60N·s이어야 한다.
∴ 오른발 이지 순간의 수평속도는 3m/s이다.

11 〈보기〉의 ㉠, ㉡에 들어갈 용어가 바르게 연결한 것은?

기출 18·21·22

> 농구선수는 양손 체스트패스 캐치 동작에서 공을 몸 쪽으로 당겨 받는다. 그 과정에서 공을 받는 (㉠)은 늘리고 (㉡)은 줄일 수 있다.

	㉠	㉡
①	시간	충격력(Impact Force)
②	충격력	시간
③	충격량(Impulse)	시간
④	충격력	충격량(Impulse)

해설

충격량과 충격력

충격량은 운동량의 변화량으로, 충격력과 작용한 시간의 곱 ($\vec{I} = \vec{mv'} - \vec{mv_0} = \vec{F} \cdot \Delta t$)이다.

이때, $F = ma = m\frac{\Delta v}{\Delta t} = \frac{\Delta p}{\Delta t}$이므로 충격을 받는 시간이 증가할수록 충격력의 크기가 작아진다. 농구선수가 양손 체스트패스 캐치 동작에서 공을 몸 쪽으로 당겨 받는 것은 공을 받는 충격 시간을 늘려 자신이 받는 충격력을 줄이기 위한 것이다.

12 역학적 일(Work)을 하지 않은 것은?

기출 17·18·19·22

① 역도 선수가 바닥에 있던 100kg의 바벨을 1m 높이로 들어 올렸다.
② 레슬링 선수가 상대방을 굴려서 1m 옆으로 이동시켰다.
③ 체조 선수가 철봉에 매달려 10초 동안 정지해 있었다.
④ 육상 선수가 달려서 100m를 이동했다.

해설

역학적 일

역학적 일은 물체에 작용한 힘과 이동거리의 곱이다. 이때, 가해진 힘과 이동거리의 방향이 일치해야 일을 한 것이 된다. 따라서 작용한 힘이 0인 경우, 이동거리가 0인 경우, 힘과 이동 방향이 수직인 경우는 역학적 일을 하지 않은 것이 된다. 따라서 ③ 체조 선수가 철봉에 매달려 10초 동안 정지해 있는 경우는 이동거리가 0이므로 역학적 일을 한 것으로 볼 수 없다.

13 마그누스 효과(Magnus Effect)에 관한 내용이 아닌 것은?

기출 18·21·22

① 레인에서 회전하는 볼링공의 경로가 휘어지는 현상
② 커브볼로 투구된 야구공의 경로가 휘어지는 현상
③ 사이드스핀이 가해진 탁구공의 경로가 휘어지는 현상
④ 회전(톱스핀)이 걸린 테니스공이 아래로 빠르게 떨어지는 현상

해설

레인에서 회전하는 볼링공의 경로가 휘어지는 것은 유체 내에서의 회전운동이 아닐뿐더러 운동하는 물체에 양력이 작용하여 경로가 휘어지는 것이 아니므로 마그누스 효과와는 무관한 사례이다.

마그누스 효과

마그누스 효과는 공기나 물과 같은 유체 속에서 물체가 회전하면서 특정 방향으로 운동하게 될 때, 물체가 그 이동속도의 수직 방향으로 힘(압력)을 받아 경로가 휘어지는 현상을 말한다.

14 스키점프 동작의 역학적 에너지에 대한 설명으로 옳지 않은 것은? (단, 공기저항은 무시함)

기출 16·17·18·20·21

① 운동에너지는 지면 착지 직전에 가장 크다.
② 위치에너지는 수직 최고점에서 가장 크다.
③ 운동에너지는 스키점프대 이륙 직후부터 지면 착지 직전까지 동일하다.
④ 역학적 에너지는 스키점프대 이륙 직후부터 지면 착지 직전까지 보존된다.

해설

역학적 에너지의 전환

운동에너지는 스키점프대 이륙 직후부터 지면 착지 직전까지 점점 증가하는데, 이는 스키점프대에서 지면까지의 위치에너지가 감소하여 운동에너지로 전환되었기 때문이다.

역학적 에너지 보존의 법칙

역학적 에너지 보존의 법칙은 운동하는 물체에 공기의 저항력이나 마찰력이 작용하지 않는다면 역학적 에너지의 형태가 바뀌더라도 그 총량은 항상 일정하게 보존된다는 법칙이다.

정답 11 ① 12 ③ 13 ① 14 ③

15 〈보기〉의 그림에 제시된 덤벨 컬(Dumbbell Curl) 운동에서 팔꿈치관절 각도(θ)와 팔꿈치관절에 발생되는 회전력(Torque)의 관계를 옳게 나타낸 그래프는? (단, 덤벨 컬 운동은 등각속도 운동임)

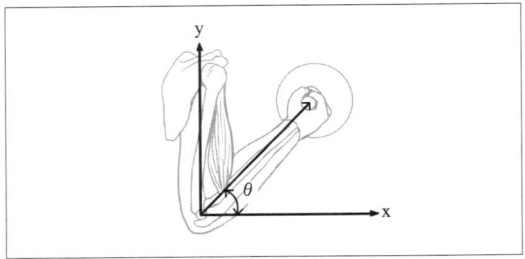

①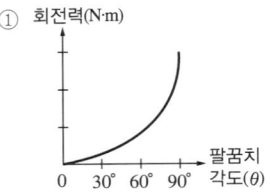

②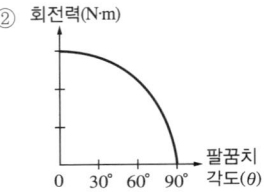

③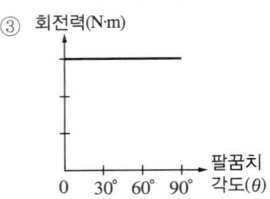

④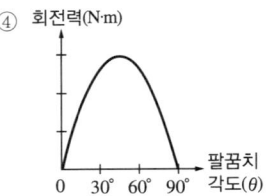

해설
회전력
회전력은 물체를 회전시켜 각운동량을 생성하는 힘이다. 〈보기〉의 덤벨 컬이 등각속도 운동이라는 조건은 어떤 각에서도 항상 같은 속도로 팔꿈치가 굽는다는 뜻으로, 팔꿈치 각이 90°에서 0°로 줄어들수록 편심력이 증가하여 회전력도 증가하게 된다.

16 인체 지레에 대한 설명 중 옳은 것은?

기출 15·17·18·19·20·21·22·24

① 지레에서 저항팔이 힘팔보다 긴 경우에는 힘에 있어서 이득이 있다.
② 1종 지레는 저항점이 받침점과 힘점 사이에 있는 형태로, 팔굽혀펴기 동작이 이에 속한다.
③ 2종 지레는 받침점이 힘점과 저항점 사이에 있는 형태로, 힘에 있어서 이득이 있다.
④ 3종 지레는 힘점이 받침점과 저항점 사이에 있는 형태로, 운동의 범위와 속도에 있어서 이득이 있다.

해설
인체의 지레
제3종 지레는 받침점이 지레의 한쪽 끝에 있고, 받침점과 저항점 사이에 힘점이 있는 지레이다. 제3종 지레는 힘팔의 길이보다 저항팔의 길이가 더 길어서 힘의 효율은 떨어지지만 운동 범위나 운동 속도의 측면에서는 이득이 있다.

정답 15 ② 16 ④

17 〈보기〉의 ㉠~㉣에 들어갈 내용을 바르게 연결한 것은?   기출 16·18·19·21·22

> 다이빙 선수의 공중회전 동작에서는 다이빙 플랫폼 이지(Take-off) 직후에 다리와 팔을 회전축 가까이 위치시켜 관성모멘트를 (㉠)시킴으로써 각속도를 (㉡)시켜야 한다. 입수 동작에서는 팔과 다리를 최대한 펴서 관성모멘트를 (㉢)시킴으로써 각속도를 (㉣)시켜야 한다.

	㉠	㉡	㉢	㉣
①	증가	감소	증가	감소
②	감소	증가	증가	감소
③	감소	감소	증가	증가
④	증가	증가	감소	감소

해설
관성모멘트
관성모멘트는 물체가 회전 운동을 유지하려는 성질로, 이는 물체의 질량과 회전반지름의 제곱의 곱으로 표현된다. 다이빙 선수가 공중 회전 동작에서 팔다리를 회전축 가까이 위치시키는 이유는 회전반지름을 줄여 관성모멘트를 감소시키고, 각속도를 증가시켜 더 빠르게 회전하려는 이유에서다. 반면에 입수 동작에서 팔다리를 최대한 펴는 이유는 회전반지름을 늘려서 관성모멘트를 증가시키고, 각속도를 감소시켜 수면으로의 저항을 줄여 더 쉽게 입수하려는 이유에서다.

18 30m/s의 수평투사속도로 야구공을 던질 때, 야구공의 체공시간이 2초라면 투사거리는? (단, 공기저항은 무시함)

① 15m
② 30m
③ 60m
④ 90m

해설
속도는 단위 시간 동안 변위의 변화율로, 변위(D)를 소요시간으로 나눈 것이다. 해당 공식을 변형하여 속도와 시간을 곱하면 투사된 거리를 구할 수 있다.
투사된 거리(D) = 30m/s × 2s = 60m
∴ 야구공이 투사된 거리는 60m이다.

19 일률(Power)의 단위가 아닌 것은?   기출 17·18·21

① N·m/s
② kg·m/s^2
③ Joule/s
④ Watt

해설
일률
일률은 단위 시간 동안 수행한 일의 양으로 스포츠에서는 순발력이라고도 한다. 일률의 단위에는 일의 단위인 N·m와 Joule을 단위 시간으로 나눈 N·m/s와 Joule/s 그리고 Watt가 있다. kg·m/s^{2}은 힘의 단위로, 물체의 질량과 가속도를 곱한 값이다.

20 〈보기〉의 ㉠~㉢에 들어갈 내용을 바르게 연결한 것은?   기출 15·16·17·18·19·20·21·22·24

> 신체의 정적 안정성을 높이기 위해서는 기저면(Base of Support)을 (㉠), 무게중심을 (㉡), 수직 무게중심선을 기저면의 중앙과 (㉢) 위치시키는 것이 효과적이다.

	㉠	㉡	㉢
①	좁히고	높이고	가깝게
②	좁히고	높이고	멀게
③	넓히고	낮추고	가깝게
④	넓히고	낮추고	멀게

해설
안정성
신체 안정성을 높이려면 기저면을 넓게, 무게중심을 낮게, 수직의 무게 중심선을 기저면의 정중앙과 최대한 가깝게 위치시켜야 한다. 그 외에도 신체의 중량을 늘리거나, 접촉면과의 마찰력을 크게 하는 방법을 사용하여 신체 안정성을 높일 수 있다.

정답 17 ② 18 ③ 19 ② 20 ③

제7과목 스포츠윤리

01 스포츠맨십(Sportsmanship) 행위가 아닌 것은?

기출 15·16·17·18·19·21·22

① 패자에게 승리의 우월성 과시
② 악의 없는 순수한 경쟁
③ 패배에 대한 겸허한 수용
④ 승자에 대한 아낌없는 박수

해설
패자에게 승리의 우월성을 과시하는 것은 스포츠맨십에 해당하는 행위가 아니다.

스포츠맨십
스포츠맨십은 스포츠인이 지켜야 할 준칙과 실천해야 할 행동지침으로, 이상적인 신사의 인간상이 스포츠에 적용된 가치이다. 정정당당한 경쟁, 경기 규정 준수, 승부 결과에 승복하는 자세, 패자에 대한 격려, 승자에 대한 환호 등이 이에 해당한다.

02 〈보기〉에서 스포츠에 관한 결과론적 윤리관에 해당하는 것으로만 고른 것은?

기출 16·17·18·19·20·22

> ⊙ 경기에서 지더라도 경기규칙은 반드시 준수해야 한다.
> ⓒ 개인의 최우수선수상 수상보다 팀의 우승이 더 중요하다.
> ⓒ 운동선수는 훈련과정보다 경기에서 승리하는 것이 더 중요하다.
> ⓔ 스포츠 경기는 페어플레이를 중시하기 때문에 승리를 위한 불공정한 행위를 해서는 안 된다.

① ⊙, ⓒ
② ⊙, ⓔ
③ ⓒ, ⓒ
④ ⓒ, ⓔ

해설
⊙ 경기규칙을 준수하는 것에 윤리적 옳음을 설정하는 것은 의무론적 윤리관이다.
ⓔ 페어플레이와 같은 도덕적 탁월성을 추구하는 윤리 이론은 덕윤리이다.

결과론(목적론)적 윤리관
결과론적 윤리관은 ⓒ 행위의 결과가 중시되는 윤리 이론으로, 목적의 달성과 일의 효용성을 강조하기 때문에 ⓒ 팀이 우승하는 것과 경기에서 승리하는 것이 윤리적으로 타당하다고 판단한다.

01 ① 02 ③ **정답**

03 스포츠에서 나타나는 인종차별에 관한 설명으로 적절하지 않은 것은?
기출 15·18·19·20·21·22·24

① 경기실적 향상을 위해 우수한 외국 선수를 귀화시키기도 한다.
② 개인의 운동기량을 인종 전체로 일반화시켜 편견과 차별이 심화되기도 한다.
③ 스포츠미디어는 인종에 대한 편견과 차별을 재생산하기도 한다.
④ 일부 관중들은 노골적으로 특정 인종을 비하하는 모욕 행위를 표출하기도 한다.

해설
스포츠 불평등 : 인종차별
경기실적을 향상하기 위해 우수한 선수를 자국민으로 귀화시키는 것은 인종차별을 극복한 사례이다.

04 스포츠윤리 이론 중 덕윤리의 특징으로 적절하지 않은 것은?
기출 17·18·22·24

① 스포츠 상황에서의 행위의 정당성보다 개인의 인성을 강조한다.
② 비윤리적 행위는 궁극적으로 스포츠인의 올바르지 못한 품성에서 비롯된다.
③ '어떠한 행위를 하는 선수가 되어야 하는가'보다 '무엇이 올바른 행위인지'를 판단하는 데 더 주목한다.
④ 스포츠인의 미덕을 드러내는 행동은 옳은 것이며, 악덕을 드러내는 행동은 그릇된 것으로 간주한다.

해설
덕윤리
덕윤리는 행위자의 인품이나 덕성을 강조하므로 '어떠한 행위를 하는 선수가 되어야 하는가'에 더 주목한다. 어떤 행위의 도덕성을 판단할 때 무엇이 올바른 행위인지, 행위 자체가 도덕적 의무를 준수하였는지에 주안점을 두는 윤리관은 의무론적 윤리관이다.

05 〈보기〉에서 스포츠윤리의 역할로 적절한 것으로만 고른 것은?
기출 15·19·20·21

⊙ 스포츠 상황에서 행동의 옳고 그름을 판단할 수 있는 원리 탐구
ⓒ 스포츠 현상을 사실적으로 기술하는 방법 탐구
ⓒ 스포츠 현상의 미학적 탐구
ⓔ 윤리적 원리와 도덕적 덕목에 기초하여 스포츠인에게 요구되는 행위 탐구

① ㉠, ㉡
② ㉠, ㉣
③ ㉡, ㉢
④ ㉡, ㉣

해설
스포츠윤리는 윤리적 원리와 덕목을 바탕으로 스포츠 상황에서 옳고 그름을 판단하고, 스포츠인에게 요구되는 행동을 탐구하는 데 목적을 두고 있다. 그와 더불어 스포츠 참여자들이 도덕적 가치를 따르는 행동을 촉진하기 위해 규칙을 세우는 데 중요한 역할을 하는 학문이다.

06 〈보기〉의 괄호 안에 공통으로 들어갈 용어는?
기출 16·17·18·19·20·21

- 칸트(I. Kant)에게 도덕성의 기준은 (   )이다.
- 칸트에 의하면, 페어플레이도 (   )이/가 없으면 도덕적이라 볼 수 없다.
- (   )은/는 도덕적인 선수가 갖추어야 할 내적인 태도이자 도덕적 행위의 필요충분조건이다.

① 행 복
② 선의지
③ 가언명령
④ 실 천

해설
선의지
선의지는 도덕적인 선수가 갖추어야 할 내적인 태도이자 도덕적 행위의 필요충분조건이다. 칸트에게 도덕성의 기준은 선의지이다. 칸트의 의무론적 윤리관은 선의지가 수반되지 않은 페어플레이를 부도덕한 행위로 판단한다.

정답 03 ① 04 ③ 05 ② 06 ②

07 〈보기〉에서 스포츠 선수의 유전자 도핑을 반대해야 하는 이유로 적절한 것을 모두 고른 것은?

기출 16·17·18·19

> ㉠ 선수의 신체를 실험 대상화하여 기계나 물질로 이해하도록 만들기 때문
> ㉡ 유전자조작 인간과 자연적 인간 사이에 갈등을 초래하기 때문
> ㉢ 생명체로서 인간의 본질을 훼손하고 존엄성을 부정하기 때문
> ㉣ 선수를 우생학적 개량의 대상으로 만들기 때문

① ㉠, ㉢
② ㉡, ㉢
③ ㉠, ㉡, ㉣
④ ㉠, ㉡, ㉢, ㉣

해설

유전자 도핑

유전자 도핑은 질병을 치료하기 위해 사용하는 것이 아니라 선수의 운동수행력을 향상하기 위해 사용하는 것이기 때문에 인간 존엄성 경시, 생명과 건강의 위험, 생명의 상품화, 스포츠의 본질적 가치와 공정성 훼손, 해당 선수와 타 선수 간의 갈등을 유발할 수 있다.

08 〈보기〉의 괄호 안에 들어갈 정의(Justice)의 유형은?

기출 17·18·20·21·22·25

> 운동선수의 신체는 훈련으로 만들어지기도 하지만 유전적 요인으로 결정되는 경우가 많다. 농구와 배구선수의 키는 타고난 우연성에 해당한다. 일반적으로 스포츠 경기에서는 이러한 불평등 문제에 (   ) 정의를 적용하지 않는다. 왜냐하면 스포츠는 전적으로 개인의 자발적인 선택의 문제이기 때문이다.

① 자연적
② 절차적
③ 분배적
④ 평균적

해설

평균적(평등적·형식적) 정의

평균적 정의는 분배적 정의의 한 갈래로, 모두에게 절대적으로 공평하게 적용되는 정의이다. 스포츠 상황에서는 선수에게 신장, 체중, 체력과 같은 신체적 조건과 능력을 동등하게 맞출 것을 요구하는 평균적 정의를 적용하지 않는다.

09 〈보기〉에서 A선수의 판단 근거가 되는 윤리 이론의 난점에 관한 설명으로 적절한 것은?

기출 16·17·18·19·20·22·24

> 농구경기 4쿼터 종료 3분 전, 감독에게 의도적 파울을 지시받은 A선수는 의도적 파울이 팀 승리에 기여할 수 있지만, 상대 선수에게 위협을 가하거나 자칫 부상을 입힐 수 있기 때문에 도덕적으로 옳지 않다고 판단했다.

① 사회 전체의 이익을 고려하지 않는 경우가 발생한다.
② 상식적이고 보편적인 도덕직관과 충돌하는 판단을 내릴 수 있다.
③ 행위의 결과를 즉각 산출하기 어려울 경우에 명료한 지침을 제시하지 못할 수 있다.
④ 도덕을 수단적으로 인식한다는 점에서 근본적인 도덕개념들과 양립하기 어렵다.

해설

② · ④ 결과론적 윤리관의 난점이다.
③ 덕윤리적 관점의 난점이다.

의무론적 윤리

자신이 받은 지시에 대해 행위 자체가 도덕에 어긋나므로 부도덕하다고 판단한 것으로 보아 A 선수의 도덕 판단 근거가 되는 윤리 이론은 의무론적 윤리관임을 알 수 있다. 의무론적 윤리관은 다수의 이익을 간과할 수 있고 서로 다른 도덕 규칙이 상충될 수 있다는 난점이 있다.

07 ④ 08 ④ 09 ① **정답**

10 〈보기〉의 괄호 안에 공통으로 들어갈 용어는?

기출 18·20·21·22·24

> 예진 : 스포츠에는 규칙으로 통제된 (　　)이 존재해. 대표적으로 복싱과 태권도와 같은 투기종목은 최소한의 안전장치가 마련되고, 그 속에서 힘의 우열이 가려지는 것이지. 따라서 스포츠 내에서 폭력은 용인된 폭력과 그렇지 않은 폭력으로 구분할 수 있어!
>
> 승현 : 아니, 내 생각은 달라! 스포츠 내에서의 폭력과 일상 생활에서의 폭력은 본질적으로 동일하지. 그래서 (　　)은 존재할 수 없어.

① 합법적 폭력
② 부당한 폭력
③ 비목적적 폭력
④ 반사회적 폭력

해설
스포츠와 폭력
〈보기〉는 격투 스포츠의 윤리적 논쟁에 대한 내용이다. 테러나 학대, 사적제재와 같은 폭력은 불법적인 폭력이지만, 격투기와 같이 스포츠 규칙에 의해 통제된 힘의 사용은 합법적(정당한) 폭력으로 인정된다. 이처럼 정당성의 기준에 따라 폭력의 적법성이 가변적이기 때문에 폭력을 절대악으로 간주할 수만은 없다.

11 〈보기〉에서 국제수영연맹(FINA)이 기술도핑을 금지한 이유는?

기출 16·17·18·19

> 2008년 베이징올림픽 수영종목에서는 25개의 세계신기록이 쏟아져 나왔다. 주목할 만한 것이 23개의 세계신기록이 소위 최첨단 수영복이라 불리는 엘지알 레이서(LZR Racer)를 착용한 선수들에 의해 수립되었다는 것이다. 그러나 이 같은 수영복을 하나의 기술도핑으로 간주한 국제수영연맹은 2010년부터 최첨단 수영복의 착용을 금지하였다.

① 효율성 추구
② 유희성 추구
③ 공정성 추구
④ 도전성 추구

해설
기술도핑
도핑은 선수의 스포츠 기능 향상을 위해 약물을 사용하거나 특수한 이학적 처리를 행하는 것이다. 도핑은 공정성 위배, 부정적 역할모델, 건강상 부작용, 자연성의 훼손 등의 이유로 스포츠 상황에서 사용을 엄금하고 있다. 〈보기〉는 경기의 공정성을 추구하기 위해 전신 수영복의 착용을 기술도핑으로 간주한 사례이다. 개인의 실력을 바탕으로 공정하게 경쟁한 것이 아니라 기구나 장비에 의존해 경쟁한 것이므로 이 같은 판단을 한 것이다.

정답　10 ①　11 ③

12 〈보기〉에서 나타난 현준과 수연의 공정시합에 관한 관점이 바르게 연결된 것은? 기출 18

> 현준 : 승부조작은 경쟁적 스포츠의 본래적 가치를 훼손시키는 행위지만, 경기규칙을 위반하지 않았다면 윤리적으로 문제없는 것이 아닌가?
> 수연 : 나는 경기규칙을 위반하지 않았다 하더라도, 스포츠의 역사적·사회적 보편성과 정당성 속에서 형성되고 공유된 에토스(Shared Ethos)에 충실해야 한다고 생각해! 그래서 스포츠의 가치를 근본적으로 훼손시키는 승부조작은 추구해서도, 용인되어서도 절대 안 돼!

	현 준	수 연
①	물질만능주의	인간중심주의
②	형식주의	비형식주의
③	비형식주의	형식주의
④	인간중심주의	물질만능주의

해설

페어플레이의 유형
페어플레이의 유형에는 형식적 페어플레이와 비형식적 플레이가 있다. 형식적 페어플레이는 〈보기〉 속 현준의 논지처럼 규칙 내에서 행하는 경쟁이고, 비형식적 페어플레이는 〈보기〉 속 수연의 논지처럼 참여자 간의 존중과 공정한 가치 태도를 바탕으로 경기의 관습을 지키며 행하는 경쟁이다.

13 〈보기〉의 ㉠, ㉡과 관련된 맹자(孟子)의 사상이 바르게 연결된 것은? 기출 19

> ㉠ 농구 경기에서 자신과 부딪쳐서 부상을 당해 병원으로 이송되는 상대 선수를 걱정해 주는 마음
> ㉡ 배구 경기에서 자신의 손에 맞고 터치 아웃된 공을 심판이 보지 못해서 자기 팀이 득점을 했을 때 스스로 부끄러워하는 마음

	㉠	㉡
①	수오지심(羞惡之心)	측은지심(惻隱之心)
②	측은지심(惻隱之心)	수오지심(羞惡之心)
③	사양지심(辭讓之心)	시비지심(是非之心)
④	측은지심(惻隱之心)	사양지심(辭讓之心)

해설

맹자의 사단(四端)
맹자의 사단에는 측은지심, 수오지심, 사양지심, 시비지심이 있다. 이 중 타인을 불쌍히 여기는 마음은 측은지심에 해당하며, 자신이나 타인의 불의를 부끄러워하고 선하지 못함을 미워하는 마음은 수오지심이다.

14 장애인의 스포츠 참여를 지원하는 방법으로 적절하지 않은 것은?   기출 16·17·18·20·21

① 장애인이 접근 가능한 장소의 확보
② 활동에 필요한 장비 및 기구의 안정적 지원
③ 비장애인과의 통합수업보다 분리수업 지향
④ 일회성 체험이 아닌 지속적인 클럽활동 보장

해설
스포츠 불평등 : 장애차별
- 비장애인과의 통합수업보다 분리수업 지향(「장애인차별금지법」 제25조 제1항) : 체육 활동을 주최·주관하는 기관이나 단체, 체육 활동을 목적으로 하는 체육시설의 소유·관리자는 체육 활동의 참여를 원하는 장애인을 장애를 이유로 제한·배제·분리·거부하여서는 아니 된다. (③)
- 장애인이 접근 가능한 장소의 확보(「장애인차별금지법 시행령」 제16조 제1항 제1호) : 장애인의 체육 활동에 필요한 시설 설치 및 체육용 기구 배치 (①)
- 활동에 필요한 장비 및 기구의 안정적 지원(「장애인차별금지법 시행령」 제16조 제1항 제7호) : 장애인들이 사용할 수 있는 체육용 기구 생산 장려 (②)
- 일회성 체험이 아닌 지속적인 클럽활동 보장(「장애인차별금지법 시행령」 제16조 제1항 제2호) : 장애인이 참여할 수 있는 체육 활동 프로그램 운영 (④)

15 스포츠의 지속 가능한 발전에 관한 설명으로 적절하지 않은 것은?   기출 16

① 새로운 스포츠 시설의 개발 금지
② 스포츠 시설의 개발과 자연환경의 공존
③ 건강한 인간과 건강한 자연환경의 공존
④ 스포츠만의 환경 운동이 아닌 국가적, 국제적 협력과 공조

해설
스포츠의 지속 가능한 발전
스포츠의 지속 가능한 발전을 위해 새로운 스포츠 시설의 개발을 무조건 금지하는 것보다는 인간과 자연환경의 건강한 공존을 목표로 개발하는 것이 좋으며, 이를 위해 국가적·국제적 협력이 필요하다.

16 〈그림〉은 스포츠윤리규범의 구조이다. ㉠~㉢에 해당하는 용어가 바르게 연결된 것은?   기출 15·16·17·18·19·21·22

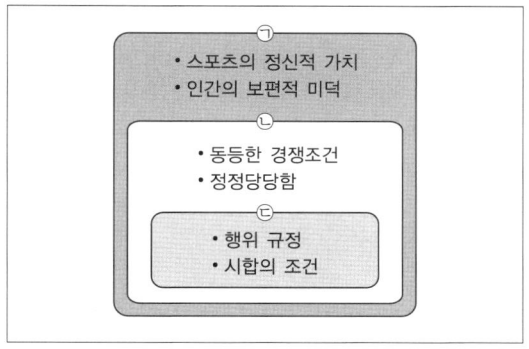

	㉠	㉡	㉢
①	규칙준수	스포츠맨십	페어플레이
②	스포츠맨십	페어플레이	규칙준수
③	페어플레이	규칙준수	스포츠맨십
④	스포츠맨십	규칙준수	페어플레이

해설
㉠ 스포츠맨십 : 인간의 보편적인 미덕이 스포츠에 적용되어 정신적 가치로 실현된 것이다.
㉡ 페어플레이 : 공평한 조건에서의 공정한 경쟁을 의미하는 보편적인 스포츠윤리이다.
㉢ 규칙준수 : 스포츠 행위의 규정과 경기의 조건을 지키는 것이다.

정답 14 ③ 15 ① 16 ②

17 「국민체육진흥법」 제18조의3 스포츠윤리센터의 설립에 관한 사항으로 옳지 않은 것은? 기출 21·22

① 스포츠윤리센터는 문화체육관광부 장관이 감독한다.
② 스포츠윤리센터의 정관에 기재할 사항은 국무총리령으로 정한다.
③ 스포츠윤리센터가 아닌 자는 스포츠윤리센터 또는 이와 비슷한 명칭을 사용하지 못한다.
④ 스포츠윤리센터의 장은 문화체육관광부 장관의 승인을 받아 관계 행정기관 소속 임직원의 파견 또는 지원을 요청할 수 있다.

해설
스포츠윤리센터의 설립(「국민체육진흥법」 제18조의3)
- 체육의 공정성 확보와 체육인의 인권보호를 위하여 스포츠윤리센터를 설립한다.
- 스포츠윤리센터의 운영, 이사회의 구성 및 권한, 임원의 선임, 감독 등 스포츠윤리센터의 정관에 기재할 사항은 대통령령으로 정한다. (②)
- 스포츠윤리센터의 장은 업무 수행에 필요하다고 인정될 때에는 문화체육관광부장관의 승인을 받아 관계 행정기관 소속 공무원이나 관계 기관·단체 소속 임직원의 스포츠윤리센터 파견 또는 지원을 요청할 수 있다. (④)
- 스포츠윤리센터가 아닌 자는 스포츠윤리센터 또는 이와 비슷한 명칭을 사용하지 못한다. (③)
- 스포츠윤리센터는 문화체육관광부장관이 감독한다. (①)

18 〈보기〉에서 국제육상경기연맹(IFFA)이 출전금지를 판단한 이유는? 기출 24

2011년 대구세계육상선수권대회에서 남아프리카공화국의 의족 스프린터 피스토리우스(O. Pistorius)는 비장애인 육상경기에 참가 신청을 했으나, 국제육상경기연맹은 경기에 사용되는 의족의 탄성이 피스토리우스에게 유리하다는 이유로 출전을 허용하지 않았다고 한다.

① 인종적 불공정
② 성(性)적 불공정
③ 기술적 불공정
④ 계급적 불공정

해설
기술도핑·기술 불공정
장애인들이 경기 시 착용하는 의족의 재료적 특성(탄성력)으로 인해 비장애인들과의 경쟁에서 기록 및 성적의 측면에서 불공정이 발생할 것이므로 국제육상경기연맹이 이 같은 판단을 한 것이다.

19 스포츠에서 나타나는 성차별의 원인이 아닌 것은? 기출 16·17·24

① 사회적 성 역할의 고착화
② 차이를 차별로 정당화하는 논리
③ 신체구조와 운동 능력에 대한 편견
④ 여성성을 해치는 스포츠에의 여성 참가 옹호

해설
스포츠 불평등 : 성차별
스포츠에서의 성차별은 여성에게 스포츠 참여 기회와 권리를 제한하거나 스포츠 경기 시 불이익을 주는 제반 행위이다. 여성성을 해치는 스포츠에 여성이 참가할 수 있도록 옹호하는 것은 여성의 스포츠 참여 기회를 보장하고 여성의 신체적 능력에 대해 공정한 평가를 받을 수 있게 하는 것이므로 성차별의 극복방안이라고 볼 수 있다.

20 스포츠에서 심판윤리에 관한 설명으로 옳지 않은 것은? 기출 17·18·19

① 심판의 사회윤리는 협회나 종목단체의 도덕성과 밀접한 관련이 있다.
② 심판은 공정하고 엄격한 도덕적 원칙을 적용해야 한다.
③ 심판의 개인윤리는 청렴성, 투명성 등의 인격적 도덕성을 의미한다.
④ 심판은 '이익동등 고려의 원칙'에 따라 전력이 약한 팀에게 유리한 판정을 할 수 있다.

해설
심판윤리
심판은 스포츠 정신을 바탕으로 도덕적으로 엄격하고, 공정한 판정으로 승패를 결정해야 한다. 전력이 약한 팀에 유리한 판정을 내리는 것은 공정하지 않으므로 심판윤리에 어긋나는 행동이다.

17 ② 18 ③ 19 ④ 20 ④ **정답**

CHAPTER 03 2022년 선택과목 기출문제

2급(전문·생활)+장애인+유소년+노인 스포츠지도사

제1과목 스포츠사회학

01 〈보기〉에서 스포츠의 사회적 기능을 설명한 파슨즈(T. Parsons)의 AGIL 모형의 구성요소로 옳은 것은?
기출 21

- 스포츠는 사회구성원에게 현실에 적합한 사고, 감정, 행동양식 등을 학습할 수 있는 장을 마련해 준다.
- 스포츠는 개인의 체력 및 건강증진을 도모하여 효율적으로 사회활동에 참여할 수 있게 한다.

① 적응
② 목표성취
③ 사회통합
④ 체제유지 및 관리

해설
파슨즈(T. Parsons)의 AGIL 모형 구성요소 중 적응은 스포츠가 사회구성원들에게 현실에 적합한 사고, 감정, 행동양식 등을 학습할 수 있는 기회를 제공해 주는 것을 뜻한다.

AGIL 모형의 구성요소(T. Parsons)
- 적응(Adaptation) : 스포츠가 사회구성원들에게 현실에 적합한 사고, 감정, 행동양식 등을 학습할 수 있는 기회를 제공하며, 생산조직(민간기업)에 초점을 맞춘다.
- 목표성취(Goal Attainment) : 스포츠는 대중에게 사회의 일반화된 목표와 가치를 내면화시키며, 정치조직(정부, 정당 등)에 초점을 맞춘다.
- 통합(Integration) : 스포츠를 통해 사회구성원들을 결속시키고 갈등을 해소하며, 통합조직(법원, 경찰 등)에 초점을 맞춘다.
- 체제유지(Latency) : 스포츠는 사회의 문화와 가치를 보존하고 전승하며, 유형유지조직(교육기관, 문화단체 등)에 초점을 맞춘다.

02 에티즌(D. Eitzen)과 세이지(G. Sage)가 제시한 스포츠의 정치적 속성으로 옳지 않은 것은? 기출 20·23·24

① 보수성
② 대표성
③ 권력투쟁
④ 상호배타성

해설
④ 에티즌(Eitzen)과 세이지(Sage)는 스포츠 경기와 정치적 상황 간에 상호작용이 발생하는데, 정부기관이 개입될 경우 스포츠와 정치의 결합이 커진다고 보았다. 따라서 상호배타성은 옳지 않다.
① 보수성 : 스포츠는 기존 질서와 권력구조 유지에 기여하며 변화를 지양한다.
② 대표성 : 스포츠 경기 참가자는 조직을 대표하며, 조직에 대해 강한 충성심을 품는다.
③ 권력투쟁 : 스포츠 조직에서 불평등하게 배분된 자원과 권한으로 인하여 대립적 갈등이 발생한다.

정답 01 ① 02 ④

03 〈보기〉에서 설명하는 사회학습 이론의 구성요소로 옳은 것은?

기출 17·19·21·23·24

> 상과 벌은 행동의 학습과 수행에 긍정적·부정적 영향을 미친다. 스포츠 현장에서 스포츠에 내재된 가치, 태도, 규범에 그릇된 행위는 벌을 통해 중단되거나 회피된다.

① 강 화
② 코 칭
③ 관찰학습
④ 역할학습

해설

사회학습 이론은 코칭, 강화, 관찰학습을 통해 사회화가 이루어진다고 보았다. 그중 강화는 상과 벌 같은 외적 보상으로 인해 사회적 역할을 습득하는 것을 의미한다.

사회학습 이론(W. Leonard II)
개인이 사회적 행동을 어떻게 습득하고 수행하는지 분석하고 밝히는 이론이다.
- 강화 : 상과 벌 같은 외적보상으로 사회적 역할을 습득한다.
- 코칭 : 사회화 주관자에 의하여 새로운 지식과 기능을 학습한다.
- 관찰학습 : 타인의 행동을 관찰하여 개인의 과제 학습·수행을 진행한다.

04 〈보기〉에 해당하는 스포츠사회화 과정이 연결된 것으로 옳은 것은?

기출 15·18·19·20·21

> ㉠ - 손목수술 후유증으로 인해 골프선수를 그만두게 되었다.
> ㉡ - 골프의 매력에 빠져 골프선수가 되어 사회성, 체력, 준법정신이 함양되었다.
> ㉢ - 아빠와 함께 골프연습장에 자주 가면서 골프를 배우게 되었다.
> ㉣ - 골프선수 은퇴 후 골프아카데미 원장으로 부임하면서 골프 꿈나무를 양성하게 되었다.

	㉠	㉡	㉢	㉣
①	스포츠로의 재사회화	스포츠를 통한 사회화	스포츠로의 사회화	스포츠 탈사회화
②	스포츠로의 재사회화	스포츠로의 사회화	스포츠를 통한 사회화	스포츠 탈사회화
③	스포츠 탈사회화	스포츠를 통한 사회화	스포츠로의 사회화	스포츠로의 재사회화
④	스포츠 탈사회화	스포츠로의 사회화	스포츠를 통한 사회화	스포츠로의 재사회화

해설

㉠ 스포츠 탈사회화는 선수 은퇴를 의미한다. 은퇴는 자발적 은퇴와 비자발적 은퇴로 나뉘는데, 새로운 직업에 대한 기회가 많고 교육수준이 높은 운동선수일수록 자발적 은퇴를 선택한다.
㉡ 스포츠를 통한 사회화는 스포츠 참가를 통해 결과가 나타나는 것으로, 스포츠 장면에서 학습된 기능, 특성, 가치, 태도, 지식, 성향 등이 다른 사회현상으로 전이 또는 일반화되는 과정이다.
㉢ 스포츠로의 사회화는 스포츠 참가를 의미한다. 스포츠사회화의 주관자로는 가정, 또래집단, 학교, 지역사회, 대중매체 등이 있다.
㉣ 스포츠로의 재사회화는 스포츠 활동을 중단하고 있던 비참가자가 새로운 종목이나 위치로 활동을 재개하는 것을 의미한다. 모든 은퇴선수의 재사회화가 이루어지는 것은 아니다.

03 ① 04 ③ **정답**

05 학원엘리트스포츠를 지지하는 입장으로 옳지 않은 것은?

① 애교심을 강화시킬 수 있다.
② 학교의 자원 및 교육시설을 독점할 수 있다.
③ 지위 창출의 수단, 사회이동의 기제로 작용할 수 있다.
④ 사회에서 요구되는 책임감, 성취감, 적응력 등을 배양시킬 수 있다.

해설
학교의 자원 및 교육시설을 독점할 수 있는 것은 학원엘리트스포츠의 단점에 해당한다.

06 〈보기〉의 내용과 관련이 깊은 사회학 이론으로 옳은 것은? 기출 20·21·23·24

- 미시적 관점의 이론이다.
- 인간은 사회제도나 규칙에 대해 능동적으로 사고하고 의미를 부여하며 행동한다.
- 스포츠 팀의 주장은 리더십이 필요하기 때문에 점차 그 역할에 맞는 리더십을 발휘한다.

① 갈등 이론
② 교환 이론
③ 상징적 상호작용론
④ 기능주의 이론

해설
상징적 상호작용론
- 인간은 대상과 상황을 주관적으로 해석하고 그것에 의미를 부여한다.
- 인간은 자신의 행위를 능동적으로 구성해 나가는 존재이기 때문에 비행, 공격성, 낙인 등과 같이 주어진 상황에 대한 개인의 경험의 해석을 강조한다.

사회·문화 현상을 해석하는 다양한 이론

갈등 이론	• 지배계급은 피지배계급을 억압하고 착취 • 재화의 불평등한 분배는 사회의 본질적 속성 • 스포츠는 일부 지배계급에 의해 그들의 이익을 증대하는 데 이용
기능주의 이론	• 사회를 유기체에 비유하면서 사회는 본질적으로 상호 관련되어 있다고 봄 • 사회체계의 각 부분이 전체적 활동에 어떻게 기여하는가에 큰 관심을 가짐
교환 이론	스포츠 참여를 통해 얻는 보상이 그에 따른 비용보다 크다고 느낄 때 스포츠 활동에 참여한다고 봄

07 정치의 스포츠 이용 방법에 관한 설명으로 옳은 것은? 기출 15·18·19·20

① 태권도를 보면 대한민국 국기(國技)라는 동일화가 일어난다.
② 정부의 3S(Sports, Screen, Sex) 정책은 스포츠를 이용하는 상징의 대표적인 방법이다.
③ 스포츠 이벤트에서 국가 연주, 선수 복장, 국기에 대한 의례 등은 상징의식에 해당한다.
④ 올림픽에서 금메달 수상 장면을 보면서 내가 획득한 것처럼 눈물을 흘리는 것은 상징화에 해당한다.

해설
상징은 스포츠 경기에서의 승리를 개인의 성취보다 인종, 지역, 국가의 승리로 해석하는 것이다. 이를 위해 대표팀이 소속 국가의 국기를 유니폼에 부착한다거나, 경기 시작 전에 국가를 연주하기도 한다. ①은 상징, ②은 조작, ④은 동일화의 예시이다.

정답 05 ② 06 ③ 07 ③

08 ⟨보기⟩에서 설명하는 투민(M. Tumin)의 스포츠계층 형성 과정으로 옳은 것은? 기출 18·20·21·23

- 스포츠 종목에서 요구되는 우수한 운동수행 능력을 갖추어야 한다.
- 뛰어난 경기력뿐만 아니라 탁월한 개인적 특성을 갖추어야 한다.
- 스포츠 팀 구성원으로 자신의 능력이 팀 승리에 미치는 영향력이 커야 한다.

① 평가
② 지위의 분화
③ 보수부여
④ 지위의 서열화

해설
투민(M. Tumin)은 스포츠계층 형성 과정이 '지위의 분화 → 지위의 서열화 → 평가 → 보수 부여' 순으로 이루어진다고 하였다.
- 지위의 분화 : 사회적 지위에 따라 특정한 역할이 주어짐으로써 타 지위와 구별되는 과정을 의미한다.
- 지위의 서열화 : 분화된 지위를 상호 비교하는 것이다. 지위의 서열화는 개인적 특성, 개인의 기능이나 능력, 역할의 사회적 기능에 의해 이루어진다.
- 평가 : 가치 유용성 정도에 따라 상이한 각 위치에 지위를 적절하게 배열하는 일이다.
- 보수 부여 : 서열화된 각 지위에 대해서 사회적 희소가치의 자원이 차별적으로 배분되는 과정이다.

09 ⟨보기⟩의 내용과 관련 있는 용어로 옳은 것은?

- 로버트슨(R. Roberston)이 제시한 용어이다.
- LA 다저스팀이 박찬호 선수를 영입하여 좋은 경기력을 펼치면서 메이저리그 경기가 한국에서 인기가 높아졌다.
- 맨체스터 유나이티드팀이 박지성 선수를 영입하면서 프리미어리그 경기가 한국에서 인기가 높아졌다.

① 세방화(Glocalization)
② 스포츠화(Sportization)
③ 미국화(Americanization)
④ 세계표준화(Global Standardization)

해설
세방화(Glocalization)는 어떤 지역이 지닌 고유한 전통이 경쟁력을 높여서 세계적인 보편성을 획득하는 현상을 의미한다. ⟨보기⟩에서는 미국의 메이저리그와 영국의 프리미어리그가 한국에서 인기가 높아지는 사례를 세방화의 예시로 들었다.

10 국제사회에서 발생한 스포츠 사건에 관한 설명으로 옳은 것은? 기출 17

① 남아프리카공화국은 아파르트헤이트(Apartheid)로 인해 국제대회 참여가 거부되었다.
② 구소련의 아프가니스탄 침공을 이유로 1984년 LA올림픽경기대회에 많은 자유 진영 국가가 불참하였다.
③ 2018년 평창동계올림픽경기대회에서 메달 획득을 위해 여자아이스하키 남북 단일팀이 결성되었다.
④ 1936년 베를린올림픽경기대회에서 검은구월단 무장단체가 선수촌에 침입하여 이스라엘 선수를 살해하였다.

해설
② 구소련의 아프가니스탄 침공을 이유로 자유 진영 국가들이 불참한 올림픽은 1980년 모스크바올림픽이다. 1984년 LA올림픽에서는 공산 진영 국가들이 불참하였다.
③ 2018년 평창동계올림픽에서는 민족화합을 위해 여자아이스하키 남북 단일팀이 결성되었다.
④ 검은구월단 무장단체가 이스라엘 선수들을 살해한 사건은 1972년 뮌헨올림픽에서 발생하였다. 1936년 베를린올림픽은 나치 정권의 선전의 장으로 이용된 올림픽으로, 우리나라 손기정 선수가 마라톤에서 금메달을 획득한 올림픽이기도 하다.

정답 08 ④ 09 ① 10 ①

11 머튼(R. Merton)의 아노미(Anomie) 이론에 대한 설명 중 ⊙~©에 해당하는 적응유형으로 옳은 것은?

기출 18·21

- 도피주의 : 스포츠에 내재된 비인간성, 승리지상주의, 상업주의, 학업 결손 등에 염증을 느껴 스포츠 참가 포기
- (⊙) : 승패에 집착하지 않고 참가에 의의를 두는 것, 결과보다는 경기 내용 중시
- (ⓒ) : 불법 스카우트, 금지 약물 복용, 경기장 폭력, 승부조작 등
- (©) : 전략적 시간 끌기 작전, 경기규칙이 허용하는 범위 내에서의 파울 행위 등

	⊙	ⓒ	©
①	혁신주의	동조주의	의례주의
②	의례주의	혁신주의	동조주의
③	의례주의	동조주의	혁신주의
④	혁신주의	의례주의	동조주의

해설
- 의례주의 : 목표는 거부하지만 수단은 수용하는 행위로 경기의 승패보다 규칙을 지키는 것이 중요하다고 생각한다.
- 혁신주의 : 목표는 수용하지만 수단은 거부하는 행위로 승리하기 위해서 수단과 방법을 가리지 않는다.
- 동조주의 : 목표와 수단을 모두 인정하는 행위로 스포츠 규칙을 준수하면서 이기는 것이 중요하다고 생각한다.
- 도피주의 : 목표와 수단을 모두 거부하는 행위로 스포츠 참가 중단 또는 포기를 한다.
- 반역주의 : 목표와 수단을 모두 거부하고, 새로운 목표와 방법을 모색하는 행위로 기존 스포츠를 거부하고 새로운 스포츠를 개발해야 한다고 생각한다.

12 〈보기〉의 내용을 기든스(A. Giddens)의 사회계층 이동 준거와 유형으로 연결한 것 중 옳은 것은?

기출 15·19·20

- K는 가난한 가정에서 태어나 끊임없는 훈련을 통해 축구 월드스타가 되었다.
- 월드스타가 되고 난 후, 축구장학재단을 만들어 개발도상국에 축구학교를 설립하여 후진 양성에 큰 역할을 하고 있다.

	이동 주체	이동 방향	시간적 거리
①	개 인	수직이동	세대내이동
②	개 인	수평이동	세대간이동
③	집 단	수직이동	세대간이동
④	집 단	수평이동	세대내이동

해설

이동 주체	개 인	개인의 능력과 노력에 의하여 사회적 상승의 기회가 실현되는 경우
	집 단	유사한 조건을 갖추고 있는 집단이 어떤 촉매적 계기를 통하여 집단적으로 이동하는 현상
이동 방향	수 직	집단 또는 개인이 지녔던 종전의 계층적 지위가 상하로 변화하는 경우
	수 평	계층적 지위의 변화가 없는 단순한 자리바꿈
시간적 거리	세대내	개인의 생애주기 가운데 발생하는 지위의 변화로 경력이동이라고도 함
	세대간	한 세대로부터 다음 세대로 이어지는 과정에서 발생하는 사회·경제적 지위의 변화

정답 11 ② 12 ①

13 〈보기〉에서 설명하는 스포츠미디어 이론으로 옳은 것은?
기출 19·21·23

> 대중들은 능동적 수용자로서 특수한 심리적 욕구를 만족시키기 위해 매스미디어를 적극 이용한다. 이에 미디어 수용자는 인지적, 정의적, 도피적, 통합적 욕구를 충족시키기 위해 스포츠를 주제로 다루는 매스미디어를 이용한다.

① 사회범주 이론
② 개인차 이론
③ 사회관계 이론
④ 문화규범 이론

해설
개인차 이론
대중매체가 관람자의 개인적 특성에 호소하는 메시지를 제공하여 개인의 욕구 충족을 제공한다는 이론이다.
- 정보적 기능 : 대중매체는 스포츠에 대한 지식을 제공해 준다.
- 각성적·정의적 기능 : 대중매체는 흥미와 흥분을 제공해 준다.
- 통합적 기능 : 대중매체는 공동체 의식을 갖게 한다.
- 도피적 기능 : 대중매체는 불안, 초조 등의 감정을 정화해 준다.

스포츠미디어 이론
- 사회범주 이론 : 미디어의 영향력이 서로 다른 하위집단의 구성원에게 획일적으로 미치지 않을 수 있다는 것을 가정하는 디 플로어(M. de Fleur)의 이론이다.
- 사회관계 이론 : 개인의 대중매체 스포츠 소비 유형은 다른 사람의 가치와 행동에 의해 다양하게 영향을 받는다는 이론이다.
- 문화규범 이론 : 개인의 대중매체 스포츠 소비 유형은 스포츠 취급 양태에 따라서 다양하게 영향을 받는다는 이론이다.

14 〈보기〉에서 코클리(J. Coakley)가 제시한 상업주의와 관련된 스포츠 규칙 변화의 충족 조건으로 옳은 것을 모두 고른 것은?
기출 15·17·18·19·21·23·24

> ㉠ 경기의 속도감 향상
> ㉡ 관중의 흥미 극대화
> ㉢ 득점 방법의 단일화
> ㉣ 상업적인 광고 시간 할애

① ㉠, ㉡
② ㉢, ㉣
③ ㉠, ㉡, ㉢
④ ㉠, ㉡, ㉣

해설
상업주의로 인해 스포츠의 본질적 요소보다 비본질적 요소를 중시하여 득점과 승리만을 추구하게 된다. 득점을 위해서는 득점 방법을 단일화하는 것이 아닌 다양화해야 한다.

15 〈보기〉에서 설명하는 프로스포츠의 제도로 옳은 것은?
기출 19·23

> - 프로스포츠리그의 신인선수 선발 방식 중 하나이다.
> - 신인선수 쟁탈에 따른 폐단을 막기 위해 도입되었다.
> - 계약금 인상 경쟁을 막기 위한 방법으로 고안되었다.

① FA(Free Agent)
② 샐러리 캡(Salary Cap)
③ 드래프트(Draft)
④ 최저연봉(Minimum Salary)

해설
① FA(Free Agent) : 계약기간이 만료된 선수가 다른 팀과 자율적으로 계약할 수 있는 제도이다.
② 샐러리 캡(Salary Cap) : 한 팀 선수들의 연봉 총액을 제한하는 제도이다.
④ 최저연봉(Minimum Salary) : 선수들의 기본적인 생활권을 위하여 선수의 연봉에 하한선을 둔 것이다.

13 ② 14 ④ 15 ③ **정답**

16 〈보기〉에서 대중매체가 스포츠에 미치는 영향으로 옳은 것을 모두 고른 것은?
기출 15·16·17·18·19·20

> ㉠ 대중매체의 기술이 발전한다.
> ㉡ 스포츠 인구가 증가한다.
> ㉢ 새로운 스포츠 종목이 창출된다.
> ㉣ 미디어 콘텐츠를 제공한다.
> ㉤ 경기규칙과 경기일정이 변경된다.
> ㉥ 스포츠 용구가 변화한다.

① ㉠, ㉡, ㉢
② ㉠, ㉢, ㉣
③ ㉡, ㉢, ㉣, ㉤
④ ㉡, ㉢, ㉤, ㉥

해설

스포츠가 대중매체에 미치는 영향	대중매체가 스포츠에 미치는 영향
• 미디어 기술의 발달 • 미디어의 보급 및 확산에 기여 • 미디어 컨텐츠를 제공	• 경기규칙과 경기일정의 변경 • 스포츠 인구 증가로 인한 관심 증가 및 대중화 • 스포츠의 상품화 • 스포츠 용기구의 변화 • 새로운 종목의 창출

17 스포츠의 교육적 순기능 중 사회선도 기능으로 옳지 않은 것은?
기출 15·17·20·23

① 여권신장
② 학교 내 통합
③ 평생체육과의 연계
④ 장애인의 삶의 질 향상

해설
① 여권신장 : 스포츠는 남녀평등의 가치를 실현시킬 수 있도록 사회 전반에 대한 관심을 환기시킨다.
③ 평생체육과의 연계 : 스포츠는 평생 동안 즐길 수 있는 신체활동 지식을 전수한다.
④ 장애인의 삶의 질 향상 : 장애인의 스포츠 활동은 국민으로서의 기본 권리에 해당하며, 스포츠는 장애인이 원만한 사회생활을 하도록 돕는다.

18 다음 ㉠~㉣에서 코클리(J. Coakley)가 제시한 일탈적 과잉동조를 유발하는 스포츠 윤리규범의 유형과 특징으로 옳은 것을 모두 고른 것은?
기출 19·21·23·24

구분	유형	특징
㉠	구분짓기규범	다른 선수와 구별되기 위해 탁월성을 추구해야 한다.
㉡	인내규범	위험을 받아들이고 고통 속에서도 경기에 참여해야 한다.
㉢	몰입규범	경기에 헌신해야 하며 이를 그들의 삶에서 우선순위에 두어야 한다.
㉣	도전규범	스포츠에서 성공을 위해 장애를 극복하고 역경을 헤쳐 나가야 한다.

① ㉠, ㉡
② ㉡, ㉢
③ ㉠, ㉢, ㉣
④ ㉠, ㉡, ㉢, ㉣

해설
코클리(J. Coakley)의 일탈적 과잉동조를 일으키는 윤리규범
• 구분짓기규범 : 승리를 성취하고자 하는 노력을 의미하는 탁월성을 추구한다.
• 인내규범 : 경쟁에서 발생하는 고통을 스포츠의 일부분으로 받아들인다.
• 몰입규범 : 스포츠를 삶의 우선순위로 두고 팀의 승리를 위해 자신을 희생한다.
• 도전규범(가능성규범) : 목표를 달성하기 위한 의무감으로 고난과 역경을 극복한다.

정답 16 ④ 17 ② 18 ④

19 맥루한(M. McLuhan)의 매체 이론에 관한 설명으로 옳지 않은 것은? 기출 15·16·20

① 핫(Hot) 미디어 스포츠는 관람자의 감각 참여성이 낮다.
② 쿨(Cool) 미디어 스포츠는 관람자의 감각 몰입성이 높다.
③ 핫(Hot) 미디어 스포츠는 경기 진행 속도가 빠르다.
④ 쿨(Cool) 미디어 스포츠는 메시지의 정의성이 낮다.

해설
매체 이론(M. McLuhan)

구 분	핫 미디어	쿨 미디어
특 성	• 정의성(정세도) : 높음 • 감각 참여성 - 낮 음 - 정적 스포츠, 공격과 수비의 전환이 없음 • 감각 몰입성 - 낮 음 - 경기 진행이 느림	• 정의성(정세도) : 낮음 • 감각 참여성 - 높 음 - 동적 스포츠, 공격과 수비의 전환이 빠름 • 감각 몰입성 - 높 음 - 경기 진행이 빠름
종 류	• 핫 미디어 : 신문, 잡지, 라디오, 영화 • 핫 미디어 스포츠 : 수영, 야구, 태권도, 검도, 육상 등	• 쿨 미디어 : TV, 만화 • 쿨 미디어 스포츠 : 농구, 축구, 핸드볼 등

20 스포츠 세계화의 특징으로 옳지 않은 것은?
기출 16·19·21·24

① 스포츠 시장의 경계가 국경을 초월해 전 세계로 확대되었다.
② 모든 나라의 전통스포츠(Folk Sports)가 세계적으로 확대되었다.
③ 세계인이 표준화된 스포츠 상품과 스포츠 문화를 소비하게 되었다.
④ 프로스포츠 시장의 이윤 극대화로 빈익빈 부익부 현상이 심화되었다.

해설
스포츠 세계화를 통해 스포츠 시장의 경계가 국경을 초월하여 전 세계로 확대되어 일부 스포츠가 세계적으로 유명해진 것은 맞지만, 모든 나라의 전통스포츠가 확대된 것은 아니다.

제2과목 스포츠교육학

01 「스포츠기본법」의 용어 정의에 관한 설명으로 옳지 않은 것은? 기출 23

① '학교스포츠'란 건강과 체력 증진을 위하여 행하는 자발적이고 일상적인 스포츠 활동을 말한다.
② '스포츠산업'이란 스포츠와 관련된 재화와 서비스를 통하여 부가가치를 창출하는 산업을 말한다.
③ '장애인스포츠'란 장애인이 참여하는 스포츠 활동(생활스포츠와 전문스포츠를 포함한다)을 말한다.
④ '전문스포츠'란 「국민체육진흥법」 제2조 제4호에 따른 선수가 행하는 스포츠 활동을 말한다.

해설
「스포츠기본법」 제3조에 의하면 '학교스포츠'란 학교에서 이루어지는 스포츠 활동을 말한다. 체력 증진을 위하여 행하는 자발적이고 일상적인 스포츠 활동은 '생활스포츠'이다.

19 ③ 20 ② 01 ① **정답**

02 〈보기〉의 ㉠, ㉡에 해당하는 취약계층 생활스포츠 지원사업으로 옳은 것은?

기출 16·18

> ㉠ 스포츠복지 사회 구현의 일환으로 저소득층 유·청소년(만 5~18세)과 장애인(만 12~23세)에게 스포츠강좌 혜택을 받을 수 있는 일정 금액의 이용권을 제공하는 사업이다.
> ㉡ 소외계층 청소년을 대상으로 다양한 체육 활동 참여 기회를 제공함으로써 참여 형평성을 높이고 사회 적응력을 배양하는 것을 목적으로 시행되는 사업이다.

	㉠	㉡
①	여성 체육 활동 지원	국민체력100
②	국민체력100	스포츠강좌이용권 지원
③	스포츠강좌이용권 지원	행복나눔스포츠교실 운영
④	행복나눔스포츠교실 운영	여성 체육 활동 지원

해설
국가적 차원의 스포츠 지원사업
- 스포츠강좌이용권 지원 : 기초생활수급가정 유·청소년들에게 스포츠강좌이용권 카드(체크카드)를 지급하여 이용권 지정 시설에서 강좌비를 일정 부분 지원받을 수 있도록 하는 복지사업이다. (㉠)
- 행복나눔생활체육교실 운영 : 소외계층 청소년을 대상으로 한 스포츠 체험기회를 제공하며 건전한 여가활동 환경 조성과 다양한 종목을 대상으로 하는 체험교실을 운영한다. (㉡)
- 국민체력100 : 개인별 체력진단 및 맞춤형 운동처방을 제공해 주는 사업이다.
- 여성 체육 활동 지원 : 찾아가는 맞춤형 여성 체육 활동은 체육 활동 참여율이 저조한 임신, 출산, 육아, 갱년기 여성을 대상으로 생활체육 참여기회를 제공하는 사업이다.

03 〈보기〉의 발달특성을 가진 대상을 위한 스포츠 프로그램 구성 시 고려사항으로 옳지 않은 것은?

> - 신체적·정서적·사회적 발달이 뚜렷하다.
> - 개인의 요구와 흥미가 뚜렷하게 나타난다.
> - 2차 성징이 나타난다.

① 생활패턴 고려
② 개인의 요구와 흥미 고려
③ 정적 운동 위주의 프로그램 구성
④ 스포츠 프로그램의 지속적 참여 고려

해설
〈보기〉는 청소년의 특징을 나타낸 것이다. 청소년들은 학교 체육 활동만으로는 성장단계에 필요한 신체활동의 양이 부족하므로 스포츠 프로그램 구성 시 학교체육을 기초로 하여 수영, 등산, 야영 등 야외활동을 병행하는 것이 바람직하다.

04 〈보기〉에서 생활스포츠 프로그램의 교육목표 진술에 관한 설명으로 옳은 것을 모두 고른 것은?

기출 15·16·17·19

> ㉠ 프로그램의 목표는 추상적으로 진술한다.
> ㉡ 학습 내용과 기대되는 행동을 동시에 진술한다.
> ㉢ 스포츠 참여자에게 기대하는 행동의 변화에 따라 동사를 다르게 진술한다.
> ㉣ 해당 스포츠 활동이 끝났을 때 참여자에게 나타난 최종 행동 변화 용어로 진술한다.

① ㉠, ㉡
② ㉢, ㉣
③ ㉠, ㉡, ㉢
④ ㉡, ㉢, ㉣

해설
생활스포츠 프로그램 교육목표는 구체적·세부적으로 진술해야 한다.

정답 02 ③ 03 ③ 04 ④

05 〈보기〉의 교수 전략을 포함하는 체육수업모형으로 옳은 것은?
기출 18·21·23

> - 모든 팀원은 자신의 팀에 할당된 과제를 익힌 후, 교사가 되어 다른 팀에게 자신이 학습한 내용을 지도한다.
> - 각 팀원들이 서로 다른 내용을 배운 다음, 동일한 내용을 배운 사람끼리 모여 전문가 집단을 구성한다. 이들은 자신이 배운 내용을 공유하며, 원래 자신의 집단으로 돌아가 배운 것을 다른 팀원들에게 지도한다.

① 직접교수모형
② 개별화지도모형
③ 협동학습모형
④ 전술게임모형

해설
협동학습모형의 주제는 '서로를 위해 함께 배우기'이다. 모든 학생이 동시에 학습과정에 참여하며, 학생들 간 상호의존 관계에 있다.
- 직접교수모형 : 수업시간을 가장 효과적으로 이용할 수 있도록 의사결정의 중심이 교사에게 있는 교사 주도적 참여 형태의 모형이다.
- 개별화지도모형 : 내용 선정과 과제 제시는 교사가 하지만, 수업진도를 학생이 결정하여 학습자의 능력에 따라 학습진도가 상이하다. 학습자의 자기주도적 연습이 가능하다.
- 전술게임모형 : 이해중심의 게임지도모형으로 게임 구조에 대한 학생의 흥미를 활용하여 게임에 필요한 전술적 지식, 기술을 학습한다.

06 메츨러(M. Metzler)의 교수-학습과정안(수업계획안) 작성 시 고려해야 할 구성요소 중 〈보기〉에서 설명하는 것으로 옳은 것은?
기출 21·23

> - 학생의 흥미를 유발시킬 수 있는 수업 도입
> - 과제 제시에 적합한 모형과 단서 사용
> - 학생에게 방향을 제시할 과제 구조 설명
> - 다양한 과제의 계열성과 진도(차시별)

① 학습 목표
② 수업 맥락의 간단한 기술
③ 시간과 공간의 배정
④ 과제 제시와 과제 구조

해설
메츨러(M. Metzler)의 교수-학습과정안의 구성요소 중 '과제 제시와 과제 구조'는 학생에게 방향을 제시할 수 있어야 하며 흥미를 불러일으키거나 과제 제시에 적합한 모형과 단서를 사용해야 한다.

07 〈보기〉에서 안전한 학습환경 유지에 관한 설명으로 옳은 것을 모두 고른 것은?
기출 21

> ㉠ 위험한 상황이 예측되더라도 시작한 과제는 끝까지 수행한다.
> ㉡ 안전한 수업운영에 필요한 절차를 분명히 전달하고 상기시켜야 한다.
> ㉢ 사전에 안전 문제를 예측하고 교구·공간·학생 등을 학습에 도움이 되는 방향으로 배열 또는 배치한다.
> ㉣ 새로운 연습과제나 게임을 시작할 때 지도자는 학생들의 활동을 주시하고 적극적으로 감독한다.

① ㉠, ㉡
② ㉡, ㉢
③ ㉠, ㉢, ㉣
④ ㉡, ㉢, ㉣

해설
체육 활동은 신체적 움직임이 많으므로 무엇보다 안전이 중요하다. 따라서 참가자들에게 안전규칙에 대해 확실하게 숙지시킨 후 프로그램을 진행해야 한다. 또한 위험한 상황 발생 시 즉시 프로그램을 중단해야 한다.

05 ③ 06 ④ 07 ④ **정답**

08 헬리슨(D. Hellison)이 제시한 개인적·사회적 책임감 수준과 사례로 옳지 않은 것은?
기출 17·20

	수준	사례
①	타인의 권리와 감정 존중	타인에 대해 상호 협력적이고 다른 학생들을 돕고자 한다.
②	참여와 노력	새로운 과제에 도전하며 노력하면 성공할 수 있다고 여긴다.
③	자기 방향 설정	지도자가 없는 상황에서도 자신이 수립한 목표를 달성한다.
④	일상생활로의 전이	체육수업을 통해 학습한 배려를 일상생활에 실천한다.

해설
헬리슨(D. Hellison)의 개인적·사회적 지도모형의 책임감 수준에서 '타인의 권리와 감정 존중'은 타인을 방해하지 않는 수준에 그친다. 타인에 대해 상호 협력적이고 다른 학생들을 돕고자 하는 것은 가장 높은 단계인 '전이'에 해당한다.

개인적·사회적 책임감 수준(D. Hellison, 2003)
- 0단계(무책임감): 참여의지 없이 타인을 방해한다.
- 1단계(타인의 권리와 감정 존중): 타인을 방해하지 않고 고려하면서 참여한다.
- 2단계(참여와 노력): 동기를 가지고 의무감 없이 자발적으로 참여한다.
- 3단계(자기방향 설정): 스스로 목표를 설정하고 교사 없이 과제를 완수할 수 있다.
- 4단계(돌봄과 배려): 먼저 모범을 보이며 다른 사람의 요구를 경청하고 대응할 수 있다.
- 5단계(전이): 같은 상황에 처한 타인에게 피드백을 제공하고 본보기가 될 수 있다.

09 〈보기〉의 ㉠, ㉡에 해당하는 평가 방법을 연결한 것으로 옳은 것은?
기출 15·16·17·19

> ㉠ 수업 전 학습목표에 따른 참여자 수준을 결정하고, 학습과정에서 참여자가 계속적인 오류 상황을 발생시킬 때 적절한 의사결정을 하도록 한다.
> ㉡ 학생들에게 자신의 높이뛰기 목표와 운동계획을 수립하게 한 다음 육상 단원이 끝나는 시점에서 종합적 목표 달성여부 확인을 위해 평가를 실시한다.

	㉠	㉡
①	진단평가	형성평가
②	진단평가	총괄평가
③	형성평가	총괄평가
④	총괄평가	형성평가

해설
- 진단평가: 수업시작 전 참여자의 수준과 상태를 파악하고, 효과적인 교수·학습전략을 수립하기 위해 실시하는 평가이다.
- 총괄평가: 모든 수업과정을 마친 뒤 학습목표달성도를 알아보기 위해 실시하는 평가이다.
- 형성평가: 수업 중 수업 진행 상황을 파악하기 위한 평가이다.

10 다음에 해당하는 평가기법에 대한 설명으로 옳지 않은 것은?
기출 18·19

테니스 포핸드 스트로크 과정	운동수행
두 발이 멈춘 상태에서 스트로크를 시도하는가?	Y/N
몸통 회전을 충분히 활용하는가?	Y/N
임팩트까지 시선을 공에 고정하는가?	Y/N
팔로우스로우를 끝까지 유지하는가?	Y/N

① 쉽게 제작이 가능하며 사용이 편리하다.
② 운동수행 과정의 질적 평가가 불가하다.
③ 어떤 사건이나 행동의 발생 여부를 신속히 확인할 때 주로 사용한다.
④ 관찰행동을 구체적으로 정의하고 그 행동의 발생 시점을 확인할 수 있다.

해설
위에서 설명하는 평가기법은 체크리스트이다. 체크리스트는 어떤 사건이 벌어졌는지 체크하여 확인하는 도구로 자신의 동작을 확인하기 위해 자신 또는 타인이 평가하는 방법이다. 객관적 관찰이 가능하기에 질적 평가가 가능하다.

정답 08 ① 09 ② 10 ②

11 「학교체육진흥법」의 제10조에서 규정하고 있는 학교장의 역할에 관한 내용으로 옳지 않은 것은?

기출 16·17·18·19·20·21·23·24

① 학생들이 신체활동 프로그램에 참여할 수 있도록 학교스포츠클럽을 운영하여 학생들의 체육 활동 참여기회를 확대하여야 한다.
② 학교스포츠클럽을 운영하는 경우 전문코치를 지정하여야 한다.
③ 학교스포츠클럽 활동 내용을 학교생활기록부에 기록하여 상급학교 진학자료로 활용할 수 있도록 하여야 한다.
④ 교육부령으로 정하는 바에 따라 일정 비율 이상의 학교스포츠클럽을 해당 학교의 여학생들이 선호하는 종목으로 운영하여야 한다.

해설

학교스포츠클럽 운영(「학교체육진흥법」 제10조)
- 학교의 장은 학생들이 신체활동 프로그램에 참여할 수 있도록 학교스포츠클럽을 운영하여 학생들의 체육 활동 참여기회를 확대하여야 한다. (①)
- 학교의 장은 학교스포츠클럽을 운영하는 경우 학교스포츠클럽 전담교사를 지정하여야 한다. (②)
- 학교스포츠클럽 전담교사에게는 학교 예산의 범위에서 소정의 지도수당을 지급한다.
- 학교의 장은 학교스포츠클럽 활동내용을 학교생활기록부에 기록하여 상급학교 진학자료로 활용할 수 있도록 하여야 한다. (③)
- 학교의 장은 교육부령으로 정하는 바에 따라 일정 비율 이상의 학교스포츠클럽을 해당 학교의 여학생들이 선호하는 종목의 학교스포츠클럽으로 운영하여야 한다. (④)

12 다음 ㉠~㉤에서 「체육시설법 시행규칙」 제22조 '체육지도자 배치기준'으로 옳은 것을 모두 고른 것은?

체육시설업의 종류	규 모	배치인원
㉠ 스키장업	슬로프 10면 이하	1명 이상
	슬로프 10면 초과	2명 이상
㉡ 승마장업	말 20마리 이하	1명 이상
	말 20마리 초과	2명 이상
㉢ 수영장업	수영조 바닥면적이 400m² 이하인 실내 수영장	1명 이상
	수영조 바닥면적이 400m²를 초과하는 실내 수영장	2명 이상
㉣ 골프연습장업	20타석 이상 50타석 이하	1명 이상
	50타석 초과	2명 이상
㉤ 체력단련장업	운동전용면적 200m² 이하	1명 이상
	운동전용면적 200m² 초과	2명 이상

① ㉠, ㉡, ㉢, ㉣
② ㉠, ㉡, ㉣, ㉤
③ ㉠, ㉢, ㉣, ㉤
④ ㉡, ㉢, ㉣, ㉤

해설

체육지도자 배치기준(「체육시설의 설치·이용에 관한 법률 시행규칙」 [별표 5])
㉠ 스키장업 : 슬로프 10면 이하 1명 이상, 슬로프 10면 초과 2명 이상
㉡ 승마장업 : 말 20마리 이하 1명 이상, 말 20마리 초과 2명 이상
㉢ 수영장업 : 수영조 바닥면적이 400m² 이하인 실내 수영장 1명 이상, 수영조 바닥면적이 400m²를 초과하는 실내수영장 2명 이상
㉣ 골프연습장업 : 20타석 이상 50타석 이하 1명 이상, 50타석 초과 2명 이상
㉤ 체력단련장업 : 운동전용면적 300m² 이하 1명 이상, 운동전용면적 300m² 초과 2명 이상

11 ② 12 ① **정답**

13 「국민체육진흥법」에서 규정하는 생활스포츠지도사의 자격으로 옳지 않은 것은? 기출 23

① 체육지도자의 자격은 19세 이상인 사람에게 부여한다.
② 생활스포츠지도사는 1급, 2급으로 구분한다.
③ 2급 생활스포츠지도사는 2급 생활스포츠지도사 자격검정에 합격하고, 연수과정을 이수한 사람으로 한다.
④ 1급 생활스포츠지도사는 해당 자격 종목의 2급 생활스포츠지도사 자격을 취득한 후 3년 이상 해당 자격 종목의 지도경력이 있는 사람으로 한다.

해설
체육지도자의 양성과 자질향상(「국민체육진흥법 시행령」 제8조 제2항)
체육지도자의 자격은 18세 이상인 사람에게 부여한다.

스포츠지도사(「국민체육진흥법 시행령」 제9조 제5항)
1급 생활스포츠지도사는 자격 종목의 2급 생활스포츠지도사 자격을 취득한 후 3년 이상 해당 자격 종목의 지도경력이 있는 사람으로서 동일 자격 종목에 대하여 1급 생활스포츠지도사 자격을 취득하기 위한 자격검정에 합격하고, 연수과정을 이수한 사람으로 한다.

※ 출제오류로 복수 정답 처리되었다.

---

14 〈보기〉의 ㉠, ㉡에 들어갈 말로 옳은 것은? 기출 17

> 마튼스(R. Martens)가 제시한 전문체육 프로그램 개발 6단계는 (㉠), 선수 이해, 상황 분석, 우선순위 결정 및 목표 설정, (㉡), 연습 계획 수립이다.

	㉠	㉡
①	스포츠에 대한 이해	공간적 맥락 고려
②	선수 발달 단계에 대한 이해	전술 선택
③	선수단(훈련) 규모 설정	체력상태의 이해
④	선수에게 필요한 기술 파악	지도방법 선택

해설
전문체육 프로그램 지도 개발 단계(R. Martens)

1단계	선수에게 필요한 기술 파악	코치는 선수에게 필요한 스포츠 기술뿐만 아니라 바람직한 인성도 함께 가르쳐야 한다.
2단계	선수 이해	선수들의 신체적·심리적·사회적 발달 단계를 파악한다.
3단계	상황 분석	지도계획을 수립하기 전 주변 상황에 대한 분석을 실시한다.
4단계	우선순위 결정 및 목표 설정	우선순위를 결정한 뒤 목표를 설정한다. 목표는 구체적이고 성취 가능한 것이어야 한다.
5단계	지도방법 선택	목표를 효과적으로 지도할 수 있는 지도방법을 선택한다.
6단계	연습 계획 수립	지도방법이 결정되었으면 연습 계획을 수립한다.

정답 13 ① · ④ 14 ④

15 ㉠, ㉡에 들어갈 말로 옳은 것은?   기출 16·19

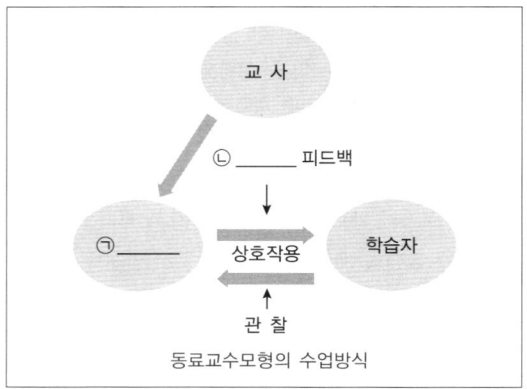

동료교수모형의 수업방식

	㉠	㉡
①	관찰자	교정적
②	개인교사	중립적
③	개인교사	교정적
④	교사	가치적

해설
동료교수모형의 특징은 주기적으로 개인교사와 학습자의 역할이 바뀌는 것이다. 따라서 학습자와 상호작용하는 ㉠은 개인교사이다. 교사는 개인교사에게 간접적인 형태로만 상호작용하고 개인교사가 학습자에게 직접적인 교정적 피드백을 제공한다. 따라서 ㉡은 교정적 피드백이다.

16 그리핀(L. Griffin), 미첼(S. Mitchell), 오슬린(J. Oslin)의 이해중심게임모형에서 변형게임 구성 시 반영해야 할 2가지 핵심 개념으로 옳은 것은?

① 전술과 난이도
② 연계성과 위계성
③ 공간의 특성과 학습자
④ 대표성과 과장성

해설
이해중심게임모형은 다른 말로 '전술게임모형'이라고도 한다. 전술게임모형은 변형게임과 정식게임으로 수업을 이끌어 가는 모형으로 새로 구성할 변형게임은 게임의 대표성, 상황에 대한 과장성을 띠어야 한다.

17 〈보기〉의 ㉠, ㉡에 해당하는 젠타일(A. Gentile)의 스포츠 기술로 옳은 것은?

(㉠)은 환경의 변화나 상태에 의해 변화되는 기술을 말한다. (㉡)은 상대적으로 환경적 조건이 안정적이며 외부 조건이 대부분 변하지 않는 속성이 있다.

	㉠	㉡
①	개별기술	복합기술
②	개방기술	폐쇄기술
③	시작형 기술	세련형 기술
④	부분기술	전체기술

해설
㉠ 개방기술 : 환경의 변화에 영향을 받아 요구조건이 변화하는 기술로, 축구·농구 등 팀 스포츠가 이에 해당된다.
㉡ 폐쇄기술 : 환경의 변화에 영향을 받지 않는 기술로, 양궁·사격·볼링 등이 해당된다.

18 〈보기〉와 같이 종목을 구분하는 근거로 옳은 것은?   기출 16·21

- 영역형 : 농구, 축구, 하키, 풋볼
- 네트형 : 배드민턴, 배구, 탁구
- 필드형 : 야구, 소프트볼, 킥볼
- 표적형 : 당구, 볼링, 골프

① 포지션의 수
② 게임전술의 전이 가능성
③ 기술(Skill)의 특성
④ 선수의 수

해설
전술게임모형에서는 게임전술의 전이 가능성에 따라 종목을 구분한다.
- 영역형 : 상대팀 영역을 침범하여 득점하는 경기이다.
- 네트형 : 네트를 사이에 두고 공격 또는 수비를 하는 경기이다.
- 필드형 : 넓은 공간에서 치고 달리기, 던지고 받기 등을 하면서 목표 지점으로 돌아오는 횟수를 겨루는 경기이다.
- 표적형 : 표적을 맞히는 것을 중점으로 두는 경기이다.

15 ③ 16 ④ 17 ② 18 ②   **정답**

19 〈보기〉의 설명에 해당하는 피드백 유형으로 옳은 것은?

기출 16·19

- 모스턴(M. Mosston)이 제시한 피드백 유형이며, 사실적으로 행동을 기술한다.
- 판단이나 수정 지시를 하지 않으나, 피드백 진술의 의미를 변경할 수 있다.
- 다른 피드백 형태로 옮겨가는 특징을 가지고 있다.

① 교정적 피드백(Corrective Statements)
② 가치적 피드백(Value Statements)
③ 중립적 피드백(Neutral Statements)
④ 불분명한 피드백(Ambiguous Statements)

해설

③ 중립적 피드백 : 주관적 판단이나 수정 지시가 결여된 사실적인 행동진술이다.
  예 모든 과제를 완료했으면 다음으로 넘어가라.
① 교정적 피드백 : 긍정 또는 부정이 아닌 수정에 대한 피드백이다.
  예 야구배트는 끝까지 휘둘러라.
② 가치적 피드백 : 긍정 또는 부정적 내용에 대한 피드백으로 느낌을 표현하는 단어를 포함한다.
  예 아주 훌륭한 움직임이었어.
④ 불분명한 피드백 : 잘못 해석될 여지가 있는 피드백으로 정확한 정보를 제공해 주지 못한다.
  예 다시 해라.

20 링크(J. Rink)의 내용발달 단계 순서로 옳은 것은?

기출 15·19·21

① 시작과제 → 확대과제 → 세련과제 → 적용과제
② 적용과제 → 시작과제 → 확대과제 → 세련과제
③ 세련과제 → 적용과제 → 시작과제 → 확대과제
④ 확대과제 → 세련과제 → 적용과제 → 시작과제

해설

학습과제 발달단계(J. Rink)
- 시작형(전달) 과제 : 기초 단계의 학습과제
- 확장형(확대) 과제 : 난이도와 복잡성이 추가된 과제
- 세련형(세련) 과제 : 자세나 기분 등 질적 측면이 향상된 과제
- 적용형(응용) 과제 : 운동기능을 실제 상황에 활용할 수 있도록 제작한 과제

제3과목 스포츠심리학

01 〈보기〉의 레빈(K. Lewin, 1935)이 주장한 내용 중 ㉠, ㉡에 들어갈 개념으로 옳은 것은?

- 인간의 행동은 (㉠)와/과 (㉡)에 의해 결정된다.
- (㉠)와/과 (㉡)의 상호작용으로 행동은 변화한다.

	㉠	㉡
①	개인(Person)	환경(Environment)
②	인지(Cognition)	감정(Affect)
③	감정(Affect)	환경(Environment)
④	개인(Person)	인지(Cognition)

해설

레빈(K. Lewin)은 모든 행동은 개인 요인과 환경 요인이 상호작용해서 결정된다고 보았다. 이를 공식으로 나타내면 다음과 같다.

$$B = f(P \times E)$$

B(Behavior) : 인간행동
f(Function) : 함수관계
P(Person) : 인적요인(사람)
E(Environment) : 외적요인(환경)

02 아동의 운동 발달을 평가할 때 심리적 안정을 도모하기 위한 평가 방법으로 옳은 것은?

① 평가장소에 도착하면 환경에 대한 탐색 시간을 주지 말고 평가를 바로 진행한다.
② 아동의 평가 민감성을 높이기 위해 평가라는 단어를 강조한다.
③ 운동 도구를 사용하여 평가할 때 탐색할 기회를 제공한다.
④ 아동과 공감대를 형성하지 않는다.

해설

아동에게는 환경과 운동 도구에 대해 탐색할 시간과 기회를 제공해야 한다. 또한 평가라는 단어를 강조하는 것보다 신체활동을 하는 동안 평가를 위한 관찰을 수행하며 아동과 공감대를 형성하는 것이 좋다.

정답 19 ③ 20 ① 01 ① 02 ③

03 〈보기〉에 제시된 일반화된 운동프로그램(Generalized Motor Program ; GMP)에 관한 설명으로 옳은 것은? 기출 23

> ㉠ 인간의 운동은 자기조직(Self-organization)과 비선형성(Nonlinear)의 원리에 의해 생성되고 변화한다.
> ㉡ 불변매개변수(Invariant Parameter)에는 요소의 순서(Order of Element), 시상(Phasing), 상대적인 힘(Relative Force)이 포함된다.
> ㉢ 가변매개변수(Variant Parameter)에는 전체 동작지속시간(Overall Duration), 힘의 총량(Overall Force), 선택된 근육군(Selected Muscles)이 포함된다.
> ㉣ 환경정보에 대한 지각 그리고 동작의 관계(Perception-action Coupling)를 강조한다.

① ㉠, ㉡
② ㉠, ㉢
③ ㉡, ㉢
④ ㉢, ㉣

해설
㉠ 다이내믹 시스템 이론, ㉣ 생태학적 이론에 대한 설명이다.

일반화된 운동프로그램(Generalized Motor Program ; GMP) 일반화된 운동프로그램에서는 매개변수에 의하여 운동프로그램이 바뀌게 된다. 매개변수는 특정한 환경적 요구에 적응하기 위하여 움직임의 형태를 조절하는 데 관여하는 변수로, 불변매개변수와 가변매개변수로 구분할 수 있다.

- 불변매개변수 : 동작이나 반응 요소의 순서를 의미한다. 반응 생성 과정에서 선택되었거나 인출된 반응 단위들의 순서를 배열하는 과정으로, 근수축의 시간적 구조이다. 근육이 활동하는 데 필요한 전체 힘의 양을 선택된 각 근육에 적절한 비율로 분배하는 과정이다. 요소의 순서, 시상, 상대적인 힘이 포함된다.
- 가변매개변수 : 동작의 시상과는 달리 동작마다 일정하지 않고, 동원되는 근수축에 의해 발휘되는 힘의 양을 조절한다. 동작 생성에 관련된 개별 근육들이 운동프로그램에 저장되어 있지 않고 동작에 따라 다르게 선택된다. 전체 시간, 전체 힘, 근육 선택이 포함된다.

04 〈보기〉에서 설명하는 개념으로 옳은 것은? 기출 24

> • 자극반응 대안 수가 증가할수록 선택반응시간도 증가한다.
> • 투수가 직구와 슬라이더 구종에 커브 구종을 추가하여 무작위로 섞어 던졌을 때 타자의 반응시간이 길어졌다.

① 피츠의 법칙(Fitts' Law)
② 파워 법칙(Power Law)
③ 임펄스 가변성 이론(Impulse Variability Theory)
④ 힉의 법칙(Hick's Law)

해설
반응시간의 유형으로는 변별반응시간, 단순반응시간, 선택반응시간이 있다. 〈보기〉와 같이 자극반응 대안 수가 증가할수록 선택반응시간도 증가하는 것은 힉의 법칙이다.

05 〈보기〉에 제시된 번스타인(N. Bernstein)의 운동학습 단계에 대한 설명으로 옳은 것은?

> ㉠ 스케이트를 탈 때 고관절, 슬관절, 발목관절을 활용하여 추진력을 갖게 한다.
> ㉡ 체중 이동을 통해 추진력을 확보하며 숙련된 동작을 실행하게 한다.
> ㉢ 스케이트를 신고 고관절, 슬관절, 발목관절을 하나의 단위체로 걷게 한다.

	㉠	㉡	㉢
①	자유도 풀림	반작용 활용	자유도 고정
②	반작용 활용	자유도 풀림	자유도 고정
③	자유도 풀림	자유도 고정	반작용 활용
④	반작용 활용	자유도 고정	자유도 풀림

해설
번스타인은 운동학습의 단계를 '자유도 고정 → 자유도 풀림 → 반작용 활용'으로 구분하였다.
㉠ 자유도 풀림 : 고정된 자유도를 풀어 사용 가능한 자유도의 수를 늘리는 단계이다. 동작과 관련된 근육, 관절 등에 변화가 나타난다.
㉡ 반작용 활용 : 더 효율적인 동작을 형성하기 위해 자유도 풀림보다 더 많은 자유도를 활용하는 단계이다. 학습자는 변화는 환경에 대처하여 숙련된 동작을 행할 수 있다.
㉢ 자유도 고정 : 새로운 동작을 수행하는 데 동원되는 신체의 자유도를 고정하는 단계이다.

03 ③ 04 ④ 05 ① **정답**

06 레이데크와 스미스(T. Raedeke & A. Smith, 2001)의 운동선수 탈진 질문지(Athlete Burnout Questionnaire ; ABQ)의 세 가지 측정 요인으로 옳지 않은 것은?

① 성취감 저하(Reduced Sense of Accomplishment)
② 스포츠 평가절하(Sport Devaluation)
③ 경쟁상태불안(Competitive State Anxiety)
④ 신체적·정서적 고갈(Physical, Emotional Exhaustion)

해설
레이데크와 스미스의 운동선수 탈진 질문지의 세 가지 측정요인은 성취감 저하, 스포츠 평가절하, 신체적·정서적 고갈이다.
- 성취감 저하 : 수행에 대한 통제 상실, 실력 발휘를 하지 못함
- 스포츠 평가절하 : 운동이 더 이상 즐겁지 않음, 시합에 대한 무관심
- 신체적·정서적 고갈 : 무기력감

07 웨이스(M. Weiss)와 아모로스(A. Amorose)가 제시한 스포츠 재미(Sport Enjoyment)의 영향 요인으로 옳지 않은 것은?

① 인지능력
② 사회적 소속
③ 동작 자체의 감각 체험
④ 숙달과 성취

해설
웨이스와 아모로스는 숙달과 성취, 사회적 소속, 동작 자체의 감각 체험이 스포츠 재미에 영향을 주며, 스포츠 재미는 스포츠 전념에 영향을 주게 되고, 스포츠 전념은 스포츠 행동에 영향을 미친다고 하였다.

08 〈보기〉에 제시된 도식 이론(Schema Theory)에 관하여 옳은 설명으로 묶인 것은? 기출 18

> ㉠ 빠른 움직임과 느린 움직임을 구분하여 설명한다.
> ㉡ 재인도식은 피드백 정보가 없는 빠른 운동을 조절하는 역할을 한다.
> ㉢ 회상도식은 과거의 실제결과, 감각귀결, 초기조건의 관계를 바탕으로 형성된다.
> ㉣ 200ms 이상의 시간이 필요한 느린 운동 과제의 제어에는 회상도식과 재인도식이 모두 동원된다.

① ㉠, ㉡
② ㉡, ㉢
③ ㉠, ㉣
④ ㉢, ㉣

해설
㉡ 재인도식은 피드백 정보를 통하여 잘못된 동작을 수정하는 역할을 한다. 피드백 정보가 없는 빠른 운동을 조절하는 역할을 하는 것은 회상도식이다.
㉢ 과거의 실제결과, 감각귀결, 초기조건의 관계를 바탕으로 형성되는 것은 재인도식이다.

09 〈보기〉에 제시된 심리적 불응기(Psychological Refractory Period ; PRP)에 관하여 옳은 설명으로 묶인 것은? 기출 24

> ㉠ 1차 자극에 대한 반응을 수행하고 있을 때 2차 자극을 제시할 경우, 2차 자극에 대해 반응시간이 느려지는 현상이다.
> ㉡ 1차 자극과 2차 자극간의 시간차가 10ms 이하로 매우 짧을 때 나타난다.
> ㉢ 페이크(Fake) 동작의 사용 빈도를 높일 때 효과적이다.
> ㉣ 1차와 2차 자극을 하나의 자극으로 간주하는 현상을 집단화라고 한다.

① ㉠, ㉡
② ㉡, ㉢
③ ㉢, ㉣
④ ㉠, ㉣

해설
심리적 불응기란 1차 자극에 대한 반응을 수행하고 있을 때 2차 자극을 제시할 경우 2차 자극에 대한 반응시간이 느려지는 현상이다. 자극간 시간차가 40ms 이하로 매우 짧은 경우에는 1차 자극과 2차 자극을 동일한 자극으로 간주하여 심리적 불응기가 나타나지 않는데 이를 집단화라고 한다.

정답 06 ③ 07 ① 08 ③ 09 ④

10 인간 발달의 특징에 관한 설명으로 옳지 않은 것은?

① 개인적 측면은 발달에 영향을 미치는 요인이 개인마다 달라서 나타나는 현상이다.
② 다차원적 측면은 개인의 신체적·정서적 특성과 같은 내적 요인 그리고 사회 환경과 같은 외적 요인으로 나눌 수 있다.
③ 계열적 측면은 기기와 서기의 단계를 거친 후에야 자신의 힘으로 스스로 걸을 수 있게 되는 것이다.
④ 질적 측면은 현재 나타나고 있는 움직임 양식이 과거 움직임의 경험이 축적되어 나타나는 것이다.

해설
인간 발달의 특징
- 개인적 측면 : 발달에 영향을 미치는 요인은 개인마다 다르다.
- 다차원적 측면 : 발달에 영향을 미치는 요인은 내적 요인과 외적 요인 등 다양하다.
- 계열적 측면 : 순차적인 발달 과정을 보인다.
- 질적 측면 : 움직임을 반복하면 효율성이 향상되는 등 질적인 변화가 생긴다.
- 종합적 측면 : 현재의 움직임은 과거의 경험이 축적되어 나타나는 것이다.

11 시각탐색에 사용되는 안구 움직임의 형태로 옳지 않은 것은? 기출 20

① 지각의 협소화(Perceptual Narrowing)
② 부드러운 추적 움직임(Smooth Pursuit Movement)
③ 전정안구반사(Vestibulo-ocular Reflex)
④ 빠른 움직임(Saccadic Movement)

해설
시각탐색에 사용되는 안구의 움직임은 빠른 움직임, 부드러운 추적 움직임, 전정안구반사, 빠른 움직임과 추적 움직임이 적절하게 조화를 이루는 움직임의 네 가지 형태로 나타난다. 지각의 협소화는 각성 수준이 높아짐에 따라 주의를 기울일 수 있는 초점의 폭이 점차 줄어드는 현상이다.

12 〈보기〉에 제시된 불안과 운동수행의 관계를 설명하는 이론으로 옳은 것은? 기출 15·16·18·19·21

- 선수가 불안을 어떻게 '해석'하느냐에 따라 운동수행이 달라질 수 있다.
- 선수는 각성이 높은 상태를 기분 좋은 흥분 상태로 해석할 수도 있지만 불쾌한 불안으로 해석할 수도 있다.

① 역U 가설(Inverted-U Hypothesis)
② 전환 이론(Reversal Theory)
③ 격변 이론(Catastrophe Theory)
④ 적정기능지역 이론(Zone of Optimal Functioning Theory)

해설
전환 이론(반전 이론)
- 각성 수준을 어떻게 해석하느냐에 따라 각성수준과 정서의 관계가 달라진다는 이론이다.
- 각성 수준이 높은 상태를 기분 좋은 흥분 상태나 불쾌한 정서로 해석할 수 있다.
- 우수한 선수일수록 불안한 상황을 긍정적으로 해석하는 경향이 있다.
- 운동수행의 개인차를 이해하는 데 많은 기여를 하였다.

10 ④ 11 ① 12 ② **정답**

13 〈보기〉의 ⊙과 ⓒ에 들어갈 용어로 옳은 것은?

기출 19·20·21

- (⊙)은 불안을 감소시키기 위해 자기최면을 사용하여 무거움과 따뜻함을 실제처럼 느끼도록 유도하는 방법이다.
- (ⓒ)은/는 불안을 유발하는 자극의 목록을 작성한 후, 하나씩 차례로 적용하여 유발 감각 자극에 대한 민감도를 줄여 불안 수준을 감소시키는 방법이다.

	⊙	ⓒ
①	바이오피드백 (Biofeedback)	체계적 둔감화 (Systematic Desensitization)
②	자생훈련(Autogenic Training)	바이오피드백 (Biofeedback)
③	점진적 이완 (Progressive Relexation)	바이오피드백 (Biofeedback)
④	자생훈련(Autogenic Training)	체계적 둔감화 (Systematic Desensitization)

해설

심리 기술 훈련
- 자생훈련 : 최면 상태가 될 때 일반적으로 체온이 상승하고 신체가 무거워지는 증상에서 착안한 훈련법으로, 자신의 감각에 주의를 기울이면서 스스로 명상하는 기법이다. (⊙)
- 체계적 둔감화 : 불안이나 스트레스를 유발하는 자극에 노출될 때 불안반응 대신 이완반응을 보임으로써 불안이나 스트레스에 대해 점차 둔감하게 되는 훈련법이다. (ⓒ)
- 바이오피드백 : 불안을 느끼는 선수에게 가슴과 어깨 부분에 센서를 부착하여 불안감이 높아질 때 근육의 긴장도가 함께 증가한다는 것을 시각적으로 보여 주어 각성조절능력을 향상시키는 방법이다.
- 점진적 이완 : 몸 전체의 근육을 하나씩 순서대로 이완시키는 절차로, 신체 모든 부위를 인위적으로 긴장시키고 긴장 상태에서 이완시키는 과정을 통해 근육의 수축과 이완의 느낌을 체험하게 하는 기법이다.

14 와이너(B. Weiner)의 경기 승패에 대한 귀인 이론에 관한 설명으로 옳지 않은 것은?

기출 17·19·20·23

① 노력은 내적이고 불안정하며 통제 가능한 요인이다.
② 능력은 내적이고 안정적이며 통제 불가능한 요인이다.
③ 운은 외적이고 불안정하며 통제 불가능한 요인이다.
④ 과제난이도는 외적이고 불안정하며 통제할 수 있는 요인이다.

해설

귀인 요소에 대한 분류(B. Weiner)

귀인 요소	안정성 차원	내외 인과성 차원	통제성 차원
운	불안정	외 적	통제 불가능
노력	불안정	내 적	통제 가능
과제난이도	안 정	외 적	통제 불가능
능력	안 정	내 적	통제 불가능

정답 13 ④ 14 ④

15 〈보기〉에 제시된 심상에 대한 이론과 설명이 옳게 묶인 것은? 기출 18

> ⊙ 심리신경근 이론에 따르면, 심상을 하는 동안에 실제 동작에서 발생하는 근육의 전기 반응과 유사한 전기 반응이 근육에서 발생한다.
> ⓒ 상징학습 이론에 따르면, 심상은 인지 과제(바둑)보다 운동 과제(역도)에서 더 효과적이다.
> ⓒ 생물정보 이론에 따르면, 심상은 상상해야 할 상황 조건인 자극전제와 심상의 결과로 일어나는 반응 전제로 구성된다.
> ② 상징학습 이론에 따르면, 생리적 반응과 심리 반응을 함께하면 심상의 효과는 낮아진다.

① ⊙, ⓒ
② ⊙, ⓒ
③ ⓒ, ⓒ
④ ⓒ, ②

해설
ⓒ 상징학습 이론에 따르면, 심상은 어떤 동작을 뇌에 부호로 만들어 그 동작을 잘 이해할 수 있도록 하거나 자동화시킨다. 따라서 인지적 요소가 거의 없는 운동 과제보다 인지적 요소가 많은 인지 과제를 대상으로 할 때 더욱 효과적이다.
② 생물정보 이론에 따르면, 심상은 특정 상황뿐만 아니라 그 상황에 대한 행동 반응, 심리 반응, 생리적 반응 등을 포함시켜야 한다.

16 〈보기〉에 제시된 첼라두라이(P. Chelladurai)의 다차원 리더십 모델에 관한 설명으로 옳게 묶인 것은? 기출 18

> ⊙ 리더의 특성은 리더의 실제 행동에 영향을 준다.
> ⓒ 규정 행동은 선수에게 규정된 행동을 말한다.
> ⓒ 선호 행동은 리더가 선호하거나 바라는 선수의 행동을 말한다.
> ② 리더의 실제 행동과 선수의 선호 행동이 다르면 선수의 만족도가 낮아진다.

① ⊙, ⓒ
② ⊙, ②
③ ⓒ, ⓒ
④ ⓒ, ②

해설
ⓒ 규정 행동은 조직 내에서 리더가 해야만 하는 행동 즉, 리더로서 기대되는 행동을 말한다.
ⓒ 선호 행동은 선수들이 선호하거나 바라는 리더의 행동을 말한다.

17 〈보기〉에서 설명하는 운동심리 이론(모형)으로 옳은 것은?

- 지역사회가 여성 전용 스포츠 센터를 확충한다.
- 정부가 운동 참여에 대한 인센티브 정책을 수립한다.
- 가정과 학교에서 운동 참여를 지지해 주는 분위기를 만든다.

① 사회생태 모형(Social Ecological Model)
② 합리적 행동 이론(Theory of Reasoned Action)
③ 자기효능감 이론(Self-efficacy Theory)
④ 자결성 이론(Self-determination Theory)

해설

사회생태 모형
사회생태 모형은 운동과 관련된 환경이나 정책은 개인 수준을 넘는 것으로 개인의 운동에 영향을 준다는 이론이다. 개인 차원의 역할도 중요하지만 물리적 환경, 지역사회, 정부 등 다른 차원의 요인도 고려해야 한다고 본다.

다양한 운동심리 이론
- 합리적 행동 이론 : 열심히 하려는 의지에 따라 개인의 행동이 직접적으로 결정된다는 이론이다.
- 자기효능감 이론 : 자기효능감이 높을 경우 역경에 잘 대처한다는 이론이다.
- 자결성 이론 : 동기 형태에 따라 인간의 성취행동이 달라진다고 보는 이론이다.

18 프로차스카(J. O. Prochaska)의 운동변화단계 모형(Transtheoretical Model)에 관한 설명으로 옳은 것은?

기출 15·18·20·21

① 변화 단계와 자기효능감과의 관계는 U자 형태다.
② 인지적·행동적 변화과정을 통해 운동 단계가 변화한다.
③ 변화 단계가 높아짐에 따라 운동에 대해 기대할 수 있는 혜택은 점진적으로 감소한다.
④ 무관심 단계는 현재 운동에 참여하지 않지만, 6개월 이내에 운동을 시작할 의도가 있다.

해설

① 변화 단계와 자기효능감의 관계는 비례 형태로, 변화 단계가 증가할수록 자기효능감도 증가한다.
③ 변화 단계가 높아짐에 따라 기대 혜택은 증가한다.
④ 무관심 단계는 현재 운동을 하지 않으며, 6개월 이내에 운동을 시작할 의도가 없는 단계이다.

운동변화단계 모형(J. O. Prochaska)
운동행동의 변화가 마음먹은 순간에 단번에 이루어지는 것이 아니라 여러 단계를 거치면서 점진적으로 변화한다고 본다. 무관심, 관심, 준비, 실천, 유지의 5단계가 있다.
- 무관심 : 현재 운동을 하지 않으며 6개월 이내에 시작할 의도도 없다.
- 관심 : 현재 운동을 하지 않지만 6개월 이내에 시작할 의도는 있다.
- 준비 : 규칙적으로 운동을 하진 않지만 1개월 이내에 시작할 의도가 있다.
- 실천 : 운동을 하고 있지만 6개월이 지나지는 않았다.
- 유지 : 매일 30분씩 6개월 이상 운동을 유지하고 있다.

정답 17 ① 18 ②

19 한국스포츠심리학회가 제시한 스포츠심리상담사 상담윤리에 대한 설명으로 옳지 않은 것은?

기출 15·17·19·20·21·24

① 스포츠심리상담사는 자신의 전문영역과 한계영역을 명확하게 인식해야 한다.
② 스포츠심리상담사는 상담 과정에서 얻은 정보를 이용할 때 고객과 미리 상의해야 한다.
③ 스포츠심리상담사는 상담 효과를 알리기 위해 상담에 참여한 사람으로부터 좋은 평가나 소감을 요구해야 한다.
④ 스포츠심리상담사는 타인에게 역할을 위임할 때는 전문성이 있는 사람에게만 위임하여야 하며 그 타인의 전문성을 확인해야 한다.

해설
한국스포츠심리학회에서 제시하는 스포츠심리상담사의 상담윤리 제6조 제2항에 따르면 스포츠심리상담사는 상담에 참여한 사람으로부터 좋은 평가나 소감(증언)을 요구해서는 안 된다.

20 〈보기〉에 제시된 폭스(K. Fox)의 위계적 신체적 자기개념 가설(Hypothesized Hierarchical Organization of Physical Self-perception)에 관한 설명으로 옳게 묶인 것은?

㉠ 신체적 컨디션은 매력적 신체를 유지하는 능력이다.
㉡ 신체적 자기가치는 전반적 자기존중감의 상위영역에 속한다.
㉢ 신체 매력과 신체적 컨디션은 신체적 자기가치의 하위영역에 속한다.
㉣ 스포츠 유능감은 스포츠 능력과 스포츠 기술 학습 능력에 대한 자신감이다.

① ㉠, ㉡
② ㉠, ㉢
③ ㉡, ㉣
④ ㉢, ㉣

해설
위계적 신체적 자기개념 가설(K. Fox, 1989)

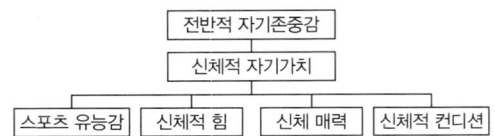

㉠ 매력적 신체를 유지하는 능력은 '신체 매력'이다.
㉡ '신체적 자기가치'는 신체적 자아에 대한 행복·만족·자부심 같은 일반적인 느낌을 말하며 '전반적 자기존중감'의 하위영역에 속한다.

제4과목 한국체육사

01 체육사에 관한 설명으로 옳지 않은 것은?

기출 17·24

① 연구대상은 시간, 인간, 공간 등이 고려된다.
② 체육과 스포츠를 역사적 방법으로 연구하는 학문이다.
③ 연구내용은 스포츠문화사, 전통스포츠사 등을 포함한다.
④ 체육과 스포츠의 도덕적 가치판단에 대한 근거를 탐구한다.

해설
④ 도덕적 가치판단은 스포츠 윤리에서 다루어야 한다.
체육사의 연구 목적은 과거 체육학적 사실에 대한 분석을 통해 체육사를 재구성하는 것이다. 이를 위해 주관적인 가치판단에 대한 근거를 탐구하기보다는 객관적인 사료를 연구해야 한다.

02 〈보기〉에서 체육사 연구의 사료(史料)에 관한 설명으로 옳은 것을 모두 고른 것은?

기출 19·21

| ㉠ 기록 사료는 문헌 사료와 구전 사료가 있다. |
| ㉡ 물적 사료는 물질적 유산인 유물과 유적이 있다. |
| ㉢ 기록 사료 중 민요, 전설, 시가, 회고담 등은 문헌 사료이다. |
| ㉣ 전통적인 분류 방식에 따르면, 물적 사료와 기록 사료로 구분된다. |

① ㉠, ㉡
② ㉡, ㉢
③ ㉠, ㉡, ㉣
④ ㉡, ㉢, ㉣

해설
사료의 종류

구 분	사료명		내 용
사료 형태	물적 사료		유물, 유적 등 현존하는 모든 물질적 유산
	기록 사료	문헌 사료	공문서, 사문서, 출판물 등 문서로 남은 사료
		구전 사료	석판, 민요, 시가 등 입에서 입으로 전해져 내려오는 사료

작성 주체	국가 사료	국가나 기관에서 기록한 사료로 통치이념 확인 가능
	기관 사료	
	개인 사료	개인이 기록한 사료로 당시 시대 상황 확인 가능
작성 시기	1차 사료	당대에 기록한 사료
	2차 사료	1차 사료를 기반으로 정리한 사료
	3차 사료	2차 사료를 취합하여 정리한 사료

03 부족국가와 삼국시대의 신체활동이 포함된 제천의식에 관한 설명으로 옳지 않은 것은?

기출 17·19·24

① 신라 - 가배
② 부여 - 동맹
③ 동예 - 무천
④ 마한 - 10월제

해설
부여의 제천의식은 '영고'로 섣달에 지내던 추수감사제이다. '동맹'은 고구려의 제천의식이다.

04 〈보기〉에서 화랑도에 관한 설명으로 옳은 것을 모두 고른 것은?

기출 15·16·17·18·20·21·23

| ㉠ 법흥왕 때에 종래 화랑도 제도를 개편하여 체계화되었다. |
| ㉡ 한국의 전통사상과 세속오계(世俗五戒)를 근간으로 두었다. |
| ㉢ 국선도(國仙徒), 풍류도(風流徒), 원화도(源花徒)라고도 불리었다. |
| ㉣ 편력(遍歷), 입산수행(入山修行), 주행천하(周行天下) 등의 활동을 했다. |

① ㉠, ㉡
② ㉡, ㉢
③ ㉠, ㉡, ㉣
④ ㉡, ㉢, ㉣

해설
화랑도는 진흥왕 때에 종래의 제도를 개편하여 체계화되었는데, 이는 신라의 세력 확장에 따른 인재 양성의 필요성 때문이었다.

정답 01 ④ 02 ③ 03 ② 04 ④

05 〈보기〉의 ㉠에 들어갈 말로 옳은 것은?
기출 15·16·17

『구당서(舊唐書)』에 따르면, "고구려의 풍속은 책 읽기를 좋아하며, 허름한 서민의 집에 이르기까지 거리에 큰 집을 지어 이를 (㉠)이라고 하고, 미혼의 자제들이 여기에서 밤낮으로 독서하고 활쏘기를 익힌다."라고 되어 있다.

① 태 학
② 경 당
③ 향 교
④ 학 당

해설
고구려의 교육기관으로는 태학과 경당이 있었다. 태학은 귀족 자제들을 교육하는 관학이고 경당은 평민들의 교육기관이었다. 경당에서는 경서와 활쏘기 교육을 진행하였다.

06 고려시대의 무학(武學) 전문 강좌인 강예재(講藝齋)가 개설된 교육기관으로 옳은 것은?
기출 16·21

① 국자감(國子監)
② 성균관(成均館)
③ 응방도감(鷹坊都監)
④ 오부학당(五部學堂)

해설
국자감은 고려시대 대표적인 국립교육기관으로 7재에 강예재를 두어 무예를 교육하던 기관이다.
- 성균관 : 조선시대 교육기관으로 덕의 함양을 위해 활쏘기를 교육하기도 했다.
- 응방도감 : 고려시대 때 매를 사육하던 기관이다.
- 오부학당 : 고려 말 정몽주가 개경에 설립한 학교이다.

07 〈보기〉에서 고려시대 무예의 특징으로 옳은 것을 모두 고른 것은?
기출 18·19·20·21·24

㉠ 격구(擊毬)는 군사훈련의 수단이었다.
㉡ 수박희(手搏戲)는 무인 인재 선발의 중요한 방법이었다.
㉢ 마술(馬術)은 육예(六藝) 중 어(御)에 속하며, 군자의 중요한 덕목 중 하나였다.
㉣ 궁술(弓術)은 문인과 무인의 심신 수양과 인격도야의 방법으로 중시되었다.

① ㉠
② ㉡, ㉢
③ ㉡, ㉢, ㉣
④ ㉠, ㉡, ㉢, ㉣

해설
㉠ 격구는 귀족사회의 스포츠로 말을 타고 채를 이용하여 공을 치는 경기이다. 군사훈련의 수단으로도 사용되었지만 사치성으로 인한 폐단이 발생하기도 하였다.
㉡ 수박희는 손과 발을 이용한 격투 기술로 무신정권 시기 무관 채용 방법 중 하나였다.
㉢ 마술은 육예 중 하나로 군자가 되려면 육예를 모두 교육받아야 하였다.
㉣ 문무를 겸비한 인재의 양성 목적으로, 국가에서도 병사나 관료들에게 궁술을 익히도록 장려하였다.

08 조선시대 무과제도에 관한 설명으로 옳지 않은 것은?
기출 15·18·20

① 초시, 복시, 전시 3단계로 실시되었다.
② 무과는 강서와 무예 시험으로 구성되었다.
③ 증광시, 별시, 정시는 비정규적으로 실시되었다.
④ 선발 정원은 제한이 없었으며, 누구나 응시할 수 있었다.

해설
조선시대 무과의 선발 정원은 식년 무과 시험에 28명이 대체로 지켜졌으나, 후기에는 만과(萬科)라 하여 수천 명씩 뽑기도 하였고, 응시 자격은 천민을 제외한 양인 이상의 신분이면 가능하였다.

정답 05 ② 06 ① 07 ④ 08 ④

09 〈보기〉에 해당하는 신체활동으로 옳은 것은?

기출 16·19·23·24

- 군사훈련의 성격을 지니고 실시된 무예 활동
- 조선시대 왕이나 양반 또는 대중에게 볼거리 제공
- 나라의 풍속으로 단오절이나 명절에 행해졌던 활동
- 승부를 결정 짓는 놀이로서 신체적 탁월성을 추구하는 경쟁적 활동

① 투호(投壺)
② 저포(樗蒲)
③ 석전(石戰)
④ 위기(圍碁)

해설

석전은 돌을 들고 싸우는 집단 놀이로 변전 혹은 편싸움이라고도 하였다. 석전은 전쟁에 대비하는 전투적 유희이기도 하였다.
- 투호 : 일정한 거리에 항아리를 놓고 화살과 같은 것을 던져 넣는 오락이다.
- 저포 : 오늘날 윷놀이로 정월 초하루부터 보름날까지 행해졌다.
- 위기 : 오늘날의 바둑을 뜻한다.

10 〈보기〉에서 조선시대 체육사상에 관한 설명으로 옳은 것을 모두 고른 것은?

기출 18

㉠ 유교의 영향으로 숭문천무(崇文賤武) 사상이 만연했다.
㉡ 심신 수련으로 활쏘기가 중시되었고, 학사사상(學射思想)이 강조되었다.
㉢ 활쏘기를 통해서 문무겸전(文武兼全) 혹은 문무겸일(文武兼一)에 도달하고자 했다.
㉣ 국토 순례를 통해 조선에 대한 애국심을 가지게 하는 불국토사상(佛國土思想)이 중시되었다.

① ㉠, ㉡
② ㉡, ㉢
③ ㉠, ㉡, ㉢
④ ㉡, ㉢, ㉣

해설

불국토사상은 신라 화랑도와 연관된 사상으로 국토를 신성하고 존엄하게 여겨 목숨을 걸고 지켜야 한다는 뜻이다.

11 일제강점기에 설립된 체육단체로 옳지 않은 것은?

기출 16·18·19·21·23

① 대한국민체육회(大韓國民體育會)
② 관서체육회(關西體育會)
③ 조선체육협회(朝鮮體育協會)
④ 조선체육회(朝鮮體育會)

해설

대한국민체육회는 개화기인 1907년 노백린이 설립한 단체이다. 병식체조 일부에 국한된 학교 체육을 비판하였고 올바른 국민 교육의 일환으로 체육의 중요성을 역설하였다.

12 〈보기〉의 ㉠, ㉡에 해당하는 여성 스포츠인으로 옳은 것은?

- 박봉식은 1948년 런던올림픽경기대회에 출전한 첫 여성 원반던지기 선수
- (㉠)은/는 1967년 세계여자농구선수권대회에 출전해 최우수선수로 선정
- (㉡)은/는 2010년 밴쿠버동계올림픽경기대회에 출전해 피겨스케이팅 금메달 획득

	㉠	㉡
①	박신자	김연아
②	김옥자	김연아
③	박신자	김옥자
④	김옥자	박신자

해설

㉠ 박신자 : 1967년 체코슬로바키아에서 열린 FIBA 세계여자농구선수권대회에 출전하여 우리나라를 준우승으로 이끌었고 대회 최우수선수로 선정되었다.
㉡ 김연아 : 피겨스케이팅 종목에서 2010년 밴쿠버동계올림픽 금메달, 2014년 소치동계올림픽 은메달을 획득하였다.

정답 09 ③ 10 ③ 11 ① 12 ①

13 〈보기〉의 ⊙, ⓒ에 해당하는 개최지로 옳은 것은?

기출 23

우리나라는 1986년 서울아시아경기대회, 2002년 (⊙)아시아경기대회, 2014년 (ⓒ)아시아경기대회를 성공적으로 개최했다.

	⊙	ⓒ
①	인 천	부 산
②	부 산	인 천
③	평 창	충 북
④	충 북	평 창

해설
우리나라는 1986년 서울아시아경기대회, 2002년 부산아시아경기대회, 2014년 인천아시아경기대회를 개최하였다.

14 〈보기〉에서 설명하는 인물로 옳은 것은?

- 제6회, 제7회 아시아경기대회에서 수영 종목 400m, 1,500m 2관왕 2연패
- 2008년 독도 33바퀴 회영(回泳)
- 2020년 스포츠영웅으로 선정되어 2021년 국립묘지에 안장

① 조오련
② 민관식
③ 김 일
④ 김성집

해설
조오련
- 1970년 방콕아시아경기대회 자유형 400m, 1,500m 금메달
- 1974년 테헤란아시아경기대회 자유형 400m, 1,500m 금메달
- 2009년 8월 4일 사망 후 2021년 대전현충원 안장

15 개화기에 도입된 근대스포츠 종목으로 옳지 않은 것은?

기출 16·18·19·20·21

① 농 구
② 역 도
③ 야 구
④ 육 상

해설
역도는 일제강점기인 1926년 서상천에 의해 도입되었다. 농구와 야구는 황성기독교청년회의 총무였던 질레트(P. Gillett)에 의해, 육상은 1896년 최초의 운동회인 화류회에서 등장하였다.

16 광복 이전 조선체육회에 관한 설명으로 옳지 않은 것은?

기출 16·18·19

① 조선체육협회보다 먼저 창립되었다.
② 조선의 체육을 지도, 장려하는 것이 목적이었다.
③ 첫 사업인 제1회 전조선야구대회는 전국체육대회의 효시이다.
④ 고려구락부를 모태로 하였고, 조선체육협회에 강제 통합되었다.

해설
조선체육회는 일본인이 중심이 되어 창립한 조선체육협회에 대응하기 위해 동아일보사의 후원하에 1920년 설립되었다.

17 〈보기〉에서 설명하는 올림픽경기대회로 옳은 것은?

기출 16·18·19·20·21

- 우리 민족이 일장기를 달고 출전한 대회
- 마라톤의 손기정이 금메달, 남승룡이 동메달을 획득한 대회

① 1924년 제8회 파리올림픽경기대회
② 1928년 제9회 암스테르담올림픽경기대회
③ 1932년 제10회 로스앤젤레스올림픽경기대회
④ 1936년 제11회 베를린올림픽경기대회

해설
1936년 베를린올림픽경기대회에서 손기정 선수가 마라톤 종목 금메달을 획득한 후 동아일보 이길용 기자에 의해 일장기 말소 사건이 발생하였다.

정답 13 ② 14 ① 15 ② 16 ① 17 ④

18 〈보기〉의 ㉠, ㉡에 들어갈 말로 옳은 것은?

- (㉠)경기대회는 우리나라 여성이 최초로 금메달을 획득한 대회로, 서향순이 양궁 개인전에서 금메달을 획득했다.
- (㉡)경기대회는 우리나라가 광복 후 최초로 마라톤에서 금메달을 획득한 대회로, 황영조가 마라톤에서 금메달을 획득했다.

	㉠	㉡
①	1984년 로스앤젤레스올림픽	1988년 서울올림픽
②	1984년 로스앤젤레스올림픽	1992년 바르셀로나올림픽
③	1988년 서울올림픽	1988년 서울올림픽
④	1988년 서울올림픽	1992년 바르셀로나올림픽

해설

㉠ 1984년 로스앤젤레스올림픽 : 공산주의 진영 국가들이 불참한 대회로 우리나라는 금메달 6개를 획득하여 공동 10위를 달성하였다. 서향순 선수가 양궁 개인전에서 우리나라 여성 최초로 금메달을 획득했다.

㉡ 1992년 바르셀로나올림픽 : 1976년 몬트리올올림픽에서 시작된 보이콧이 종식된 대회로 동서 양 진영 간의 대립 없이 치러진 대회이다. 우리나라는 금메달 12개를 획득하여 종합 7위를 달성하였으며 황영조 선수가 마라톤 종목에서 금메달을 획득하였다.

1988년 서울올림픽
우리나라에서 개최된 최초의 올림픽으로 냉전 종식의 밑거름이 된 대회이다. 우리나라는 금메달 12개를 획득하며 종합 4위를 달성하였다.

19 〈보기〉의 정책들과 관련 있는 정권으로 옳은 것은?

기출 20·21

- 호돌이계획 시행
- 국민생활체육회(구 국민생활체육협의회) 창설
- 1988년 서울올림픽경기대회의 성공적인 개최
- 제41회 지바세계탁구선수권대회 남북단일팀 출전

① 박정희 정권
② 전두환 정권
③ 노태우 정권
④ 김영삼 정권

해설

노태우 정권은 전두환 정권 시절 유치에 성공한 1988년 서울올림픽을 성공적으로 개최하였으며 호돌이계획의 일환으로 1990년 국민생활체육진흥 3개년 종합계획을 추진하고 1991년 국민생활체육협의회를 창립하였다. 또한 1991년 남북체육회담을 통해 제41회 지바세계탁구선수권대회와 제6회 포르투갈 세계청소년축구대회에 남북단일팀을 구성하여 참가하기도 했다.

20 2002년 제17회 월드컵축구대회에 관한 설명으로 옳지 않은 것은?

① 한국은 4강에 진출했다.
② 한국과 일본이 공동으로 개최했다.
③ 한국과 북한이 단일팀을 구성하여 출전했다.
④ 한국의 길거리 응원은 온 국민 문화축제의 장이었다.

해설

남북단일팀 사례
- 1991년 지바세계탁구선수권대회
- 1991년 포르투갈 세계청소년축구선수권대회
- 2018년 평창 동계올림픽 여자아이스하키 종목
- 2018년 할름스타드 세계탁구선수권대회
- 2018년 자카르타·팔렘방 아시안게임
- 2018년 세계유도선수권대회
- 2018년 자카르타 장애인아시안게임
- 2019년 세계남자핸드볼선수권대회

정답 18 ② 19 ③ 20 ③

제5과목 　운동생리학

01 〈보기〉에서 설명하는 트레이닝의 원리로 옳은 것은?

기출 19

- 트레이닝의 효과는 운동에 동원된 근육에서만 발생한다.
- 근력 향상을 위해서는 저항성 트레이닝이 적합하다.

① 특이성의 원리
② 가역성의 원리
③ 과부하의 원리
④ 다양성의 원리

해설

특이성(특수성)의 원리란 훈련의 효과가 운동 중에 사용된 근육에만 영향을 미친다는 것이다. 특이성의 원리에 의하면 주로 활용되는 에너지 대사 체계 또는 근육 수축의 형태에 따라서도 운동효과는 달라질 수 있다.

02 체온 저하 시 생리적 반응으로 옳은 것은?

기출 15·17·18

① 심박수 증가
② 피부혈관 확장
③ 땀샘의 땀 분비 증가
④ 골격근 떨림(Shivering) 증가

해설

체온이 저하될 경우 심부 온도 저하로 인해 심박수가 감소하며 피부혈관이 수축하여 피부혈류가 감소하고 떨림이 발생한다. 또한 신경전달 비율이 감소하고 피부의 열 손실이 차단되어 땀 분비가 억제된다.

03 지구성 트레이닝 후 최대 동정맥산소차(Maximal Arterial-venous Oxygen Difference) 증가에 기여하는 요인으로 적절하지 않은 것은?

기출 17

① 미토콘드리아 크기 증가
② 미토콘드리아 수 증가
③ 모세혈관 밀도 감소
④ 총 혈액량 증가

해설

동정맥산소차는 동맥과 정맥 사이의 산소 함량 차이를 말한다. 동정맥산소차는 근육세포의 산소소비량에 비례하는데 고강도 운동 시 동정맥산소차는 증가한다. 지구성 트레이닝을 통해 모세혈관의 밀도가 증가하면 산소소비량이 늘어나서 동정맥산소차가 증가한다.

04 〈보기〉에서 운동유발성 근육경직(Exercise-associated Muscle Cramps)을 방지하기 위한 방법으로 옳은 것을 모두 고른 것은?

㉠ 발생하기 쉬운 근육을 규칙적으로 스트레칭한다.
㉡ 필요시 운동강도와 지속 시간을 감소시킨다.
㉢ 수분과 전해질의 균형을 유지한다.
㉣ 탄수화물 저장량을 낮춘다.

① ㉠
② ㉠, ㉡
③ ㉠, ㉡, ㉢
④ ㉠, ㉡, ㉢, ㉣

해설

운동유발성 근육경직을 예방하기 위해서는 탄수화물 저장량을 적정 수준으로 유지해야 한다.

정답 01 ① 02 ④ 03 ③ 04 ③

05 1회박출량(Stroke Volume)에 관한 설명으로 옳지 않은 것은?
기출 16·17·18·19·23·24

① 심실 수축력이 증가하면 1회박출량은 증가한다.
② 평균 동맥혈압이 감소하면 1회박출량은 증가한다.
③ 심장으로 돌아오는 정맥혈 회귀(Venous Return)가 감소하면 1회박출량은 감소한다.
④ 수축기말 용적(End-systolic Volume)에서 확장기말 용적(End-diastolic Volume)을 뺀 값이다.

해설
1회박출량
- 1회박출량은 심장이 1회 수축하면서 내뿜는 혈액의 양으로, 확장기말 용적에서 수축기말 용적을 뺀 값이다. 1회박출량을 결정하는 요인으로는 정맥환류량, 심장의 수축력, 혈압 등이 있다.
- 확장기말 용적 : 확장기가 끝날 때부터 수축기가 시작되기 직전까지의 심실 용적
- 수축기말 용적 : 수축기가 끝난 후 이완기가 시작되기 전까지의 심실 용적

06 〈보기〉에서 설명하는 중추신경계 기관으로 옳은 것은?
기출 15

- 시상과 시상하부로 구성된다.
- 시상은 감각을 통합·조절한다.
- 시상하부는 심박수와 심장 수축, 호흡, 소화, 체온, 식욕 및 음식 섭취를 조절한다.

① 간뇌(Diencephalon)
② 대뇌(Cerebrum)
③ 소뇌(Cerebellum)
④ 척수(Spinal Cord)

해설
간뇌는 시상과 시상하부로 구성된다. 시상은 감각 조절 중추이고 시상하부는 체온, 혈당, 물질대사 등 항상성 조절 중추이다.
- 대뇌 : 운동 조직화, 학습 내용 저장, 지각 정보 수용
- 소뇌 : 골격근 조절, 근육 운동 협응
- 척수 : 뇌와 말초신경 사이 자극을 전달하는 통로, 무조건 반사의 중추

07 직립 상태에서 폐-혈액 간 산소확산 능력은 안정 시와 비교하여 운동 시 증가하는데, 이에 기여하는 요인으로 옳은 것은?

① 폐포와 모세혈관 사이의 호흡막(Respiratory Membrane) 두께 증가
② 증가한 혈압으로 인한 폐 윗부분(상층부)으로의 혈류량 증가
③ 폐정맥 혈액 내 높은 산소분압
④ 폐동맥 혈액 내 높은 산소분압

해설
운동 시 심박출량이 증가하여 혈압이 올라 폐 윗부분으로의 혈류량이 증가하게 된다. 이 경우 표면적이 늘어나 산소확산 능력이 증가한다.

08 건강체력 요소 측정으로 옳지 않은 것은?
기출 16·19

① 오래달리기 측정, 생체전기 저항분석(Bioelectric Impedance Analysis)
② 앉아윗몸앞으로굽히기 측정, 윗몸일으키기 측정
③ 배근력 측정, 제자리높이뛰기 측정
④ 팔굽혀펴기 측정, 악력 측정

해설
③ 제자리높이뛰기는 순발력을 측정하는 것으로 건강체력 요소가 아닌 운동체력 요소에 해당한다.

건강체력의 요소와 측정
건강체력은 사람이 활동하기 위해 필요한 능력으로 근력, 근지구력, 심폐지구력, 유연성 등이 있다.
- 근력·근지구력 : 윗몸일으키기, 팔굽혀펴기, 악력 측정
- 심폐지구력 : 오래달리기
- 유연성 : 앉아윗몸앞으로굽히기
- 신체조성 : 생체전기 저항분석

정답 05 ④ 06 ① 07 ② 08 ③

09 운동하는 근육으로의 혈류량을 증가시키는 국소적 내인성(Intrinsic) 자율조절 요소로 옳지 않은 것은?

① 수소이온, 이산화탄소, 젖산 등 대사 부산물
② 부신수질로부터 분비된 카테콜라민(Catecholamine)
③ 혈관 벽에 작용하는 압력에 따른 근원성(Myogenic) 반응
④ 혈관내피세포(Endothelial Cell)에서 생성된 산화질소, 프로스타글란딘(Prostaglandin), 과분극인자(Hyperpolarizing Factor)

해설
내인성 자율조절이란 산소 분압 상승, CO_2 감소, 칼륨 증가, 아데노신 증가 같은 조직 내에서 대사물질의 변화를 통해 혈류량을 조절하는 것을 뜻한다. 카테콜라민은 부신수질에서 분비되는 호르몬으로 외인성 조절 요소에 해당한다.

10 〈보기〉의 ㉠~㉢에 들어갈 용어로 옳은 것은?

기출 17·18·19·20

> **근육수축 과정**
> • 골격근막의 활동전위는 가로세관(T-tubule)을 타고 이동하여 근형질세망(Sarcoplasmic Reticulum)으로부터 (㉠) 유리를 자극한다.
> • 유리된 (㉠)은 액틴(Actin) 세사의 (㉡)에 결합하고, (㉡)은 (㉢)을 이동시켜 마이오신(Myosin) 머리가 액틴과 결합할 수 있도록 한다.

	㉠	㉡	㉢
①	칼륨	트로포닌	트로포마이오신
②	칼슘	트로포마이오신	트로포닌
③	칼륨	트로포마이오신	트로포닌
④	칼슘	트로포닌	트로포마이오신

해설
근형질세망은 근섬유에 붙어있는 연결망으로 칼슘의 저장소 역할을 한다. 골격근막에서 활동전위가 발생하면 신경자극에 의해 아세틸콜린이 분비되어 근형질세망으로부터 칼슘이 나온다. 칼슘은 트로포닌과 결합하여 마이오신과의 결합부위를 막고 있던 트로포마이오신의 위치를 변화시켜 액틴과 마이오신의 결합을 만든다.

11 〈그림〉은 폐활량계를 활용하여 측정한 폐용적(량)을 나타낸 것이다. ㉠~㉣에서 안정 시와 비교하여 운동 시 변화에 대한 설명으로 옳은 것은?

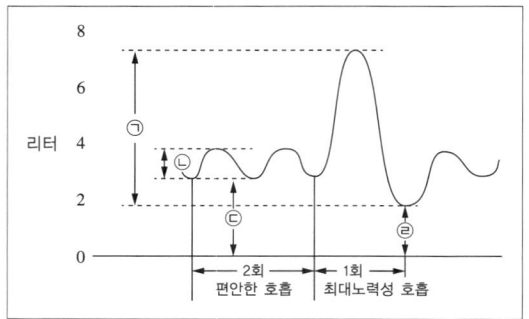

① ㉠ : 증가
② ㉡ : 감소
③ ㉢ : 감소
④ ㉣ : 증가

해설
㉠ 폐활량(VC) : 최대 흡기 후 최대 호기량, 운동 시 변함없다(장기간 운동 훈련으로 폐활량은 증가시킬 수 있다).
㉡ 1회호흡량(TV) : 안정 시 1회흡기량과 호기량, 운동 시 증가한다.
㉢ 기능적 잔기량(FRC) : 정상 호흡에서 호기 후 남아있는 공기량, 운동 시 감소한다.
㉣ 잔기량(RV) : 최대 호기 후 폐에 남아있는 공기량, 운동 시 변함없다.

12 〈보기〉 중 저항성 트레이닝 후 생리적 적응으로 옳은 것을 모두 고른 것은?

기출 20

> ㉠ 골 무기질 함량 증가
> ㉡ 액틴(Actin) 단백질 양 증가
> ㉢ 시냅스(Synapse) 소포 수 감소
> ㉣ 신경근접합부(Neuromuscular Junction) 크기 감소

① ㉠
② ㉠, ㉡
③ ㉠, ㉡, ㉢
④ ㉠, ㉡, ㉢, ㉣

해설
㉠ 골 무기질은 뼈에 존재하는 무기 성분으로 저항성 트레이닝을 하면 골 무기질 함량이 증가하여 뼈의 강도를 강하게 한다.
㉡ 저항성 트레이닝은 액틴과 마이오신의 단백질 양을 증가시킨다.
㉢·㉣ 저항성 트레이닝을 할 경우 신경근접합부의 크기와 시냅스 소포 수가 증가하여 뉴런이 활동전위를 더욱 자주 전달한다.

정답 09 ② 10 ④ 11 ③ 12 ②

13 〈보기〉 중 지구성 트레이닝 후 1회박출량(Stroke Volume) 증가에 기여하는 요인으로 옳은 것만 나열된 것은?

기출 16·17·18·19·23·24

> ⊙ 동일한 절대 강도 운동 시 확장기말 용적(End-diastolic Volume) 감소
> ⓒ 동일한 절대 강도 운동 시 수축기말 용적(End-systolic Volume) 증가
> ⓒ 동일한 절대 강도 운동 시 확장기(Diastolic) 혈액 충만 시간 증가
> ⓔ 동일한 절대 강도 운동 시 심박수 감소

① ⊙, ⓒ
② ⊙, ⓒ
③ ⓒ, ⓒ
④ ⓒ, ⓔ

해설
1회박출량은 심장이 1회 수축하면서 내뿜는 혈액의 양으로 확장기말 용적에서 수축기말 용적을 뺀 값이다. 지구성 트레이닝 후에는 1회박출량이 늘어나게 되므로 확장기말 용적은 증가하고 수축기말 용적은 감소한다.

14 〈보기〉의 ⊙, ⓒ에 들어갈 내용으로 옳은 것은?

기출 18·20·21·23

> • 골격근의 신장성 수축은 수축 속도가 (⊙) 더 큰 힘이 생성된다.
> • 동일 골격근에서 단축성 수축은 신장성 수축에 비해 같은 속도에서 더 (ⓒ) 힘이 생성된다.

	⊙	ⓒ
①	빠를수록	작은
②	느릴수록	작은
③	느릴수록	큰
④	빠를수록	큰

해설
⊙ 신장성 수축은 수축 속도가 빠를수록 근력이 증가하고, 단축성 수축은 수축 속도가 빠를수록 근력이 감소한다.
ⓒ 동일 골격근에서 단축성 수축은 신장성 수축에 비해 같은 속도에서 더 작은 힘이 생성되는데, 이는 액틴과 마이오신의 교차연결의 부착, 재부착을 하는 데 속도 제한이 있기 때문이다.

정답 13 ④ 14 ① 15 ② 16 ①

15 혈액순환 시 혈압의 감소가 가장 크게 발생하는 혈관으로 옳은 것은?

① 모세혈관(Capillary)
② 세동맥(Arteriole)
③ 세정맥(Venule)
④ 대동맥(Aorta)

해설
세동맥은 대동맥과 모세혈관을 이어주는 혈관으로 혈압은 세동맥의 수축으로 조절할 수 있다. 대동맥에서 세동맥으로 이어지는 구간에서 혈관의 굵기가 급격하게 감소하면서 혈압이 가장 크게 감소한다.

16 스프린트 트레이닝 후 나타나는 생리적 적응으로 옳은 것은?

기출 19·20

① 속근섬유 비대 : 해당과정을 통한 ATP 생산능력 향상
② 지근섬유 비대 : 해당과정을 통한 ATP 생산능력 향상
③ 속근섬유 비대 : 해당과정을 통한 ATP 생산능력 저하
④ 지근섬유 비대 : 해당과정을 통한 ATP 생산능력 저하

해설
스프린트 트레이닝은 무산소적 대사능력이 좋은 속근섬유를 주로 사용한다. 따라서 스프린트 트레이닝 후에는 속근섬유가 비대해지고 이에 따라 ATP 생산능력이 향상된다.

17 〈보기〉의 ㉠, ㉡에 들어갈 용어로 옳은 것은?

기출 17·23

> 지방의 베타(β) 산화는 중성지방으로부터 분리된 (㉠)이 미토콘드리아 내에서 여러 단계를 거쳐 (㉡)(으)로 전환되는 과정을 뜻한다.

	㉠	㉡
①	유리지방산 (Free Fatty Acid)	아세틸조효소-A (Acetyl CoA)
②	유리지방산 (Free Fatty Acid)	젖산 (Lactic Acid)
③	글리세롤(Glycerol)	아세틸조효소-A (Acetyl CoA)
④	글리세롤(Glycerol)	젖산 (Lactic Acid)

해설
베타 산화는 지방산이 분해되는 이화 과정이다. 중성지방은 글리세롤과 유리지방산으로 되어있는데 이 중 글리세롤은 해당과정에 투입되고 유리지방산은 베타 산화 과정을 통해 아세틸조효소-A로 전환된다.

18 〈보기〉의 ㉠, ㉡에 들어갈 용어로 옳은 것은?

기출 17·18·19·20

> 운동 시 교감신경계가 활성화되면, 골격근으로의 혈류량은 (㉠)하고 내장기관으로의 혈류량은 (㉡)한다.

	㉠	㉡
①	감소	증가
②	감소	감소
③	증가	감소
④	증가	증가

해설
교감신경계는 신체를 활성화하는 방향으로 작용하므로 골격근으로의 혈류량을 증가시켜 앞으로 있을 움직임에 대비하는 한편, 운동에 필요하지 않은 소화기관 같은 내장기관으로의 혈류량은 감소시킨다.

19 〈보기〉 중 옳은 것으로만 나열된 것은?

기출 17·18·19·20·21·23

> ㉠ 인슐린(Insulin)은 혈당을 증가시킨다.
> ㉡ 성장호르몬(Growth Hormone)은 단백질 합성을 감소시킨다.
> ㉢ 에리스로포이에틴(Erythropoietin)은 적혈구 생산을 촉진시킨다.
> ㉣ 항이뇨호르몬(Antidiuretic Hormone)은 수분손실을 감소시킨다.

① ㉠, ㉡
② ㉠, ㉢
③ ㉡, ㉣
④ ㉢, ㉣

해설
- ㉠ 인슐린 : 췌장의 랑게르한스섬에서 분비되는 호르몬으로 당을 세포 내로 유입시켜 혈당량을 낮춘다.
- ㉡ 성장호르몬 : 뇌하수체 전엽에서 분비되는 호르몬으로 단백질 합성을 증가시켜 뼈와 근육을 발달시킨다.

정답 17 ① 18 ③ 19 ④

20 막전위의 변화를 나타낸 그림에서 ㉠~㉣ 중 탈분극(Depolarization)에 해당하는 시점으로 옳은 것은?

기출 18·23

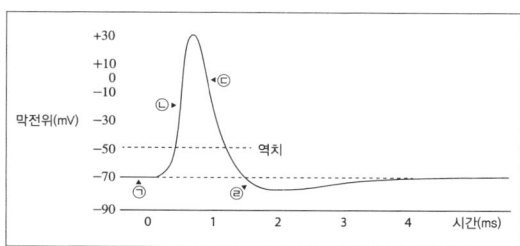

① ㉠
② ㉡
③ ㉢
④ ㉣

해설
- ㉠ 안정 막전위 : 자극을 받지 않았을 때, 세포 내외의 전위로 약 −70mV 정도이다.
- ㉡ 탈분극 : 막 사이의 전위 차이가 안정 막전위인 −70mV보다 적어졌을 때 세포 밖의 양이온인 나트륨이 세포 내로 확산되어 들어와 세포 안쪽의 전위가 +30mV까지 뛰어오르는 현상이다.
- ㉢ 재분극 : 탈분극에 이어서 전위 변화에 민감한 세포막의 칼륨통로가 열리고 세포 안의 양이온인 칼륨이 세포 밖으로 빠져나가면 다시 세포 안쪽이 음극(−70mV 정도)으로 돌아가는 현상이다.
- ㉣ 과분극 : 재분극 후 안정 막전위로 돌아가기 전에 세포막 전위가 안정 막전위보다 약간 더 감소하는 현상이다.

제6과목 운동역학

01 운동역학(Sports Biomechanics) 연구의 목적과 내용으로 옳지 않은 것은?

기출 15·16·17·18·19·21·23

① 동작분석
② 운동장비 개발
③ 부상 기전 규명
④ 운동 유전자 검사

해설
운동역학은 운동을 통한 생체시스템의 원리를 역학적으로 연구하는 학문으로 운동 유전자 검사는 운동역학 연구의 목적과는 거리가 멀다.

02 인체의 움직임을 표현하는 용어로 옳지 않은 것은?

기출 16·17·18·19·23

① 굽힘(굴곡, Flexion)은 관절을 형성하는 뼈들이 이루는 각이 작아지는 움직임이다.
② 폄(신전, Extension)은 관절을 형성하는 뼈들이 이루는 각이 커지는 움직임이다.
③ 벌림(외전, Abduction)은 뼈의 세로축이 신체의 중심선으로 가까워지는 움직임이다.
④ 발등굽힘(배측굴곡, Dorsi Flexion)은 발등이 정강이뼈(경골, Tibia) 앞쪽으로 향하는 움직임이다.

해설
벌림(외전)은 좌우면(Frontal Plane)에서의 관절 운동으로 신체의 중심에서 멀어지는 동작이다. 신체의 중심으로 가까워지는 동작은 모음(내전, Adduction)이다.
- 굽힘 : 두 개 이상의 인접한 관절의 각도가 가까워지는 동작
- 폄 : 두 개 이상의 인접한 관절의 각도가 서로 멀어지는 동작
- 발등굽힘 : 발목관절에서만 사용되며 발이 발등 쪽으로 가까워지는 동작

정답 20 ② 01 ④ 02 ③

03 인체의 무게중심에 관한 설명으로 옳지 않은 것은?

기출 15·16·17·19·20·21·23·24

① 무게중심의 높이는 안정성에 영향을 준다.
② 무게중심은 인체를 벗어나 위치할 수 없다.
③ 무게중심은 토크(Torque)의 합이 '0'인 지점이다.
④ 무게중심의 위치는 자세의 변화에 따라 달라진다.

해설
무게중심은 회전력의 합이 0인 지점으로 인체의 무게중심은 성별, 나이, 인종에 따라 달라진다. 주로 몸을 휘는 움직임일 경우 무게중심이 인체 외부에 위치한다.

04 〈그림〉에서 인체 지레의 구성으로 옳은 것은?

기출 15·17·18·19·20·21·23

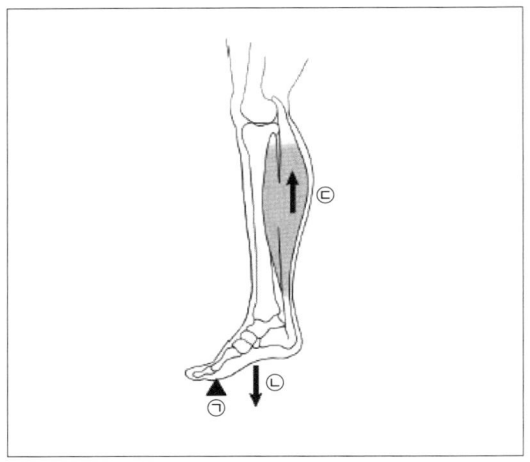

	㉠	㉡	㉢
①	받침점	힘 점	저항점
②	저항점	받침점	힘 점
③	받침점	저항점	힘 점
④	힘 점	저항점	받침점

해설
2종 지레는 물체의 저항점(㉡)이 힘점(㉢)과 받침점(회전축)(㉠) 사이에 있으며, 힘팔이 저항팔보다 항상 긴 구조이다. 2종 지레의 예시로는 발뒤꿈치 들기, 팔굽혀펴기 등이 있다.

05 운동학적(Kinematic) 및 운동역학적(Kinetic) 변인에 대한 설명으로 옳지 않은 것은?

기출 16·18

① 질량(Mass)은 크기만을 갖는 물리량이다.
② 시간(Time)은 크기만을 갖는 물리량이다.
③ 힘(Force)은 크기만을 갖는 물리량이다.
④ 거리(Distance)는 시작점에서 끝점까지 이동한 궤적의 총합으로 크기만을 갖는 물리량이다.

해설
힘(Force)은 벡터 물리량으로 크기와 방향을 모두 가진다. 벡터란 크기와 방향을 모두 가지고 있는 양으로 무게, 힘, 속도 등이 있다.

06 각운동에 대한 설명으로 옳지 않은 것은?

기출 16·20

① 각속도(Angular Velocity)는 각변위를 소요시간으로 나눈 값이다.
② 각가속도(Angular Acceleration)는 각속도의 변화를 소요시간으로 나눈 값이다.
③ 1라디안(Radian)은 원(Circle)에서 반지름과 호의 길이가 같을 때의 각으로 57.3°이다.
④ 시계 방향으로 회전된 각변위(Angular Displacement)는 양(+)의 값으로 나타내고, 반시계 방향으로 회전된 각변위는 음(-)의 값으로 나타낸다.

해설
각변위는 회전하는 물체의 각위치 변화량으로 방향을 가지는 벡터양이다. 이때 시계 방향은 음(-)의 값을, 반시계 방향은 양(+)의 값을 나타낸다.

03 ② 04 ③ 05 ③ 06 ④

07 투사체 운동에 대한 설명으로 옳은 것은? (단, 공기저항은 고려하지 않음)   기출 17·19·23

① 투사체에 작용하는 외력은 존재하지 않는다.
② 투사체의 수평속도는 초기속도의 수평성분과 크기가 같다.
③ 투사체의 수직속도는 9.8m/s로 일정하다.
④ 투사높이와 착지높이가 같을 경우, 38.5°의 투사각도로 던질 때 최대의 수평거리를 얻을 수 있다.

해설
투사체 운동에서는 수직 방향으로는 중력이, 수평 방향으로는 공기저항이라는 외력이 영향을 미친다. 투사체의 수직속도는 중력에 영향을 받는데 위로 올라갈 때는 중력에 의해 점점 느려지고, 아래로 내려올 때는 중력에 의해 점점 빨라진다. 투사높이와 착지높이가 같을 경우 최대의 수평거리를 얻을 수 있는 경우는 45° 각도로 투사하였을 경우이다.

08 골프 스윙 동작에서 임팩트 시 클럽헤드의 선속도를 증가시키는 방법으로 옳지 않은 것은?   기출 17·20

① 스윙 탑에서부터 어깨관절을 축으로 회전반지름을 최대한 크게 해서 빠른 몸통회전을 유도한다.
② 임팩트 전까지 손목 코킹(Cocking)을 최대한 유지하여 빠른 몸통회전을 유도한다.
③ 임팩트 시점에는 팔꿈치를 펴서 회전반지름을 증가시킨다.
④ 임팩트 시점에는 언코킹(Uncocking)을 통해 회전반지름을 증가시킨다.

해설
선속도는 각속도와 회전반지름을 곱한 값으로, 각속도와 회전반지름은 반비례 관계에 있으므로 빠른 몸통 회전을 유도하기 위해서는 회전반지름을 최대한 작게 해야 한다.

09 힘(Force)의 개념에 대한 설명으로 옳지 않은 것은?   기출 16·17·20·24

① 힘의 단위는 N(Newton)이다.
② 힘은 합성과 분해가 가능하다.
③ 힘이 작용한 반대 방향으로 가속도가 발생한다.
④ 힘의 크기가 증가하면 그 힘을 받는 물체의 가속도가 증가한다.

해설
가속도의 방향은 합력의 방향과 항상 같으므로 힘이 작용한 방향으로 가속도가 발생한다.

10 압력과 충격량에 관한 설명 중 옳지 않은 것은?   기출 18·21·23

① 유도에서 낙법은 신체가 지면에 닿는 면적을 넓혀 압력을 증가시키는 기술이다.
② 권투에서 상대방의 주먹을 비켜 맞도록 동작을 취하여 신체가 받는 압력을 감소시킨다.
③ 높은 곳에서 뛰어내릴 때 무릎관절 굽힘을 통해 충격 받는 시간을 늘리면 신체에 가해지는 충격력의 크기는 감소된다.
④ 골프 클럽헤드와 볼의 접촉구간에서 충격력을 유지하면서 접촉시간을 증가시키면 충격량은 증가하게 된다.

해설
낙법은 신체가 지면에 닿는 면적을 넓혀 충격량을 분산하기 위한 기술이다. 지면에 닿는 면적이 좁을 경우 충격량이 분산되지 않아 부상의 위험이 있다.

정답 07 ② 08 ① 09 ③ 10 ①

11 마찰력(F_f)에 대한 설명으로 옳은 것은?

기출 18·19·21

① 아스팔트 도로에서 마찰계수는 구름 운동보다 미끄럼 운동일 때 더 작다.
② 마찰력은 물체 표면에 수직으로 작용하는 힘과 관계가 있다.
③ 최대정지마찰력은 운동마찰력보다 작다.
④ 마찰력은 물체의 이동 방향과 같은 방향으로 작용한다.

해설
① 아스팔트 도로에서의 마찰계수는 물체가 굴러가는 구름 운동일 때보다 미끄럼 운동일 때 더 크다.
③ 최대정지마찰력은 정지되어 있던 물체가 움직이기 시작하는 순간의 마찰력이다. 운동마찰력은 물체가 움직이는 동안 작용하는 마찰력으로 최대정지마찰력은 운동마찰력보다 항상 크다.
④ 마찰력은 물체의 이동 방향과 반대 방향으로 작용한다.

12 양력에 대한 설명으로 옳지 않은 것은?

기출 18·21

① 양력은 물체가 이동하는 방향의 반대 방향으로 작용한다.
② 양력은 베르누이의 원리(Bernoulli Principle)로 설명된다.
③ 양력은 형태의 비대칭성, 회전(Spin) 등에 의해 발생한다.
④ 양력은 물체의 중심선과 진행하는 방향이 이루는 공격각(Angle of Attack)에 의해 발생한다.

해설
양력은 물체의 이동 방향에 수직 방향으로 작용하는 힘으로 비행기나 새의 날개에 작용하여 하늘을 날 수 있게 하는 힘이다. 양력은 베르누이의 원리로 설명할 수 있는데 이동하는 물체의 윗부분의 압력이 아랫부분보다 낮아져서 물체가 위로 힘을 받는다는 것이다.

13 충돌에 관한 설명으로 옳지 않은 것은?

기출 20

① 탄성(Elasticity)은 충돌하는 물체의 재질, 온도, 충돌 강도 등에 따라 그 정도가 달라진다.
② 탄성은 어떠한 물체에 힘이 가해졌을 때, 그 물체가 변형되었다가 원래 상태로 되돌아가려는 성질을 말한다.
③ 복원계수(반발계수, Coefficient of Restitution)는 단위가 없고 0에서 1 사이의 값을 갖는다.
④ 농구공을 1m 높이에서 떨어뜨려 지면으로부터 64cm 높이까지 튀어 올랐을 때의 복원계수는 0.64이다.

해설
복원계수는 물체의 충돌 전의 상대속도에 대한 충돌 후의 상대속도의 비율로 다음과 같은 공식을 사용하여 계산할 수 있다.

$$e = \sqrt{\frac{h'}{h}}$$

여기서 e는 복원계수, h'는 튕겨져 올라간 높이, h는 떨어진 높이이다. h'에 0.64(m), h에 1(m)를 대입하면 복원계수는 0.8이다.

14 다이빙 공중회전 동작을 수행할 때 신체 좌우축(Mediolateral Axis)을 기준으로 회전속도를 가장 크게 만드는 동작으로 옳은 것은? (단, 해부학적 자세를 기준으로)

기출 16·18·19·21·23

① 두 팔을 머리 위로 올리고, 머리를 뒤로 최대한 젖힌다.
② 신체를 최대한 좌우축에 가깝게 모으는 자세를 취한다.
③ 상체와 두 다리를 최대한 뻗는다.
④ 두 팔을 머리 위로 올리고, 두 다리는 최대한 곧게 뻗는 자세를 취한다.

해설
다이빙 공중회전 동작에서 회전속도를 크게 하려면 회전반지름을 줄여야 하므로 신체를 최대한 좌우축에 가깝게 모으는 자세를 취해야 한다.

정답 11 ② 12 ① 13 ④ 14 ②

15 일률(파워, Power)에 대한 설명으로 옳은 것은?

기출 17·18·19·23·24

① 단위는 J(Joule)이다.
② 힘과 속도의 곱으로 구한다.
③ 이동거리는 고려하지 않는다.
④ 소요시간을 길게 하면 증가한다.

해설

일률은 단위시간에 수행한 일의 양으로 단위는 W(Watt)를 사용하며 1W는 1초 동안 1J의 일을 하는 경우를 뜻한다. 일률을 구하는 공식은 다음과 같다.

$$일률(P) = 일의\ 양(W) \div 걸린시간(t)$$
$$= 힘(F) \times 속도(v)$$

16 〈그림〉의 장대높이뛰기에서 역학적 에너지의 변화 과정을 순서대로 나열한 것은?

기출 16·17·19·20·23

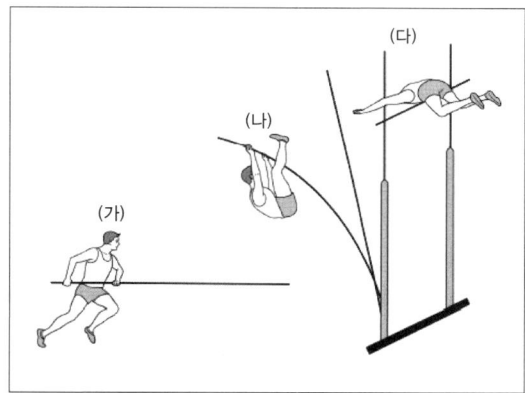

	(가)		(나)		(다)
①	탄성에너지	→	운동에너지	→	위치에너지
②	탄성에너지	→	위치에너지	→	운동에너지
③	위치에너지	→	운동에너지	→	탄성에너지
④	운동에너지	→	탄성에너지	→	위치에너지

해설

(가): 장애물까지 달리는 과정으로 운동에너지가 적용된다.
(나): 장대의 탄력을 이용해 중력을 거슬러 올라가는 과정으로 탄성에너지가 적용된다.
(다): 꼭대기에 이르러서 장대를 버리게 되면 탄성에너지가 위치에너지로 전환된다.

17 〈보기〉의 ㉠, ㉡ 안에 들어갈 내용으로 옳은 것은?

(㉠)은 다양한 장비를 활용하여 동작 및 힘 정보를 수치화하고 분석하는 방법이다. (㉡)을 통해 객관적이고 정확한 정보를 획득할 수 있으며, 주관적인 판단을 배제할 수 있다.

	㉠	㉡
①	정성적 분석	정량적 분석
②	정량적 분석	정성적 분석
③	정성적 분석	정성적 분석
④	정량적 분석	정량적 분석

해설

다양한 장비를 활용하여 동작을 수치화하고 분석하는 것은 정량적 분석이다. 정량적 분석을 통해 객관적이고 정확한 정보를 얻을 수 있다. 정성적 분석은 연구자의 경험과 지식을 바탕으로 진행하므로 주관적인 판단이 개입될 수 있다.

18 달리기 출발구간 분석에서 〈표〉의 ㉠, ㉡, ㉢에 들어갈 측정장비로 옳은 것은?

기출 17

측정장비	분석 변인
㉠	넙다리곧은근(대퇴직근, Rectus Femoris)의 활성도
㉡	압력중심의 위치
㉢	무릎관절 각속도

	㉠	㉡	㉢
①	동작분석기	GPS 시스템	지면반력기
②	동작분석기	지면반력기	지면반력기
③	근전도분석기	GPS 시스템	동작분석기
④	근전도분석기	지면반력기	동작분석기

해설

㉠ 근전도분석기: 근육의 수축을 유발하는 전기적 신호를 측정하는 기기로 근육의 활성도를 측정하기 위해서는 근전도분석기를 사용해야 한다.
㉡ 지면반력기: 발이 지면에 가하는 족압력에 대한 지면의 반발인 지면반력을 측정하는 기기이다. 전후·좌우·수직방향의 힘을 모두 측정할 수 있어 압력중심의 위치를 구할 수 있다.
㉢ 동작분석기: 인체의 움직임을 분석하는 기기로 무릎관절의 각속도를 측정하기 위해서는 동작분석기를 사용해야 한다.

정답 15 ② 16 ④ 17 ④ 18 ④

19 지면반력의 측정과 활용에 관한 설명으로 옳은 것은?   기출 17·19·20·23

① 지면반력기는 수직 방향으로 작용하는 힘만 측정할 수 있다.
② 지면반력기에서 산출된 힘은 인체의 근력으로 지면에 가하는 작용력이다.
③ 높이뛰기 도약 동작 분석 시 지면반력기에 작용한 힘의 소요시간을 측정할 수 있다.
④ 보행 분석에서 발이 지면에 착지하면서 앞으로 미는 힘은 추진력, 발 앞꿈치가 지면으로부터 떨어지기 전에 뒤로 미는 힘은 제동력을 의미한다.

해설
① 지면반력기는 전후·좌우·수직 방향의 힘을 모두 측정할 수 있다.
② 지면반력기에서 산출된 힘은 발이 지면에 가하는 족압력에 대한 지면의 반발력이다.
④ 보행 분석에서 제동력은 발 뒤꿈치가 땅에 닿았을 때 발생하는 힘이며, 추진력은 발끝으로 땅을 밀 때의 힘이다.

20 〈그림〉과 같이 팔꿈치 관절을 축으로 쇠공을 들고 정적(Static) 동작을 유지하기 위해서 위팔두갈래근(상완이두근, Biceps Brachii)이 발생시켜야 할 힘(F_B)의 크기로 옳은 것은?

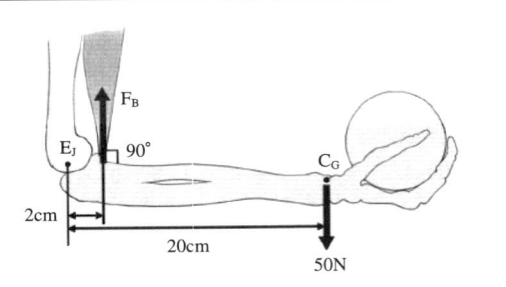

조건
- 손, 아래팔(전완), 쇠공을 합한 무게는 50N이다.
- 팔꿈치 관절점(E_J)에서 위팔두갈래근의 부착점까지의 거리는 2cm이다.
- 팔꿈치 관절점에서 손, 아래팔, 쇠공을 합한 무게중심(C_G)까지의 거리는 20cm이다.
- 위팔두갈래근은 아래팔에 90°로 부착되었다고 가정한다.

① 100N
② 400N
③ 500N
④ 1,000N

해설
위 그림은 인체 지레를 나타낸 것이다. 그림에서 축(받침점)은 팔꿈치, 힘점은 위팔두갈래근, 작용점(저항점)은 쇠공이다. 지레에 작용한 힘을 구하는 방법은 다음과 같다.

F(힘) = 저항점 무게 × 축에서 작용점과의 거리 ÷ 축에서 힘점과의 거리

따라서 F(힘) = 50N × 20cm ÷ 2cm = 500N이다.

제7과목 스포츠윤리

01 '도덕적 선(善)'의 의미를 내포한 것은? 기출 19·23

① 축구 경기에서 득점과 연결되는 '좋은' 패스
② 피겨스케이팅 경기에서 고난도의 '좋은' 연기
③ 농구 경기에서 상대 속공을 차단하는 수비수의 '좋은' 반칙
④ 경기에 패배했음에도 불구하고 상대팀에게 박수를 보내는 '좋은' 매너

해설
'도덕적 선'이란 사람으로서 마땅히 행해야 하는 도리를 뜻하며, 스포츠에서는 '스포츠맨십'으로 표현하기도 한다. 좋은 패스, 좋은 연기, 좋은 반칙은 스포츠맨십이라기보다는 뛰어난 기술을 뜻한다.

02 〈보기〉에서 ㉠, ㉡에 들어갈 용어로 옳은 것은?

> 롤스(J. Rawls)는 (㉠)이 인간 발전의 조건이며, 모든 이의 관점에서 선이 된다고 하였다. 스포츠는 신체적 (㉡)을 훈련과 노력으로 극복하며, 기회의 균등이 정의로 작용하고 있음을 보여준다. 즉 인간이 갖는 신체적 능력의 (㉡)은 오히려 (㉠)을 개발할 기회를 마련해주며, 이를 통해 스포츠 전체의 선(善)이 강화된다.

	㉠	㉡
①	탁월성	평등
②	규범성	조건
③	탁월성	불평등
④	규범성	불평등

해설
롤스는 탁월성은 인간 발전의 조건이며 모든 이의 관점에서 선이 된다고 하였다. 스포츠는 신체적 불평등을 훈련과 노력으로 극복하며, 기회의 균등이 정의로 작용하고 있음을 보여준다.

03 〈보기〉에서 가치판단으로 옳은 것을 모두 고른 것은? 기출 16·17·18·20·21·25

> ㉠ 체조경기에서 선수들의 연기는 아름답다.
> ㉡ 건강을 위해서는 고지방 음식을 피해야 한다.
> ㉢ 시합이 끝난 후 상대방에게 인사를 하는 것은 옳은 행위이다.
> ㉣ 이상화는 2010년 밴쿠버동계올림픽경기대회에서 금메달을 획득하였다.

① ㉠, ㉢
② ㉡, ㉢
③ ㉠, ㉡, ㉢
④ ㉠, ㉡, ㉢, ㉣

해설
가치판단은 마땅히 그렇게 돼야 할 것을 지시하거나 어떤 기준·규범에 따르는 것으로 개인의 가치관이 개입되는 주관적인 판단이다. ㉠·㉡·㉢은 개인의 가치관이 개입된 주관적 판단이며, ㉣은 실제 사건과 현상에 대한 진술을 나타내는 사실판단이다.

※ 출제오류로 복수 정답 처리되었다.

04 〈보기〉에서 설명하는 윤리 이론으로 옳은 것은? 기출 17·18·24

> • 모든 스포츠인의 권리는 동등하게 보장되어야 한다.
> • 스포츠 규칙 제정은 공평성과 평등의 원칙에 근거해야 한다.
> • 선수의 행동이 좋은 결과를 얻었다면 도덕적으로 옳은 것이다.

① 공리주의
② 의무주의
③ 덕윤리
④ 배려윤리

해설
공리주의는 최대 다수가 최대의 행복을 느낀다면 그것은 옳은 행동임을 주장하는 이론이다. 행위의 옳고 그름을 판단할 때 행위의 의도나 수단보다는 행위의 결과를 중시하는 결과론(목적론)적 윤리 이론에 포함된다. 강등 위기에 처한 팀의 선수가 상대팀 선수에게 부상을 입혀 결과적으로 팀을 강등 위기에서 구했다면 그것은 소속팀 전체에 이득을 가져다준 도덕적으로 옳은 행동이라는 것이다.

정답 01 ④ 02 ③ 03 ① · ② · ③ 04 ①

05 아곤(Agon)과 아레테(Arete)에 관한 설명으로 옳지 않은 것은?
기출 15·16·17·18·20·21

① 아곤은 경쟁과 승리를 추구한다.
② 아곤은 타인과의 비교를 전제하지 않는다.
③ 아레테는 아곤보다 더 포괄적인 개념이다.
④ 아레테는 신체적·도덕적 탁월성을 추구한다.

해설
아곤은 자기중심적인 개념으로 이기고자 하는 욕구를 뜻한다. 타인과의 경쟁을 통해 자신의 능력을 과시하고 타인보다 뛰어나려는 열망이다. 따라서 타인과 비교를 전제하지 않는다는 것은 틀린 말이다. 아레테는 운동선수가 갖추어야 할 덕목으로 노력, 과정, 탁월성 등이다. 최고의 실력을 정당하게 발휘하고자 하는 마음가짐과 태도로 경쟁의 개념을 포함하면서 스포츠에서의 탁월성을 추구하는 것을 뜻한다.

06 스포츠 경기에 적용되는 과학기술에 관한 설명으로 옳지 않은 것은?
기출 21·23

① 유전자 치료를 통한 스포츠 수행력의 향상은 일종의 도핑에 해당한다.
② 야구의 압축 배트, 최첨단 전신 수영복 등은 경기의 공정성 확보에 기여한다.
③ 도핑 시스템은 선수의 불공정한 행위를 감시하고 적발하는 데 도움이 된다.
④ 태권도의 전자호구, 축구의 비디오 보조 심판(Video Assistant Referees ; VAR)은 기록의 객관성과 신뢰성을 높인다.

해설
스포츠는 기술의 우월성으로 경쟁하는 것이 아니라 신체의 탁월성을 겨루는 것이다. 야구의 압축 배트, 최첨단 전신 수영복 등 과도한 과학기술의 사용은 경기 결과에 영향을 미쳐 공정성을 훼손한다.

07 〈보기〉에서 ㉠, ㉡에 들어갈 용어로 옳은 것은?

독일의 철학자 (㉠)는 인간의 행위에 대한 탐구를 통해 성공적인 삶을 실현하는 사회적 조건으로 (㉡)을 들고 있다. 인간은 누구나 타인에게 (㉡)을 받고 싶은 욕구가 있다. 스포츠에서 승리에 대한 욕구는 가장 원초적인 (㉡)투쟁이라고 할 수 있다.

	㉠	㉡
①	호네트(A. Honneth)	인 정
②	호네트(A. Honneth)	보 상
③	아렌트(H. Arendt)	인 정
④	아렌트(H. Arendt)	보 상

해설
독일의 철학자 악셀 호네트는 사회의 인정 부재가 개인의 자아실현을 막고 이것이 사회적 갈등을 유발한다는 '인정 투쟁 이론'을 주장했다.

08 〈보기〉에서 의무론적 도덕 추론으로 옳은 것을 모두 고른 것은?
기출 16·17·18·19·20·23·24

㉠ 의무론적 도덕 추론은 가언적 도덕 추론이라고도 한다.
㉡ 스포츠지도자, 선수 등의 행위 주체에 초점을 맞추고 있다.
㉢ 행위의 결과에 상관없이 절대적인 도덕규칙에 따라 판단을 내린다.
㉣ 선의지는 도덕적인 선수가 갖추어야 할 내적인 태도이자 도덕적 행위의 필요충분조건이다.
㉤ 정정당당하게 경기에 임하려는 선수의 착한 의지는 경기결과에 상관없이 그 자체로 선한 것이다.

① ㉠, ㉡, ㉢
② ㉠, ㉢, ㉣
③ ㉡, ㉣, ㉤
④ ㉢, ㉣, ㉤

해설
의무론적 도덕 추론은 결과의 좋고 나쁨이 아니라 행위 자체의 옳고 그름을 판단하며 정언적 도덕 추론이라고도 한다. 행위 주체에 초점을 맞춰서 도덕적 의도로 행동하였다면 행위의 결과와 상관없이 도덕적이라고 판단한다.

※ 출제오류로 복수 정답 처리되었다.

05 ② 06 ② 07 ① 08 ③·④ **정답**

09 〈보기〉의 ㉠~㉢에 해당하는 정의의 유형으로 옳은 것은?

기출 17·18·20·21·23

> ㉠ 유소년 축구 생활체육지도자 A는 남녀학생 구분 없이 경기에 참여하도록 했다. 또한 장애 학생에게도 비장애 학생과 동일한 참여 시간을 보장했다.
> ㉡ 테니스 경기에서는 공정한 경기를 위해 코트를 바꿔가며 게임을 하도록 규칙을 적용한다.
> ㉢ B지역 체육회는 당해 연도에 소속 선수의 경기실적에 따라 연봉을 차등 지급하기로 결정했다.

	㉠	㉡	㉢
①	평균적	절차적	분배적
②	평균적	분배적	절차적
③	절차적	평균적	분배적
④	분배적	절차적	평균적

해설

㉠ 평균적 정의 : 모든 인간은 동등한 가치를 지녔으므로 똑같이 대우해야 한다는 절대적 평등 이론이다. 〈보기〉에서는 성별, 장애유무에 따라 차별하지 않고 모든 인간에게 동일한 참여 시간을 보장했다.

㉡ 절차적 정의 : 공정한 절차를 따르기만 하면 내용에 상관없이 결과도 공정한 것으로 간주한다. 〈보기〉에서는 테니스 코트를 바꾸어 가며 경기하는 절차에 따라 경기를 진행했다.

㉢ 분배적 정의 : 개인은 서로 다른 능력과 가치를 지녔으므로 집단에 기여하는 공헌도와 능력에 맞게 대우해야 한다는 실질적 평등 이론이다. 〈보기〉에서는 체육회에 기여하는 순서에 따라 연봉을 차등 지급하기로 했다.

10 셀러(M. Scheler)의 가치 서열 기준과 이를 스포츠에 적용한 사례로 연결이 옳지 않은 것은?

① 지속성 : 도핑으로 메달을 획득하는 것보다 지속적으로 훈련을 하여 경기에 참여하는 것이 가치가 더 높다.
② 만족의 깊이 : 자신의 실수를 인정하여 패배하는 것이 속임수를 쓰고 승리하여 메달을 획득하는 것보다 가치가 더 높다.
③ 근거성 : 올림픽 경기에서 메달 획득으로 병역 혜택을 받는 것보다 올림픽 정신을 토대로 세계적인 선수들과 정정당당하게 겨루는 것이 가치가 더 높다.
④ 분할 향유 가능성 : 상위 팀이 상금(몫)을 독점하는 것보다는 적더라도 보다 많은 팀이 상금(몫)을 받도록 하는 것이 가치가 더 높다.

해설

④의 경우, 셀러는 상금을 나누지 않고 상위 팀이 독점하는 것이 더 가치가 높다고 생각하였다.

셀러는 가치들 사이에는 서열이 있는데 두 가치 중 높은 가치를 실현하는 것이 선이고, 낮은 가치를 실현하는 것이 악이라고 주장했다. 그는 가치들 사이의 서열을 정하는 몇 가지 기준을 제시하였다.

- 지속적인 가치가 변화하는 가치보다 높다.
- 많은 사람에게 분할하지 않고 향유할 수 있는 가치가 높다.
- 다른 가치에 덜 의존할수록 높다.
- 만족의 정도가 클수록 높은 가치다.
- 독립적일수록 높은 가치다.

정답 09 ① 10 ④

11 〈보기〉의 ㉠에 해당하는 레스트(J. Rest)의 도덕성 구성요소로 옳은 것은? 기출 19·21

(㉠)은/는 스포츠 현장에서 발생하는 특정 상황 속에 내포된 도덕적 이슈들을 감지하고 그 상황에서 어떠한 행동을 할 수 있으며 그 행동들이 관련된 사람들에게 어떤 영향을 미칠 수 있는가를 상상하는 것을 말한다.

① 도덕적 감수성(Moral Sensitivity)
② 도덕적 판단력(Moral Judgement)
③ 도덕적 동기화(Moral Motivation)
④ 도덕적 품성화(Moral Character)

해설
도덕성 구성요소(J. Rest, 1994)
- 도덕적 감수성(Moral Sensitivity) : 스포츠 상황에서 도덕적 딜레마를 지각하게 하는 것이다.
- 도덕적 판단력(Moral Judgement) : 스포츠 상황에서 옳고 그름을 판단하게 하는 것이다.
- 도덕적 동기화(Moral Motivation) : 다른 가치보다 정정당당하게 경기하는 것에 가치를 두게 하는 것이다.
- 도덕적 품성화(Moral Character) : 스포츠 상황에서 장애 요인을 극복하여 실천할 수 있는 강한 의지, 용기, 인내 등의 품성을 갖게 하는 것이다.

12 〈보기〉의 설명과 관계있는 자연중심주의 사상가로 옳은 것은? 기출 16·24

- 생태윤리에 대한 규칙 : 불침해, 불간섭, 신뢰, 보상적 정의
- 스포츠에 의한 환경오염 발생 시 스포츠 폐지 권고
- 인간의 욕구를 위해 동물의 생존권을 유린하는 스포츠 금지

① 베르크(A. Berque)
② 테일러(P. Taylor)
③ 슈바이처(A. Schweitzer)
④ 하이젠베르크(W. Heisenberg)

해설
생태윤리 네 가지 의무(P. Taylor)
- 불침해(비상해)의 의무 : 소극적 의무로서, 인간이 다른 생명체에 해를 끼치지 않아야 한다.
- 불간섭의 의무 : 각 생명이 가지는 생명으로서의 목적에 간섭하지 않아야 한다는 의무로, 생태계의 자유로운 발전에 제한을 가하면 안 된다.
- 성실(신뢰)의 의무 : 자연 상태의 야생동물에게 위해를 가해 신뢰를 훼손해서는 안 된다.
- 보상적 정의의 의무 : 인간이 고의든 과실이든 어느 생명에게 해를 끼쳤다면, 자연 상태로 회복하기 위해 노력해야 한다.

정답 11 ① 12 ②

13 〈보기〉에서 설명하는 사건과 거리가 먼 것은?

기출 15·18·19·20·21

- 1964년 리마에서 개최된 페루·아르헨티나의 축구 경기에서 경기장 내 폭력으로 300여 명 사망
- 1969년 온두라스와 엘살바도르의 축구 전쟁
- 1985년 벨기에 헤이젤 경기장에서 열린 리버풀과 유벤투스의 경기에서 응원단이 충돌하여 39명 사망

① 경기 중 관중의 폭력
② 아파르트헤이트(Apartheid)
③ 위협적 응원문화
④ 훌리거니즘(Hooliganism)

해설
아파르트헤이트는 남아프리카공화국에서 시행되었던 인종차별 정책으로 사회 모든 영역에서 인종 간 차별을 두는 정책이었다. 이 정책으로 인해 남아프리카공화국은 전 세계적 비난을 받아 국제 스포츠대회 참가가 금지되었다.

14 폭력을 설명한 학자의 개념과 그에 대한 설명으로 옳은 것은?

기출 18·20·21

① 푸코(M. Foucault)의 '분노' : 스포츠 현장에서 인간 내면의 분노로 시작된 폭력은 전용되고 악순환을 반복하는 경향이 있다.
② 아리스토텔레스(Aristotle)의 '규율과 권력' : 스포츠계에서 위계적 권력 관계는 폭력으로 변질되어 표출된다.
③ 홉스(T. Hobbes)의 '악의 평범성' : 폭력이 관행화된 스포츠계에서는 폭력에 대한 죄책감이 없어진다.
④ 지라르(R. Girard)의 '모방적 경쟁' : 자신이 닮고자 하는 운동선수를 모방하게 되듯이 인간 폭력의 원인을 공격 본능이 아닌 모방적 경쟁관계에서 찾는다.

해설
폭력을 설명한 학자들
- 푸코의 '규율과 권력' : 스포츠계에서 위계적 권력 관계는 폭력으로 변질되어 표출된다.
- 아리스토텔레스의 '분노' : 스포츠 현장에서 인간 내면의 분노로 시작된 폭력은 전용되고 악순환을 반복한다.
- 홉스의 '폭력론' : 통제의 질서가 없는 자연 상태에서 사람은 늑대와 같은 존재가 된다.
- 아렌트의 '악의 평범성' : 스포츠계에서는 폭력에 길들여진 위계질서와 문화가 폭력을 폭력으로 인식하지 못하게 하고 있다.

정답 13 ② 14 ④

15 〈보기〉의 ㉠~㉢에 해당하는 용어로 옳은 것은?

> 스포츠 조직에서 (㉠)은/는 기업의 가치경영을 넘어 정성적 규범기준까지 확장된 스포츠 사회·윤리적 가치체계를 의미한다. 이러한 체계가 실효성 있게 작동되기 위해서는 경영자의 윤리적 (㉡)와 경영의 (㉢) 확보가 선행되어야 한다.

	㉠	㉡	㉢
①	기업윤리	공동체	투명성
②	윤리경영	실천의지	투명성
③	기업윤리	실천의지	공정성
④	윤리경영	공동체	공정성

해설
윤리경영은 조직 경영 및 활동에 있어 윤리를 최우선 가치로 여기고, 투명하고 공정하며 합리적인 업무 수행을 추구하는 경영정신을 말한다. 스포츠 조직의 윤리 선진화 방안은 다음과 같다.
- 국가조직 및 지도층의 실천의지
- 예산집행과 회계 과정의 투명성 확보
- 스포츠단체가 자력으로 실천할 수 있는 제도적 장치와 윤리 프로그램 시행
- 시민단체와 체육단체의 연대
- 민주적 의사결정구조 확립 및 단체장 선출의 공정성 강화
- 체육단체 관련 법규 및 제도의 정비

16 체육의 공정성 확보와 체육인의 인권보호를 위해 설립된 스포츠윤리센터의 역할로 옳지 않은 것은?

기출 21·23·25

① 스포츠비리 및 체육계 인권침해에 대한 실태조사
② 스포츠비리 및 체육계 인권침해 방지를 위한 예방교육
③ 신고자 및 가해자에 대한 치료와 상담, 법률 지원, 임시보호 연계
④ 체육계 인권침해 및 스포츠비리 등에 대한 신고 접수와 조사

해설
스포츠윤리센터는 「국민체육진흥법」제18조의3에 따라 체육인의 인권보호와 스포츠 비리 근절을 위해 설립된 문화체육관광부 산하 독립 법인이다. 스포츠윤리센터의 역할은 다음과 같다.
- 체육계 인권침해 및 스포츠비리 등에 대한 신고 접수와 조사
- 신고자 및 피해자에 대한 치료 및 상담, 법률 지원, 임시보호 및 연계
- 긴급보호가 필요한 신고자 및 피해자를 위한 임시보호시설 운영
- 체육계 현장의 인권침해 조사·조치 상황 등을 상시 점검할 수 있는 인권보호관 운영
- 스포츠비리 및 체육계 인권침해에 대한 실태조사 및 예방을 위한 연구
- 스포츠비리 및 체육계 인권침해 방지를 위한 예방교육
- 그 밖에 체육의 공정성 확보 및 체육인의 인권보호를 위하여 필요한 사업

정답 15 ② 16 ③

17 〈보기〉의 내용과 관련 있는 용어로 옳은 것은?

기출 15·16·17·18·19·21·23·24

- 상대 존중, 최선, 공정성 등을 포함
- 경쟁이 갖는 잠재적 부도덕성의 제어
- 스포츠 참가자가 마땅히 따라야 할 준칙과 태도
- 스포츠의 긍정적 가치를 유지하려는 도덕적 기제

① 테크네(Techne)
② 젠틀맨십(Gentlemanship)
③ 스포츠맨십(Sportsmanship)
④ 리더십(Leadership)

해설
스포츠맨십은 스포츠인이 지켜야 할 준칙과 실천해야 할 행동 지침으로 스포츠를 즐기는 사람들 상호 간에 입장을 존중하고 규칙을 준수하는 가장 포괄적인 도덕규범이다. 이상적인 신사의 인간상이 스포츠에 적용되면서 만들어졌다.

18 〈보기〉의 대화에서 나타나는 스포츠 차별로 옳은 것은?

기출 15·18·19·20·21·23·24

영은 : 저 백인 선수는 성공하기 위해서 얼마나 많은 노력과 땀을 흘렸을까.
상현 : 자기를 희생하면서도 끝없는 자기관리와 투지의 결과일 거야.
영은 : 그에 비해 저 흑인 선수가 구사하는 기술은 누구도 가르칠 수 없는 묘기이지.
상현 : 아마도 타고나지 않으면 할 수 없는 거지. 천부적인 재능이야.

① 성차별
② 스포츠 종목 차별
③ 인종차별
④ 장애차별

해설
스포츠에서의 승패여부는 인종적·민족적·생물학적으로 의미가 없음에도 불구하고 〈보기〉에서는 인종에 따라 결과를 정당화하고 있다. 이런 현상은 미디어에서 많이 보이는데 대표적으로 흑인 선수가 수영종목에 적합하지 않은 신체조건을 갖고 있다고 설명하는 것이다.

19 〈보기〉의 설명과 관련 있는 제도로 옳은 것은?

기출 15·19

학생선수가 일정 수준의 학력기준에 도달하지 못한 경우에는 별도의 기초학력보장 프로그램을 운영한다. 학교의 장은 필요한 경우 학생선수의 경기대회 출전을 제한할 수 있다.

① 최저학력제
② 체육특기자 제도
③ 운동부의 인권보장제
④ 학생선수의 생활권 보장제도

해설
학교운동부 운영 등(「학교체육진흥법」 제11조 제1항)
학교의 장은 학생선수가 일정 수준의 학력기준(이하 "최저학력"이라 한다)에 도달하지 못한 경우에는 교육부령으로 정하는 경기대회의 참가를 허용하여서는 아니 된다. 다만, 학생선수가 기초학력보장 프로그램을 이수한 경우에는 그 참가를 허용하여야 한다.

정답 17 ③ 18 ③ 19 ①

20 〈보기〉에서 스포츠 인권에 대한 내용으로 옳은 것을 모두 고른 것은?   기출 16·18·19·23

> ㉠ 모든 사람은 평등하게 스포츠와 신체활동에 참여할 권리를 가진다.
> ㉡ 국가 차원에서 체계적인 스포츠 인권 정책을 마련해야 한다.
> ㉢ 스포츠의 종목이나 대상에 따라 권리가 상대적으로 보장되어야 한다.
> ㉣ 국가는 장애인이 스포츠 활동 참여의 권리를 동등하게 보장받도록 노력해야 한다.

① ㉠, ㉢
② ㉠, ㉣
③ ㉠, ㉡, ㉢
④ ㉠, ㉡, ㉣

해설
스포츠 인권이란 인종이나 성별에 관계없이 누구나 스포츠를 동등하게 누릴 수 있는 권리이다. 따라서 권리가 상대적으로 보장되어야 하는 것이 아니라 절대적으로 보장되어야 한다.

20 ④ 정답

CHAPTER 04 2021년 선택과목 기출문제

2급(전문 · 생활)+장애인+유소년+노인 스포츠지도사

제1과목 스포츠사회학

01 스포츠사회학에 관한 설명으로 옳지 않은 것은?

기출 15·16·17·19

① 스포츠 현장의 사회구조와 사회과정을 설명하는 학문이다.
② 운동참여자의 운동수행 능력과 관련된 직접적인 원인을 설명한다.
③ 사회학의 하위 분야로 스포츠 현장의 인간행동을 예측하고 이해한다.
④ 스포츠는 사회영역과 밀접한 관계를 맺고 있어 통찰과 분석이 필요하다.

해설

스포츠사회학은 스포츠 장면에서 일어나는 행동유형과 사회과정을 일반 사회구조의 측면에서 설명하는 학문이다. 운동참여자의 운동 능력과 관련된 직접적인 원인을 설명하는 학문은 운동역학에 가깝다.

스포츠사회학의 개념과 연구영역
- 스포츠 현장의 사회구조와 사회과정을 설명하는 학문이다.
- 사회학의 하위 분야로 스포츠 현장의 인간 행동을 예측하고 이해한다.
- 사회행동의 과정과 유형을 스포츠 맥락에서 설명하는 학문이다.
- 스포츠에서 나타나는 행동유형과 사회과정에 초점을 두고, 이를 스포츠 활동이 존재하는 일반 사회구조의 측면에서 설명한다.
- 스포츠사회학의 연구 사례에는 종교가 스포츠 보급에 미치는 영향 분석, 운동선수들의 은퇴 후 사회적응과정 분석, 스포츠 활동과 생활 만족도 간의 관계 연구 등이 있다.

02 〈보기〉에서 설명하는 스포츠의 국제 정치적 사건으로 옳은 것은?

기출 20

- 온두라스와 엘살바도르 간의 갈등 심화
- 1969년 중남미 월드컵 지역 예선 경기에서 발생

① 축구전쟁
② 헤이젤 참사
③ 검은 구월단
④ 핑퐁외교

해설

② 헤이젤 참사 : 1985년 5월 29일 벨기에의 헤이젤 스타디움에서 열린 유러피언 컵 결승전에서 리버풀 팬과 유벤투스 팬들의 충돌로 39명이 사망하고 600명이 부상당한 사건이다.
③ 검은 구월단 : 1972년 제20회 뮌헨올림픽에서 발생한 팔레스타인 테러조직에 의한 이스라엘 선수단 인질 사건으로, 국가 간 갈등이 올림픽을 통해 표출된 테러 사건이다.
④ 핑퐁외교 : 탁구를 통한 스포츠외교로, 1971년 일본의 나고야에서 열린 제31회 세계 탁구 선수권 대회를 계기로 냉전 상황이었던 미국과 중국의 관계가 개선된 것을 말한다.

정답 01 ② 02 ①

03 파슨즈(T. Parsons)의 AGIL 모형에 근거한 스포츠의 사회적 기능으로 옳지 않은 것은? 기출 24

① 적응
② 통합
③ 목표성취
④ 상업주의

해설

AGIL 조직 유형(T. Parsons)

사회적 기능	초점을 맞추는 조직
적응 (Adaptation)	• 생산조직(민간기업 등) • 사회구성원이 소비하는 자원, 상품, 재화 등을 생산하는 조직
목표성취 (Goal Attainment)	• 정치조직(정부, 정당 등) • 사회적 목표와 가치를 결정하고, 사회자원을 동원하여 목표를 달성하는 역할을 수행하는 조직
통합 (Integration)	• 통합조직(법원, 경찰 등) • 일탈을 규제하고 통합상태를 유지하며, 사회구성원 간의 갈등을 해소하는 역할을 수행하는 조직
체제유지 (Latency)	• 유형유지조직(교육기관, 문화단체, 종교단체 등) • 문화와 가치를 보존하고 전승하며, 사회의 규범을 구성원들에게 내면화시키는 기능을 수행하는 조직

04 훌리한(B. Houlihan)이 제시한 정부(정치)가 스포츠에 개입하는 목적으로 옳지 않은 것은? 기출 24

① 시민들의 건강 및 체력유지를 위해 반도핑 기구에 재원을 지원한다.
② 스포츠 현장에서 인종차별을 해소하기 위해 Title IX 법안을 제정하였다.
③ 게르만족의 우월성을 강조하기 위해 1936년 베를린올림픽을 개최하였다.
④ 공공질서를 보호하기 위해 공원에서 스케이트보드 금지, 헬멧 착용 등의 도시 조례가 제정되었다.

해설

엘리슨과 훌리한이 제시한 정부가 스포츠에 개입하는 목적은 공공질서 보호, 시민들의 건강 및 체력 유지, 지역사회·국가적 명성 고취, 정체성과 소속감 증진, 지배적인 정치 이데올로기와 관련된 가치 재생산, 정치 지도자와 정부에 대한 시민 지지 증대 등이 있다. 타이틀 나인(Title IX) 법안은 1972년 미국에서 제정된 법률로, 모든 교육프로그램에서 성별에 의한 차별을 금지하기 위해 제정되었다.

05 〈보기〉에서 프로스포츠의 순기능으로 옳은 것을 모두 고른 것은? 기출 16

> ㉠ 스포츠의 대중화
> ㉡ 생활의 활력소 역할
> ㉢ 지역사회 연대감 증대
> ㉣ 아마추어 스포츠의 활성화

① ㉠
② ㉠, ㉡
③ ㉠, ㉡, ㉢
④ ㉠, ㉡, ㉢, ㉣

해설

프로스포츠의 사회적 기능

프로스포츠의 순기능	프로스포츠의 역기능
• 개인의 여가 선용 및 생활의 활력소 • 지역사회 연대감 증대 • 지역경제 활성화 • 스포츠의 대중화 • 아마추어 스포츠의 활성화 • 진로 개척 • 선수의 사기 양양 • 사회적 긴장감 해소 • 스포츠 참여 증가	• 스포츠의 물질만능주의 확대 • 인기종목과 비인기종목의 불균형 초래 • 우수선수의 스카우트 경쟁 심화 • 국민의 사행심 조장 • 내면적 만족보다 외형적 이익 중시

정답 03 ④ 04 ② 05 ④

06 〈보기〉에서 스포츠 상업화에 따른 변화로 옳은 것을 모두 고른 것은?

기출 15·17·18·19

> ㉠ 프로페셔널리즘 추구
> ㉡ 심미적 가치의 경시
> ㉢ 직업선수의 등장
> ㉣ 아마추어리즘의 강조
> ㉤ 스포츠조직의 세계화
> ㉥ 농구 쿼터제 도입

① ㉠, ㉡, ㉢, ㉥
② ㉠, ㉢, ㉤, ㉥
③ ㉡, ㉢, ㉣, ㉤
④ ㉡, ㉣, ㉤, ㉥

해설

㉡ 심미적 가치보다 영웅적 가치를 선호하지만, 심미적 가치가 경시된다고 볼 수는 없다.
㉣ 아마추어리즘은 상업주의의 대두, 금전적·물질적 이익을 추구하는 프로스포츠의 발달로 퇴보하기 시작하였다.

스포츠의 상업화로 인한 변화
- 스포츠 제도·규칙의 변화
- 아마추어리즘의 퇴조
- 프로스포츠의 출현과 가속화
- 스포츠의 직업화
- 스포츠 경기의 쇼(Show)화

07 〈보기〉에서 투민(M. Tumin)의 스포츠계층 형성과정의 서열화에 관한 설명 중 옳은 것을 모두 고른 것은?

기출 18·20·23

> ㉠ 특정 선수를 선망의 대상으로 생각하거나 팬으로서 특정 선수를 좋아한다.
> ㉡ 스포츠 팀 구성원으로 자신의 능력이 팀의 승리에 미치는 영향력이 커야 한다.
> ㉢ 뛰어난 운동신경과 능력뿐만 아니라 탁월한 개인적 특성을 갖추고 있어야 한다.
> ㉣ 특정 스포츠 영역에서 요구되는 운동기술이 특출한 기량을 발휘해야 한다.

① ㉠, ㉡
② ㉠, ㉢
③ ㉠, ㉡, ㉢
④ ㉡, ㉢, ㉣

해설

스포츠계층 형성과정(M. Tumin)

지위의 분화	사회적 지위에 따라 특정한 역할이 주어짐으로써 타 지위와 구별되는 과정을 의미한다.
지위의 서열화	서열화의 중요한 목적은 각 지위를 적재적소에 배치하는 것으로, 서열화는 개인적 특성, 개인의 기능이나 능력, 역할의 사회적 기능에 의해 이루어진다.
평가	가치 유용성 정도에 따라 상이한 각 위치에 지위를 적절하게 배열하는 것을 의미하며, 평가 요소에는 권위, 호감, 인기 등이 있다.
보수 부여	서열화된 각 지위에 대해서 사회적 희소가치의 자원이 차별적으로 배분되는 과정이다.

정답 06 ② 07 ④

08 로이(J. Loy)와 레오나르드(G. Leonard)가 제시한 사회이동 기제로서 스포츠 역할의 근거로 옳지 않은 것은?

① 프로스포츠 선수들은 다양한 형태의 후원 및 광고 출연의 기회가 있다.
② 조직적인 스포츠 참가는 직 · 간접적으로 교육적 성취도를 향상시킨다.
③ 스포츠의 참가 기회 및 결과는 공정하기 때문에 상승이동에 기여한다.
④ 사회생활을 하는 데 가치 있다고 여겨지는 태도 및 행동 양식을 학습시킨다.

해설

사회이동 기제로서 스포츠의 역할

긍정적 역할	• 조직적인 스포츠 참가는 다양한 형태의 직업적 후원을 받을 수 있는 기회를 제공한다. • 조직적인 스포츠 참가는 직접적이든 간접적이든 교육적 성취도를 향상한다. • 스포츠 참가는 일반 직업영역에서 가치 있게 여겨지는 태도 및 행동양식의 발달을 유도하여 사회적 상승이동을 촉진하는 수단이 된다. • 어린 시절부터 조직적인 스포츠에 참가하게 되면 프로스포츠와 같은 전문 직종에 입문할 수 있는 신체적 기량 및 능력이 고도로 발달한다.
부정적 역할	• 불평등한 사회현실을 은폐하기 위해 스포츠를 이용한다. • 누구나 노력하면 성공할 수 있다는 일종의 성공 이데올로기를 대중에게 확신시킨다.

09 스포츠미디어 이론에 관한 설명으로 옳지 않은 것은?

기출 19

① 문화규범 이론 : 문화적 차이에 의해 핫 미디어와 쿨 미디어로 나누어진다.
② 사회범주 이론 : 미디어의 영향력은 성, 연령, 계층 등에 따라 다르게 반영된다.
③ 개인차 이론 : 대중들은 능동적 수용자로서 심리적 욕구를 만족하기 위해 매스미디어를 활용한다.
④ 사회관계 이론 : 미디어를 통한 개인의 스포츠 소비 형태는 중요타자의 가치와 소비행동에 의해 영향을 받는다.

해설

① 맥루한의 매체 이론에 관한 설명이다. 문화규범 이론은 대중매체는 현존하는 사상이나 가치를 선택적으로 제시하며 강조하고, 개인의 대중매체 스포츠 소비 유형은 스포츠 취급 양태에 따라서 다양하게 영향을 받는다는 이론이다.

매체 이론(M. McLuhan)

핫 매체(Hot Media)	쿨 매체(Cool Media)
• 유형 : 신문, 잡지, 라디오, 화보, 영화 등 • 핫 매체 스포츠 : 수영, 야구, 태권도, 검도, 육상 등	• 유형 : TV, 만화, 인터넷 등 • 쿨 매체 스포츠 : 농구, 축구, 핸드볼 등

10 〈보기〉의 ㉠~㉣에 해당하는 머튼(R. Merton)의 아노미 이론에서 제시한 일탈행동 유형으로 옳은 것은?

기출 18·25

> ㉠ 벤 존슨은 불법약물 복용으로 올림픽 금메달을 박탈당했다.
> ㉡ 승리에 대한 집념보다는 규칙을 지키며 최선을 다해 경기에 참여한다.
> ㉢ 스스로 실력의 한계를 느끼고 운동부에서 탈퇴한다.
> ㉣ 학생선수의 학습권을 보장하기 위해 최저학력제를 도입하였다.

	㉠	㉡	㉢	㉣
①	혁신주의	반역주의	도피주의	의례주의
②	반역주의	혁신주의	의례주의	도피주의
③	혁신주의	의례주의	도피주의	반역주의
④	의례주의	반역주의	혁신주의	도피주의

해설

아노미 이론(R. Merton)
- 혁신주의 : 목표는 수용하지만 수단은 거부하는 행위로, 승리하기 위해서 수단과 방법을 가리지 않는다.
- 의례주의 : 목표는 거부하지만 수단은 수용하는 행위로, 경기의 승패보다 규칙을 지키는 것이 중요하다고 생각한다.
- 도피주의 : 목표와 수단을 모두 거부하는 행위로, 스포츠 참가를 중단 또는 포기한다.
- 반역주의 : 목표와 수단을 모두 거부하고 새로운 목표와 방법을 모색하는 행위로, 기존 스포츠를 거부하고 새로운 스포츠를 개발해야 한다고 생각한다.
- 동조주의 : 목표와 수단을 모두 인정하는 행위로, 스포츠 규칙을 준수하면서 이기는 것이 중요하다고 생각한다.

11 〈보기〉의 ㉠~㉣에 해당하는 집합행동 이론으로 옳은 것은?

기출 20·23

> ㉠ 군중은 피암시성, 순환적 반작용에 의해 폭력적 집단행동이 나타난다.
> ㉡ 군중들의 반사회적 성향이 익명성, 몰개성화에 의해 집합행동으로 나타난다.
> ㉢ 특정 사회적 상황에서의 공유의식은 구성원의 감정과 정숙 정도, 수용성 등에 영향을 준다.
> ㉣ 선행적 사회구조적·문화적 요인으로 인한 단계적 절차는 집합행동을 생성·발전 및 소멸시킨다.

	㉠	㉡	㉢	㉣
①	전염 이론	수렴 이론	규범생성 이론	부가가치 이론
②	수렴 이론	전염 이론	부가가치 이론	규범생성 이론
③	규범생성 이론	부가가치 이론	수렴 이론	전염 이론
④	부가가치 이론	규범생성 이론	전염 이론	수렴 이론

해설

관중폭력을 설명하는 집합행동 이론
- 전염 이론 : 군중심리로, 개인의 행동이 타인에 영향을 주어 동조하게 만들고, 폭력적 성향이 전염되어 집단적 폭력행위로 이어진다는 이론이다.
- 수렴 이론 : 군중 속 개인의 잠재적 본성이 익명성을 바탕으로 표출된다는 이론으로, 비사회적·반사회적 기질이 표출된다.
- 규범생성 이론 : 군중 속에서 개인의 차이와 군중의 이질성을 인정하는 것으로, 군중폭력 행위의 전염성과 모방성을 동조하지 않고 이성적으로 판단할 수 있다는 이론이다.
- 부가가치 이론 : 집단행동을 야기하는 요인들이 연속적 행동을 한계화·특성화한다고 보는 이론으로, 기본적 전제는 집합행동이 일어난 사회적 상황과 관련된 많은 발생요인들이 사건의 발생 이전에 나타나야 한다는 것이다.

정답 10 ③ 11 ①

12 〈보기〉는 코클리(J. Coakley)가 제시한 일탈적 과잉동조를 유발하는 스포츠 윤리규범의 유형과 특징에 관한 설명이다. ㉠~㉢에 들어갈 내용으로 옳은 것은?

기출 19·23·24

- (㉠) : 운동선수는 위험을 받아들이고 고통 속에서도 경기에 참여해야 한다.
- (㉡) : 운동선수는 장애물을 극복하고 역경을 헤쳐 나가는 노력을 해야 한다.
- (㉢) : 운동선수는 경기에 헌신해야 하며 이를 그들의 삶에서 우선순위에 두어야 한다.
- 구분짓기규범 : 다른 선수와의 차별성을 강조하며, 운동선수는 경기에서 탁월함을 추구해야 한다.

	㉠	㉡	㉢
①	몰입규범	도전규범	인내규범
②	몰입규범	인내규범	도전규범
③	인내규범	도전규범	몰입규범
④	인내규범	몰입규범	도전규범

해설

일탈적 과잉동조를 유발하는 스포츠 윤리규범 유형

- 인내규범 : 운동선수는 스포츠 상황에서 발생하는 다양한 위험과 고통을 감내하고 경기에 임해야 한다.
- 도전규범(가능성규범) : 운동선수는 불가능은 없다는 긍정적인 마음가짐으로, 역경과 장애물을 극복하기 위해 도전해야 한다.
- 몰입규범 : 운동선수는 경기에 헌신해야 한다.
- 구분짓기규범 : 운동선수는 다른 선수들보다 뛰어난 모습을 보이기 위하여 노력해야 한다.

13 〈보기〉에서 매기(J. Magee)와 서덴(J. Sugden)이 제시한 스포츠의 노동이주 유형으로 옳은 것은? 기출 23

- 종목의 특성으로 인해 국가 간 이동이 발생한다.
- 개인의 취향에 의해 선택하는 경우도 발생한다.
- 흥미로운 장소를 돌면서 스포츠를 즐기는 유형이다.

① 유목민형
② 정착민형
③ 개척자형
④ 귀향민형

해설

스포츠의 노동이주 유형(J. Magee & J. Sugden)

- 유목민형 : 종목의 특성으로 인하여 노동이주가 발생하고, 개인의 취향에 의한 선택도 자주 나타난다.
- 정착민형 : 경제적 보상 이외의 다른 요인으로 의하여 정착하게 되고, 보다 나은 사회적·교육적 환경에서 거주하고자 한다.
- 개척자형 : 경제적 보상을 최고의 가치로 생각하지 않고, 새로운 스포츠 기회를 찾아 미개발 지역으로 이주하는 유형이다.
- 귀향민형 : 다른 나라로 이주했다가 다시 자국으로 귀향하는 유형으로, 해외 경험을 바탕으로 복귀하게 된다.
- 용병형 : 경제적 보상이 결정적인 요인이 되며, 보다 나은 경제적 보상이 주어진다면 다시 이주할 가능성이 매우 높다.

12 ③ 13 ① **정답**

14 〈보기〉에서 설명하는 스포츠일탈 이론의 관점으로 옳은 것은?   기출 20·24

> - 동일한 행위도 상황에 따라 일탈로 규정되거나 그렇지 않을 수 있다.
> - 경기장에도 다양한 일탈 행동으로 낙인찍힌 선수들이 있다.

① 갈등론적 관점
② 구조기능주의 관점
③ 상징적 상호작용론적 관점
④ 비판론적 관점

해설
① 갈등론적 관점 : 스포츠가 일부 지배집단에 의해 조작되고, 지배집단의 이익을 증진하는 데 이용되며, 운동선수의 재능과 능력을 착취하여 권력과 이익을 보존하는 수단으로 활용한다는 이론이다.
② 구조기능주의 관점 : 일탈이 가치관의 혼란으로 인해 발생한다고 보는 한편, 일탈이 규범을 재확인하는 기회가 되어 사회 기능 유지에 긍정적인 영향을 미친다고 본다.
④ 비판론적 관점 : 사회적 권력이 이데올로기에 의해 구성되며, 이데올로기가 사회를 어떻게 재생산하거나 변화시키는지에 관심을 가진다. 스포츠가 사회 불평등과 억압을 재생산한다고 보았으며, 그 과정을 비판적으로 고찰한다.

15 〈보기〉의 ㉠~㉢에 해당하는 스포츠사회화 과정으로 옳은 것은?   기출 15·18·19·20

> - (㉠) : 테니스 지도자가 되어 초등학교에서 테니스를 가르치게 되었다.
> - (㉡) : 부모님의 권유로 테니스를 배우게 되었다.
> - (㉢) : 테니스 참여를 통해 사회성, 준법정신이 강한 선수가 되었다.
> - 스포츠 탈사회화 : 무릎인대 손상으로 테니스선수 생활을 그만두었다.

	㉠	㉡	㉢
①	스포츠 재사회화	스포츠를 통한 사회화	스포츠로의 사회화
②	스포츠로의 사회화	스포츠 재사회화	스포츠를 통한 사회화
③	스포츠를 통한 사회화	스포츠로의 사회화	스포츠 재사회화
④	스포츠 재사회화	스포츠로의 사회화	스포츠를 통한 사회화

해설
스포츠사회화의 과정
- 스포츠로의 사회화 : 스포츠에 참가하는 그 자체를 의미한다.
- 스포츠를 통한 사회화 : 스포츠 장면에서 학습된 기능·특성, 가치, 태도, 지식, 성향(인성, 도덕적 성향) 등이 다른 사회현상으로 전이·일반화되는 과정이다.
- 스포츠로부터의 탈사회화 : 참여중단, 중도탈락, 은퇴(자발적·비자발적) 등 스포츠 참가를 중단하는 것을 의미한다.
- 스포츠 재사회화 : 스포츠 참가를 중단하고 스포츠의 장으로부터 이탈해 있던 비참가자가 새롭게 흥미를 느끼는 종목이나 포지션 및 타 지역에서 다시 스포츠 활동을 재개하게 되는 경우를 의미한다.

정답 14 ③ 15 ④

16 〈보기〉에서 신자유주의 시대 스포츠 세계화의 특징에 해당하는 것 중 옳은 것을 모두 고른 것은?

기출 16·19

> ㉠ 스포츠 시장의 경계가 국경을 초월해 전 세계로 확대되었다.
> ㉡ 프로스포츠의 이윤 극대화로 인해 빈익빈 부익부 현상이 해소되었다.
> ㉢ 세계인들에게 표준화된 스포츠 상품과 스포츠 문화를 소비하게 만들었다.
> ㉣ 각 나라의 전통스포츠가 전 세계로 보급되어 새로운 스포츠 시장을 개척할 수 있게 되었다.

① ㉠, ㉡
② ㉠, ㉢
③ ㉡, ㉢
④ ㉡, ㉣

해설

신자유주의에 의한 스포츠 세계화
- 신자유주의는 시장 경제에 대한 국가의 개입을 최소화하여 민간의 자유로운 활동을 중시하는 경제 이론이다.
- 자유경쟁을 주장하며 자유시장의 건전한 발전을 위해 정부의 역할이 축소되는 결과를 가져왔다.
- 신자유주의의 가장 중요한 가치관은 이윤추구이므로, 이윤의 극대화가 어려운 전통스포츠보다 이윤추구가 용이한 인기 스포츠들의 보급이 뚜렷하게 나타난다.
- 스포츠 시장의 경계가 국경을 초월해 전 세계로 확대되었다.
- 다국적 기업과 자본의 힘이 매우 중요시되며, 상업적인 성향을 크게 지니게 되었다.
- 스포츠 시장의 크기가 커지면서 프로스포츠의 이윤이 극대화되고, 자유경쟁으로 인해 빈익빈 부익부 현상이 초래되었다.

17 〈보기〉의 ㉠, ㉡에 해당하는 용어로 옳은 것은?

기출 18

> - 미디어는 스포츠 중계를 통해 시청자들의 상품 소비를 촉진시키는 (㉠) 이데올로기를 생산한다.
> - 미디어는 남성스포츠 경기를 역사적 중요성을 갖고 있는 것처럼 묘사하며, 여성스포츠를 실력보다 외모를 부각시키는 (㉡) 이데올로기를 생산한다.

	㉠	㉡
①	합리주의	젠더
②	자본주의	젠더
③	합리주의	성공
④	자본주의	성공

해설

스포츠미디어에 내포된 이데올로기
- 국가주의 이데올로기 : 민족주의나 국민적 일체감을 강조한다.
- 젠더 이데올로기 : 여성선수의 외모를 더 부각시켜 성차별 이데올로기를 조장한다.
- 자본주의 이데올로기 : 경제적 가치를 중시하여 스포츠의 소비를 유도한다.
- 개인주의 이데올로기 : 사회적 모순을 개인의 노력에 의해 극복할 수 있다는 심리를 조장한다.

16 ② 17 ② **정답**

18 교육현장에서 스포츠의 역기능에 관한 설명으로 옳지 않은 것은? 기출 16·17·19·20·24

① 비과학적 훈련 방법은 학생선수를 혹사시킨다.
② 승리지상주의 심화로 인해 교육목표를 결핍시킨다.
③ 참여기회의 제한으로 장애인의 적응력을 배양시킨다.
④ 학교와 팀의 성공을 위해 학생선수의 의도적 유급, 성적 위조 등을 조장한다.

해설
교육현장에서 스포츠의 역기능
- 교육 목표의 훼손
- 승리지상주의(일탈 조장)
- 일반 학생의 참가기회 제한(엘리트의식 조장)
- 성차별의 간접 교육
- 부정행위 조장
- 위선과 착취
- 무조건적 복종을 강조하는 독재적 코치
- 비인간적 훈련(목적 달성을 위한 도구)

19 〈보기〉에서 설명하는 스포츠사회화 이론으로 옳은 것은? 기출 17·19

- 상과 벌을 통해 행동의 변화가 일어난다.
- 사회화 주관자의 가르침을 통해 행동이 변화한다.
- 다른 사람의 행동을 관찰하여 모방이 일어난다.

① 사회학습 이론
② 역할 이론
③ 준거집단 이론
④ 문화규범 이론

해설
사회학습 이론(W. Leonard II)
사회학습 이론은 개인이 사회적 행동을 어떻게 습득하고 수행하는지 분석하고 밝히는 이론이다. 코칭·강화·관찰학습을 통해 사회화가 이루어진다고 보았다.
- 강화 : 상과 벌 같은 외적보상으로 사회적 역할을 습득한다.
- 코칭 : 사회화 주관자에 의하여 새로운 지식과 기능을 학습한다.
- 관찰학습 : 타인의 행동을 관찰하여 개인의 과제를 학습하고 수행한다.

다양한 스포츠사회학 이론
- 역할 이론 : 개인이 사회구조 속에 처한 상황을 인식하여 자기 역할을 완전하게 수행하려고 시도하면서 사회화가 이루어진다는 스포츠사회화 이론이다.
- 준거집단 이론 : 타인이나 어떤 준거가 되는 집단의 행동, 감정, 태도 등을 자신의 준거 척도로 삼는다는 스포츠사회화 이론이다.
- 문화규범 이론 : 미디어가 스포츠를 보도하는 형태에 따라서 스포츠에 대한 태도가 바뀐다는 대중매체 이론이다.

20 미래 스포츠의 변화와 전망에 관한 설명으로 옳지 않은 것은? 기출 16

① 정보통신기술의 발달로 스포츠 관람형태가 다양해진다.
② '기술도핑(Technical Doping)'은 스포츠의 공정성을 훼손한다.
③ 다양한 신소재의 개발은 스포츠의 용품 및 장비 개발에 활용된다.
④ 통신 및 전자매체의 발달로 스포츠에서 미디어의 영향력이 감소된다.

해설
미래의 스포츠 변화
- 건강에 대한 관심과 환경에 대한 책임감으로 자연친화적인 스포츠에 대한 관심이 증가한다.
- 개방적이고 즉흥적인 활동으로 경기의 승리보다 내재적 만족이 강조된다.
- 과학기술의 발달로 용품·장비·시설 등 스포츠 환경이 개선되고 스포츠 기술이 발달한다.
- 전자매체 발달로 관람스포츠 형태로 변화하고, 스포츠에서 미디어의 영향력이 증가한다.
- 새로운 형태의 스포츠가 지속적으로 발생한다.
- 노인, 여성 등 스포츠 참여계층이 다양해진다.

정답 18 ③ 19 ① 20 ④

제2과목 스포츠교육학

01 시덴탑(D. Siedentop)이 제시한 스포츠교육 모형의 6가지 핵심적인 특성으로 옳지 않은 것은? 기출 16·20

① 축제화(Festivity)
② 팀 소속(Affiliation)
③ 유도연습(Guided Practice)
④ 공식경기(Formal Competition)

해설
스포츠교육 모형의 6가지 특성(D. Siedentop)
- 시즌 : 연습 기간, 시즌 전 기간, 정규시즌 기간, 최종경기를 포함한다.
- 팀 소속 : 시즌 동안 한 팀의 일원으로 참여한다.
- 공식경기 : 경기의 공정성과 더 나은 경기 참여를 위해 시즌을 조직하고 의사결정에 참여한다.
- 결승전 행사 : 시즌은 팀 경쟁, 개인 경쟁 등 다양한 형태로 마무리한다.
- 기록 보존 : 경기수행에 대해 기록하고 분석한다.
- 축제화 : 시즌 동안 경기는 축제 분위기 속에서 진행된다.

02 〈보기〉의 방과 후 학교 체육 활동 프로그램 개발 시 고려사항에 관한 설명 중 옳은 것으로만 묶인 것은? 기출 17

> ㉠ 학습자의 적성과 흥미를 고려한다.
> ㉡ 구체적인 목표와 미래 지향적 방향을 설정한다.
> ㉢ 교육과정과의 연계보다 프로그램의 특성을 고려한다.
> ㉣ 학교체육시설, 지도 인력, 예산 등은 제약 없이 사용이 가능하므로 이를 반영한다.

① ㉠, ㉡
② ㉠, ㉢
③ ㉡, ㉢
④ ㉡, ㉣

해설
㉢ 방과 후 학교 체육 활동 또한 학교체육 프로그램에 속하므로 교육과정과의 연계를 고려해야 한다.
㉣ 학교체육시설, 지도 인력, 예산 등은 정해진 범위 내에서 사용 가능하므로 프로그램 개발 시 이를 반영해야 한다.

03 〈보기〉의 ㉠, ㉡에 해당하는 용어로 옳은 것은? 기출 16

> 1960년대 중반 미국을 중심으로 전개된 (㉠)은 스포츠교육학이 체육학의 하위학문 분야로 성장하는 데 촉매제 역할을 하였다. 결국 신체활동을 지도할 때 학문을 기반으로 한 (㉡)지식을 스포츠 참여자에게 가르쳐야 한다는 주장이 본격적으로 제기되기 시작했다.

	㉠	㉡
①	체육 학문화 운동	이론적
②	체육 학문화 운동	경험적
③	체육 과학화 운동	경험적
④	체육 과학화 운동	이론적

해설
체육 학문화 운동은 1960년대 중반, 미국을 중심으로 시작되어 스포츠교육의 과학화와 영역의 확장에 기여하였다. 체육 학문화 운동으로 체육을 하나의 학문영역으로 만들려는 노력이 이루어졌고, 스포츠교육학이 이론적으로 체계화되었다.

04 체육 활동에서 안전한 학습환경 유지에 관한 설명으로 옳지 않은 것은?

① 활동 전에 안전 문제를 예측하고 교구를 배치한다.
② 위험한 상황이 예측되더라도 시작한 과제는 끝까지 수행한다.
③ 안전한 수업운영에 필요한 절차를 학습자들에게 명확히 전달한다.
④ 새로운 연습과제나 게임을 시작할 때 지도자는 지속적으로 학습자를 감독한다.

해설
지도자는 학습자의 과제수행을 지속적으로 관찰해야 하는데 이는 안전한 상황이 유지되고 있는지를 확인하기 위함이 가장 기본적인 목적이다. 위험한 상황이 예측될 경우 진행하던 과제를 중단해야 한다.

정답 01 ③ 02 ① 03 ① 04 ②

05 〈보기〉의 성장단계별 스포츠 프로그램의 목적 중 옳은 것을 모두 고른 것은?

> ㉠ 유소년스포츠 : 유아와 아동의 신체적·인지적 발달 도모, 기본적인 사회관계 형성
> ㉡ 청소년스포츠 : 운동기능 습득, 삶의 즐거움과 활력 찾기, 또래친구와의 여가활동 참여
> ㉢ 성인스포츠 : 신체적 건강 유지, 사교, 흥미 확대, 사회적 안정 추구

① ㉠
② ㉠, ㉡
③ ㉡, ㉢
④ ㉠, ㉡, ㉢

해설
㉠ 유소년스포츠 프로그램의 목적은 다양한 신체활동을 통한 신체적·인지적 발달을 도모하고 팀원 간의 관계를 통해 '사회화'를 진행하는 것이다. 이를 위해 자발적으로 스포츠 활동에 참여할 수 있도록 프로그램을 구성해야 하고 다양한 스포츠 활동을 경험할 수 있도록 해야 한다.
㉡ 청소년스포츠 프로그램의 목적은 체력 저하가 심화된 학생들에게 체육 활동의 기회를 제공하고 운동기능 습득 방법을 전수하는 것 등이 있다. 이를 통해 활기찬 학교 분위기를 조성하고 또래들과의 여가활동을 통해 성실·건강·협동심·배려심 등 사회적인 가치를 배울 수 있다.
㉢ 성인스포츠 프로그램의 목적은 신체적 건강을 유지하고 사교와 욕구 충족을 위한 흥미와 매력을 제공하는 것 등이 있다. 성인스포츠 프로그램이 원활하게 진행되기 위해서는 스포츠 활동의 다양성뿐만 아니라 전문성 또한 고려해야 한다.

06 〈보기〉에서 설명하는 스포츠지도자가 고려해야 할 학습자 특성으로 옳은 것은?
기출 19

> 학습자의 성별, 연령, 환경적 요인 등 학습자의 개인차를 고려해서 학습 단계를 결정하는 것이 중요하다.

① 감정 조절
② 발달 수준
③ 공감 능력
④ 동기유발 상태

해설
성별, 연령, 환경적 요인 등은 모두 학습자의 발달 수준을 나타내는 요인이다. 학습자의 상태는 효율적인 학습을 위해 매우 중요하다. 학습자의 내적 요인으로는 기능 수준, 체격 및 체력, 동기유발 수준, 인지 능력 및 감정코칭 능력, 발달 수준 등을 들 수 있다.

07 스포츠지도자의 자질과 지도방법에 관한 내용으로 옳지 않은 것은?
기출 16

① 지도자는 높은 성품 수준을 유지하며 모범을 보여야 한다.
② 선수가 수단과 방법을 가리지 않고 승리할 수 있도록 지도한다.
③ 지도자는 재능의 차원과 인성적 차원의 자질을 고루 갖추어야 한다.
④ 선수가 올바른 도덕적 의식을 가지고 자율적으로 실천하도록 지도한다.

해설
상대를 존중하고 규칙을 준수하여 정정당당하게 승리할 수 있도록 지도한다. 승리하기 위해 수단과 방법을 가리지 않는 것은 스포츠일탈에 해당한다.

08 〈보기〉에서 설명하는 수업 주도성 프로파일의 특성을 나타내는 체육수업 모형으로 옳은 것은?
기출 16·17·18

> • 학습자는 각 과제의 수행 기준에 도달할 책임이 있다.
> • 학습자는 많은 피드백과 높은 수준의 언어적 상호작용의 기회를 갖는다.
> • 지도자는 내용선정과 과제제시를 주도하고, 학습자는 수업 진도를 결정한다.

① 전술게임모형
② 협동학습모형
③ 개별화지도모형
④ 개인적·사회적 책임감 지도모형

해설
① 전술게임모형 : 학습자가 자신이 이해한 것을 게임에 적용하여 수행하며, 교육 내용은 항상 기술이 아닌 전술적 문제에 근거해야 한다.
② 협동학습모형 : 서로를 위해 서로 함께 배우기로, 팀의 성공을 위해 자신의 잠재능력을 최대한 개발해 공헌하는 것에 의의를 둔다. 교사에 의한 과제제시는 없고 학습자 스스로 주어진 과제를 조직해서 문제를 해결한다.
④ 개인적·사회적 책임감 지도모형 : 체육에서 가르쳐야 하는 내용 대부분을 통해 학생 스스로와 타인에 대한 책임을 어떻게 져야 하는지의 방법을 연습하고 배우는 기회를 제공한다. 교사에 의해 학습목표 및 우선순위가 결정된다.

정답 05 ④ 06 ② 07 ② 08 ③

09 〈보기〉에서 스포츠 활동 참여자의 행동 수정 전략을 잘못 이해하고 있는 지도자들로만 묶인 것은? 기출 17

> - 송 코치 : 저는 지도자가 일관성 있게 지도하는 것이 중요하다고 생각해요.
> - 이 코치 : 학습자의 행동 수정에도 그 단계를 설정할 필요가 있는 것 같아요.
> - 김 코치 : 과거의 행동 수준부터 한 번에 많은 변화가 있도록 지도해야 해요.
> - 박 코치 : 목표행동은 간단히 진술하고 그에 따른 결과는 고려하지 않아도 돼요.

① 송 코치, 이 코치
② 이 코치, 김 코치
③ 박 코치, 송 코치
④ 김 코치, 박 코치

해설
- 김 코치 : 행동 수정 체계는 일관성이 있어야 하며, 학습자의 행동을 단계적으로 변화시켜야 한다.
- 박 코치 : 목표행동은 확실히 주지시키고, 행동수정의 결과를 명시해야 한다.

행동 수정 전략
- 현재 수준에서 출발한다.
- 학습자의 행동을 점진적·단계적으로 변화시킨다.
- 수반되는 행동 수정의 결과를 명시한다.
- 적절한 행동에 대한 보상 체계를 마련한다.
- 일관성을 유지한다.

10 다음 〈보기〉에 적힌 박 코치의 수업 일지 내용 중 ㉠, ㉡에 해당하는 용어로 옳은 것은? 기출 18·23

> 골프 수업에 참여한 학습자들이 골프 규칙을 비롯해, 골프와 유사한 스포츠의 개념적 특징을 비교·분석할 수 있도록 (㉠) 목표를 제시하였다. … (중략) … 또한 각 팀의 1등은 다른 팀의 1등끼리, 2등은 다른 팀의 2등끼리 점수를 비교하여 같은 등수에서 높은 점수를 얻은 학습자에게 정해진 상점을 부여했다. 이와 같이 협동학습 모형의 과제구조 중 (㉡)전략을 사용하였다.

	㉠	㉡
①	정의적	직소(Jigsaw)
②	정의적	팀-보조 수업 (Team-assisted Instruction)
③	인지적	팀 게임 토너먼트 (Team Games Tournament)
④	인지적	학생 팀-성취 배분 (Student Teams-achievement Division)

해설
협동학습모형의 학습 영역

인지적 영역	논리, 지식, 개념, 이론적 원리 등을 포함하는 영역이다.
정의적 영역	감정이나 가치, 태도, 인성 등 보이지 않는 것들이 포함된 영역이다.

협동학습모형의 과제 구조

팀 게임 토너먼트 (팀 경쟁 학습, TGT)	・학생을 팀별로 나누고, 할당된 학습 과제를 1차 연습하며 모든 팀의 팀원들은 1차 연습이 끝나면 팀별로 시험을 본다. ・각 팀에서 1등, 2등, 3등, 4등 점수를 받은 사람은 다른 팀에서 같은 등수인 학생의 점수와 비교한다. 같은 등수에서 높은 점수를 얻은 학생에게 일정한 상점을 부여한 후 2차 연습을 한다. ・2차 연습을 한 후 1차 평가 때와 마찬가지로 같은 등수끼리 점수를 비교한다. ・게임이 끝난 후에 가장 높은 점수를 받은 팀이 승리 팀이 된다.
직소 (Jigsaw)	・교사는 팀을 나누고 기술, 지식 또는 게임 등의 여러 과제에 팀을 배정한다. ・모든 팀원들은 자신의 팀에 할당된 과제를 익힌 후, 교사가 되어 다른 팀에게 그 내용을 가르쳐 준다. ・평가는 다른 팀을 지도하는 지도 능력에 기초하여 이루어진다.

09 ④ 10 ③ **정답**

팀-보조 수업 (TAI)	• 교사는 팀을 선정한 후 학생에게 수행 기준과 학습 과제가 제시된 목록을 제공한다. 목록에는 학생이 학습해야 할 기술과 지식 영역이 쉬운 것에서 어려운 단계로 나누어 제시되어 있다. • 팀원들은 혼자 또는 다른 팀원들의 도움을 받으면서 그 과제를 연습하게 된다. 학생이 수행 기준에 따라 과제를 완수하면 다른 팀원이 과제 수행 여부를 체크하고, 학생은 다음 과제로 이동한다. • 팀 성적은 매주 각 팀들이 수행한 과제 수를 점수로 환산하거나 개인별로 시험을 본 후 개인 점수를 합산하여 계산한다.
학생 팀-성취 배분 (STAD)	• 모든 팀에게 동일한 학습 과제와 필요한 자원을 제공한다. • 교사는 과제를 명료화하고 팀에게 필요한 다른 자원을 제공하며 1차 연습 시간을 제시하고 팀별로 연습하도록 한다. 이 시기가 끝나면 각 팀의 모든 팀원들은 학습한 지식이나 기능에 대해 평가를 받는다. 모든 팀원들의 점수가 합쳐져서 팀 점수가 된다. 팀은 동일한 과제를 다시 반복해서 연습하는 2차 연습 시간을 갖는다. • 이때 팀은 협동심을 강조하고 모든 팀원들의 점수를 높이는 데 중점을 둔다.

11 「학교체육진흥법」의 제12조에서 규정하고 있는 내용으로 옳지 않은 것은?

기출 16·17·18·19·20·23

① 교육감은 학교운동부지도자의 자질 향상 및 전문성 강화를 위하여 연수교육 계획을 수립하고, 이를 실시하여야 한다.
② 학교의 장은 학교운동부지도자가 학생선수의 학습권을 박탈하거나 폭력, 금품·향응 수수 등의 부적절한 행위를 하였을 경우 학교운영위원회의 심의를 거쳐 계약을 해지할 수 있다.
③ 국가 및 지방자치단체는 학교운동부지도자의 급여에 필요한 경비를 지원하도록 노력해야 한다.
④ 학교운동부지도자의 자격기준, 임용, 급여, 신분, 직무 등에 필요한 사항은 대통령령으로 정한다.

해설
학교운동부지도자(「학교체육진흥법」 제12조 제2항)
국가는 학교운동부지도자의 자질 향상 및 전문성 강화를 위하여 연수교육 계획을 수립하고, 이를 실시하여야 한다. 이 경우 연수교육을 관련 단체에 위탁할 수 있다.

12 〈보기〉의 「국민체육진흥법」 제12조의3의 내용 중 ㉠, ㉡에 해당하는 용어로 옳은 것은?

> 문화체육관광부장관은 체육지도자 및 체육단체의 책임이 있는 자가 체육계 인권침해 및 (㉠)와/과 관련하여 (㉡)이/가 확정되는 경우에는 운영위원회의 심의·의결을 거쳐 그 인적사항 및 비위 사실 등을 공개할 수 있다.

	㉠	㉡
①	폭 행	자격정지
②	스포츠비리	유죄판결
③	폭 행	행정처분
④	스포츠비리	자격취소

해설
체육계 인권침해 및 스포츠비리 관련 명단 공개(「국민체육진흥법」 제12조의3 제1항)
문화체육관광부장관은 체육지도자 및 체육단체의 책임이 있는 자가 체육계 인권침해 및 스포츠비리와 관련하여 유죄판결이 확정되는 경우에는 운영위원회의 심의·의결을 거쳐 그 인적사항 및 비위 사실 등을 공개할 수 있다.

정답 11 ① 12 ②

13 〈보기〉의 ㉠~㉥ 중 모스턴(M. Mosston)의 '자기점검형(Self-check Style)' 교수 스타일 특징으로 옳은 것은?

기출 16·18·19·20

> ㉠ 지도자는 감환과정의 준거를 제시한다.
> ㉡ 지도자는 학습자의 능력과 독립성을 존중한다.
> ㉢ 지도자는 학습자가 활용할 평가 기준을 마련한다.
> ㉣ 학습자는 과제활동 전 결정군에서 내용을 정한다.
> ㉤ 학습자는 스스로 자신의 과제를 확인하고 교정한다.
> ㉥ 학습자는 동료와 피드백을 주고받으며 연습하는 데 중점을 둔다.

① ㉠, ㉢, ㉥
② ㉡, ㉢, ㉤
③ ㉠, ㉣, ㉤
④ ㉡, ㉤, ㉥

해설

모스턴(M. Mosston) 교수 스타일 : 자기점검형 스타일
㉡ 본 스타일은 개인연습과 자기평가라는 두 측면을 강조하며, 의사결정 과정에서 학습자가 많은 책임감을 갖게 된다.
㉢ 교사는 교과내용, 평가기준, 수업 운영절차 등을 결정하며, 학습자는 과제를 독립적으로 수행하고 교사가 마련한 평가 기준에 따라 자신의 과제수행을 점검하는 역할을 수행한다.
㉤ 학습자가 과제를 수행하고 스스로 평가한다는 특징이 있다.

모스턴(M. Mosston) 교수 스타일 : 확산발견형 스타일과 상호학습형 스타일
- 확산발견형 스타일 : 지도자는 감환과정의 준거를 제시한다.
- 상호학습형 스타일 : 학습자는 동료와 피드백을 주고받으며 연습하는 데 중점을 둔다.

14 〈보기〉에서 설명하는 알몬드(L. Almond)의 게임 유형으로 옳은 것은?

기출 16

> - 야구, 티볼, 크리켓, 소프트볼 등 팀 구성원 모두가 공격과 수비에 번갈아 참여한다.
> - 개인의 역할 수행이 경기에 중요한 영향을 미치므로, 자신의 역할에 대한 이해와 책임감이 강조된다.

① 영역(침범)형
② 네트형
③ 필드형
④ 표적형

해설

전술게임모형에 따른 스포츠의 유형(L. Almond)

필드형 스포츠	• 넓은 공간에서 치고 달리기, 던지고 받기 등을 하면서 목표 지점을 많이 돌아오는가를 겨루는 경기이다. 예 야구, 소프트볼, 티볼 등 • 공격과 수비가 번갈아 진행되므로 경기상황에 맞는 자기 역할을 수행하도록 지도한다. • 자기 역할에 대한 책임감이 무엇보다 중요하다. • 공격하는 팀의 공격 기회가 일정하게 보장된다.
영역형 스포츠	• 상대팀 영역을 침범하여 득점하거나 상대방 공격을 막아내는 경기이다. 예 축구, 농구, 핸드볼, 하키 등 • 공을 가진 팀이 공격하고 그렇지 않은 팀은 수비한다. • 잦은 신체 접촉과 거친 플레이를 이겨낼 수 있는 강한 체력과 정신력, 지구력이 필요하다. • 공격과 수비가 수시로 바뀌기 때문에 경기상황에 따른 자기 역할을 빠르게 인지·수행해야 하고, 공간을 효율적으로 사용할 줄 알아야 한다.
네트형 스포츠	• 네트를 사이에 두고 공격 또는 수비하는 경기이다. 예 배드민턴, 탁구, 테니스, 배구 등 • 공격수는 상대방이 받지 못할 공간으로 공을 보내는 전략을 습득하고, 수비수는 빈 공간을 주지 않고 공격을 막아내는 기능과 전략을 습득해야 한다. • 상대팀과의 신체접촉이 없고, 공격과 수비가 수시로 바뀌기 때문에 다음 경기상황을 예측하는 것이 필요하다.
표적형 스포츠	표적을 맞히는 것을 중점으로 두며, 경기성적에서 정확도가 가장 중요한 스포츠이다. 예 당구, 골프, 볼링, 크로켓 등

정답 13 ② 14 ③

15 체육 수행평가에 관한 설명으로 옳은 것은? 기출 16

① 학습의 과정보다 결과를 중시한다.
② 일시적이며 단편적인 관찰에 의존한다.
③ 개인보다 집단에 대한 평가를 강조한다.
④ 아는 것과 실제 적용 능력을 모두 강조한다.

해설

수행평가
학생들로 하여금 학습과제를 수행하도록 요구하고 그 과정과 결과를 통하여 보여주는 지식, 기능, 태도 등의 다양한 측면을 관찰하고 판단하는 평가방식이다. 평가 시 학생 개개인의 성격·학습방법·성취 수준 등을 고려해야 하며, 결과뿐만 아니라 수행 과정 중 향상도와 발달과정을 모두 판단해야 한다.

16 메츨러(M. Metzler)의 스포츠 지도를 위한 교수-학습과정안(지도계획안) 작성요소와 방법으로 옳은 것은? 기출 23

	작성 요소	작성 방법
①	학습목표	학습목표는 추상적으로 작성
②	수업정리	과제의 내용을 구조화하고, 제시 방법을 기술
③	학습평가	평가 시기, 평가의 관리 및 절차상의 고려사항을 제시
④	수업맥락 기술	과제의 중요도에 따라 학습활동 목록을 작성

해설

① 교사와 학습자 모두 학습목표를 명확하게 인식하고 있어야 학습효과가 높아지므로 학습목표는 구체적이고 분명하게 작성한다.
② 수업정리 단계에서는 학습한 내용을 요약·정리하고 강화시킨다.
④ 과제의 내용·단원의 맥락에 맞게 작성한다. 학습자가 부분적으로 이해하는 학습 내용을 전체적인 맥락에서 이해할 수 있게 한다.

17 〈보기〉에서 세 명의 축구 지도자가 활용한 질문 유형으로 옳은 것은? 기출 15·19

- 이 코치 : 지난 회의에서 설명했던 오프사이드 규칙 기억나니?
- 윤 코치 : (작전판에 그림을 그리면서) 상대 팀 선수가 중앙으로 드리블해서 돌파하고자 할 때, 수비하는 방법들은 무엇이 있을까?
- 정 코치 : 상대 선수가 너에게 반칙을 하지 않았는데 심판이 상대 선수에게 반칙 판정을 했어. 너는 이런 상황에서 어떻게 하겠니?

	이 코치	윤 코치	정 코치
①	회상형(회고형)	확산형(분산형)	가치형
②	회상형(회고형)	수렴형(집중형)	가치형
③	가치형	수렴형(집중형)	회상형(회고형)
④	가치형	확산형(분산형)	회상형(회고형)

해설

과제 전달 시의 질문 유형
- 회상형(회고적) 질문 : 기억 수준의 질문이다.
- 확산형(분산적) 질문 : 경험한 적 없는 문제 상황을 해결하는 데 필요한 질문이다.
- 가치형(가치적) 질문 : 가치판단에 따른 선택·태도·의견을 표현하는 질문이다.
- 수렴형(집중적) 질문 : 경험했던 내용을 분석·통합하는 데 필요한 질문이다.

정답 15 ④ 16 ③ 17 ①

18 〈보기〉에 해당하는 링크(J. Rink)의 내용 발달 과제로 옳은 것은?
기출 15·19·23

> - 과제의 난이도와 복잡성에 따른 점진적 발달에 관심을 갖는다.
> - 복잡한 기술을 가르치기 전에 기능을 세분화한다.

① 세련과제
② 정보(시작)과제
③ 적용-(평가)과제
④ 확대(확장)과제

해설

학습과제 발달단계(J. Rink)
- '시작형 – 확장형 – 세련형 – 적용형' 과제 순서로 전개
- 시작형(전달) 과제 : 기초적인 단계의 학습과제
- 확장형 과제 : 난이도와 복잡성이 결합된 형태의 학습과제
- 세련형(세련) 과제 : 자세나 기분 등 기능의 질적 측면에 집중된 학습과제
- 적용형(응용) 과제 : 학습한 운동기능을 실제 상황에 활용할 수 있도록 제작한 학습과제

19 〈보기〉에서 설명하는 슐만(L. Shulman)의 교사 지식으로 옳은 것은?
기출 16·17·18·24

> - 노인의 신체적·정신적 변화 등에 관한 지식
> - 장애 유형에 따른 운동방법 등에 관한 지식
> - 유소년의 행동양식, 신체발달 등에 관한 지식

① 교육과정(Curriculum) 지식
② 교육환경(Educational Context) 지식
③ 지도방법(General Pedagogical) 지식
④ 학습자와 학습자 특성(Learners and Their Characteristics) 지식

해설

체육수업 프로그램 결정을 위한 7가지 지식(L. Shulman)
- 교육과정 지식 : 참여자 발달단계에 적합한 내용과 프로그램에 대한 지식
- 교육환경 지식 : 수업에 영향을 미치는 환경에 대한 지식
- 교육목적 지식 : 교육목적·목표·교육시스템 구조에 대한 지식
- 내용 지식 : 교과 내용에 대한 지식
- 내용교수법 지식 : 교과나 주제를 참여자 특성에 맞게 지도할 수 있는 방법에 대한 지식
- 지도방법 지식 : 모든 교과에 적용되는 지도법에 대한 지식
- 학습자에 대한 지식 : 수업에 참여하는 학습자에 대한 지식

20 〈보기〉에서 두 명의 수영 지도자가 활용한 평가 유형으로 옳은 것은?
기출 20

> 박 코치 : 우리 반은 초급이라서 25m 완주를 목표한다고 공지했어요. 완주한 회원들에게는 수영모를 드렸어요.
> 김 코치 : 저는 우리 클럽의 특성을 고려해서 모든 회원의 50m 평영 기록을 측정했습니다. 그리고 상위 15%에 해당하는 회원들께 '박태환' 스티커를 드렸습니다.

	박 코치	김 코치
①	절대평가	상대평가
②	상대평가	절대평가
③	동료평가	자기평가
④	자기평가	동료평가

해설

박 코치의 평가 유형은 사전에 설정된 목표 달성도를 평가하는 방식인 절대평가이고, 김 코치의 평가 유형은 집단 내 다른 학생들과의 상대적인 비교를 통해 평가하는 상대평가이다.

체육 평가 유형
- 절대평가(준거지향평가) : 학생들의 교과별 학업성취도를 평가할 때 집단 내의 다른 학생들의 성취 정도와 비교하여 평가하는 것이 아니라, 사전에 설정된 교수·학습목표를 준거로 하여 그 목표의 달성도를 평가하는 방식이다.
- 상대평가(규준지향평가) : 교육성취도를 평가할 때 집단 내의 상대적인 서열을 중심으로 이루어지는 평가방식으로서 선발, 분류, 배치 상황에서 유용하게 사용된다.
- 자기지향평가 : 개인이 자기 자신의 행동을 스스로 평가하는 방식이다.
- 동료평가 : 동기, 동료 간에 서로 평가하게 하는 방식이다.

18 ④ 19 ④ 20 ① **정답**

제3과목 스포츠심리학

01 스포츠와 운동의 참여가 개인의 심리적 발달에 미치는 영향에 관한 연구주제로 옳지 않은 것은? 기출 23

① 달리기는 우울증을 조절하는가?
② 스포츠클럽 활동은 사회성과 집중력을 높이는가?
③ 태권도 수련은 아동의 인성 발달에 도움이 되는가?
④ 수영에 대한 자신감이 수영 학습에 어떤 영향을 주는가?

해설

④는 심리적 요인에 따른 스포츠 활동에 미치는 영향에 관한 연구주제이다.

스포츠심리학의 연구영역
스포츠심리학은 스포츠 상황에서의 인간행동을 분석·이해·통제·예측하기 위한 심리학의 다양한 방법 및 원리를 제공하는 학문이며 성격, 동기, 불안, 공격성, 집단응집성, 리더십, 사회적 촉진, 상담기술 및 방법 등을 연구한다. 특히 '스포츠와 운동의 참여가 개인의 심리적 발달에 미치는 영향'을 규명하는 것은 스포츠심리학의 목적 중 하나이며, ①·②·③은 이러한 스포츠심리학의 연구주제에 해당한다.

02 보강적 피드백(Augmented Feedback)의 유형에 해당하는 것으로 옳은 것은? 기출 16·18·20·23

① 시각(Visual)
② 촉각(Tactile)
③ 청각(Auditory)
④ 결과지식(Knowledge of Result)

해설

보강적 피드백(Augmented Feedback)
외부로부터 제공되는 정보를 의미하며 학습자의 기술수행을 위한 동기를 유발시키는 것에 목표를 두는 피드백으로, 그 유형으로는 결과지식과 수행지식이 있다.

결과지식	동작의 결과에 대한 정보를 학습자에게 제공하는 것이다. 예 골프 스윙 정확성을 분석한 결과, 목표지점에서 오른쪽으로 10m 벗어났고 거리도 20m 짧게 나왔다.
수행지식	동작의 유형에 대한 정보, 폼에 대한 질적 정보, 동작 패턴과 속도와 관련된 운동학적 정보를 학습자에게 제공하는 것이다. 예 정확한 골프 스윙을 하기 위해서는 백스윙에서 머리가 움직이지 않도록 하면서, 어깨의 회전과 함께 체중이 오른쪽으로 이동하도록 해야 한다. 이러한 골프 스윙이 비거리와 정확성을 높일 수 있다.

정답 01 ④ 02 ④

03 나이데퍼(R. Nideffer)의 주의초점모형을 근거로, 〈보기〉의 내용에 해당하는 주의의 폭과 방향으로 옳은 것은?
기출 17·18

> 배구 선수가 서브를 준비하면서 상대 진영을 살핀 후, 빈 곳을 확인하여 그곳으로 공을 서브하였다.

① 광의·외적에서 협의·외적으로
② 광의·내적에서 광의·외적으로
③ 협의·내적에서 광의·외적으로
④ 협의·외적에서 협의·외적으로

해설
주의초점모형(R. Nideffer)

유형	내용	골프 경기 상황
광의·외적	상황을 재빠르게 평가함	골프장의 바람, 코스 상황, 관중
광의·내적	분석하고 계획함	정보분석(이전 경험 추출), 계획 수립, 클럽 선택
협의·내적	수행에 대한 정신적 연습 및 정서를 조절함	머릿속으로 퍼팅 연습, 깊은 숨 들이마시기
협의·외적	하나 또는 두 개의 단서에 전적으로 주의 집중함	공 자체를 보고 샷, 사격 선수의 표적 조준

04 아젠(I. Ajzen)의 계획된 행동 이론(Theory of Planned Behavior)의 구성요인으로 옳은 것은?
기출 17·24

① 태도(Attitude), 의도(Intention), 주관적 규범(Subjective Norm), 동기(Motivation)
② 태도(Attitude), 의도(Intention), 주관적 규범(Subjective Norm), 행동통제인식(Perceived Behavioral Control)
③ 주관적 규범(Subjective Norm), 자신감(Confidence), 의도(Intention), 태도(Attitude)
④ 행동통제인식(Perceived Behavioral Control), 자신감(Confidence), 태도(Attitude), 동기(Motivation)

해설
계획된 행동 이론(I. Ajzen)
- 행동에 대한 태도와 주관적 규범은 행동에 간접적인 영향을 주지만, 행동통제인식은 의도뿐만 아니라 행동에 직접 영향을 준다.
- 운동방해 요인을 극복하고 자신이 계획한 운동을 통제할 수 있다는 생각은 운동의 지속적 실천에 꼭 필요하다.
- 구성요인으로는 태도(Attitude), 의도(Intention), 주관적 규범(Subjective Norm), 행동통제인식(Perceived Behavioral Control) 등이 있다.

05 스포츠심리기술 훈련에 관한 설명으로 옳지 않은 것은?
기출 19

① 경기력 향상에 즉각적 효과를 줄 수 있다.
② 평소 연습과 통합되어 지속적으로 진행되어야 한다.
③ 심상, 루틴, 사고조절 등의 심리기법이 활용된다.
④ 연령, 성별, 경기수준과 관계없이 모든 선수들에게 적용될 수 있다.

해설
스포츠심리기술을 적용하여 운동선수들의 정서적 안정과 운동수행 및 경기력을 향상시킬 수 있지만, 이런 효과는 지속적인 훈련을 통해 이루어지는 것이지 즉각 나타나는 것이 아니다.

03 ① 04 ② 05 ① **정답**

06 캐론(A. V. Carron)의 팀 응집력 모형에서 응집력의 결정요인으로 옳은 것은? 기출 15·16·17·19

① 리더십 요인(Leadership Factor), 발달 요인(Development Factor), 환경 요인(Environment Factor), 팀 요인(Team Factor)
② 리더십 요인(Leadership Factor), 팀 요인(Team Factor), 개인 요인(Personal Factor), 발달 요인(Development Factor)
③ 팀 요인(Team Factor), 리더십 요인(Leadership Factor), 환경 요인(Environment Factor), 개인 요인(Personal Factor)
④ 팀 요인(Team Factor), 발달 요인(Development Factor), 환경 요인(Environment Factor), 개인 요인(Personal Factor)

해설
팀 응집력 모형에서 응집력의 결정요인(A. V. Carron)

팀 요인 (Team Factor)	리더십 요인 (Leadership Factor)	환경 요인 (Environment Factor)	개인 요인 (Personal Factor)
• 집단과제 • 집단의 성과규범 • 성취욕망 • 팀의 능력 • 집단의 지향성 • 팀의 안정성	• 지도자행동 • 리더십 유형 • 코치-선수 대인관계 • 코치-팀 관계	• 계약 책임 • 조직의 성향	• 개인의 성향 • 만 족 • 개인차

07 인지평가 이론(Cognitive Evaluation Theory)에서 내적 동기를 높일 수 있는 방법으로 옳지 않은 것은? 기출 18·24

① 타인과의 관계성을 높여 준다.
② 자신의 능력에 대해 유능감을 높여 준다.
③ 행동을 결정하는 데 있어 자율성을 갖게 한다.
④ 행동결과에 대한 보상의 연관성을 강조한다.

해설
행동결과에 대한 보상의 연관성을 강조하면 내적 동기가 감소할 수도 있다.

인지평가 이론(E. Deci)
• 행동을 일으키거나 조절하는 외적 사건이 동기 및 동기와 관련된 과정에 미치는 효과를 기술하는 이론이다.
• 개인의 유능성과 자기결정성을 높여 주는 활동이나 사건이 개인의 내적 동기를 증가시킨다고 본다.
• 외적 보상은 통제적 측면과 정보적 측면을 모두 가지고 있어서 외적 보상이 내적 동기에 미치는 영향은 보상을 받는 사람이 보상을 어떻게 해석하느냐에 따라 달라진다고 본다. 즉, 보상을 받는 사람은 보상을 통제적으로 볼 수도 있고 정보적으로 해석할 수도 있다는 것이다. 따라서 외적 보상은 내적인 동기를 유발시키는 데 득이 될 수도 있고 실이 될 수도 있다.

정답 06 ③ 07 ④

08 〈보기〉의 정보처리 과정과 반응시간의 관계에서 ㉠~㉢에 들어갈 단계로 옳은 것은?

기출 16·19·20

자극 정보 → ㉠ → ㉡ → ㉢ → 실제 반응
반응 시간

	㉠	㉡	㉢
①	의사결정 단계	반응선택 단계	반응실행 단계
②	의사결정 단계	반응실행 단계	반응선택 단계
③	감각·지각 단계	반응선택 단계	반응실행 단계
④	감각·지각 단계	반응실행 단계	반응선택 단계

해설

정보처리 과정과 반응시간의 관계

감각·지각 단계	• 자극을 확인하고 감각기관을 이용하여 자극을 지각하고 수용하는 단계 • 정보 자극을 받아들여 그 정보를 분석하고 의미를 부여하는 과정
반응선택 단계	• 자극을 확인한 후 환경특성에 맞는 반응 유형을 선택하는 단계 • 자극을 확인한 후 자극에 대하여 어떻게 반응할지 결정하는 단계
반응실행 단계	• 반응의 실행을 위한 구체적인 체계를 생성하고 조직화하는 단계 • 실제로 움직임을 생성하기 위하여 운동체계를 조직하는 단계

09 운동실천을 위한 행동수정 중재전략으로 옳지 않은 것은?

기출 15·17

① 운동화를 눈에 잘 띄는 곳에 둔다.
② 구체적이고 실현 가능한 목표를 설정한다.
③ 지각이나 결석이 없는 회원에게 보상을 제공한다.
④ 출석상황과 운동수행 정도를 공공장소에 게시한다.

해설

구체적이고 실현 가능한 목표를 설정하는 것은 인지전략에 해당한다. 인지전략에서는 구체적이고 측정가능하며 현실적이고 약간 어려운 목표를 설정한다는 원칙을 지켜야 한다는 내용을 포함한다.

운동실천을 위한 행동수정 중재전략
• 의사결정 단서 : 행동의 실천 여부를 결정하게 하는 자극을 말한다.
• 출석상황 게시 : 출석상황과 운동수행 정도를 공공장소에 게시하면 운동프로그램 참여자의 동기를 유발하는 효과가 있다.
• 보상 제공 : 출석 행동이 강화되는 효과가 있다.
• 피드백 제공 : 운동기능 향상과 동기부여 측면에서 매우 중요하다.
• 운동계약 : 운동실천에 관한 의사결정 과정에 참여할 기회가 주어지면 운동실천에 대한 책임감이 증대된다.

08 ③ 09 ② **정답**

10 〈보기〉의 사례와 관련 있는 데시(E. L. Deci)와 라이언(R. M. Ryan)의 자결성 이론(Self-determination Theory)의 구성요인으로 옳은 것은? 기출 16·19·23

> ⊙ 현우는 뛰는 것을 그다지 좋아하지는 않지만, 체중조절과 건강증진을 위해서 매일 1시간씩 조깅을 한다.
> ⓒ 승아는 필라테스를 그다지 좋아하지는 않지만, 개인 강습비를 지원해 준 부모님에 대한 죄책감 때문에 학원에 다닌다.

	⊙	ⓒ
①	확인규제 (Identified Regulation)	의무감규제 (Introjected Regulation)
②	외적규제 (External Regulation)	의무감규제 (Introjected Regulation)
③	내적규제 (Internal Regulation)	확인규제 (Identified Regulation)
④	의무감규제 (Introjected Regulation)	확인규제 (Identified Regulation)

해설

⊙ 현우는 운동 자체가 목표가 아닌 체중조절과 건강증진을 위해 조깅하는 것이므로 확인규제에 해당한다.
ⓒ 승아는 죄책감 때문에 학원에 다니는 것이므로 의무감규제에 해당한다.

자결성 이론(E. L. Deci & R. M. Ryan)
- 내적동기, 외적동기, 무동기의 3가지 형태에 따라 인간의 성취행동이 달라진다고 본다.
- 내적동기, 외적동기, 무동기는 자결성의 측면에서 서열화할 수 있다.
- 자결성이 가장 높은 것은 내적동기(감각체험>과제성취>지식습득)이고, 다음은 외적동기(확인규제>의무감규제>외적규제)이며, 무동기가 가장 낮다.
- 구성요인

내적 동기	감각체험	운동할 때 느끼는 감각 체험이 즐거워서 스포츠 활동에 참여
	과제성취	과제를 성취하는 만족감 때문에 스포츠 활동에 참여
	지식습득	새로운 것을 배우는 것이 즐거워서 스포츠 활동에 참여
외적 동기	확인규제	운동 자체의 목표가 아닌 건강 증진이나 다이어트 같은 자기설정 목표달성을 위해 스포츠 활동에 참여
	내적 (의무감) 규제	외적동기요인이 내면화되어 죄책감·불안 같은 압력으로 스포츠 활동에 참여
	외적규제	외적보상을 받으려는 욕구가 활동의 원동력이며, 외적보상을 얻기 위해 스포츠 활동에 참여
무동기		스포츠 활동을 하려는 의도·동기가 없는 상태

정답 10 ①

11 〈보기〉는 성취목표성향 이론에서 자기목표성향(Ego-goal Orientation)과 과제목표성향(Task-goal Orientation)에 관한 예시이다. 이에 대한 해석이 옳은 것은?

기출 19

> 인호와 영찬이는 수업에서 테니스를 배운다. 이 둘은 실력이 비슷하다. 하지만 수업에서 인호는 테니스 기술을 배우는 것보다 다른 친구와 테니스 게임을 하여 이기는 것을 좋아한다. 반면에 영찬이는 테니스 기술에 중점을 두며 테니스 기술을 연마할 때마다 뿌듯해한다.

① 영찬이는 실현 불가능한 과제를 자주 선택할 것이다.
② 인호는 자신의 기술향상을 위하여 개인 노력을 중시한다.
③ 인호는 영찬이를 이겼을 때 자신이 잘해서 승리하였다고 생각한다.
④ 인호는 학습의 증진과 연관된 자기-참고적(Self-reference)인 목표를 가진 학생이다.

해설
① 영찬이는 기술을 연마할 때마다 뿌듯해한다고 했으므로 비교 준거가 자신인 과제목표성향이며, 그러한 성향의 특성에 따라 실현 가능한 과제를 자주 선택할 것을 알 수 있다.
② 자신의 기술향상을 위하여 개인 노력을 중시하는 학생은 영찬이다.
④ 학습의 증진과 연관된 자기-참고적인 목표를 가진 학생은 영찬이이다.

성취목표성향 이론
- 과제목표성향(Task-goal Orientation) : 비교 준거가 자신이 되는 것으로, 기술이 향상되었거나 노력을 많이 했으면 유능한 느낌이 들고 성공했다고 생각한다.
- 자기목표성향(Ego-goal Orientation) : 비교 준거가 타인이 되는 것으로, 능력우월감이나 성취감을 느끼기 위해서는 남보다 더 잘해야 하며, 동일하게 잘했을 경우 남보다 노력을 덜 해야 한다고 생각한다.
- 과제목표성향과 자기목표성향이 동시에 나타나는 경우 : 두 가지 목표 성향은 개인의 성격 특성이지만 환경의 영향을 받기도 한다. 따라서 특정 상황에서는 과제목표성향과 자기목표성향이 모두 강하게 나타날 수도 있다.

12 〈보기〉에서 설명하는 운동기능 연습법 내용으로 옳은 것은?

기출 16·18·20

> 각 부분을 따로 연습한 후 전체 기술을 종합적으로 연습하는 순수 분습법(Pure-part Practice)과 전체 운동기술 중에 첫 번째와 두 번째 요소를 각각 연습한 후 그 두 요소를 결합하고 이후 다음 요소를 다시 연습하는 과정을 거쳐 전체 기술을 습득해가는 점진적 분습법(Progressive-part Practice)으로 구분된다.

① 분절화 ② 부분화
③ 분산연습 ④ 집중연습

해설
운동기능 연습법
- 연습과제의 분할

전습법	한 가지 운동기술을 한꺼번에 학습하는 방법	
분습법		한 가지 운동기술을 하위 단위로 나누어 학습하는 방법
	분절화	• 학습할 전체 기술을 특정 시·공간 영역으로 나누어 연습한 후, 각각의 기술이 특정 수준에 도달하면 전체 기술로 결합하여 연습하는 방법 • 순수 분습법(Pure-part Practice) : 각 부분을 따로 연습한 후 전체 기술을 종합적으로 연습하는 방법 • 점진적 분습법(Progressive-part Practice) : 전체 운동기술 중 첫 번째와 두 번째 요소를 각각 연습한 후 그 두 요소를 결합하고 이후 다음 요소를 다시 연습하는 과정을 거쳐 전체 기술을 습득해가는 방법
	단순화	운동기술을 수행할 때 과제 요소를 줄여 기술 수행의 난도나 복잡성을 낮추는 방법
	부분화	운동 과제에 포함되는 하위 요소를 하나 또는 둘 이상으로 분리하여 각각 연습하는 방법

- 연습시간의 배분

집중연습	연습시간이 휴식시간보다 상대적으로 긴 연습법
분산연습	휴식시간을 충분히 갖고 여러 번 연습하는 방법
구획연습	• 하나의 기술을 주어진 시간에 연습하는 방법 • 운동기술에 포함된 각 변인을 나눈 후 각각 주어진 시간 동안 연습하는 방법 • 맥락간섭 효과가 낮기 때문에 연습 수행에 효과적인 연습법

11 ③ 12 ① **정답**

무선연습	• 주어진 시간에 여러 운동기술을 연습하는 방법 • 운동기술에 포함된 하위 요소들을 무작위로 연습하는 방법 • 맥락간섭 효과가 높기 때문에 파지와 전이에 효과적인 연습법

13 특성불안을 측정하는 검사지로 옳은 것은?

① SCQ(Sport Cohesion Questionnaire)
② SCAT(Sport Competitive Anxiety Test)
③ CSAI-2(Competitive State Anxiety Inventory-2)
④ 16PF(Cattell's Sixteen Personality Factor Questionnaire)

해설

① SCQ(Sport Cohesion Questionnaire) : 스포츠 응집력 질문지
③ CSAI-2(Competitive State Anxiety Inventory-2) : 경쟁 상태불안 검사지
④ 16PF(Cattell's Sixteen Personality Factor Questionnaire) : 카텔(Cattell)의 성격요인 검사

정답 13 ② 14 ②

14 〈보기〉의 ㉠~㉢에 들어갈 운동발달의 단계를 나열한 것으로 옳은 것은? 기출 16·17·19

반사운동단계 → (㉠) → (㉡) → 스포츠기술단계
→ (㉢) → 최고수행단계 → 퇴보단계

① ㉠ : 초기움직임단계 ㉡ : 성장과 세련단계
  ㉢ : 기본움직임단계
② ㉠ : 초기움직임단계 ㉡ : 기본움직임단계
  ㉢ : 성장과 세련단계
③ ㉠ : 기본움직임단계 ㉡ : 성장과 세련단계
  ㉢ : 초기움직임단계
④ ㉠ : 기본움직임단계 ㉡ : 초기움직임단계
  ㉢ : 성장과 세련단계

해설

운동발달의 단계

반사 움직임 단계	출생~1세 신생아기	반사란 신경계통의 체계가 완전히 성숙되지 않아 나타나는 불수의적인 움직임이며 유아의 생존을 돕는다.
초기 움직임 단계	1~2세 영아기	• 반사운동이 사라지고 수의적 움직임이 나타난다. • 기어가거나 걷는 이동운동이 발달한다. • 물체를 잡는 물체조작운동이 더욱 발달한다.
기본 움직임 단계	2~6세 유아기	• 자신의 신체에 대한 인식과 균형감이 발달한다. • 이동운동이 더욱 발전한다. • 조작운동인 던지기·차기 등의 운동기술이 나타난다. • 회전하기, 비틀기, 뻗기, 굽히기 등이 다양하게 나타나지만, 아직 운동기술은 어색하다.
스포츠 기술 단계	7~14세 아동기	• 동작의 협응력이 발달하며 각각의 움직임 동작을 연관시켜 하나의 동작으로의 형성이 가능하다. • 레크리에이션 활동과 스포츠에 참여한다.
성장과 세련 단계	청소년 시기	• 호르몬 분비의 증가로 인해 체격이 커진다. • 운동 능력이 현저하게 발달한다.
최고 수행 단계	20~30세 성인초기	• 근력과 심폐기능, 정보처리 능력이 최고조에 이른다. • 최상의 운동수행력을 보인다.
퇴보 단계	30세 이후	• 심장혈관·근력·지구력·신경기능·유연성 등이 서서히 감소한다. • 정보처리 속도의 감소로 신체반응속도가 떨어진다.

15 와인버그(R. S. Weinberg)와 굴드(D. Gould)의 바람직한 처벌 행동 지침에 관한 내용으로 옳지 않은 것은?

① 사람이 아니라 행동을 처벌한다.
② 동일한 규칙위반에 대해서는 동일하게 처벌한다.
③ 연습 중에 실수한 것에 대해서는 가볍게 처벌한다.
④ 규칙위반에 관한 처벌규정을 만들 때 선수의 의견을 반영한다.

해설

바람직한 처벌 행동 지침(R. S. Weinberg & D. Gould)
- 사람이 아니라 행동을 처벌한다.
- 동일한 규칙위반에 대해서는 동일하게 처벌한다.
- 연습 중에 실수한 것에 대해서는 처벌하지 않는다.
- 규칙위반에 관한 처벌규정을 만들 때 선수의 의견을 반영한다.
- 운동장을 돌게 하는 등의 신체활동으로 처벌하지 않는다.
- 개인적인 감정으로 처벌하지 않는다.
- 처벌을 핑계로 사람들이 보는 앞에서 창피를 주지 않는다.
- 처벌해야 할 때는 단호하게 처벌한다.

16 스포츠심리상담에서 상담자가 활용할 수 있는 기법에 관한 설명으로 옳지 않은 것은? 기출 15·17·19·20

① 적극적 경청 : 내담자의 말에 적절하게 행동으로 반응한다.
② 관심집중 : 내담자의 말이 끝날 때까지 내담자를 계속 관찰한다.
③ 신뢰형성 : 내담자 개인의 정신적 고민이나 감정적 호소에 귀 기울인다.
④ 공감적 이해 : 내담자에게는 생각할 시간을 충분히 주고, 상담자는 반응을 짧게 한다.

해설

관심집중에는 '내담자 향해 앉기, 개방적 자세, 적절한 눈 맞춤, 편안한 몸짓과 표정' 등이 있다. 내담자를 계속해서 관찰하는 것은 내담자에게 부담을 줄 수 있다.

스포츠심리상담의 적용
- 라포 : 내담자와 상담자 사이의 공감적(상호신뢰) 관계를 의미한다.
- 경청 : 상담자가 내담자의 언어적·비언어적 메시지를 듣고 적절하게 반응하는 것을 의미한다.
- 관심집중 : 내담자 향해 앉기, 개방적 자세, 적절한 눈 맞춤, 편안한 몸짓과 표정 등이 있다.
- 신뢰형성 기술 : 적절한 고개 끄덕임, 적절한 반응, 관심 어린 질문 등이 있다.
- 공감적 이해 : 내담자의 생각이나 느낌을 내담자 입장에서 이해하고 받아들이는 것이다.

17 운동발달에 관한 설명으로 옳지 않은 것은?

기출 15·16·17·18

① 운동발달에는 개인차가 존재한다.
② 운동발달 과정에는 민감기(Sensitive Period)가 있다.
③ 운동발달은 운동행동이 연속적으로 변화하는 과정이다.
④ 운동발달 상황에서 공통적으로 나타나는 행동을 개체발생적 운동행동이라고 한다.

해설

계통발생적 운동
운동발달 상황에서 공통적으로 나타나는 행동은 계통발생적 운동행동이라 하며, 이는 성숙을 통하여 예측이 가능한 형태로 자동으로 이루어진다.

개체발생적 운동행동
환경 요인의 영향을 받아 학습을 통하여 얻게 되는 운동행동을 말하며, 이는 성숙을 통해 자동으로 이루어지는 것이 아니라 일정한 시간 동안 꾸준히 연습하고 경험을 쌓으면서 이루어진다.

운동발달과 운동발달의 기본 가정
운동발달은 연령에 따라서 계열적·연속적으로 운동기능이 변화해 가는 과정이며, 기능적 분화와 복잡화·통합화를 이루어 환경에 잘 적응하고 하나의 상태에서 다른 상태로 변화하는 과정이다. 운동발달의 기본 가정은 아래와 같다.
- 전 생애에 걸쳐 단계적·지속적으로 진행한다.
- 발달의 속도와 범위에는 개인차가 존재한다.
- 민감기 또는 결정적 시기가 존재한다.
- 환경적 맥락의 영향을 받는다.

18 신체활동은 일련의 단계를 거쳐 변화한다는 것을 기본적인 전제로 하는 운동행동 이론으로 옳은 것은?

기출 15·18·20

① 계획행동 이론(Theory of Planned Behavior)
② 건강신념 모형(Health Belief Model)
③ 변화단계 이론(Transtheoretical Model)
④ 합리적 행동 이론(Theory of Reasoned Action)

해설

③ 변화단계 이론(Transtheoretical Model) : 운동행동의 변화는 마음먹은 순간 단번에 이루어지는 것이 아니라 여러 단계를 거치면서 점진적으로 변화한다고 보는 이론으로 무관심·관심·준비·실천·유지의 5단계가 있다고 주장한다.
① 계획행동 이론(Theory of Planned Behavior) : 행동에 대한 태도와 주관적 규범은 행동에 간접적인 영향을 주지만, 행동 통제 인식은 의도뿐만 아니라 행동에 직접 영향을 준다고 주장하는 이론이다.
② 건강신념 모형(Health Belief Model) : 1950년대 미국이 공중보건사업의 일환으로 실시한 프로그램에 사람들이 왜 참여하지 않는가에 대해 설명하기 위해 심리학자들이 개발한 모형으로, 인간은 어떤 목표가 얼마만 한 가치(Value)가 있는지와 그 목표에 도달할 수 있을까(가능성) 하는 기대(Expectancy)를 판단하여 행동한다는 내용을 담고 있다.
④ 합리적 행동 이론(Theory of Reasoned Action) : 의도는 행동을 예측하는 단 하나의 변인으로, 행동에 대한 태도와 주관적 규범에 의해 형성되며 행동에 대한 태도는 특정 행동의 실천 결과에 대한 신념과 결과에 대한 평가에 영향을 받고 주관적 규범은 타인의 기대에 대한 인식과 기대에 부응하려는 동기에 영향을 받는다고 주장하는 이론이다.

정답 17 ④ 18 ③

19 〈보기〉의 내용과 관련 있는 불안 이론으로 옳은 것은? 기출 15·16·18·19

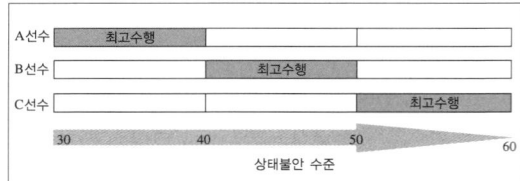

① 적정수준 이론(Optimal Level Theory)
② 전환 이론(Reversal Theory)
③ 다차원불안 이론(Multidimensional Anxiety Model)
④ 최적수행지역 이론(Zone of Optimal Functioning Theory)

해설

④ 최적수행지역 이론(Zone of Optimal Functioning Theory) : 선수들의 상태불안 수준의 개인차가 매우 크며, 최고의 수행을 발휘하는 데 특정한 불안 수준이 필요한 것이 아니라 자신만의 고유한 불안 수준이 있다는 이론이다.
① 적정수준 이론(Optimal Level Theory) : 역U 가설(Inverted-U Hypothesis)이라고도 하는 이론으로, 불안이 증가할수록 운동수행이 증진되다가 적정 수준의 각성상태에서 운동수행이 극대화되고, 각성수준이 더욱 증가하여 과각성상태가 되면 운동수행이 저하된다는 이론이다.
② 전환 이론(Reversal Theory) : 자신의 각성수준을 어떻게 해석하느냐에 따라 각성수준과 정서의 관계가 달라진다고 보며 각성수준에 따라 기분상태가 긍정에서 부정으로 변하고 그 반대 방향으로도 전환이 가능하다는 이론이다.
③ 다차원불안 이론(Multidimensional Anxiety Model) : 인지적 불안은 초조 · 걱정과 같은 감정으로 주로 운동수행에 부정적인 영향을 주는 반면, 신체적 불안은 적정수준이면 운동수행에 긍정적인 영향을 준다는 이론이다.

20 사회적 태만(Social Loafing) 현상을 극복하기 위한 지도전략으로 옳지 않은 것은? 기출 16·17·18

① 사회적 태만 허용 상황을 미리 설정하지 않게 한다.
② 대집단보다는 소집단(포지션별)을 구성하여 훈련한다.
③ 지도자는 선수 개개인의 노력을 확인하고 이를 인정한다.
④ 선수들이 자신의 포지션뿐만 아니라 다른 역할도 경험하게 한다.

해설

사회적 태만
- 혼자일 때보다 집단에 속해 있을 때 더 게을러지는 현상이다.
- 사회적 태만 현상의 발생원인으로는 할당 전략, 최소화 전략, 무임승차 전략, 반무임승차 전략 등이 있다.
- 사회적 태만을 방지하는 방법
  - 누가 얼마나 노력했는지를 확인할 수 있도록 해야 한다.
  - 팀 내의 상호작용을 촉진시켜 개인의 책임감을 높여야 한다.
  - 목표설정을 할 때 집단 목표와 개인 목표를 모두 설정한다.
  - 사회적 태만 허용 상황을 미리 설정해야 한다.
  - 대집단보다는 소집단(포지션별)을 구성하여 훈련한다.
  - 선수들이 자신의 포지션뿐만 아니라 다른 역할도 경험하게 한다.

19 ④ 20 ① **정답**

제4과목 한국체육사

01 한국체육사의 시대구분에 관한 내용으로 옳지 않은 것은?
기출 20

① 고대체육은 부족국가 및 삼국시대로 구분할 수 있다.
② 광복을 전후로 고대체육과 전통체육으로 구분할 수 있다.
③ 갑오경장을 전후로 전통체육과 근대체육으로 구분할 수 있다.
④ 고대체육, 중세체육, 근대체육, 전통체육으로 구분할 수 있다.

해설
광복을 전후로 근대체육과 현대체육으로 구분할 수 있다. 고대체육은 부족국가 및 삼국시대 때이며, 전통체육은 갑오경장(갑오개혁) 전의 체육을 말한다.

02 체육 관련 사료 중 문헌사료로 옳지 않은 것은?
기출 19

① 고구려 무용총 수렵도(狩獵圖)
② 무예도보통지(武藝圖譜通志)
③ 조선체육계(朝鮮體育界)
④ 손기정 회고록(回顧錄)

해설
일반적으로 사료란 문헌에 나온 기록을 의미한다. 고구려 무용총 수렵도는 고구려 무용총에 그려진 고분벽화로, 고구려인들의 역동적인 사냥 모습을 묘사한 그림이다.
② 무예도보통지 : 정조 때 만들어진 무예서로서, 24가지 무(武)에 관한 기예를 그림으로 설명한 종합무예서이다.
③ 조선체육계 : 1933년 조선체육사에서 야구계의 원로 이원용이 창간한 우리나라 최초의 체육 전문 잡지이다.
④ 손기정 회고록 : 1983년 한국일보사에서 출간한 마라톤의 영웅 손기정의 자서전 '나의 조국, 나의 마라톤'이다.

03 부족국가시대의 저포(樗蒲)에 관한 설명으로 옳은 것은?
기출 16·18

① 위기(圍棋)라는 용어로 불리기도 하였다.
② 제천의식과 관련된 대표적인 민속놀이였다.
③ 두 사람이 서로 맞잡고 힘을 겨루는 경기였다.
④ 달리는 말 위에서 여러 가지 동작을 행하는 경기였다.

해설
저포(樗蒲, 윷놀이)
• 우리 민족의 전통 오락 중 가장 오래된 놀이로 정월 초하루부터 보름날까지 행해졌다.
• 제천의식과 관련된 놀이이다.
• '도, 개, 걸, 윷, 모'라는 명칭을 붙여 실시하는 놀이로 '돼지, 개, 양, 소, 말'이라는 짐승의 크기와 빠르기에 의해 판 위에서 말들이 나아가는 놀이이다.
• 이 놀이에서 사용된 명칭들은 당시 부여의 사출도를 다스리던 관직의 이름에서 유래하였다.

04 화랑도의 교육방법에 관한 설명으로 옳지 않은 것은?
기출 15·16·17·18·20·23

① 입산수행은 화랑도 교육활동의 하나였다.
② 심신일체론적 사상을 바탕으로 전인 교육을 지향하였다.
③ 편력(遍歷)은 명산대천을 돌아다니며 수련하는 야외활동이었다.
④ 삼강오륜(三綱五倫)의 붕우유신(朋友有信)을 바탕으로 도의 교육을 실시하였다.

해설
화랑도는 원광의 '세속오계'를 바탕으로 충성보국할 수 있는 문무겸비의 인재를 양성하였다.

세속오계(世俗五戒)
• 사군이충(事君以忠) : 임금을 충성으로 섬긴다.
• 사친이효(事親以孝) : 어버이에게 효도를 다한다.
• 교우이신(交友以信) : 벗을 사귈 때는 믿음으로 한다.
• 임전무퇴(臨戰無退) : 싸움에 임해서는 물러서지 않는다.
• 살생유택(殺生有擇) : 산 것을 죽일 때는 가려서 한다.

정답 01 ② 02 ① 03 ② 04 ④

05 삼국시대 민속놀이의 명칭으로 옳은 것은?

기출 17·19·20·24

① 석전(石戰) : 제기차기
② 마상재(馬上才) : 널뛰기
③ 방응(放鷹) : 매사냥
④ 수박(手搏) : 장기

해설
① 석전(石戰) : 돌을 들고 싸우는 집단 놀이, 편전 혹은 편싸움이라고도 한다.
② 마상재(馬上才) : 말 위에서 재주를 부리는 놀이로 곡마, 말놀음, 말광대라고 부른다.
④ 수박(手搏) : 무기 없이 맨손이나 발로 격투를 벌여 상대방과 승부를 가르는 무예이다.

06 〈보기〉의 빈칸 안에 들어갈 용어로 옳은 것은?

기출 16·24

> 고려시대 최고의 교육기관인 국자감에는 7재(七齋)를 두었는데, 그중 무학을 공부하는 (   )가 있었다. 이를 통해 고려의 관학에서는 무예교육이 중시되었음을 알 수 있다.

① 강예재(講藝齋)
② 대빙재(待聘齋)
③ 경덕재(經德齋)
④ 양정재(養正齋)

해설
국자감(國子監)
- 고려시대의 대표적인 국립교육기관으로 귀족의 자제를 대상으로 문무를 겸비한 인재를 양성하는 것이 목적이 있었다. 문학과 무학을 구분하여 교육하였다.
- 국자감에는 사학 12도와 대비를 이루어 전문 7재 즉, 7개의 전문 강좌를 설치하였다.
  - 주역을 공부하는 여택재, 상서를 공부하는 대빙재, 모시를 공부하는 경덕재, 주례를 공부하는 구인재, 대례를 공부하는 복응재, 춘추를 공부하는 영정재, 무학을 공부하는 강예재로 구성되었다.
  - 고려시대에는 무과가 없었기 때문에 무학을 따로 교육하는 강예재가 있다는 점이 특이사항이다.

07 〈보기〉의 고려시대 격구(擊毬)에 관한 설명 중 옳은 것으로만 묶인 것은?

기출 18·19·20

> ㉠ 왕, 귀족, 무인들의 오락이나 스포츠로 발달하였다.
> ㉡ 가죽 주머니로 만든 공을 발로 차는 형식의 무예이다.
> ㉢ 말타기 능력의 향상 및 군사훈련을 위한 수단으로 활용되었다.
> ㉣ 서민들의 오락적 신체활동으로 급속히 확산되었다.

① ㉠, ㉡
② ㉠, ㉢
③ ㉡, ㉣
④ ㉢, ㉣

해설
고려시대의 격구
- 서양의 폴로 경기와 유사하며, 말을 타고 채를 이용하여 공을 치는 경기이다.
- 귀족들 사이에서 성행한 대표적인 귀족사회의 오락 및 여가 활동이다.
- 군사훈련의 수단으로도 사용되었다.
- 사치성으로 인한 폐단이 발생하기도 하였다.

05 ③ 06 ① 07 ② **정답**

08 〈보기〉의 ㉠, ㉡에 해당하는 고려시대 무예의 명칭으로 옳은 것은?

기출 18·19·20·23

- (㉠)은/는 고려시대 무인들에게 적극 권장되었으며, 명종(明宗, 1170~1197) 때에는 이 무예를 겨루게 하여 승자에게 벼슬을 주었다.
- (㉡)은/는 유교를 치국의 도(道)로 삼았던 고려시대에도 육예의 어(御)에 속하는 것으로 군자의 중요한 덕목 중 하나였다.

	㉠	㉡
①	격구(擊毬)	수박(手搏)
②	수박(手搏)	마술(馬術)
③	마술(馬術)	궁술(弓術)
④	궁술(弓術)	방응(放鷹)

해설

고려시대의 체육활동

- **수박(手搏)** : 맨손과 발을 이용한 격투 기술이다. 외세의 잦은 침략으로 인해 무신정권의 장기집권 시기에, 관리 채용과 출세를 위한 방법으로 수박희라는 형태의 무예 기술이 발달하였다.
- **마술(馬術)** : 육예 중 어(御)에 속하는 덕목으로 말을 타는 기술을 말하며 삼국시대에 매우 중요히 여겼다.
- **격구(擊毬)** : 말을 탄 채 숟가락처럼 생긴 막대기로 공을 쳐서 상대방 문에 넣는 놀이이다. 군사훈련 수단 및 귀족들의 오락과 여가 활동이었다.
- **궁술(弓術)** : 활을 사용하여 화살로 목표물을 맞히는 기술 또는 무술을 통칭하여 부르는 말이다. 문무를 겸비한 인재의 양성 목적으로, 국가에서도 병사나 관료들에게 궁술을 익히도록 장려하였다.
- **방응(放鷹)** : 매사냥을 가리키며, 일본은 이 매사냥의 문화를 백제로부터 전수받았다. 고구려, 백제, 신라 삼국이 모두 매사냥을 실시하였다.

09 조선시대 사정(射亭)에 관한 설명으로 옳지 않은 것은?

기출 15·17·19

① 전국에 사정(射亭)을 설치하고 습사(習射)를 장려하였다.
② 관설사정(官設射亭)과 민간사정(民間射亭)이 있었다.
③ 병서(兵書) 강습과 마상(馬上) 무예 훈련을 주로 하였다.
④ 민간사정(民間射亭)으로 오운정(五雲亭), 등룡정(登龍亭) 등이 있었다.

해설

사정(射亭)은 사장(射場)이라고도 하며 활 쏘는 사람들의 무예 수련을 위하여 도성 내 활터에 세운 정자를 말한다.

10 조선시대 줄다리기에 관한 설명으로 옳은 것은?

기출 17·19

① 동채싸움으로도 불리며, 동네별로 승부를 겨루는 경기였다.
② 상박(相搏)으로도 불리며, 궁정과 귀족사회의 유희 중 하나였다.
③ 추천(鞦韆)으로도 불리며, 단오절에 많이 행해진 서민들의 민속놀였다.
④ 삭전(索戰), 갈전(葛戰)으로도 불리며, 촌락공동체의 의례적 연중행사로 성행했다.

해설

① 동채싸움(차전놀이) : 대보름에 하는 민속놀이로, 마을 청년들이 편을 갈라 동채를 서로 부딪쳐 승부를 내는 놀이이다.
② 상박(씨름) : 두 사람이 맨손으로 허리의 띠를 맞잡고 힘과 기술을 이용해 넘어뜨려 승부를 내는 경기이다.
③ 추천(그네놀이) : 여성들의 놀이로 단오절 행사에 두 줄을 붙잡고 온몸을 흔들며, 발의 탄력을 이용해 온몸을 마음껏 날려 보내는 놀이이다.

정답 08 ② 09 ③ 10 ④

11 개화기 이화학당에 관한 설명으로 옳은 것은?

기출 16·19

① 스크랜턴(M. Scranton)이 설립한 학교로 체조를 교과목으로 편성했다.
② 아펜젤러(H. Appenzeller)가 설립한 학교로 각종 서구 스포츠를 도입했다.
③ 이승훈이 설립한 학교로 민족정신의 고취와 체력단련을 위해 체육을 강조했다.
④ 개화파 관리들이 중심이 되어 설립한 학교로 무사 양성을 위한 무예반을 설치했다.

해설
② 배재학당에 관한 설명이다. 배재학당은 1885년 미국 감리회 소속 선교사 아펜젤러 목사에 의해 설립되어, 이듬해인 1886년 고종황제로부터 배재학당이란 교명 현판을 하사받았다. 한국최초의 서양식 대학기관으로 출발한 배재학당은 교육목표를 미국 대학 수준의 고등교육기관으로 두고, 구한말 암울했던 시기에 우리 민족에게 신교육을 실시하였다.
③ 오산학교에 관한 설명이다. 1907년 이승훈이 민족운동의 인재와 국민교육의 사표를 양성할 목적으로 정주에 세운 학교이다. 이승훈이 오산학교를 세운 것은 애국 계몽 운동 단체인 신민회의 민족 운동 노선에 따른 것이었다.
④ 원산학사에 관한 설명이다. 정현석, 어윤중이 추진하여 1883년 정식으로 승인받고 설립된 최초의 근대식 학교이다. 교과 과정에 전통무예를 포함하였고 특히 무사양성에 주력하여 무예반에서 별군관을 양성하도록 하였다.

12 〈보기〉의 ⊙, ⓒ에 들어갈 용어로 옳은 것은?

기출 16·18·19·20·23

(⊙)은/는 1903년 10월 18일에 발족되었으며, 1906년 운동부를 개설하여 개화기에 가장 활발하게 체육 활동을 전개한 체육단체 중 하나였다. 이 단체의 총무였던 (ⓒ)은/는 야구, 농구 등의 다양한 근대스포츠 문화를 우리나라에 소개하고 확산시키는 노력을 하였다.

	⊙	ⓒ
①	회동구락부	언더우드(H. Underwood)
②	대동체육부	노백린
③	무도기계체육부	윤치호
④	황성기독교청년회	질레트(P. Gillett)

해설
황성기독교청년회는 1903년 10월에 발족된 기독교 청년단체로 질레트(P. Gillett)가 초대 총무를 역임하면서 우리나라 근대스포츠의 발달에 큰 역할을 담당하였다.

13 개화기에 설립된 체육단체로 옳지 않은 것은?

기출 16·18·19·23·24

① 조선체육협회
② 대한체육구락부
③ 대한국민체육회
④ 대한흥학회운동부

해설
조선체육협회는 1919년 일제강점기에 일본인 중심으로 조선의 스포츠 단체를 관리하기 위해 조선신문사의 적극적인 후원으로 창립되었다.

정답 11 ① 12 ④ 13 ①

14 〈보기〉에서 설명하는 인물로 옳은 것은? 기출 17·20

- 조선체력증진법연구회를 설립하고, 전국의 역도 보급에 앞장섰다.
- 1926년 휘문고등학교 체육교사로 부임해 역도부를 조직하고 지도했다.
- 대한체조협회 회장, 대한씨름협회 회장을 역임하며 한국 스포츠 발전에 공헌을 했다.

① 서상천
② 백용기
③ 이원용
④ 유억겸

해설

② 백용기 : 서상천의 제자로 중앙대학교 체육교수를 역임하였다.
③ 이원용 : 오성학교와 중앙기독청년회 영어반 출신의 야구선수로서 활약하였으며 일제강점기 조선체육회 초대이사, 전조선야구대회 심판으로 활동한 체육인이다.
④ 유억겸 : 일제강점기 시대에 연희전문학교 교수, 조선체육회 회장 등을 역임한 인물이다.

15 일제강점기에 발생한 체육사적 사실로 옳지 않은 것은? 기출 17·20·24

① 경성운동장이 설립되어 각종 스포츠대회가 개최되었다.
② 덴마크의 닐스 북(Neils Bukh)이 체조강습회를 개최했다.
③ 남승룡이 베를린 올림픽경기대회에서 동메달을 획득했다.
④ 영어 학교에서 한국 최초의 운동회인 화류회가 개최되었다.

해설

최초의 운동회인 화류회는 개화기에 개최되었다. 1896년 영어교사인 허치슨(Hutchison)이 삼선평(三仙坪)으로 소풍을 가서 개최한 화류회(花柳會)가 운동회의 시초이다. 이 시기에 운동회가 점차 확산되어 학교 간 연합운동회로 발전하였고 운동회를 통해 학교 스포츠가 발달하였다. 초창기 운동회에서 주로 실시된 종목은 육상이었다.

개화기 교육입국조서 반포 이후의 체육사적 사실
- 한국 YMCA가 설립되어 서구 스포츠가 본격적으로 도입되었다.
- 한국 최초의 운동회가 화류회(花柳會)라는 이름으로 개최되었다.
- 우리나라 최초의 근대적인 체육단체인 대한체육구락부가 결성되었다.

정답 14 ① 15 ④

16 〈보기〉에 해당하는 체육단체에 관한 설명으로 옳지 않은 것은? 기출 16·19

- 고려구락부를 모체로 설립된 단체이다.
- 1920년 7월 동아일보사의 후원으로 일본유학생과 국내체육인들이 조선인의 체육을 장려할 목적으로 설립하였다.

① 1920년 전조선야구대회를 개최하였다.
② 스포츠 보급의 일환으로 운동구점을 설치하고 운영하였다.
③ 1925년 경성운동장 개장을 기념하기 위해 조선신궁경기대회를 개최하였다.
④ 육상경기의 연구를 위한 육상경기위원회 조직과 육상경기규칙을 편찬하였다.

해설
조선에서 최초의 종합경기대회라고 할 수 있는 조선신궁경기대회를 개최한 것은 조선체육협회이다. 조선체육협회는 1919년 일본인 중심으로 조선신문사의 적극적인 후원으로 창립되어, 일본체육협회의 조선지부 역할을 담당하였다.

조선체육회(1920.7.13.)
- 일본 체육단체에 대한 대응으로 조선인을 중심으로 창립되었다.
- 조선인의 체육을 지도 장려함을 목적으로 하였다.
- 체육에 관한 조사·연구 및 선전, 체육 도서의 발행, 각종 경기대회의 주최 및 후원, 기타 체육 사업 활동 등을 진행하였다.
- 광복 후인 1948년 9월 3일, 대한체육회로 명칭을 변경하였다.

17 〈보기〉의 ㉠, ㉡에 해당하는 국제대회로 옳은 것은? 기출 18

1990년 남북체육장관회담의 결과, 1991년 사상 첫 남북 스포츠 단일팀이 구성되었다. (㉠)에 남북단일팀으로 참가한 코리아 팀은 여자단체전에서 세계를 제패했으며, (㉡)에도 청소년대표팀이 남북단일팀으로 참가하여 8강 진출이라는 위업을 달성하였다.

	㉠	㉡
①	제41회 지바 세계탁구선수권 대회	제4회 멕시코 세계청소년축구대회
②	제32회 사라예보 세계탁구선수권 대회	제6회 포르투갈 세계청소년축구대회
③	제32회 사라예보 세계탁구선수권 대회	제4회 멕시코 세계청소년축구대회
④	제41회 지바 세계탁구선수권 대회	제6회 포르투갈 세계청소년축구대회

해설
일본 지바에서 열린 제41회 세계탁구선수권 대회와 포르투갈에서 열린 제6회 세계청소년축구대회에 남북단일팀을 구성하여 '코리아'란 이름으로 출전하였다.

16 ③ 17 ④ **정답**

18 〈보기〉의 ㉠~㉣을 연대순으로 연결한 것으로 옳은 것은?

기출 17·18·19

㉠ 한국은 동계올림픽경기대회에 최초로 태극기를 단 선수단을 파견하였다.
㉡ 한국은 최초로 하계올림픽경기대회를 개최하였고 종합 4위의 성적을 거두었다.
㉢ 남한과 북한의 선수가 최초로 하계올림픽경기대회에서 동시 입장을 하였다.
㉣ 한국은 광복 후 하계올림픽경기대회에서 최초로 금메달을 획득하였다.

① ㉠ - ㉢ - ㉡ - ㉣
② ㉠ - ㉢ - ㉣ - ㉡
③ ㉠ - ㉣ - ㉡ - ㉢
④ ㉣ - ㉠ - ㉡ - ㉢

해설

㉠ 생모리츠올림픽(1948) - ㉣ 몬트리올올림픽(1976) - ㉡ 서울올림픽(1988) - ㉢ 시드니올림픽(2000)

우리나라의 올림픽대회 참가 역사

하계	베를린 (1936)	손기정 선수가 일장기를 달고 마라톤에서 우승
	런던 (1948)	• 최초로 '코리아'라는 국가 명칭을 사용 • 역도에서 김성집 선수가 동메달을 획득, 대한민국 최초의 메달
	몬트리올 (1976)	레슬링에서 양정모 선수가 대한민국 최초의 금메달 획득
	서울 (1988)	대한민국 종합 4위의 성적, 북한은 불참
	바르셀로나 (1992)	마라톤에서 황영조 선수가 우승
	시드니 (2000)	• 태권도가 정식 종목으로 채택 • 최초로 남북한 선수단이 동시 입장
동계	생모리츠 (1948)	태극기를 들고 처음으로 참가한 동계올림픽
	오슬로 (1952)	6·25전쟁으로 인해 불참, 대한민국이 불참한 유일한 동계올림픽
	알베르빌 (1992)	• 스피드스케이팅에서 김윤만 선수가 은메달을 획득, 대한민국 최초의 동계올림픽 메달 • 쇼트트랙에서 김기훈 선수가 대한민국 최초의 동계올림픽 금메달 획득
	토리노 (2006)	남북한 선수단이 동시에 입장한 최초의 동계올림픽
	평창 (2018)	여자 아이스하키팀이 남북 단일팀으로 참가

19 〈보기〉에서 설명하는 올림픽경기대회로 옳은 것은?

기출 16·17·18·19·20

• 1936년에 개최된 하계올림픽경기대회였다.
• 마라톤경기에서 손기정 선수가 금메달을 획득하였다.
• 일장기 말소사건은 국권회복과 민족의식을 일깨워 주는 계기가 되었다.

① 제9회 암스테르담올림픽경기대회
② 제11회 베를린올림픽경기대회
③ 제14회 런던올림픽경기대회
④ 제17회 로마올림픽경기대회

해설

1936년 제11회 베를린올림픽 마라톤에서 손기정과 남승룡이 입상하였다. 손기정은 세계신기록으로 1위를, 남승룡은 3위를 차지하였으나, 두 명 모두 일장기를 달고 있었다. 이를 계기로 동아일보 이길용 기자에 의해 일장기 말소사건이 발생하였다.

정답 18 ③ 19 ②

20 〈보기〉의 내용을 실시한 정권의 스포츠 정책으로 옳지 않은 것은?　　　　　　　　　　　　기출 20

> 1982년 중앙정부행정조직에 체육부를 신설하고, 아시안게임과 올림픽경기대회의 준비, 우수선수육성 및 지도자의 양성 등 스포츠 진흥운동을 전개하였다.

① 프로축구의 출범
② 프로야구의 출범
③ 태릉선수촌의 건립
④ 국군체육부대의 창설

해설
〈보기〉는 전두환 정권의 체육 정책에 해당되는데, 태릉선수촌의 건립은 1966년 박정희 정권 때의 일이다.

전두환 정부와 노태우 정부의 스포츠 정책

전두환 정부	• '엘리트 스포츠' 중심에서 '대중스포츠' 중심으로 전환 • 국군체육부대 창설과 '체육부' 신설 • 'Sport for All Movement'의 '생활체육' 확산 • 1982년 한국프로야구, 1983년 프로축구 출범과 1986년 아시안게임 개최
노태우 정부	• 1988년 서울올림픽 개최(공산국가 대거 참여, 생활체육활성화 계기, 엘리트스포츠발전에 획기적 역할) • 1989년 국민체육진흥공단 설립 • 1989년 국민생활체육진흥종합계획(호돌이계획)수립 : 생활체육진흥을 위한 실질적인 정책기반 마련, 서울올림픽기념 생활관 건립 • 1991년 국민생활체육협의회 설립

제5과목　운동생리학

01 〈보기〉의 ㉠~㉣에 해당하는 용어로 옳은 것은?
　　　　　　　　　　　　　　기출 16·17·18·19·23·24

> • 골격근은 (㉠)신경계의 조절에 의해 (㉡)으로 수축한다.
> • 걷기와 같은 저강도 운동 중에는 (㉢) 섬유가 주로 동원되고 전력 질주와 같은 고강도 운동 중에는 (㉣) 섬유가 주로 동원된다.

	㉠	㉡	㉢	㉣
①	자 율	수의적	Type I	Type II
②	체 성	불수의적	Type II	Type I
③	자 율	불수의적	Type II	Type I
④	체 성	수의적	Type I	Type II

해설
• 골격근은 힘줄에 의해 뼈에 붙어 있거나 뼈에 직접 붙어서 뼈의 움직임이나 힘을 만들어 내는 근육으로, 체성신경계의 지배를 통해 수의적으로 수축 및 이완할 수 있다.
• 걷기와 같은 저강도 운동 중에는 주로 유산소성 대사 능력이 높은 지근섬유(Type I)가 동원되며, 전력 질주와 같은 고강도 운동 중에는 주로 무산소성 대사 능력이 높은 속근섬유(Type II)가 동원된다.

정답　20 ③　01 ④

02 안정 시와 운동 중 에너지소비량 측정 및 추정에 관한 설명으로 옳지 않은 것은?   기출 18·19

① 직접 열량 측정법은 열 생산을 측정함으로써 에너지 소비량을 측정한다.
② 간접 열량 측정법은 산소소비량과 이산화탄소 배출량을 이용하여 에너지소비량을 추정한다.
③ 호흡교환율은 질소 배출량과 산소소비량의 비율을 의미하며, 체내 지방과 단백질의 대사 이용 비율을 추정한다.
④ 이중표식수(Doubly Labeled Water) 검사법은 동위원소 기법을 사용해 에너지 소비량을 추정한다.

해설

호흡교환율은 분당 산소섭취량(VO_2)과 이산화탄소 생성량(VCO_2) 사이의 비율을 의미하며, 체내 지방과 탄수화물 대사의 이용 비율을 추정한다. 에너지 대사의 원료로 지방이 100% 사용될 때의 호흡교환율은 0.70이며, 호흡교환율이 1.0에 가까울수록 고강도 운동으로 혈중 젖산 농도가 증가하고, 에너지 대사의 연료로 탄수화물을 거의 100% 사용한다.

03 운동 중 심근(Myocardium)으로 혈액을 공급하는 동맥으로 옳은 것은?

① 관상동맥
② 폐동맥
③ 하대동맥
④ 상대동맥

해설

심장 근육 자체에 혈액에 공급하는 동맥은 관상동맥이다.

04 해수면과 비교하여 고지 환경에서 운동 시 생리적 반응으로 옳지 않은 것은?   기출 16·18·19

① 최대하 운동 시 폐환기량이 증가한다.
② 최대하 운동 시 심박수와 심박출량은 감소한다.
③ 최대하 운동 시 동맥혈 산화헤모글로빈 포화도는 감소한다.
④ 무산소 운동 능력보다 유산소 운동 능력이 더 감소한다.

해설

고도가 올라갈수록 산소분압이 하강하므로 신체 조직들은 충분한 산소를 공급받지 못한다. 따라서 고지 환경에서 운동 시 동맥혈 산화헤모글로빈 포화도는 감소하며, 유산소 운동 능력도 저하된다. 또한, 심박수와 심박출량이 증가하며, 호흡수 증가로 인해 폐환기량 역시 증가한다.

05 유산소 트레이닝에 의한 골격근의 적응 현상으로 옳지 않은 것은?   기출 20·24

① 모세혈관의 밀도 증가
② Type Ⅱ 섬유의 현저한 크기 증가
③ 마이오글로빈의 함유량 증가
④ 미토콘드리아의 수와 크기 증가

해설

Type I 섬유(지근섬유)의 크기가 현저히 증가한다.

유산소 트레이닝에 의한 골격근의 적응 현상
- 근섬유를 둘러싼 모세혈관의 밀도 증가
- 지근섬유(Type I)의 비대
- 마이오글로빈의 함유량 증가
- 미토콘드리아의 수와 크기(밀도) 증가

정답 02 ③ 03 ① 04 ② 05 ②

06 〈보기〉에서 운동 중 호흡계 전도영역의 기능으로 옳은 것은?

> ㉠ 호흡하는 공기에 습기를 제공한다.
> ㉡ 폐포의 표면장력을 감소시키는 표면활성제(Surfactant)를 제공한다.
> ㉢ 공기를 여과하는 역할을 한다.
> ㉣ 호흡가스 확산을 증가시킨다.

① ㉠, ㉡
② ㉠, ㉢
③ ㉡, ㉢
④ ㉢, ㉣

해설
- 호흡계 전도영역 : 상기도로부터 종말모세기관지까지 공기의 통로를 말하며, 코 · 비강 · 인두 · 후두 · 기관 · 기관지 등이 해당한다. 이 부분은 호흡하는 공기에 습기를 제공하며, 공기의 먼지 · 세균 등을 여과하는 역할을 한다.
- 호흡계 호흡영역 : 폐와 폐를 구성하는 폐포를 말한다. 폐포의 과립세포에서는 표면활성제(Surfactant)가 분비되어 폐포의 표면장력을 감소시키며 폐포의 붕괴를 방지한다. 또한 폐포는 호흡가스의 확산을 증가시켜 폐에서의 가스교환이 원활히 일어나도록 한다.

07 〈보기〉의 내용 중 옳은 것으로만 묶인 것은?

기출 16 · 18 · 19 · 23 · 24

> ㉠ 유산소 시스템 : 장시간의 운동 시 글루코스 외에도 유리지방산을 이용하여 ATP 합성
> ㉡ 유산소 시스템 : 세포질에서 크렙스 회로와 전자전달계를 통해 ATP 합성
> ㉢ 무산소 해당 시스템 : 혈액 혹은 글리코겐으로부터 얻어진 포도당을 피루브산으로 분해
> ㉣ 무산소 해당 시스템 : 산화적 인산화를 통해 피루브산을 젖산으로 분해
> ㉤ ATP-PCr 시스템 : 세포 내 ADP 또는 Pi의 농도가 증가할 때 포스포프록토키나아제(PFK)를 활성화시켜 ATP 합성
> ㉥ ATP-PCr 시스템 : 단시간의 폭발적인 힘을 발휘하는 운동 시 PCr이 분해되며 발생한 에너지를 이용하여 ATP 합성

① ㉠, ㉢, ㉥
② ㉠, ㉣, ㉤
③ ㉡, ㉢, ㉥
④ ㉡, ㉣, ㉤

해설
㉡ 유산소 시스템 : 미토콘드리아 내에서 크렙스 회로와 전자전달계를 통해 ATP를 합성한다.
㉣ 무산소 해당 시스템 : 산소가 불충분할 때 수소이온(H^+)과 피루브산(Pyruvate)이 결합하여 젖산을 형성한다.
㉤ ATP-PCr 시스템 : 세포 내 ADP 또는 Pi의 농도가 증가할 때 크레아틴키나아제(CK)를 활성화시켜 ATP를 합성한다.

08 〈보기〉의 ㉠, ㉡에 들어갈 호르몬으로 옳은 것은?

> 규칙적인 신체활동을 통해 골형성을 자극하거나 활동 부족으로 골손실을 자극하는 칼슘(Ca^{2+}) 조절 호르몬의 역할에 대한 설명이다.
> - (㉠)은 혈중 칼슘 농도가 증가하면 뼈의 칼슘 방출을 감소시킨다.
> - (㉡)은 혈중 칼슘 농도가 감소하면 뼈의 칼슘 방출을 증가시킨다.

	㉠	㉡
①	인슐린	부갑상선호르몬
②	안드로겐	티록신
③	칼시토닌	부갑상선호르몬
④	글루카곤	티록신

해설

갑상선에서 분비되는 칼시토닌은 혈중 칼슘 농도가 증가하면 뼈에서 칼슘 유출을 억제하며, 부갑상선에서 분비되는 부갑상선호르몬(파라토르몬)은 혈중 칼슘 농도가 감소하면 뼈에서 칼슘 유출을 촉진한다.

각 호르몬의 특성
- 인슐린 : 췌장에서 분비되며 혈당 조절에 관여한다.
- 부갑상선호르몬 : 혈액 속의 칼슘의 농도가 낮을 경우 분비되어 칼슘 농도를 증가시킨다.
- 안드로겐 : 남성 생식계의 성장과 발달에 영향을 미치는 호르몬으로 남성호르몬이라고도 한다.
- 티록신 : 갑상선에서 분비되며 체내 물질대사를 촉진하여 포도당을 분해하고, 체온을 상승하게 한다.
- 글루카곤 : 췌장에서 분비되며 간에서 글리코겐이 글루코스로 분해되는 것을 촉진시킨다.

09 근섬유(Muscle Fiber) 및 근원섬유(Myofibril)에 관한 설명으로 옳은 것은? 기출 16

① 근섬유는 여러 개의 핵을 가진 다른 세포들과 다르게 단핵세포로 구성된다.
② 근섬유는 결합조직인 근내막(Endomysium)으로 싸여 있다.
③ 근원섬유는 근세포라 불리며, 가는 세사와 굵은 세사로 구성된다.
④ 근원섬유의 막 주위에는 위성세포(Satellite Cells)가 존재한다.

해설

① 근섬유(근세포)는 여러 개의 핵을 가진 다핵세포이다.
③ 근세포라 불리는 것은 근섬유이며, 근섬유는 수많은 근원섬유로 이루어져 있다.
④ 근섬유와 기저막 사이에 위성세포(Satellite Cells)가 존재한다. 근육이 손상되었을 때 위성세포는 분열하여 근육의 재생을 가능하게 한다.

10 골격근의 수축형태와 기능에 관한 설명으로 옳은 것은? 기출 18·20·23·24

① 단축성 수축은 동적 수축이며 속도가 빠를수록 더 큰 힘이 생성된다.
② 단축성 수축은 근절의 길이가 짧아지는 수축이며 근절의 길이가 최소일 때 최대 힘이 생성된다.
③ 신장성 수축은 정적 수축이며 속도가 0일 때 최대 힘이 생성된다.
④ 동일 근육에서의 신장성 수축은 단축성 수축에 비해 같은 속도에서 더 큰 힘이 생성된다.

해설

① 단축성 수축은 동적 수축이며, 수축 속도가 빠를수록 최대파워(근력)는 감소한다. 이는 근육이 급격하게 짧아지면서 근육 내부에서 큰 점성저항이 발생하여 힘의 일부가 상쇄되기 때문이다.
② 단축성 수축은 근절의 길이가 짧아지는 수축이며, 근절의 길이가 최소일 때 최대 힘은 감소한다.
③ 신장성 수축은 동적 수축이며, 수축 속도가 빠를수록 최대 힘이 생성된다.

정답 08 ③ 09 ② 10 ④

11 〈보기〉의 심전도(ECG)에 관한 설명 중 옳은 것은?

> ㉠ 심방을 통한 전도속도가 감소하면 P파는 넓어진다.
> ㉡ PR간격은 심방의 탈분극부터 심실의 탈분극 전까지 걸리는 시간이다.
> ㉢ QRS복합파를 이용해서 심박수를 측정할 수 없다.
> ㉣ QRS복합파는 심실에서의 탈분극을 일컫는다.
> ㉤ ST분절은 심실 재분극에 소요되는 총 시간이다.

① ㉠, ㉡, ㉣
② ㉠, ㉡, ㉤
③ ㉡, ㉢, ㉣
④ ㉢, ㉣, ㉤

해설
㉢ QRS복합파의 숫자를 합하여 심박수를 측정할 수 있다.
㉤ ST분절은 QRS파장과 T파장 사이에 위치하며, 심실의 탈분극과 재분극 사이에 전압이 같은 시기의 심전도파의 구역 및 시간을 의미한다.

12 운동 시 호르몬이 분비되는 내분비선과 주요기능에 관한 설명으로 옳지 않은 것은? 기출 17·18·19·20·23

	호르몬	내분비선	주요기능
①	알도스테론	부신피질	나트륨(Na^+) 흡수, 수분 손실 억제
②	코르티솔	부신피질	당신생, 유리지방산 동원 증가
③	에피네프린	부신수질	근육과 간 글리코겐 분해, 유리지방산 동원 증가
④	성장호르몬	뇌하수체 후엽	단백질 합성 증가, 유리지방산 동원 증가

해설
성장호르몬은 뇌하수체 전엽에서 분비되며, 단백질 합성 증가 및 유리지방산 동원을 증가시킨다.

13 유산소 운동 중 호흡계의 환기량 증가 요인에 관한 설명으로 옳지 않은 것은? 기출 18

① 중추 화학적 수용체인 경동맥체와 대동맥체는 동맥의 산소 분압 증가에 따라 환기량 증가를 자극한다.
② 근육 내 화학적 수용체는 칼륨(K^+)과 수소(H^+)의 농도 증가에 따라 환기량 증가를 자극한다.
③ 근방추나 골지힘줄기관의 구심성 신경자극 증가는 환기량 증가를 자극한다.
④ 사용된 근육의 운동단위 증가는 환기량 증가를 자극한다.

해설
동맥의 중추 화학적 수용체인 경동맥체와 대동맥체는 동맥의 산소 분압을 감지하여 산소 분압이 감소한 경우 이를 호흡중추로 전달하여 환기량을 증가시킨다.

14 〈보기〉에서 설명하는 신경세포 활동전위의 단계로 옳은 것은? 기출 17·18·23

> • 칼륨(K^+) 채널이 열려있고, 칼륨이 세포 외로 이동하면서 세포 내는 음전하를 띠게 되는 단계
> • 이 단계 이후 칼륨 채널이 닫히고, 칼륨의 세포 외 유출이 적어짐에 따라 안정 막전위로 복귀

① 과분극
② 탈분극
③ 재분극
④ 불응기

해설
과분극
칼륨(K^+) 채널이 열린 상태가 유지되어 추가적으로 칼륨이 세포 외로 확산하면서 세포 내는 음전하를 띠게 되는 단계를 뜻한다. 이 단계 이후 칼륨 통로가 닫히고 칼륨의 세포 외 유출이 적어짐에 따라 안정 막전위로 복귀하게 된다.

정답 11 ① 12 ④ 13 ① 14 ①

15 〈보기〉에서 설명하는 용어로 옳은 것은? 기출 20

- 운동뉴런의 말단과 근섬유가 접합되어 있는 기능적 연결부위
- 신경전달물질이 분비되는 공간
- 시냅스 전 축삭말단, 시냅스 간극, 근섬유 원형질막의 운동종판으로 구성

① 시냅스(Synapse, 연접)
② 운동단위(Motor Unit)
③ 랑비에르 결절(Node of Ranvier)
④ 신경근 접합부(Neuromuscular Junction)

해설
신경근 접합부(Neuromuscular Junction)
운동뉴런의 말단과 골격근섬유와의 접합부위로, 근섬유에 신경전달물질(아세틸콜린)을 분비하여 근섬유에 활동 전위를 발생시킨다. 시냅스 전 축삭말단, 시냅스 간극, 근섬유 원형질막의 운동종판으로 구성되어 있다.

16 〈보기〉에서 설명하는 열 손실 기전으로 옳은 것은? 기출 17

- 피부의 땀이나 호흡을 통하여 체열을 손실시킨다.
- 실내 트레드밀 달리기 중 열손실의 가장 주된 기전이다.
- 대기조건(습도, 온도)과 노출된 피부 표면적의 영향을 받는다.

① 복 사
② 대 류
③ 증 발
④ 전 도

해설
열 손실의 기전 중 땀이나 호흡을 통하여 체열을 손실시키는 기전은 증발(수분의 기화에 따른 열흡수)이다. 증발은 대기조건과 노출된 피부 표면적의 영향을 받는다.
① 복사는 물체 표면에서 다른 물체로의 물리적 접촉이 없는 열의 이동이다.
② 대류는 인체와 공기접촉을 통한 열의 이동이다.
④ 전도는 인체와 물질의 접촉을 통한 열의 이동이다.

17 〈보기〉에서 설명하는 것으로 옳은 것은?

- 고온 환경의 운동 중 극도의 피로, 혼란, 혼미, 현기증, 구토
- 심한 탈수 현상으로 심혈관계가 인체의 요구에 적절히 대처하지 못함
- 심부체온 40℃ 미만

① 열사병
② 열탈진
③ 열순응
④ 저나트륨혈증

해설
① 열사병 : 고온 환경에서의 운동 중 신체의 열 발산이 원활히 이루어지지 않아 고체온 상태(심부체온 40℃ 이상)가 되면서 발생하는 신체 이상이며, 치사율이 높다.
③ 열순응 : 열에 대한 내성이 증가하는 생리적 적응 현상으로, 발한율 증가, 땀에 의한 전해질의 손실 감소 등이 나타난다.
④ 저나트륨혈증 : 혈액의 나트륨 농도가 135mmol/L 미만으로 낮아진 경우로, 우리 몸의 수분이 과다할 때 발생한다.

18 〈보기〉에 제시된 감각-운동 신경계의 인체 운동 반응 조절 과정을 단계별로 바르게 나열한 것은? 기출 23

㉠ 자극이 감각 뉴런을 통해 중추신경계로 전달된다.
㉡ 운동 자극이 중추신경계에서 운동 뉴런으로 전달된다.
㉢ 운동 자극이 근섬유에 전달되면 운동 반응이 일어난다.
㉣ 중추신경계가 정보를 해석하고 운동 반응을 결정한다.
㉤ 감각 수용기가 감각 자극을 받아들인다.

① ㉠ → ㉤ → ㉡ → ㉢ → ㉣
② ㉠ → ㉤ → ㉣ → ㉢ → ㉡
③ ㉤ → ㉠ → ㉡ → ㉢ → ㉣
④ ㉤ → ㉠ → ㉣ → ㉡ → ㉢

해설
감각-운동 신경계의 인체 운동 반응 조절 과정
감각 수용기에서 감각 자극을 수용(㉤) → 자극이 감각 뉴런 통해 중추신경계로 전달(㉠) → 중추신경계에서 정보를 해석, 운동 반응 결정(㉣) → 중주신경계에서 운동 뉴런으로 운동 자극 전달(㉡) → 운동 뉴런에서 근섬유로 운동 자극이 전달되면 근섬유 수축 등 운동 반응이 일어남(㉢)

정답 15 ④ 16 ③ 17 ② 18 ④

19 저항성 트레이닝에 의한 근력 향상의 요인으로 옳지 않은 것은? 기출 20

① Type Ⅰ 섬유 수의 증가
② Type Ⅱ 섬유 크기의 증가
③ 동원되는 운동단위 수의 증가
④ 동원되는 십자형교(Cross-bridge) 수의 증가

해설
Type Ⅰ 섬유(지근섬유) 수의 증가는 지구력 훈련에 의한 근력 향상의 요인이다.

20 고강도 운동 시 심박출량 증가 요인으로 옳지 않은 것은? 기출 17·20

① 혈중 에피네프린 증가에 따른 심박수 증가
② 활동근의 근육펌프 작용에 따른 정맥회귀량 증가
③ 교감신경계의 활성에 따른 심실수축력 증가
④ 부교감신경계의 활성에 따른 심박수 증가

해설
고강도 운동을 하면 교감신경계가 흥분하여 심박수가 증가한다. 부교감신경계가 흥분하면 심박수가 감소한다.

제6과목 운동역학

01 운동역학의 연구목적으로 옳지 않은 것은? 기출 15·16·17·18·19

① 운동기술 향상
② 운동불안 완화
③ 운동장비 개발
④ 스포츠 손상 예방

해설
운동역학의 목적
- 동작의 효율적 수행을 통하여 운동기술을 향상시킨다.
- 동작 수행 시 상해의 원인 규명 및 예방을 통해 안전성 향상을 도모한다.
- 위의 두 가지를 고려한 과학적인 스포츠 장비를 개발한다.

02 해부학적 자세에서 몸의 중심을 기준으로 한 방향 용어의 사용이 옳지 않은 것은? 기출 16·18·19

① 복장뼈(흉골 ; Sternum)는 어깨의 가쪽(외측 ; Lateral)에 있다.
② 손목관절은 팔꿈치관절보다 먼쪽(원위 ; Distal)에 있다.
③ 엉덩이는 무릎보다 몸쪽(근위 ; Proximal)에 있다.
④ 머리는 발보다 위(상 ; Superior)에 있다.

해설
방향 용어

상부(Superior)	두부(Head) 방향
하부(Inferior)	족부(Feet) 방향
근위(Proximal)	체간이나 기시점(Point of Origin)에 가까운 방향
원위(Distal)	체간이나 기시점에서 먼 방향
내측(Medial)	인체의 정중 시상면(Midsagittal Plane), 인체의 중심선 방향
외측(Lateral)	인체의 정중 시상면, 인체의 중심선과 먼 방향
전부(Anterior)	복부(Ventral), 인체의 앞 방향
후부(Posterior)	배부(Dorsal), 인체의 뒤 방향
표층(Superficial)	인체 표면에서 가까운 방향
심층(Deep)	인체 표면에서 먼 방향

정답 19 ① 20 ④ 01 ② 02 ①

03 운동의 종류에 관한 설명으로 옳은 것은?

기출 19·20·23

① 병진운동에는 직선운동만 있다.
② 곡선운동은 회전운동에 포함되는 운동이다.
③ 복합운동은 병진운동과 회전운동이 혼합된 운동이다.
④ 병진운동은 한 개의 고정된 축을 중심으로 물체가 회전하는 운동이다.

해설
운동의 종류

병진운동 (선운동)	직선운동	인체나 물체의 각 점이 직선을 따라 움직이는 경우를 뜻한다.
	곡선운동	각 점의 경로가 평행하게 곡선을 이루는 경우를 뜻한다.
회전운동 (각운동)		물체가 하나의 축을 중심으로 원을 그리면서 회전하는 운동이다. 인체 운동에서 대부분의 관절운동은 이러한 회전운동으로 이루어진다.
복합운동		병진운동과 회전운동이 혼합된 운동 형태로 대부분의 스포츠 현장에서의 운동은 이에 해당된다.

04 인체의 물리량과 물리적 특성에 관한 설명으로 옳은 것은?

기출 17·20·24·25

① kg은 무게의 단위이다.
② 질량은 스칼라(Scalar)이고, 무게는 벡터(Vector)이다.
③ 무게중심의 위치는 자세와 상관없이 항상 인체 내부에 있다.
④ 질량은 인체가 가지고 있는 관성의 척도로 장소에 따라 크기가 변한다.

해설
질량과 무게

질량	• 모든 물체에 존재하는 불변의 물리량이며, 스칼라양이다. • 크기가 변하지 않으며 외부의 힘으로부터 물체를 가속하기 어렵게 만드는 특성이 있다. • 물체가 갖는 관성의 척도이다. • 단위로는 t, kg, g, mg을 사용한다.
무게	• 물체에 작용하는 중력의 크기로, 장소에 따라 달라지는 상대적인 값이다. • 무게는 질량과 중력가속도의 곱으로 이루어지므로, 벡터양이다. • 단위로는 N, kgf을 사용한다.

05 인체의 안정성에 관한 설명으로 옳지 않은 것은?

기출 15·16·17·19·20·23·24

① 기저면의 크기는 안정성에 영향을 미친다.
② 기저면의 형태는 안정성에 영향을 미친다.
③ 무게중심의 높이는 안정성에 영향을 미치지 않는다.
④ 무게중심을 통과하는 수직선(중심선)이 기저면의 중앙에 가까울수록 안정성은 높아진다.

해설
인체의 안정성
• 기저면이 넓을수록 안정성이 향상된다.
• 한 발로 지지하고 선 자세보다는 두 발로 지지하는 자세나, 두 발을 넓게 벌리거나 지팡이 등 물체를 이용하여 지면을 지지하는 경우에 안정성이 더욱 높아진다.
• 무게중심 높이가 낮을수록 안정성이 향상된다.
• 수직중심선이 기저면 중앙에 가까울수록 안정성이 향상된다.
• 몸무게가 무거울수록 안정성이 향상된다.

정답 03 ③ 04 ② 05 ③

06 인체 지레에 관한 설명으로 옳은 것은?

기출 15·17·18·19·20·23·24

① 1종 지레는 힘점이 받침점과 작용점 사이에 있다.
② 2종 지레는 작용점이 힘점과 받침점 사이에 있다.
③ 3종 지레는 받침점이 힘점과 작용점 사이에 있다.
④ 인체 지레의 대부분은 2종 지레에 해당되어 힘에서 이득을 본다.

> **해설**
> 지레의 종류

1종 지레	축(받침점)이 힘점과 작용점(저항점) 사이에 위치하는 지레 예 목관절 신전	
2종 지레	축이 있고 그 다음에 작용점과 힘점이 위치하는 지레 예 뒤꿈치 들고 서기	
3종 지레	축-힘점-작용점의 순으로 위치하며, 운동의 범위와 속도 면에서 유리 예 팔꿈치 굴곡	

07 〈그림〉의 야구 투구에서 공의 회전방향과 마그누스 힘(Magnus Force)의 방향으로 옳은 것은? 기출 18·23

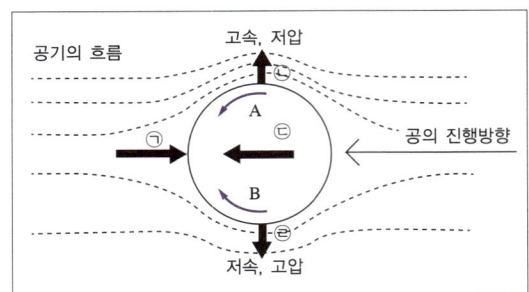

	공의 회전방향	마그누스 힘의 방향
①	A	㉠
②	B	㉡
③	A	㉢
④	B	㉣

> **해설**
> 마그누스 힘
> 물체가 회전하며 이동할 때 그 진행 방향의 수직 방향으로 힘을 받아 경로가 휘어지는 현상을 마그누스 효과라고 하며 공의 상하에 발생한 압력 차에 의해 공을 압력이 높은 곳에서 낮은 곳으로 이동시키는 힘을 마그누스의 힘이라고 한다.

정답 06 ② 07 ②

08 〈보기〉는 200m 달리기 경기에서 경과시간에 따른 평균속도 변화이다. 이에 관한 설명으로 옳지 않은 것은? 기출 17·20

평균속도(m/s)	경과시간(초)
0	0
2.4	1
8.4	3
10	5
10	7
9.6	9
9.5	11
8.9	13
8.7	15
8.6	17
8.5	19
8.4	21
8.3	23

① 평균가속도가 0인 구간이 존재한다.
② 처음 1초 동안 2.4m를 이동하였다.
③ 후반부의 평균속도는 감속되고 있다.
④ 최대 평균가속도는 5초와 7초 사이에 나타난다.

해설
최대 평균가속도는 1초와 3초 사이에 나타난다.

평균가속도

$$평균가속도 = \frac{나중\ 속도 - 처음\ 속도}{운동시간} = \frac{평균속도의\ 변화량}{운동시간}$$

- 물체의 나중 속도와 처음 속도의 차이를 운동 시간으로 나눈 값이다.
- 속도 변화량을 시간 변화량으로 나눈 것으로 속도의 변화율을 나타낸다.
- 구간 벡터로서 방향과 크기를 가진다.

09 길이 50m 수영장에서 자유형 100m 경기기록이 100초였을 때 평균속력과 평균속도로 옳은 것은? (단, 출발과 도착 지점이 동일하다고 가정) 기출 15·19·23

	평균속력	평균속도
①	1m/s	1m/s
②	0m/s	0m/s
③	1m/s	0m/s
④	0m/s	1m/s

해설
평균속력은 이동거리를 운동 시간으로 나누면 되므로 $\frac{100m}{100s}$ = 1m/s가 되고, 평균속도는 출발점과 도착점이 같으므로 변위가 0이 되어 0m/s이다.

평균속력

$$평균속력 = \frac{d}{t} \geq 0$$

- 운동한 거리(d)를 소요시간(t)으로 나눈 값이다.
- 방향을 표시하지 않고 단지 크기만을 나타내며, 항상 0 이상의 양의 값을 갖는 스칼라양이다.

평균속도

$$평균속도 = \frac{D}{t}$$

- 변위(D)를 소요시간(t)으로 나눈 값이다.
- 구간 벡터로서 방향과 크기를 가진다.

정답 08 ④ 09 ③

10 〈보기〉의 ㉠~㉢에 들어갈 용어로 옳은 것은?

기출 19·23

(㉠)에서는 주동근에 의해 발휘되는 (㉡)가 (㉢) 보다 커서 근육의 길이가 짧아진다.

	㉠	㉡	㉢
①	단축성 수축 (Concentric Contraction)	저항모멘트	힘모멘트
②	단축성 수축 (Concentric Contraction)	힘모멘트	저항모멘트
③	신장성 수축 (Eccentric Contraction)	저항모멘트	힘모멘트
④	신장성 수축 (Eccentric Contraction)	힘모멘트	저항모멘트

해설

등장성 수축의 종류

단축성 수축(구심성 수축)	신장성 수축(원심성 수축)
• 근내 장력이 일정하고, 근 길이가 줄어듦 • 관절의 각도에 따라 근력의 장력이 변함 • 저항의 중력을 극복하여 장력이 발생함	• 근내 장력이 일정하고, 근 길이가 늘어남 • 저항의 중력을 극복하지 못하여 근 길이가 증가하고 장력이 발생함

11 마찰력에 관한 설명으로 옳지 않은 것은?

기출 18·19

① 마찰력은 추진력으로 작용될 수 없다.
② 최대정지마찰력은 운동마찰력보다 크다.
③ 마찰계수는 접촉면의 형태에 영향을 받는다.
④ 마찰력은 마찰계수와 접촉면에 수직으로 작용한 힘의 곱으로 구한다.

해설

마찰력

• 마찰력은 저항력 또는 추진력으로 작용할 수 있다.
• 최대(정지)마찰력은 물체가 움직이기 시작할 때의 마찰력을 말하며 일반적으로 운동마찰력보다 크다.
• 마찰계수는 접촉면의 형태와 성분(재질)에 따라 달라진다.
• 마찰력은 물질의 종류에 따른 특성을 반영하는 마찰계수와 접촉면에 가한 수직의 힘인 전압력의 곱으로 나타낸다.
• 마찰력은 물질이 움직이는 평면과 평행하게 작용하며, 물체의 운동 반대 방향으로 작용한다.

12 〈보기〉에서 설명하는 운동법칙으로 옳은 것은?

기출 15·18·24

물체에 작용하는 힘의 크기가 일정할 때, 물체의 질량이 증가하면 가속도는 감소하게 된다.

① 뉴턴의 제1법칙
② 뉴턴의 제2법칙
③ 뉴턴의 제3법칙
④ 질량 보존의 법칙

해설

① 뉴턴의 제1법칙(관성의 법칙) : 물체는 외부로부터 받는 힘의 합이 '0'이면 현재의 운동 상태를 그대로 유지하며, 물체의 관성은 그 질량과 비례한다.
③ 뉴턴의 제3법칙(작용과 반작용의 법칙) : 물체에 힘이 작용하면 항상 크기가 같고 방향이 정반대인 반작용의 힘이 동시에 작용한다.
④ 질량 보존의 법칙 : 화학반응의 전후에 반응물질의 전체 질량과 생성물질의 전체 질량이 같다는 법칙이다.

10 ② 11 ① 12 ② **정답**

13 〈보기〉는 A 선수와 B 선수가 제자리에서 수직점프 후 착지할 때 착지구간에서 시간에 따른 수직 힘의 변화를 나타내는 그래프이다. 이에 관한 설명으로 옳은 것은? (단, 가와 나의 면적은 동일) 기출 19·23·25

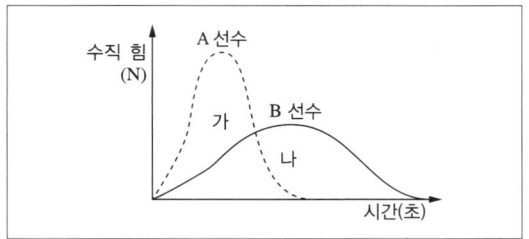

① A 선수와 B 선수의 수직 충격량은 동일하다.
② A 선수와 B 선수에서 수직 운동량의 변화량은 다르다.
③ A 선수와 B 선수의 수직 충격력이 다르기 때문에 수직 충격량이 다르다.
④ A 선수와 B 선수의 수직 힘의 작용시간이 다르기 때문에 수직 충격량이 다르다.

해설

그래프의 면적은 '힘×시간 = 충격량'을 의미하는데 같다고 하였으므로 A 선수와 B 선수의 수직 충격량은 동일하다.

충격량

$$충격량(I) = 충격력(F) \times 충돌시간(t)$$

- 물체에 힘이 작용하여 운동 상태를 바꿀 때 가해진 충격의 물리량을 말한다.
- 충격량은 운동량의 변화량과 같으며 힘의 크기와 그 힘이 작용하는 시간을 곱한 것이다.
- 충격량의 단위 : N·s 또는 kg·m/s

14 다이빙선수의 공중동작에서 발생할 수 있는 회전운동에 관한 설명으로 옳은 것은? 기출 16·18·19·23·24

① 질량분포가 회전축에서 멀수록 관성모멘트는 작아진다.
② 관성모멘트는 각운동량에 비례하고 각속도에 반비례한다.
③ 회전반지름의 길이는 관성모멘트의 크기에 영향을 주지 않는다.
④ 공중자세에서 관성모멘트가 달라져도 각속도는 변하지 않는다.

해설

관성모멘트(관성능률, 회전모멘트)는 회전운동에서 외부에서 가해진 회전력에 대해 물체의 운동 상태를 변화시키지 않으려는 저항 특성이다. 관성모멘트의 크기는 물체의 질량이 회전축으로부터 멀리 분포될수록, 회전반지름이 클수록 증가하며 외부에서 힘이 작용하지 않는다면 관성모멘트가 클수록 각속도가 작아지게 된다.

각운동량

- 물체의 관성모멘트와 각속도의 함수로서, 회전하는 물체가 가진 운동량이다.
- 더 큰 관성모멘트를 지닌 물체일수록, 또는 더 빠른 각속도로 움직이는 물체일수록 큰 각운동량을 지닌다.

각속도

- 벡터양으로 어떤 순간에서 각변위의 변화율을 의미한다.
- $\vec{\omega}$로 표현된다.
- Δt 동안 θ의 변화율인 평균 각속도를 구하는 공식에서 Δt를 0에 가깝게 수렴하여 미분한 값이다.
- 그래프에서 각변위 곡선의 접선의 기울기이다.

정답 13 ① 14 ②

15 1N의 힘으로 1m 거리를 움직였을 때 수행한 일(Work)로 옳은 것은? (단, 힘의 작용방향과 이동방향은 일치함) 기출 19·23

① 1J(Joule)
② 1N(Newton)
③ 1m³(Cubic Meter)
④ 1J/s(Joule/sec)

해설
1Joule = 1N · m(힘과 거리를 곱한 값) : 일의 단위

16 어떤 물체에 200N의 힘을 가해 물체를 10초 동안 5m 이동시켰을 때 일률(Power)로 옳은 것은? (단, 힘의 작용방향과 이동방향은 일치함) 기출 17·18·23

① 100Watt
② 400Watt
③ 1,000Watt
④ 10,000Watt

해설
$\frac{200N \times 5m}{10s}$ = 100Watt

일 률

$$P = \frac{W}{t} = \frac{F \times d}{t} = F \times V$$

- 단위 시간당 수행한 일의 양, 즉 얼마나 빠르게 일을 수행하였는지를 의미한다.
- 스포츠에서는 순발력이라는 용어로도 사용한다.

17 에너지에 관한 설명으로 옳지 않은 것은? 기출 19·23

① 에너지의 단위는 Joule이다.
② 일을 수행할 수 있는 능력이다.
③ 운동에너지는 물체의 속도뿐만 아니라 질량과도 관계가 있다.
④ 위치에너지는 물체의 질량과는 관계가 있으나 높이와는 관계가 없다.

해설
에너지(Energy)는 운동의 원천으로서, 일을 할 수 있는 능력을 말한다.

운동에너지	• 운동하고 있는 물체가 갖고 있는 에너지를 운동에너지(Kinetic Energy ; KE)라고 한다. • 질량이 크고 속도가 빠른 물체일수록 더 큰 운동에너지를 갖게 된다. • 운동 중인 물체가 충돌할 때의 힘은 운동에너지에 비례하고, 힘이 작용한 거리에 반비례한다.
위치에너지	• 높은 곳에 있는 물체가 높이에 따라 갖게 되는 에너지를 위치에너지(Potential Energy ; PE)라고 한다. • 위치에너지의 크기는 질량과 높이에 비례한다.

15 ① 16 ① 17 ④ **정답**

18 다음 중 가장 큰 역학적 에너지는?

기출 16·17·18·20·23

① 7m/s로 평지를 달리고 있는 질량 90kg인 럭비선수의 운동에너지
② 8m/s로 평지를 달리고 있는 질량 100kg인 럭비선수의 운동에너지
③ 5m 높이에 서 있는 질량 50kg인 다이빙선수의 위치에너지
④ 4m 높이에 서 있는 질량 60kg인 다이빙선수의 위치에너지

해설

② $\frac{1}{2} \times 100kg \times (8m/s)^2 = 3200J$
① $\frac{1}{2} \times 90kg \times (7m/s)^2 = 2205J$
③ $50kg \times 9.8m/s^2 \times 5m = 2450J$
④ $60kg \times 9.8m/s^2 \times 4m = 2352J$

역학적 에너지

- 운동에너지 = $\frac{1}{2}mv^2$ (m = 질량, v = 속도)
- 위치에너지 = mgh (m = 질량, g = 중력가속도, h = 높이)
- 중력가속도 = $9.8m/s^2$

19 〈보기〉에서 운동학적(Kinematics) 분석방법으로 옳은 것은?

기출 16·17·18·20

> ㉠ 영상분석
> ㉡ 고니오미터(Goniometer) 각도 분석
> ㉢ 스트레인 게이지 힘 분석
> ㉣ 지면반력 분석

① ㉠, ㉡
② ㉠, ㉢
③ ㉡, ㉣
④ ㉢, ㉣

해설

㉠ 동작의 정량적 분석이 가능하다.
㉡ 신체 관절의 각도를 측정하는 분석으로 힘을 직접 측정하는 방법은 아니다.

운동기술 분석

운동학적 분석	· 운동의 형태에 관한 분석방법이며 힘과는 관계없이 인체운동을 보고 측정하여 분석한다. · 양적 변화 : 운동의 변위, 속도, 가속도, 무게중심, 관절각 등 분석
운동역학적 분석	· 운동의 원인이 되는 힘의 분석에 초점을 둔다. · 질적 변화 : 외력(중력, 마찰력, 지면반력), 내력, 역학적 힘 에너지 등 분석

20 근전도(Electromyogram ; EMG) 분석을 통하여 얻을 수 있는 정보로 옳지 않은 것은?

기출 15·18·19·20

① 제자리멀리뛰기에서 장딴지근(비복근)의 최대 수축 시점
② 스쿼트에서 넙다리곧은근(대퇴직근)의 근피로도
③ 제자리높이뛰기에서 무게중심의 3차원 위치좌표
④ 팔굽혀펴기에서 위팔세갈래근(상완삼두근)의 근활성도

해설

제자리높이뛰기에서 무게중심의 3차원 위치좌표는 3차원 영상 분석 등을 통하여 얻을 수 있는 정보이다.

근전도 분석

- 골격근의 근수축과 관련된 전기적 활동을 표면전극 또는 삽입전극으로 검출하여 다양한 정보를 제공한다.
- 근전도 검사를 통해 근육의 동원 순서를 알 수 있고 근피로에 대한 정보를 추정할 수 있다.
- 근전도 신호는 양과 음의 값을 동시에 가진다.

정답 18 ② 19 ① 20 ③

제7과목 스포츠윤리

01 스포츠윤리의 목적으로 옳지 않은 것은?

기출 15·19·20·23

① 스포츠 행위의 공정한 조건을 제시한다.
② 의도적 반칙에 대한 정당화의 근거를 제시한다.
③ 스포츠를 통한 도덕적 자질과 인격 함양을 추구한다.
④ 스포츠맨십, 페어플레이 등 스포츠 윤리규범을 통한 바람직한 공동체의 모습을 제시한다.

해설

의도적 반칙
- 궁극적으로 의도적 파울은 규칙을 준수하지 않는 행위이며, 페어플레이 정신에 위배된다.
- 일부 결과론적 윤리 관점에서 의도적 파울을 용인하고 옹호하여 스포츠 도덕을 손상시킨다.
- 과정을 중시하고 개인의 탁월성을 추구한다면 극복할 수 있다.
- 반칙을 하지 않고 승리하는 것이 명예롭고 스포츠 윤리적인 승리이다.

02 〈보기〉에서 ㉠, ㉡에 들어갈 용어로 옳은 것은?

기출 16·17·18·20

> 스포츠에서 일어나는 사건이나 현상에 대한 사유작용을 판단이라고 한다. 판단은 크게 사실판단과 가치판단으로 구분된다. 사실판단은 실제 스포츠에서 일어난 사건과 현상에 대한 진술을 말한다. 따라서 (㉠)을/를 가릴 수 있다. 이에 비해 가치판단은 옳고 그름 혹은 바람직하거나 그렇지 못한 것 등 가치에 대한 진술로 이루어진다. 가치판단은 주로 (㉡)에 근거한다.

	㉠	㉡
①	진 위	당 위
②	진 위	허 위
③	진 리	상 상
④	진 리	선 택

해설

사실판단은 실제 사건과 현상에 대한 진술로, 측정을 통하여 진위(참과 거짓)를 파악할 수 있다. 반면, 가치판단은 마땅히 그렇게 되어야 할 것을 지시하거나 어떤 기준·규범에 따르는 것으로, 당위(당연히 지켜야 할)의 보편적 가치와 다수를 위한 공공의 가치에 근거한다.

03 〈보기〉에서 설명하는 스포츠 윤리규범으로 옳은 것은?

기출 17·18·19·23

> 스포츠의 규범은 근대스포츠의 탄생과 밀접한 연관을 갖는다. 규칙의 준수가 근대 시민 계급의 도덕성 함양에 기여할 수 있다고 여겨지면서 하나의 윤리규범으로 정착하였다. 특히 진실과 성실의 정신(Spirit of Truth and Honesty)을 바탕으로 경기에 임하는 도덕적 태도와 같은 의미로 쓰이면서 오늘날 스포츠의 보편적인 윤리규범이 되었다.

① 유틸리티(Utility)
② 테크네(Techne)
③ 젠틀맨십(Gentlemanship)
④ 페어플레이(Fairplay)

해설

페어플레이(Fairplay)
- 페어플레이는 보편적이며 고정적인 스포츠윤리이다.
- 규칙 준수, 상대 존중 등 근대적 시민의 도덕규범과 일치한다.
- 규칙의 준수로서 페어플레이는 행위에 대한 요구와 제재를 의미한다.
- 패자 앞에서 과도한 승리 세레머니를 하는 것은 규범으로서의 페어플레이를 위반한 것이다.

01 ② 02 ① 03 ④

04 〈보기〉에서 빈칸 안에 들어갈 용어로 옳은 것은?

기출 15·16·17·18·20

> 운동선수로서 아무리 뛰어난 능력을 갖추었더라도 인간의 본질인 도덕성(덕)이 부족하면 훌륭한 선수가 될 수 없다. 이런 까닭에 운동선수에게는 두 가지 (   ) 이/가 동시에 요구된다. 즉 신체적 탁월성과 도덕적 탁월성을 겸비하였을 때 비로소 훌륭한 선수가 되는 것이다.

① 아곤(Agon)
② 퓌시스(Physis)
③ 로고스(Logos)
④ 아레테(Arete)

해설

스포츠 상황의 아레테(Arete)

운동선수가 갖춰야 할 덕목으로서 '탁월성' 또는 '덕'으로 번역될 수 있는 용어이다. 자신에게 주어진 모든 가능성을 최대한 활용하여 최고의 실력을 정당하게 발휘하고자 하는 마음가짐과 태도를 뜻한다. 스포츠 과정에서 아곤은 목적달성·승리·결과를 중시하고, 아레테는 노력·과정을 중시한다. 스포츠에서 경쟁의 목적은 아곤적 요소와 아레테적 요소가 모두 내재되어 있지만, 아곤(승리 추구)보다는 아레테(탁월성 추구)를 더 고려해야 할 필요가 있다.

05 〈보기〉의 빈칸 안에 들어갈 용어와 대표적인 사상가가 바르게 연결된 것은?

기출 16·17·18·19·20·23·24

> 스포츠에서 도덕법칙은 "승리를 원한다면 열심히 훈련하라.", "위대한 선수가 되기 위해서는 스포츠맨십에 충실하라." 등과 같이 가언적으로 주어지지 않고, 어떠한 경우에도 선수의 의무로서 반드시 행하라는 (   ) 명령의 형태로 존재한다.

① 공리적 – 칸트(I. Kant)
② 공리적 – 벤담(J. Bentham)
③ 정언적 – 칸트(I. Kant)
④ 정언적 – 벤담(J. Bentham)

해설

정언명령과 가언명령

가언명령	• 이성을 도구로 활용하는 조건이 따라붙는 명령으로, '승리를 원한다면 열심히 훈련하라'는 식이다. • 어떤 행동이 다른 것의 수단으로만 바람직하다.
정언명령	• 결과의 좋고 나쁨이 아니라 그 행위 자체가 도덕규칙의 판단기준이 된다. • 반드시 지켜야 할 도덕원칙이 행위의 옳고 그름을 결정한다. • 어떤 행동이 그 자체로 바람직하고 이성에 부합하는 의지에 꼭 필요하다.

정답 04 ④ 05 ③

06 〈보기〉에서 설명하는 윤리 이론으로 옳은 것은?

기출19

- 윤리적 가치의 근거를 페미니즘에서 찾음
- 이성의 윤리가 아닌 감성의 윤리
- 경기에 처음 출전하는 후배를 격려하는 선배의 친절
- 근육 경련을 일으킨 상대 선수를 걱정하고 보살피는 행위
- 타자의 요구와 정서에 공감하고 대응하는 것이 도덕의 출발임

① 공리주의
② 의무주의
③ 배려윤리
④ 대지윤리

해설

배려윤리(N. Noddings)
- 기존의 남성중심적이고 정의중심적인 윤리를 보완하기 위해 등장했다.
- 길리건(C. Gilligan)은 여성은 개별적인 관계, 특히 배려(Care)를 중시한다고 주장했다.
- 자연적 배려에 의존, 어머니와 자녀와의 관계를 배려의 원형으로 사용하는 것이 합리적이다.
- 배려하는 사람에게 배려받는 사람이 응답할 때 배려가 완성된다.
- 인간의 타고난 자연스러운 마음이 도덕성의 원천이 될 수 있다고 본다.
- 자연적 배려가 윤리적 배려의 근원이며 최종 귀착점이라고 보았다.

07 〈보기〉의 ㉠, ㉡에 해당하는 정의의 유형으로 옳은 것은?

기출 17·18·20·23

라우 : 스포츠는 ㉠ 동등한 조건의 참가와 동일한 규칙의 적용이 이루어져야 해. 그렇지 않으면 정의의 원칙에 어긋나게 되거든.
형린 : 그런데 모든 것이 동등하지는 않아. 피겨스케이팅과 다이빙에서 ㉡ 높은 난이도의 연기를 펼친 선수는 그렇지 않은 선수보다 더 높은 점수를 받아야 해. 이것도 정의의 원칙이라고 할 수 있어.

	㉠	㉡
①	분배적	절차적
②	평균적	분배적
③	평균적	절차적
④	분배적	평균적

해설

정의의 유형

평균적 정의	모든 인간은 동등한 가치를 지녔으므로 똑같이 대우해야 한다는 절대적 평등 이론이다. 절대적, 산술적, 형식적 평등을 주장한다.
절차적 정의	공정한 절차가 있어 그 절차만 제대로 따르면 내용에 상관없이 그 결과도 공정한 것으로 간주하는 분배 방식이다.
분배적 (배분적) 정의	개인은 서로 다른 능력과 가치를 지녔으므로 집단에 기여하는 공헌도와 능력에 맞게 대우해야 한다는 실질적 평등 이론이다. 상대적, 비례적, 실질적 평등을 주장한다.
법률적 (일반적) 정의	사회는 개인의 권리를 존중하고 개인은 구성원으로서 의무를 다해야 한다는 이론이다. 권리와 의무의 내용이 법에 규정되어 있다.

06 ③ 07 ② **정답**

08 스포츠에서 발생하는 인종차별로 옳은 것은?

기출 15·18·19·20·23·24

① 생물학적 환원주의
② 지속가능한 발전
③ 게발트(Gewalt)
④ 아파르트헤이트(Apartheid)

해설

아파르트헤이트(Apartheid)
아프리칸스어로 '분리'를 뜻하는 아파르트헤이트(Apartheid)는 남아프리카공화국의 소수 백인과 다수 유색인종의 관계를 지배했던 정책이다. 유색인종에게 불리한 인종분리와 정치 및 경제적인 차별대우를 인정한 인종차별 정책으로, 국민을 반투(순수한 아프리카 흑인)와 유색인(혼혈인종) 및 백인으로 구분하는 1950년 주민등록법이 시행되면서 본격화되었다. 스포츠에 나타난 인종차별 사례로는 남아프리카공화국에서는 1960년까지 백인선수만 올림픽에 참가했으며, 남아프리카공화국의 인종차별 정책에 반대하는 많은 국가들이 남아프리카공화국에서 개최된 국제대회에 불참했다.

09 〈보기〉의 폭력에 관한 설명과 관계 깊은 사상가로 옳은 것은?

기출 18·20

> - 학교 스포츠에서 선수에게 폭력을 가하는 감독도 한 가정의 평범한 가장이다.
> - 운동 중 체벌을 가하는 것은 좋은 성적을 거두어야 하는 감독의 직업적 행동이다.
> - 후배들에게 체벌을 가한 것은 감독의 지시에 따른 행동으로 나의 책임이 아니다.
> - 폭력은 괴물이나 악마처럼 괴이한 존재가 아니라 평범한 일상 속에 함께 있다.
> - 악(폭력)을 멈추게 할 유일한 방법은 생각과 반성이다.

① 뒤르켐(E. Durkheim)
② 홉스(T. Hobbes)
③ 지라르(R. Girard)
④ 아렌트(H. Arendt)

해설

악의 평범성(Banality of Evil)
1963년 독일의 정치철학자 한나 아렌트(H. Arendt)가 저술한 〈예루살렘의 아이히만〉에 나오는 유명한 구절이다. 아렌트는 홀로코스트와 같은 역사 속 악행은 광신자나 반사회성 인격 장애자들이 아니라, 국가에 순응하며 자신들의 행동을 보통이라고 여기게 되는 평범한 사람들에 의해 행해진다고 주장했다. 스포츠계에서도 폭력과 체벌 같은 잘못된 관행에 복종하는 데 익숙해진 나머지 이를 지속시키는 데 기여하게 된다.

10 〈보기〉의 내용에 해당하는 반칙으로 옳은 것은?

기출 17·18·19·20·24

> A팀과 B팀의 농구 경기는 종료까지 12초가 남았다. A팀은 4점 차로 지고 있고 팀 파울에 걸렸다. B팀이 공을 잡자 A팀의 한 선수가 B팀 선수에게 반칙을 해서 자유투를 유도한 후, 공격권을 가져오려고 한다.

① 의도적 구성 반칙
② 비의도적 구성 반칙
③ 의도적 규제 반칙
④ 비의도적 규제 반칙

해설

〈보기〉의 내용은 경기 중에 전술적 수단으로 행하는 의도적 반칙에 해당된다. 또한 개별 행위에 적용되는 세밀한 규칙인 규제적 규칙 위반이므로 의도적 규제 반칙이다.

규칙의 유형

구성적 규칙	스포츠의 일반적인 규칙과 경기 진행방식을 말한다. 구성적 규칙이 위반될 경우 스포츠가 성립하지 않는다. 예 축구경기에서 한 팀은 11명이다.
규제적 규칙	개별 행위에 적용하는 세밀한 규칙이다. 구체적이고 강제적으로 개인의 행동을 규제한다. 예 수영경기에서의 전신수영복은 금지한다.

의도적 반칙
- 경쟁우위의 수단으로서 보편적으로 행해지는 규칙위반이다.
- 경기 중에 선수가 의지적 계획을 가지고 행하는 규칙위반이다.
- 전술적 수단으로 행하는 규칙위반이다.
- 결과론적 윤리 관점에서는 의도적 반칙을 용인·옹호한다.
- 전술적으로 경쟁우위의 수단으로 사용되기도 하지만, 페어플레이 정신에 위배된다.

정답 08 ④ 09 ④ 10 ③

11 〈보기〉의 ㉠, ㉡에 해당하는 유교사상으로 옳은 것은?
기출 24

㉠	공자는 "내가 원하지 않는 일을 남에게 하지 말라(己所不欲 勿施於人)"는 원리를 인간관계의 기본적인 행위 준칙으로 보았다. 내가 원하지 않는 것은 타인도 원하지 않을 것이라는 동등고려(Equal Consideration)의 원리는 스포츠맨십의 바탕이기도 하다. 스포츠맨십은 하지 말아야 할 행위를 하지 않는 것이 아니라 스스로 원하지 않는 것을 상대 선수에게 행하지 않는 원리를 실천하는 것이다.
㉡	사회구성원의 모든 행위가 그 이름(역할)에 적합하도록 행해야 한다는 도덕적 요구를 말한다. "임금은 임금답고 신하는 신하다우며, 아버지는 아버지답고 자식은 자식다워야 한다(君君臣臣 父父子子)"는 주문으로 각자에게 주어진 이름과 역할에 걸맞게 행동하라는 도덕적 명령이다. 스포츠인을 스포츠인답게 만드는 것이 곧 스포츠맨십이다.

	㉠	㉡
①	충(忠)	예시예종(禮始禮終)
②	서(恕)	정명(正名)
③	충(忠)	절차탁마(切磋琢磨)
④	서(恕)	극기복례(克己復禮)

해설
- 공자의 사상 중 '충'은 '모든 인간관계에서 성실과 신뢰를 중요시 하는 것'을 뜻하고, '서'는 '자기가 하고 싶지 않은 것을 남에게 하지 않는 것'을 뜻한다.
- '정명'은 '자신의 신분에 따라 맡은 바 역할을 다하여야 한다'는 것을 뜻한다.

12 「국민체육진흥법」 제18조의3에 의거하여 체육의 공정성 확보와 체육인의 인권보호를 위해 설립된 단체로 옳은 것은?
기출 23

① 스포츠윤리센터
② 클린스포츠센터
③ 스포츠인권센터
④ 선수고충처리센터

해설
스포츠윤리센터의 설립(「국민체육진흥법」 제18조의3 제1항)
체육의 공정성 확보와 체육인의 인권보호를 위하여 스포츠윤리센터를 설립한다.

13 〈보기〉의 ㉠에 해당하는 레스트(J. Rest)의 도덕성 구성요소로 옳은 것은?
기출 19

상빈 : 직업 선수에게 가장 중요한 것은 무엇이라고 생각해?
미라 : 연봉이지! 직업 선수의 연봉이 그 선수의 능력을 나타내는 것이라고 생각해. 나는 작년 성적이 좋아서 올해 연봉이 200% 인상되었어.
은숙 : 연봉은 매우 중요하지. 하지만 ㉠ 나는 연봉, 명예 등의 가치보다 스포츠인으로서 스포츠맨십과 페어플레이가 가장 중요한 가치라고 생각해.

① 도덕적 감수성(Moral Sensitivity)
② 도덕적 판단력(Moral Judgement)
③ 도덕적 동기화(Moral Motivation)
④ 도덕적 품성화(Moral Character)

해설
도덕성의 구성요소(J. Rest)
- 도덕적 감수성(Moral Sensitivity) : 스포츠 상황에서 도덕적 딜레마를 지각하게 하는 것
- 도덕적 판단력(Moral Judgement) : 스포츠 상황에서 옳고 그름을 판단하게 하는 것
- 도덕적 동기화(Moral Motivation) : 다른 가치보다 정정당당하게 경기하는 것에 가치를 두게 하는 것
- 도덕적 품성화(Moral Character) : 스포츠 상황에서 장애 요인을 극복하여 실천할 수 있는 강한 의지, 용기, 인내 등의 품성을 갖게 하는 것

정답 11 ② 12 ① 13 ③

14 사상가와 스포츠를 통한 도덕교육 방법으로 옳지 않은 것은?

① 루소(J. Rousseau) : 어린 시절부터 다양한 신체활동을 통해 성평등, 동료애, 공동체에서의 협력과 책임을 지는 습관을 길러준다.
② 베닛(W. Benneitt) : 스포츠 상황에서 발생하는 다양한 사건에 대한 논리적 추론과 가치명료화 등을 통해 도덕적 판단 능력을 길러준다.
③ 위인(E. Wynne) : 스포츠 경기의 전통을 이해하고, 규칙 준수 등의 바람직한 행동을 습관화할 수 있도록 가르친다.
④ 콜버그(L. Kohlberg) : 스포츠에서 발생하는 도덕적 딜레마에 대한 토론을 통해 도덕적 갈등상황을 이해하고, 자율적으로 대처할 수 있도록 가르친다.

해설

베닛은 도덕적 사회화 접근을 강조하였고 구체적인 덕의 가르침을 제공해야 한다고 주장했다. 그는 교사들이 미국사회의 전통적 가치(위인에 대한 존중, 애국심, 희생, 용기, 정직, 신뢰 등)에 확신을 가지고 학생들에게 제시하여야 한다고 주장했다.

15 〈보기〉의 빈칸 안에 들어갈 사상가로 옳은 것은?

> (   )은/는 "도덕적 가치들은 중요한 타자들(Significant Others)이 어떻게 행동하고 있는가를 관찰하는 것에 의하여 학습된다."고 하였다. 스포츠도덕 교육에서 스포츠지도자는 중요한 타자에 해당된다. 스포츠의 도덕적 가치는 스포츠지도자의 도덕적 모범에 의해 학습되며, 참여자는 스포츠지도자를 통해 관찰학습과 사회적 모델링을 하게 된다.

① 맥페일(P. McPhail)
② 피아제(J. Piajet)
③ 피터스(R. Peters)
④ 콜버그(L. Kohlberg)

해설

고려모델(P. McPhail)
맥페일의 이론은 인본주의를 주축으로 약간의 행동주의를 결합한 것으로, 도덕적 가치들은 중요한 타자들(Significant Others)이 우리와 다른 사람들에 대하여 어떻게 행동하고 있는가를 관찰하는 것으로 학습된다고 했다. 그의 이론에 따르면, 도덕적 가치들은 교사의 모범을 포함한 다른 사람들의 모범으로부터 학습되므로, 관찰학습과 모델링이 매우 중요한 위치를 차지하고 있다.

16 장애차별 없는 스포츠의 조건으로 옳지 않은 것은?

기출 16·17·18·20·23

① 장애인이 원하는 장소와 시간을 확보해야 한다.
② 대회의 참여와 종목의 선택은 감독에게 맡긴다.
③ 활동에 필요한 장비 및 기구의 재정적인 지원이 확보되어야 한다.
④ 다양한 사람과의 관계를 통해 사회성 함양의 기회를 주어야 한다.

해설

스포츠에서 장애차별이란 장애로 인해 스포츠 참여의 권리와 기회를 비장애인과 동등하게 누리지 못하는 불평등을 의미한다. ① 장애인 맞춤의 경기 조건, ③ 대회에 대한 재정적 지원, ④ 대회 개최를 통한 사회성 함양의 장 마련과 같은 사항들은 제도적인 장치나 감독의 권한으로 스포츠에서의 장애차별을 해결할 수 있는 요건이 될 수 있다. 그러나 ② 대회 참가 여부 및 종목의 선택은 장애차별과 관련 없는 것으로, 장애인 스스로가 결정할 일이다.

정답 14 ② 15 ① 16 ②

17 〈보기〉의 ㉠, ㉡에 해당하는 도덕원리의 검토방법으로 옳은 것은?

> ㉠ '나 혼자 의도적 파울을 하는 것은 괜찮겠지'라는 판단은 '모든 선수가 의도적 파울을 한다면'이라는 원리에 비추어 검토한다.
> ㉡ '부상당한 선수를 무시하고 경기를 진행하라'는 주장의 지시에 '자신이 부상당한 경우를 가정하여 판단해 보라'라고 이야기한다.

	㉠	㉡
①	포섭검토	보편화 결과의 검토
②	반증 사례의 검토	포섭검토
③	역할 교환의 검토	반증 사례의 검토
④	보편화 결과의 검토	역할 교환의 검토

해설

도덕원리의 검토방법
- 포섭검토 : 상위의 도덕 원리에 포함시켜 봄으로써 정당화한다.
- 반증 사례의 검토 : 상대방이 제시한 도덕 원리에 부합하지 않는 새로운 사례를 제시한다.
- 역할 교환의 검토 : 상대방의 입장에서 생각해 보고, 입장을 바꿔서 판단한다.
- 보편화 결과의 검토 : 제시된 도덕 원리를 모든 사람에게 적용했을 때 바람직한지 따져본다.

18 스포츠에서 공격이 윤리적이어야 하는 이유의 근거로 옳지 않은 것은?

① 타인의 탁월성 발휘를 침해하지 않아야 하기 때문이다.
② 파괴적인 것이 아니라 합리적인 방법과 전술의 개발 등 생산적이어야 하기 때문이다.
③ 공격 당사자의 본능, 감정, 의지를 폭력적인 수단에 의해 관철해야 하기 때문이다.
④ 규칙의 범위 내에서 공격과 방어의 교환이라는 소통의 구조를 가져야 하기 때문이다.

해설

스포츠에서의 공격은 윤리적으로 이루어져야 한다. 공격은 공격수의 본능, 감정, 의지를 관철하는 폭력적인 수단으로 사용해서는 안 된다. 그러나 프로스포츠에서의 공격적인 행위는 경기력을 향상시키고 관중들에게 새로운 매력을 제공하는 긍정적인 측면도 있기 때문에 공격은 스포츠의 경쟁과 흥미를 유지하는 데 기여하되 윤리적인 가치와 규칙을 준수하는 선에서 이루어져야 한다.

19 스포츠에 도입된 과학기술의 긍정적인 효과로 옳지 않은 것은?

① 운동선수의 인격 형성에 기여한다.
② 기록의 객관성과 신뢰성을 높인다.
③ 운동선수의 안전과 부상 방지에 도움을 준다.
④ 오심과 편파판정을 최소화하여 경기의 공정성을 향상시킨다.

해설

'운동선수의 인격 형성에 기여'한다는 것은 스포츠 인성교육의 목적에 해당하는 내용이다.

스포츠 인성교육의 목적
- 스포츠는 스포츠 자체의 운동성과 경기력을 통해 인간의 건강을 증진시킨다.
- 스포츠에 내재된 규칙준수, 존중, 자기절제 등의 특징과 원칙을 통해 인간의 도덕적·사회적 인성을 길러준다.
- 스포츠의 덕목들은 도덕적·사회적 인성발달에 도움이 된다.

20 스포츠 규칙의 원리로 옳지 않은 것은?

① 편파성
② 임의성(가변성)
③ 제도화
④ 공평성

해설

스포츠 규칙은 어느 한쪽에 치우치는 편파성을 배제하고, 공정성을 실현하는 것이어야 한다.

17 ④ 18 ③ 19 ① 20 ①

CHAPTER 05 2020년 선택과목 기출문제

2급(전문·생활)+장애인+유소년+노인 스포츠지도사

제1과목 스포츠사회학

01 스포츠의 사회적 순기능으로 적절하지 않은 것은?
기출 16·17·18·19·21

① 사회화 기능
② 사회통제 기능
③ 사회통합 기능
④ 사회정서적 기능

해설
스포츠의 사회적 순기능은 사회공동체의 유지·변화·발전을 위한 긍정적 영향을, 스포츠의 사회적 역기능은 사회공동체의 유지·변화·발전에 장애가 되는 부정적 영향을 의미한다. ①·③·④는 스포츠의 사회적 순기능이지만, ②는 스포츠의 사회적 순기능이라고 보기 어렵다.

02 〈보기〉에서 설명하는 이론은?
기출 21

- 지배계급은 피지배계급을 억압하고 착취한다.
- 재화의 불평등한 분배는 사회의 본질적 속성이다.
- 스포츠는 일부 지배계급에 의해 그들의 이익을 증대시키는 데 이용된다.

① 갈등 이론
② 비판 이론
③ 상징적 상호작용론
④ 구조기능주의 이론

해설
스포츠는 자본주의 사회에서 일부 지배집단에 의해 조작되는 것이고, 지배집단의 이익을 증진시키는 데 이용되며, 운동선수의 재능과 능력을 착취하여 권력과 이익을 보존하는 수단으로 활용된다는 이론은 '갈등 이론'이다.

03 〈보기〉에서 정치가 스포츠를 이용하는 방식을 바르게 연결한 것은?
기출 15·18·19

- ⊙ 경기에 앞서 국가 연주, 국기에 대한 경례 등의 의식을 갖는다.
- ⓒ 대중은 선수나 팀을 자신과 일치시키는 태도를 형성한다.
- ⓒ 정치인의 비리, 부정 등을 은폐하기 위해 스포츠를 이용한다.

	⊙	ⓒ	ⓒ
①	상 징	조 작	동일화
②	동일화	상 징	조 작
③	상 징	동일화	조 작
④	조 작	동일화	상 징

해설
- 상징 : 스포츠 경기에서의 승리를 국가의 승리로 상징적으로 해석되는 것으로, 대표팀이 소속 국가의 국기를 부착하거나 경기 시작 전 국가가 연주되는 등의 행위가 여기에 속한다.
- 동일화 : 대중이 선수나 대표팀과 자신을 일치시키는 태도를 의미하는 것으로, 경기 장면에서 선수의 상황에 몰입하는 것뿐만 아니라, 선수나 대표팀에 대해 강력한 기대를 품는 것도 포함한다.
- 조작 : 정치권력이 인위적으로 개입하는 행위로, 목적을 달성하기 위해 수단과 방법을 가리지 않고 시도되기 때문에 윤리성과 합리성보다는 효율성을 지향한다.

정답 01 ② 02 ① 03 ③

04 스포츠와 미디어의 상호관계에서 미디어가 스포츠에 미치는 영향에 해당하는 것은? 기출 15·16·17·18·19

① 영국 프리미어리그 경기는 방송사에 수준 높은 콘텐츠를 제공하고 있다.
② 방송사의 편익을 위해 배구의 랠리포인트제, 농구의 쿼터제 등 경기규칙을 변경하였다.
③ 손흥민, 류현진 선수 등의 활약으로 스포츠 관련 방송 시장이 확대되었다.
④ 시청자의 욕구를 충족시켜 주기 위해 슬로우영상, 반복영상 등을 제공하고 있다.

해설
스포츠와 미디어의 상호관계에서 ①·③·④는 스포츠가 미디어에 미치는 영향, ②는 미디어가 스포츠에 미치는 영향에 해당된다.

05 상업주의 심화에 따른 스포츠의 변화에 대한 설명으로 적절하지 않은 것은? 기출 15·23

① 경기 내적인 요소보다 외적인 요소를 중요시한다.
② 심미적 가치보다 영웅적 가치를 중요시한다.
③ 아마추어리즘보다 프로페셔널리즘을 추구한다.
④ 경기의 공정성을 강화하기 위해 경기규칙을 개정한다.

해설
스포츠의 상업화로 인하여 결승전 경기시간 조정, 광고시간 삽입, 경기팀 조정, 규칙개정 등 스포츠의 규칙이 변화되었다. 하지만 이러한 경기규칙의 변화는 경기의 공정성을 강화하기 위해서가 아니라 금전적·물질적 이익을 추구하기 위해 이루어진 것이다.

06 〈보기〉의 A선수에 해당하는 사회계층 이동의 유형을 바르게 연결한 것은? 기출 15·19·24

> A선수는 2002년부터 2019년까지 프로축구리그 S팀의 주전선수로 활동하면서 MVP 3회 수상 등 축구선수로서 명성을 얻었다. 은퇴 후, 2020년부터 프로축구 A팀의 수석코치로 활동하게 되었다.

	이동의 방향	시간적 거리	이동의 주체
①	수평이동	세대간이동	집단이동
②	수평이동	세대내이동	개인이동
③	수직이동	세대간이동	집단이동
④	수직이동	세대내이동	개인이동

해설
사회계층 이동의 유형

기 준	유 형	내 용
이동의 방향	수직이동	지위의 변화가 발생하는 계층이동 예 선수 → 수석코치
	수평이동	지위의 변화가 발생하지 않는 계층이동
시간적 거리	세대간이동	둘 이상의 세대를 거쳐 이루어지는 계층이동
	세대내이동	개인의 생애 내에서 발생하는 계층이동 예 은퇴 전 축구선수 → 은퇴 후 수석코치
이동의 주체	개인이동	개인의 능력과 노력에 기인하여 개인의 이동이 발생하는 경우의 계층이동 예 A선수 혼자의 이동
	집단이동	어떠한 계기를 통해 팀 전체나 집단의 이동이 발생하는 경우의 계층이동

정답 04 ② 05 ④ 06 ④

07 버렐(S. Birrell)과 로이(J. Loy)가 제시한 스포츠미디어를 통해 충족할 수 있는 욕구유형에 대한 설명으로 옳은 것은?

① 통합적 욕구 : 스포츠에 대한 규칙 정보를 제공한다.
② 인지적 욕구 : 스포츠에 대한 흥미와 즐거움을 제공한다.
③ 정의적 욕구 : 스포츠에 대한 지식, 경기결과 및 통계적 지식을 제공한다.
④ 도피적 욕구 : 불안, 초조, 욕구불만, 좌절 등의 감정을 해소하도록 돕는다.

해설
① 통합적 욕구 : 스포츠미디어는 다른 사회집단과 친화할 수 있도록 하고, 다른 관중과 사회적 경험을 공유하게 하며, 공동체 의식을 갖게 한다.
② 인지적 욕구 : 스포츠미디어는 게임의 과정에 대한 지식, 게임의 결과에 대한 지식, 그리고 경기자와 팀에 대한 통계적 지식 등을 제공해 준다.
③ 정의적 욕구 : 스포츠미디어는 흥미와 즐거움을 제공해 준다.

08 〈보기〉에서 설명하는 에티즌(D. Eitzen)과 세이지(G. Sage)가 제시한 스포츠의 정치적 속성은? 기출 23·24

- 스포츠 경기에 수반되는 의식과 행동은 선수의 충성심을 상징적으로 재확인하는 것에 목적이 있다.
- 스포츠 조직은 구호, 응원가, 유니폼, 마스코트 등의 상징을 통해 조직에 대한 선수의 충성심을 지속시키거나 강화한다.

① 보수성
② 대표성
③ 상호의존성
④ 권력투쟁

해설
① 보수성 : 스포츠는 제도적으로 보수적인 질서를 유지하는 특징이 있다.
③ 상호의존성 : 스포츠 경기와 정치적 상황 사이에는 상호작용이 발생하는데, 정부기관이 개입될 경우 스포츠와 정치의 유착이 발생한다.
④ 권력투쟁 : 스포츠 조직에서는 불평등하게 배분된 권력으로 인해 대립적 갈등이 발생한다.

09 스포츠일탈의 유형과 원인을 규정하기 어려운 이유로 적절하지 않은 것은?

① 스포츠 현장에서 발생하는 일탈 사례가 부족하기 때문이다.
② 스포츠일탈은 규범에 대한 거부와 함께 무비판적 수용도 포함한다.
③ 스포츠에서 허용되는 행동이 사회의 다른 영역에서는 일탈이 될 수 있다.
④ 과학기술의 급속한 발전과 새로운 스포츠 규범 사이에 시간적 차이가 발생한다.

해설
스포츠일탈이란 경기규칙을 위반하는 행동으로, 스포츠맨십과 페어플레이 정신 등 보편적 가치에서 벗어나는 행동이다. 현대 사회에는 스포츠 현장에서 발생하는 양상이 매우 다양하다.

정답 07 ④ 08 ② 09 ①

10 맥루한(M. McLuhan)의 미디어 이론에 따른 구분 및 특성을 바르게 제시한 것은? 기출 15·16

구분	정의성	감각 참여성	감각 몰입성	경기진행 속도
① 핫 미디어 스포츠	높음	낮음	높음	빠름
② 쿨 미디어 스포츠	낮음	낮음	낮음	느림
③ 핫 미디어 스포츠	높음	높음	낮음	느림
④ 쿨 미디어 스포츠	낮음	높음	높음	빠름

해설

미디어 이론(M. McLuhan)

구분	정의성	감각 참여성	감각 몰입성	경기진행 속도
핫 미디어 스포츠	높음	낮음	낮음	느림
쿨 미디어 스포츠	낮음	높음	높음	빠름

- 정의성(정세도, 정밀도) : 미디어가 담고 있는 정보의 밀도
- (감각)참여성 : 미디어의 정보를 해석하는 데 사용되는 감각(시각·청각 등)의 수, 소요해야 하는 정신적인 에너지의 정도
- (감각)몰입성 : 미디어의 정보를 해석하는 데 몰입하는 정도
- (경기)진행속도 : 수용자가 해석해야 할 미디어나 경기가 전개·진행되는 속도

11 〈보기〉를 투민(M. Tumin)의 스포츠계층 형성과정 순서에 따라 바르게 배열한 것은? 기출 18·23

㉠ 세계적인 테니스 선수는 기업으로부터 많은 후원금을 받고 있다.
㉡ 세계 랭킹에 따라 참가할 수 있는 테니스 대회가 나누어져 있다.
㉢ 테니스는 선수, 코치, 감독, 트레이너 등으로 역할이 구분되어 있다.
㉣ 국제 테니스 대회에서 우승하면 사회적 명성이 높아진다.

① ㉡ - ㉢ - ㉠ - ㉣
② ㉡ - ㉢ - ㉣ - ㉠
③ ㉢ - ㉡ - ㉣ - ㉠
④ ㉢ - ㉡ - ㉠ - ㉣

해설

스포츠계층 형성 과정(M. Tumin)
지위의 분화(㉢) - 지위의 서열화(㉡) - 평가(㉣) - 보수 부여(㉠)

12 스포츠 세계화의 원인이 아닌 것은? 기출 17

① 종교 전파
② 제국주의 확장
③ 인종차별 심화
④ 과학기술 발전

해설

스포츠 세계화의 원인
제국주의, 민족주의, 국수주의, 신자유주의, 과학기술의 진보, 종교 등

10 ④ 11 ③ 12 ③ **정답**

13 〈보기〉의 ㉠이 설명하는 집합행동의 유형과 관련된 이론은?
기출 21·23

> A : 어제 축구 봤어? 경기 도중 관중 폭력이 발생했잖아.
> B : 나도 방송에서 봤는데 관중 폭력의 원인이 인종차별 때문이래.
> C : ㉠ <u>인종차별과 같은 사회구조적·문화적 선행요건이 없었다면, 두 팀 관중들 간에 폭력은 없었을 거야.</u>

① 전염 이론
② 수렴 이론
③ 규범생성 이론
④ 부가가치 이론

해설
④ 부가가치 이론 : 집합 행동은 사회적, 문화적, 구조적 요인들이 누적되어 폭발적으로 나타난다고 보는 이론으로, 지역대립, 만원 관중, 좌절, 갈등, 선수 간 충돌, 관중난입 등은 가치의 부가 과정을 거친다고 본다.

14 스포츠일탈에 관한 설명으로 적절하지 않은 것은?
기출 16·17·18

① 부정적 일탈 사례로는 금지약물 복용, 구타 및 폭력 등이 있다.
② 부정적 일탈은 스포츠 규범체계에 대한 과잉동조 성향을 의미한다.
③ 긍정적 일탈 사례로는 오버 트레이닝(Over-training), 운동중독 등이 있다.
④ 긍정적 일탈은 정상적으로 받아들여지는 행동에 대한 무비판적 수용을 의미한다.

해설
스포츠일탈의 형태
- 부정적 일탈 : 반규범적인 행동으로 폭력, 약물복용 등이 여기에 속한다.
- 긍정적 일탈 : 반규범적 행동은 아니지만 일반적인 사회적 행동기준에서 벗어나는 행동으로, 규범에 대한 과잉동조 현상, 운동중독 등이 여기에 속한다.

15 스포츠일탈을 설명하는 이론과 그 특징이 바르게 연결된 것은?
기출 19·24

① 갈등 이론 : 선수의 금지약물복용 등과 같은 일탈적 행위는 개인의 윤리적 문제이다.
② 아노미 이론 : 선수의 승리에 대한 목표와 수단의 괴리로 인해 일탈이 발생한다.
③ 차별교제 이론 : 팀 내 우수선수가 금지약물을 복용해도 동료들은 복용하지 않는다.
④ 낙인 이론 : 선수에게 부여된 악동, 풍운아 같은 이미지는 선수 생활에 영향을 미치지 않는다.

해설
① 갈등 이론 : 사회구조나 제도의 불합리함과 불평등으로 인하여 일탈이 발생한다.
③ 차별교제 이론 : 문제를 일으키는 집단과의 교류를 통해 일탈적 행위를 학습할 수 있다는 이론으로, 일탈 행동은 일탈적 행동을 장려하는 환경적 요인을 통해 학습된다.
④ 낙인 이론 : 특정인의 우연적이고 일시적인 일탈 행위(1차적 일탈)로 인해 다른 사람들이 일탈자로 낙인찍었기 때문에 일탈자로서의 자아정체성이 형성되고, 이로 인해 의도적이고 지속적인 일탈(2차적 일탈)이 발생하게 된다.

16 〈보기〉에서 설명하는 사건은?
기출 16·21

- 1972년 제20회 뮌헨올림픽에서 발생
- 팔레스타인 테러조직에 의한 이스라엘 선수단 인질 사건
- 국가 간 갈등이 올림픽을 통해 표출된 테러 사건

① 검은 구월단 사건
② 축구전쟁(100시간 전쟁) 사건
③ 보스턴 마라톤 폭탄 테러 사건
④ IRA 연쇄 폭탄 테러 사건

해설
② 축구전쟁(100시간 전쟁) 사건 : 1969년에 발생한 엘살바도르와 온두라스 사이의 전쟁
③ 보스턴 마라톤 폭탄 테러 사건 : 2013년 미국 보스턴마라톤 대회 결승점 근처에서 발생한 폭탄 테러 사건
④ IRA 연쇄 폭탄 테러 사건 : 1997년 북아일랜드 분리독립운동을 벌이던 아일랜드공화국군(IRA)이 일으킨 연쇄 폭탄 테러 사건

정답 13 ④ 14 ② 15 ② 16 ①

17 상류계급의 스포츠 참가 특징에 대한 설명으로 적절하지 않은 것은?

기출 15·17

① 과시적 소비성향의 스포츠를 선호한다.
② 요트, 승마와 같은 자연친화적 개인 스포츠를 선호한다.
③ 직접 참여보다는 TV시청을 통한 관람 스포츠를 소비하는 경향이 높다.
④ 사생활이 보호되는 장소에서 소수 인원이 즐기는 스포츠 참여를 선호한다.

해설
계층별 사회적 조건에 따라 스포츠 참가 유형에 차이가 있는데, 상류계급은 스포츠의 직접 참여를 선호하는 경향이 나타난다.

18 〈보기〉에서 설명하는 스포츠사회화 과정은?

기출 15·18·19·21

- 이용대 선수의 경기 보도 증가는 대중들의 배드민턴 참여를 촉진한다.
- 부모의 스포츠에 대한 긍정적인 태도는 자녀의 스포츠 참여 가능성을 높인다.
- 학생들은 교내에서 체육교과와 다양한 프로그램을 통해 스포츠에 참여하고 있다.

① 스포츠로의 사회화
② 스포츠로의 재사회화
③ 스포츠를 통한 사회화
④ 스포츠로부터의 탈사회화

해설
② 스포츠로의 재사회화 : 스포츠 참가를 중단하고 이탈해 있던 비참가자가 새롭게 스포츠 활동을 재개하는 것을 의미한다.
③ 스포츠를 통한 사회화 : 스포츠 참가를 통해 결과가 나타나는 것을 말하며, 학교스포츠클럽에 참가하면서 교우관계가 원만해지는 것이 대표적인 예이다.
④ 스포츠로부터의 탈사회화 : 참여중단, 중도탈락, 은퇴(자발적·비자발적) 등이 있다.

19 〈보기〉에서 설명하는 스포츠의 교육적 순기능은?

기출 15·17

- 스포츠 참여를 통해 생애주기에 적합한 스포츠를 즐길 수 있는 습관을 형성할 수 있다.
- 학교에서의 스포츠 경험은 개인이 전 생애에 걸쳐 스포츠를 즐길 수 있는 토대를 마련해 준다.

① 학업 활동 촉진
② 학교 내 통합
③ 평생체육과의 연계
④ 정서 순화

해설
① 학업 활동 촉진 : 학업 활동에 충실해지거나 흥미를 유발할 수 있다.
② 학교 내 통합 : 교내의 모든 사람들에게 '우리'라는 공동체 의식을 형성케 한다.
④ 정서 순화 : 스포츠 경쟁에서의 성공 경험은 사회 적응력에 큰 영향을 미친다.

17 ③ 18 ① 19 ③ **정답**

20 〈보기〉에서 설명하는 케년(G. Kenyon)의 스포츠 참가유형은?   기출 18·23

> - 스포츠 상황 내에서 다양한 지위와 규범을 이행함으로써 스포츠에 실질적으로 참가하는 형태
> - 생활체육 동호인, 선수, 감독, 심판, 해설자로 활동

① 행동적 참가
② 인지적 참가
③ 정의적 참가
④ 조직적 참가

해설
스포츠 참가유형(G. Kenyon)
- 행동적 참가 : 스포츠에 실질적으로 참가하는 형태를 말한다.
- 인지적 참가 : 학교, 사회기관, 미디어 등을 통해 스포츠에 관한 일정 정보를 수용함으로써 이루어지는 참가를 의미한다. 이러한 정보에는 스포츠 역사, 규칙, 기술, 전술 등에 관한 지식이 포함된다.
- 정의적 참가 : 실제 스포츠 상황에 참가하지는 않지만 간접적으로 특정 선수나 팀 또는 경기상황에 대해 감성적 성향을 표출하는 행동을 의미한다. 그 예로는 열광적으로 응원하는 스포츠팬을 들 수 있다.
- 일상적 참가 : 스포츠 활동에 정규적으로 참가하고, 활동이 개인의 생활과 잘 조화를 이루고 있는 상태이다.
- 주기적 참가 : 일정 간격을 유지하면서 스포츠에 지속적으로 참가하는 상태이다.
- 일탈적 참가 : 1차적 일탈 참가와 2차적 일탈 참가로 구분된다. 1차적 일탈 참가는 자신의 직업을 등한시하거나 포기하고 스포츠 활동 참가에 모든 시간을 소비하는 상태이며, 2차적 일탈 참가는 단순히 기분 전환을 위한 스포츠 관람의 차원을 넘어 경기결과에 거액의 내기를 걸고 도박을 할 정도로 스포츠 관람을 탐닉하는 상태를 의미한다.

제2과목 스포츠교육학

01 모스턴(M. Mosston)의 수업 스타일 중 학습자가 인지 작용을 통해 문제에 대한 다양한 해답을 찾는 유형은?   기출 16·19·21

① 연습형   ② 수렴발견형
③ 상호학습형   ④ 확산발견형

해설
① 연습형 : 피드백이 주어진 기억·모방 과제를 학습자가 개별적으로 연습하는 것이다. 학습자는 9가지 특정 사항(수업장소, 수업운영, 시작시간, 속도와 리듬, 정지시간, 질문, 인터벌, 자세, 복장과 외모)을 결정하는 한편, 기억·모방 과제를 개별적으로 수행한다.
② 수렴발견형 : 미리 결정되어 있는 정확한 반응을 수렴적 과정을 통해 발견하는 것이다. 학습자는 추리력, 호기심, 논리적 사고를 동원해 문제에 대해 논리적으로 연결된 해답을 발견한다.
③ 상호학습형 : 특정 기준에 의하여 주어진 사회적 상호작용 및 피드백을 하는 것이다. 학습자는 자기 동료와 함께 두 명이 짝을 이루며 움직임을 수행한다. 이때 한 명은 주어진 과제를 수행하고, 다른 한 명은 교사가 개발해 놓은 기준 용지를 사용하여 즉각적이고 지속적인 피드백을 제공하는 관찰자의 역할을 맡는다.

02 헬리슨(D. Hellison)의 개인적·사회적 책임감 모형 중 전이단계(Transfer Level)에 해당하는 것은?   기출 17

① 다른 사람을 방해하지 않고 체육 프로그램에 참여하기
② 체육 프로그램에서 타인의 요구와 감정을 인정하고 경청하기
③ 체육 프로그램에서 학습한 배려를 일상생활에서 실천하기
④ 자기 목표를 설정하고 지도자의 통제 없이 체육 프로그램 과제를 완수하기

해설
① 1단계 : 타인의 권리와 감정 존중
② 4단계 : 돌봄과 배려
④ 3단계 : 자기방향 설정

정답 20 ① 01 ④ 02 ③

03 멕티게(J. McTighe)가 제시한 개념으로 학습자가 배운 내용을 경기상황에서 구현하는 정도를 평가하는 방법은? 기출 21

① 실제평가(Authentic Assessment)
② 총괄평가(Summative Assessment)
③ 규준지향평가(Norm-referenced Assessment)
④ 준거지향평가(Criterion-referenced Assessment)

해설
① 실제평가 : 실제 상황 혹은 그와 유사한 상황에서 학습자의 과제 수행 능력을 측정하는 방법으로, 수행평가의 한 형태이다.
② 총괄평가 : 주어진 일정한 기간 동안 학습과정을 끝내고 학습목표의 달성도를 개인별 또는 집단별로 평가하여 학생들의 성적을 작성하여, 기능과 능력 점검, 다음 학습과정에서의 성공 예측, 다음 학습 교수활동의 출발점 결정, 완전 학습을 위한 학습의 피드백 유도, 그리고 개인의 집단 내 위치를 확인하는 평가를 말한다.
③ 규준지향평가(상대평가) : 교육성취도를 평가할 때 집단 내의 상대적인 서열을 중심으로 이루어지는 평가 방식으로 선발, 분류, 배치 상황에서 유용하게 사용된다.
④ 준거지향평가(절대평가) : 학생들의 교과별 학업성취도를 평가할 때 집단 내의 다른 학생들의 성취 정도와 비교하여 평가하는 것이 아니라 사전에 설정된 교수 · 학습목표를 준거로 하여 그 목표의 달성도를 평가하는 방식이다.

04 체육 프로그램의 목표로 정의적 영역(Affective Domain)에 해당하는 것은? 기출 15·17·18·19

① 축구에서 인사이드 패스를 실행할 수 있다.
② 야구에서 스윙 동작을 분석하고 평가할 수 있다.
③ 배구에서 동료와 협력할 수 있다.
④ 농구에서 지역방어전략을 사용할 수 있다.

해설
체육교육의 영역 중 '정의적 영역'은 감정이나 가치, 태도, 인성 등 보이지 않는 것들이 포함된 영역으로, ③이 여기에 해당한다. ① 신체능력에 관한 인간행동을 포함하는 '심동적 영역', ② · ④ 논리 · 지식 · 개념 · 이론적 원리 등을 포함하는 '인지적 영역'이다.

05 모스턴(M. Moston)의 수업 스타일 중 연습형의 특징으로 적절하지 않은 것은? 기출 16·18·19·21

① 학습자가 스스로 과제를 평가하게 한다.
② 지도자는 학습자에게 개별적으로 피드백을 제공한다.
③ 학습자는 모방 과제를 스스로 연습할 수 있도록 지도한다.
④ 학습자는 숙련된 운동수행이 과제의 반복 연습과 관련 있음을 이해한다.

해설
모스턴(M. Mosston)의 연습형 스타일에서 지도자는 모든 교과 내용과 이에 따른 세부 운영절차를 결정하고 피드백을 학습자에게 개별적으로 제공한다. 학습자들은 수업장소 · 수업운영 등을 스스로 결정하고 기억 · 모방 과제를 개별적으로 수행하지만, 학습자 스스로 과제를 평가하지는 않는다.

06 〈보기〉에서 블룸(B. Bloom)의 인지적 영역 수준에 해당하는 것은?

> 배드민턴 경기에서 상대 선수의 서비스를 받을 때, 낮고 짧은 서비스와 높고 긴 서비스의 대처 방법이 어떻게 달라져야 하는지를 알 수 있다.

① 분 석
② 기 억
③ 이 해
④ 평 가

해설
② 기억 : 사전에 학습된 정보를 의식 속에 간직하거나 회상해 내는 능력이다.
③ 이해 : 의사전달 내용을 알게 되고, 또 거기에 포함된 자료나 아이디어의 의미를 파악하는 능력이다.
④ 평가 : 가치판단을 하는 능력이다.

03 ① 04 ③ 05 ① 06 ① **정답**

07 〈보기〉에서 설명하는 알버노(P. Alberno)와 트라웃맨(A. Troutman)의 행동수정기법에 해당하는 것은?

> 학습자가 적절한 행동을 할 때마다 지도자가 점수, 스티커, 쿠폰 등을 제공하는 기법이다.

① 타임아웃(Time Out)
② 토큰 수집(Token Economies)
③ 좋은 행동 게임(Good Behavior Game)
④ 지도자-학습자 사이의 계약(Behavior Contracting)

해설
① 타임아웃(Time Out) : 부적절한 행동을 한 학습자를 일정 시간 동안 수업 활동에서 분리시키는 방법이다.
③ 좋은 행동 게임(Good Behavior Game) : 두 그룹의 행동을 비교하여 이긴 팀에게 소정의 보상을 하는 방법이다.
④ 지도자-학습자 사이의 계약(Behavior Contracting) : 지도자와 학습자 사이에 맺은 계약에 따라 보상하는 방법이다.

08 〈보기〉에서 정 코치의 질문에 대한 각 지도자의 답변으로 적절하지 않은 것은?

> 정 코치 : 메츨러(M. Metzler)의 절차적 지식에 대해 간단히 설명해 주시기 바랍니다.
> 박 코치 : 지도자가 학습자에게 움직임 패턴을 연습할 수 있게 하고 이를 경기에 적용할 수 있는 지식입니다.
> 김 코치 : 학습자가 과제를 연습하는 동안 이를 관찰하고 정확한 피드백을 제공할 수 있는 지식입니다.
> 한 코치 : 지도자가 실제로 체육 프로그램 전, 중, 후에 적용할 수 있는 지식입니다.
> 이 코치 : 지도자가 개념을 설명할 수 있는 지식입니다.

① 박 코치
② 김 코치
③ 한 코치
④ 이 코치

해설
이 코치의 답변은 메츨러의 명제적 지식에 대한 설명이다.
3가지 교사 지식(M. Metzler)
• 명제적 지식 : 수업시간에 필요한 개념 지식
• 절차적 지식 : 실제로 체육 프로그램에 교사가 적용할 수 있는 지식
• 상황적 지식 : 교사가 특수한 상황에서 내리는 의사결정에 대한 지식

09 「학교체육진흥법」의 제11조, 제12조에서 규정하고 있는 학교운동부 운영 및 학교운동부지도자에 대한 내용으로 적절하지 않은 것은? 기출 16·17·18·19·21·23

① 학교의 장은 학습권 보장을 위한 상시 합숙 훈련 금지 원칙으로 원거리에서 통학하는 학생선수를 위하여 기숙사를 운영할 수 없다.
② 최저학력의 기준 및 실시 시기에 필요한 사항과 기초학력 보장 프로그램의 운영 등에 필요한 사항은 교육부령으로 정한다.
③ 학교의 장은 학교운동부지도자가 학생선수의 학습권을 박탈하거나 폭력, 금품·향응 수수 등의 부적절한 행위를 하였을 경우 학교운영위원회의 심의를 거쳐 계약을 해지할 수 있다.
④ 그 밖에 학교운동부지도자의 자격 기준, 임용, 급여, 신분, 직무 등에 필요한 사항은 대통령령으로 정한다.

해설
학교운동부 운영 등(「학교체육진흥법」 제11조 제5항)
학교의 장은 원거리에서 통학하는 학생선수를 위하여 기숙사를 운영할 수 있다. 이 경우 필요한 사항은 교육부령으로 정한다.

정답 07 ② 08 ④ 09 ①

10 〈보기〉 중 각 지도자의 행동 유형과 개념이 바르게 연결되지 않은 것은?

기출 17·24

> 박 코치 : 지도하는데 갑자기 학습자의 보호자가 찾아오셔서 대화하느라 지도 시간이 부족했어요.
> 김 코치 : 말도 마세요! 저는 지도하다가 학습자끼리 부딪혔는데 한 학습자가 쓰러져 일어나지 못했어요! 정말 놀라서 급하게 119에 신고했던 기억이 나네요.
> 한 코치 : 지도 중에 좁은 공간에서 기구를 잘못 사용하는 학습자를 보면 곧바로 운동을 중지하고, 안전의 중요성을 강조하면서 공간과 기구를 정리하라고 말했어요.
> 이 코치 : 저는 학습자의 참여를 높이기 위해 신호에 따른 즉각적인 과제 수행을 강조했어요. 그 결과, 개별적인 피드백을 제공할 수 있게 되었고, 학습자의 성취도가 점점 향상되는 것 같았어요.

① 박 코치 - 비기여 행동
② 김 코치 - 비기여 행동
③ 한 코치 - 직접기여 행동
④ 이 코치 - 직접기여 행동

해설

체육지도자의 수업 중 기여 행동에는 직접기여 행동, 간접기여 행동, 비기여 행동 등이 있다. 직접기여 행동은 과제를 직접 가르치는 행동으로, 동작 설명과 시범, 학생 관찰 및 피드백 등이 여기에 속한다. 간접기여 행동은 수업과 관련 있지만 수업에 직접 기여하지 않는 행동으로, 부상학생의 처리, 과제 외 토론 참여, 시설 보수 등이 있다. 비기여 행동은 수업 내용에 기여할 가능성이 없는 행동으로, 학부모와의 면담이 여기에 속한다. 〈보기〉에서 '김 코치'의 행동은 간접기여 행동이다.

11 학습자의 이탈 행동을 예방하고 과제참여 유지를 위한 교수 기능 중 올스테인(A. Ornstein)과 레빈(D. Levine)이 제시한 '신호간섭'에 해당하는 것은?

기출 18·21

① 긴장완화를 위해 유머를 활용하는 것이다.
② 시선, 손짓 등 지도자의 행동으로 학습자의 운동 참여 방해 행동을 제지하는 것이다.
③ 프로그램 진행을 방해하는 학습자에게 가까이 접근하거나 접촉하여 제지하는 것이다.
④ 프로그램에 참여하는 학습자에게 일상적 수업, 루틴 등과 같은 활동을 활용하는 것이다.

해설

'신호간섭'은 시선 마주침, 손 움직임 등의 교사행동을 이용하여 학습자의 부주의한 행동을 감소시키는 전략이다.

12 〈보기〉의 「국민체육진흥법」의 제12조에 명시된 내용 중 체육지도자의 자격 취소 사유를 모두 고른 것은?

기출 19·23

> ㉠ 자격정지 기간에 업무를 수행한 경우
> ㉡ 체육지도자 자격증을 타인에게 대여한 경우
> ㉢ 선수의 신체에 폭행을 가하거나 상해를 입히는 행위를 한 경우
> ㉣ 거짓이나 그 밖의 부정한 방법으로 체육지도자의 자격을 취득한 경우

① ㉠, ㉡
② ㉡, ㉢
③ ㉡, ㉢, ㉣
④ ㉠, ㉡, ㉢, ㉣

해설

체육지도자의 자격취소 등(「국민체육진흥법」 제12조 제1항)
문화체육관광부장관은 체육지도자가 다음의 어느 하나에 해당하면 체육지도자 자격운영위원회의 의결에 따라 체육지도자 자격을 취소하거나 5년의 범위에서 자격을 정지할 수 있다. 다만, 제1호부터 제4호까지의 어느 하나에 해당하면 그 자격을 취소하여야 한다.

1. 거짓이나 그 밖의 부정한 방법으로 체육지도자의 자격을 취득한 경우
2. 자격정지 기간 중에 업무를 수행한 경우
3. 체육지도자 자격증을 타인에게 대여한 경우
4. 체육지도자의 결격사유 중 어느 하나에 해당하는 경우
5. 선수의 신체에 폭행을 가하거나 상해를 입히는 행위를 한 경우
6. 선수에게 성희롱 또는 성폭력에 해당하는 행위를 한 경우
7. 윤리 및 인권의식 향상을 위한 성폭력 등 폭력 예방교육 등의 내용이 포함된 재교육을 받지 아니한 경우
8. 그 밖에 직무수행 중 부정이나 비위 사실이 있는 경우

13 〈보기〉에서 설명하는 로젠샤인(B. Rosenshine)의 직접 교수 모형 단계로 적절한 것은?

기출 17

> • 이 단계는 학습자에게 초기 학습과제와 함께 순차적으로 과제연습이 이루어지는 과정이다.
> • 지도자는 학습자에게 다음 과제를 제시하기 위해 핵심단서(Cue)를 다시 가르치거나 이전 학습과제를 되풀이할 수 있다.

① 피드백 및 교정
② 비공식적 평가
③ 새로운 과제제시
④ 독자적인 연습

해설

② 비공식적 평가 : 교사는 학습자가 과제를 연습할 때 표본 학습자를 모니터하거나, 표본 학습자가 성공한 횟수와 실패한 횟수를 세는 등 시간이 거의 소비되지 않고 기록할 필요가 없는 방법으로 학습자를 비공식적으로 평가할 수 있다.
③ 새로운 과제제시 : 수업 도입단계가 끝나면 교사는 바로 학생이 배우게 될 새로운 내용(개념, 지식, 기능)을 제시한다.
④ 독자적인 연습 : 교사는 여전히 학습 활동을 설계하고 그들을 위해 과제를 제시하지만, 진도에 대해서는 학생 스스로 결정할 수 있도록 한다.

정답 12 ④ 13 ①

14 〈보기〉의 배드민턴 지도사례에서 IT매체의 효과로 바르게 연결되지 않은 것은?

> ㉠ 학습자의 흥미 유발을 위해 스마트폰과 스피커를 활용하여 최신 음악에 맞춰 준비운동을 시켰다.
> ㉡ 배드민턴 스매시 동작을 기록하기 위해 영상분석 애플리케이션(Application)을 사용하였다.
> ㉢ 학습자의 동작 완료 10초 후 지도자는 녹화된 영상을 보고 학습자의 자세를 교정해 주었다.
> ㉣ 지도자가 녹화한 영상을 학습자의 단체 소셜네트워크서비스(SNS)에 올린 후 동작 분석에 대해 서로 토의했다.

① ㉠ – 학습자의 동기유발
② ㉡ – 과제에 대한 체계적 관찰의 효율성 증가
③ ㉢ – 학습자의 운동 참여 시간 증가
④ ㉣ – 학습자와 지도자의 의사소통 향상

해설
㉢은 IT매체를 활용하여 정확하고 즉각적인 피드백을 제공하는 것과 관련된 지도사례이다. '운동 참여 시간'이란 학습자들이 체육 활동에 소비한 시간으로, 준비운동, 기술연습, 체력 훈련, 정리운동 등이 있다.

15 〈보기〉에서 설명하는 시덴탑(D. Siedentop)의 교수(Teaching)기능 연습법에 해당하는 용어로 적절한 것은?

기출 16·21

> • 박 코치는 소수의 실제 학습자들 앞에서 지도 연습을 했다.
> • 자신의 지도 행동을 관찰하기 위해 비디오 촬영을 병행했다.

① 1인 연습(Self Practice)
② 동료 교수(Peer Teaching)
③ 축소 수업(Micro Teaching)
④ 반성적 교수(Reflective Teaching)

해설
① 1인 연습 : 혼자 거울을 보거나 비디오 녹화를 이용하는 방법이다.
② 동료 교수 : 동료끼리 모의로 수업을 만들어 교수 기능을 연습하는 방법이다.
④ 반성적 교수 : 교사에 대한 평가를 통해 반성의 자료를 제공하는 방법이다.

16 지도자가 의사전달을 위해 학습자의 신체를 올바른 자세로 직접 고쳐 주는 지도 정보 단서로 적절한 것은?

① 언어 단서(Verbal Cue)
② 조작 단서(Manipulative Cue)
③ 과제 단서(Task Cue)
④ 시청각 단서(Audiovisual Cue)

해설
'조작 단서'는 지도자가 의사전달을 위해 학습자의 신체 일부를 이동시키는 방법으로, 자세를 직접 고쳐 주는 방법이다.

14 ③ 15 ③ 16 ② **정답**

17 〈보기〉에서 예방적(Proactive) 수업 운영 행동에 해당하는 것을 바르게 고른 것은?

> ㉠ 이번 주에 배울 내용을 게시판에 공지한다.
> ㉡ 수업 시작과 종료를 정확하게 지킨다.
> ㉢ 학습자에게 농구의 체스트 패스에 대한 시범을 보인다.
> ㉣ 2인 1조로 체스트 패스 연습을 한다.
> ㉤ 호루라기를 사용하여 학습자의 주의를 집중시킨다.

① ㉠, ㉡, ㉢
② ㉠, ㉡, ㉤
③ ㉡, ㉢, ㉣
④ ㉢, ㉣, ㉤

해설
예방적(Proactive) 수업관리는 효과적인 수업 운영을 위하여 수업에 방해되는 문제점들을 예방하는 전략을 말한다. 효과적인 수업 운영을 위한 전략에는 최초 활동의 통제, 수업시간의 엄수, 출석점검 시간의 절약, 주의집중에 필요한 신호체계의 활용, 피드백과 긍정적인 상호작용의 활용, 학생 수업운영 시간의 기록 게시, 열정·격려·주의환기의 활용, 즉각적인 성과를 위한 수업운영 게임의 이용 등이 있다.

18 〈보기〉의 설명과 관련된 용어는? 기출 19·23

> • 정규 농구 골대의 높이를 낮춘다.
> • 반(Half)코트 경기를 운영한다.
> • 배구공 대신 소프트 배구공을 사용한다.

① 역할수행
② 학습센터
③ 변형게임
④ 협동과제

해설
'변형게임'은 학생 발달단계에 적합하도록 규칙, 점수, 경기장 크기, 게임시간 등을 변경하여 전술과 기술을 반복 연습하는 것이다.

19 체육 프로그램을 지도할 때 실제학습시간(Academic Learning Time)을 바르게 설명한 것은? 기출 19

① 체육 활동에 할당된 시간
② 학습자가 운동에 참여한 시간
③ 학습자가 다른 학습자에게 피드백을 제공하는 시간
④ 학습자가 학습 목표와 부합한 과제의 성공을 경험하며 참여한 시간

해설
실제학습시간(Academic Learning Time)이란 학습자가 학습목표에 대한 성공적인 경험을 하면서 학습과제에 집중하는 시간을 말한다.

20 체육 프로그램을 지도할 때 학습자 평가의 목적으로 가장 거리가 먼 것은? 기출 15·19

① 교수-학습의 효과성 판단
② 학습자의 체육 프로그램 참여 및 향상 동기 촉진
③ 교육목표에 따른 학습 진행 상태 점검과 지도 활동 조정
④ 학습 과정을 배제하고 결과 중심으로 순위를 결정하기 위해 활용

해설
평가란 측정 자료를 분석·판단하여 교수학습의 의사결정에 도움을 주기 위한 활동으로 학습자의 동기를 유발하고, 운동수행을 향상시키는 것을 목적으로 한다. 학습자를 평가할 때에는 학습목표와 관련된 학습 진행 과정을 평가에 반영하며, 평가를 순위 결정을 위해서만 활용하는 것은 바람직하지 않다.

정답 17 ② 18 ③ 19 ④ 20 ④

제3과목 스포츠심리학

01 다이내믹 시스템 관점에서의 협응구조 형성에 대한 설명으로 옳지 않은 것은? 기출 17·18

① 협응구조는 하나의 기능적 단위로 자기조직의 원리에 따라 형성된다.
② 제어변수는 질서변수를 변화시키는 원인이 되는 것으로, 동작을 변화시키는 속도나 무게 등이 있다.
③ 상변이는 협응구조의 형태가 변화하는 현상이며 선형의 원리를 따른다.
④ 협응구조의 안정성은 상대적 위상의 표준편차로 측정할 수 있다.

해설
다이내믹 시스템 관점에서의 협응구조 형성

협응구조	• 신체가 기능하는 하나의 단위이다. • 다양한 관절에 걸쳐 있는 근육의 집합으로, 자기조직의 원리를 따라 형성된다. • 자기조직(Self-organization)의 원리 : 자연 현상은 프로그램화된 것이 아니며 제한요소(유기체·환경·과제)의 상호작용이 조건에 부합할 때 인간의 행동이 생성된다는 원리이다. • 비선형성(Nonlinearity)의 원리 : 협응의 변화가 시간에 따른 선형적 경향을 나타내지 않으므로 인간의 행동은 결과를 예측할 수 없다는 원리이다.
협응구조의 안정성	• 바깥으로부터 어떠한 물리적인 작용을 받더라도 자신이 가진 동작 형태를 지속하려는 저항력을 말한다. • 협응구조는 경험과 연습이 어느 정도인지에 따라 새롭게 변하며 협응구조의 안정성은 상대적 위상의 표준편차로 측정할 수 있다.
상변이 현상	안정성이 변하면서 협응구조의 형태가 변화하는 현상으로, 자기조직의 원리와 비선형성의 원리에 의해서 이루어진다.

02 목표설정에서 수행목표로 적합하지 않은 것은? 기출 15·16·23

① 농구 대회에서 우승한다.
② 골프 스윙에서 공을 끝까지 본다.
③ 테니스 포핸드 발리에서 손목을 고정한다.
④ 야구 타격에서 무게중심을 뒤에서 앞으로 이동한다.

해설
① 결과목표에 해당한다.
목표는 수행목표와 결과목표로 나뉘는데, 수행목표는 운동수행에서 성취할 수 있는 것을 기준으로 정하는 목표이고 결과목표는 결과 즉, 성과를 기준으로 정하는 목표이다.

03 〈보기〉의 ㉠, ㉡에 해당하는 것은? 기출 16·17·19·23

• (㉠) : 학습자가 새로운 기술을 연습하고 나서 특정한 시간이 지난 후 연습한 기술의 수행력을 평가하는 검사
• (㉡) : 연습한 기술이 다른 수행상황에서도 발휘될 수 있는지를 평가하는 검사

	㉠	㉡
①	전이검사	파지검사
②	파지검사	전이검사
③	망각검사	파지검사
④	파지검사	망각검사

해설
파지는 연습으로 향상된 운동기술의 수행력을 오랫동안 유지할 수 있는 능력을 의미하고, 전이는 과거의 수행 또는 학습경험이 새로운 운동기술의 수행과 학습에 영향을 미치는 것을 의미한다. 따라서 파지검사는 연습으로 좋아진 운동기술의 수행력을 장기간 유지할 수 있는지를 평가하고, 전이검사는 연습으로 좋아진 운동기술을 또 다른 것을 수행할 때도 드러낼 수 있는지를 평가한다.

정답 01 ③ 02 ① 03 ②

04 주의집중 방법으로 적절하지 않은 것은?

기출 15·16·17·18·19

① 테니스 서브를 루틴에 따라 실행한다.
② 축구 경기에서 관중의 방해를 의식하지 않는다.
③ 골프 경기에서 마지막 홀에 있는 해저드에 대해 생각한다.
④ 야구 경기에서 지난 이닝의 수비 실책을 잊고 현재 수행에 몰입한다.

해설

주의집중이란 운동수행과 관련한 단서나 정보에 정신을 집중하고 그것을 지속할 수 있는 능력을 의미한다. 다시 말해, 연습이나 시합에 임할 때 수행해야 할 기술 또는 유의해야 할 경기 상황 외에 다른 어떤 것에도 신경 쓰지 않고 집중하는 상태이다. 골프는 퍼팅이나 티샷과 같은 특정한 과제에 얼마나 선택적으로 집중할 수 있는지가 성공적인 수행을 좌우할 수 있는 운동이므로 매 순간의 샷이 중요하다. 따라서 마지막 홀에 있는 해저드(골프 경기를 위해 코스 안에 만들어 놓은 웅덩이나 모래밭 등의 장애물)에 대해 생각하며 불안을 키우는 것은 적절한 주의집중 방법이 아니다.

05 〈보기〉에 제시된 심상(Imagery)의 요소를 바르게 나타낸 것은?

기출 15·16·17·18·19

- ㉠ 선수 : 시합에서 느꼈던 자신감, 흥분, 행복감을 실제처럼 시각화한다.
- ㉡ 선수 : 부정적인 수행 장면을 성공적인 수행 이미지로 바꾼다.

	㉠	㉡
①	주의연합 (Attentional Association)	주의분리 (Attentional Dissociation)
②	외적 심상 (External Imagery)	집중력 (Concentration)
③	통제적 처리 (Controlled Processing)	자동적 처리 (Automatic Processing)
④	선명도(Vividness)	조절력(Controllability)

해설

심상의 요소

- 선명도(Vividness) : 마음속 이미지와 실제 이미지를 거의 똑같은 정도로 시각화하는 것으로, 이때 경기장의 구체적인 모습 등 주변 환경은 물론 경기에서 느끼게 될 불안이나 흥분 등의 감정도 모두 시각화한다.
- 조절력(Controllability) : 심상을 떠올릴 때 그 이미지를 자신이 원하는 모습으로 떠올릴 수 있게끔 조절하는 능력이다.
- 주의연합(Attentional Association) : 내적인 변화에 주의를 기울이는 방법이다.
- 주의분리(Attentional Dissociation) : 과거의 즐거웠던 일을 생각하거나 변화하는 생각에 주의를 기울이는 방법이다.
- 내적 심상(Internal Imagery) : 심상자가 심상을 할 때 자신의 신체가 직접 운동을 수행하는 것처럼 느끼는 것이다.
- 외적 심상(External Imagery) : 비디오에 찍힌 자신의 모습을 보는 것처럼, 자신이 성공적으로 운동을 수행하는 모습을 관찰자의 시점으로 상상하는 것이다.
- 집중력(Concentration) : 심상으로 과제의 어느 부분에 집중해야 할지를 떠올리는 능력이다.
- 통제적 처리(Controlled Processing) : 의도적·사색적으로 의식화하는 것이다.
- 자동적 처리(Automatic Processing) : 의식하거나 노력하지 않아도 습관적으로 떠오르는 것이다.

정답 04 ③ 05 ④

06 〈보기〉에서 지도자가 제공하는 보강적 피드백의 유형으로 적절한 것은? 기출 16·18·21·23

> 지도자 : 창하야! 다운스윙 전에 백스윙이 제대로 이루어지지 않았어.

① 내적 피드백(Intrinsic Feedback)
② 감각 피드백(Sensory Feedback)
③ 결과지식(Knowledge of Result ; KR)
④ 수행지식(Knowledge of Performance ; KP)

해설

피드백의 분류

내적 피드백 (감각 피드백)		운동수행자 자체에 내재하는 정보로서 반응 후에 스스로의 감각자극에 의해 피드백의 정보가 생기는 것이다.
외재적 피드백 (보강적 피드백)	결과지식 (Knowledge of Result ; KR)	동작의 결과에 대한 정보를 학습자에게 제공하는 것이다.
	수행지식 (Knowledge of Performance ; KP)	동작의 유형에 대한 정보를 학습자에게 제공하는 것이다.

07 〈보기〉의 ⊙, ⓒ에 해당하는 것은? 기출 16·17

> 줄다리기에서 집단이 내는 힘의 총합이 개인의 힘을 모두 합친 것보다 적게 나타나는 현상은 (⊙)이며, 집단의 인원수가 증가할 때 발생하는 개인의 수행 감소는 (ⓒ) 때문이다.

	⊙	ⓒ
①	링겔만효과 (Ringelmann Effect)	유능감 손실
②	관중효과 (Audience Effect)	동기 손실
③	링겔만효과 (Ringelmann Effect)	동기 손실
④	관중효과 (Audience Effect)	유능감 손실

해설

집단 성원을 집단에 머무를 수 있게 하는 힘들의 총합인 집단응집력에 관한 문제이다.

- 링겔만효과(Ringelmann Effect) : 모일수록 책임감이 분산되는 현상으로 '나 하나쯤이야'와 같은 심리를 의미하는데, 집단의 잠재 능력에 비해 실제 능력이 줄어드는 이유는 각자의 동기가 줄기(동기 손실) 때문이다.
- 관중효과(Audience Effect) : 어떠한 일을 수행할 때 타인이 본다는 사실에 영향을 받는 현상을 말한다.

06 ④ 07 ③ **정답**

08 〈보기〉에서 피츠(P. Fitts)와 포스너(M. Posner)의 운동학습 단계와 설명이 바르게 제시된 것은?   기출 18

┌───┐
│ ㉠ 테니스 포핸드 스트로크 자세를 안정적이고 일관성 │
│   있게 수행할 수 있다.   │
│ ㉡ 학습자는 오류를 수정하기 위해서 연습하고, 스스로 │
│   오류를 탐지하여 그 오류의 일부를 수정할 수 있다. │
│ ㉢ 학습자는 테니스 포핸드 스트로크의 개념을 이해   │
│   한다.   │
└───┘

	자동화 단계	인지 단계	연합 단계
①	㉠	㉡	㉢
②	㉠	㉢	㉡
③	㉡	㉢	㉠
④	㉡	㉠	㉢

해설

운동학습 단계(P. Fitts & M. Posner)

인지 단계	• 학습해야 할 운동기술의 특성을 이해하고 그 과제를 수행하기 위한 전략을 개발하는 단계이다. • 오류 수정 능력을 갖추지 못했기 때문에 운동수행 시 일관성이 부족하다.
연합 단계	• 과제 수행을 위한 전략을 선택하고 잘못된 수행의 해결책을 찾는 단계이다. • 동작의 일관성이 점점 좋아지는 단계이다.
자동화 단계	• 동작이 거의 자동으로 이루어지는 단계이다. • 동작 실행 시 의식적 주의가 거의 필요 없고 정확성과 일관성이 매우 높다. • 동작에 대한 오류를 탐지하고 수정할 수 있는 능력이 있다.

09 〈보기〉의 참가자를 위한 와이너(B. Weiner)의 귀인 이론에 기반한 지도방법으로 옳은 것은?   기출 17·19·23

┌───┐
│ 수영 교실에 참가하는 A씨는 다른 참가자들보다 수영 │
│ 에 재능이 없어 기술 습득이 늦다고 생각한다. 이로 인 │
│ 해 결석이 잦고 운동 중단이 예상된다.   │
└───┘

① 외적이며 안정적이고 통제 불가능한 개인의 노력에 귀인할 수 있도록 지도한다.
② 내적이며 불안정적이고 통제 가능한 개인의 노력에 귀인할 수 있도록 지도한다.
③ 외적이며 안정적이고 통제 불가능한 개인의 능력에 귀인할 수 있도록 지도한다.
④ 내적이며 안정적이고 통제 가능한 개인의 능력에 귀인할 수 있도록 지도한다.

해설

와이너(B. Weiner)의 귀인 이론에서 보았을 때 〈보기〉는 능력 귀인의 사례이다. 능력 귀인을 하는 사람은 낮은 성공 기대, 포기, 무력감, 저조한 수행, 부정적 정서를 보인다. 능력 귀인을 하는 사람을 지도할 때는 개인의 노력에 귀인할 수 있도록 지도하는 것이 바람직하다.

귀인 요소에 대한 분류 구조(B. Weiner)

귀인 요소	안정성 차원	내외 인과성 차원	통제성 차원
운	불안정	외 적	통제 불가능
노력	불안정	내 적	통제 가능
과제난이도	안 정	외 적	통제 불가능
능력	안 정	내 적	통제 불가능

정답 08 ② 09 ②

10 〈보기〉에서 설명하는 개념은? 기출 16·17·19

> 수현이는 오랫동안 배드민턴을 즐기다가 새롭게 테니스 교실에 등록했다. 테니스 코치는 포핸드 스트로크를 지도할 때, 수현이가 손목 스냅을 습관적으로 사용하는 것을 보고 손목을 고정하도록 지도했다.

① 과제 내 전이(Intratask Transfer)
② 양측 전이(Bilateral Transfer)
③ 정적 전이(Positive Transfer)
④ 부적 전이(Negative Transfer)

해설
전이란 과거의 수행 또는 학습경험이 새로운 운동기술의 수행과 학습에 영향을 미치는 것을 말한다.
① 과제 내 전이(Intratask Transfer) : 다른 연습 조건에서 수행한 후, 동일한 과제의 수행 차이를 비교하는 경우
② 양측 전이(Bilateral Transfer) : 한쪽 손이나 발로 특정 운동기술을 발전시키면, 반대편 혹은 대각선의 손발에 영향을 미치는 경우
③ 정적 전이(Positive Transfer) : 한 가지 과제 수행이 다른 과제 수행을 돕거나 촉진하는 경우

11 〈보기〉의 ㉠, ㉡, ㉢에 해당하는 것은? 기출 19

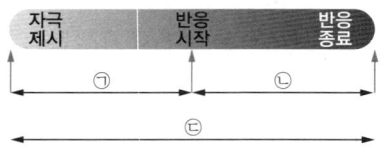

- ㉠은 자극 제시와 반응 시작 간의 시간 간격을 의미한다.
- ㉡은 반응 시작과 반응 종료 간의 시간 간격을 의미한다.
- ㉢은 자극 제시와 반응 종료 간의 시간 간격을 의미한다.

① ㉠ : 반응·시간(Reaction Time)
  ㉡ : 움직임 시간(Movement Time)
  ㉢ : 전체 반응·시간(Response Time)
② ㉠ : 반응·시간(Reaction Time)
  ㉡ : 전체 반응·시간(Response Time)
  ㉢ : 움직임 시간(Movement Time)
③ ㉠ : 움직임 시간(Movement Time)
  ㉡ : 반응·시간(Reaction Time)
  ㉢ : 전체 반응·시간(Response Time)
④ ㉠ : 단순 반응·시간(Simple Reaction Time)
  ㉡ : 움직임 시간(Movement Time)
  ㉢ : 전체 반응·시간(Response Time)

해설
운동결과에서 시간 측정의 예 : 100m 달리기
- 반응시간(Reaction Time) : 출발신호에 자극을 받아 발을 내딛는 시점까지
- 움직임 시간(Movement Time) : 전력으로 질주하는 시간
- 전체 반응시간(Response Time) : 모두 합친 것, 즉 자극 제시와 반응 종료 간의 시간 간격

10 ④ 11 ① **정답**

12 〈보기〉에서 설명하는 개념은?

> 양궁 선수 A는 첫 엔드에서 6점을 한 발 기록했다. 그러나 A는 바람 부는 상황으로 인해 총 36발의 슈팅 중에서 6점은 한 번 정도 나올 수 있는 점수이며, 첫 엔드에 나온 것이 다행이라고 긍정적으로 생각했다.

① 사고 정지(Thought Stopping)
② 자생 훈련(Autogenic Training)
③ 점진적 이완(Progressive Relaxation)
④ 인지 재구성(Cognitive Restructuring)

해설
① 사고 정지 : 부정적인 생각으로 인해 불안이나 긴장이 높아질 경우 부정적인 생각을 중단하는 것이다.
② 자생 훈련 : 불안을 줄이기 위해 자기최면을 사용하여 무거움과 따뜻함을 실제처럼 느끼도록 유도하는 훈련 방법이다.
③ 점진적 이완 : 몸 전체의 근육을 한 근육씩 순서대로 이완하는 절차로, 신체 모든 부위를 인위적으로 긴장시키고 긴장 상태에서 이완하는 과정을 통해 근육의 수축과 이완의 느낌을 체험하게 하는 기법이다.

13 〈보기〉에서 설명하는 개념은?

> 철수는 처음으로 깊은 바닷속으로 다이빙하면서 각성수준이 높아졌다. 높은 각성수준으로 인해 깊은 바닷속에서 시야가 평소보다 훨씬 좁아졌다.

① 스트룹 효과(Stroop Effect)
② 지각 협소화(Perceptual Narrowing)
③ 칵테일 파티 효과(Cocktail Party Effect)
④ 맥락간섭 효과(Contextual-interference Effect)

해설
① 스트룹 효과 : 의미가 서로 다른 자극쌍이 동시에 제시된 후 한 쪽만의 반응을 요구할 때 두 개념 사이에서 갈등하는 것
  예 파란색 잉크로 적힌 '빨강'이라는 문자를 보고 파란색을 말해야 할 때 색명만을 말할 때보다 반응이 느려지는 현상
③ 칵테일 파티 효과
  • 선택적 주의의 대표적 예로 음성의 선택적 청취를 이르는 말
  • 여러 음성이 오가는 중에도 관심사·자신에 대한 언급 등을 선택해 들을 수 있음
  • 많은 사람이 모인 곳에서 한 화자에 집중할 때 주위의 대화를 선택하고 걸러내는 능력
④ 맥락간섭 효과 : 운동기술을 연습하는 상황에서 운동기술에 포함된 하위 요소 간에 간섭 현상이 발생하는 것

정답 12 ④ 13 ②

14 스포츠 지도자의 리더십 행동으로 적절하지 않은 것은?

① 선수에게 개별 시간을 할애하는 행동
② 선수가 목표를 수립하도록 도와주는 행동
③ 선수에게 과도한 자신감을 부여하는 행동
④ 선수의 주의산만 요인을 파악하고 지도하는 행동

해설
어떤 일의 수행을 성취하기 위한 방법의 선택과 노력의 강도는 대부분 자신감에 의하여 결정되므로 스포츠 지도자는 선수의 자신감을 향상할 수 있는 지도방법을 알아야 하고 선수에게 자신감을 부여해야 하지만, 선수가 과도한 자신감을 가지면 자신의 능력을 과대평가하여 훈련을 게을리할 수 있고 자신의 능력에 대한 믿음이 실제와 다르다는 것을 깨닫게 되면 선수에게 오히려 부정적인 영향을 끼치게 되므로 스포츠 지도자는 선수가 과도한 자신감에 빠지지 않게 지도해야 한다.

15 〈보기〉에서 ㉠, ㉡, ㉢에 해당하는 기억의 유형이 바르게 연결된 것은? 기출 15

유형	㉠	㉡	㉢
기억용량	제 한	극히 제한	무제한
특 징	반복하거나 시연하지 않으면 사라진다.	새로운 정보가 유입되면 쉽게 손실된다.	반복과 시연을 통해 강화된다.
지도방법	한 번에 너무 많은 정보를 제공하지 않고, 정보를 처리할 수 있는 시간을 제공한다.	불필요한 외부정보를 줄이고 집중할 수 있도록 지도한다.	연습을 통해 기억을 강화한다.

	㉠	㉡	㉢
①	감각기억	단기기억	장기기억
②	감각기억	장기기억	단기기억
③	단기기억	장기기억	감각기억
④	단기기억	감각기억	장기기억

해설
기억의 유형
- 감각기억 : 환경으로부터의 자극이 인간의 기억체계로 들어오는 첫 단계이며, 아주 짧은 시간 동안에 많은 양의 정보가 감각기억에 저장된다.
- 단기기억 : 한 번에 너무 많은 정보를 제공하지 않고 정보를 처리할 수 있는 시간을 제공하며 감각기억보다 다소 긴 시간 동안 정보를 보유할 수 있다.
- 장기기억 : 단기기억에 저장된 정보들은 자극의 수용자가 더 많은 주의를 기울이거나 특별한 조치를 할 때 장기기억으로 전환되며, 정보가 기억의 체계에 그대로 머무는 기간이 비교적 영속적이다.

16 프로차스카(J. Prochaska)의 운동변화단계 이론(Transtheoretical Model)에 대한 설명으로 옳지 않은 것은? 기출 15·18

① 준비단계는 현재 운동에 참여하지 않지만, 6개월 이내에 운동을 시작할 의도가 있는 것을 의미한다.
② 의사결정 균형이란 운동을 할 때 기대할 수 있는 혜택과 손실을 평가하는 것을 의미한다.
③ 인지 과정과 행동 과정과 같은 변화과정을 통해 이전 단계에서 다음 단계로 이동하게 된다.
④ 자기효능감은 관심단계보다 유지단계에서 더 높다.

해설
운동변화단계 이론(J. Prochaska)

운동변화단계	내용	자기효능감
계획 전 단계 (무관심)	현재 운동을 하지 않으며, 6개월 이내에 운동을 시작할 의도가 없다.	가장 낮음
계획 단계 (관심)	현재 운동을 하지 않지만, 6개월 이내에 운동을 시작할 의도가 있다.	한 단계씩 단계가 높아짐에 따라 비례적으로 높아짐
준비 단계	규칙적으로 운동을 하지는 않으나, 1개월 이내에 할 의도가 있다.	
실천 단계	운동을 하고 있지만 6개월이 아직 안 되었다.	
유지 단계	중간 정도 강도로 매일 30분씩 6개월 이상 운동을 하고 있다.	가장 높음

14 ③ 15 ④ 16 ①

17 〈보기〉에서 설명하는 개념은?

기출 17

> 피겨 스케이팅 경기에서 영희는 앞 선수가 완벽에 가까운 연기를 펼치자, 불안해지고 긴장되었다.

① 상태불안
② 분리불안
③ 특성불안
④ 부적 강화

해설

불안의 유형

특성불안	• 어떤 사람의 성격으로 타고난 개인적 특성 및 기질과 관계된 불안 • 위협적이지 않은 상황에서도 위협적으로 지각, 객관적 위험 정도와 관계없이 불안 반응을 나타내는 행동경향
상태불안	• 일시적·상황적 측면과 관계된 불안으로, 상황에 따라 다양하게 변화하는 정서 상태 • 자율신경계의 활성화와 관련된 주관적·의식적으로 지각된 공포, 우려 및 긴장감을 지닌 일시적으로 변화하는 정서 상태
인지불안	운동수행에 관한 부정적 생각·걱정 등의 의식적 지각
신체불안	상황에 따라 변하는 지각된 생리적 반응
경쟁불안	• 스포츠 경기상황에서 경쟁과정에 수반하여 나타나는 불안의 한 형태 • 개인 요인과 관련하여 외부 자극을 어떻게 받아들이느냐에 따라 수준 결정

강화의 유형
• 정적 강화 : 유쾌 자극을 제공하여 현재 수행을 지속적으로 유지할 수 있게 돕는 것이다.
• 부적 강화 : 불쾌 자극을 제거함으로써 긍정적인 행동의 빈도를 높이는 것이다.

18 〈보기〉의 ㉠, ㉡에 배구 기술을 지도하기 위한 연습구조가 적절하게 제시된 것은?

기출 16·18·21·24

구 분	1차시	2차시	3차시
㉠	서브 서브 서브	세팅(토스) 세팅(토스) 세팅(토스)	언더핸드 언더핸드 언더핸드
㉡	서브 세팅(토스) 언더핸드	세팅(토스) 언더핸드 서브	언더핸드 서브 세팅(토스)

*두 가지 연습구조에서 연습시간과 횟수는 동일

	㉠	㉡
①	집중연습 (Massed Practice)	분산연습 (Distributed Practice)
②	가변연습 (Variable Practice)	무선연습 (Random Practice)
③	구획연습 (Blocked Practice)	무선연습 (Random Practice)
④	가변연습 (Variable Practice)	일정연습 (Constant Practice)

해설

연습구조
• 구획연습(Blocked Practice) : 운동기술에 포함된 각 변인을 나눈 후 각각 주어진 시간 동안 연습하는 방법
• 무선연습(Random Practice) : 운동기술에 포함된 하위 요소들을 무작위로 연습하는 방법
• 집중연습(Massed Practice) : 연습시간이 휴식시간보다 상대적으로 긴 연습 방법
• 분산연습(Distributed Practice) : 휴식시간이 연습시간보다 상대적으로 긴 연습 방법
• 가변연습(Variable Practice) : 운동기술을 여러 가지 방법으로 순서에 상관없이 뒤섞어 연습하는 방법
• 일정(불변)연습(Constant Practice) : 운동기술을 한 가지 방법으로만 계속 연습하는 방법

정답 17 ① 18 ③

19 스포츠 심리상담사에 관한 설명으로 적절하지 않은 것은? 기출 15·17·19·21·24

① 내담자와 공감하며 경청한다.
② 내담자와 라포(Rapport)를 형성한다.
③ 내담자와 일상생활에서 개인적 관계를 맺는다.
④ 내담자의 비언어적 메시지에도 관심을 가진다.

해설

응용스포츠심리학회(AAASP)의 스포츠 심리상담 윤리규정 주요 내용

- 스포츠 심리상담의 한계를 인식하고, 자신의 역량 범위 내에서만 상담해야 한다.
- 나이, 성별, 인종, 민족성, 국적, 종교, 성적 지향, 언어 또는 사회경제적 지위 등의 요인으로 내담자를 차별해서는 안 된다.
- 자신의 상담 내용이 타인의 삶에 영향을 미칠 수 있다는 것을 깨닫고, 오용되지 않도록 경각심을 가져야 한다.
- 타인과 다중관계를 맺어서는 안 되며, 가족·친구와 같은 대상에 대한 전문적·과학적 상담을 지양해야 한다. 또한 내담자와 성적인 관계를 맺어서는 안 된다.
- 내담자의 이익을 최우선으로 두고 상담을 진행해야 하며, 필요한 경우 다른 전문가에게 의뢰해야 한다.

20 정보처리 3단계의 관점에서 100m 달리기 스타트의 반응시간이 배구 서브 리시브 상황에서의 반응시간보다 짧은 이유로 옳은 것은? 기출 16·19·21·24

① 100m 스타트에서는 자극확인(Stimulus Identification) 단계의 소요 시간이 상대적으로 짧기 때문이다.
② 100m 스타트에서는 운동 프로그래밍(Motor Programming) 단계의 소요 시간이 상대적으로 길기 때문이다.
③ 배구 서브 리시브 상황에서는 자극확인(Stimulus Identification) 단계의 소요 시간이 상대적으로 짧기 때문이다.
④ 배구 서브 리시브 상황에서는 반응선택(Response Selection) 단계의 소요 시간이 상대적으로 짧기 때문이다.

해설

정보처리 3단계의 관점에서 볼 때, 100m 달리기에서 스타트할 때의 반응시간이 배구에서 서브 리시브를 하는 상황의 반응시간보다 짧은 이유는 100m 달리기를 할 때 출발을 알리는 신호탄 소리를 인지하는 자극확인의 단계가 배구에서 공을 인지한 후 서브 리시브 자세를 준비하는 시간보다 짧기 때문이다.

정보처리 3단계

- 감각지각 단계 : 자극을 확인하고 감각기관을 이용하여 자극을 지각하고 수용하는 단계
- 반응선택 단계 : 자극을 확인한 후 환경 특성에 맞는 반응 유형을 선택하는 단계
- 반응실행 단계 : 반응실행을 위한 구체적인 체계를 생성하고 조직화하는 단계

제4과목 한국체육사

01 〈보기〉에서 설명하는 의례는? 기출 24

- 부족의 신화를 계승하는 춤을 익혔다.
- 식량 확보를 위한 수렵과 채집 활동을 하였다.
- 『삼국지』의 「위지동이전」에 '큰사람'으로 부른 기록이 있다.

① 영고(迎鼓)
② 무천(舞天)
③ 동맹(東盟)
④ 성년의식(成年儀式)

해설

부족국가 성년의식(成年儀式)
- 성인사회로 입문하기 위한 신체적인 훈련과 곤경을 이겨내는 의식이었다.
- 부족의 신화를 계승하는 춤을 익혔고, 식량 확보 활동(수렵, 채집)을 하였다.
- 육체적 능력과 사회적 경험의 정도를 평가하고, 정신적·육체적 고통에 대한 인내심을 배양하였다.
- 『삼국지』「위지동이전」에는 성년의식을 치른 사람을 '큰사람'으로 부른 기록이 있다.

02 〈보기〉에서 설명하는 화랑도의 정신은? 기출 15·16·17·18·21·23

- 사군이충(事君以忠) : 충성심으로 임금을 섬김
- 사친이효(事親以孝) : 효심으로 부모를 섬김
- 교우이신(交友以信) : 신의를 바탕으로 벗을 사귐
- 살생유택(殺生有擇) : 생명체를 함부로 죽이지 않음
- 임전무퇴(臨戰無退) : 전쟁에 임할 때는 후퇴를 삼감

① 삼강오륜(三綱五倫)
② 세속오계(世俗五戒)
③ 문무겸비(文武兼備)
④ 사단칠정(四端七情)

해설

신라 화랑도는 원광의 세속오계를 기본정신으로 삼았다.

화랑도의 특징
- 귀족 자제들이 참여하였다.
- 단체생활을 통해 심신을 연마하였다.
- 야외교육활동으로 편력을 수행하였다.
- 화랑도는 일명 풍류도, 국선도, 원화도라고도 한다.
- 원광의 세속오계(사군이충, 사친이효, 교우이신, 살생유택, 임전무퇴)를 기본정신으로 문무겸비의 인재를 양성하였다.
- 무예수련을 통해 인재를 양성하였다.
- 국가의 관료를 등용하던 교육제도이다.
- 신체적 단련을 통한 강한 청소년 양성을 목적으로 하였다.

03 고려시대의 무예에 대한 설명으로 적절하지 않은 것은? 기출 18·19·21·23

① 무학교육기관으로 강예재(講藝齋)가 있었다.
② 수박희(手搏戱)는 인재 선발을 위한 기준이 되었다.
③ 격구(擊毬)는 군사훈련 및 여가활동으로 성행하였다.
④ 종합무예서인 『무예도보통지』가 편찬되었다.

해설

『무예도보통지』는 조선시대 정조 때 만들어진 무예서로서, 24가지 무(武)에 관한 기예를 그림으로 설명한 종합무예서이다.

정답 01 ④ 02 ② 03 ④

04 〈보기〉에서 설명하는 민속놀이는? 기출 17·19·23

- 귀족들이 즐겼던 놀이이다.
- 매를 길들여 꿩이나 기타 조류를 사냥하였다.

① 각저(角抵)
② 방응(放鷹)
③ 격구(擊毬)
④ 추천(鞦韆)

해설
① 각저(角抵) : 두 사람이 맞잡고 힘을 겨루는 오늘날의 씨름과 같은 형태의 놀이이다.
③ 격구(擊毬) : 서양의 폴로 경기와 유사하며, 말을 타고 채를 이용하여 공을 치는 경기이다.
④ 추천(鞦韆) : 단오절에 행하는 여성들의 놀이. 두 줄을 붙잡고 발의 탄력을 이용해 온몸을 마음껏 날려 보내는 것으로, 그네뛰기 형태의 놀이이다.

05 〈보기〉에서 설명하는 고려시대 사건은?

1170년 의종이 문신들과 보현원에 행차하였다. … (중략) … 대장군 이소응이 젊은 병사와 오병수박희(五兵手搏戲)를 겨루었고 패하였다. 그러자 젊은 문신 한뢰가 대장군 이소응의 뺨을 때리며 비웃었다. 이 광경을 보던 정중부와 이의방 등이 선동하여 반란을 일으켰다.

① 무신정변
② 묘청의 난
③ 이자겸의 난
④ 삼별초의 난

해설
고려시대는 오병수박희 행사를 통해 인재를 선발하기도 했는데, 이는 무신정변의 원인이 되기도 했다. 〈보기〉는 고려 무신정변이 일어난 배경(보현원의 난)에 대한 내용이다.

06 〈보기〉에서 설명하는 개화기 사립학교는? 기출 17

- 무비자강(武備自强)을 강조하였다.
- 문예반 50명, 무예반 200명을 선발하였다.
- 1883년에 설립된 최초의 근대식 학교이다.

① 대성학교(大成學校)
② 오산학교(五山學校)
③ 원산학사(元山學舍)
④ 동래무예학교(東萊武藝學校)

해설
원산학사(1883)
- 정현석, 어윤중 등이 설립을 추진했다.
- 1883년에 정식으로 승인받고 설립한 최초의 근대식 학교이다.
- 동래 무예학교의 영향을 받았다.
- 무비자강(武備自强)을 강조하고 교과과정에 전통무예를 포함했다.
- 문사양성을 위한 문예반(50명)과 무사양성을 위한 무예반(200명)을 개설했다.
- 무사양성에 주력하여 무예반에서 별군관을 양성했다.

07 〈보기〉의 ㉠, ㉡에 들어갈 용어는? 기출 21·23

- 나현성의 『한국체육사』에 따른 시대구분이다.
- 갑오경장(甲午更張) 이전은 무예를 중심으로 하는 (㉠)체육을 강조하였다.
- 갑오경장 이후는 「교육입국조서(敎育立國詔書)」를 중심으로 하는 (㉡)체육을 강조하였다.

	㉠	㉡
①	현대	전통
②	근대	전통
③	전통	근대
④	전통	현대

해설
나현성은 우리 체육의 전 과정을 갑오경장 이전과 갑오경장 이후로 구분하였다. 갑오경장 이전은 무예를 중심으로 하는 전통체육을 강조하였고, 갑오경장(갑오개혁) 이후는 고종이 반포한 교육입국조서를 중심으로 하는 근대체육을 강조하였다.

정답 04 ② 05 ① 06 ③ 07 ③

08 조선시대 무과제도에 관한 설명으로 적절한 것은?
기출 15·18

① 정기적으로만 실시하였다.
② 예조와 음양과에서 주관하였다.
③ 시험은 무예 실기만 시행되었다.
④ 초시, 복시, 전시의 3단계로 진행되었다.

해설

조선시대 무과시험
- 과거제도를 통해 탁월한 무인을 선발하였다.
- 무과는 정기 시험인 식년시와 부정기 시험인 각종 별시로 구분되었다.
- 식년시는 초시, 복시, 전시의 3단계로 이루어지고 소과와 대과의 구분이 없다.
  - 복시는 병조와 훈련원에서 주관하였고, 28명을 선출하였다.
  - 초시에서는 원시(70명), 향시(120명)로 190명을 선출하였다.
  - 전시는 기격구(騎擊毬)와 보격구(步擊毬)를 시행하였다.
- 무과의 시험종목에는 활쏘기, 기사, 기창, 격구 등이 있었다.

09 개화기 운동회에 대한 설명으로 적절한 것은?
기출 17·21·23·24

① 일본인을 위한 축제의 성격이었다.
② 최초 시행 종목은 야구와 농구였다.
③ 우리나라 최초의 운동회는 화류회(花柳會)이다.
④ 학교 정규교과목으로 학생에게 장려된 활동이었다.

해설

우리나라 운동회의 시초는 1896년 영어 교사인 허치슨(Hutchison)이 삼선평(三仙坪)으로 소풍을 가서 개최한 화류회(花柳會)라는 운동회이다. 이 운동회는 전통놀이에서 이름을 따서 지었으며, 던지기, 멀리뛰기, 높이뛰기, 달리기 등 주로 육상 경기를 하였다. 당시의 운동회는 일제의 침탈에 대한 민족의 울분과 교육구국 의지를 다지는 역할 등을 하였다.

10 〈보기〉에서 설명하는 조선시대 기관은?
기출 23

- 무예의 수련을 담당하였다.
- 병서의 습독을 장려하였다.
- 군사의 시재(試才)를 담당하였다.

① 사정(射亭)
② 성균관(成均館)
③ 사역원(司譯院)
④ 훈련원(訓練院)

해설

① 사정(射亭) : 활을 쏘던 곳, 활터다.
② 성균관(成均館) : 조선시대 국립 고등 교육 기관이다.
③ 사역원(司譯院) : 고려와 조선시대 외국어의 번역과 통역에 관한 일을 맡았던 관청이다.

11 『활인심방(活人心方)』에 대한 설명으로 적절하지 않은 것은?
기출 15

① 이이(李珥)가 『활인심방』이라는 책을 펴냈다.
② 도인법(導引法)은 목 돌리기, 마찰, 다리의 굴신 등의 보건체조이다.
③ 사계양생가(四季養生歌)는 춘하추동으로 나누어 호흡하는 방법이다.
④ 활인심서(活人心序)는 기를 조절하고, 식욕을 줄이며, 욕망을 절제하는 방법이다.

해설

『활인심방(活人心方)』은 퇴계 이황이 명나라 주권의 도가의서 '활인심'을 들여와 만든 책으로, 치료보다는 예방을 위한 보건체조의 기능을 하였다.

정답 08 ④ 09 ③ 10 ④ 11 ①

12 〈보기〉에서 대한체육회에 대한 옳은 설명을 모두 고른 것은? 기출 19

┌─────────────────────────────────────┐
│ ㉠ 1920년 : 조선체육회가 창립되었다.   │
│ ㉡ 1948년 : 대한체육회로 개칭되었다.   │
│ ㉢ 1966년 : 태릉선수촌을 건립하였다.   │
│ ㉣ 2016년 : 국민생활체육회와 통합되었다.   │
└─────────────────────────────────────┘

① ㉡, ㉢
② ㉡, ㉣
③ ㉠, ㉡, ㉢
④ ㉠, ㉡, ㉢, ㉣

해설
㉠ 일본체육단체(조선체육협회)에 대한 대응으로 1920년 7월 13일 조선인 중심으로 조선체육회가 창립되었다.
㉡ 1948년 국호인 대한민국에 따라 '조선체육회'의 명칭을 '대한체육회'로 변경하였다.
㉢ 1966년 동경올림픽 이후 대한체육회는 우수선수의 지속적인 강화훈련을 위해 서울 공릉동에 태릉선수촌을 건립하였다.
㉣ 2016년 대한체육회는 엘리트체육과 생애체육의 상호유기적 발전이라는 목적으로 국민생활체육회와 통합되었다.

13 개화기에 도입된 스포츠에 대한 설명으로 옳지 않은 것은? 기출 16·18·19·21

① 조원희는 교육체조를 보급하였다.
② 우치다(內田)는 검도를 보급하였다.
③ 질레트(P. Gillett)는 야구와 농구를 보급하였다.
④ 푸트(L. Foote)는 연식정구(척구)를 보급하였다.

해설
검도는 1896년 경무청에서 경찰 교습과목으로 채택되면서 보급되었고, 우치다(內田)는 유도를 보급하였다.

14 일제강점기 스포츠 종목의 도입에 대한 설명으로 옳지 않은 것은? 기출 17·21

① 권투 : 1914년 경성구락부에서 소개하였다.
② 경식정구 : 1919년 조선철도국에서 소개하였다.
③ 스키 : 1921년 나카무라(中村)가 소개하였다.
④ 역도 : 1926년 서상천이 소개하였다.

해설
권투는 1912년 박승필이 유각권구락부를 설립하고 우리나라에 소개하였다.

15 〈보기〉에서 설명하는 최초의 체육진흥계획은?

┌─────────────────────────────────────┐
│ • 국민생활체육협의회가 설립되었다.   │
│ • 서울올림픽기념 생활관이 건립되었다.   │
│ • '호돌이계획'으로 생활체육 진흥을 도모하는 계기가   │
│   되었다.   │
└─────────────────────────────────────┘

① 국민생활체육진흥종합계획
② 제1차 국민체육진흥5개년계획
③ 제2차 국민체육진흥5개년계획
④ 참여정부 국민체육진흥5개년계획

해설
국민생활체육진흥종합계획
서울올림픽경기대회 이후 일반 국민의 체육 활동 참여 열기가 고조되고, 국민건강 및 여가 선용에 대한 관심이 부각되면서 1989년 11월 국민생활체육진흥종합계획(호돌이계획)이 수립되었다.

12 ④ 13 ② 14 ① 15 ① **정답**

16 일제강점기 황국신민체조에 대한 설명으로 적절하지 않은 것은? 기출 17

① 군국주의 함양을 위한 것이다.
② 무사도 정신을 고취하기 위한 것이다.
③ 식민지 통치체제의 일환으로 실시되었다.
④ 유희 중심의 체조 지도원리에 따라 교육되었다.

해설

일제는 학교체육에 '황국신민체조'를 도입하였다. 황국신민체조는 기존 학교체육에다 검(劍)의 요소를 넣어 심신을 단련하는 형식으로 만든 체조로서, 일본의 무사도 정신을 고취하는 식민지 통치체제의 일환으로 실시하였다. 그 결과 학교체육에서 유희중심의 서구 체조가 사라지고 군사훈련의 성격을 띤 일본식 체조가 행해졌다.

17 1936년 제11회 베를린올림픽경기대회 마라톤에서 손기정과 함께 입상한 선수는? 기출 15·16·18·21

① 권태하
② 남승룡
③ 서윤복
④ 함길용

해설

1936년 제11회 베를린 올림픽 마라톤대회에서 손기정과 남승룡이 입상하였다. 손기정은 세계신기록으로 1위를, 남승룡 선수는 3위를 차지하였으나, 일장기를 달고 있었다. 이를 계기로 동아일보 이길용 기자에 의해 일장기 말소사건이 발생하였다.

18 〈보기〉에서 설명하는 일제강점기의 체육시설은?

- 축구장, 야구장, 정구장, 수영장 등이 있었다.
- 전국규모의 대회와 올림픽경기대회 예선전 등이 열렸다.
- 1925년 건립되었고, 1984년 동대문운동장으로 개칭되었다.

① 경성운동장
② 효창운동장
③ 목동운동장
④ 잠실종합운동장

해설

경성운동장
- 1925년에 개장한 최초의 종합운동장이다.
- 축구장, 야구장, 정구장, 수영장까지 갖추어진 동양 제일의 운동장이다.
- 해방 후 서울운동장으로 명칭 변경, 1959년 야구장을 재개장했다.
- 1984년 동대문운동장으로 개칭했다.
- 전국규모의 대회와 각종 올림픽경기대회 예선전이 열렸으나 2007년 철거되어 폐장했다.

19 〈보기〉의 설명과 관련 있는 정부는? 기출 15·21

- 서울아시아경기대회를 개최하였다.
- 정부 행정조직에서 체육부가 신설되었다.
- 프로야구, 프로축구, 프로씨름 등이 출범하였다.

① 박정희 정부
② 전두환 정부
③ 노태우 정부
④ 김영삼 정부

해설

전두환 정권은 1982년 중앙정부 행정조직에 '체육부'를 신설하여 노태우를 초대 장관으로 임명하였으며, 1986년 서울아시아경기대회를 개최하였다. 또, 3S 정책(정권에 대한 불만과 항거를 다른 쪽으로 돌리도록 유도하기 위한 문화정책)의 일환으로 프로야구, 프로축구, 프로씨름을 출범·개최하였다.

정답 16 ④ 17 ② 18 ① 19 ②

20 〈보기〉의 ㉠, ㉡에 들어갈 알맞은 국제대회의 명칭은?

기출 15·16

- 1988년 개최된 (㉠)의 마스코트는 '호돌이'이다.
- 2018년 개최된 (㉡)의 마스코트는 '수호랑'과 '반다비'이다.

	㉠	㉡
①	서울올림픽경기대회	서울아시아경기대회
②	서울아시아경기대회	부산아시아경기대회
③	서울올림픽경기대회	평창올림픽경기대회
④	부산아시아경기대회	평창올림픽경기대회

해설
- 서울올림픽경기대회 : 우리나라에서 개최된 최초의 하계올림픽, 태권도가 시범종목으로 채택, 우리나라 종합 4위 성적 달성, 마스코트는 '호돌이'
- 평창올림픽경기대회 : 우리나라에서 개최된 최초의 동계올림픽, 여자 아이스하키팀이 남북 단일팀으로 참가, 마스코트는 '수호랑', '반다비'

제5과목 운동생리학

01 유산소 시스템의 특징으로 적절하지 않은 것은?

기출 15·16·23·24

① 장시간의 저강도 운동 시 사용된다.
② 무산소 시스템에 비해 ATP 합성률이 빠르다.
③ 산소를 이용하여 에너지 기질(Substrate)을 분해한다.
④ 에너지 기질로 탄수화물과 지방을 모두 이용할 수 있다.

해설
- 유산소 시스템은 무산소 시스템에 비해 ATP 합성 속도는 느리나, 미토콘드리아 내 산소를 이용하여 크렙스(TCA) 회로와 전자전달계를 거쳐 많은 양의 ATP를 합성한다.
- 유산소 시스템은 장시간의 저강도 운동 시 사용되며, 지방·단백질·글리코겐 모두 에너지 기질로 이용할 수 있다.

02 근육 내에서 산소를 운반하는 물질은?

기출 19

① 알부민(Albumin)
② 신경전달물질(Neurotransmitter)
③ 마이오글로빈(Myoglobin)
④ 아세틸콜린(Acetylcholine)

해설
근육 내에서 산소를 저장 및 운반하는 역할을 하는 것은 마이오글로빈(Myoglobin)이다. 마이오글로빈(Myoglobin)의 함량이 높은 근육은 붉은 색을 띠고 있기 때문에 적근(Red Muscle)이라고 한다.

03 고강도 운동 시 ATP 합성에 사용되는 주요 기질(Substrate)로 적절한 것은?

기출 16·23

① 젖 산
② 지 방
③ 근육 단백질
④ 근육 글리코겐

해설
고강도 운동 시 국소 부위 근육의 에너지 소비량이 많아지고 혈액 속 당의 이동 속도로는 에너지 요구량을 만족시킬 수 없게 된다. 따라서 해당 부위의 근육 글리코겐이 글루코스로 분해되어 ATP 합성에 사용된다.

정답 20 ③ 01 ② 02 ③ 03 ④

04 〈보기〉가 설명하는 호르몬은? 기출 15·17·19·21·23

- 부신수질로부터 분비된다.
- 운동의 강도와 시간이 증가함에 따라 분비가 증가하며, 지방조직과 근육 내 지방의 분해를 촉진하는 역할을 한다.

① 인슐린(Insulin)
② 글루카곤(Glucagon)
③ 에피네프린(Epinephrine)
④ 알도스테론(Aldosterone)

해설
에피네프린(아드레날린)은 부신수질 분비 호르몬의 80%를 차지하며, 운동 시 부신수질로부터 분비가 증가된다. 에피네프린(아드레날린)은 간과 근육의 글리코겐 분해를 촉진하여 혈당량을 증가시키며, 탄수화물 저장량 감소 시 지방의 분해를 촉진한다.

05 장기간의 저항성 트레이닝에 따른 골격근의 적응으로 적절하지 않은 것은? 기출 19·21

① 근형질(Sarcoplasm)의 양이 증가한다.
② 근원섬유(Myofibril)의 수가 증가한다.
③ 속근섬유(Type Ⅱ Fiber)의 단면적이 증가한다.
④ 미토콘드리아(Mitochondria)의 밀도가 증가한다.

해설
장기간의 저항성 트레이닝은 빠른 신장성 수축에 적응하게 하며, 속근(FT) 섬유가 높은 비율로 사용된다. 따라서 근형질 및 근원섬유의 수와 크기가 증가하며, 속근섬유(Type Ⅱ Fiber)의 단면적이 증가한다. 미토콘드리아(Mitochondria)의 밀도 증가는 지구성 트레이닝에 따른 유산소 대사 능력 향상에 의해 주로 나타난다.

06 〈보기〉의 ㉠과 ㉡에 들어갈 용어를 바르게 나열한 것은? 기출 15·16·17·18·19·24

지구성 트레이닝에 대한 적응으로 최대 동정맥산소차는 (㉠)하고, 최대 1회박출량(Stroke Volume)은 (㉡)한다.

	㉠	㉡
①	증가	증가
②	증가	감소
③	감소	감소
④	감소	증가

해설
지구성 트레이닝에 대한 적응으로 모세혈관의 밀도 증가 및 미토콘드리아의 산화 능력 향상으로 최대 동정맥산소차가 증가하며, 심장이 비대해짐에 따라 최대 1회박출량(Stroke Volume)이 증가한다.

07 〈보기〉의 신경세포 구조 및 전기적 활동에 관한 적절한 설명을 고른 것은? 기출 15·17·18·21·23

㉠ 안정 시 신경세포 막의 안쪽은 Na⁺의 농도가 높고, 바깥쪽은 K⁺의 농도가 높다.
㉡ 역치(Threshold)는 신경세포 막의 차등성 전위(Graded Potential)가 안정 막전위(Resting Membrane Potential)로 바뀌는 시점을 말한다.
㉢ 활동전위(Action Potential)는 신경세포 막의 탈분극(Depolarization)을 유도한다.
㉣ 신경세포는 신경근 접합부(Neuromuscular Junction)를 통해 근섬유와 상호신호전달을 한다.

① ㉠, ㉡
② ㉠, ㉣
③ ㉡, ㉢
④ ㉢, ㉣

해설
㉠ 안정 시 신경세포 막의 안쪽은 K⁺의 농도가 높고, 바깥쪽은 Na⁺의 농도가 높다.
㉡ 역치(Threshold)는 신경세포 막의 차등성 전위(Graded Potential)가 활동전위(Action Potential)로 바뀌는 시점을 말한다.

정답 04 ③ 05 ④ 06 ① 07 ④

08 적혈구용적률(Hematocrit)에 관한 설명으로 적절한 것은?

① 높은 적혈구용적률(60% 이상)은 혈액의 흐름을 수월하게 한다.
② 일반적으로 성인 여성이 성인 남성보다 높은 적혈구용적률을 보인다.
③ 전체 혈액량 대비 혈장(Plasma)량의 비율이 높을수록 적혈구용적률은 낮다.
④ 지구성 트레이닝에 대한 적응으로 혈장량이 감소하여 적혈구용적률은 증가한다.

해설
① 높은 적혈구용적률(60% 이상)은 혈액을 끈적이게 하며 흐름을 느리게 한다. 적혈구용적률은 45% 미만을 유지하는 것이 적당하다.
② 일반적으로 성인 남성(42~45%)이 성인 여성(38~42%)보다 높은 적혈구용적률을 보인다.
④ 지구성 트레이닝으로 인한 항이뇨 호르몬과 알도스테론의 분비 증가 및 알부민과 같은 혈장단백질의 농도 증가에 의해 혈장량이 증가하며, 적혈구용적률도 증가하여 전체적인 혈액량이 증가한다.

09 근세사 활주설(Sliding Filament Theory)에 관한 설명으로 적절하지 않은 것은? 기출 17·18·19

① 액틴(Actin)은 근절(Sarcomere)의 중앙부위로 마이오신(Myosin)을 잡아당긴다.
② 마이오신 머리(Myosin Head)에 있는 인산기(Pi)가 방출되면서 파워 스트로크(Pewer Stroke)가 일어난다.
③ 활동전위는 근형질세망(Sarcoplasmic Reticulum)으로부터 나온 Ca^{2+}을 근형질(Sarcoplasm)내로 유입하게 한다.
④ Ca^{2+}은 액틴 세사의 트로포닌(Troponin)과 결합하고 트로포닌은 트로포마이오신(Tropomyosin)을 이동시켜 마이오신 머리가 액틴과 결합할 수 있도록 한다.

해설
액틴(Actin)이 근절(Sarcomere)의 중앙부위로 미끄러져 들어가면서 근수축이 일어난다.

10 〈보기〉는 산소-헤모글로빈 해리 곡선의 운동 시 변화에 관한 설명이다. ㉠, ㉡, ㉢, ㉣에 들어갈 용어를 바르게 나열한 것은?

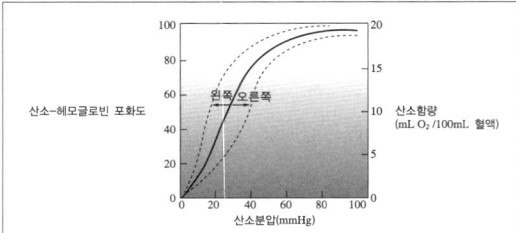

- 심부체온이 증가하여 산소-헤모글로빈 해리 곡선은 (㉠)으로 이동하며, 헤모글로빈의 산소 친화력을 (㉡)시킨다.
- 신체의 pH가 감소하여 산소-헤모글로빈 해리 곡선은 (㉢)으로 이동하며, 헤모글로빈의 산소 친화력을 (㉣)시킨다.

	㉠	㉡	㉢	㉣
①	오른쪽	감소	오른쪽	감소
②	오른쪽	증가	왼쪽	감소
③	왼쪽	증가	왼쪽	증가
④	왼쪽	감소	오른쪽	증가

해설
- 운동으로 인해 심부체온이 증가하면 열 발생과 조직의 산소 요구에 따라 산소-헤모글로빈 해리 곡선은 오른쪽으로 이동하며, 헤모글로빈의 산소 친화력이 감소되어 조직으로의 산소 공급이 많아진다.
- 운동으로 인한 체내의 CO_2 증가는 H^+를 증가시켜 신체의 pH가 감소된다. 이때 산소-헤모글로빈 해리 곡선은 오른쪽으로 이동하며, 헤모글로빈의 산소 친화력을 감소시킨다. 그 결과 조직 세포에 산소(O_2)를 전달하고 이산화탄소(CO_2)를 받아오는 가스교환이 촉진된다.

11 〈보기〉의 근수축 유형에 따른 힘-속도-파워 간의 관계에 관한 설명으로 적절한 것만 고른 것은?

기출 15·18·21·24

> ㉠ 신장성 수축은 수축 속도가 빠를수록 힘이 더 증가한다.
> ㉡ 단축성 수축은 수축 속도가 빠를수록 최대파워가 더 증가한다.
> ㉢ 동일 근육에서의 느린 단축성 수축은 빠른 신장성 수축에 비해 더 큰 힘이 생성된다.
> ㉣ 동일 근육에서의 신장성 수축은 단축성 수축에 비해 같은 속도에서 더 큰 힘이 생성된다.

① ㉠, ㉢　　② ㉠, ㉢, ㉣
③ ㉠, ㉣　　④ ㉡, ㉢

해설
㉡ 단축성 수축은 수축 속도가 빠를수록 최대파워(근력)가 감소한다. 근육이 단축성 수축을 하기 위해서는 근원섬유 사이의 결속이 끊임없이 해체, 재조성되어야 하는데 이 과정에서 근력이 감소하게 되며, 근육이 급격하게 짧아지면서 근육 내부에서 큰 점성저항이 발생하여 힘의 일부가 상쇄되기 때문이다.
㉢ 동일 근육에서의 빠른 신장성 수축은 느린 단축성 수축에 비해 근육에 장력을 가해 물리적으로 근원섬유 사이의 단백질 결합을 해체하는 데 큰 힘이 필요하며, 근육 내부의 점성저항이 이 근육의 길이가 증가하는 데 대한 저항으로 작용한다. 따라서 빠른 신장성 수축은 오히려 큰 힘이 생성되게 한다.

12 장시간의 운동 시 발생하는 탈수 현상이 심혈관계에 미치는 영향으로 적절한 것은?

① 혈액량이 점차 증가한다.
② 심박수가 점차 증가한다.
③ 심실의 확장기말 용량(End-diastolic Volume)이 점차 증가한다.
④ 우심방으로 돌아오는 정맥환류(Venous Return)의 양이 점차 증가한다.

해설
탈수 현상에 의한 체내 수분 감소로 혈액량이 점차 감소하며, 이에 따라 혈류 속도 증가를 위한 교감 신경의 자극으로 심박수의 증가가 나타난다.

13 운동단위(Motor Unit)에 관한 설명으로 적절한 것은?

기출 19

① 하나의 근섬유와 연결되는 여러 개의 알파운동뉴런을 말한다.
② Type Ⅰ 운동단위는 Type Ⅱ 운동단위보다 단위당 근섬유 수가 많다.
③ Type Ⅰ 운동단위는 Type Ⅱ 운동단위보다 일반적으로 먼저 동원된다.
④ Type Ⅰ 운동단위는 Type Ⅱ 운동단위보다 알파운동뉴런의 크기가 크다.

해설
① 하나의 운동신경과 그 신경에 의해 지배되는 여러 근육섬유들로 정의된다.
② Type Ⅱ(속근) 운동단위가 Type Ⅰ(지근) 운동단위보다 단위당 근섬유 수가 많다.
④ Type Ⅱ(속근) 운동단위가 Type Ⅰ(지근) 운동단위보다 알파운동뉴런의 크기가 크다.

14 〈보기〉가 설명하는 호르몬은?

기출 21·23

> • 운동 시 뇌하수체 전엽에서 분비된다.
> • 트라이아이오드타이로닌(T_3)과 티록신(T_4)호르몬의 분비를 조절한다.

① 갑상선자극호르몬(Thyroid-stimulating Hormone)
② 노르에피네프린(Norepinephrine)
③ 성장호르몬(Growth Hormone)
④ 인슐린(Insulin)

해설
뇌하수체 전엽에서 분비되며, 트라이아이오드타이로닌(T_3)과 티록신(T_4) 호르몬의 분비를 조절하는 것은 갑상선자극호르몬(TSH)이다.

정답 11 ③　12 ②　13 ③　14 ①

15 〈보기〉에서 ⊙과 ⓒ의 근섬유 유형별 특성으로 적절한 것은? 기출 16·17·19·23·24

> 훈련되지 않은 사람과 비교하여 단거리 선수의 장딴지 근육은 주로 (⊙)의 비율이 높고, 장거리 수영선수의 팔 근육은 (ⓒ)의 비율이 높은 경향이 있다.

① ⊙은 ⓒ에 비하여 수축 속도가 느리다.
② ⊙은 ⓒ에 비하여 피로에 대한 저항성이 낮다.
③ ⓒ은 ⊙에 비하여 미토콘드리아 밀도가 낮다.
④ ⓒ은 ⊙에 비하여 해당 능력(Glycolytic Capacity)이 높다.

해설
단거리 선수는 속근(FT) 섬유의 비율이 높고, 장거리 수영선수는 지근(ST) 섬유의 비율이 높다. 따라서 ⊙은 속근(FT) 섬유, ⓒ은 지근(ST) 섬유이다. 속근섬유(⊙)는 지근섬유(ⓒ)에 비하여 쉽게 피로해지므로 피로에 대한 저항성이 낮다.
① 속근섬유(⊙)는 지근섬유(ⓒ)에 비하여 수축 속도가 빠르다.
③ 지근섬유(ⓒ)는 속근섬유(⊙)에 비하여 미토콘드리아 밀도가 높다.
④ 지근섬유(ⓒ)는 속근섬유(⊙)에 비하여 유산소성 에너지 대사가 높기 때문에 피로에 대한 저항성은 크지만, 해당 능력(Glycolytic Capacity)은 낮다.

16 〈보기〉가 설명하는 것은? 기출 17·18

> • 우심방 벽에 위치한다.
> • 심장수축을 위한 전기적 자극이 시작되므로 페이스메이커(Pacemaker)라고 한다.

① 동방결절(SA Node)
② 푸르킨예섬유(Purkinje Fibers)
③ 방실다발(AV Bundle)
④ 삼첨판막(Tricuspid Valve)

해설
동방결절(SA Node)은 우심방 벽 중 우심방과 상대정맥이 만나는 곳에 위치하며, 스스로 심장수축을 위한 전기적 신호를 발생시키는 박동원으로, 맥박조정자(Pacemaker)라고 한다.

17 저강도(1RM의 30~40%)의 고반복(세트당 20~25회) 저항성 트레이닝에 따른 골격근의 주요 변화로 적절한 것은? 기출 21

① 근비대(Muscle Hypertrophy)
② 근력(Muscle Strength) 향상
③ 근파워(Muscle Power) 향상
④ 근지구력(Muscle Endurance) 향상

해설
저강도(1RM의 30~40%)의 고반복(세트당 20~25회) 저항성 트레이닝은 힘을 일정한 속도와 강도로 지속할 수 있는 능력을 길러주므로 근지구력(Muscle Endurance) 향상에 도움이 된다.

18 〈보기〉에서 인체 내 가스교환에 관한 설명 중 ⊙과 ⓒ에 들어갈 용어를 바르게 나열한 것은? 기출 19

> • 운동 시 폐포로 유입된 (⊙)는 폐 모세혈관으로 확산된다.
> • 운동 시 근육에서 생성된 (ⓒ)는 모세혈관으로 확산된다.

	⊙	ⓒ
①	산소	산소
②	산소	이산화탄소
③	이산화탄소	이산화탄소
④	이산화탄소	산소

해설
폐포로 유입된 산소는 기체의 분압차에 따라 폐포에서 모세혈관으로 확산되며, 운동 결과 근육에서 생성된 이산화탄소는 모세혈관으로 확산되어 산소와 교환된다.

정답 15 ② 16 ① 17 ④ 18 ②

19 운동 시 교감신경계의 활성화에 따른 반응으로 적절하지 않은 것은?   기출 17·18·19

① 심박수가 증가한다.
② 소화기계 활동이 증가한다.
③ 골격근의 혈류량이 증가한다.
④ 호흡수 및 가스교환율이 증가한다.

해설
운동 시 교감신경계가 활성화됨에 따라 심박수 증가에 따른 맥박 증가, 골격근의 혈류량 증가에 따른 혈압 상승, 호흡수 및 가스교환율의 증가와 같은 현상이 발생하지만, 소화기계 활동은 억제된다.

20 장기간의 유산소 트레이닝에 따른 심혈관계의 적응으로 적절하지 않은 것은?   기출 15·16·18·19·21·24

① 안정 시 심박수 감소
② 최대 산소섭취량(VO$_2$max) 증가
③ 최대 심박출량(Cardiac Output) 증가
④ 안정 시 1회박출량(Stroke Volume) 감소

해설
장기간의 유산소 훈련의 결과로 안정 시 1회박출량 및 최대 심박출량이 증가한다.
① 안정 시 운동성 서맥이 훈련의 결과로 나타나기 때문에 심박수가 감소된다.
② 장기간의 유산소 훈련의 결과로 최대 산소섭취량(VO$_2$max)이 증가한다.
③ 심장비대와 심근 섬유 수축력 증대로 최대 심박출량(Cardiac Output)이 증가한다.

제6과목 운동역학

01 수영 동작의 운동학(Kinematics)적 분석이 아닌 것은?   기출 16·17·18·21·24

① 저항력(Drag Force) 분석
② 턴 거리(Turn Distance) 분석
③ 스트로크 길이(Stroke Length) 분석
④ 추진 속도(Propelling Velocity) 분석

해설
운동학적 분석은 운동 형태에 관한 분석으로, 운동의 변위, 속도, 가속도, 무게중심, 관절각 등을 분석하는 것이다. 저항력 분석은 힘을 분석하는 것으로, 운동학적 분석이 아니라 운동역학적 분석에 해당한다.

02 힘(Force)에 관한 설명으로 옳지 않은 것은?   기출 17·24

① 단위는 m/s이다.
② 벡터(Vector)이다.
③ 중력(Gravitational Force)은 힘이다.
④ 내력(Internal Force)과 외력(External Force)으로 구분할 수 있다.

해설
힘의 단위는 질량 1kg의 물체에 작용하여 1m/s^{2}의 가속도를 발생시키는 힘을 나타내는 N(Newton)이다.

정답 19 ② 20 ④ 01 ① 02 ①

03 보행 동작에서 지면으로부터 보행자의 발에 가해지는 힘은? 기출 17·19

① 근력(Muscle Force)
② 부력(Buoyant Force)
③ 중력(Gravitational Force)
④ 지면반력(Ground Reaction Force)

해설
① 근력 : 근육이 가진 힘 또는 그 힘의 지속성을 말한다.
② 부력 : 물속에 잠긴 물체에 중력의 반대 방향인 위로 작용하는 힘이다.
③ 중력 : 지구 중심 방향으로 끌어당기는 힘으로, 지구상의 모든 물체에 적용된다.

04 〈보기〉에서 근수축 형태와 기계적 일(Mechanical Work)과의 관계를 설명한 것 중 옳은 것만을 모두 고른 것은? 기출 19

> ㉠ 위팔두갈래근(상완이두근, Biceps Brachii)의 신장성 수축(Eccentric Contraction)은 팔꿈관절(Elbow Joint)에 대해 양(Positive)의 일을 한다.
> ㉡ 위팔두갈래근의 단축성 수축(Concentric Contraction)은 팔꿈관절에 대해 음(Negative)의 일을 한다.
> ㉢ 위팔두갈래근의 등척성 수축(Isometric Contraction)이 팔꿈관절에 대해 한 일은 0이다.

① ㉠, ㉡, ㉢
② ㉠, ㉢
③ ㉡, ㉢
④ ㉢

해설
㉠ 힘의 방향과 이동 방향이 같은 경우를 양(Positive)의 일이라고 하고, 힘의 방향과 이동 방향이 다른 경우를 음(Negative)의 일이라 하는데, 신장성 수축(원심성 수축)은 근육이 수축하려는 힘의 방향과 일의 방향이 반대가 되기 때문에 음의 일을 한다.
㉡ 단축성 수축(구심성 수축)은 신장성 수축과 반대로 근육이 수축하려는 힘의 방향과 일의 방향이 같기 때문에 양의 일을 한다.

05 충격량(Impulse)에 관한 설명으로 옳지 않은 것은? 기출 17·18·23·24

① 스칼라(Scalar)이다.
② 단위는 kg · m/s이다.
③ 운동량(Momentum) 변화의 원인이 된다.
④ 시간에 대한 힘의 곡선을 적분한 값이다.

해설
충격량은 물체에 힘이 작용하여 운동 상태를 바꿀 때 가해진 충격의 물리량으로, 크기와 방향을 갖는 벡터양이다.

06 신체 관절의 움직임 자유도(Degree of Freedom)에 관한 설명으로 옳은 것은? 기출 15

① 절구관절(Ball and Socket Joint)의 움직임 자유도는 3이다.
② 타원관절(Ellipsoid Joint)의 움직임 자유도는 3이다.
③ 경첩관절(Hinge Joint)의 움직임 자유도는 2이다.
④ 중쇠관절(Pivot Joint)의 움직임 자유도는 2이다.

해설
절구관절의 움직임 자유도는 3이 맞다. 움직임 자유도(운동 자유도)란 관절에서 허용되는 독립적인 움직임의 수로, 허용된 각 운동의 면과 축의 수를 나타낸다.

신체 관절의 움직임 자유도(Degree of Freedom)

무축관절	자유도 1	자유도 2	자유도 3
평면관절	경첩관절, 중쇠관절	안장관절, 타원관절	절구관절

정답 03 ④ 04 ④ 05 ① 06 ①

07 3종 지레에 관한 설명으로 옳지 않은 것은?

기출 15·17·18·19·21·23·24

① 팔꿈치 굽힘(굴곡, Flexion) 동작은 3종 지레의 특성으로 이해할 수 있다.
② 받침점(회전중심)을 기준으로 저항점 위치가 힘점의 위치보다 더 멀다.
③ 관절의 평형상태를 유지하기 위해 저항력보다 더 큰 근력이 요구된다.
④ 기계적 확대율(Mechanical Advantage)은 1보다 크다.

해설

지레에서 기계적 확대율(기계적 이득)은 지레의 효율을 나타내는 것으로, 저항팔(받침점에서 저항점까지의 길이)에 대한 힘팔(받침점에서 힘점까지의 길이)의 비율로 정해진다. 3종 지레의 경우 힘팔이 저항팔보다 짧기 때문에 기계적 확대율은 1보다 작다.

지레의 종류에 따른 기계적 확대율

구 분	힘팔과 저항팔의 길이	기계적 확대율
1종 지레	힘팔이 저항팔보다 긴 경우	1보다 크다
	힘팔이 저항팔보다 짧은 경우	1보다 작다
	힘팔과 저항팔이 같은 경우	1
2종 지레	힘팔이 저항팔보다 항상 길다	항상 1보다 크다
3종 지레	힘팔이 저항팔보다 항상 짧다	항상 1보다 작다

08 근전도(Electromyography, EMG) 신호에 관한 설명으로 옳은 것은?

기출 15·18·19·21

① 양과 음의 값을 모두 가지고 있다.
② 신호의 분석을 통해 관절 각도를 측정할 수 있다.
③ 측정 시간을 곱한 값을 선형 포락선(Linear Envelop)이라고 한다.
④ 진폭(Amplitude)과 근력과의 관계는 근육의 수축 형태와 상관이 없다.

해설

② 근전도 신호를 이용한 근전도 분석으로 얻을 수 있는 것은 근육의 동원 순서, 근피로에 대한 정보 등이다.
③ 선형 포락선(Linear Envelope)은 근전도 신호를 필터링하여 얻는 신호이다.
④ 근피로가 축적되면 근전도 신호의 진폭이 크게 증가하는데, 이러한 진폭 증가는 근수축의 감소와 관련이 있다는 연구 결과가 있다. 따라서 진폭과 근력, 근수축은 서로 영향을 미치며 관련되어 있다.

09 〈보기〉의 그래프에 대한 설명으로 옳은 것은?

기출 17·21

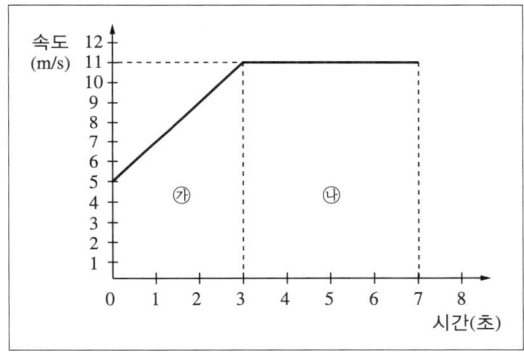

① ㉮구간의 가속도는 증가한다.
② ㉯구간의 가속도는 $1m/s^2$이다.
③ ㉮구간의 가속도가 ㉯구간의 가속도보다 크다.
④ ㉯구간은 정지한 상태이다.

해설

③ ㉮구간은 등가속도 운동 구간이다. 즉 속도는 일정하게 증가하고 가속도는 일정한 구간이다. 가속도 = $\frac{속도의 변화량}{걸린시간}$이므로, ㉮구간의 가속도 = $\frac{11-5}{3}$ = $2m/s^2$이다. ㉯구간은 등속 운동 구간으로, 이 구간의 가속도는 운동방향이 일정할 경우 $0m/s^2$다. 따라서 ㉮구간의 가속도가 ㉯구간의 가속도보다 크다.
① ㉮구간은 등가속도 운동 구간인데, 등가속도 운동에서는 가속도가 증가하는 것이 아니고 일정하다.
② ㉯구간은 등속 운동 구간이므로 속도가 일정하고, 운동방향이 일정할 경우 가속도는 $0m/s^2$이다.
④ ㉯구간은 등속 운동 구간으로, 정지한 상태가 아니라 $11m/s$라는 일정한 속도로 운동하고 있는 상태이다.

정답 07 ④ 08 ① 09 ③

10 각운동에 관한 내용으로 옳은 것은?   기출 16·24

① '접선속도(선속도) = 반지름 × 각속도'에서 각속도의 단위는 도(Degree)이다.
② 반지름(회전반지름)의 크기가 커지면 1라디안(Radian)의 크기는 커진다.
③ 라디안은 반지름과 호의 길이의 비율로 계산한다.
④ 360도는 2라디안이다.

해설
① '접선속도(선속도) = 반지름 × 각속도'에서 각속도의 단위는 라디안이다.
② 1라디안(Radian)은 반지름(회전반지름)과 호의 길이의 비율이므로, 반지름이 커지면 호의 길이가 길어진다.
④ 360도는 2라디안이다.

11 해머던지기에서 구심력과 원심력에 관한 설명으로 옳지 않은 것은?   기출 17·24

① 7kg의 해머와 비교하여 14kg의 해머를 동일한 각속도로 회전시키려면 선수는 구심력을 두 배로 증가시켜야 한다.
② 직선으로 운동하려는 해머의 관성을 이겨내고 원형 경로를 유지하려면 안쪽으로 당기는 힘이 요구된다.
③ 해머의 각속도를 두 배로 증가시키려면, 선수는 두 배의 힘으로 해머를 안쪽으로 당겨야 한다.
④ 선수가 해머를 안쪽으로 당기는 힘을 증가시키면 해머도 선수를 당기는 힘을 증가시킨다.

해설
구심력 = 질량(m) × 회전반지름(r) × 각속도^2(ω^2)이므로, 각속도를 두 배로 증가시키려면 힘은 4배로 증가시켜야 한다.

12 반발계수(Coefficient of Restitution)에 관한 설명으로 적절하지 않은 것은?   기출 22·25

① 0부터 1사이의 값이다.
② 두 물체 간의 충돌 전후의 상대속도의 비율로 측정한다.
③ 완전탄성충돌(Perfectly Elastic Collision)의 반발계수는 1이다.
④ 공을 떨어뜨린(Drop) 높이와 공이 지면에서 튀어오른(Bounce) 높이의 차이 값이다.

해설
반발계수 = $\sqrt{\dfrac{H_{up}(공이\ 지면에서\ 튀어오른\ 높이)}{H_{down}(공을\ 떨어뜨린\ 높이)}}$

13 골프에 관한 운동학(Kinematics)적 또는 운동역학(Kinetics)적 개념에 관한 설명으로 옳은 것은? [단, 샤프트(Shaft)는 휘어지지 않는다고 가정함]

① 드라이버 스윙 시 헤드(Head)와 샤프트의 각속도는 다르다.
② 골프공의 반발계수를 작게 하면 더 멀리 보낼 수 있다.
③ 샤프트의 길이가 길어지면 샤프트의 관성모멘트는 작아진다.
④ 7번 아이언 헤드의 선속도는 헤드의 각속도와 샤프트의 길이에 비례한다.

해설
① 드라이버 스윙 시에는 헤드, 샤프트가 일직선을 이룬 상태에서 스윙하는 것이 좋은 자세이다. 즉 헤드까지를 원의 반지름으로 생각할 수 있고, 따라서 헤드와 샤프트의 각속도는 같다.
② 반발계수가 크다는 것은 충돌 후의 속도가 크다는 것을 의미하므로, 골프공을 멀리 보내려면 반발계수가 커야 한다.
③ 관성모멘트의 크기는 물체의 질량과 회전반지름이 클수록(질량이 회전축으로부터 멀리 분포할수록) 커진다. 따라서 샤프트의 길이가 길어지면 샤프트의 관성모멘트는 커진다.

10 ③   **11** ③   **12** ④   **13** ④   **정답**

14 각운동량의 보존과 전환에 관한 운동 동작의 예시로 적절하지 않은 것은?

기출 16·17

① 배구에서 공중 스파이크를 하기 전에 팔과 다리를 함께 뒤로 굽히는 동작
② 높이뛰기에서 발 구름을 할 때 지지하는 다리를 최대한 구부리는 동작
③ 멀리뛰기에서 착지하기 전에 팔과 다리를 함께 앞으로 당기는 동작
④ 다이빙에서 공중회전을 할 때 팔을 몸통 쪽으로 모으는 동작

해설
각운동량의 전환은 전체 운동량이 변하지 않은 상태에서 일부 동작으로 각운동량을 만들고, 나머지 동작으로 각운동량이 선운동량으로 전환되는 원리를 일컫는다(반대로 선운동량이 각운동량으로 전환되기도 한다). 예를 들어 투창 경기 중 도움닫기의 선운동량이 던지는 동작의 각운동량으로 전환되는 것 등이 있다.
② 높이뛰기의 발구름을 할 때는 지지하는 발의 무릎은 엉덩이로부터 멀리 떨어져야 하며, 엉덩이와 무릎 그리고 발목의 관절은 모두 최대한 쭉 펴져야 한다. 따라서 다리를 최대한 구부리는 동작은 운동의 효과를 올리기 위한 각운동량 보존과 전환의 예로 적절하지 않다.
① · ③ · ④ 모두 전체 운동량 중 일부를 각운동량으로 전환시켜 효과적인 자세를 취하는 예이다.

15 영상분석에 관한 설명으로 옳지 않은 것은?

기출 16·17·19·24

① 2차원 영상분석은 평면상에서 관찰되는 운동을 분석하는 것이다.
② 3차원 영상분석은 2대 이상의 카메라를 사용한다.
③ 운동역학(Kinetics)적 변인을 직접 측정할 수 있다.
④ 동작의 정량적 분석이 가능하다.

해설
운동역학적 분석은 운동의 원인이 되는 힘, 운동을 유발하는 힘을 측정하여 분석하는 것이다. 영상분석은 운동의 형태에 관한 분석방법으로, 힘을 직접 측정하는 방법은 아니다.

정답 14 ② 15 ③ 16 ② 17 ④

16 100m 달리기경기에서 80kg인 선수가 출발 3초 후 12m/s의 속도가 되었다면 달리는 방향으로 발휘한 평균 힘의 크기는?

기출 16·17·18·21·23

① 240N
② 320N
③ 800N
④ 960N

해설
$F(\text{힘}) = m(\text{질량}) \times a(\text{가속도})$
가속도 $= \dfrac{\text{속도의 변화량}}{\text{시간}} = \dfrac{12}{3} = 4$이다.
따라서 달리는 방향으로 발휘한 평균 힘은 $F = 80 \times 4 = 320\text{N}$이 된다.

17 〈보기〉에서 무게중심(Center of Gravity)이 신체 내부에 위치하는 자세를 모두 고른 것은?

기출 15·16·17·19·21

① ㉠, ㉡, ㉢, ㉣
② ㉠, ㉢
③ ㉡, ㉢, ㉣
④ ㉢

해설
인간의 몸은 복잡하고 계속 형태를 변화시킬 수 있기 때문에, 몸과 팔다리의 움직임에 따라서 무게중심은 계속해서 변하고 동작에 따라 신체 외부에 있는 경우도 있다.
㉢ 가만히 서 있을 때는 무게중심은 신체 내부인 배꼽에 있다.
㉠ 배 앞쪽, ㉡ 허리 뒤쪽, ㉣ 허리 아래쪽에 무게중심점이 존재한다.

18 〈보기〉의 다이빙 선수가 가지는 에너지의 변화에 관한 설명에서 ㉠, ㉡, ㉢에 들어갈 용어로 적절한 것은?

기출 16·17·19·23

> 플랫폼에서 정지하고 있는 선수의 (㉠)에너지는 0이고, 낙하할수록 (㉡)에너지는 감소하고, (㉢) 에너지는 증가하게 된다.

	㉠	㉡	㉢
①	운 동	운 동	역학적
②	운 동	위 치	운 동
③	역학적	위 치	운 동
④	운 동	위 치	역학적

해설
다이버가 플랫폼의 높은 스프링보드에 서 있는 상황에서는 지상에서 스프링보드만큼의 위치에너지를 갖고 운동에너지는 0이다. 선수가 다이빙을 시작하여 낙하하면 위치에너지는 운동에너지로 전환되고, 그에 따라 위치에너지는 감소하고 운동에너지는 증가한다.

19 운동의 형태에 관한 설명으로 옳은 것은?

기출 19·21·23

① 병진운동은 회전축 주위를 일정한 각도로 이동하는 운동이다.
② 복합운동은 선운동과 병진운동이 결합되어 나타나는 운동이다.
③ 곡선운동은 회전운동이 아닌 병진운동에서 일어나는 운동이다.
④ 회전운동은 신체의 각 부위가 동일한 거리를 이동하는 운동이다.

해설
① 회전축 주위를 일정한 각도로 이동하는 운동은 회전운동이다.
② 복합운동은 회전운동과 병진운동이 결합되어 나타나는 운동이다.
④ 신체의 각 부위가 동일한 거리를 이동하는 운동, 즉 질점계의 모든 질점이 똑같은 변위로 평행 이동하는 운동은 병진운동이다.

20 야구공이 야구배트의 회전축에서부터 0.5m 지점에서 타격되었다. 야구공이 타격되는 순간 배트의 각속도가 50rad/s이면 타격지점에서 배트의 선속도는?

기출 17

① 12.5m/s
② 12.5rad/s
③ 25m/s
④ 25rad/s

해설
'선속도 = 회전반지름 × 각속도'이므로, 0.5 × 50 = 25이고, 선속도이므로 단위는 'm/s'가 돼야 한다. 따라서 25m/s가 된다.

18 ② 19 ③ 20 ③ **정답**

제7과목 스포츠윤리

01 스포츠윤리의 역할로 적절하지 않은 것은?

기출 15·19·23

① 스포츠 현상에 대한 사실만을 기술한다.
② 스포츠인의 행위에서 요구되는 도덕적 원리와 덕목을 고찰한다.
③ 도덕적 의미의 용어를 스포츠 환경에 적용할 때 그 기준과 방법에 대해 탐색한다.
④ 스포츠 상황에서 행동과 목적의 옳고 그름을 결정할 수 있는 근본원리를 탐색한다.

해설
스포츠윤리의 역할
- 스포츠인의 도덕적 삶을 위한 지침을 제시한다.
- 스포츠 상황에서 어떤 목적이 좋은가를 결정하는 데 도움을 준다.
- 스포츠인으로서 올바르게 행동하는 데 도움을 준다.
- 스포츠도덕의 원리, 스포츠와 관련된 사람들 사이의 도덕적인 질서관계를 연구한다.

02 가치판단의 사례로 적절하지 않은 것은?

기출 16·17·18·21·25

① 2020년 제32회 도쿄올림픽이 1년 연기되었다.
② 선수들에게 폭력을 행사하면 안 된다.
③ 피겨스케이팅 선수들의 연기는 매우 아름답다.
④ 스포츠 선수들의 기부는 사회적으로 긍정적인 영향을 준다.

해설
① 사실판단(실제 사건과 현상에 대한 진술)에 대한 내용이다.

가치판단
- 마땅히 그렇게 되어야 할 것을 지시하거나 어떤 기준·규범에 따르는 것이다.
- 도덕적인 것(Moral Values), 미적인 것(Aesthetic Values), 사리분별에 관한 것(Prudential Values)이 있다.
  예) 축구경기 중 넘어진 상대선수를 일으켜 준 박지성 선수의 행동은 매우 훌륭했다.

03 〈보기〉의 ㉠, ㉡에 들어갈 용어로 바른 것은?

기출 15·16·17·18·21

> 스포츠에는 (㉠)적 요소와 (㉡)적 요소가 모두 내재되어 있다. (㉠)적 요소는 경기에 긴장과 흥미를 불러일으킨다. 선수들은 승리하려는 강렬한 욕망으로 인해 경기에 몰입하고, 스포츠팬들 역시 승부로 인해 응원의 동기를 갖게 된다. 그러나 경쟁심이 과열되고 승리가 절대화될 경우 제도화된 규칙이 무시될 우려가 있으며, 스포츠는 폭력의 투쟁으로 변질될 수 있다. 이것이 스포츠에서 (㉠)적 요소보다 (㉡)적 요소를 더욱 중시하는 이유이다.

	㉠	㉡
①	도덕(Morality)	윤리(Ethics)
②	미미크리(Mimicry)	일링크스(Ilinx)
③	아곤(Agon)	아레테(Arete)
④	사실판단(Factual Judgement)	가치판단(Value Judgement)

해설
아곤과 아레테

아곤(Agon)	아레테(Arete)
· 고대그리스 운동경기에서 '경쟁'을 의미 · 승리추구, 결과 중시, 상대와 비교우위 · 타인보다 뛰어나려는 열망과 능력 과시 · 스포츠에서 목적달성, 경쟁의 승리 같은 결과에 초점을 맞춘 개념 · 승리지상주의 초래	· 선수의 덕성 · 지도자의 탁월성 · 선수의 최적의 기능수준 · 모든 가능성을 최대한 활용하여 최고의 실력을 정당하게 발휘하려는 마음가짐과 태도

정답 01 ① 02 ① 03 ③

04 에토스(Ethos)의 실천으로 적절하지 않은 것은?

기출 17

① 축구에서 상대 선수가 부상으로 쓰러져 걱정되는 마음에 공을 경기장 밖으로 걸어냈다.
② 배구에서 블로킹할 때 훈련한 대로 네트에 손이 닿지 않도록 주의를 기울였다.
③ 야구에서 투수가 던진 공에 상대팀 타자가 맞아 투수는 모자를 벗어 타자에게 미안함을 표현했다.
④ 농구에서 경기 종료 1분을 남기고, 우리 팀이 큰 점수 차로 이기고 있는 상황에서 감독은 상대를 배려하는 마음에 작전타임을 부르지 않았다.

해설
② 반칙으로 인한 실점을 피하기 위한 기술이다.

스포츠 에토스
에토스(Ethos)는 '성격·관습'을 뜻하는 말로 오늘날 '윤리(Ethics)'의 의미로 사용된다. 스포츠 에토스는 스포츠인으로서 갖춰야 할 기본적인 도덕적 품성을 의미한다.

05 〈보기〉의 빈칸에 들어갈 용어로 적절한 것은?

기출 18

> 스포츠윤리 교육의 목적은 스포츠인의 도덕적 ( ) 함양이라고 할 수 있다. 도덕적 ( )이란 "도덕적 문제에 대한 비판적, 독립적인 사고를 바탕으로 스포츠 상황에 적용하는 능력"을 의미한다.

① 민감성
② 존엄성
③ 자율성
④ 우월성

해설
스포츠윤리 교육의 목적은 스포츠인이 스포츠현장에서 윤리적인 상황에 직면했을 때 바람직한 판단을 내리고 도덕적인 행동을 실천하도록 명확한 기준을 제시할 수 있는 도덕적 자율성을 함양해서 스포츠윤리성을 향상시키는 것이다.

06 〈보기〉에서 의무론적 도덕 추론에 해당하는 것을 바르게 고른 것은?

기출 16·17·18·19·21·23·24

> ㉠ 행위의 결과에 상관없이 절대적인 도덕규칙에 따라 판단을 내린다.
> ㉡ 행위를 함에 있어 유용성의 원리, 공평성의 원리 등이 적용된다.
> ㉢ 행위의 옳고 그름은 그 행위로 인해 발생하는 결과에 따라 결정된다.
> ㉣ 의무론적 도덕 추론은 정언적 도덕 추론이라고도 한다.
> ㉤ 행위에 있어 선의지가 중요하며, 목적은 수단을 정당화할 수 없다.

① ㉠, ㉡, ㉣
② ㉠, ㉣, ㉤
③ ㉡, ㉢, ㉤
④ ㉢, ㉣, ㉤

해설
의무론적 윤리체계(도덕 추론)는 행위의 결과가 아닌 행위 자체가 도덕적 의무를 준수했느냐가 중요하며, 정언적 도덕 추론이라고도 한다. 의무론적 도덕 추론에서는 행위 자체의 선(善)의지가 중요하며 목적은 수단을 정당화할 수 없다.
㉡·㉢ 목적론적 윤리체계를 뜻한다.

07 〈보기〉에서 국제축구연맹(FIFA)의 판단과정에 영향을 준 윤리 이론은?

기출 24

> 국제축구연맹은 선수부상 위험과 종교적인 갈등을 불러일으킬 수 있다는 이유로 경기 중 히잡(Hijab) 착용을 금지했었다. 그러나 국제축구연맹 부회장인 알리빈 알 후세인은 이러한 조치가 오히려 종교적인 역차별이라는 주장을 내세우며 제도개선을 요구하였다. 오늘날 국제축구연맹은 히잡을 쓴 이슬람권 여성 선수의 참가를 허용하고 있다.

① 윤리적 의무주의
② 윤리적 절대주의
③ 윤리적 상대주의
④ 윤리적 환원주의

해설
윤리적 상대주의는 도덕적 원칙이 절대성이 아닌 사람들의 계약 및 합의에 따라 정해지는 것을 의미한다. 〈보기〉는 국제축구연맹에서 정해진 도덕적 원칙에 대한 알리빈 알 후세인의 제도개선 요구에 대한 합의로 이슬람권 여성의 경기 참여 시 히잡 착용을 허용한 것이다.

04 ② 05 ③ 06 ② 07 ③ **정답**

08 도핑검사에서 선수의 역할 및 책임으로 적절하지 않은 것은?

① 시료채취가 언제든 가능하도록 해야 한다.
② 의료진에게 운동선수임을 고지해야 한다.
③ 도핑방지규정위반을 조사하는 도핑방지기구에 협력해야 한다.
④ 치료목적으로 처방되어 사용(복용)한 물질에 대해서는 책임지지 않는다.

해설
치료목적으로 처방되어 사용한 물질에 대해서는 국제표준의 치료목적사용 면책 규정에 합치되는지 확인해야 도핑방지규정위반으로 간주되지 않는다.

09 폭력을 설명한 학자의 개념과 그에 대한 설명으로 바르게 연결되지 않은 것은? 기출 18

① 푸코(M. Foucault)의 규율과 권력 : 스포츠계에서 위계적 권력 관계는 폭력으로 변질되어 작동된다.
② 아렌트(H. Arendt)의 악의 평범성 : 스포츠계에서 폭력과 같은 잘못된 관행에 복종하는 데 익숙해진 나머지 이를 지속시키는 데 기여한다.
③ 아리스토텔레스(Aristotle)의 분노 : 스포츠 현장에서 인간 내면의 분노 감정에서 시작된 폭력은 전용되고 악순환을 반복하는 경향이 있다.
④ 홉스(T. Hobbes)의 폭력론 : 자기가 좋아하는 운동선수의 폭력을 따라하게 되듯이 인간 폭력의 원인을 공격본능이나 자연 상태가 아닌 모방적 경쟁 관계라 주장한다.

해설
홉스의 폭력론에 의하면, 자연 상태(The State of Nature)에서의 인간을 폭력 행사의 권리를 가진 주체로 보았으며, 폭력성이 인간본성에 해당한다고 했다. 자연 상태의 인간은 자신의 보존이라는 자연적 권리를 가지기 때문에 인간은 생명 보존을 위해 다른 인간을 해칠 권리도 있고, 남의 것을 폭력적으로 탈취할 권리도 있다고 보았던 것이다.

10 〈보기〉의 내용과 연관된 학자의 이론으로 적절하지 않은 것은? 기출 17·19·24

> 자연중심주의 환경윤리는 환경에 있어서 도덕적 고려의 대상을 자연의 생명체를 포함한 생태계 전체로 확대할 것을 주문한다. 이런 점에서 보면 동물 스포츠라 불리는 스페인의 투우, 한국의 전통 민속놀이인 소싸움 등은 동물을 인간의 오락 대상으로 삼았다는 점에서 윤리적으로 허용되기 어렵다.

① 베르크(A. Berque)의 환경윤리
② 레오폴드(A. Leopold)의 대지윤리
③ 네스(A. Naess)의 심층적 생태주의
④ 슈바이처(A. Schweitzer)의 생명중심주의

해설
베르크는 인간중심주의 환경윤리학자로, 생태계(지구)는 인간이 사는 장소이므로 인간은 이를 보존할 책임이 있다고 보았다.

자연중심주의 환경윤리
- 자연에 복종·순응하는 것을 인간의 의무라고 주장한다.
- 자연환경의 고유한 가치를 보존해야 한다는 주장이다.
- 자연의 목적을 알고 자연에 순종하는 자연보호의 태도를 보인다.
- 레오폴드(A. Leopold)의 대지윤리, 네스(A. Naess)의 심층적 생태주의, 슈바이처(A. Schweitzer)의 생명중심주의 등이 속한다.

정답 08 ④ 09 ④ 10 ①

11 〈보기〉의 (가)에서 A팀의 행동을 지지하는 이론의 제한점을 (나)에서 모두 고른 것은?

기출 17·18·19·21·23·24

(가)	A팀과 B팀의 축구 경기가 진행 중이다. 경기 종료 20분을 남기고 A팀이 1 대 0으로 이기고 있으나 A팀 선수들의 체력은 이미 고갈되었고, B팀은 무섭게 공격을 이어가고 있다. 이때 A팀 감독은 이대로 경기가 진행될 경우 역전당할 위험이 있다는 판단하에 선수들에게 시간을 끌 것을 지시하였다. A팀 선수들은 부상당한 척 시간을 지연시키는 이른바 침대축구를 하였고, 결과적으로 A팀이 승리하게 되었다.
(나)	㉠ 결과로 행위를 평가하기 때문에 정의의 문제에 소홀해질 수 있다. ㉡ 도덕규칙 간의 충돌 문제가 발생했을 때 실질적인 도움을 주지 못할 수도 있다. ㉢ 일반적인 사실로부터 도덕적인 당위를 추론하지 못할 수 있다. ㉣ 사회 전체의 이익을 제대로 고려하지 못하는 경우가 있다. ㉤ 개인의 이익과 공공의 이익이 충돌할 때 사익(私益)의 희생을 당연시한다.

① ㉠, ㉡, ㉤
② ㉠, ㉢, ㉤
③ ㉡, ㉢, ㉣
④ ㉡, ㉣, ㉤

해설

㉡·㉣ 의무론적 윤리 이론의 한계점이다.

결과론적 윤리 이론의 한계점
- 근본적이며, 보편적인 도덕개념(정의, 인권 등)과 모순될 수 있다.
- 양적으로 계산할 수 없는 다양한 가치가 존재하는 것을 간과한다.
- 인간의 내적 동기에 소홀할 수 있다.
- 일반적인 사실로부터 도덕적인 당위를 추론하지 못할 수 있다.
- 개인의 이익과 공공의 이익이 충돌할 때 사익(私益)의 희생을 당연시한다.

12 〈보기〉의 스포츠 현장에서 발생하는 도핑(약물복용)의 원인을 모두 고른 것은?

기출 16·17·23

㉠ 선수 또는 동물의 수행능력 향상을 위한 것이다. ㉡ 상대와의 경쟁에서 승리하기 위한 것이다. ㉢ 경기에 참가하고 싶은 지나친 욕구 때문이다. ㉣ 물질적 보상이 동기가 되기 때문이다.

① ㉠, ㉢
② ㉡, ㉢, ㉣
③ ㉠, ㉡, ㉢
④ ㉠, ㉡, ㉢, ㉣

해설

도핑은 어떤 특정한 경기자 또는 경기단체가 약물이나 물리적 방법 혹은 다른 방법으로 경기에 대해 생체의 체력적·심리적 능력을 변질시키는 부정행위를 말하며, ㉠~㉣이 모두 원인에 해당한다.

13 〈보기〉의 ㉠, ㉡과 스포츠에서의 정의(Justice)에 대한 개념이 바르게 묶인 것은?

기출 17·18·21·23·25

㉠ 핸드볼 : 양 팀에 동일한 골대의 규격을 적용 ㉡ 테니스 : 시합 전에 동전던지기로 선공/후공을 결정

	㉠	㉡
①	평균적 정의	분배적 정의
②	평균적 정의	절차적 정의
③	분배적 정의	평균적 정의
④	분배적 정의	절차적 정의

해설

㉠ 모두에게 절대적으로 공평하게 적용하고자 하는 평균적 정의에 해당하며, ㉡ 분배의 원칙을 합의해 가는 공정성을 중시하는 절차적 정의에 해당한다.

11 ② 12 ④ 13 ②

14 〈보기〉에서 밑줄 친 A선수의 입장과 관련된 맹자(孟子)의 사상으로 적절한 것은?

기출 16·19·23·25

> 태권도 국가대표선발 결승전, 먼저 득점하면 경기가 종료되는 서든데스(Sudden Death) 상황에서 A선수가 실수로 경기장 한계선을 넘었다. A선수가 패배해야 할 상황이었지만 심판은 감점을 선언하지 않았다. 상대 팀 감독과 선수는 강력히 항의했으나 판정은 번복되지 않았고 경기는 계속 진행됐다. 결국 A선수는 승리했지만, 부끄러운 마음에 팀 동료들과 승리의 기쁨을 나누지 않고 조용히 집으로 돌아갔다.

① 수오지심(羞惡之心)
② 측은지심(惻隱之心)
③ 사양지심(辭讓之心)
④ 시비지심(是非之心)

해설
밑줄 친 내용은 맹자의 사단 중 '수오지심'에 해당한다.

맹자의 사단과 사덕
- 수오지심(羞惡之心) : 자기의 잘못을 부끄러워하고 악을 미워하는 마음은 의(義)에 이르는 단서가 된다.
- 측은지심(惻隱之心) : 남의 불행을 보고 불쌍히 여기고 측은하게 생각하는 마음은 인(仁)에 이르는 단서가 된다.
- 사양지심(辭讓之心) : 겸손하고 양보하는 마음은 예(禮)에 이르는 단서가 된다.
- 시비지심(是非之心) : 옳고 그름을 분별하는 마음은 지(智)에 이르는 단서가 된다.

15 〈보기〉의 대화 내용과 성차별적 인식이 다른 것은?

기출 16·17

> 보연 : 내 친구 수현이는 얼마 전부터 권투를 시작했어. 남자들이나 하는 거친 운동을 여자가 겁도 없이 한다기에 내가 못 하게 적극적으로 말렸어.
> 지웅 : 잘했어. 여자에게 어울리는 스포츠도 많잖아. 요가나 필라테스처럼 여자에게 어울리는 종목을 추천해줘.

① 남자라면 거칠고 투쟁적인 스포츠를 즐겨야 한다.
② 남성다움, 여성다움을 강조하는 스포츠 참여를 권장한다.
③ 권투에 참여하는 여성은 여성성을 잃게 되어 매력적이지 않다.
④ 여자보다 남자의 근력이 강하기 때문에 권투와 같은 종목은 여자에게 적합하지 않다.

해설
④ 생물학적 환원주의에 입각한 성차별적 인식이다.
①·②·③ 외관상의 여성성을 강조하며 잘못된 성역할에 대한 의견을 제시하였다.

생물학적 환원주의
남성은 여성에 비해 선천적으로 우월한 신체 능력을 갖고 태어나기 때문에 신체 능력에 크게 의존하는 스포츠에서 남녀차별은 불가피하다는 견해이다.

16 심판에게 요구되는 개인윤리적 덕목에 대한 설명으로 적절하지 않은 것은?

기출 17·18·19·23

① 외부의 지시나 간섭을 단호히 뿌리쳐야 한다.
② 판정의 신뢰성을 높이는 제도를 도입해야 한다.
③ 어느 한쪽으로 치우침과 사사로움이 없어야 한다.
④ 성품이 고결하여 탐욕이 없고, 심판으로서 품위를 지켜야 한다.

해설
심판의 윤리는 개인윤리와 사회윤리가 복합적으로 얽혀 있어 상호 보완적 관계를 가진다. 개인윤리는 심판 개인의 공정성, 청렴성 등의 인격적 도덕성을 의미하며, 사회윤리는 협회나 기구의 도덕성과 관련이 깊다.
- 개인윤리 : 개인의 행위, 품성, 인격 등에 대한 평가
- 사회윤리 : 사회제도, 정책, 관행, 관습, 정책 등에 대한 평가

정답 14 ① 15 ④ 16 ②

17 〈보기〉의 (가)에서 환경단체의 입장과 관련이 있는 주장을 (나)에서 모두 고른 것은?
기출 16·17·19

(가)	평창올림픽 활강경기장 건립을 둘러싸고 환경단체로부터 반대의 의견이 나오게 되었다. 가리왕산은 활강경기의 특성상 최적의 장소이지만 이곳은 산림자원 보호구역으로 지정된 곳이었기 때문이다. 올림픽으로 얻어지는 경제적 효과를 강조하는 측과 산림의 가치를 경제적으로 환산할 수 없다는 환경단체의 입장이 팽팽히 맞서고 있다.
(나)	㉠ 효율성의 극대화를 목표로 하는 경제학을 추구한다. ㉡ 인간의 사용 가치에 비례하여 자연의 가치를 평가한다. ㉢ 인간을 소중히 여기는 마음으로 자연환경도 소중히 대한다. ㉣ 인간도 생태계 구성원으로 보는 생태 공동체 의식을 기른다.

① ㉠, ㉡   ② ㉠, ㉢
③ ㉡, ㉣   ④ ㉢, ㉣

해설
활강경기장의 건립을 반대하는 환경단체의 주장은 자연중심적인 환경윤리를 바탕으로 한 것으로 산림의 가치는 어떠한 경제적 가치와도 맞바꿀 수 없다는 것이다. ㉢·㉣은 자연중심적 환경윤리에 대한 입장을 가지고 있다.

18 성폭력 예방 또는 대처에 대한 설명으로 적절하지 않은 것은?
기출 15

① 선수는 피해 사실을 기록하도록 한다.
② 선수는 가능한 한 피해 상황에서 즉시 벗어나도록 한다.
③ 성폭력 사실을 고발한 선수가 피해받지 않는 분위기를 조성한다.
④ 여성 선수와 남성 지도자 위주로 성폭력 예방 교육이 이루어져야 한다.

해설
성폭력 예방 교육은 여성 선수뿐만 아니라 남녀 선수 및 지도자 모두를 대상으로 이루어져야 한다.

19 장애인 선수들의 인권향상을 위한 방안으로 적절하지 않은 것은?
기출 16·17·18·21·23

① 장애인 선수들에게 비장애인과 동일한 훈련량과 지도방법을 적용해야 한다.
② 인권에 대한 문제는 예방이 중요하므로 지속적인 예방교육과 더불어 홍보가 필요하다.
③ 장애인 국가대표 선수단 역시 훈련에 필요한 안정적인 지원이 확보되어야 한다.
④ 장애인 선수들의 접근과 이용이 불편하지 않도록 시설 확충과 설계가 이루어져야 한다.

해설
장애인 선수들에게 비장애인과 동일한 훈련량과 지도방법을 적용하는 것은 평등적 분배에 해당하는 정의이지만 오히려 장애인 선수들에게 차별이 될 수 있기 때문에 장애인 선수에게 적합한 훈련량과 지도방법을 다르게 적용해야 한다.

20 〈보기〉의 빈칸에 들어갈 용어로 적절한 것은?
기출 15·18·19·21·23·25

> 1968년 제19회 멕시코올림픽 육상 200m 경기에서 1위와 3위에 입상한 미국의 토미 스미스와 존 카를로스는 시상식에서 검은 장갑, 검은 양말 등으로 (   )에 대해 저항을 표현했다.

① 성차별
② 장애차별
③ 인종차별
④ 계급차별

해설
〈보기〉의 내용은 '블랙 파워 살루트(Black Power Salute)' 사건으로, 1968년 하계올림픽의 200m 입상자인 아프리카계 미국인 선수 토미 스미스와 존 카를로스가 시상대에서 검은 장갑을 낀 주먹을 높이 들어 흑인 차별에 항의하는 시위 행위를 해서 선수촌에서 추방당한 사건이다.

정답 17 ④ 18 ④ 19 ① 20 ③

2026 최신개정판

14년간 22만 독자가 선택한 **원조** 스포츠지도사

스포츠 지도사
2급 필기

SPORTS

기출문제집
2급(장애인 · 유소년 · 노인)

과년도 필수과목 기출문제

| 2025년 최신기출문제 + 상세한 해설 | 6개년 (2020~2025년) 기출문제 수록 | 2025년 기준 최신동향 반영 | 최신 기출해설 강의 무료 제공 |

PART 03

과년도 필수과목 기출문제

CHAPTER 01 2024년 필수과목
CHAPTER 02 2023년 필수과목
CHAPTER 03 2022년 필수과목
CHAPTER 04 2021년 필수과목
CHAPTER 05 2020년 필수과목

인생이란 결코 공평하지 않다. 이 사실에 익숙해져라.

- 빌 게이츠 -

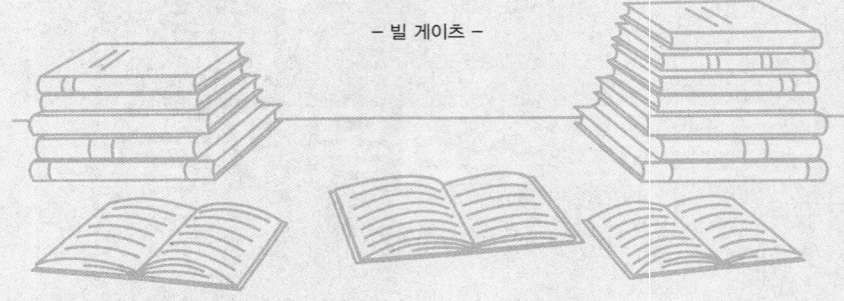

끝까지 책임진다! 시대에듀!

QR코드를 통해 도서 출간 이후 발견된 오류나 개정법령, 변경된 시험 정보, 최신기출문제, 도서 업데이트 자료 등이 있는지 확인해 보세요! **시대에듀 합격 스마트 앱**을 통해서도 알려 드리고 있으니 구글 플레이나 앱 스토어에서 다운받아 사용하세요. 또한, 파본 도서인 경우에는 구입하신 곳에서 교환해 드립니다.

CHAPTER 01

2024년 필수과목 기출문제

2급(전문·생활)+장애인+유소년+노인 스포츠지도사

제1과목 특수체육론

01 「장애인복지법」(1989)에 근거하여 최초로 설립된 장애인 체육 행정조직은?

① 대한장애인체육회
② 대한민국상이군경회
③ 한국장애인복지체육회
④ 한국소아마비아동특수보육협회

해설
한국장애인복지체육회는 1989년 「장애인복지법」에 근거하여 설립된 기구로 장애 복지연구·복지진흥·체육진흥 사업을 관장한다. 1989년 설립된 이래로 한국장애인복지진흥회(2000), 한국장애인개발원(2008)으로 명칭이 변경되었다.

02 장애인스포츠지도사의 역할로 옳지 않은 것은?

① 장애인의 독특한 요구(Unique Needs)를 확인한다.
② 장애인의 기능 회복을 위한 치료 서비스를 제공한다.
③ 장애인에게 적합한 지도환경과 지도내용을 결정한다.
④ 스포츠와 관련된 과제, 환경 등을 장애인의 요구에 맞게 변형한다.

해설
장애인의 기능 회복을 위한 치료(의료) 서비스는 의료법에서 지정한 병원급 의료기관이 담당한다.

03 〈보기〉의 ㉠~㉢에 들어갈 용어를 옳게 나열한 것은?

- (㉠) : 개인의 행동특성을 다양한 형태의 증거를 근거로 종합적으로 판단(예 배치)하는 과정
- (㉡) : 수집된 자료에 근거하여 가치 판단을 내리는 과정
- (㉢) : 행동특성을 수량화하는 과정
- (㉣) : 운동기술과 지식 등을 측정하기 위한 도구

	㉠	㉡	㉢	㉣
①	사정	평가	검사	측정
②	평가	사정	측정	검사
③	사정	평가	측정	검사
④	평가	사정	검사	측정

해설
사정·평가·측정·검사

사정	• 측정 활동으로 특정 목적을 달성하기 위한 증거 및 근거자료를 수집하는 과정 • 목적의 달성에 필요한 증거·근거를 수집하는 데 초점
평가	• 수집된 자료에 근거하여 판단을 내리고 의사를 결정하는 과정 • 의사를 결정하는 데 초점
측정	• 양적 또는 질적 자료를 수집하는 과정 • 자료를 수집하는 데 초점
검사	• 표준화된 도구로 집단 또는 개인의 특성(Trait)을 양적으로 밝히는 과정 • 대상의 특성을 밝히는 데 초점

정답 01 ③ 02 ② 03 ③

04 TGMD-3(Test of Gross Motor Development-3)에 대한 설명으로 옳은 것은?
기출 17·18·21·23

① 3~6세 아동만을 대상으로 한다.
② 규준참조평가도구로 사용할 수 없다.
③ 6가지의 이동기술 검사항목과 5가지의 공(Ball) 기술 항목을 검사한다.
④ 각 검사항목의 수행 준거를 정확하게 수행하면 1점, 정확하게 수행하지 못하면 0점을 부여한다.

해설
① 3~10세의 아동들을 대상으로 한다.
② 규준지향검사와 준거지향검사 방식을 모두 적용한다.
③ 6가지 이동기술(달리기, 질주하기, 뛰어오르기, 한 발로 뛰기, 수직점프, 슬라이딩) 검사와 6가지 공 기술(정지한 공 치기, 드리블, 차기, 붙잡기, 던지기, 굴리기) 검사를 포함한다.

05 미국장애인교육법(IDEA, 1997)에서 요구하고 있는 개별화교육프로그램(IEP)의 필수 구성 요소가 아닌 것은?
기출 19·22·23

① 부모의 동의
② 학생의 현재 수행 수준
③ 학생에게 정기적으로 통지하는 방법
④ 측정할 수 있고 구체적인 연간계획과 장기목표

해설
개별화교육프로그램(IEP)의 필수 구성요소
- 학생의 현행 수준 평가
- 연간교육목표(장기목표)와 단기교육목표
- 교육 서비스(또래 교수, 부모상담 등)와 교재·교구
- 교육 시작 날짜와 교육기간
- 기타 : 부모의 동의, 교육 프로그램의 책임자, 목표달성 기준과 평가절차

06 〈보기〉에서 설명하는 원시반사(Primitive Reflex)는?
기출 21·23

- 누운 자세에서 머리를 좌우로 돌렸을 때 나타나는 반응이다.
- 뒤통수 쪽의 팔과 다리는 굽혀지고, 얼굴 쪽의 팔과 다리는 펴진다.
- 뇌성마비 장애인은 반사가 사라지지 않고 남아 있다.

① 비대칭 긴장성 목반사
② 모로반사
③ 긴장성 미로 반사
④ 대칭성 긴장성 목반사

해설
② 모로반사(Moro Reflex) : 갑자기 건드리거나 큰 소리에 자극을 받은 아기가 팔과 다리를 벌리고 손가락을 폈다가 다시 몸 쪽으로 팔과 다리를 움츠리는 것이다.
③ 긴장성 미로반사(Tonic Labyrinthine Reflex) : 신체의 균형이 깨져 내이(內耳)의 세반고리관이 자극되었을 때, 몸 전체의 신전근의 긴장도가 증가하여 팔다리가 움츠러들거나 뻗어지는 것이다.
④ 대칭성 긴장성 목반사(Symmetrical Tonic Neck Reflex) : 머리를 뒤로 젖히면 척추가 과도하게 전만하면서 팔은 펴지고, 다리는 구부러지는 것이다.

04 ④ 05 ③ 06 ① **정답**

07 〈보기〉에서 설명하는 특수체육 수업방식은?

기출 18

> 지도자는 효과적인 농구 수업을 위해 체육관의 각기 다른 구역에 여러 가지의 과제를 준비했다. 한 가지 과제에서 시작하여 주어진 활동을 마치거나 지도자가 신호하면 학습자들은 다음 과제의 수행장소로 이동한다. 지도자는 각각의 과제를 수행하는 곳을 돌며 도움이 필요한 학습자를 지도한다.

① 스테이션 수업
② 대그룹 수업
③ 협력학습 수업
④ 또래교수 수업

해설
② 대그룹 수업 : 교사가 40명 이상의 학생을 대상으로 진행하며, 정해진 시간 안에 일정한 내용을 동시에 전달할 수 있지만, 학습자가 수동적으로 정보를 수용할 수밖에 없는 단점이 있는 수업이다.
③ 협동학습 수업 : 서로를 위해 함께 배우기를 주제로 하며, 모든 학생이 동시에 학습에 참여하고 학습과정 및 결과와 팀의 상호작용을 평가하는 방식의 수업이다.
④ 또래교수 수업 : 학생은 개인교사 역할과 학습자 역할을 번갈아 가며 수행하기 때문에 교사는 개인교사로서 간접적인 형태로 상호작용하는 방식의 수업이다.

08 〈보기〉는 D. Ulrich(1985)이 제시한 대근운동발달 단계이다. ㉠에 들어갈 내용으로 옳은 것은?

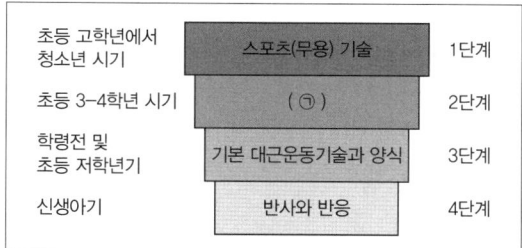

① 자세조절기술
② 물체조작기술
③ 감각지각운동기술
④ 리드-업 게임과 기술

해설
대근운동발달단계(D. Ulrich, 1985)

구 분	시 기	내 용
1단계	신생아기	반사와 반응
2단계	학령전 및 초등 저학년기	게임 운동기술
3단계	초등 3~4학년 시기	기본(대근) 운동기술과 양식
4단계	초등 고학년에서 청소년 시기	스포츠 및 전문여가 운동 기술

※ 출제오류로 최종정답에서 전항 정답 처리되었다.

정답 07 ① 08 전항 정답

09 운동발달의 관점에서 조작성 운동양식에 관한 설명으로 옳지 않은 것은?

① 3세에는 몸으로 끌어안으며 공을 받는다.
② 2~3세에는 다리를 펴고 제자리에 서서 공을 찬다.
③ 2~3세에는 앞을 보고 상하 방향으로 공을 친다.
④ 4~5세에는 던지는 팔과 반대쪽 발을 앞으로 내밀며 공을 던진다.

해설
기본운동기에 속하는 4~5세에는 물체를 손으로 쥐고 어깨 위로 던지는 자세를 취하며, 던지는 팔과 같은 쪽 발을 앞으로 내밀며 공을 던진다. 던지는 팔과 반대쪽 발을 앞으로 내밀며 공을 던지는 단계는 기본운동기보다 더욱 높은 단계로 7~14세에 발견되는 자세이다.

10 T6(흉추 6번) 이상의 손상이 있는 선수의 체력운동 시 고려사항으로 옳지 않은 것은? 기출 17·18·22·23

① 근육량이 적은 선수는 유산소 운동보다는 무산소 운동이 적절하다.
② 유산소 운동 중 젖산이 급격히 생성되므로 긴 휴식시간과 에너지원 보충이 필요하다.
③ 땀을 흘리는 피부 면적이 좁아 더위에서 운동하면 체온이 급격히 올라가는 것을 고려해야 한다.
④ 교감신경계 손상이 있는 척수 손상 환자의 경우 심박수를 운동과정과 회복과정 그리고 운동처방에 사용한다.

해설
① 상부 흉추가 손상된 경우 호흡 기능에 장애가 생길 수 있으므로 폐활량 증가 및 호흡기 질환의 예방을 위해 적절한 유산소 운동이 필수적이다.
④ T6 이상, 특히 교감신경계 손상이 있는 척수 손상 환자의 경우, 안정 시와 운동 시의 심박수 반응이 일반적인 경우와 다를 수 있으며, 자율신경반사이상 등의 위험이 있으므로 주의가 필요하다.

※ 출제오류로 복수 정답 처리되었다.

11 〈표〉의 ㉠~㉢에 해당하는 행동관리 기법을 바르게 나열한 것은? 기출 17·18

성별(나이)	남자(14세)	장소	수영장
장애유형	지적 장애	프로그램	수영하기
문제행동	멈춰 서서 친구 방해하기		
상황	지도자 A : 한국(가명)이는 수영할 때 반복적으로 멈춰 서서 친구들을 방해해요. 그때마다 잘못된 행동이라고 지적을 해도 계속하네요. 지도자 B : 우선 ㉠ 문제행동이 발생하면 바로 일정 시간 동안 물 밖에 있도록 하세요. 물과 좀 멀리요. 지도자 A : 알겠습니다. 한국이는 수중 활동을 좋아하고 물에 있으면 행복해하거든요. 지도자 B : 다른 기법도 있어요. ㉡ 문제행동을 했을 때 한국이에게 이미 주어진 정적강화물을 상실하게 하는 방법도 있어요. ㉠과 ㉡기법으로 문제행동의 빈도가 감소한다면, 큰 틀에서 (㉢)이 됩니다.			

	㉠	㉡	㉢
①	타임아웃	반응대가	부적 벌
②	타임아웃	용암	정적 벌
③	소거	반응대가	정적 벌
④	소거	용암	부적 벌

해설
㉠ 타임아웃 : 학습자가 교사의 시야 내에 위치하지만, 수업에 참가하지 못하게 하는 것이다.
㉡ 반응대가 : 나쁜 행동이 발생했을 시 좋아하는 것(정적 강화물)을 빼앗는 것이다.
㉢ 부적 (처)벌 : 어떤 행동의 빈도를 줄이기 위해 유쾌한 자극을 박탈하는 것이다.

09 ④ 10 ① · ④ 11 ①

12 미국지적장애및발달장애협회(AAIDD, 2021)의 지적장애 정의에 근거하여 〈보기〉의 ㉠~㉢에 들어갈 내용이 바르게 나열된 것은? 기출 20·22

- 표준화 검사를 통해 산출된 지능지수 점수가 (㉠) 표준편차 이하이다.
- 적응행동의 (㉡) 기술은 식사, 옷 입기, 작업 기술, 건강과 안전, 일과 계획, 전화사용 등이 포함된다.
- (㉢) 이전에 발생한다.

	㉠	㉡	㉢
①	-2	실제적	20세
②	-2	개념적	20세
③	-2	실제적	22세
④	-2	개념적	22세

해설
미국지적장애및발달장애협회(AAIDD, 2021)의 지적장애 정의 지적장애는 지적 기능성과 개념적, 사회적, 및 실제적 적응기술들로 표현되는 적응행동 양쪽에서 심각한 제한성으로 특징화된다. 이 장애는 개인이 22세에 도달하기 전으로 조작적으로 정의되는 발달기 동안에 진행된다.

13 〈보기〉가 설명하는 장애유형에 관한 설명으로 옳지 않은 것은? 기출 18

- 21번 염색체가 삼염색체(Trisomy 21)이다.
- 의학적 문제(선천성 심장질환, 근시 등)가 있을 수 있다.
- 인종, 국적, 종교, 사회적 지위 등과 관계없이 발생하는 보편성을 지니고 있다.

① 염색체 중 상염색체(Autosome Chromosome)에 문제가 있다.
② 대부분 포만 중추의 문제로 저체중 발생 빈도가 매우 높다.
③ 근육 저긴장성 때문에 지도자의 관리하에 근력 운동이 필요하다.
④ 경추 정렬(Atlantoaxial instability)의 문제 때문에 운동 참여 시 척수손상에 대해 특히 주의한다.

해설
〈보기〉에서 설명하는 장애유형은 다운증후군이다. 다운증후군 환자는 당분을 조절하는 기능이 낮아서 비만이 되기 쉽고 당뇨병 발병 확률이 높다.

정답 12 ③ 13 ②

14 〈보기〉가 설명하는 스페셜 올림픽 종목은? 기출 19

- 경기장은 3.66m × 18.29m 크기의 직사각형이다.
- 공식 경기는 단식 경기, 복식 경기, 팀 경기 등이 있다.
- 한 팀당 4개의 공을 소유하고, 표적구에 가까이 던진 팀이 점수를 획득하는 경기이다.

① 보체(Bocce)
② 플로어볼(Floorball)
③ 보치아(Boccia)
④ 넷볼(Netball)

해설
② 플로어볼 : 누구나 하키의 재미를 즐길 수 있도록 만든 종목으로, 농구코트보다 약간 넓은 플로어에서 부드러운 플라스틱 재질의 스틱과 볼을 사용하여 두 팀이 시합을 치러 정해진 시간 동안 상대 팀보다 더 많은 점수를 얻은 팀이 승리하는 경기이다.
③ 보치아 : 뇌성마비 및 이에 준하는 운동기능 장애인들을 위한 종목으로, 가죽 공을 던지거나 차고, 굴려 표적구와의 거리를 비교하여 점수를 매겨 경쟁하는 패럴림픽 정식 종목이다.
④ 넷볼 : 여성이 경기할 수 있도록 농구의 규칙을 개량한 종목이다.

15 〈표〉는 운동기능에 따른 뇌성마비의 분류체계이다. 〈표〉의 ㉠~㉢에 들어갈 내용을 바르게 나열한 것은?

기출 16·17·19·20·21

구 분	경직형 (Spastic)	운동실조형 (Ataxia)	무정위운동형 (Athetoid)
손상 부위	운동피질	(㉠)	(㉡)
근 긴장도	과긴장성	저긴장성	근 긴장의 급격한 변화
운동 특성	• 관절가동 범위의 제한 • 가위 보행	• 평형성 부족 • 협응력 부족	• (㉢) 움직임 • 머리 조절의 어려움

	㉠	㉡	㉢
①	소 뇌	기저핵	불수의적
②	기저핵	중 뇌	수의적
③	소 뇌	연 수	불수의적
④	기저핵	소 뇌	수의적

해설
㉠ 운동실조형 뇌성마비는 소뇌의 기능 장애에서 기인한다. 소뇌는 평형감각기로부터 오는 정보에 따라 몸의 평형감각을 유지하고, 대뇌에서 시작된 수의 운동이 정교하고 원활하게 이루어지도록 하는 기능을 담당한다.
㉡ 무정위운동형 뇌성마비는 대뇌의 기저핵의 기능 장애에서 기인한다. 기저핵은 뇌의 여러 부분으로 전기적 신호와 신경 전달물질을 주고받아 수의 운동 및 안구 운동, 기억과 감정 조절 등의 기능을 수행한다.
㉢ 대뇌의 기저핵이 손상되면 사지의 수의 운동이 조절되지 않아 불수의적(의지로 조절할 수 없는) 움직임이 발생한다.

14 ① 15 ①

16 〈보기〉에 근거하여 밑줄 친 ㉠에 대한 지도전략으로 옳지 않은 것은?
기출 17

> - 틀에 박힌 일이나 의례적인 행동에 집착한다.
> - 발달 수준에 맞게 친구 관계를 형성하지 못한다.
> - 지도자가 "공을 던져라"라고 지시하면, "공을 던져라"라는 말을 반복한다.
> - ㉠ 정해진 경로로 이동하지 않거나 시간이나 장소의 갑작스러운 변화에 저항한다.

① 체육활동에 대한 시각적 일과표를 제공한다.
② 체육활동을 일정한 규칙과 순서로 진행한다.
③ 지도할 때 그림 카드, 의사소통 보드 등을 활용한다.
④ 참여자의 선호도보다는 지도자의 의도대로 진행한다.

해설
자폐성 장애인의 운동 지도 전략
〈보기〉에 해당하는 특성이 있는 장애는 자폐성 장애이다. 자폐성 장애인들은 ㉠처럼 새롭거나 기존 환경과 다른 정보가 무작위적 또는 무계획적으로 제공될 때 부적절한 행동으로 반응할 때가 있다. 이때 처음부터 끝까지 일상적 과제를 수행하게 하면, 과제의 숙달과 완성에 대한 교사의 기대치를 높일 수 있다.

※ 출제오류로 최종정답에서 전항 정답 처리되었다.

17 척수손상 장애인의 특성에 관한 지도자의 대처로 옳지 않은 것은?
기출 16·18·19·20·22

① 욕창이 생기지 않도록 자세를 자주 바꾸게 한다.
② 기립성 저혈압의 경우 압박 스타킹을 착용하도록 한다.
③ 자율신경 반사이상(Autonomic Dysreflexia)이 발생할 때 고강도 순환 운동으로 전환한다.
④ 운동 중에 과도하게 체온이 상승하는 것을 예방하기 위해 물을 분무해 주면서 휴식을 취하도록 한다.

해설
자율신경의 반사에 이상 징후가 발견되면 그 즉시 운동을 중단해야 한다. 경축(본인의 의지와 무관하게 발생하는 갑작스러운 근육의 수축 현상)으로 인해 크게 다칠 수 있기 때문이다.

18 시각 장애인의 지도전략으로 옳지 않은 것은?
기출 15·16·17·18·19·20·21·23

① 스포츠 참여는 안전을 위해 개인 종목만 지도한다.
② 시범은 잔존시력 범위에서 보이면서 언어적 설명을 병행하는 것이 효과적이다.
③ 지도자는 지도할 때 시각 장애인에게 신체 접촉의 형태, 방법, 이유 등을 구체적으로 안내한다.
④ 전맹의 경우 스포츠 동작에 대한 이해도를 높이기 위해 관절이 굽어지는 인체 모형을 사용할 수 있다.

해설
시각 장애인도 시각 정보를 보강하거나 청각 정보를 부가적으로 제공하는 방법으로 축구나 농구와 같은 단체 종목을 지도할 수 있다.

19 진행성 근이영양증(Muscular Dystrophy ; MD)에 관한 설명으로 옳지 않은 것은?
기출 18·20·21

① 디스트로핀(Dystrophin) 단백질 결손과 관련된 유전질환이다.
② 근위축은 규칙적인 근력 및 근지구력 운동으로 예방할 수 있다.
③ 듀센형(Duchenne MD) 장애인은 대부분 평균 이상의 지적 능력을 보인다.
④ 듀센형 장애인은 종아리 근육에 가성비대(Pseudohypertrophy)가 나타난다.

해설
② 근위축은 규칙적인 근력 및 근지구력 운동으로 예방할 수 있다.
③ 듀센 근이영양증(DMD) 환자의 약 3분의 1은 인지 장애는 거의 없지만 학습 장애가 있는데, 주로 주의 집중·언어 학습 및 기억·정서적 상호작용의 세 가지 영역에서 발생한다.

※ 출제오류로 복수 정답 처리되었다.

정답 16 전항 정답 17 ③ 18 ① 19 ②·③

20 제시어와 〈보기〉의 수어 ㉠~㉢을 바르게 나열한 것은? 기출 19·22·23

㉠	㉡	㉢
두 주먹을 어깨 앞에서 위·아래로 움직인다.	검지와 중지를 교대로 움직이며 손등 방향으로 움직인다.	검지와 중지를 펴서 화살표와 같이 교대로 내민다.

	수영	운동	스케이트
①	㉠	㉡	㉢
②	㉠	㉢	㉡
③	㉡	㉠	㉢
④	㉢	㉠	㉡

해설

스포츠와 관련 있는 수어
㉠ 운동 : 두 주먹을 어깨 앞에서 위, 아래로 움직인다.
㉡ 수영 : 검지와 중지를 교대로 움직이며 손등 방향으로 움직인다.
㉢ 스케이트 : 검지와 중지를 펴서 화살표와 같이 교대로 내민다.

제2과목 유아체육론

01 효과적 학습경험의 설계를 위한 유아체육 지도자의 교수전략으로 옳지 않은 것은? 기출 16·18·20·21·22

① 각 유아에게 적합한 수준에서 연습할 수 있도록 개별화된 학습경험을 제공해야 한다.
② 유아의 실제학습시간(ALT)을 증가시킬 수 있는 환경을 조성해야 한다.
③ 유아의 능력 수준을 고려한 학습과제를 제공하고, 연습 시간을 최대한 확보해 준다.
④ 새로운 기능 학습 시에는 수업 초반에 제시한 과제 수준을 일관되게 유지한다.

해설

기초(간단한 과제)부터 향상된 운동(난도 있는 동작)까지 조직된 프로그램을 제공하여 학습의 순서와 발달 단계의 변화에 따를 수 있도록 조직적으로 연계되도록 하여야 한다.

02 유아의 운동기술 연습 시 지도자의 적합한 시범으로 옳지 않은 것은? 기출 22

① 시범에서 언어적 표현을 보다 많이 활용할 때 더 효과적이다.
② 시범은 추가적 학습단서(Learning Cue)와 함께 제공될 때 더 효과적이다.
③ 다양한 각도에서 이루어진 시범을 통해 정확한 정보를 제공한다.
④ 자주 실수하는 동작에 대해 반복적인 시범을 보여준다.

해설

과제를 지도할 때는 언어적 표현보다는 동작과 표정으로 시범을 보이면서 설명하면, 유아들이 동작에 대해 이해를 못해서 발생하는 안전사고가 줄어든다.

20 ③ 01 ④ 02 ① **정답**

03 유아 신체활동의 내적 참여동기를 증진시키는 효과적 교수전략으로 옳지 않은 것은? 기출 21

① 유아의 능력과 과제 난이도를 고려한 프로그램 제공을 통해 몰입을 돕는다.
② 학습과제 범위 내에서 유아에게 자율적 선택권을 부여한다.
③ 활동적으로 참여하는 유아를 격려하고 칭찬한다.
④ 프로그램 내 과제 수준을 동일하게 제공한다.

해설
유아의 운동기술 수준에 맞는 도전적인 프로그램을 제공하며, 유아가 과제 성취에 들인 노력에 대해 격려하여야 신체 활동 참여 동기가 증진된다.

05 〈보기〉가 설명하는 것은?

- 체온이 40℃ 이상으로 오른다.
- 땀을 전혀 흘리지 않거나 과도하게 많이 흘린다.
- 신체 내 열을 외부로 발산하지 못해 고체온 발생 및 중추신경계의 이상을 보인다.
- 신속한 체온감소 조치와 병원 후송이 필요하다.

① 일사병
② 열사병
③ 고체온증
④ 열경련

해설
열사병의 특징과 대응

특 징	• 체내 체온조절 중추가 열 자극을 견디지 못해 그 기능을 상실하는 질환이다. • 다발성 장기손상 및 기능장애와 같은 합병증을 동반할 수 있고 치사율이 높아 온열질환 증상 중 가장 위험한 질환이다.
응급처치법	• 119에 즉시 신고한 후 환자를 시원한 곳으로 옮겨서 옷을 끌러 주고 시원한 물을 적시거나, 부채나 선풍기 등으로 몸을 식힌다. • 얼음주머니가 있으면 목, 겨드랑이 밑, 사타구니와 같은 접촉 부위에 대어 체온을 낮춘다. • 의식이 없을 경우 음료를 마시게 하는 것은 기도 폐쇄를 일으킬 수 있으므로 절대 해서는 안 된다.

04 유아의 지각-운동 발달에 관한 설명으로 옳지 않은 것은? 기출 16·17·18·19·20·21·23

① 유아기는 지각-운동 발달의 최적기이다.
② 지각이란 감각수용세포가 자극으로 들어온 정보를 뇌로 전달하는 것을 뜻한다.
③ 지각-운동 발달은 아동의 운동능력을 나타내는 중요 요소 중 하나이다.
④ 유아기의 지각-운동 학습경험이 많을수록 다양한 운동상황에 반응하는 적응력이 발달된다.

해설
'지각'은 감각 체계로부터 자극 정보를 획득하고 뇌로 전달하여 그 정보의 의미를 해석하고 통합하는 능동적인 과정을 총체적으로 의미한다. 감각수용세포가 자극으로 들어온 정보를 뇌로 전달하는 것은 '전달과 전도'이다.

정답 03 ④ 04 ② 05 ②

06 〈보기〉의 ㉠~㉢에 해당하는 설명과 유아체육 프로그램의 구성원리가 올바르게 제시된 것은?

기출 17·20·21

㉠ 차기(Kicking)의 개념 학습 후, 정지된 공에서 빠르게 움직이는 공의 순으로 수업을 설계한다.
㉡ 대근육 운동에서 소근육 운동으로 확장된 움직임 수업을 설계한다.
㉢ 발달 단계에 따른 민감기를 고려한 움직임 수업을 설계한다.

	㉠	㉡	㉢
①	연계성	전면성	특이성
②	다양성	방향성	적합성
③	연계성	방향성	적합성
④	다양성	적합성	개별성

해설

유아발달 프로그램의 기본 원리
- 안전성의 원리 : 안전을 최우선으로 고려하여 프로그램을 구성해야 한다.
- 적합성의 원리 : 결정적 시기를 고려하여 적합한 운동을 프로그램에 구성해야 한다. (㉢)
- 방향성의 원리 : 신체발달의 방향성을 고려하여 적절한 운동을 프로그램에 구성해야 한다. (㉡)
- 특이성의 원리 : 유전과 환경요인에 따른 개인차를 고려하여 프로그램을 구성해야 한다.
- 다양성의 원리 : 전체적인 신체발달을 돕는 다양한 프로그램을 구성해야 한다.
- 연계성의 원리 : 운동발달, 인지발달, 사회성 및 정서발달의 상호작용을 통한 발달이 이루어지도록 프로그램을 연계적으로 구성해야 한다. (㉠)

운동 프로그램의 기본 원리
- 전면성의 원리 : 다양한 체력 요소가 골고루 발전되도록 운동해야 한다.
- 개별성의 원리 : 개인의 건강정도나 체력 등의 운동 능력 수준에 따라 운동의 종류나 강도를 조절해야 한다.

07 〈보기〉의 ㉠~㉢에 들어갈 용어가 바르게 제시된 것은?

㉠	• 일정 시기가 되면 자연히 발생되는 양적인 변화 과정이다. • 신장, 체중, 신경조직, 세포증식의 확대에 의한 증가를 뜻한다.
㉡	• 신체, 운동, 심리적 측면에서 전 생애에 걸쳐 일어나는 체계적이고 연속적인 변화를 뜻한다. • 변화하는 속도에는 개인차가 있으며, 상승적 변화뿐 아니라 하강적 변화도 포함한다.
㉢	• 기능을 더 높은 수준으로 발전할 수 있도록 하는 질적 변화를 뜻한다. • 신체적, 생리적 변화뿐 아니라 행동 변화까지 포함한다.

	㉠	㉡	㉢
①	성숙	발달	성장
②	발달	성숙	성장
③	성장	발달	성숙
④	발달	성장	성숙

해설

성장 · 발달 · 성숙

성장	• 생물체의 크기 · 무게 · 부피가 증가하는 일 • 신체 조직의 비대와 증가에 초점
발달	• 성장하여 완전한 형태에 가까워짐 • 신체 조직, 운동 기능, 심리 상태의 진전과 분화에 초점
성숙	• 생물의 발육이 완전히 이루어짐. 몸과 마음이 자라서 어른스럽게 됨 • 신체적 · 생리적 · 심리적 상태의 진전에 초점

06 ③ 07 ③ **정답**

08
〈보기〉는 대근운동발달검사-Ⅱ(Test of Gross Motor Development-Ⅱ ; TGMD-Ⅱ)의 영역별 검사항목이다. ㉠, ㉡에 들어갈 항목이 바르게 연결된 것은?

기출 23

구분	영역	세부 검사항목
대근운동 기술	이동 기술	달리기, 제자리멀리뛰기(Hop), (㉡), 립(Leap), 슬라이드(Slide)
	(㉠) 기술	공 던지기(Over-hand Throw), 공 받기, 공 치기(Striking), 공 차기, 공 굴리기, 공 튕기기(Dribble)

	㉠	㉡
①	안정성	갤럽(Gallop)
②	물체 조작	피하기(Dodging)
③	안정성	피하기(Dodging)
④	물체 조작	갤럽(Gallop)

해설

대근운동발달검사(TGMD)-Ⅱ의 영역별 검사항목
- 이동 기술 영역 : 달리기, 갤럽, 외발뛰기(홉), 립, 제자리멀리뛰기, 슬라이드
- (물체) 조작 기술 영역 : 치기, 튀기기(튕기기), 받기, 차기, 던지기, 굴리기

09
〈보기〉는 인지발달 관점에 따른 주요 이론의 내용이다. ㉠~㉢에 들어갈 용어가 바르게 제시된 것은?

기출 17·18·19·20·21·22

이론	발달단계	주요 개념	인지발달의 방향
인지발달 단계 이론	감각운동기 전조작기 구체적 조작기 (㉡)	(㉢) 동화 조절	내부 → 외부
(㉠)	연속적 발달 단계	내면화 (㉣) 비계설정	외부 → 내부

	㉠	㉡	㉢	㉣
①	정보처리 이론	형식적 조작기	부호화	기억기술
②	사회문화적 이론	형식적 조작기	평형화	근접발달 영역
③	정보처리 이론	성숙적 조작기	부호화	근접발달 영역
④	사회문화적 이론	성숙적 조작기	평형화	기억기술

해설

인지발달 4단계(Piaget)
- 인간은 타고난 발달단계와 학습을 통해 환경에 대해 지각하고 이해하는 인지적 발달이 이루어진다. 도식은 환경을 이해하는 틀을 말하며 동화, 조절, 평형화는 도식을 발달시키는 방법이다.
- 감각운동기(0~2세) : 감각을 사용하여 주변을 탐색하고, 새로운 경험을 찾기 위한 신체 활동을 한다(연습놀이).
- 전조작기(2~7세) : 지각운동시기로 사물과 사건의 관계를 인식하는 사고 능력의 진보가 이루어지지만 자기중심성이 강하여 다른 사람의 관점에서 사물을 이해할 수 없다(상징놀이).
- 구체적 조작기(7~11세) : 탈중심적 사고에 들어서고 사회지향적인 특징을 보이며, 구체적인 문제에 대한 논리적 사고가 가능하다(규칙이 있는 게임).
- 형식적 조작기(청소년~성인) : 가설적·연역적 사고가 가능하고, 논리적 사고에 의해서 문제를 해결한다.

사회문화적 이론(Vygotsky)
- 피아제(Piaget)의 인지발달 이론에 사회·문화적인 접근을 시도함으로써 새로운 인지발달 이론을 전개하였다. 즉 인간의 발달은 사회적·문화적 환경의 영향을 받는다는 이론이다.

정답 08 ④ 09 ②

- 학습은 아동 스스로 학습하려는 노력과 함께 부모나 교사 또는 좀 더 능력이 있는 또래와의 상호작용을 통해서 이루어진다고 주장하였다.
- 환경에 능동적으로 대응하며 운동기능을 발달시키며 지도사, 부모, 또래집단은 운동발달에 영향을 미치므로 집단 활동의 구성은 운동발달의 효과적인 교수법이다.
- 근접발달영역(Zone Proximal Development) : 성인이 이끌어 줄 수 있는 학습영역 내에 위치하는 개발 가능한 영역이다.
- 비계설정 : 성인 교사의 역할을 집을 지을 때 임시로 설치하는 '비계(飛階)'에 비유한다.

10 반사 움직임 시기의 '정보 부호화 단계(Information Encoding Stage)'에 대한 설명으로 옳지 않은 것은?

① 피질의 발달과 특정 환경적 억제 요인의 감소 현상이 일어난다.
② 태아기를 거쳐 생후 약 4개월까지 관찰될 수 있는 불수의적 움직임의 특징을 보인다.
③ 뇌 중추는 다양한 강도와 지속시간을 가진 여러 자극에 대해 불수의적 반응을 유발할 수 있다.
④ 뇌하부 중추는 운동 피질보다 더 많이 발달하며 태아와 신생아의 움직임을 제어하는 데 필수적이다.

해설
운동피질은 생후 6개월 전후를 기점으로 하여 발달하기 시작한다. 생후 6개월은 정보해독 단계(4개월~1세)에 해당한다.

11 체육과 교육과정(2022)에서 추구하는 핵심적인 신체활동 역량의 내용이 아닌 것은? 기출 23

① 움직임 수행 역량 : 운동, 스포츠, 표현 활동 과정에서 동작에 필요한 지식, 기능, 태도를 다양한 상황에 적용하며 발달한다.
② 건강관리 역량 : 체육과 내용 영역에서 학습한 신체활동을 일상생활에서 실천하며 함양한다.
③ 신체활동 문화 향유 역량 : 각 신체활동 형식의 특성을 이해하고 인류가 축적한 문화적 소양을 내면화하여 공동체 속에서 실천하면서 길러진다.
④ 자기 주도성 역량 : 신체적으로 활동적인 삶을 사는 데 필요한 움직임을 다양한 환경에서 수행하고 적용함으로써 길러진다.

해설
자기 주도성 역량은 교육과정에 제시되지 않은 내용이다.

2022년 개정 체육과 교육과정이 추구하는 세 가지 신체활동 역량
- 움직임 수행 역량 : 신체활동 형식에 적합한 움직임의 기능과 방법을 효율적, 심미적으로 발휘할 수 있는 능력으로 운동, 스포츠, 표현 활동 과정에서 움직임에 필요한 지식, 기능, 태도를 다양한 상황에 적용하며 발달한다.
- 건강 관리 역량 : 체력 및 신체적, 정신적, 사회적 건강을 유지하고 증진하는 능력으로 체육과 내용 영역에서 학습한 신체활동을 일상생활에서 실천하고, 개인과 사회적 측면에서 건강을 저해하는 요소에 적극적으로 대처하며 함양된다.
- 신체활동 문화 향유 역량 : 다양한 신체활동 문화를 전 생애 동안 즐기며 타인과 상호작용할 수 있는 능력으로 각 신체활동 형식의 특성을 이해하고 인류가 축적한 문화적 소양을 내면화하여 공동체 속에서 실천하면서 길러진다.

12 〈보기〉의 지도자별 교수 방법이 바르게 연결된 것은?

기출 15·16·17·19·23

- A 지도자 : 콘을 지그재그로 통과하면서 드리블하는 시범을 보이고 따라 하게 유도한다. 실수하거나 느린 아이들은 지적하면서 동작을 수정해 준다.
- B 지도자 : 아이들이 개별적으로 볼을 가지고 놀면서 자유롭게 드리블을 하게 한다. 모든 공간을 쓸 수 있게 허용한다. 어떠한 신체 부위를 사용하든지 관여하지 않는다.
- C 지도자 : 인사이드 드리블, 아웃사이드 드리블 등 다양한 유형의 기술을 시범 보인다. 이후에 아이들이 자신이 좋아하거나 잘하는 기술 위주로 자유롭게 선택하여 연습할 수 있도록 유도한다.
- D 지도자 : 활동 전 아이들에게 어떻게 하면 콘을 건드리지 않고 드리블해 나갈 수 있을지 질문한 후 실제 활동을 하게 한다. 이후 다양한 수준을 가진 아이들의 수행을 관찰하게 한다.

① A 지도자 - 탐색적(Exploratory) 방법
② B 지도자 - 과제 중심 접근(Task-Oriented) 방법
③ C 지도자 - 지시적 교수법(Command Style Teaching)
④ D 지도자 - 안내-발견적(Guide-discovery) 방법

해설
유아체육의 교수-학습 방법
① 지시적 교수법, ② 탐색적 방법, ③ 과제 제시 방법

13 〈보기〉는 퍼셀(M. Purcell)이 제시한 동작교육과정에 관한 내용이다. ㉠~㉢에 해당하는 용어가 바르게 연결된 것은?

- (㉠) : 전신의 움직임, 신체 부분의 움직임
- (㉡) : 수준, 방향
- (㉢) : 시간, 힘
- 관계 : 파트너/그룹, 기구·교수 자료

	㉠	㉡	㉢
①	공간 인식	노력	신체 인식
②	신체 인식	공간 인식	노력
③	노력	신체 인식	공간 인식
④	신체 인식	노력	공간 인식

해설
- 신체 인식(움직임을 위해 필요한 것, 무엇을 움직이는가) : 전신의 움직임, 신체 각 부분의 움직임, 신체의 모양 (㉠)
- 공간 인식(몸을 움직이는 데 필요한 것, 어디로 움직이는가) : 개인공간, 일반공간, 수준, 방향, 경로, 범위 (㉡)
- 노력(몸을 움직이려는 마음, 어떻게 움직이는가) : 시간, 힘, 흐름 (㉢)
- 관계(몸을 움직이면서 이루는 것, 누구와 혹은 무엇과 움직이는가) : 파트너/그룹, 기구/교구

정답 12 ④ 13 ②

14 〈보기〉는 인간행동의 '역학적 요인'이다. ㉠~㉢에 들어갈 용어가 바르게 연결된 것은?

- 안정성 요인 : 중력 중심, 중력선, (㉠)
- 힘을 가하는 요인 : 관성, (㉡), 작용·반작용
- 힘을 받는 요인 : 표면적, (㉢)

	㉠	㉡	㉢
①	지지면	가속도	거 리
②	가속도	거 리	지지면
③	지지면	거 리	가속도
④	거 리	가속도	지지면

해설

㉠ 안정성은 중력 중심이 지지면(기저면)의 중앙에 가까울수록, 중력선이 일직선에 가까울수록 증가한다.
㉡ 관성이 크면 물체에 가해야 하는 힘의 크기가 커진다. 물체의 질량이 같으면 가속도가 클수록 힘의 크기가 커진다. 한 물체에 큰 힘을 작용하면 그 반작용으로 인한 힘의 크기도 크다.
㉢ 표면적이 좁을수록, 거리가 가까울수록 받는 힘의 크기가 커진다.

15 〈표〉는 미국스포츠의학회(ACSM, 2022)의 '어린이와 청소년을 위한 FITT(빈도, 강도, 시간, 형태) 권고사항'이다. ㉠~㉢에 들어갈 용어가 바르게 연결된 것은?

기출 23

구 분	유산소 운동	저항 운동	뼈 강화 운동
형 태	여러 가지 스포츠를 포함한 즐겁고 (㉠)에 적절한 활동	신체 활동은 (㉡)되지 않은 활동이나 (㉡)되고 적절하게 감독할 수 있는 활동으로 구성	달리기, 줄넘기, 농구, 테니스 등과 같은 활동
시 간	하루 (㉢) 이상의 운동시간이 포함되도록 함		

	㉠	㉡	㉢
①	기술 향상	분절화	60분
②	성장 발달	분절화	40분
③	성장 발달	구조화	60분
④	기술 향상	구조화	40분

해설

ACSM 제11판(2022)에는 아래와 같이 제시되어 있다.

㉠ Enjoyable and developmentally appropriate activities : 즐겁고 성장발달에 적절한 활동
㉡ Physical activities can be unstructured or structured and appropriately supervised : 신체활동은 구조화되지 않은 활동이나 구조화되고 적절하게 감독할 수 있는 활동
㉢ As part of ≥ 60 min/day of exercise : 하루 60분(1시간) 이상의 운동시간

14 ① 15 ③

16 기본 움직임 과제들의 '기술 내 발달 순서(Intraskill Sequences)'에 관한 설명으로 옳지 않은 것은?

기출 22·23

① 기본 움직임 패턴에서 신체 부위들의 발달 속도는 서로 다를 수 있다.
② 기본 움직임 기술의 습득 및 성숙은 과제·개인·환경 요인들에 영향을 받는다.
③ 움직임 기술의 발달 단계 구분은 움직임 패턴의 특수성이나 관찰자의 정교함에 영향을 받지 않는다.
④ 갤러휴(D. Gallahue)와 클렐랜드(F. Cleland)는 운동기술의 발달 순서에 대해 시작, 초보, 성숙으로 분류하였다.

해설
움직임 패턴의 특수성과 관찰자의 정교함은 기술 내 발달 단계를 구분하는 데 중요한 역할을 한다.

움직임 패턴의 특수성	관찰자의 정교함
• 초기 단계에서는 움직임 패턴이 특수하고 고립되어 있다. • 발달이 진행될수록 움직임 패턴들이 협응되고 일반화되어 나타난다.	• 초기 단계에서는 관찰자가 움직임의 개별적인 요소들만을 인지할 수 있다. • 발달이 진행될수록 관찰자가 움직임 패턴을 더 정교하게 지각할 수 있게 된다.

17 '국민체력100'에서 제시하는 유아기 체력측정에 관한 설명으로 옳은 것만을 모두 고른 것은?

기출 16·18·20·21·23

ㄱ. 체력측정은 건강체력과 운동체력 항목으로 나뉜다.
ㄴ. 건강체력 측정의 세부항목으로는 10m 왕복 오래달리기, 상대악력, 윗몸말아올리기, 앉아윗몸앞으로굽히기 등이 있다.
ㄷ. 운동체력 측정의 세부항목으로는 5m × 4 왕복달리기, 제자리멀리뛰기, 3 × 3 버튼누르기 등이 있다.

① ㄱ, ㄴ
② ㄱ, ㄷ
③ ㄴ, ㄷ
④ ㄱ, ㄴ, ㄷ

해설
모두 옳은 설명이며, 이 외에도 아래와 같은 특징이 있다.
• 만 4~6세(48~83개월)의 유아를 대상으로 한다.
• 체력의 수준별로 종목을 달리 실시하고, 씨앗–새싹–꽃–열매의 4단계로 구분한다.
• 특히 새싹 단계에는 신체조성을 측정하기 위해 BMI를 측정한다.

정답 16 ③ 17 ④

18 유소년 운동프로그램 구성의 기본원리에 대한 설명으로 옳은 것만을 모두 고른 것은?

기출 15·17·18·19·20·21·22·23

> ㄱ. 가역성의 원리 : 운동을 중단하면 운동의 효과가 없어지므로 꾸준히 지속하는 것이 중요하다.
> ㄴ. 전면성의 원리 : 운동을 부상 없이 효과적으로 수행하기 위해서는 운동강도 및 운동량을 점차적으로 증가시켜야 한다.
> ㄷ. 점진성의 원리 : 신체의 특정 부위에 치중하지 않고, 전신 운동을 통해 신체를 균형 있게 발달시킨다.
> ㄹ. 과부하의 원리 : 운동 강도가 일상적인 활동보다 높아야 체력이 증진된다.

① ㄱ, ㄹ
② ㄴ, ㄷ
③ ㄱ, ㄷ, ㄹ
④ ㄴ, ㄷ, ㄹ

해설

'점진성의 원리'와 '전면성의 원리'의 설명이 바뀌어 제시되었다.
ㄴ. 전면성의 원리 : 다양한 체력 요소가 골고루 발전되도록 운동해야 한다.
ㄷ. 점진성의 원리 : 운동 강도를 조금씩 점진적으로 증가시켜야 한다.

19 〈표〉는 갤러휴(D. Gallahue)의 운동에 대한 2차원 모델이다. ㉠~㉢에 들어갈 내용이 바르게 연결된 것은?

운동발달단계	움직임 과제의 의도된 기능		
	안정성	이동	조작
반사 움직임 단계	직립 반사	걷기 반사	(㉢)
초보 움직임 단계	(㉠)	포복하기	잡 기
기본 움직임 단계	한 발로 균형 잡기	걷 기	던지기
전문화 움직임 단계	축구 페널티 킥 막기	(㉡)	야구 공치기

	㉠	㉡	㉢
①	포복하기	축구 골킥하기	손바닥 파악반사
②	머리와 목 제어	육상 허들 넘기	손바닥 파악반사
③	포복하기	육상 허들 넘기	목 가누기 반사
④	머리와 목 제어	축구 골킥하기	목 가누기 반사

해설

㉠ 초보 움직임 단계(생후 1~2년)는 수의적인 신체운동이 시작되는 시점이자 반사행동이 줄어들고 불완전한 기본 움직임이 나타나는 시기이며, 안정성 운동은 이동하지 않고 서서 또는 앉아서 몸의 한 축이나 관절을 축으로 하여 균형감각을 기르는 운동이다. 따라서 목의 관절을 한 축으로 하여 머리와 목의 균형감각을 기르는 '머리와 목 제어'가 이에 해당한다.
㉡ 전문화 움직임 단계(7~14세 이상)는 운동능력이 세분되며 복합된 동작 기술이 나타나는 단계이자 동작을 서로 연관시켜 일련의 동작으로 완성하는 단계이며, 이동성 운동은 자신의 위치를 이동하는 운동이다. 따라서 달리기, 리핑, 호핑 등의 동작이 일련의 동작으로 연결된 '육상 허들 넘기'가 이에 해당한다.
㉢ 반사 움직임 단계(생후 1년)는 태아와 신생아에게서 나타나는 최초의 운동 단계이며, 조작성 운동은 자신의 신체 이외의 물체를 조작하는 운동이다. 따라서 영아의 손바닥에 무엇을 올려놓으면, 손가락을 쥐는 것과 같은 반응을 하는 '손바닥 파악반사(쥐기반사)'가 이에 해당한다.

18 ① 19 ② **정답**

20 〈보기〉의 동작에서 성숙단계로 발달하도록 지도하는 방법으로 적절하지 않은 것은? 기출 22

시작 단계의 드리블 동작

① 두 발을 벌리고, 내민 발의 반대편 손을 앞으로 내밀어 드리블하도록 지도한다.
② 허리 높이에서 몸통을 약간 앞으로 기울여 드리블하도록 지도한다.
③ 공을 튀길 때 손목 스냅을 이용하여 공을 바닥 쪽으로 밀어내도록 지도한다.
④ 공을 튀길 때 손바닥으로 공을 때리도록 지도한다.

해설
드리블 동작은 손을 이용하여 바닥에 공을 미는 동작을 반복하는 동작이므로, 공을 때리는 것이 아니라 밀도록 지시해야 한다.

제3과목 노인체육론

01 노화에 따른 생리적 변화로 옳은 것은?
기출 15·17·18·19·20·21·22·23

① 1회박출량 증가
② 동정맥산소차 감소
③ 근육의 산화능력 증가
④ 심장근육의 수축시간 감소

해설
② 심장근 반응 감소, 운동하는 근육으로의 혈액 흐름 감소, 동정맥산소차 감소, 근육의 미토콘드리아 수와 크기 감소 등의 현상이 나타난다.
①·④ 동맥과 좌심실 수축성이 저하되기 때문에 심장근의 수축 시간이 길어지고, 1회박출량과 심박출량이 감소한다.
③ 노화가 진행되면서 근육은 감소하고, 산화능력이 저하된다.

02 〈보기〉가 설명하는 노화 이론은? 기출 19

> 항체의 이물질에 대한 식별능력이 저하되어 이물질이 계속 체내에 있으면서 부작용을 일으켜 노화 촉진

① 유전적 노화 이론
② 교차연결 이론
③ 사용마모 이론
④ 면역반응 이론

해설
① 유전적 노화 이론 : 일정한 시기가 도래하면 노화를 일으키는 특정 유전자가 적극적으로 작용하여 세포를 노화시키면서 노화가 진행된다는 이론이다.
② 교차결합 이론 : 결합조직의 커다란 분자에 교차결합이 일어나면서 노화가 발생한다는 이론이다.
③ 사용마모 이론 : 인체가 마치 기계처럼 사용에 따라 점차 마모되어 노화가 진행된다는 이론이다.

03 〈보기〉가 설명하는 노화의 특징은? 기출 19·23

> • 노화는 신체기능에 부정적 영향을 미쳐 사망을 초래한다.
> • 나이가 들면서 신체기능이 더 좋아지면 노화가 아니다.

① 보편성
② 내인성
③ 점진성
④ 쇠퇴성

해설
① 보편성 : 노화는 누구나 보편적으로 겪는 현상이다.
② 내인성 : 노화는 생체 내에서 일방적으로 진행되는 현상이다.
③ 점진성 : 노화는 시간의 경과에 따라서 서서히 진행되는 현상이다.

정답 20 ④ 01 ② 02 ④ 03 ④

04 〈보기〉에서 설명하는 노인의 행동 변화 이론은?

기출 17

> • 인간의 행동 변화는 환경의 영향, 개인의 내적 요인, 행동 요인에 영향을 받는다.
> • 자아효능감은 행동 변화와 밀접한 관련이 있다.
> • 운동지도자의 격려를 통해 지속적으로 운동프로그램에 참여한다.

① 지속성 이론(Continuity Theory)
② 건강신념 모형(Health Belief Theory)
③ 사회인지 이론(Social Cognitive Theory)
④ 계획행동 이론(Planned Behavior Theory)

해설
① 지속성 이론 : 노년기에 자신의 고유한 생활습관을 유지하는 것은 자아존중감과 생활만족도를 증가시킨다는 이론이다.
② 건강신념 모형 : '신념'이 건강을 추구하는 행동에 중요한 역할을 한다고 가정하는 이론이다.
④ 계획행동 이론 : 개인의 행동을 자신의 신념과 행동 간의 연결로 설명하는 이론이다.

05 노인 폐질환에 관한 설명으로 옳지 않은 것은?

① 천식의 증상은 운동으로 악화되지 않는다.
② 만성폐쇄성폐질환자의 기도저항은 호흡근 약화를 초래한다.
③ 만성폐쇄성폐질환의 주요 증상은 호흡곤란, 가래, 만성적인 기침이다.
④ 천식 환자의 운동유발성 기관지수축은 추운 환경, 대기오염, 스트레스에 의해 촉발된다.

해설
천식을 앓는 노인이 운동 후에 오히려 폐활량이 줄어들 수가 있는데, 이를 운동유발성 천식이라 한다.

06 한국형 노인체력검사(국민체력100)의 측정항목과 측정방법의 연결이 옳지 않은 것은?

기출 23

측정항목	측정방법
① 협응력	8자 보행
② 심폐지구력	6분 걷기
③ 상지 근기능	덤벨 들기
④ 유연성	앉아 윗몸 앞으로 굽히기

해설
국민체력100에서 노인의 상지의 근기능은 상대악력으로 측정한다.

07 노인의 생활 기능 분류에서 도구적 일상생활 활동(Instrumental Activities of Daily Living ; IADLs)에 해당하는 것은?

① 요 리
② 목 욕
③ 옷 입기
④ 화장실 사용

해설
ADL과 IADL
• 일상생활능력(ADL) : 옷 입기, 걸어서 이동하기, 목욕, 식사하기, 침대에서 의자 · 휠체어로 이동하기, 화장실 사용
• 도구적 일상생활능력(IADLs) : 요리, 집안일, 빨래, 시장보기, 전화 통화, 약 먹기, 금전 관리, 대중교통 이용

04 ③ 05 ① 06 ③ 07 ① **정답**

08 미국스포츠의학회(ACSM, 2022)가 제시한 노인의 운동지침으로 옳지 않은 것은?   기출 19·20·21·22

① 유연성 운동 : 약간의 불편감이 느껴질 정도로 30~60초 동안의 정적 스트레칭
② 유산소 운동 : 중강도로 주 5일 이상 또는 고강도로 주 3일 이상의 대근육 운동
③ 파워 운동 : 빠른 속도로 1 RM의 60% 이상의 고강도 근력운동을 10~14회 반복
④ 저항 운동 : 8~10종의 대근육군 운동, 초보자는 1 RM의 40~50% 강도의 체중부하운동

해설
ACSM 제11판(2022)에는 아래와 같이 제시되어 있다.

> Power training : Light-to-moderate Loading (30%-60% of 1-RM)

파워운동은 저강도에서 중강도의 부하로, 1 RM의 30~60% 수준의 근력운동을 실시한다.

09 노인의 신체기능검사에 관한 설명으로 옳지 않은 것은?   기출 16·17·19·20·21·22

① 6분 걷기 검사는 6분 동안 걸을 수 있는 최대거리(m)로 심폐지구력을 평가하고, 장거리 보행이나 계단 오르기 등의 일상생활 동작과 관련이 있다.
② 기능적 팔 뻗기 검사(FRT)는 균형을 잃지 않고 팔이 닿을 수 있는 최대거리를 측정하여 동적 평형성을 평가하고, 노인의 낙상 위험도 범주 분류에 사용된다.
③ 노인체력검사(SFT)의 어깨 유연성을 평가하는 '등 뒤에서 손잡기' 검사는 머리 위로 옷을 벗거나, 자동차에서 안전벨트를 매는 동작과 관련된 항목이다.
④ 단기신체기능검사(SPPB)는 보행 속도, 균형 능력 및 의자 앉았다 일어나기 시간의 점수를 합산하여 평가하고 점수가 높을수록 더 낮은 기능을 의미한다.

해설
SPPB 검사
- 하지기능을 평가하는 수행검사로 직립균형검사, 보행속도, 의자에서 일어나기 3가지 항목으로 구성된다.
- 과제마다 수행불능은 0점, 수행차이에 따라 최저 1점에서 최고 4점까지 점수를 부여해 과제당 4점씩 모두 성공했을 경우 12점 만점으로 한다.

정답 08 ③ 09 ④

10 〈보기〉에서 〈표〉의 특성을 가진 노인의 운동처방에 관한 설명으로 옳은 것만을 모두 고른 것은? (단, ACSM, 2022 기준)

기출 19·20·21·22

- 나이 : 68세
- 성별 : 남
- 신장 : 170cm
- 체중 : 65kg
- 흡연
- BMI : 22.5kg/m²
- 혈압 : SBP 129mmHg, DBP 88mmHg
- LDL-C : 123mg/dL, HDL-C : 41mg/dL
- 공복시 혈당 : 98mg/dL
- 근력운동의 경험 없음
- 지난 3개월 동안 주 2회, 20분 정도의 천천히 걷기 운동
- 걷기 운동 시 별다른 신체적 증상 없으나 가끔 종아리 통증이 느껴짐

ㄱ. 심혈관질환 위험요인의 양성 위험요인은 1개이다.
ㄴ. 선별알고리즘에 따라 중강도 운동 시 의료적 허가가 권장되지 않는다.
ㄷ. 운동자각도(10점 척도) 5~6의 빠르게 걷는 유산소 운동을 한다.
ㄹ. 1RM의 40~50%의 강도로 대근육을 활용한 근력 강화 운동을 한다.
ㅁ. 과체중이므로 체중감량을 위한 운동처방을 해야 한다.

① ㄱ, ㄴ, ㄷ
② ㄱ, ㄹ, ㅁ
③ ㄴ, ㄷ, ㄹ
④ ㄷ, ㄹ, ㅁ

해설

ㄱ. ACSM 제11판(2022)에 따르면 심혈관질환 위험요인의 양성 위험요인은 4개이다. (남자 45세 이상, 흡연자, 지난 3개월 동안 주 2회 20분 정도의 천천히 걷기 운동, HDL-C 40mg/dL 이상)
ㅁ. ACSM 제11판(2022)에 따르면 BMI 지수가 23kg/m² 이상이면 과체중으로 판별하는데, 22.5kg/m²이므로 과체중에 해당하지 않는다.

11 페르브뤼헌과 예터(L. Verbruggen & A. Jette, 1994)의 장애과정 모델에서 장애에 이르는 과정을 옳게 나열한 것은?

① 손상 → 기능적 제한 → 병 → 장애
② 병 → 손상 → 기능적 제한 → 장애
③ 손상 → 병 → 기능적 제한 → 장애
④ 병 → 기능적 제한 → 손상 → 장애

해설

장애과정 모델

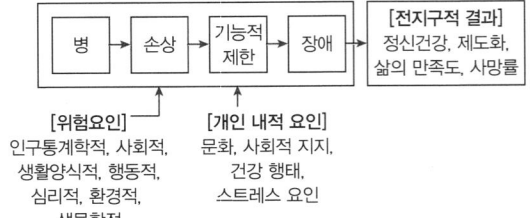

12 에릭슨(Erikson, 1986)의 심리사회적 단계가 옳게 나열된 것은?   기출 16·17·21·22·23

연령 증가 →

① 생산적 대 정체 → 자아 주체성 대 절망 → 친분 대 고독
② 친분 대 고독 → 생산적 대 정체 → 자아 주체성 대 절망
③ 자아 주체성 대 절망 → 생산적 대 정체 → 친분 대 고독
④ 생산적 대 정체 → 친분 대 고독 → 자아 주체성 대 절망

해설

심리사회적 발달단계

연령대	발달과업단계	긍정적인 결과
13~18세	정체성 대 역할혼돈	자신이 누구인지 그리고 어떻게 삶을 살기 원하는지에 대한 느낌을 발달시킨다.
젊은 성인	친분 대 고독	친밀한 대인관계를 형성할 수 있다.
중년 성인	생산성 대 침체성	가족의 부양 또는 어떤 형태의 일을 하는 등 생산적이다.
노년기	자아통합 대 절망	자부심과 만족을 느끼면서 자기 삶을 되돌아보며 죽음을 위엄있게 받아들인다.

13 〈보기〉에서 설명하는 것은?

- 죽상동맥경화 병변이 특징인 질환이다.
- 위험요인은 연령, 흡연, 고혈압, 당뇨병, 이상지질혈증이다.
- 주요 증상은 체중부하 움직임 시 하지의 간헐적 파행이다.

① 뇌졸중(Stroke)
② 근감소증(Sarcopenia)
③ 신장질환(Kidney Disease)
④ 말초동맥질환(Peripheral Arterial Disease)

해설

말초동맥질환은 일반적으로 죽상경화증으로 인해 사지의 동맥(말초기관의 동맥)이 막히거나 좁아져서 혈류가 감소하는 질환이다.

14 노화에 따른 호흡계 변화로 옳은 것은?   기출 18·20·21

① 잔기량의 감소
② 흉곽의 경직성 감소
③ 생리학적 사강의 감소
④ 호흡기 중추신경 활동에 대한 민감성 감소

해설

노화에 따라 폐포와 폐포관 주위의 탄력조직이 약화되고 석회화가 진행되어 흉곽의 경직성이 증가해 일명 '통가슴'이 되고, 잔기량 및 생리학적 사강의 증가 양상을 보인다.

정답 12 ② 13 ④ 14 ④

15 〈보기〉에서 노인 당뇨병 환자의 운동 효과로 옳은 것만을 모두 고른 것은?   기출 23

```
ㄱ. 인슐린 저항성 증가
ㄴ. 체지방 감소
ㄷ. 죽상동맥경화 합병증 위험 감소
ㄹ. 인슐린 민감성 감소
ㅁ. 골격근의 포도당 수송 능력 감소
ㅂ. 당뇨병 전단계에서 제2형 당뇨병으로의 진행 예방
```

① ㄱ, ㄴ, ㅂ
② ㄴ, ㄷ, ㄹ
③ ㄴ, ㄷ, ㅂ
④ ㄹ, ㅁ, ㅂ

해설
운동과 혈당 조절
당뇨병 환자에게 인슐린과 혈당은 떼려야 뗄 수 없는 동전의 앞뒤와 같은 것이다. 췌장에서 분비되는 인슐린은 혈중 포도당량을 줄이는 역할을 한다. 인슐린이 이 역할을 제대로 하는지 아닌지를 따지는 것이 인슐린 저항성과 민감성이다. 쉽게 말해 인슐린 저항성이라는 것은 인슐린이 둔감하게 작용하는 정도를 말하고, 인슐린 민감성은 이와 반대로 인슐린이 민감하게 반응하는 정도를 의미한다. 따라서 당뇨병 환자가 운동을 하면 근육에 필요한 당 수송이 활발히 일어나야 되므로 인슐린 저항성은 감소하고(ㄱ), 인슐린 민감성은 증가하며(ㄹ), 골격근의 포도당 수송 능력이 향상(ㅁ)하게 된다.

16 세계보건기구(World Health Organization)가 제시한 노인의 신체활동에 대한 심리적 단기 효과는?   기출 19·22

① 이완(Relaxation)
② 기술 획득(Skill Acquisition)
③ 인지 향상(Cognitive Improvement)
④ 운동-제어와 수행 (Motor Control and Performance)

해설
WHO에서는 노인이 신체활동을 적절히 수행하면, 불안·우울·스트레스 수준이 낮아진다고 한다. 한편, 운동 기술의 획득·제어·수행이나 인지 능력의 향상과 같은 효과는 6개월 이상 꾸준히 운동을 해야 얻을 수 있는 것이라고 한다.

17 노화에 따른 인지기능 변화로 옳지 않은 것은?   기출 15

① 유동성 지능의 감소
② 결정성 지능의 감소
③ 단기 기억력의 감소
④ 인지 처리 속도의 지연

해설
결정성 지능(Crystallized Intelligence)은 개인이 학습과 경험을 통해 습득한 지식과 기술의 총합을 의미한다. 이는 특정 분야에서 장기간 축적된 지각적 능력과 이해도를 나타내며, 교육, 경험, 환경, 문화 등 다양한 요인에 의해 형성된다. 따라서 결정성 지능은 연령과 학습 수준에 비례하여 발달하는 경향이 짙다. 좀 더 쉽게 말하자면, '연륜은 무시하지 못한다'는 말을 전문용어로 표현한 것이라고 할 수 있다.

18 노인의 근·골격계 질환에 관한 권장 운동으로 옳지 않은 것은?   기출 18·22

① 골다공증 : 골밀도 증가를 위한 수영
② 관절염 : 관절 부담을 적게 주는 자전거 운동
③ 척추질환 : 단축된 결합조직을 이완시키는 유연성 운동
④ 근감소증 : 넘어짐을 예방하기 위한 체중부하 근력 운동

해설
수영과 같이 뼈에 체중 부하가 적은 운동은 골다공증 환자보다는 비만이나 당뇨병 환자에게 좋다. 골다공증의 치료와 예방을 위해 골밀도를 높이고 싶다면, 뼈에 일정한 체중부하를 가하는 운동을 해야 한다. 그와 더불어 꾸준한 단백질과 칼슘의 섭취, 낙상 및 부상의 방지를 위한 평형성·민첩성·유연성 운동도 추가적으로 실시해야 한다.

15 ③ 16 ① 17 ② 18 ① **정답**

19 <보기>에서 치매 노인에게 적합한 운동 형태로 옳은 것만을 모두 고른 것은?   기출 15·17·19

> ㄱ. 계단 오르내리기
> ㄴ. 밴드를 이용한 저항 운동
> ㄷ. 물건 들고 안전하게 보행하기
> ㄹ. 대근육군을 사용하는 자전거 타기

① ㄱ, ㄴ, ㄷ, ㄹ
② ㄴ, ㄷ, ㄹ
③ ㄷ, ㄹ
④ ㄹ

해설

ACSM 제11판(2022)에는 아래와 같이 제시되어 있다.
- 유산소 운동 : 대근육군을 이용한 장기간의 리듬 활동(걷기, 자전거 타기, 수영, 춤 등)
- 저항성 운동 : 중량 기계 및 기타 부하 장치(밴드, 체중)를 이용한 운동
- 유연성 운동 : 모든 주요 근육군을 이용하는 느린 정적 스트레칭

※ 출제오류로 최종정답에서 전항 정답 처리되었다.

20 노인 운동 시 위험관리에 관한 지침으로 옳은 것만을 모두 고른 것은?   기출 15·16·17·19·20·22·23

> ㄱ. 신체활동 프로그램 시작 전에 신체적 기능에 따라 참여자들을 선별한다.
> ㄴ. 심정지 노인의 심폐소생술 시행 중에는 자동심장충격기를 사용하지 않는다.
> ㄷ. 시각적 문제가 있는 경우 적절한 조명과 거울로 된 벽, 방향 표시를 한다.
> ㄹ. 청각적 문제가 있는 경우 잘 들리지 않는 귀 쪽으로 큰 소리로 이야기하며 지도한다.
> ㅁ. 심장질환의 징후인 가슴통증, 호흡곤란, 불규칙한 심박수가 나타나면 운동을 바로 중단한다.

① ㄱ, ㄴ, ㄹ
② ㄱ, ㄷ, ㅁ
③ ㄴ, ㄷ, ㅁ
④ ㄷ, ㄹ, ㅁ

해설

ㄴ. 심정지 노인의 심폐소생술 시행 시 의식이 돌아올 때까지 흉부압박, 인공호흡, 자동심장충격기(AED)를 반드시 시행하여야 한다.
ㄹ. 청각적으로 문제가 있다 하더라도 소리 지르듯 이야기하지 말아야 한다. 청각의 사용에 제한이 있다면 다른 감각을 이용해야 한다. 시각을 이용할 때는 시범을 보일 때 천천히 여러 번 반복하거나, 노인들이 익히 알고 있는 물체나 도식을 이용해 이미지를 떠올리게 하는 지시를 사용하는 방법을 사용하면 좋다. 한편 촉각을 이용하는 방법도 있다. 스킨십을 적절히 활용해 천천히 해당 동작에 사용되는 신체 부위가 어떻게 움직이는지 노인이 느끼게 하는 방법을 사용하면 좋다.

정답 19 전항 정답 20 ②

CHAPTER 02

2023년 필수과목 기출문제

2급(전문·생활)+장애인+유소년+노인 스포츠지도사

제1과목 특수체육론

01 국제 기능·장애·건강 분류(International Classification Functioning, Disability and Health ; ICF)에 제시된 장애에 대한 개념적 특징이 아닌 것은?

기출 20·21

① 환경적 요인에 의하여 누구나가 장애인이 될 수 있음을 강조한다.
② 유형과 정도가 같은 장애인들이 동일한 활동에 참여하도록 한다.
③ 기능과 장애는 건강 상태와 개인적·환경적 요인들의 상호작용이다.
④ 장애는 개인, 주변의 태도, 환경적 장벽 사이 상호작용의 결과이다.

해설

① 환경적 요인뿐만 아니라 개인적 요소에 의하여 누구나가 장애인이 될 수 있음을 강조한다.
② 유형과 정도가 같은 장애인들이라도 상황이나 필요에 따라 다른 활동에 참여하도록 한다.

※ 출제오류로 복수 정답 처리되었다.

02 〈보기〉에서 미국 관보(Federal Register, 1977)가 체육을 정의한 내용에 해당하는 것을 모두 고른 것은?

기출 20

| ㉠ 건강과 운동 체력의 발달 |
| ㉡ 특수체육, 적응체육, 움직임교육, 운동발달을 포함 |
| ㉢ 수중활동, 무용, 개인과 집단의 게임과 스포츠에서의 기술 발달 |
| ㉣ 기본운동기술과 양식(Fundamental Motor Skills and Patterns)의 발달 |

① ㉠, ㉡
② ㉡, ㉢
③ ㉠, ㉢, ㉣
④ ㉠, ㉡, ㉢, ㉣

해설

체육에 대한 정의
미국 관보(Federal Register, 1977.8.23.)에 따르면 체육을 다음과 같이 정의할 수 있다.
(2) "Physical education" is defined as follows:
  (i) The term means the development of:
    (A) Physical and motor fitness; (㉠ 건강과 운동 체력의 발달)
    (B) Fundamental motor skills and patterns; and (㉣ 기본운동기술과 양식의 발달)
    (C) Skills in aquatics, dance, and individual and group games and sports. (㉢ 수중활동, 무용, 개인과 집단의 게임과 스포츠에서의 기술 발달)
  (ii) The term includes special physical education, adapted physical education, movement education, and motor development. (㉡ 특수체육, 적응체육, 움직임교육, 운동발달을 포함)

01 ①·② 02 ④ **정답**

03 블룸(B. Bloom)이 분류한 교육 목표 영역에 따라 장기목표를 제시하고자 한다. 〈보기〉의 요인과 교육 목표 영역이 바르게 연결된 것은? 기출 19

> ㉠ 긍정적 자아, 사회적 능력, 즐거움과 긴장 이완
> ㉡ 운동의 기술과 양식, 체력, 여가활동에 필요한 기술
> ㉢ 놀이와 게임 행동, 창조적 표현, 인지-운동기능과 감각통합

	㉠	㉡	㉢
①	인지적 영역	정의적 영역	심동적 영역
②	인지적 영역	심동적 영역	심동적 영역
③	정의적 영역	심동적 영역	인지적 영역
④	정의적 영역	인지적 영역	심동적 영역

해설
블룸의 교육 목표 영역
㉠ 정의적 영역 : 신체활동의 참여를 통해 자아개념과 신체상을 강화하는 것을 목적으로 한다.
㉡ 심동적 영역 : 기본운동기술과 운동양식 습득·발달을 목적으로 한다.
㉢ 인지적 영역 : 다양한 신체활동을 안전하게 수행할 수 있는 지식 습득을 목적으로 한다.

04 개별화전환계획(Individualized Tansition Plan ; ITP)에 관한 설명으로 적절하지 않은 것은?

① 장애학생과의 인터뷰를 통해 신체활동 선호도를 알아본다.
② 지역사회 체육시설을 활용하여 사회적응기술을 가르친다.
③ 장애학생을 위한 신체활동 프로그램이 지역사회에도 있는지를 확인한다.
④ 장애학생의 현재 및 미래의 기대치를 논하기보다는 과거의 활동에 주안점을 둔다.

해설
개별화전환계획
개별화전환계획은 장애학생이 졸업 후 사회생활에 효과적으로 적응할 수 있도록 재학 중에 특별히 중점을 두어야 할 일들에 대해 문서화한 계획이다. 따라서 장애학생이 학교를 졸업한 이후 장애학생의 과거의 활동을 논하기보다는 현재 및 미래의 기대치에 주안점을 두어야 한다.

05 〈보기〉에서 설명하는 장애학생건강체력평가(Physical Activity Promotion System for Student with Disabilities ; PAPS-D)에 해당하는 것은? 기출 17·19·21

> 장애학생건강체력평가는 개인의 건강 체력이 동일 장애조건을 가진 사람들 중 어느 정도인지에 대한 정보를 제공한다.

① 비형식적 검사
② 비표준화 검사
③ 규준 참조 검사
④ 준거 참조 검사

해설
규준 참조 검사는 개인의 점수나 측정치를 규준집단의 수치분포와 비교하여 해당 값이 표본집단에서 어느 위치에 있는지 상대적으로 판단하는 평가방법이다.

06 〈보기〉는 피바디 운동 발달 검사-2(Peabody Development Motor Scales-2 ; PDMS-2)의 평가영역이다. ㉠에 해당하는 것은?

> ㉠ ( )
> ㉡ 움켜쥐기
> ㉢ 시각-운동 통합
> ㉣ 비이동 운동
> ㉤ 이동 운동
> ㉥ 물체적 조작

① 반사
② 손 - 발 협응
③ 달리기
④ 블록 쌓기

해설
PDMS-2 검사
PDMS-2는 0~72개월 아동의 운동 능력을 평가하고 측정하는 검사도구이다. 0~72개월의 영유아 시기에는 반사 작용의 발생 여부로 신체 기능·발달 이상을 진단할 수 있기 때문에 평가영역에 '반사' 영역이 포함되어 있다.

정답 03 ③ 04 ④ 05 ③ 06 ①

07 갤러휴(D. Gallahue)와 오즈먼(J. Ozmun)이 제시한 운동발달의 단계가 아닌 것은?

① 지각운동
② 기본운동
③ 기초운동
④ 전문화된 운동

해설
운동발달단계(D. Gallahue & J. Ozmun)
갤러휴와 오즈먼은 운동발달단계를 반사운동 – 초보운동 – 기본운동 – 전문화된 운동으로 구분했다.

08 쉐릴(C. Sherrill)이 제시한 특수체육 서비스 전달체계의 실천요소에 대한 설명이 아닌 것은? 기출 22

① 계획 : 개인의 요구는 물론 학교와 지역사회의 철학에 따라 적절한 체육의 목적을 설정하는 것을 의미한다.
② 사정 : 개인과 환경에 대한 검사, 측정, 평가로 구성되는 과정이다.
③ 교수/상담/지도 : 최적의 운동 수행을 도모하기 위해 심리·운동적 요소들을 변화시키는 과정이다.
④ 평가 : 장애인의 학습 정도와 프로그램의 효과를 확인하는 비연속적인 과정이다.

해설
특수체육 서비스 전달체계
(사후)평가 단계는 장애인의 학습 정도, 프로그램의 효과 확인 및 평가를 목적으로 시행되는 단계로 프로그램의 종료 이후에 발생할 상황에 대해 의사를 결정하는 연속적인 과정이다.

09 개별화교육계획(Individualized Education Program ; IEP)의 기능 중 〈보기〉의 설명에 해당하는 것은? 기출 19·22·24

> 계획된 목표와 학생의 진보가 어느 정도 일치하고 있는가를 확인하기 위한 기능

① 의사소통 기능
② 통합 기능
③ 평가 기능
④ 관리 기능

해설
③ 평가 기능 : 장애 학생의 진보 상황을 알게 하는 기능이다.
① 의사소통 기능 : 개별적인 교육의 필요성과 서비스에 관한 교사 간, 교사-부모 간 의사소통을 가능하게 하는 기능이다.
② 통합 기능 : 서비스 제공의 효율성 및 자원의 효과적인 사용을 점검하고 통합하는 기능이다.
④ 관리 기능 : 개별 학생에게 필요한 교육과 관련 서비스를 받도록 관리하는 기능이다.

10 〈보기〉의 ㉠~㉢을 블룸(B. Bloom)의 교육 목표 영역과 바르게 연결한 것은? 기출 19

> ㉠ 지각(Perception)
> ㉡ 가치화(Valuing)
> ㉢ 반사적 운동(Reflex Movement)
> ㉣ 적용(Application)

① 정의적 영역 – ㉡, ㉣
② 심동적 영역 – ㉠, ㉢
③ 인지적 영역 – ㉠, ㉡
④ 정의적 영역 – ㉢, ㉣

해설
블룸의 교육 목표 영역
• 정의적 영역 : 수용, 반응, 가치화, 조직화, 인격화
• 심동적 영역 : 지각, 태세, 유도반응, 기계화, 복잡 외현 반응, 적응, 반사적 운동, 초보적 기초 동작, 운동 지각 능력, 신체적 기능, 숙련된 운동기능
• 인지적 영역 : 지식, 이해, 적용, 분석, 종합, 평가

정답 07 ① 08 ④ 09 ③ 10 ②

11 〈보기〉에서 설명하는 장애 유형은? 기출 17·21

> ㉠ 또래 친구와 인사를 하거나 함께 놀지 않는다.
> ㉡ 출석을 불러도 반응하지 않거나 눈을 맞추지 않는다.
> ㉢ 비닐과 같은 특정 물건을 반복적으로 만지거나 냄새를 맡는 행동을 한다.
> ㉣ '공을 차'라고 지시했지만, 지시를 이해하지 못하고 '공을 차'라는 말만 반복한다.

① 청각 장애
② 지적 장애
③ 뇌병변 장애
④ 자폐성 장애

해설
자폐성 장애의 특성
- 주위 사람들과의 애착 형성이 되어 있지 않고, 하루의 대부분을 혼자서 보낸다. (㉠)
- 타인과의 눈맞춤이 결여되어 있다. (㉡)
- 특정 사물에 강한 집착을 보인다. (㉢)
- 기능적인 언어의 발달을 이루지 못한다. (㉣)

13 〈보기〉에서 설명하는 청각 장애의 유형은? 기출 18

> ㉠ 청력 손실이 60~70dB을 넘지 않는다.
> ㉡ 소리를 외이에서 내이로 전달하는 과정에서 문제가 생긴다.
> ㉢ 중이염, 고막 손상, 외이도 염증 등에 의해서 발생하기도 한다.
> ㉣ 후천적인 원인에 의해 발생하는 경우가 많으며, 보청기 착용의 효과가 좋다.

① 혼합성 난청(Mixed Hearing Loss)
② 감소성 난청(Reductive Hearing Loss)
③ 전음성 난청(Conductive Hearing Loss)
④ 감각신경성 난청(Sensorineural Hearing Loss)

해설
전음성 난청은 이름처럼 음파가 정상적으로 전달되지 않아 발생하는 난청이다. 전음기관(외이, 고막, 중이 등)의 손상이나 장애, 꽉 찬 귀지로 인해 발생하며, 내·외과적 치료로써 대부분 청력 회복이 가능하고, 보청기로도 개선될 수 있다.

12 〈표〉에서 제시된 수업목표가 추구하는 지각운동 영역은?

프로그램	골볼 교실	장애 유형	시각 장애	장애 정도	1급
내 용	참여를 위한 사전 교육				
목 표	• 자신의 포지션을 찾아갈 수 있다. • 팀 벤치에어리어를 찾아갈 수 있다. • 상대 팀 골라인의 위치를 찾을 수 있다.				

① 신체상(Body Image)
② 방향정위(Orientation)
③ 신체 정렬(Physical Alignment)
④ 동측협응(Ipsilateral Coordination)

해설
방향정위
방향정위는 위치를 파악하기 위해 주위 환경이나 단서와 같은 감각적 정보를 활용하는 정신적 과정이다. 시각 장애인은 해당 과정으로 자신의 현재 위치나 목표물의 위치를 파악할 수 있다.

정답 11 ④ 12 ② 13 ③

14 ⟨표⟩는 피아제(J. Piaget)가 제시한 인지발달단계에 따른 지도 목표를 기술한 것이다. 지도 목표가 적절한 것을 모두 고른 것은?

프로그램	축구 교실	장애 유형	지적 장애	장애 정도	1~3급
목 적	슛과 패스 기술 익히기				
인지발달 단계	지도 목표				
감각 운동기	⊙ 다양한 종류의 공을 다루면서 공에 대한 도식이 형성되도록 한다.				
전조작기	ⓒ 공을 세워 놓고 차기 기술을 지도한다.				
구체적 조작기	ⓒ 공 차기를 슛과 패스로 구분하여 지도한다.				
형식적 조작기	ⓔ 전략과 전술을 지도한다.				

① ⊙
② ⊙, ⓒ
③ ⊙, ⓒ, ⓒ
④ ⊙, ⓒ, ⓒ, ⓔ

해설

피아제(J. Piaget)의 인지발달단계
- 감각운동기(0~2세)는 오감을 사용하여 주변을 탐색하고, 새로운 경험을 찾기 위한 신체활동을 하는 연습놀이 단계이므로 공의 형태와 역학적 특성을 인지해 학습자가 공에 익숙해지도록 지도해야 한다. (⊙)
- 전조작기(2~7세)는 지각운동기로 자기중심적이어서 타인의 관점에서 사물을 이해할 수 없기 때문에 공에 조작을 가한 후의 상황을 타인의 입장에서 이해할 수 있게 공을 세워 놓고 차기 기술을 지도해야 한다. (ⓒ)
- 구체적 조작기(7~11세)는 사회지향적인 특징을 보이는 단계이다. 슛과 패스는 같은 공 차기 동작이지만 선수들 간 상호작용의 측면에서 그 목적이 다르므로 분리해서 지도해야 한다. (ⓒ)
- 형식적 조작기(청소년~성인)는 논리적 사고로 문제를 해결할 수 있는 단계여서 전략과 전술을 지도해 학습자가 실제 경기에 투입될 수 있도록 해야 한다. (ⓔ)

15 ⟨표⟩는 동호회 야구선수를 관찰한 기록이다. 관찰 내용에서 나타나는 장애 유형의 설명으로 옳지 않은 것은?

기출 18

이 름	홍길동	나 이	만 42세	성 별	남
날 짜	2023년 4월 29일 (토)	장 소	잠실야구장		
관찰 내용	• 손과 발을 가만히 두지 못하고 여기저기 돌아다닌다. • 대기타석에서 안절부절못하며 뛰어다닌다. • 옆 선수에게 끊임없이 말을 한다. • 코치의 질문이 끝나기도 전에 불쑥 말을 한다. • 자신의 타격 순서를 기다리지 못한다. • 다른 선수의 연습 스윙을 방해하거나 참견한다.				

① 장애인복지법에서는 지적 장애로 분류된다.
② 다양한 상황에서도 동일한 문제행동이 나타난다.
③ 주의력 결핍, 과잉행동 또는 충동성이 7세 이전에 나타난다.
④ 주의력 결핍, 과잉행동 또는 충동성의 평가항목 중에서 6개 이상의 항목이 최소 6개월 이상 지속된다.

해설

주의력 결핍 과잉행동 장애
- 주의력 결핍 과잉행동 장애는 장애인복지법에서 장애로 분류하지 않는다. (①)
- 주의력 결핍, 과잉행동 또는 충동성이 12세 이전에 나타난다. (③)

※ 출제오류로 문제 일부를 수정하였다.

14 ④ **15** ① · ③ **정답**

16 〈보기〉에서 설명하는 시각 장애 발생의 원인은?

기출 20

> ㉠ 두통, 눈의 통증, 구토 등의 증상이 나타날 수 있다.
> ㉡ 시야가 좁아져서 주변 상황에 대한 정보 습득이 어렵다.
> ㉢ 안압이 높아지면서 시신경이 눌리거나, 혈액 공급이 원활하지 않아서 발생할 수 있다.

① 백내장
② 녹내장
③ 황내장
④ 황반변성

해설

녹내장은 안압의 상승으로 인해 시신경이 눌리거나 혈액 공급에 장애가 생겨 시신경의 기능에 이상을 초래하는 질환이다. 녹내장이 발생하면 시야가 좁아지고, 상승된 안압으로 인해 두통, 눈의 통증, 구토 증상이 발생한다.

17 제시어와 〈보기〉의 수어 ㉠~㉢을 바르게 연결한 것은?

기출 19·22·24

	반갑습니다	농 구	고맙습니다
①	㉡	㉠	㉢
②	㉡	㉢	㉠
③	㉢	㉠	㉡
④	㉠	㉢	㉡

해설

수 어
㉠ 농구 : 왼손을 반쯤 구부려 손끝이 오른쪽으로 향하게 하여 가슴 앞에 놓은 다음, 손등이 밖으로 향하게 쥔 오른 주먹을 왼손의 1·2·3·4지와 5지 사이로 내린다.
㉡ 고맙습니다 : 왼손을 손등이 위로 가게 해서 둔 다음 오른손을 세워 손등을 두세 번 두드린다.
㉢ 반갑습니다 : 약간 구부린 양손을 가슴에서 엇갈리게 위아래로 두 번 흔든다.

18 〈표〉의 FITT 구분에 따른 운동 계획 중에서 틀린 것은?

프로그램	건강관리 교실	장애 유형	지체 장애	장애 정도	3급
운동참여 경험	최근 3개월 동안 주 3회, 회당 30분씩 운동했다.				
의료적 문제	최근 종합검진에서 심혈관 질환을 비롯한 의료적 문제가 없다고 진단받았다.				
FITT 구분	운동 계획				
① 빈도(Frequency)	운동을 주 3회(월, 수, 금) 실시한다.				
② 강도(Intensity)	최대 산소섭취량의 50% 수준으로 달리기한다.				
③ 시간(Time)	준비운동 10분, 본운동 20분, 정리운동 5분으로 구성한다.				
④ 시도(Trial)	본운동을 5회 반복한다.				

해설

FITT 구분	운동 계획
① 빈도(Frequency)	운동을 주 3회(월, 수, 금) 실시한다.
② 강도(Intensity)	최대 산소섭취량의 50% 수준으로 5회 반복한다.
③ 시간(Time)	준비운동 10분, 본운동 20분, 정리운동 5분으로 구성한다.
④ 종류(Type)	달리기

정답 16 ② 17 ③ 18 ④

19 〈표〉는 척수손상 위치에 따라 휠체어농구 교실 참여가 가능한지를 결정한 내용이다. ㉠~㉣ 중에서 참여 가능 여부의 결정이 옳지 않은 것은?

기출 21·22

프로그램	장애 유형	장애 정도
휠체어농구 교실	척수 장애	1~3급

손상 위치	잠재적 능력을 고려한 참여 가능 여부	
	가 능	불가능
㉠ 흉추 1번~2번 사이		○
㉡ 흉추 2번~3번 사이	○	
㉢ 흉추 11번~12번 사이	○	
㉣ 흉추 12번~13번 사이	○	

① ㉠ ② ㉡
③ ㉢ ④ ㉣

해설
흉추 1번과 2번은 심혈관계와 호흡계의 장애를 초래하는데, 심폐기능에 무리가 가지 않는 선에서 프로그램에 참여할 수 있다.

20 〈보기〉에서 보치아 경기 규칙으로 옳은 것만을 모두 고른 것은?

> ㉠ 보치아의 세부 경기종목으로는 개인전, 2인조(페어), 단체전이 있다.
> ㉡ 공 1세트는 적색구 6개, 청색구 6개, 흰색 표적구 1개로 구성된다.
> ㉢ 경기에 참여하기 위해서는 반드시 휠체어를 사용해야 한다.
> ㉣ 보조자의 도움을 받아서 투구할 수 있다.

① ㉠ ② ㉠, ㉡
③ ㉠, ㉡, ㉢ ④ ㉠, ㉡, ㉢, ㉣

해설
㉢ 경기에 참여하기 위해 장애의 정도에 따라 휠체어를 선택적으로 사용할 수 있다.
㉣ 보조자는 휠체어의 위치 조정, 선수의 자세 조정, 투구 전후의 일상적인 행동, 공의 회수 등에만 관여할 수 있다.

제2과목 유아체육론

01 영유아기 뇌 발달에 대한 설명으로 옳지 않은 것은?

① 대뇌피질은 출생 이후에도 발달한다.
② 3세의 뇌 무게는 성인의 75% 정도이다.
③ 6세경 뇌 무게는 성인의 90% 정도에 도달한다.
④ 뇌는 영유아기까지 완만하게 발달하다 이후에는 급격히 발달한다.

해설
뇌의 발달
뇌의 발달과 성숙은 장년기에도 계속되는데, 그 속도가 특히 빠른 시기는 영유아기와 청소년기이다.

02 영유아의 시지각(Visual Perception)에서 '형태(Form)지각'에 대한 설명으로 옳지 않은 것은?

① 신생아는 형태를 지각할 수 있으며, 직선보다 곡선을 더 선호하는 것으로 알려졌다.
② 모양을 구별하고 여러 가지 양식들을 분간할 수 있는 능력이다.
③ 자신으로부터 대상이 떨어져 있는 거리를 판단하는 능력이다.
④ 생후 6개월경에 급속히 발달한 후에 정교해진다.

해설
위치와 거리 등을 정확하게 파악하고 몸의 움직임을 이해하는 것은 공간지각이다.

정답 19 ① 20 ② 01 ④ 02 ③

03 기본 움직임기술(Fundamental Movement Skills ; FMS)과 움직임 양식과의 연결이 옳지 않은 것은?

기출 17·19·20·21

① 조작 운동 – 굽히기(Bending), 늘리기(Stretching), 직립균형(Upright Balance)
② 조작 운동 – 때리기(Striking), 튀기기(Bouncing), 되받아치기(Volleying)
③ 이동 운동 – 걷기(Walking), 호핑(Hopping), 스키핑(Skipping)
④ 이동 운동 – 점핑(Jumping), 갤러핑(Galloping), 슬라이딩(Sliding)

해설

기본 움직임기술
- 조작 운동 : 치기, 던지기, 차기, 공 멈추기, 던지기, 튀기기, 되받아치기
- 이동 운동 : 걷기, 호핑, 스키핑, 점핑, 갤러핑, 슬라이딩
- 안정성 운동 : 굽히기, 늘리기, 비틀기, 돌기, 흔들기, 직립균형, 거꾸로 균형, 구르기, 멈추기, 피하기

04 유아체육 지도환경 조성 원칙에 따른 내용이 옳지 않은 것은?

기출 21

	원칙	내용
①	흥미성	호기심, 모험심 등을 표현할 수 있는 지도환경 조성
②	안전성	부드러운 마감재나 바닥 재질, 공간의 벽 등을 고려한 지도환경 조성
③	필요성	음향시설, 냉난방시설, 활동공간의 크기 등을 고려한 지도환경 조성
④	경제성	설비나 용구로 인한 건강 저해나 활동의 위험성이 없도록 지도환경 조성

해설

유아체육의 지도환경의 조성 원칙
'설비나 용구로 인한 건강 저해나 활동의 위험성이 없도록 지도환경 조성'은 안전성에 관한 설명이다. 경제성은 지도환경 조성 시 주어진 자원을 얼마나 효용성 있게 사용하느냐에 관한 것이다.

05 전문화된(Specialized) 움직임 시기의 '적용(Application) 단계'에 대한 설명으로 옳지 않은 것은?

기출 22

① 특정 활동을 찾거나 기피하기 시작한다.
② 움직임 수행의 정확성과 더불어 양적 측면이 강조된다.
③ 다양한 과제, 개인, 환경 요인 등을 토대로 어떤 활동에 참여할 것인지를 결정한다.
④ 인지능력이 저하되고 경험 토대가 축소되면서 많은 것을 학습하기가 어려워진다.

해설

전문화된 움직임
전문화된 운동단계 중 적용 단계는 11~13세에 해당하는 단계이다. 이 단계는 인지능력과 운동 능력이 발달하는 단계로 경험적 토대가 확대되면서 많은 것을 학습하기 쉬워진다.

06 〈보기〉에서 유소년 신체활동을 통한 자기개념(Self-concept) 발달에 대한 설명으로 옳은 것을 모두 고른 것은?

기출 21

> ㉠ 움직임은 긍정적인 자기개념을 촉진시킬 수 있는 최상의 방법이다.
> ㉡ 유소년에게 용기를 북돋아 주고, 생활에 모험활동이 포함되도록 한다.
> ㉢ 자신들의 한계 내에서 합리적인 수행목표를 세울 수 있도록 도와준다.
> ㉣ 실패의 가능성을 높이고, 실패와 실패지향적 경험들을 많이 제공한다.

① ㉠
② ㉠, ㉣
③ ㉡, ㉢
④ ㉡, ㉢, ㉣

해설

자기개념의 발달
㉡ 유소년기는 신체가 유연하고, 호기심과 모험심이 왕성한 시기이므로 다양한 운동기능을 발달시키기 좋다. 이 시기의 스포츠 활동은 유소년에게 용기를 북돋아 주고, 일상 속에서 체험할 수 있는 모험활동의 기회가 된다.
㉢ 유소년기 신체활동은 유소년이 자신들의 한계 내에서 성공적으로 목적을 달성하기 위해 합리적인 수행목표를 세울 수 있도록 돕는다

정답 03 ① 04 ④ 05 ④ 06 ③

07 〈보기〉의 ㉠~㉢에 들어갈 용어를 옳게 나열한 것은?

- 피카(R. Pica)는 동작요소를 (㉠), 형태, (㉡), 힘, 흐름, 리듬으로 구성된다고 하였다.
- 퍼셀(M. Purcell)은 (㉠) 인식, 신체 인식, 노력, (㉢) 같은 동작요소에 대한 이해를 바탕으로 이를 응용영역에 적용시킬 수 있어야 한다고 하였다.

	㉠	㉡	㉢
①	공간	시간	관계
②	저항	속도	무게
③	공간	관계	시간
④	무게	속도	저항

해설

다양한 학자들이 정의한 동작의 구성요소
- Gilliom(1970) : 공간, 신체 인식, 힘, 시간, 흐름
- North(1973) : 시간, 힘, 무게, 공간, 흐름
- Slater(1993) : 신체, 공간, 노력, 관계
- Purcell(1994) : 신체, 공간, 노력, 관계
- Pica(1995) : 공간, 형태, 시간, 힘, 흐름, 리듬

08 〈표〉의 ㉠, ㉡에 들어갈 기본 움직임기술의 발달 단계를 바르게 제시한 것은? 기출 17·19·20·21·24

단계	(㉠)	(㉡)
움직임 기술	물구나무서기	공 차기
설명	• 삼각지지를 통한 물구나무서기 가능 • 일정하지 않은 균형점을 보이고, 간헐적으로 자세를 오랫동안 유지함 • 감각적으로 사지의 위치를 살피려고 노력함	• 차기동작 동안 양팔 흔들기가 나타남 • 팔로우 스로우가 이루어지는 동안 몸통이 허리까지 굽혀짐 • 다리 스윙이 길어지고, 달리거나 껑충 뛰어서 공에 다가감

	㉠	㉡
①	시작	시작
②	시작	성숙
③	초보	초보
④	초보	성숙

해설

기본 움직임기술
㉠ 초보단계에 해당한다. 삼각지지, 자세 유지, 사지의 위치 파악 등 기본 움직임에 대한 제어와 협응력은 향상되었지만, 자세 유지의 시간이 짧은 것으로 보아 신체 사용이 비효율적임을 알 수 있다.
㉡ 성숙단계에 해당한다. 움직임의 수행이 역학적으로 효율성을 갖게 되어 공이 움직이는 속도와 이동 거리에 맞추어 다리 스윙을 이전보다 길게 하는 것과 같이 협응과 제어가 더욱 향상되었음을 알 수 있다.

정답 07 ① 08 ④

09 에릭슨(E. Erikson)이 제시한 심리사회 발달단계에 대한 내용의 연결이 적절하지 않은 것은? 기출 20·21

	단계	내용
①	신뢰감 대 불신감	정체감을 확립하지 못한 경우 자신감을 가지지 못함
②	자율성 대 수치·회의	근육 발달을 조절할 수 있으며 자기 주위를 탐색함
③	주도성 대 죄의식	목표나 계획을 세워 성공하고자 노력함
④	근면성 대 열등감	기초적인 인지 기술과 사회적 기술을 습득함

해설

심리사회 발달단계(E. Erikson, 1975)
정체감 확립을 중심으로 하는 발달단계는 정체성 대 역할혼돈 단계이다. 신뢰감 대 불신감 단계에서는 양육자의 태도가 성격 발달의 결과를 좌우한다. 양육자의 포용적인 태도는 영아가 사람에 대해 신뢰감과 희망을 품게 하지만, 거부적인 태도는 영아가 사람에 대해 불신감을 품게 한다.

10 〈보기〉에서 동일한 유형의 반사(Reflex)나 반응(Reaction)인 것을 고른 것은? 기출 17·18·19·21·22

㉠ 모로(Moro)
㉡ 당김(Pull-up)
㉢ 목가누기(Neck Righting)
㉣ 바빈스키(Babinski)
㉤ 비대칭목경직(Asymmetrical Tonic Neck)
㉥ 낙하산(Parachute)

① ㉠, ㉡, ㉥
② ㉠, ㉣, ㉤
③ ㉡, ㉢, ㉣
④ ㉡, ㉢, ㉤

해설

반사와 반응의 유형
㉠ 모로 반사, ㉣ 바빈스키 반사, ㉤ 비대칭목경직 반사는 반사의 유형 중 원시반사(원초반사)에 해당한다.

11 〈보기〉에서 '영유아 기도폐쇄' 응급처치에 관한 설명으로 옳은 것을 모두 고른 것은?

㉠ 1세 미만의 경우 등 두드리기 및 흉부압박이 권장된다.
㉡ 의식이 없는 경우 혀에 의한 기도폐쇄가 있는지 확인한다.
㉢ 등 두드리기를 할 때 머리를 가슴보다 낮게 하고, 안은 팔을 허벅지에 고정시킨다.
㉣ 흉부를 압박할 때 등을 받치고 머리를 가슴보다 낮게 하여, 안은 팔을 무릎 위에 놓는다.

① ㉠, ㉡
② ㉠, ㉢
③ ㉡, ㉢, ㉣
④ ㉠, ㉡, ㉢, ㉣

해설

㉠ 1세 미만의 영아는 하임리히법을 사용하는 것보다는 등을 두드리거나 흉부를 압박하는 것이 더욱 효과적이다.
㉡ 의식이 없는 경우, 혀 근육이 이완되어 기도를 막는 경우가 있기 때문에 필히 확인해야 한다.
㉢ 등을 두드릴 때 머리를 가슴보다 낮게 하고, 안은 팔을 허벅지에 고정시킨다. 이때 턱과 머리를 지지한 손이 입이나 기도를 막지 않게 유의해야 한다.
㉣ 흉부를 압박할 때 등을 받치고 머리를 가슴보다 낮게 하여, 안은 팔을 무릎 위에 놓는다. 흉부를 압박할 때는 손바닥이 아닌 두 손가락으로 해야 한다.

12 〈표〉에서 체력의 구분 및 요소, 검사방법의 연결이 옳은 것을 고른 것은? 기출 18·19·20·21

	구분	체력요소	검사방법
㉠	건강체력	순발력	모둠 발로 멀리뛰기
㉡	건강체력	심폐지구력	셔틀런(페이서, PACER)
㉢	운동체력	평형성	평균대 위에서 한 발로 서기
㉣	건강체력	유연성	1분간 앉았다 일어나기

① ㉠, ㉢
② ㉠, ㉣
③ ㉡, ㉢
④ ㉡, ㉣

정답 09 ① 10 ② 11 ④ 12 ③

해설

체력의 요소와 평가 방법
- 유연성 : 앉아서 윗몸 앞으로 굽히기
- 근력 : 윗몸일으키기, 턱걸이, 팔씨름
- (근·심폐)지구력 : 오래매달리기, 오래달리기, 계단 오르기, 줄넘기, 셔틀런 (ⓒ)
- 평형성 : 한 발로 서기, 줄 따라 걷기, 회전 후 중심 잡기, 평균대 위에서 한 발로 서기 (ⓒ)
- 순발력 : 제자리멀리뛰기, 높이뛰기, 단거리 빨리 달리기
- 민첩성 : 왕복 달리기, 신호 따라 방향 바꾸기, 장애물 빠져나가 달리기

13 초등체육 교육과정의 3~4학년군 성취기준에 대한 내용으로 옳지 않은 것은?

① 체력운동이나 스포츠 활동보다 신체를 인식하고 움직이는 기초적인 이동 운동을 한다.
② 기본 체력운동의 방법과 절차를 익히며 자신의 수준에 맞는 운동을 시도한다.
③ 기본 움직임 기술의 의미와 종류를 이해하고 스포츠와의 관계를 파악한다.
④ 움직임의 심미적 표현에 대한 호기심과 감수성을 나타낸다.

해설

신체를 인식하고 움직이는 기초적인 이동 운동보다 체력운동이나 스포츠 활동을 수행한다.

2022 개정 초등교육과정
- 3~4학년군 운동 영역에서는 자신의 체력 수준에 맞는 운동을 하며 즐거움을 느끼고, 체력과 건강을 증진하면서 정서적, 사회적 건강을 유지할 수 있도록 운동과 일상 생활에서의 건강 활동을 체험하도록 한다. 체력운동에서는 학습자가 자신의 신체 특성과 수준을 고려한 운동방법을 다양하게 탐색하고 실천하도록 운영한다. 단순한 흥미 위주의 활동을 지양하고 자신의 체력 수준을 점검하며 체력의 중요성을 인식할 수 있는 활동을 선정한다.
- 3~4학년군 스포츠 영역에서는 스포츠의 개념을 이해하고 다양한 유형의 스포츠 활동을 수행하는 데 요구되는 기본 움직임과 복합적인 움직임을 탐색하고 간단한 게임 상황에서 시도하도록 한다.

14 스포츠기술에 반영된 조작 운동과 지각운동 구성요소의 연결이 옳은 것은? 기출 17·18·19·20·21

	스포츠기술	조작 운동	지각운동 구성요소
①	골프공 때리기, 축구공 차기	추진	안정
②	농구패스잡기, 핸드볼패스 잡기	추진	공간
③	티볼 펀팅, 탁구공 되받아치기	흡수	시간
④	축구패스공 멈추기, 야구 공중볼 받기	흡수	공간

해설

조작 운동과 지각운동 구성요소
- 추진 운동 : 공 던지기, 공 치기, 공 차기, 공 튀기기
  예 골프공 때리기, 축구공 차기, 티볼 펀팅, 탁구공 되받아치기
- 흡수 운동 : 공 멈추기, 공 받기
  예 농구패스 잡기, 핸드볼패스 잡기, 축구패스 공 멈추기, 야구 공중볼 받기
- 공간 지각 : 과제와 상황에 따라 움직임의 범위를 조절하는 방법 익히기
  예 축구패스공 멈추기, 야구 공중볼 받기, 골프공 때리기, 축구공 차기, 티볼 펀팅, 탁구공 되받아치기
- 시간 지각 : 다양한 속도로 날아오는 공을 받는 방법 익히기
  예 농구패스 잡기, 핸드볼패스 잡기

정답 13 ① 14 ④

15 〈보기〉의 대화에서 ㉠, ㉡에 들어갈 유아체육 프로그램 기본원리와 교수방법은?   기출 17·19·20·21

> A 지도자 : 저는 수업에서 유아 간에 체력이나 소질 같은 개인차가 발생하는 부분이 늘 고민이었어요. 운동프로그램 구성을 위한 원리 같은 것이 있을까요?
> B 지도자 : (㉠)의 원리 같은 경우가 적용될 수 있을 것 같아요. 이 원리는 일반화된 특성뿐만 아니라 유전과 환경요인 같은 개인차를 고려하는 것을 말해요.
> A 지도자 : 그렇다면 유아가 창의성 있게 자발적으로 참여하게 하는 지도방법은 어떤 것이 있을까요?
> B 지도자 : (㉡) 방법이 효과적일 것 같아요. 이 방법은 유아 스스로의 실험과 문제해결, 자기 발견을 통해 학습이 일어나는 과정을 강조하는 방법이에요.

	㉠	㉡
①	특이성	탐색적(Exploratory)
②	특이성	과제 중심 접근(Task-oriented)
③	연계성	탐색적(Exploratory)
④	연계성	과제 중심 접근(Task-oriented)

해설
유아체육 프로그램의 기본원리
㉠ 일반적인 발달 특성뿐만 아니라 개개인의 유전과 환경요인에 따른 개인차를 고려하여 프로그램을 구성하는 것은 특이성의 원리에 따른 것이다.
㉡ 유아 스스로의 실험과 문제해결, 자기 발견을 통해 학습이 일어나는 과정을 강조하는 방법은 탐색적 방법이다.

16 기본 움직임 기술에 대한 대근운동발달검사(TGMD)에서 검사항목과 수행기준이 적절하지 않은 것은?   기출 22

	기본 움직임 기술	검사항목	수행기준
①	이동 운동	달리기(15m)	팔꿈치를 구부리고 팔과 다리는 엇갈려 움직인다.
②	이동 운동	제자리 멀리뛰기	던지는 팔의 반대쪽 발을 내딛으며 무게를 이동시킨다.
③	조작 운동	던지기(Over-hand Throw)	엉덩이와 어깨를 목표지점을 향하여 회전시킨다.
④	조작 운동	공 차기	디딤발로 외발 뛰기를 하면서 차는 발을 길게 뻗는다.

해설
'던지는 팔의 반대쪽 발을 내딛으며 무게를 이동시킨다'는 조작 운동 중 던지기의 수행기준이다.

대근운동발달검사 – 제자리멀리뛰기의 수행기준
• 준비 동작은 팔을 몸 뒤로 편 다음 두 무릎을 구부린다.
• 앞쪽 위로 힘껏 팔을 펴며 머리 위로 팔을 최대한 든다.
• 양발에 탄력을 주어 뛰도록 한다.
• 양팔을 아래로 내리며 착지한다.

17 미국 질병통제예방센터(CDC)가 제시한 연령별 신체활동 가이드라인으로 옳지 않은 것은?   기출 18·20·21

① 미취학 아동에게 성장과 발달을 위해 일정 시간 이상의 신체활동이 권장된다.
② 미취학 아동의 보호자는 제한적인 활동유형의 소근육 위주 놀이를 장려해야 한다.
③ 어린이와 청소년에게 매일 60분 이상의 중강도 신체활동을 장려해야 한다.
④ 어린이와 청소년들에게 연령에 적합하며, 즐겁고 다양한 신체활동에 참여할 수 있는 기회와 격려의 제공이 권장된다.

해설
연령별 신체활동 가이드라인
미취학 아동들은 대근육의 발달이 이루어진 다음에 소근육이 발달하기 때문에 보호자는 제한적인 활동유형의 대근육 위주 놀이를 장려해야 한다.

정답 15 ① 16 ② 17 ②

18 유치원 체육수업에서 실제학습시간(ALT)을 증가시킬 수 있는 공간 구성 전략으로 옳지 않은 것은?

기출 20·21

① 유아의 호기심 및 모험심 등을 표현할 수 있는 환경 조성을 추구한다.
② 유아의 주의 집중을 위해 체육시설이나 기구를 효율적으로 배치한다.
③ 운동이 익숙해지는 시기에는 순환식보다 병렬식 위주로 기구를 배치한다.
④ 수업 중인 신체활동과 관련 없는 놀잇감 배치를 지양한다.

해설
공간구성 전략
아이들이 병렬식 배치로 기구 사용에 익숙해지면 순환식 배치로 바꾸어서 여러 운동기구를 한꺼번에 접하게 하여야 아이들이 체육 수업에 흥미와 만족감을 느끼게 되므로 실제학습시간이 늘어난다.

19 〈표〉는 미국스포츠의학회(ACSM)의 '어린이와 청소년을 위한 FITT(빈도, 강도, 시간, 형태) 권고사항'이다. ㉠~㉢에 들어갈 용어를 바르게 연결한 것은?

기출 24

구분	(㉠) 운동	(㉡) 운동	(㉢) 운동
빈도	고강도 운동을 최소 주 3일 이상 포함되도록 함	주 3일 이상	주 3일 이상
강도	중강도에서 고강도	체중 또는 8~15회 반복 가능한 무게	충격이나 기계적 부하와 같이 부하를 주는 신체활동이나 운동자극

	㉠	㉡	㉢
①	무산소	심폐체력	평형성
②	유산소	저항	평형성
③	유산소	저항	뼈 강화
④	유산소	뼈 강화	저항

해설
어린이와 청소년을 위한 FITT 권고사항
㉠ 유산소 운동 : 주 3일 이상, 중·고강도로 걷기, 달리기, 수영, 자전거 타기, 줄넘기, 격렬한 댄스 등을 수행할 것
㉡ 저항 운동 : 주 3일 이상, 체중 또는 8~15회 반복 가능한 무게로 클라이밍, 요가, 줄다리기, 웨이트 트레이닝, 밴드 운동을 수행할 것
㉢ 뼈 강화 운동 : 주3일 이상, 부하를 주는 신체활동이나 자극을 수행하되 달리기, 줄넘기, 농구, 테니스 등을 포함할 것

20 유소년 체육 활동에서 체온조절과 관련된 내용으로 지도자가 고려해야 할 사항으로 옳지 않은 것은?

① 적당한 온도 및 습도가 유지된 환경을 조성해야 한다.
② 체온조절을 위해 가능한 더운 공간에서의 활동을 장려한다.
③ 더운 여름철의 체육 활동에는 적절한 수분 보충을 장려한다.
④ 유소년은 체육 활동 시 성인에 비해 열을 빨리 획득하게 된다는 것을 인지한다.

해설
체육 활동 시 체온조절
유소년은 성인에 비해 체온이 높기 때문에 더운 공간에서 장시간 활동하게 되면 체온이 과도하게 올라 온열 질환이 발생할 수 있다. 따라서 더운 공간에서의 활동은 자제하는 것이 좋다.

18 ③ 19 ③ 20 ②

제3과목　노인체육론

01 기대수명(Life Expectancy)에 대한 설명으로 옳지 않은 것은?　　기출 18·22

① 나이가 증가함에 따라 변화한다.
② 기대수명과 평균수명은 동일한 개념이다.
③ 대부분의 나라에서 꾸준히 증가하고 있다.
④ 평균적으로 여성의 기대수명이 남성의 기대수명보다 높다.

해설
기대수명
평균수명은 일정한 지역 주민들의 수명을 평균한 것으로 1년 사이에 죽은 사람의 나이를 총합하여 죽은 사람의 수로 나누어 계산한다. 한편, 기대수명은 특정 국가나 지역에서 태어난 인구가 향후 생존할 것으로 기대되는 평균 생존 연수를 의미하는 것이다. 평균수명은 특정 시점에서 전체 인구의 평균적인 삶의 기간을 나타내는 반면, 기대수명은 출생 시점에서의 기대할 수 있는 평균적인 삶의 기간을 나타내는 것이므로 둘은 동일한 개념이 아니다.

02 무릎골관절염 노인의 운동을 지도할 때 고려사항으로 옳지 않은 것은?　　기출 19

① 저항성 운동할 때 통증을 유발하는 운동은 등척성 운동으로 대체할 수 있다.
② 불편함을 느끼기 시작하는 강도보다 낮은 강도로 운동을 시작한다.
③ 수중 운동의 경우 물의 온도는 약 29~32℃를 권장한다.
④ 무릎관절에 충격이 큰 체중부하 운동을 권장한다.

해설
무릎골관절염과 운동 지도
무릎골관절염은 무릎관절을 오랫동안 빈번히 사용함으로 인해 관절 연골이 마모되어 발생하는 질환이다. 움직일 때 통증이 많이 발생하므로 무릎관절에 부담을 주지 않는 선에서 저강도 걷기, 자전거 타기, 수중 운동, 밴드 운동 등의 저·중강도 운동으로 통증의 완화를 꾀해야 한다.

03 〈보기〉에서 설명하는 운동 원리는?

> 노인스포츠지도사는 일상적인 환경에서의 움직임과 연관된 동작을 포함하는 운동프로그램을 설계하고 실행해야 한다.

① 기능 관련성 원리　② 난이도 원리
③ 점진성 원리　　　④ 과부하 원리

해설
운동의 원리 : 기능 관련성 원리
〈보기〉에서 설명하는 운동원리는 기능 관련성의 원리이다. 기능 관련성의 원리에 따르면 운동 지도 시 일상생활에서 수행하는 동작들을 모방한 기능 활동에 초점을 두어야 한다.

기타 운동의 원리
- 난이도 원리 : 운동은 개인의 고유능력에 따라 난이도를 조정해야 한다.
- 점진성 원리 : 운동 지도 시 운동강도를 조금씩 점진적으로 증가시켜야 한다.
- 과부하 원리 : 기능 향상을 위해서는 신체의 적응능력 이상의 부하로 수준을 높여야 한다.

04 〈보기〉에서 설명하는 것은?　　기출 18

> - 노화와 관련한 대표적인 증상 또는 질환이다.
> - 근육 위축(Muscle Atrophy)으로도 알려져 있다.
> - 유산소 능력, 골밀도, 인슐린 민감성 및 신진대사율 감소를 유발할 수 있다.

① 근감소증(Sarcopenia)
② 근이영양증(Muscular Dystrophy)
③ 루게릭병(Amyotrophic Lateral Sclerosis)
④ 근육저긴장증(Muscle Hypotonia)

해설
근감소증
유산소 능력·골밀도·인슐린 민감성·대사율 감소를 유발하는 근골격계 질환은 근감소증이다. 근감소증을 겪고 있는 노인이 일상생활에서 할 수 있는 근육증강훈련으로는 근력 수준에 적합한 체중부하 운동과 저항성 근력 운동이 있는데, 체중부하 운동이 불가능한 경우에는 수중 걷기 및 수중부하 운동을 처방할 수 있다.

정답　01 ②　02 ④　03 ①　04 ①

05 〈보기〉에서 체중부하 운동을 모두 고른 것은?

> ㉠ 걷기
> ㉡ 등산
> ㉢ 고정식 자전거
> ㉣ 스케이트
> ㉤ 수영

① ㉠, ㉢
② ㉠, ㉡, ㉣
③ ㉡, ㉢, ㉣
④ ㉡, ㉢, ㉣, ㉤

해설
체중부하 운동
체중부하 운동은 자신의 체중을 이용해 특정 부위에 자극이나 부하를 주는 운동으로 걷기, 달리기, 조깅, 등산, 스케이트, 맨손체조, 가벼운 근력 운동 등이 이에 해당된다.

06 '국민체력100'에서 제시한 노인 체력에 대한 측정방법과 운동방법의 연결이 옳지 않은 것은? 기출 17·21·24

	체력	측정방법	운동방법
①	동적 평형성	의자에 앉아 3m 표적 돌아오기	베개 등 다양한 지지면 위에서 균형 걷기
②	유연성	앉아 윗몸 앞으로 굽히기	스트레칭
③	하지 근기능	30초간 의자에 앉았다가 일어서기	밴드 잡고 앉아서 다리 밀기
④	심폐지구력	8자 보행	고정식 자전거 타기

해설
노인체력의 측정
국민체력100에서 제시한 심폐지구력의 측정방법은 6분 걷기와 2분 제자리 걷기이다. 심폐지구력은 수영, 물속에서 걷기 등의 운동으로 기를 수 있다.

07 노인이 규칙적인 유산소 운동을 통해 얻을 수 있는 효과로 옳지 않은 것은? 기출 18·22

① 최대 산소섭취량과 1회박출량 증가
② 분당 환기량 증가와 안정 시 호흡수 감소
③ 말초혈관의 저항 감소와 혈관 탄력성 증가
④ 복부지방 감소와 안정 시 인슐린 분비의 증가

해설
유산소 운동은 인슐린 민감성을 높여 적은 양으로도 인슐린이 혈당량을 조절할 수 있게 하는 효과가 있기 때문에, 규칙적으로 유산소 운동을 하면 안정 시 인슐린 분비가 감소한다.

유산소 운동의 효과
유산소 운동은 심폐 기능의 향상과 관련된 운동이다. 규칙적인 유산소 운동은 심혈관계를 건강하게 하고 당뇨병 발병 위험을 감소시키고 비만을 예방한다.

08 〈보기〉는 만성질환 노인의 운동 효과이다. ㉠~㉢에 들어갈 용어를 바르게 연결한 것은? 기출 20·19·18

> • 비만 노인의 체지방량이 (㉠)하고, 근육량은 유지 및 증가된다.
> • 당뇨 노인의 혈당량이 감소하고, 근육의 인슐린 민감성이 (㉡)된다.
> • 골다공증 노인의 골밀도 (㉢)가 개선되고, 낙상과 골절이 예방된다.

	㉠	㉡	㉢
①	감소	증가	감소
②	증가	증가	감소
③	감소	증가	증가
④	증가	감소	증가

해설
만성질환에 대한 운동의 효과
• 근육량 증가 및 체지방량 감소로 인해 비만에서 비롯된 대사성 질환이 개선된다.
• 골밀도 증가 및 근육량 증가로 인해 골절을 예방할 수 있다.
• 인슐린 민감성 증가 및 혈당량 감소로 인해 당뇨 증상을 개선할 수 있다.

05 ② 06 ④ 07 ④ 08 ① **정답**

09 운동프로그램의 원리 중 '특수성의 원리(Specificity Principle)'에 대한 설명으로 옳은 것은? 기출 18

① 훈련 자극 및 강도를 지속적으로 증가시켜야 한다.
② 신체의 기능 향상을 위해서는 더 강한 부하를 주어야 한다.
③ 운동의 효과는 운동 중 사용한 특정 근육 및 부위에서 나타난다.
④ 노인의 개인 특성과 운동 능력 및 체력 수준을 고려하여 운동 형태를 결정해야 한다.

해설

운동프로그램의 원리 : 특수성의 원리
특수성의 원리는 '특정성의 원리, 특이성의 원리'라고도 하며, 운동의 효과는 운동 중 사용한 특정 근육 및 부위에서 나타남을 설명하는 원리이다.

기타 운동프로그램의 원리
- 점진성의 원리 : 훈련 자극 및 강도를 지속적으로 증가시켜야 한다. (①)
- 과부하의 원리 : 신체의 기능 향상을 위해서는 더 강한 부하를 주어야 한다. (②)
- 개별성의 원리 : 노인의 개인 특성(운동 능력, 체력 수준)을 고려하여 운동 형태를 결정해야 한다. (④)

10 건강한 노인의 걷기 운동을 지도할 때 주의사항으로 옳지 않은 것은? 기출 17

① 팔은 자연스럽게 앞뒤 교대로 흔들면서 걷게 한다.
② 안전한 보행을 위하여 앞꿈치, 발바닥, 뒤꿈치 지지 순서로 걷게 한다.
③ 기립 안정성을 위해 배를 내밀지 않은 상태에서 허리를 바로 세우고 걷게 한다.
④ 발바닥 전체로 내딛거나 보폭을 너무 크게 하면 피로가 빨리 오고 발바닥에 통증이 발생하므로 주의시킨다.

해설

안전한 보행을 위하여 뒤꿈치-발바닥-앞꿈치 지지순서로 걷게 해야 한다.

11 〈보기〉에서 설명하는 노화와 관련된 유전인자는?

- 세포의 분열수명을 제어
- 조로증(Progeria)의 원인

① 마이오카인(Myokine)
② 사이토카인(Cytokine)
③ 글루코스(Glucose)
④ 텔로미어(Telomere)

해설

노화와 유전인자
텔로미어는 염색체 말단의 보호 구조에 해당하는 것으로, 세포 분열 시 유전 정보를 대신하여 사라지는 보호막 역할을 수행한다. 텔로미어의 길이가 일정 수준 이하로 짧아지면 세포는 분열을 멈추는 세포 노화 상태로 접어들게 된다.

12 〈보기〉에서 설명하는 이론은? 기출 21·22

85세의 마이클 조던은 노화로 인한 신체기능 저하로 더 이상 예전의 농구 기량을 보여줄 수 없게 되었다. 농구를 계속하고 싶었던 마이클 조던은 다음과 같은 전략을 수립했다.
- 농구를 계속하기로 함
- 풀 코트 대신 하프 코트, 40분 정규시간 대신 20분만 뛰기로 함
- 동일한 연령대의 그룹과 경기하기로 함

① 반두라(A. Bandura)의 자기효능감 이론
② 로우(J. Rowe)와 칸(R. Kahn)의 성공적 노화 이론
③ 펙(R. Peck)의 발달과업 이론
④ 발테스와 발테스(M. Baltes & P. Baltes)의 보상이 수반된 선택적 적정화 이론

해설

보상이 수반된 선택적 적정화 이론
발테스와 발테스(M. Baltes & P. Baltes, 1990)는 성공적 노화를 비롯한 인간의 전 생애 발달이 선택, 적정화, 보상의 세 가지 전략과 관련된 과정이라고 설명한다. 〈보기〉에서 마이클 조던은 농구를 계속하기, 하프 코트에서 20분만 운동하기, 동일한 연령대의 그룹과 경기하기와 같은 '선택'의 전략을 사용해 자신의 목표를 달성하였다.

정답 09 ③ 10 ② 11 ④ 12 ④

13 〈보기〉의 ㉠, ㉡에 들어갈 내용을 바르게 연결한 것은?

- 폐경으로 인한 (㉠) 감소로 골다공증 위험 증가
- 대사작용의 산물인 (㉡)의 증가가 여러 노화 관련 질환 유발

	㉠	㉡
①	테스토스테론	활성산소
②	테스토스테론	젖산
③	에스트로겐	활성산소
④	에스트로겐	젖산

해설

에스트로겐, 활성산소

- 노화와 에스트로겐 : 폐경은 나이가 들어 난소가 노화하면 배란과 여성 호르몬(에스트로겐, 프로게스테론)의 생산이 더 이상 이루어지지 않아 발생하는 현상이다. 에스트로겐 농도의 저하는 골밀도의 감소로 이어져 골다공증과 골절의 위험을 높인다.
- 노화와 활성산소 : 활성산소는 활성도가 일반적인 산소보다 높고 불안정하여, 높은 에너지를 갖고 있는 산소이다. 세포소기관 중 미토콘드리아에서 주로 생성되는데, 이것이 체내의 다양한 분자와 결합하면 세포와 조직이 손상을 입게 되어 노화와 다양한 질환을 일으키게 된다.

14 〈보기〉에서 설명하는 행동 변화 이론 또는 모형은?

- 자신의 신념(Belief)과 행동(Behavior)을 연결하는 이론
- 구성 요인은 태도, 주관적 규범, 지각된 행동 통제, 의도, 행동통제인식

① 학습 이론(Learning Theory)
② 건강신념 모형(Health Belief Model)
③ 계획행동 이론(Theory of Planned Behavior)
④ 행동변화단계 모형(Behavior Change Model)

해설

행동 변화 이론 : 계획행동 이론

계획행동 이론(Icek Ajzen, 1990)은 개인의 행동을 자신의 신념과 행동 간의 연결로 설명한다. 이 이론에서 개인의 행동은 태도, 주관적 규범, 지각된 행동 통제, 의도, 행동통제인식으로 구성되며, 태도와 주관적 규범은 행동에 간접적인 영향을 주지만 행동통제 인식은 직접적인 영향을 준다고 보았다.

15 〈보기〉에서 노인과의 원활한 의사소통 방법으로 옳은 것을 모두 고른 것은?

기출 19·21·22

㉠ 참여자의 정면에 선다.
㉡ 시선을 한곳에 고정한다.
㉢ 적절한 눈맞춤을 한다.
㉣ 참여자를 향해 몸을 약간 기울인다.
㉤ 손은 계속 움직이며 손가락으로 지적한다.

① ㉠, ㉡
② ㉡, ㉤
③ ㉠, ㉢, ㉣
④ ㉠, ㉢, ㉣, ㉤

해설

노인과의 의사소통 방법

노인과의 의사소통 시 ㉠ 참여자의 정면에 서서, ㉣ 참여자를 향해 몸을 약간 기울이고, ㉢ 눈을 맞추며, 일상적인 단어를 사용하여 간결하고 명확하게 소통해야 한다. 어린아이를 다루듯이 하거나 소리 지르듯 말해서는 안 된다.

16 대사당량(METs)에 대한 설명으로 옳지 않은 것은?

① 안정 시 MET값은 연령에 따라 다르다.
② 중강도의 신체활동 기준은 3.0~6.0METs이다.
③ 노인의 유산소 운동 시 안전한 운동강도 설정 지표로 활용된다.
④ 1MET는 휴식상태에서 체중 1kg당 1분 동안 사용하는 산소량이다.

해설

안정 시 MET값에 영향을 주는 요소는 연령이 아니라 체중이다.

정답 13 ③ 14 ③ 15 ③ 16 ①

17 〈표〉는 노인이 운동할 때 응급상황에 대한 응급처치 방법과 목적을 제시한 것이다. ㉠~㉢에 들어갈 용어를 바르게 연결한 것은?

기출 17·19·24

방 법	목 적
• (㉠) • Rest(휴식) • Ice(냉찜질) • Compression(압박) • Elevation(거상) • Stabilization(고정)	• 추가적 손상 방지 • 심리적 안정 • (㉡) • 부종 감소 • 부종 감소 • (㉢)

	㉠	㉡	㉢
①	Posture (자세)	근 경련 감소	마비 예방
②	Posture (자세)	통증, 부종, 염증 감소	마비 예방
③	Protection (보호)	통증, 부종, 염증 감소	근 경련 감소
④	Protection (보호)	마비 예방	근 경련 감소

해설
운동 시의 응급상황과 응급처치
㉠ 응급상황 발생 시 손상이 발생한 부위를 보호해 추가적인 손상을 방지해야 한다.
㉡ 골절, 염좌, 타박상, 온열 질환이 발생하면, 냉찜질을 하여 통증, 부종, 염증, 발열 증상을 줄여 주어야 한다.
㉢ 근 경련(쥐)이나, 탈구, 골절이 발생하면 해당 부위를 고정시켜 통증이나 추가적인 손상을 방지해야 한다.

18 노화로 인한 낙상의 원인으로 옳은 것은?

기출 20·21

① 보행속도의 증가
② 자세 동요의 감소
③ 발목의 발등굽힘 증가
④ 보폭이 좁은 오리걸음 패턴

해설
낙 상
신경계의 노화로 인해 보행 시 좁은 보폭으로 걷게 되는데 이러한 걸음 패턴은 파킨슨병 보행이라고도 하며, 문턱과 같은 작은 장애물에도 낙상을 입게 하는 원인이 된다.

19 노화로 인한 체력 저하에 대한 설명으로 옳지 않은 것은?

기출 21·22

① 근력은 20대에 최대치를 이루고 그 후 점차적으로 저하된다.
② 순발력은 10대에 최대치를 이루고 근력에 비해 빠르게 저하된다.
③ 평형성은 20대에 최대치를 이루고 그 후 급속히 저하된다.
④ 지구력은 근력, 순발력에 비해 느리게 저하된다.

해설
평형성은 25세에 최대치를 이루고 그 후 완만히 저하되는데, 일반적으로 남성보다는 여성의 감소세가 더 급속하다.

20 생물학적 노화의 특징으로 옳지 않은 것은?

기출 17·18·19·20·21·22·24

① 노화로 인한 변화는 점진적이다.
② 모든 사람에게 보편적으로 나타난다.
③ 발달과 쇠퇴를 모두 포함하는 변화이다.
④ 환경적 요인을 배제한 내재적 요인에 의해 발생한다.

해설
생물학적 노화는 나이가 들어가면서 발생하는 신체 전반의 퇴행 현상이다.

정답 17 ③ 18 ④ 19 ③ 20 ③

CHAPTER 03 2022년 필수과목 기출문제

제1과목 특수체육론

01 축구 경기에서 발목을 삔 지적 장애인에게 응급처치를 하였을 때, RICE 절차와 내용의 연결로 옳지 않은 것은?

① 휴식(Rest) : 즉각적으로 부상 부위를 움직이지 않게 한다.
② 냉찜질(Ice) : 얼음으로 부상 부위를 차게 해 준다.
③ 압박(Compression) : 붕대로 부상 부위를 감아서 혈액응고 및 부종을 예방한다.
④ 올림(Elevation) : 부상 부위를 잡아당겨서 고정한다.

해설
RICE 요법은 근육이나 골격계에 손상을 입었을 때 즉시 실시하는 대표적인 응급처치 방법이다. 그중 마지막 단계인 Elevation(올림, 환부 높임)은 부상 부위를 심장보다 높은 곳에 위치시켜 중력으로 인해 혈액이 몰리는 것을 방지하여 부기를 완화하는 것을 뜻한다.

02 절단 장애인의 환상통증(Phantom Pain)에 대한 설명으로 옳지 않은 것은?

① 궤양과 같은 고통스러운 통증을 느낄 수 있다.
② 절단 후 남아 있는 부위에서는 근육 경련이 일어나지 않는다.
③ 절단된 부위가 아직 남아 있는 것처럼 생각하고 그 부위에서 통증을 느낀다.
④ 인공 의지(Prosthesis)나 보조기를 착용해도 통증을 느낄 수 있다.

해설
환상통증 또는 헛통증은 절단으로 인한 제거, 또는 선천적인 이유 등 몸의 한 부위가 없는 상태임에도 있는 것처럼 감각을 느끼는 것을 말한다. 원인은 아직 밝혀지지 않았으며 스트레스, 불안 등 정신적인 이유로 악화될 수 있다. 통증뿐 아니라 근육 경련까지 발생하기에 절단 장애인들이 큰 고통을 겪는 이유 중 하나이다.

03 척수 장애인의 운동지도 지침으로 옳지 않은 것은?

기출 16·17·19·20

① 자율신경 반사 이상의 위험을 줄이기 위해 운동 전에 장과 방광을 비우게 한다.
② 유산소성 운동 후 체온을 낮추어 주기 위해 시원한 압박붕대를 사용한다.
③ T6 이상에 손상을 입은 경우, 유산소성 훈련 효과를 극대화하기 위해 최대 심박수를 150회/분까지 증가시킨다.
④ 심장으로 들어가는 혈액량의 감소로 인한 저혈압의 위험을 줄이기 위해, 충분한 준비운동을 하게 하고 운동부하를 점진적으로 증가시킨다.

해설
척수 장애인의 경우 심혈관, 호흡기 등에 장애를 보이기 때문에 최대 심박수를 급격히 증가시키는 운동은 절대로 하면 안 된다.

정답 01 ④ 02 ② 03 ③

04 〈보기〉에서 설명하는 장애유형으로 옳은 것은?

기출 23

> • 의사소통 : 유창한 말하기와 풍부한 어휘 능력을 가지고 있다.
> • 사회적 상호작용 : 대화 중에 눈을 마주치거나 고개를 끄덕이는 행동을 어려워한다.
> • 관심사와 특이행동 : 특정한 사물에 강한 관심을 나타내는 경향이 있다.
> • 관계 형성 : 가족과의 애착이 형성될 수는 있으나 또래와의 관계형성은 어려울 수 있다.

① 아스퍼거증후군
② 뇌병변 장애
③ 지체 장애
④ 시각 장애

해설
아스퍼거증후군은 자폐 스펙트럼 장애의 일종으로 공감 능력의 결여, 교우관계 구축 능력 결여, 일방으로 경도된 대화, 특정한 흥미에 강하게 몰두, 어색한 동작 등의 증상이 나타난다.
• 뇌병변 장애 : 뇌성마비, 외상성 뇌손상, 뇌졸중 등 뇌의 기질적 병변으로 인하여 발생한 신체적 장애로 보행이나 일상생활의 동작 등에 상당한 제약을 받는다.
• 지체 장애 : 팔·다리·몸통 등의 기능에 영구적인 장애가 있는 사람으로 절단 장애, 관절 장애, 지체기능 장애, 신체변형 장애 등을 모두 포함한다.
• 시각 장애 : 시력이 현저히 낮거나 완전히 보이지 않는 사람으로 최대 교정시력을 기준으로 장애등급을 결정한다.

05 〈보기〉에서 ㉠~㉢에 들어갈 장애인 스포츠 프로그램 서비스 전달 단계로 옳은 것은?

기출 23

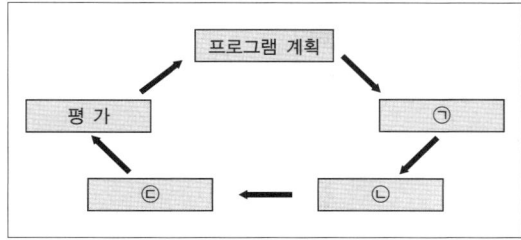

	㉠	㉡	㉢
①	사 정	개별화 교육계획	교수·코칭·상담
②	개별화 교육계획	교수·코칭·상담	사 정
③	개별화 교육계획	사 정	교수·코칭·상담
④	교수·코칭·상담	개별화 교육계획	사 정

해설
장애인에게 신체활동 및 스포츠를 지도하기 위해 효과적인 절차와 지도방법을 계획하고 시행하는 것은 매우 중요한 과정이다.
• 프로그램 계획 : 장애인과 함께 스포츠 활동을 하기 전에 프로그램에 대한 전반적인 내용을 준비하는 과정이다.
• 사정과 배치 : 사정은 대상자의 수준을 파악하는 선별, 진단, 평가를 모두 포함하는 개념이다. 배치는 의료시설부터 완전히 통합된 일반인 프로그램까지의 수준별 단계에 배치하는 것을 의미한다.
• 개별화교육계획 : 각 학습자의 능력과 수준을 고려하여 적절한 교육목표와 방법을 선택하는 것이다.
• 교수·코칭·상담 : 프로그램의 시행과 직접적으로 관련된 부분으로, 운동기술, 체력, 기타 신체활동 영역을 지도하는 것이다. 지도 이외에 상담도 매우 중요한데 필요한 경우에는 전문가와의 심층적인 상담을 통해 개인의 내적 어려움에 도움을 줄 수도 있다.
• 평가 : 프로그램의 효과와 학습자의 성취도를 판단하는 지속적인 과정, 교육에 의한 향상 또는 변화 정도를 파악하는 과정이다.

정답 04 ① 05 ①

06 〈보기〉에서 설명하는 장애인스키 장비로 옳은 것은?

기출 19

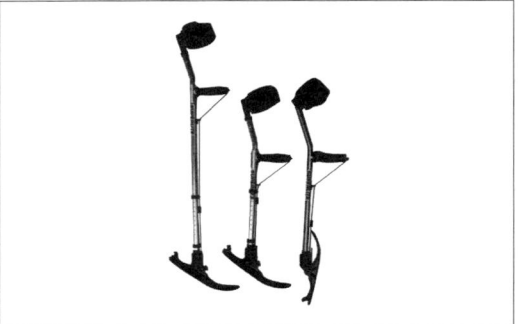

- 절단 등의 장애 때문에 균형 유지가 어려운 장애인이 사용한다.
- 스키 폴(Pole) 하단에 짧은 플레이트를 붙여서 만든 보조장치이다.

① 아웃리거(Outriggers)
② 듀얼리거(Dualriggers)
③ 바이리거(Biriggers)
④ 인리거(Inriggers)

해설

아웃리거는 절단 장애 및 지체 장애인들의 경기인 3트랙스키·4트랙스키에 활용되는 보조장치이다. 척수 장애인과 뇌성마비 장애인들의 경기에는 앉아서 탈 수 있는 좌석스키를 활용하기도 한다.

07 장애인 스포츠와 관련된 긍정적인 변화를 위한 사회적 노력으로 잔스마와 프랜치(P. Jansma & R. French, 1994)가 제시한 "4L"의 방법으로 옳지 않은 것은?

① 장애인 스포츠와 관련된 지식의 창출과 보급 (Literature)
② 장애인 스포츠 관련 단체 등의 목표를 성취하기 위한 집단행동(Leverage)
③ 장애인 스포츠에 대한 법률관계 확정을 위한 소송 (Litigation)
④ 장애인 스포츠에 대한 장애인의 학습(Learning)

해설

잔스마와 프랜치가 제시한 4L
- 장애인 스포츠와 관련된 새로운 지식을 제공하는 문헌 (Literature)
- 장애인 스포츠 관련 단체 등의 목표 성취를 위한 행동력 (Leverage)
- 장애인 스포츠의 권리 주장을 위한 소송(Litigation)
- 장애인 스포츠의 실행을 보장하는 입법(Legislation)

08 위닉스(J. Winnick, 1987)의 장애인 스포츠 통합 연속체에서 〈보기〉의 내용에 해당하는 단계로 옳은 것은?

기출 16·19

- 시각 장애 볼링선수가 가이드 레일(Guide Rail)의 도움을 받아 비장애 선수와 함께 경쟁하였다.
- 희귀성 다리순환 장애 골프선수가 카트를 타고 비장애 선수와 함께 경쟁하였다.

① 일반 스포츠(Regular Sport)
② 편의를 제공한 일반 스포츠(Regular Sport with Accommodation)
③ 일반 스포츠와 장애인 스포츠(Regular Sport & Adapted Sport)
④ 분리된 장애인 스포츠(Adapted Sport Segregated)

해설

위닉스의 5단계 스포츠 통합 연속체계
- 일반 스포츠 : 규칙의 변형이나 보조 도구의 사용 없이, 장애인 선수가 일반 스포츠에 통합적으로 참여하는 단계이다.
- 편의를 제공한 일반 스포츠 : 장애인을 위한 보조 도구가 약간 필요하지만, 장애인 선수가 일반 스포츠에 규칙 변형 없이 통합적으로 참여하는 단계이다.
- 일반 스포츠와 장애인 스포츠 : 장애인 선수가 비장애인 선수와 협동하거나 경쟁하는 단계이다.
- 통합 환경의 장애인 스포츠 : 규칙의 변형과 용기구의 사용을 통해 장애인과 비장애인이 함께 참여할 수 있는 단계이다.
- 분리 환경의 장애인 스포츠 : 장애인이 비장애인과 완전히 분리되어 스포츠에 참여하는 단계이다.

06 ① 07 ④ 08 ② **정답**

09 미국스포츠의학회(ACSM)의 '운동참여 전 건강검진 알고리즘'을 적용할 때, 〈보기〉에서 의료적 허가가 필요하지 않은 시각 장애인으로 옳은 것은?

문항 \ 시각장애인	㉠	㉡	㉢	㉣
현재 규칙적으로 운동에 참여하는가?	예	예	아니오	예
심혈관 질환, 대사 질환 또는 신장 질환이 있는가?	예	아니오	예	아니오
질병을 암시하는 징후 또는 증상이 있는가?	아니오	예	아니오	아니오
원하는 운동강도가 있는가?	고강도	중강도	고강도	고강도

① ㉠ ② ㉡
③ ㉢ ④ ㉣

해설
규칙적으로 운동에 참여하고 심혈관 질환 및 기타 질병을 암시하는 징후가 없는 경우에만 의료적 허가가 필요하지 않다.

10 미국 장애인교육법(Individuals with Disabilities Education Act ; IDEA, 2004)에서 명시한 통합교육과 관련된 용어로 옳은 것은? 기출 17

① 통합(Inclusion)
② 정상화(Nomalization)
③ 주류화(Mainstreaming)
④ 최소한으로 제한된 환경(Least Restrictive Environment)

해설
최소제한환경(Least Restrictive Environment ; LRE)은 장애인의 개인적 요구에 따라 서비스를 제공하는 것으로, 점진적·단계적 통합교육을 제공한다.

11 〈보기〉에서 설명하는 모스턴과 애시워스(M. Mosston & S. Ashworth, 2002)의 교수 스타일로 옳은 것은? 기출 25

- 장애인 스포츠지도자가 수업 운영과 관련된 모든 사항을 결정한다.
- 지도자는 장애인에게 운동과제에 대한 설명과 시범을 보이고, 연습하게 하고 피드백을 제공한다.
- 수업에서 장애인의 안전을 확보하는 데 효과적인 교수 스타일이다.

① 지시형 스타일(Command Style)
② 연습형 스타일(Practice Style)
③ 상호학습형 스타일(Reciprocal Style)
④ 유도발견형 스타일(Guided Discovery Style)

해설
모스턴과 애시워스의 교수 스타일
- 지시형 스타일 : '정확한 수행'이라고 할 수 있다. 지도자의 역할은 과제활동 전·중·후의 모든 사항을 결정하는 것이며, 학습자의 역할은 지도자가 내린 결정 사항들에 대하여 지도자가 지시하는 대로 따르는 것이다.
- 연습형 스타일 : 지도자는 과제활동 전과 후의 내용을 결정하며 과제활동 중 특정한 9가지 의사결정사항은 학습자가 스스로 결정한다.
- 상호학습형 스타일 : 파트너를 선정하여 학습자와 관찰자 역할을 교대로 진행한다. 지도자는 세부운영 절차와 내용을 결정하고 관찰자에게 피드백을 제공하지만 학습자에게는 간섭하지 않는다.
- 유도발견형 스타일 : 지도자는 미리 정해져 있는 답을 학습자가 발견하도록 수업시간에 사용할 질문을 계열적으로 설계한다. 논리적인 질문 위주로 프로그램이 진행되며 학습자는 질문에 대한 대답을 한다.

정답 09 ④ 10 ④ 11 ①

12 〈보기〉의 수어가 나타내는 스포츠 종목으로 옳은 것은?   기출 19·23·24

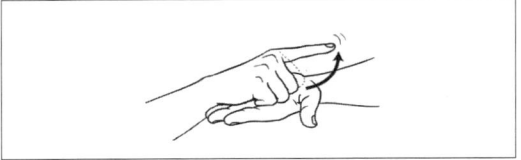

왼손바닥을 위로 향하게 펴고, 오른 주먹의 손등이 위로 향하게 하여 왼손바닥 위에 올려놓고, 오른손의 검지를 튕기며 편다.

① 휠체어 농구
② 권 투
③ 탁 구
④ 축 구

> **해설**
> 스포츠와 관련 있는 수어
> • 축구 : 손바닥이 위로 향하게 편 왼손바닥에 오른 주먹의 바닥을 대며 1지를 힘주어 튕겨 편다. (④)
> • 농구 : 왼손을 반쯤 구부려 손끝이 오른쪽으로 향하게 하여 가슴 앞에 놓은 다음, 손등이 밖으로 향하게 쥔 오른 주먹을 왼손의 1 · 2 · 3 · 4지와 5지 사이로 내린다. (①)
> • 권투 : 두 주먹을 가슴 앞으로 올려 번갈아 내지른다. (②)
> • 탁구 : 손가락 끝을 모아 끝이 위로 향하게 쥔 왼손을 오른손 바닥으로 쳐내는 동작을 한다. (③)

13 국제 뇌성마비 스포츠 레크리에이션 협회(Cerebral Palsy-international Sports and Recreation Association ; CPISRA)의 등급 분류 체계에 관한 설명으로 옳지 않은 것은?   기출 20

① 5등급은 다시 5-A와 5-B로 세분화된다.
② 뇌성마비뿐만 아니라 뇌병변 장애인을 포함하고 있다.
③ 1~4등급은 보행이 가능한 등급이며, 5~8등급은 휠체어로 이동하는 등급이다.
④ 경기의 승패가 손상이 아니라 노력의 정도에 의해 결정되도록 하는 것을 목적으로 한다.

> **해설**
> 국제 뇌성마비 스포츠 레크리에이션 협회의 기능적 등급 분류에 의하면 1~2등급은 휠체어에 의존하여 생활하는 수준, 3~5등급은 휠체어를 이용하지만 보조기를 착용하고 걸을 수 있는 수준, 6~8등급은 불편함이 있으나 도움 없이 걸을 수 있는 수준이다.

14 미국지적 및 발달장애협회(AAIDD)의 지적 장애 정의에 대한 설명 중 옳지 않은 것은?   기출 20·24

① 만 20세 이후에 시작된다.
② 적응행동에서의 명백한 제한이 나타난다.
③ 지능 지수가 평균에서 2 표준편차 이하이다.
④ 적응행동은 개념적, 사회적, 실제적 적응기술에서 명백한 제한이 나타난다.

> **해설**
> 미국지적장애 및 발달장애협회(AAIDD, 2021)의 지적 장애 정의
> • 22세 이전에 시작
> • 개념적 · 사회적 · 실제적 영역에서 적응 행동의 제한
> • 마이너스 2 표준편차 이하의 지적 기능

정답 12 ④ 13 ③ 14 ①

15 데이비스와 버튼(W. Davis & A. Burton, 1991)이 제시한 생태학적 과제분석의 실행과정으로 옳은 것은?

기출 17·19·20·21

① 변인 선택 → 관련 변인 조작 → 과제 목표 → 지도
② 과제 목표 → 관련 변인 조작 → 변인 선택 → 지도
③ 변인 선택 → 과제 목표 → 관련 변인 조작 → 지도
④ 과제 목표 → 변인 선택 → 관련 변인 조작 → 지도

해설

생태학적 과제분석
- 학생의 특성이나 선호도를 고려하면서, 동시에 운동기술이나 움직임 수행에 영향을 줄 수 있는 환경 요소를 함께 고려한다.
- 대상 학생을 중심으로 체육현장에서 실제적으로 평가하는 방법이다.
- 인지적·정의적·심동적 발달을 위해 과제를 세분화한다.
- 과제수행을 정확히 수행하는 데 그 목적이 있다.
- 학생이 할 수 없는 운동기술과 움직임 구성요소 또는 학생이 할 수 있는 운동기술과 움직임의 구성요소를 명확히 제시하는 것이 중요하다.
- '과제 목표 → 변인 선택 → 관련 변인 조작 → 지도' 순으로 실행된다.

해설

㉠ 정적 강화 : 바람직한 행동의 증가를 위해 보상을 제공하는 것이다.
㉡ 부적 강화 : 바람직한 행동의 증가를 위해 처벌에서 제외해 주는 것이다.
㉢ 정적 처벌 : 바람직하지 않은 행동의 감소를 위해 처벌하는 것이다.
㉣ 부적 처벌 : 바람직하지 않은 행동의 감소를 위해 보상을 제공하지 않는 것이다.

※ 시험지 인쇄 오류로 최종정답에서 전항 정답 처리되었으며, 실제 정답은 ①이다.

16 〈보기〉의 ㉠~㉣에 들어갈 개념으로 옳은 것은?

목표	절차의 형태	
	후속자극(Consequence) 제시	후속자극(Consequence) 제거
바람직한 행동의 증가	㉠	㉡
바람직하지 않은 행동의 감소	㉢	㉣

	㉠	㉡	㉢	㉣
①	정적 강화	부적 강화	정적 처벌	부적 처벌
②	부적 강화	정적 강화	부적 처벌	정적 처벌
③	정적 강화	정적 처벌	부적 강화	부적 처벌
④	부적 강화	부적 처벌	정적 처벌	정적 강화

17 척수 장애의 장애정도가 가장 심한 것으로 옳은 것은?

기출 23·24

① 목뼈(경추, Cervical Vertebrae) 1번과 2번 사이 손상
② 목뼈(경추, Cervical Vertebrae) 6번과 7번 사이 손상
③ 등뼈(흉추, Thoracic Vertebrae) 1번과 2번 사이 손상
④ 등뼈(흉추, Thoracic Vertebrae) 11번과 12번 사이 손상

해설

경추 1번, 2번의 경우 자율신경계의 중추 기능을 하는 연수가 위치하고 있는 매우 중요한 부위이다. 경추 1번과 2번 사이의 손상은 감각신경, 운동신경, 자율신경의 이상을 야기하여 사지마비로 진행될 수 있는 심각한 손상이다.

정답 15 ④ 16 전항 정답 17 ①

18 개별화교육프로그램(IEP)의 목표 진술 3요소로 옳지 않은 것은? 기출 15·19·23·24

① 조건(Condition)
② 기준(Criterion)
③ 행동(Action)
④ 비용(Cost)

해설
개별화교육프로그램
- 현재 운동 수행 수준을 정확히 파악하기 위해서는 실제 상황에서의 평가가 유용하다.
- 목표 진술에는 조건(Condition), 기준(Criterion), 행동(Action)이 포함된다.
- 지도에 필요한 용기구, 변형 방법, 관련 서비스, 보조 인력의 활용 등을 명시한다.
- 개인차를 고려하여 개인의 발달에 적합한 교육 프로그램을 계획하고 시행한다.

19 다음 〈보기〉 중 「국민체육진흥법 시행령」의 '장애인 스포츠지도사 2급 연수과정'으로 옳지 않은 것은? 기출 19

```
㉠ 스포츠 윤리
㉡ 선수 관리
㉢ 지도역량
㉣ 스포츠 매니지먼트
㉤ 장애특성 이해
㉥ 코칭 실무
```

① ㉠, ㉤
② ㉢, ㉣
③ ㉡, ㉥
④ ㉤, ㉥

해설
체육지도자의 연수과정(「국민체육진흥법 시행령」 [별표 4])
나. 2급 장애인 스포츠지도사 과정
- 스포츠 윤리 : 선수·지도자·심판 윤리, 선수와 인권, (성)폭력 방지, 공정 경쟁, 스포츠와 법
- 장애특성 이해 : 인지·정서 장애인 특성에 따른 스포츠지도, 지체 장애인 특성에 따른 스포츠지도, 시·청각 장애인 특성에 따른 스포츠지도
- 지도역량 : 장애특성별 운동프로그램, 운동기술과 체력의 진단 및 평가, 통합체육 이해와 적용 방안, 스포츠 심리 및 트레이닝 실무, 체육지도방법
- 스포츠 매니지먼트 : 스포츠 지도를 위한 한국수어, 스포츠 시설 및 용품 관리, 생활체육 프로그램 운영 및 관리, 커뮤니케이션 및 상담기법, 스포츠 행정 실무
- 현장실습
- 그 밖에 문화체육관광부장관이 필요하다고 인정하여 고시하는 사항

20 스포츠를 처음 배우는 중도(重度) 지적 장애인을 위한 지도전략으로 옳지 않은 것은? 기출 19

① 배구에서 배구공을 가볍고 큰 공으로 변형한다.
② 기본운동기술을 높은 수준의 스포츠기술로 변형한다.
③ 골프에서 골프공을 가볍고 큰 공으로 변형한다.
④ 평균대 위 걷기에서 안전바(Safety Bar)를 잡고 걷게 한다.

해설
기본운동기술을 높은 수준의 스포츠기술로 변형하기보다는 계속해서 반복적으로 연습하도록 지도해야 한다. 지적 장애인은 학습한 운동기술의 일반화 수준이 낮으므로 다양한 환경에서 기본운동기술을 연습하는 것이 좋다.

정답 18 ④ 19 ③ 20 ②

제2과목 유아체육론

01 영·유아기의 발달에 대한 설명으로 옳지 않은 것은? 기출 16·17·19·21

① 말초신경이 먼저 발달한 다음 중추신경이 발달한다.
② 특정 능력이나 행동의 발달에 최적인 시기가 존재한다.
③ 발달은 일정한 순서로 이루어지지만, 발달속도에는 개인차가 있다.
④ 소근육 운동의 발달은 눈과 손이 협응하여 손기술을 정확하게 구사하는 능력으로, 중추신경계통의 성숙을 의미한다.

해설
유아기 신체발달의 특성으로는 '신체발달의 방향성'이 있다. 신체발달의 방향성이란 신체가 일정한 순서와 방향성을 갖고 발달한다는 것인데 머리 부분에서 하체 부분으로, 중추신경에서 말초신경으로, 대근육에서 소근육 순으로 발달한다.

02 유아기의 운동프로그램 구성을 위해 고려해야 할 사항으로 옳지 않은 것은? 기출 16·17·18·19·20·21

① 다양한 기본 움직임 경험보다 복합적이고 정교한 동작수행에 중점을 두어 구성한다.
② 협응성 운동 시, 속도나 민첩성의 요소가 연계되지 않도록 한다.
③ 운동 수행의 성공 빈도를 높일 수 있도록 프로그램을 구성한다.
④ 간단한 움직임에서 복잡한 움직임으로 진행되도록 구성한다.

해설
유아기 운동프로그램의 목표는 다양한 신체활동을 통해 기본 운동 기술을 이해하고 자신의 감정을 표현할 수 있는 기회를 제공하는 것 등이 있다. 따라서 정교한 동작수행에 중점을 두는 것보다는 다양한 기본 움직임을 경험하는 것이 좋다.

03 발달단계에 따른 유소년체육 프로그램 구성 시, 고려해야 할 사항으로 옳지 않은 것은? 기출 19

① 대근육에서 소근육으로의 발달단계를 고려하여 구성한다.
② 기본 움직임 단계에서는 다양한 안정성, 이동 및 조작 움직임을 습득하도록 구성한다.
③ 기본 움직임 단계는 협응력이 발달되는 중요한 시기이므로, 다양한 움직임 경험을 갖도록 구성한다.
④ 기본 움직임에서 전문화된 움직임으로의 전환(Transition) 단계에서는 움직임 수행의 형태, 기술, 정확성과 더불어 양적 측면을 강조하여 구성한다.

해설
전문화된 움직임 단계는 총 3단계로 나뉘는데 7~10세는 전환 단계, 11~13세는 적용 단계, 14세 이상은 전 생애에 걸친 사용 단계로 구분한다. 이 중 전환 단계에서는 움직임 수행의 양적 측면보다는 정확성에 중점을 두어야 한다.

04 다음 ㉠, ㉡, ㉢에 들어갈 인지발달 이론의 요소로 옳은 것은? 기출 18·21·24

- ㉠ : 새로운 경험과 자극이 유입되었을 때, 기존에 가지고 있는 도식을 사용하여 해석한다.
- ㉡ : 기존의 도식으로는 새로운 사물이나 사건을 이해할 수 없을 때, 새로운 사물이나 대상에 맞도록 기존의 도식을 변경한다.
- ㉢ : 현재의 조직들이 서로 상호작용하며 효율적인 체계로 결합하여 더 복잡한 수준의 지적 구조를 이루는 과정이다.

	㉠	㉡	㉢
①	조절 (Accommodation)	동화 (Assimilation)	적응 (Adaptation)
②	적응 (Adaptation)	조절 (Accommodation)	조직화 (Organization)
③	동화 (Assimilation)	조절 (Accommodation)	조직화 (Organization)
④	동화 (Assimilation)	조직화 (Organization)	적응 (Adaptation)

정답 01 ① 02 ① 03 ④ 04 ③

해설
㉠ 동화 : 외부 사물을 인지할 때 기존 개념의 범위 안에서 인지하는 것으로 예를 들어 느린 속도로 굴러오는 공을 차던 아이가 빠른 속도로 공이 굴러올 때도 동일하게 차기 동작을 하는 것이다.
㉡ 조절 : 새로운 인지구조를 만들거나 낡은 도식을 고치는 것으로 예를 들어 느린 속도로 굴러오는 공만 잡을 수 있던 아이가 빠른 속도로 굴러오는 공에 새로운 잡기 기술로 반응하는 것이다.
㉢ 조직화 : 체제나 구조를 통합시키는 것으로 예를 들어 보는 동작과 잡는 동작을 동시에 수행하는 것이다.

05 〈보기〉에서 유소년의 전문화된 운동기술 연습 시, 인지단계(Cognitive Stage)의 지도전략에 해당하는 것으로 가장 옳은 것은?
기출 23·24

㉠ 스스로 자신의 운동 수행을 평가할 기회를 제공한다.
㉡ 복잡한 운동기술은 여러 단계로 구분하여 지도한다.
㉢ 운동의 목적과 요구되는 기술을 명확히 설명해 준다.
㉣ 다양한 기술과 연계지어 동작의 형태를 바꾸는 전략을 찾게 한다.

① ㉡, ㉢
② ㉠, ㉣
③ ㉡, ㉣
④ ㉠, ㉢

해설
운동학습의 단계
- 인지단계 : 운동과제를 수행하는 방법을 배우는 단계로 움직임을 인지한다. 운동의 목적과 필요한 기술을 배우고 복잡한 운동은 여러 단계로 구분하여 학습한다. 시행착오가 가장 많이 발생하는 단계이다.
- 연합단계 : 시행착오가 점점 적어지는 단계로 일관되고 효율적인 움직임을 만드는 단계이다. 학습자가 독립적인 수행을 하고 자신의 운동 수행을 평가하여 오류를 수정한다.
- 자동화단계 : 운동학습의 마지막 단계로 학습한 움직임이 무의식적으로 실행되는 단계이다. 좀 더 어려운 운동을 수행할 수 있으며 원래의 운동을 변화시켜 학습한다.

06 다음 ㉠, ㉡, ㉢에 들어갈 유아의 기본 움직임 발달단계로 옳은 것은?
기출 15·16·19·24

- ㉠ : 기본적인 움직임을 보이지만, 협응이 원활하지 않아 움직임이 매끄럽지 못하다.
- ㉡ : 기본 움직임에 대한 제어와 협응이 향상되지만, 신체 사용이 비효율적이다.
- ㉢ : 움직임의 수행이 역학적으로 효율성을 갖게 되어 협응과 제어가 향상된다.

	㉠	㉡	㉢
①	시작 단계	전환 단계	전문화 단계
②	초보 단계	성숙 단계	전문화 단계
③	시작 단계	초보 단계	성숙 단계
④	초보 단계	적용 단계	성숙 단계

해설
㉠ 시작 단계 : 미숙하고 협응성이 부족한 단계로 움직임이 과장되거나 위축되어 있다.
㉡ 초보 단계 : 협응 능력이 상당히 향상되었지만 동작 연결이 자연스럽지 못하고 어색하다.
㉢ 성숙 단계 : 성인의 운동 형태와 유사하지만 유아 간 성장 배경에 따라 개인차가 많다.

07 안정성(Stability) 운동기술 중 축성(Axial) 움직임으로 옳은 것은?
기출 18

① 구르기(Rolling), 늘리기(Stretching), 흔들기(Swinging)
② 늘리기(Stretching), 비틀기(Twisting), 흔들기(Swinging)
③ 구르기(Rolling), 비틀기(Twisting), 거꾸로 균형(Inversed Balance)
④ 비틀기(Twisting), 흔들기(Swinging), 거꾸로 균형(Inversed Balance)

해설
축성 평형성은 굽히기, 늘리기, 비틀기, 돌기, 흔들기 등과 같이 몸 가운데를 축으로 하는 좌우 움직임이나 어깨 또는 고관절을 축으로 하는 움직임을 말한다.

정답 05 ① 06 ③ 07 ②

08 운동발달에 대한 검사와 평가에 관한 설명으로 옳지 않은 것은?

① 운동발달 검사는 전반적인 운동발달 상황을 확인할 수 있는 유용하고 객관적인 지표를 제공한다.
② 평가는 내용에 따라 규준지향 평가와 준거지향 평가로 나뉘고, 기준에 따라 결과지향 평가와 과정지향 평가로 나뉜다.
③ 평가 결과는 특정 기술수행에서 결여된 부분을 확인하고 그 원인을 파악해 프로그램의 구체적인 목표를 설정할 수 있게 한다.
④ 대근운동발달검사(Test of Gross Motor Development)는 만 3~10세 아동을 대상으로 한 이동 및 조작 운동기술에 대한 검사도구이다.

해설
평가는 기준에 따라 결과지향 평가와 과정지향 평가로 나뉘는 것이 아니라 규준지향 평가(상대평가)와 준거지향 평가(절대평가)로 나뉜다.

09 국립중앙의료원(2010)이 제시한 어린이·청소년 신체활동 권장사항으로 옳지 않은 것은?

① 인터넷, TV, 게임 등을 위해 앉아서 보내는 시간은 하루 2시간 이내로 한다.
② 일주일에 3일 이상 유산소 운동, 근육강화운동, 뼈 강화운동을 한다.
③ 운동강도 조절을 위해 놀이공간의 안전성은 고려하지 않는다.
④ 매일 1시간 이상 운동을 한다.

해설
놀이공간의 안전성은 언제나 최우선적으로 고려해야 할 사항이다.

10 유아 운동프로그램의 지도 원리로 옳지 않은 것은?
기출 18·19·23

① 추상적인 것에서 시작하여 구체적인 것으로 운동을 지도한다.
② 유아 간 연령별 체력의 차이, 운동 소질 및 적성의 차이를 고려하여 지도한다.
③ 기초체력, 기본운동기술과 지각운동의 발달이 통합적으로 이루어지도록 지도한다.
④ 다양한 감각을 통해 구체적 경험이 형성되도록 프로그램을 구성하여 지도한다.

해설
구체적인 것에서 시작하여 유아 개개인이 자발적으로 신체의 가능성과 한계를 탐구하며, 추상적인 것을 발견할 수 있도록 학습해야 한다.

11 유아운동 지도 시 교구배치 방법과 그 효과에 대한 설명으로 옳지 않은 것은?
기출 23

① 공간 활용성을 높인 교구배치로 안전사고를 예방한다.
② 시각적 효과를 높인 교구배치로 학습자의 시선을 분산한다.
③ 순환식 교구배치로 대기시간을 줄여 실제학습시간을 늘려 준다.
④ 병렬식 교구배치로 교구 사용을 반복하여 자신감을 갖도록 유도한다.

해설
시각적 효과를 높인 배치는 학습자의 시선을 집중시키고 흥미와 만족을 줄 수 있다.

정답 08 ② 09 ③ 10 ① 11 ②

12 다음 ㉠~㉢에 들어갈 발달 이론으로 옳은 것은?

기출 15·17·18·19·20·21·23·24

구분	발달 이론
㉠	• 인간의 발달은 환경에 따른 훈련으로 이루어진다. • 학습에 의한 긍정적 행동의 촉진을 강조한다.
㉡	• 유아의 다양한 경험을 토대로 동화, 조절, 평형화의 과정을 통해 도식이 발달된다. • 조직화와 적응을 강조한다.
㉢	• 타인을 관찰하는 것만으로 새로운 행동을 획득할 수 있다. • 모방학습의 중요성을 강조한다.

① ㉠ - 스키너(B. Skinner)의 행동주의 이론
  ㉡ - 게젤(A. Gesell)의 성숙주의 이론
  ㉢ - 에릭슨(E. Erickson)의 심리사회발달 이론
② ㉠ - 반두라(A. Bandura)의 사회학습 이론
  ㉡ - 피아제(J. Piaget)의 인지발달 이론
  ㉢ - 비고스키(L. Vygotsky)의 상호작용 이론
③ ㉠ - 에릭슨(E. Erickson)의 심리사회발달 이론
  ㉡ - 게젤(A. Gesell)의 성숙주의 이론
  ㉢ - 반두라(A. Bandura)의 사회학습 이론
④ ㉠ - 스키너(B. Skinner)의 행동주의 이론
  ㉡ - 피아제(J. Piaget)의 인지발달 이론
  ㉢ - 반두라(A. Bandura)의 사회학습 이론

해설
㉠ 스키너의 행동주의 이론 : 발달을 위해서는 환경을 변화시켜 바람직한 행동을 형성하고, 피드백을 통해 바람직한 행동을 촉진시켜야 한다.
㉡ 피아제의 인지발달 이론 : 인간은 타고난 발달단계와 학습을 통해 환경에 대해 지각하고 이해하는 인지적 발달이 이루어진다. 도식은 환경을 이해하는 틀을 말하며 동화, 조절, 평형화는 도식을 발달시키는 방법이다.
㉢ 반두라의 사회학습 이론 : 인간은 다른 사람의 행동을 관찰·모방하면서 발달하므로 관찰학습의 과정은 매우 중요하다.

13 성인체육과 비교 시 유아체육의 특징으로 옳지 않은 것은?

① 집중력 저하를 고려한 놀이 중심의 신체활동과 지적 활동을 병행한다.
② 신체활동에 의한 성장과 발달을 통해 전인적 인간 육성을 지향한다.
③ 스포츠 활동에 필요한 전문화된 기술 습득을 강조한다.
④ 발육과 발달에 중점을 둔다.

해설
유아체육은 스포츠 활동에 필요한 전문화된 기술 습득보다는 일상생활과 연결된 체험을 통해 체육 활동을 하는 것을 지향한다.

12 ④ 13 ③ **정답**

14 〈보기〉의 ㉠, ㉡에 들어갈 용어로 옳은 것은?

기출 16·17·18·19·20·21

> 유아교육 교사 : 유아는 다양한 기본 움직임 기술이나 기초체력 향상에 관한 활동을 스스로 익히기 어렵습니다. 유아가 이와 같은 요소들을 자연스럽게 익히려면 어떻게 해야 할까요?
> 스포츠지도사 : 네. 유아는 징검다리 걷기, 네 발로 걷기 등의 놀이중심 신체활동 프로그램을 통해 기본 움직임기술과 기초체력 요소를 향상시킬 수 있어요.
>
> | 구 분 | 징검다리 걷기 | 네 발로 걷기 |
> |---|---|---|
> | 기본 움직임기술 요소 | (㉠) 운동 | 이동 운동 |
> | 기초체력 요소 | 평형성 | (㉡) |

	㉠	㉡
①	안정성	민첩성
②	안정성	근력/근지구력
③	조작	근력/근지구력
④	조작	민첩성

해설
- 징검다리 걷기는 무게중심이 이동할 때 평형을 유지하는 능력인 동적 평형성을 기르는 운동이다. 동적 평형성은 안정성 운동에 속한다.
- 네 발로 걷기는 근육 수축으로 생기는 힘인 근력과 그것을 지속적으로 유지하는 힘인 근지구력을 기르는 운동이다. 또한 위치를 이동하는 운동인 이동 운동에 포함된다.

15 〈보기〉에서 「국민체육진흥법」의 유소년스포츠지도사 자격제도에 관한 설명으로 옳은 것을 모두 고른 것은?

기출 18

> ㉠ 유소년은 만 3세부터 중학교 취학 전까지를 말한다.
> ㉡ '유소년스포츠지도사'란 유소년을 대상으로 체육을 지도하는 사람을 말한다.
> ㉢ 유소년스포츠지도사는 유소년의 행동양식, 신체발달 등에 대한 지식을 갖춘다.

① ㉠, ㉡
② ㉠, ㉢
③ ㉡, ㉢
④ ㉠, ㉡, ㉢

해설
정의(「국민체육진흥법 시행령」제2조 제9호)
"유소년스포츠지도사"란 유소년(만 3세부터 중학교 취학 전까지를 말한다. 이하 같다)의 행동양식, 신체발달 등에 대한 지식을 갖추고 자격 종목에 대하여 유소년을 대상으로 체육을 지도하는 사람을 말한다.

16 영아의 반사에 관한 설명으로 적절하지 않은 것은?

기출 17·19·21·23

① 비대칭목경직반사(Asymmetric Tonic Neck Reflex) 검사로 눈·손의 협응과 좌·우측 인식의 발달 수준을 추측할 수 있다.
② 신경적 장애 진단을 위한 반사의 출현과 소멸 간의 관계 검사는 전문가의 도움이 필요하다.
③ 걷기반사(Stepping Reflex) 검사로 불수의적 운동 행동의 발달을 추측할 수 있다.
④ 모로 반사(Moro Reflex) 검사로 신경적인 변이나 손상을 추측할 수 있다.

정답 14 ② 15 ④ 16 ③

해설

③ 걷기반사는 아이를 세워 발바닥을 바닥에 닿게 하면 걷는 듯한 반응을 보이는 반사로 이동반사에 속한다. 불수의적 운동행동의 발달은 원초반사 검사를 통해 추측할 수 있는데, 이러한 걷기반사의 검사는 원초반사 검사가 아닌 이동반사 검사에 속한다.
① 비대칭목경직반사는 누워 있는 상태에서 머리가 돌아간 방향과 같은 방향의 팔과 다리가 신전되고 반대편 팔과 다리가 굽혀지는 반사로 원초반사에 해당한다.
② 신경적 장애 진단을 위한 반사의 출현과 소멸 간의 관계 검사는 전문가의 도움이 필요하다.
④ 모로 반사는 누워있는 상태에서 큰 소리가 나거나, 머리나 몸의 위치가 갑자기 변하면 팔과 다리를 벌렸다가 다시 움츠리는 반사로 원초반사에 해당한다.

18 유아체육 지도방법 중 '탐구적 방법'에 해당되는 내용으로 옳은 것은?

① 도입, 동작 습득, 창의적 표현, 평가의 단계별 활동 전개하기
② 학습환경에 자유와 융통성을 도입하여 더 많은 책임 부여하기
③ 시범 보이기, 연습해 보기, 언급해 주기, 보충 설명하기, 시범 다시 보이기
④ 동작 과제나 질문을 제시하고 유아들이 제안한 다양한 해결방법을 인정하고 받아들이기

해설

유아체육의 지도원리 중 유아가 스스로 움직임의 개념을 탐색하고 발견하도록 학습시키는 것을 탐구 학습의 원리라고 한다. 이런 탐구 학습의 원리를 반영한 체육 지도로 인하여 유아들이 발견하고 제안하는 다양한 해결방법을 인정하고 받아들이는 지도방법을 탐구적 방법이라고 한다.

17 〈그림〉의 동작에서 성숙 단계로 발달하도록 지도하는 방법이 옳지 않은 것은? 기출 17·20·21

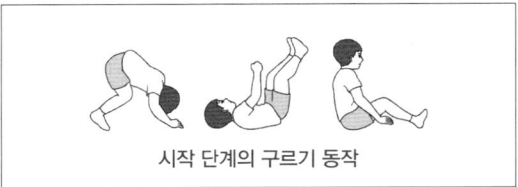

시작 단계의 구르기 동작

① 이마가 지면에 닿게 지도한다.
② 머리가 동작을 리드할 수 있도록 지도한다.
③ 구르는 힘을 생성할 수 있도록 양팔의 움직임을 지도한다.
④ 몸이 구르는 내내 압축된 C자 모양을 유지할 수 있도록 지도한다.

해설

구르기 동작의 성숙 단계에서는 이마나 정수리가 아닌 뒤통수가 지면에 닿아야 한다. 이렇게 해야만 몸이 C자 모양으로 압축되어서 부드럽게 앞으로 구를 수 있다.

19 고강도 운동 시 성인과 비교하여 유소년에게 나타나는 생리적 반응으로 옳지 않은 것은? 기출 19

① 1회박출량 : 성인에 비하여 낮음
② 호흡수 : 성인에 비하여 높음
③ 수축기 혈압 : 성인에 비하여 낮음
④ 심박수 : 성인에 비하여 낮음

해설

유아의 최대 심박수는 성인에 비하여 높다. 유아의 심박수 정상 수치는 분당 100~140회인 데 반해 성인의 심박수 정상수치는 분당 60~90회이다.

17 ① 18 ④ 19 ④ **정답**

20 〈보기〉의 ⊙, ⓒ에 들어갈 용어로 옳은 것은?

- 특정 능력이나 행동의 발달에 최적인 시기를 (⊙)라고 한다.
- 각 시기에 따른 유아의 발달은 특정 시기에 도달해야 할 (ⓒ)을 갖기 때문에 시기를 놓쳐버리면 올바른 성장이 저해될 수 있다.

	⊙	ⓒ
①	민감기	통합성
②	민감기	발달과업
③	감각운동기	발달과업
④	전조작기	병변현상

해설
적합성의 원리
아이에게는 영역별 발달이 활발하게 일어나는 시기가 있다. 이 시기에 아이들은 각 영역에 맞는 다양한 정보를 습득하고 조작하면서 배우고 익혀 나가는데, 이를 '결정적 시기' 또는 '민감기'라고 한다. 민감기는 6세까지의 시기에 대부분 진행되며, 적절한 자극을 주면 아이는 제대로 발달할 수 있지만 이 시기를 놓쳐 발달과업을 달성하지 못하게 되면 그 영역의 발달이 더뎌진다. 유아들의 운동프로그램을 구성할 때에는 민감기를 고려해서 적절한 운동을 경험할 수 있도록 해야 한다.

제3과목 노인체육론

01 〈보기〉에서 설명하는 연령지표로 옳은 것은?

기출 16·19·23

- 연령적 노화라고 일컬어지는 출생 이후의 햇수인 역연령과 대비되는 개념이다.
- 연령과 성을 기준으로 하는 기능적 체력과 관련이 있다.
- 신체 연령이라고도 말한다.

① 기능적(Functional) 연령
② 주관적(Subjective) 연령
③ 심리적(Psychological) 연령
④ 연대기적(Chronological) 연령

해설
연령 지표
- 기능적 연령 : 시각, 청각 등의 건강상태와 특정 작업을 수행할 수 있는지의 여부를 기준으로 나이를 구분하는 것을 뜻한다. 달력상의 연령인 역연령과 대비되는 개념으로 역연령이 많아도 기능적 연령은 낮을 수 있고, 반대로 건강이 좋지 않아 역연령이 낮아도 기능적 연령은 높을 수 있다.
- 주관적 연령 : 자신이 스스로 지각하여 판단한 연령이다.
- 심리적 연령 : 심리적 성숙 정도, 스트레스 대처 능력, 환경 변화에 대한 적응 정도 등의 지표로 측정하는 연령이다.
- 연대기적 연령 : 가장 보편적인 지표로 출생 이후 살아온 시간 즉, 잉태, 성장, 사춘기를 지나 성년기를 거쳐 생리적으로 노화되어 사망에 이르기까지의 노화과정을 의미한다.

02 건강수명에 대한 설명으로 옳지 않은 것은? 기출 23

① 건강과 일상생활의 기능을 유지하는 기간을 뜻한다.
② 질병이나 신체 장애 없이 생존한 삶의 기간을 뜻한다.
③ 성별·연령별로 몇 년을 더 살아갈 것인지 통계적으로 추정한 기대치로 생존 연수를 뜻한다.
④ 신체적·정서적·인지적 활력 또는 기능적 웰빙을 유지할 것으로 예상되는 삶의 기간을 뜻한다.

정답 20 ② 01 ① 02 ③

해설

건강수명이란 심각한 질병이나 신체적 장애 없이 생존한 삶의 기간을 말한다. 앞으로 몇 년을 더 살아갈 것인지 추정한 기대치는 기대수명이다. 건강수명과 기대수명의 차이 기간은 약 10년 이상으로, 노인체육지도사는 건강수명의 기간을 최대한 늘리는 것이 중요하다.

해설

에릭슨의 심리사회 발달단계 이론
〈보기〉는 에릭슨의 심리사회 발달단계 이론 중 8단계(노년기, 자아통합 대 절망의 단계)이다. 노년기에는 자부심과 만족을 느끼면서 자기 삶을 되돌아보며 죽음을 위엄 있게 받아들이거나, 삶에서 달성해야 하는 것들을 달성하지 못했다고 느끼며 삶의 종말이 다가오는 것에 대해 좌절감을 느낀다.

발테스와 발테스의 보상이 수반된 선택적 적정화 이론
성공적 노화를 비롯한 인간의 전 생애 발달이 선택, 적정화, 보상의 세 가지 전략과 관련된 과정이라고 설명한다. 또한 노화에 따른 손실이 있더라도 개인의 능력에 적합한 활동을 선택하고 최적화하며 손실한 것을 보상함으로써 성공적 노화에 이를 수 있다고 설명한다.

03 〈보기〉의 ㉠, ㉡에 해당하는 노화와 관련된 심리학적 이론으로 옳은 것은? 기출 21·24

㉠	• 자부심과 만족을 느끼면서 자신의 삶을 되돌아볼 수 있으며 죽음을 위엄있게 받아들인다. • 삶에서 달성해야 하는 것들을 달성하지 못했다고 느끼며, 삶의 종말이 다가오는 것에 대해 좌절감을 느낀다.
㉡	• 성공적 노화는 신체적·정신적·사회적 손실에 적응하는 노인의 능력과 관련이 있다. • 기능적 능력을 향상함으로써 노화로 인한 손실을 보완하도록 도움을 준다.

① ㉠ - 하비거스트(R. Havighust)의 발달과업 이론
　 ㉡ - 로우(J. Rowe)와 칸(R. Kahn)의 성공적 노화 이론
② ㉠ - 하비거스트(R. Havighust)의 발달과업 이론
　 ㉡ - 펙(R. Peck)의 발달과업 이론
③ ㉠ - 에릭슨(E. Erikson)의 심리사회 발달단계 이론
　 ㉡ - 로우(J. Rowe)와 칸(R. Kahn)의 성공적 노화 이론
④ ㉠ - 에릭슨(E. Erikson)의 심리사회 발달단계 이론
　 ㉡ - 발테스와 발테스(M. Baltes & P. Baltes)의 보상이 수반된 선택적 적정화 이론

04 〈보기〉에서 설명하는 노화와 관련된 사회학적 이론으로 옳은 것은? 기출 16·18

• 노화와 관련된 사회학적 이론에서 가장 널리 인정되는 이론이다.
• 노인의 사회활동 참여 정도가 높을수록 생활만족도가 높아진다.
• 지속적인 활동이 성공적 노화의 핵심이다.

① 분리 이론
② 활동 이론
③ 현대화 이론
④ 하위문화 이론

해설

노화와 관련된 사회학적 이론
① 분리 이론 : 노인이 삶의 현장에서 벗어나 사회적 역할이 감소하고 사회로부터 자발적으로 물러나 사회적으로 분리되어 소극적인 노후생활에 만족하는 과정을 설명하는 이론이다.
③ 현대화 이론 : 한 사회의 현대화 정도와 노인의 지위는 반비례 관계에 있다는 이론이다.
④ 하위문화 이론 : 공통된 특성을 가진 노인들이 집단을 형성하고 빈번한 상호작용을 통해 그들 특유의 행동양식을 만든다는 이론이다.

03 ④ 04 ② **정답**

05 〈보기〉의 ㉠, ㉡에 들어갈 용어로 옳은 것은?

기출 15·16·18·21

- 노인은 사회적 역할의 상실 등으로 인하여 자신감을 잃기 쉬우며, 점점 고립되어 고독감을 느끼게 되기 때문에, 다른 사람이나 사회로부터의 보살핌, 존중, 도움을 받는 (㉠)이/가 필요하다.
- 노인은 일정 수준의 목표를 성취할 수 있다는 자신의 역량에 대한 믿음을 뜻하는 (㉡)을 가져야 한다.

	㉠	㉡
①	사회적 지지	자기효능감
②	사회적 설득	자기효능감
③	사회적 설득	자부심
④	사회적 지지	자부심

해설

㉠ 사회적 지지 : 사회적 지지는 정서적 지지, 물질적 지지, 정보적 지지 등이 있다. 사회적 지지가 높을수록 노인의 우울 수준이 낮아진다.
㉡ 자기효능감 : 반두라의 자기효능감 이론에 의하면 행동변화에 대한 기대, 결과에 대한 기대, 설득 등이 자기효능감을 발달시킨다.

06 〈보기〉에서 운동이 노인에게 미치는 심리적 효과로 옳은 것을 모두 고른 것은?

기출 19

㉠ 운동 기술 습득
㉡ 우울증 감소
㉢ 심리적 웰빙 향상
㉣ 사회적 연결망 확장

① ㉠, ㉡
② ㉠, ㉢
③ ㉡, ㉢
④ ㉢, ㉣

해설

노인운동의 효과

신체적 효과	심리적 효과	사회적 효과
• 조기사망률 감소 • 건강체중 유지 • 면역기능 강화 • 뼈 조직 노화 지연 • 생활기능 향상 • 인지능력 향상	• 전반적인 삶의 질 향상 • 정신건강에 긍정적인 영향 • 자아통찰력 증가 • 우울증 해소	• 사회적 통합 • 새로운 친구 관계 형성 • 사회문화적 네트워크 확장 • 새로운 역할 습득 • 세대 간의 연결 기회 제공

07 노화와 관련된 신체적 변화로 옳지 않은 것은?

기출 18·19·20·21·23·24

① 근 질량 감소
② 관절 유연성 감소
③ 폐 탄력성과 흉곽 경직성 증가
④ 수축기 혈압과 이완기 혈압 증가

해설

노화로 인한 신체적 변화
- 체지방 비율 증가
- 근육량과 근력 감소
- 최대 산소섭취량 감소
- 혈관경직도, 혈압 증가
- 동정맥산소차 감소
- 관절 유연성 감소
- 폐, 신장, 혈관, 소화계 근육 등의 탄력성 감소

정답 05 ① 06 ③ 07 ③

08 〈보기〉에서 운동이 노인에게 미치는 생리적 효과로 옳은 것을 모두 고른 것은? 기출 15·17·18·19·20·21·23

㉠ 인슐린 내성 증가
㉡ 체지방 감소
㉢ 인슐린 감수성 증가
㉣ 안정 시 심박수 감소
㉤ 주어진 절대 강도에서 심박수 증가
㉥ 고밀도지단백콜레스테롤(HDL-C) 감소

① ㉠, ㉡, ㉥
② ㉡, ㉢, ㉣
③ ㉡, ㉢, ㉥
④ ㉣, ㉤, ㉥

해설
㉠ 유산소 운동을 할 경우 인슐린 민감도가 증가, 즉 인슐린 내성이 감소한다.
㉤ 유산소 운동을 할 경우 심폐지구력이 증가되어 심박수가 감소한다.
㉥ 유산소 운동을 할 경우 고밀도지단백콜레스테롤(HDL-C)이 증가한다.

09 체력요인에 따른 노인의 운동방법과 효과로 옳지 않은 것은? 기출 17·19

	체력요인	운동방법	효과
①	심폐지구력	고정식 자전거 타기	심혈관계 질환의 위험률 감소
②	근력	덤벨 들고 앉았다 일어서기	근육 및 뼈 강화로 인한 일상 생활 수행능력 향상
③	유연성	앉아서 윗몸 앞으로 굽히기	신체활동 시 기능적 제한 예방
④	평형성	의자 잡고 옆으로 한발 들기	신체 각 부위가 조화를 이루면서 원활히 움직일 수 있는 능력 향상

해설
신체 각 부위가 조화를 이루면서 원활히 움직일 수 있는 능력은 협응력이다. 평형성은 정적 또는 동적 상태에서 몸의 균형을 얼마나 잘 유지하는지를 뜻한다.

10 〈보기〉의 ㉠, ㉡에 들어갈 목표심박수 범위로 옳은 것은? 기출 20

- 나이 : 70세
- 성별 : 남성
- 안정 시 심박수 : 80회/분
- 최대 심박수 : 150회/분
- 의사는 심폐지구력 운동 시 목표심박수 40~50% 강도를 권고
- 카보넨(Karvonen) 공식을 활용한 목표심박수의 범위는 (㉠)%HRR에서 (㉡)%HRR이다.

	㉠	㉡
①	108	115
②	115	122
③	122	129
④	129	136

해설
- 여유심박수 = 최대 심박수 - 안정 시 심박수 = 150 - 80 = 70
- 목표심박수 = (여유심박수 × 운동강도) + 안정 시 심박수
  (70 × 0.4) + 80 = 108
  (70 × 0.5) + 80 = 115
∴ 목표심박수는 108%HRR에서 115%HRR이다.

11 노인운동 시의 위험 관리 항목과 방법으로 옳은 것은? 기출 16·20

① 환경과 장소 안전 : 참가자 중 당뇨 환자가 있을 경우, 사탕이나 초콜릿을 준비해 둔다.
② 시설 안전 : 운동장비의 사용방법과 사용 시 주의사항을 적절한 장소에 게시해야 한다.
③ 환경과 장소 안전 : 운동 동선을 파악하여 시설과 장비를 배치한다.
④ 시설 안전 : 무덥고 다습한 곳은 피해야 한다.

해설
①·③은 시설 안전에 해당하고 ④은 환경 안전에 해당한다.

08 ② 09 ④ 10 ① 11 ② 정답

12 〈보기〉에서 고혈압 질환이 있는 노인의 운동 지도 시 고려해야 할 사항으로 옳은 것을 고른 것은?

기출 16·18

┌───┐
│ ㉠ 등척성 운동을 권장한다.
│ ㉡ 나트륨 섭취 제한, 체중조절, 유산소 운동을 권장한다.
│ ㉢ 저항성 운동 시 발살바 메누버에 의한 혈압 상승에 주의한다.
│ ㉣ 이뇨제, 칼슘채널차단제, 혈관확장제 등의 약물에 의한 운동 후 혈압 상승에 주의한다.
└───┘

① ㉠, ㉡
② ㉠, ㉢
③ ㉡, ㉢
④ ㉢, ㉣

해설
㉠ 중량 운동이나 등척성 운동은 심박수와 혈압이 증가되기에 가급적 삼가야 한다.
㉣ 이뇨제, 칼슘채널차단제, 혈관확장제는 모두 혈압을 낮추는 역할을 한다. 따라서 갑작스러운 혈압 하강을 주의해야 한다.

13 노인체력검사(Senior Fitness Test) 항목에서 2.4m 왕복 걷기와 관련된 활동으로 옳은 것은?

기출 16·17·19·20·21·23

① 자동차나 목욕탕에 들어가고 나오기
② 손자 안기, 식료품 가방 들기
③ 장거리 보행, 계단 오르기
④ 버스 빠르게 타고 내리기

해설
미국형 노인체력 검사(SFT)

항목	내용
2.4m 왕복 걷기	• 앉은 자세에서 일어나 가능한 한 빨리 2.4m 지점을 걸어갔다가 와서 다시 앉은 자세로 돌아오는 데 걸리는 시간을 측정한다. • 관련된 일상 활동 : 갑자기 버스에서 내리기, 일어서서 화장실 가기, 전화 받기 등
의자에 앉았다 일어서기 테스트	• 양팔을 가슴 앞에 모은 상태로 의자에 앉아 있다가 일어서는 동작을 30초 동안 반복하여 횟수를 기록한다. • 관련된 일상 활동 : 계단 오르기, 걷기, 의자에 앉았다 일어서기, 차에서 내리기 등
상완이두근 테스트	• 의자에 앉아서 2.27kg의 덤벨을 들어 올리고 내리는 동작을 반복하여 횟수를 기록한다. • 관련된 일상 활동 : 장보기, 가방 나르기, 물건 들어 올리기 등
6분 걷기 또는 2분 제자리 걷기 테스트	• 45.7m 코스를 6분 동안 걸어서 이동한 거리를 기록하거나 2분 동안 제자리 걷기를 하면서 무릎을 90도 가까이 구부린 횟수를 기록한다. • 관련된 일상 활동 : 걷기, 계단 오르기, 쇼핑 등
의자에 앉아 유연성 테스트	• 의자 끝에 앉은 후 다리를 펴고 양손을 발끝을 향해 뻗어 발끝과 손가락 사이의 거리를 측정한다. • 관련된 일상 활동 : 정상적인 걸음걸이 유지하기, 욕조나 차에 들어가고 나오기 등
상지 유연성 테스트	• 한 손은 어깨 위에, 다른 한 손은 등의 가운데로 뻗은 상태에서 두 손의 거리를 측정한다. • 관련된 일상 활동 : 머리 위로 옷 입기, 머리 빗기, 안전벨트 매기 등

정답 12 ③ 13 ④

14 〈보기〉에서 노화로 인한 평형성과 기동성(Balance and Mobility) 변화에 영향을 미치는 요인으로 옳은 것을 모두 고른 것은? 기출 21

> ㉠ 체성감각계
> ㉡ 시각계
> ㉢ 전정계
> ㉣ 운동계

① ㉠, ㉡, ㉢, ㉣
② ㉡, ㉢, ㉣
③ ㉢, ㉣
④ ㉣

해설

노화로 인한 평형성과 기동성의 변화
평형성은 신체를 일정한 자세로 유지하는 능력을 말하고 기동성은 상황에 따라 움직이거나 대처하는 능력을 말한다. 체성감각계, 시각계, 전정계, 운동계 모두 평형성과 기동성에 영향을 미치는 요인이다.
㉠ 체성감각계 : 촉각, 온도, 몸의 위치, 통각 등의 감각을 수용하는 감각기관으로 전신에 퍼져있다.
㉡ 시각계 : 시각을 담당하는 중추신경계이다.
㉢ 전정계 : 신체의 균형과 위치를 파악하여 평형감각을 담당하는 기관으로 귓속에 위치한다.
㉣ 운동계 : 근육의 활동을 조절하는 신경계이다.

15 〈보기〉에서 근골격계 질환이 있는 노인에게 적합한 운동으로 옳은 것은?

> ㉠ 등산
> ㉡ 수영
> ㉢ 테니스
> ㉣ 수중 운동
> ㉤ 스케이팅
> ㉥ 고정식 자전거 타기

① ㉠, ㉡, ㉢
② ㉡, ㉣, ㉥
③ ㉢, ㉣, ㉤
④ ㉣, ㉤, ㉥

해설

근골격계 질환이 있는 경우 체중의 부하에 대한 부담을 감소시키는 수중 운동이나 저강도 유산소 운동을 권장한다. 등산, 테니스, 스케이팅은 고강도 유산소 운동이자 체중의 부하를 감당할 만한 기구가 없어 추천하지 않는다.

16 건강신념 모형에서 건강신념 행동을 구성하는 요소로 옳지 않은 것은? 기출 18

① 지각된 장애
② 지각된 이익
③ 지각된 심각성
④ 지각된 자기 인식

해설

건강신념 모형에서는 신념이 건강을 추구하는 행동에 중요한 역할을 한다고 가정한다. 여기서 신념은 '지각된 취약성, 지각된 심각성, 지각된 이점, 지각된 장애물'이다.

17 〈보기〉의 ㉠, ㉡에 해당하는 노인운동 교육의 원리와 설명으로 옳은 것은? 기출 18·19·20

> • ㉠ : 지적 능력, 학력, 흥미, 성격, 경험, 건강상태 등 개개인의 학습 욕구를 충족시켜 줄 수 있는 방법을 모색한다.
> • ㉡ : 지도자와 학습자 간의 동등한 관계에서 출발하여 교육활동 전반에서 상호 간의 합의를 이루도록 한다.

	㉠	㉡
①	다양화의 원리	사회화의 원리
②	개별화의 원리	사제동행의 원리
③	개별화의 원리	사회화의 원리
④	다양화의 원리	사제동행의 원리

해설

노인운동 교육의 원리
• 자발성의 원리 : 노인의 자율성에 기초하여 교육해야 한다.
• 경로의 원리 : 노인을 존중하는 경로사상을 가지고 교육해야 한다.
• 사제동행의 원리 : 지도자와 학습자 간의 기본 관계는 대등하다는 전제하에 교육해야 한다.
• 생활화의 원리 : 노인교육은 일상생활에서 발생하는 문제해결을 중심으로 이루어져야 한다.
• 다양화의 원리 : 다양한 활동을 통해 교육이 이루어져야 한다.
• 직관의 원리 : 복잡한 자료보다는 직관적인 자료를 활용하여 교육해야 한다.
• 개별화의 원리 : 노인의 개인차를 고려하여 학습 욕구를 충족시켜 줄 수 있는 방법으로 교육해야 한다.
• 경험의 원리 : 추상적인 방법보다는 직접 경험할 수 있는 방법으로 교육해야 한다.
• 사회화의 원리 : 변화하는 사회 환경에 맞춰 사회화하는 방법을 교육해야 한다.

정답 14 ① 15 ② 16 ④ 17 ②

18 〈보기〉에서 미국스포츠의학회(ACSM)의 노인을 위한 유산소 운동 지침으로 옳은 것을 모두 고른 것은?

기출 16·18·19·20·21

	운동빈도(F)	• 중강도 시 5일/주 • 고강도 시 3일/주
㉠		
㉡	운동강도(I)	• 중강도 시 5~6(RPE 10점 만점 도구 기준) • 고강도 시 7~8(RPE 10점 만점 도구 기준)
㉢	운동시간(T)	• 중강도 시 150~300분/주 • 고강도 시 75~100분/주
㉣	운동 형태(T)	앉았다 일어서기(스쿼트), 스트레칭

① ㉠, ㉡, ㉢
② ㉠, ㉡, ㉣
③ ㉠, ㉢, ㉣
④ ㉡, ㉢, ㉣

해설
미국스포츠의학회(ACSM)에서 제시한 노인의 신체활동 권고지침 중 유산소 운동 지침은 다음과 같다.
• 빈도 : 중강도 운동으로 일주일에 최소 5일, 고강도 운동으로 일주일에 최소 3일
• 강도 : RPE 10점 도구를 기준으로 중강도 운동은 5~6, 고강도 운동은 7~8
• 시간 : 중강도 운동은 하루에 30~60분(150~300분/주), 고강도 운동은 하루에 20~30분(75~100분/주)
• 유형 : 골격계에 낮은 스트레스를 주는 활동
따라서 스쿼트같이 골격계에 높은 스트레스를 주는 활동을 삼가야 한다.

19 〈보기〉에 해당하는 대상자의 운동참여 동기유발을 위한 노인스포츠지도사의 상담 내용으로 옳지 않은 것은?

기출 20

• 68세 어르신은 체중조절과 건강관리를 위한 운동에 관심이 있다.
• 운동참여 경험은 없지만, 지속적으로 운동에 참여하고 싶다.

① 가족, 친구들과 함께 운동하며, 사회적 교류 기회가 확대됨을 설명한다.
② 스트레스 해소와 활력감 증진에 도움이 됨을 설명한다.
③ 건강 및 체중 관리에 도움이 됨을 설명한다.
④ 질병치료에 대한 기대감을 갖도록 설명한다.

해설
노인의 운동참여를 위한 동기유발 요소로 질병치료에 대한 기대감을 갖게 하는 것을 잘못된 것이다. 운동은 질병이 발생할 위험을 감소시켜주는 것이지 질병을 치료하기 위한 직접적인 수단은 아니라는 것을 설명해야 한다.

20 노인운동 지도 시 의사소통에 관한 설명으로 옳은 것은?

기출 15·19·20·21

① 어린아이를 다루듯 말한다.
② 스킨십은 사용하지 않는다.
③ 소리를 질러 가며 말하지 않는다.
④ 대상자를 정면에서 쳐다보는 언어적 기술을 사용한다.

해설
노인과의 의사소통

해야 할 것	하지 말아야 할 것
• 자신을 소개한다. • 노인에게 존칭을 사용한다. • 천천히 이야기하고 노인의 말을 경청한다. • 스킨십을 적절히 이용한다. • 모든 참여자가 이해할 수 있는 용어를 사용한다. • 요점만 설명하고 시각적 이미지를 활용한다.	• 어린아이 다루듯 한다. • 소리 지르듯 말한다. • 노인에 대한 선입견을 가진다. • 접촉을 두려워한다.

정답 18 ① 19 ④ 20 ③

CHAPTER 04 2021년 필수과목 기출문제

제1과목 특수체육론

01 특수체육(Adapted Physical Activity)에 관한 설명 중 옳지 않은 것은? 기출 15·16·20

① 참여촉진의 수단으로 변형을 활용한다.
② 학교체육 및 평생체육을 포함한다.
③ 개인의 장애를 치료하는 데 주목적이 있다.
④ 정상화를 실현하기 위해 통합체육을 강조한다.

해설
특수체육은 장애학생들이 일반체육의 활발한 활동 프로그램에 안전하고 성공적으로 참여할 수 있도록 장애학생들의 흥미와 능력을 고려하고, 장애한계에 적합하도록 계획된 발달활동과 게임, 스포츠, 무용 등의 다양한 프로그램을 말한다. 장애를 치료하기 위한 목적이 아니라 장애학생들의 사회성 발달, 흥미로운 활동 경험 등에 목적을 둔 다양한 신체활동이다.

02 〈보기〉는 국제 기능·장애·건강분류(International Classification of Functioning, Disability, and Health ; ICF)에서 어떤 영역에 해당하는가? 기출 20·23

> A는 스포츠에 독립적으로 참여하는 데 어려움이 있으나 적절한 지원을 받을 경우 문제 없이 참여할 수 있다.

① 신체기능과 구조
② 참 여
③ 활 동
④ 장 애

해설
장애는 신체기능과 구조, 활동, 참여의 세 가지 영역 모두 또는 어느 한 가지 영역에서 겪게 되는 어려움으로 발생하며, 개인적·환경적 요인들에 의해서도 영향을 받는다. 신체기능은 신체계통의 생리적 기능이며, 신체구조는 기관·팔다리 및 그 구성 요소들과 같은 신체의 해부학적 부위를 뜻한다. 활동은 개인이 과제나 행위를 실행하는 것이고, 참여는 상황에 관여하는 것이다. 〈보기〉에서 설명하는 상황은 참여하는 데 어려움이 있는 것이므로 ICF 영역 중 참여에 해당한다.

03 지적 장애인을 위한 체육 활동의 변형 방법으로 옳은 것은? 기출 15·16·17·18·19·20

① 축구 : 경기장의 크기를 확대한다.
② 배구 : 비치볼(Beach Ball)을 사용한다.
③ 농구 : 골대의 높이를 올린다.
④ 수영 : 레인의 폭을 축소한다.

해설
장애학생의 체육 활동이 성공적으로 이루어지기 위해서는 이들의 특성을 정확히 파악한 후 개별 학생에게 적절한 체육 프로그램을 제공해 주는 것이 중요하다. 지적 장애인의 경우 발달 속도, 근지구력 활동 부족 등의 이유로 비장애인보다 근력이 약하기 때문에 치기와 받기에서 더 부드럽고 가볍고, 느린 비치볼(Beach Ball)을 사용하는 것이 좋다.

04 용어의 시대적 변화를 순서대로 연결한 것으로 옳은 것은?

> ㉠ 특수체육(Adapted Physical Activity)
> ㉡ 교정체육(Corrective Physical Education)
> ㉢ 의료체조(Medical Gymnastics)
> ㉣ 특수체육(Adapted Physical Education)

① ㉢ - ㉡ - ㉣ - ㉠
② ㉢ - ㉣ - ㉠ - ㉡
③ ㉣ - ㉢ - ㉠ - ㉡
④ ㉣ - ㉢ - ㉡ - ㉠

해설
특수체육 용어의 시대별 변화
- 1900년대 초 : 의료체조(Medical Gymnastics)
- 1930~1950년 : 교정체육(Corrective Physical Education)
- 1950~1970년 : 특수체육(Adapted Physical Education)
- 1970~현재 : 특수체육(Adapted Physical Activity)

정답 01 ③ 02 ② 03 ② 04 ①

05 생태학적 과제분석(Ecological Task Analysis)의 3대 구성요소로 옳지 않은 것은? 기출 17·19·20

① 수행자
② 수행환경
③ 수행평가자
④ 수행과제

해설
생태학적 과제분석은 학생의 특성이나 선호도를 고려하면서, 동시에 운동기술이나 움직임 수행에 영향을 줄 수 있는 환경 요소를 함께 고려하는 과제분석 방법이다. 대상 학생(수행자)을 중심으로 체육현장(수행환경)에서 실제적으로 평가하고 인지적·정의적·심동적 발달을 위해 과제(수행과제)를 세분화한다. 따라서 3대 구성요소는 수행자, 수행환경, 수행과제이다.

06 〈보기〉에서 기술하는 것과 장애유형이 올바르게 연결된 것은? 기출 16·18·20

- (㉠) : 운동기능에 손상이 있으나 손상이 진행적이지 않다.
- (㉡) : 호흡기 근육군의 퇴화가 올 수 있다.

	㉠	㉡
①	뇌성마비	근이영양증
②	근이영양증	다발성경화증
③	다발성경화증	뇌성마비
④	뇌성마비	다발성경화증

해설
장애의 유형별 특징
- 뇌성마비(Cerebral Palsy) : 미성숙한 뇌의 손상으로 운동기능에 이상이 생기는 질환으로 뇌손상은 영구적이지만 자라면서 진행되지는 않는다.
- 근이영양증(Muscular Dystrophy) : 여러 근육군의 퇴화가 서서히 진행되는 유전성 질환으로 호흡 장애와 심장질환 등의 합병증을 유발한다.
- 다발성경화증(Multiple Sclerosis) : 몸의 여러 곳에 동시 다발적으로 염증이 발생하여 근육이 굳어지며 전반적인 무력감이 나타난다.

07 〈보기〉에서 설명하는 양호도로 옳은 것은? 기출 20

새롭게 개발된 대근 운동발달 수준 측정 도구의 타당도를 확보하기 위해 TGMD-2와 비교 검증하였다.

① 준거타당도(Criterion-referenced Validity)
② 구성타당도(Construct Validity)
③ 내용타당도(Content Validity)
④ 안면타당도(Face Validity)

해설
① 준거타당도 : 특정한 측정도구를 준거로 삼아 측정하고자 하는 도구와 준거의 상관관계를 평가하는 것이다.
② 구성타당도 : 측정하려고 하는 대상의 속성·구성개념 등 세부요소가 적절하게 측정되었는지를 평가하는 것이다.
③ 내용타당도 : 검사내용이 전체 내용을 대표할 수 있을 정도로 대표성을 띠는지 평가하는 것이다.
④ 안면타당도 : 무엇을 측정하는지를 확인하는 것이다.

08 평가도구와 목적을 연결한 것으로 옳은 것은? 기출 15·17·19·23

① PDMS-2 : 성인기 대근 및 소근 운동기능 평가
② TGMD-2 : 신체, 언어, 인지 기능 평가
③ BPFT : 운동 수행력과 적응행동 평가
④ PAPS-D : 장애유형을 고려한 장애학생 체력 평가

해설
① PDMS-2 : 0~72개월 아동의 운동 능력을 평가하고 측정하는 검사도구이다.
② TGMD-2 : 3~10세 아동의 대근육 운동 능력을 측정하는 검사도구이다.
③ BPFT : 동일 체력요인을 장애유형에 따라 다른 검사로 측정하며, 이는 건강관련 체력을 강화하기 위해 이용된다.

정답 05 ③ 06 ① 07 ① 08 ④

09 〈보기〉에서 설명하는 것으로 옳은 것은? 기출 18

- 과학적으로 반복 검증된 프로그램을 사용한다.
- 프로그램 효과에 대한 예측을 가능하게 한다.
- 프로그램 표준화에 대한 기초자료가 된다.

① 근거기반 프로그램(Evidence-based Program)
② 사례기반 프로그램(Case-based Program)
③ 과제지향 프로그램(Task-oriented Program)
④ 위기관리 프로그램(Risk-management Program)

해설
근거기반 프로그램은 무작위 대조군 연구를 실시하거나 축적된 객관적 보고들에 대한 메타분석을 수행하는 작업 등과 같은 체계적인 연구 결과를 통해 얻어진 과학적 근거를 바탕으로 신체활동 프로그램을 적용하는 것이다.

10 참여자에게 종목선택권을 부여하고 의사결정 참여 기회의 폭을 넓혀주는 것으로 옳은 것은? 기출 17

① 몰입(Flow)
② 임파워먼트(Empowerment)
③ 강화(Reinforcement)
④ 사회적 참여(Social Engagement)

해설
임파워먼트는 장애인의 주도성 · 혁신성 · 창의성 배양, 능력 신장 등을 위한 핵심 개념으로, 장애인들이 자신들의 삶에 영향을 미치는 대인관계와 치료적 활동에 대한 선택은 물론 스포츠 활동이나 신체활동에 대한 선택을 스스로 하는 자기결정성의 속성을 갖는다.

11 〈보기〉는 미국장애인교육법에서 명시한 정의이다. 밑줄 친 '독특한 요구'를 충족시켜주기 위한 지도방법으로 옳지 않은 것은? 기출 18·20

특수체육은 장애인의 '독특한 요구(Unique Needs)'를 충족시키기 위해 고안된 체력과 운동체력 ; 기본운동 기술과 양식 ; 수중, 무용, 개인 및 집단 게임, 스포츠에서의 기술의 발달을 위한 개별화된 프로그램이다.

① 개인별 목표 성취를 위해 신체활동의 방법을 변형한다.
② 휠체어 사용자를 위해 체육시설의 접근성을 높인다.
③ 동선상의 위험요인을 제거한다.
④ 변형을 위해 활동의 본질을 바꾼다.

해설
특수체육은 독특한 요구를 충족시키기 위해 시행되는 다양한 신체활동을 포함하며, 활동의 본질적인 특성을 변형하지 않는 선에서 체육환경, 경기장, 용기구, 참여인원, 활동유형, 교수유형, 기타 사항들을 수정 및 보완하여 사용하는 것이 바람직하다.

12 척수손상 장애인의 자율신경 반사 이상(Autonomic Dysreflexia)에 관한 내용으로 옳지 않은 것은? 기출 18·23

① 자율신경 반사 이상은 예방할 수 없다.
② 운동 전 방광과 장을 비움으로써 예방할 수 있다.
③ 자율신경 이상이 증가하면 운동을 중단한다.
④ 경추 6번 및 윗부위의 손상 장애인에게서 발생 가능성이 높다.

해설
자율신경 반사 이상은 제6번 등뼈(흉추 T6) 이상의 척수 레벨의 손상을 받은 환자가 유해한 자극을 받아서 교감신경 반사 반응이 급격히 일어나는 경우에 발생하는 증상을 말하며 운동 전에 장과 방광, 혈압의 상태를 점검하여 예방한다.

정답 09 ① 10 ② 11 ④ 12 ①

13 〈보기〉에서 시각 장애인을 지도할 때 고려사항으로 옳은 것은?

기출 15·16·17·19·24

> ㉠ 경기장을 미리 돌아 보게 한다.
> ㉡ 장비의 모양, 크기, 재질 등을 알 수 있도록 한다.
> ㉢ 방향정위를 위해 목소리, 나무 방울 혹은 자동 방향 감지기 등을 사용한다.
> ㉣ 높이뛰기, 멀리뛰기와 같은 도약 경기에 참가하는 선수에게는 걸음걸이를 미리 세어 보도록 한다.

① ㉢, ㉣
② ㉠, ㉡, ㉢
③ ㉠, ㉡, ㉣
④ ㉠, ㉡, ㉢, ㉣

해설
㉠·㉣ 경기장을 미리 체험할 수 있도록 한다.
㉡ 시각 장애 아동에게 활동을 지도할 때마다 장비의 크기, 소리, 색, 재질감 등을 바탕으로 선택의 기회를 제공하는 것이 중요하다.
㉢ 시각 장애인에게 축구를 지도할 때 구슬이 들어간 공과 소리가 나는 골대를 설치하고 주변 소음을 차단하여 지도할 수 있다.

14 장애인 스포츠지도사의 지원강도에 관한 설명으로 옳지 않은 것은?

① 간헐적(Intermittent) 지원 : 일시적이고 단기간에 걸쳐 요구할 때 지원
② 제한적(Limited) 지원 : 제한된 시간 동안 신체활동에서 지원
③ 확장적(Extensive) 지원 : 지도자의 판단에 따른 일시적 지원
④ 전반적(Pervasive) 지원 : 지속적이고 신체활동 내내 지원

해설
장애인 스포츠지도사의 지원강도
- 간헐적 지원 : 필요할 때나 위기 상황에서 일시적으로 제공되는 지원
- 제한적 지원 : 일정 시간 동안 일관성 있게 시간 제한적으로 제공되는 지원
- 확장적 지원 : 몇몇 환경에서 정기적으로 제공되는 지원
- 전반적인 지원 : 전반적인 환경에서 지속적이며 강도 높게 제공되는 지원

15 〈보기〉에서 설명하는 행동수정기법으로 옳은 것은?

기출 16

> 체육 기구를 계속 던지면서 수업을 방해할 때마다 제자리에 돌려놓도록 강제적이고 반복적으로 시켰다.

① 프리맥 원리
② 과잉교정
③ 토큰강화
④ 타임아웃

해설
② 과잉교정 : 문제행동을 일으킨 경우에 교정에 관한 행동을 강제적으로 반복하여 책임지게 하여 원래대로 되돌려 놓도록 하는 방법이다.
① 프리맥 원리 : 빈도가 높은 행동(선호행동)을 이용해 바람직한 행동을 강화하는 것이다. 장점은 즉각적 효과와 목표 지향성 향상, 단점은 조건부 행동수행의 습관화를 들 수 있다.
③ 토큰강화 : 인위적 보상인 토큰을 제공하여 행동을 수정하는 기법이다. 대가로 받은 토큰이나 점수는 어떠한 강화물과도 교환할 수 있고 과제의 복잡성에 따라 토큰의 수에 차등을 둔다.
④ 타임아웃 : 행동 수정을 위해 문제를 일으키는 자극 또는 강화물을 얻을 수 있는 기회로부터 제외시키는 것이다. 즉 자극이 없는 장소로 격리시키는 것을 말한다.

16 자폐성 장애인의 특성을 고려한 지도전략으로 옳은 것은?

기출 17·18·20·23

① 자연스러운 단서보다 언어적 단서를 주로 사용한다.
② 그림카드를 활용하여 시각적 단서를 제공한다.
③ 환경의 비구조화를 통해 다양한 신체활동을 제공한다.
④ 신체활동 순서와 절차를 바꾸면서 흥미를 준다.

해설
①·③ 체육수업 시 교사는 공간을 구조화하여 예측 가능한 환경을 만들어 자연스럽게 환경 단서를 제공하도록 한다.
④ 자폐성 장애 아동들은 새롭거나 기존 환경과 일치하지 않는 정보가 무작위로 또는 무계획적으로 제공될 때 부적절한 행동으로 반응하기도 한다. 시작부터 끝까지 일상적 과제를 수행하는 것은 과제에 대한 기대치를 향상시킬 수 있다.

정답 13 ④ 14 ③ 15 ② 16 ②

17 시각 장애인의 신체활동 지도를 위해 사전에 알아야 할 정보로 옳지 않은 것은?

① 시력 상실의 원인
② 시력 상실의 시기
③ 잔존시력 정도
④ 주거환경

해설
①·② 질병으로 인한 시력 상실의 경우 사물에 대한 정보가 남아 있어 신체활동을 준비하는 데 소요되는 시간이 줄어들 수 있지만, 선천성 시각 장애인의 경우 사물과 동작을 유추할 수 없기 때문에 자세한 설명과 많은 시간이 요구된다.
③ 대부분의 시각 장애인은 조도에 변화를 줘서 잔존시력이 최대인 상태에서 수업을 할 수 있다. 녹내장 또는 백색증을 가진 참가자에게는 낮은 조도의 환경에서 수업을 하는 것이 적합하다.

18 청각 장애인에 관한 설명으로 옳지 않은 것은?
기출 15·16·20

① 지필 대화를 할 수 있다.
② 부정확한 발음은 즉시 교정해 준다.
③ 눈을 마주 보고 대화를 한다.
④ 수어통역사가 있더라도 가능하면 직접 대화한다.

해설
청각 장애인의 발음이 부정확하거나 말하기가 쉽지 않다면 굳이 말할 것을 강요하지 말고 통역사를 통해 의사소통을 시도한다. 통역사는 교육 현장에서 청각 장애 또는 난청인 사람들이 교사, 서비스 제공자, 동료들과 원활하게 의사소통할 수 있도록 도와주는 역할을 담당한다.

19 발작(Seizure)에 대한 지도자의 대처방법으로 옳지 않은 것은?
기출 15·18

① 발작 동안 주변 사물과 충돌하지 않도록 조치한다.
② 발작 이후 즉시 심폐소생술을 실시한다.
③ 발작이 10분 이상 지속할 경우 응급상황으로 판단한다.
④ 발작 이후 호흡 상태 관찰과 필요시 회복자세를 취하도록 한다.

해설
발작이 심한 경우(10분 이상 지속)에는 즉각적인 의학적 처치가 필요하지만 대부분의 발작은 의학적 처치가 필요하지 않다. 발작 발생 시 다치지 않도록 응급처치를 하고 발작이 끝나면 재발작에 대비하여 환자를 살펴보면서 편한 자세를 취할 수 있도록 해 준다.

발작에 대한 응급처치
- 안경을 낀 참여자는 안경을 빼 주고 바닥에 눕힌다.
- 발작하고 있는 시간을 기록한다.
- 발작의 전조가 보이면 바닥에 눕히고 허리에 쿠션을 대 준다.
- 장애인이 체육관에서 운동을 하다가 발작을 일으킨 경우, 몸을 부축하여 천천히 자리에 눕히고 주변에 위험한 물건을 치운다.

20 뇌성마비의 유형별 특징으로 옳지 않은 것은?
기출 16·17·20

① 경직성은 대뇌피질의 손상으로 근육의 저긴장 상태를 보인다.
② 운동실조성은 소뇌의 손상으로 균형과 협응에 어려움을 보인다.
③ 무정위운동성은 기저핵의 손상으로 불수의적인 움직임을 보인다.
④ 혼합형은 경직성과 무정위운동성이 혼재하며, 경직성 유형이 좀 더 두드러진다.

해설
뇌성마비는 뇌의 손상 부위에 따른 운동 능력의 제한 정도에 따라 경직성, 무정위운동성, 운동실조성으로 나눌 수 있다. 이 중에서 경직성 뇌성마비는 뇌성마비 환자의 약 70%를 차지하며, 관절과 팔다리 근육이 뻣뻣하게 경직되어(고긴장) 움직임에 어려움을 보인다.

17 ④ 18 ② 19 ② 20 ① **정답**

제2과목 유아체육론

01 피아제(J. Piaget)의 도식(Schema) 형성과정으로 옳지 않은 것은?　　기출 18

① 동화과정(Assimilation)
② 조절과정(Accommodation)
③ 평형과정(Equilibrium)
④ 가역과정(Reversibility)

해설
피아제(J. Piaget)는 인간의 발달을 도식의 조절과 동화를 통한 평형화 과정이라고 주장하였다. 평형이란 새로운 상황에서 일관성과 안정성을 이루려는 시도로 이러한 평형은 계속적인 동화와 조절의 과정을 통해 이루어진다. 동화와 조절에 의해 평형화가 이루어지는 과정은 모든 연령과 인지발달단계에서 동일하다.

가역성의 원리
가역성의 원리란 과부하가 이루어지지 않거나 운동이 중지되었을 때 운동 능력이 빠르게 감소된다는 것을 의미한다. 즉, 과부하의 반대의 개념으로 운동을 하지 않으면 그 효과는 감소한다는 의미이다.

02 〈보기〉의 영유아 신체 및 운동발달 특징 중 옳은 것은?　　기출 16·17·19

> ㉠ 머리에서 다리 방향으로 발달한다.
> ㉡ 반사 및 반응 행동은 운동발달에 필수적인 단계이다.
> ㉢ 근육량의 증가로 안정 시 분당 심박수는 점차 증가한다.
> ㉣ 연령증가에 따라 상체와 하체의 비율은 변화하지 않는다.

① ㉠, ㉡
② ㉠, ㉢
③ ㉡, ㉢
④ ㉢, ㉣

해설
영유아의 신체발달은 일정한 순서와 방향성을 갖고 발달하므로 머리에서 하체 방향으로 발달하며 반사 및 반응 행동은 운동발달의 기초가 된다.
㉢ 영유아가 성장함에 따라 근력이 증가하고 근섬유도 굵어지면서 신체발달이 이루어지지만 안정 시 분당 심박수는 신생아가 아동들보다 높은 것이 특징이고 성인이 될수록 점차 줄어든다.
㉣ 영유아가 성장하면서 신체비율에도 변화가 나타나는데, 몸통과 다리가 길어지고 머리의 비율은 작아지면서 전체적으로 균형이 잡힌다.

영유아 신체발달의 방향성
- 신체는 일정한 순서와 방향성을 갖고 발달한다.
- 머리 부분에서 하체 방향으로 발달한다.
- 몸 중심부에서 바깥쪽(말초신경)으로 발달한다.
- 대근육에서 소근육 방향으로 발달한다.

03 비대칭목경직반사(Asymmetric Tonic Neck Reflexes ; ATNR)에 관한 설명으로 옳지 않은 것은?　　기출 23·24

① 생후 6개월에 나타난다.
② 원시반사의 한 유형이다.
③ 눈과 손의 협응력 발달에 중요하다.
④ 머리를 오른쪽으로 돌리면 오른쪽 팔과 다리가 펴진다.

해설
원시반사는 생후 6개월 이전에는 자연스럽게 사라지는 것이므로 생후 6개월 이후에도 비대칭 긴장성 경반사가 있거나 계속되면 비정상발달이 있을 수 있으므로 정밀한 검사가 필요하다. 비대칭목경직반사는 원시반사의 하나로 신생아가 양쪽 팔다리를 오므리고 있다가, 머리를 한쪽으로 돌리면 같은 쪽의 팔다리의 긴장이 사라져 팔과 다리를 펴는 것이다.

정답 01 ④　02 ①　03 ①

04 〈보기〉에서 설명하는 발달 이론으로 옳은 것은?

기출 15·17·18·19·20·22·24

- 환경을 변화시켜 바람직한 행동을 형성한다.
- 피드백을 통해 유아의 바람직한 행동을 촉진한다.

① 게젤(A. Gesell)의 성숙주의 이론
② 피아제(J. Piaget)의 인지발달 이론
③ 스키너(B. Skinner)의 행동주의 이론
④ 프로이트(S. Freud)의 정신분석 이론

해설
스키너의 행동주의 이론은 특정한 환경의 변화는 개인의 행동을 적절하게 변화시키는 데 도움이 된다는 입장이다. 특히 스키너는 관찰 가능한 행동의 변화에 초점을 두면서 바람직한 행동으로 수정하는 데 주력하였다.

05 성숙단계 드리블동작(Dribbling)의 특징으로 옳은 것은?

기출 17·20·24

① 가슴 높이에서 공을 드리블한다.
② 한 발을 앞으로 내밀고 반대편 손으로 드리블한다.
③ 바운드되는 공의 높이가 일정하지 않게 드리블한다.
④ 손목 스냅을 이용하지 않고 손바닥으로 공을 때리면서 드리블한다.

해설
① 무릎을 구부리고 낮은 자세를 유지하면서 드리블을 한다.
③ 바운드되는 공의 높이가 일정하고 규칙적인 리듬으로 드리블한다.
④ 손목 스냅을 이용하며, 손가락을 펴서 공을 누른다는 느낌으로 드리블한다.

06 안정성 운동기술에 관한 설명으로 옳지 않은 것은?

기출 16·17·18·19·20·23

① 정적, 동적, 축성 안정성으로 구분한다.
② 구르기(Rolling)는 동적 안정성과 관련이 있다.
③ 재빨리 피하기(Dodging)는 동적 안정성과 관련이 있다.
④ 몸통 앞으로 굽히기(Bending)는 정적 안정성과 관련이 있다.

해설
안정성 운동기술에는 정적·동적 안정성 운동기술과 축을 중심으로 하는 안정성 운동이 있다. 몸통 앞으로 굽히기(Bending)는 안정성 운동기술 중에서 정적 안정성과 관련이 있는 것이 아니라, 축을 중심으로 하는 안정성 운동에 해당한다.

07 에릭슨(E. Erikson)의 심리사회 발달단계 중 주도성 대 죄책감에 관한 설명으로 옳지 않은 것은? 기출 20

① 자기개념 형성이 시작되는 시기이다.
② 놀이를 스스로 시도할 수 있는 시기이다.
③ 취학 전 연령기(만 3~6세)에 해당한다.
④ 놀이를 통한 성공경험은 주도성 형성에 도움이 된다.

해설
에릭슨의 심리사회 발달단계 중 3단계(주도성 대 죄책감 단계)는 취학 전 연령기(만 3~6세)에 해당되며, 이 시기 유아는 새로운 것을 시도해도 좋다고 느끼지만 반면에 새로운 시도를 두려워하며 이에 대한 실패 또는 비난을 두려워한다. 또한 언어능력과 운동기능이 성숙하면서 호기심이 많아지는 시기이기도 하다. "주도하는가 죄의식을 갖는가"가 쟁점이며 책임감이라 할 수 있는 주도성은 부모가 자녀의 목표를 지지할 때 발달되지만 부모가 너무 자기 억제를 요구하는 경우에 아동은 과도한 죄책감을 느낄 수 있다.

정답 04 ③ 05 ② 06 ④ 07 ①

08 〈보기〉의 ㉠~㉢에 해당하는 지각운동의 요소로 옳은 것은?   기출 16·20·23

요소	활동
㉠	몸을 구부려 훌라후프 통과하기
㉡	박수 소리에 맞추어 리듬감 있게 점프하기
㉢	신호에 따라 오른쪽으로 회전하기

	㉠	㉡	㉢
①	공간	시간	방향
②	관계	시간	신체
③	관계	방향	공간
④	공간	방향	관계

해설
㉠ 공간지각은 위치와 거리 등을 정확하게 파악하고 몸의 움직임을 이해하는 것으로 크기가 다른 훌라후프 터널을 통과하는 방법 익히기 등이 있다.
㉡ 시간지각은 속도, 리듬과 관련된 지각으로 청각적인 다양한 리듬 정보가 발달하는 것으로, 속도(빠른 리듬, 느린 리듬)·리듬에 맞춘 동작이 발달하며 악기의 연주 빠르기에 따라 다양한 속도로 이동기술을 연습한다.
㉢ 방향지각은 전후, 좌우, 상하를 지각하는 양측성과 자기 신체를 중심으로 좌우, 앞뒤를 변별하고 두 물체 간의 좌우 변별 등 위치 관계를 이해하는 등의 방향성을 인지하는 것을 의미한다.

10 〈보기〉의 동작이 성숙단계로 발달하도록 지도하는 방법으로 옳지 않은 것은?   기출 17·20

수직점프(Vertical Jump)의 초보단계

① 도약과 착지 지점이 멀리 떨어지도록 지도한다.
② 두 팔을 동시에 위로 올리는 협응동작을 지도한다.
③ 두 발로 동시에 도약하고 착지할 수 있도록 지도한다.
④ 도약 후 공중에서 몸 전체를 뻗을 수 있도록 지도한다.

해설
수직점프의 초보단계에서는 도약과 착지가 같은 지점에서 이루어지지 않고 수평 방향으로 이동하는 경우가 많다. 성숙단계로 발달하기 위해서는 도약과 착지가 같은 지점에서 이루어지도록 지도해야 한다.

09 유아의 체력 요인과 검사 방법으로 옳은 것은?
   기출 16·18·20·23

① 순발력 : 모둠발로 멀리 뛴 거리의 측정
② 근지구력 : 왕복달리기(2m) 시간의 측정
③ 평형성 : 1분 간 앉았다 일어나기 동작 횟수의 측정
④ 민첩성 : 평균대 위에서 한 발로 서있는 시간의 측정

해설
② 민첩성 : 왕복달리기(2m) 시간을 측정한다.
③ 근지구력 : 1분간 앉았다 일어나기 동작의 횟수를 측정한다.
④ 평형성 : 평균대 위에서 한 발로 서있는 시간을 측정한다.

정답 08 ① 09 ① 10 ①

11 〈보기〉의 ㉠, ㉡에 들어갈 유아체육 프로그램의 구성원리로 옳은 것은?

기출 16·17·18·19·20·23

- (㉠) : 자신의 운동 능력을 과대평가하는 경우 안전에 주의하도록 한다.
- (㉡) : 동일 연령의 유아라도 발육발달의 개인차를 프로그램에 반영한다.

	㉠	㉡
①	안전성	다양성
②	안전성	적합성
③	적합성	다양성
④	적합성	주도성

해설

㉠ 안전성의 원리 : 신체조정능력과 판단력이 완전히 발달되지 않은 유아에게 우선적으로 고려해야 할 원리로, 자신의 능력을 과대평가하는 아동의 성향을 고려한 운동 환경을 마련하는 등 안전성을 고려하여 프로그램을 구성하여야 한다.

㉡ 적합성의 원리 : 유아체육 프로그램은 유아들을 위한 발달지향적이고 적절한 신체활동들을 고려하여 구성한다. 따라서 같은 연령의 유아라도 신체발달, 체력, 신체활동의 경험, 운동기술 수준 등을 고려하여 프로그램을 적용한다.

유아체육 프로그램의 기본원리

- 적합성의 원리 : 결정적 시기(민감기)를 고려하여 운동프로그램을 구성한다.
- 방향성의 원리 : 신체발달 방향성을 고려하여 운동프로그램을 구성한다.
- 특이성의 원리 : 개개인의 유전과 환경요인에 따른 개인차를 고려하여 운동프로그램을 구성한다.
- 다양성의 원리 : 전체적인 신체발달을 돕고 유아의 집중력이 떨어지지 않도록 다양한 운동프로그램을 구성한다.
- 안전성의 원리 : 안전을 최우선으로 고려하여 운동프로그램을 구성한다.
- 연계성의 원리 : 운동·인지·사회성·정서발달의 상호작용이 이루어지도록 운동프로그램을 연계하여 구성한다.

12 〈보기〉에서 설명하는 유아의 기본운동기술 유형으로 옳은 것은?

기출 16·17·18·19·20·23

- 물체를 다루는 능력이다.
- 추진운동 기술과 흡수운동 기술로 구분한다.
- 예로는 치기(Striking)와 받기(Catching)가 있다.

① 안정성(Stability)
② 지각성(Perception)
③ 이동성(Locomotion)
④ 조작성(Manipulation)

해설

유아의 기본운동기술 유형에는 안정성 운동, 이동성 운동, 조작성 운동 등이 있는데 그중 조작성 운동은 기구를 다루는 능력을 기르는 운동으로 배트로 치기(Striking), 날아오르는 공을 발로 잡기(Trapping) 등이 있으며 구체적으로 추진 조작 운동과 흡수 조작 운동으로 구분된다.

- 추진 조작 운동 : 기구를 몸 안쪽에서 바깥쪽으로 내보내는 움직임(예 굴리기, 던지기, 치기, 차기, 튀기기, 펀칭, 맞히기, 되받아치기 등)
- 흡수 조작 운동 : 외부에서 몸을 향해 들어오는 기구를 받는 움직임(예 잡기, 볼 멈추기 등)

13 유아 운동프로그램의 구성방법으로 옳지 않은 것은?

기출 17·23·24

① 체력을 고려한 신체활동으로 구성한다.
② 연령과 운동발달 수준을 고려한 신체활동으로 구성한다.
③ 눈과 손의 협응력 향상에 필요한 다양한 활동을 포함한다.
④ 남아와 여아의 흥미가 다르기 때문에 분리활동이 필요하다.

해설

유아 시기에는 남녀 유아의 관심과 능력이 비슷하기 때문에 분리해서 활동할 필요는 없다.

11 ② 12 ④ 13 ④ **정답**

14 세계보건기구(WHO, 2020)가 권장한 유아·청소년기 신체활동 지침으로 옳은 것은? 기출 15·17·18·20·23

① 만 1세 이전 : 신체활동을 권장하지 않는다.
② 만 1~2세 : 하루 180분 이상의 저·중강도 신체활동을 권장한다.
③ 만 3~4세 : 최소 60분 이상의 중·고강도 신체활동을 포함한 하루 180분 이상의 신체활동을 권장한다.
④ 만 5~17세 : 최소 주 5회 이상의 고강도 근력 운동을 포함한 하루 60분 이상의 중·고강도 신체활동을 권장한다.

해설
세계보건기구(WHO)는 5세 미만은 하루에 180분 이상 다양한 유형의 신체활동을, 5~17세는 하루에 적어도 60분 이상 땀 나는 신체활동을 권고하였다.

15 체육수업 중 유아의 신체활동 참여시간을 증가시키는 방법으로 옳지 않은 것은? 기출 16·18·20

① 활동적 참여에 대해 정적 강화를 한다.
② 과제와 동작을 최대한 자세히 설명한다.
③ 수업 전에 교구를 배치하여 대기시간을 줄인다.
④ 일부 유아들이 어려워하는 활동이나 게임은 피한다.

해설
유아 운동 수업 시에는 긴 설명이 필요하거나 움직임을 촉진시키지 못하는 활동이나 게임 등은 피하도록 한다. 또한 유아들은 이해력이 높지 않기 때문에 지시는 간결하고 명료하게 한다.

유아의 신체활동을 증가시키는 전략
- 발육발달 수준에 맞는 신체활동 프로그램을 전개한다.
- 아동이 움직이는 방법을 만들어 변화시킨다.
- 활동적으로 참여하는 것에 대해 긍정적인 피드백을 제공한다.
- 유아들의 흥미를 유발할 수 있는 다양한 활동을 제공하며 대기시간을 줄인다.
- 지시는 간결하고 명료하게 하며, 안전에 유의하면서 움직임을 촉진하기 위한 지시를 한다.

16 유아의 신체적 자기개념(Self-concept)에 관한 설명으로 옳은 것은?

① 신체적 자기개념은 단일 개념이다.
② 신체적 자기개념은 자기효능감과는 관련이 없다.
③ 스포츠 참여를 통한 성공경험과 스포츠유능감 간의 관련성은 없다.
④ 스포츠 참여는 신체적 능력에 대한 개념을 형성하는 데 도움을 준다.

해설
신체적 자기개념(Physical Self-concept)은 자신의 신체적 외모나 매력, 신체적 조건 등과 관련된 신체능력 또는 운동 능력 등에 대한 개인의 지각이나 평가, 감정 등을 의미한다. 이러한 신체적 자기개념은 스포츠 관련 사회성, 즉 리더십과 예절성을 높이는 데 긍정적 영향을 미치므로 유아들은 스포츠에 참여하는 활동을 통해 신체에 대한 올바른 이해와 사용방법 등을 익히고, 자신을 표현하는 과정을 통해 정서적으로 성숙하고 사회성이 촉진될 수 있다.

17 유아의 신체활동 참여 동기를 증진시키는 방법으로 옳지 않은 것은? 기출 24

① 수행력 향상을 위해 역할모델을 활용한다.
② 쉬운 과제를 성취한 경우라도 칭찬해 준다.
③ 과제성취를 운에 의한 것으로 생각하도록 지도한다.
④ 성취경험의 빈도를 높이기 위해 과제 난이도를 조절한다.

해설
유아의 운동기술 수준에 맞는 도전적인 프로그램을 제공하고, 무조건적인 칭찬이 아닌 과제성취를 위한 노력에 연계된 격려를 제공하여야 신체활동 참여 동기를 증진시킬 수 있다.

정답 14 ③ 15 ② 16 ④ 17 ③

18 유아대상의 운동 지도방법으로 옳지 않은 것은?

기출 17·19

① 자세한 설명보다는 시범을 자주 보여준다.
② 게임 파트너를 교대하며 다양한 변화를 준다.
③ 미디어를 활용하여 운동참여에 대한 관심을 유도한다.
④ 어렵고 위험한 과제에도 신체적 가이던스(Physical Guidance)를 자제한다.

해설
난이도가 있는 과제를 지도할 때는 말보다는 시범을 보이면서 설명하면 유아들의 이해부족에 따른 안전사고가 감소된다. 시범은 정확하고 반복적으로 실시하여 유아들이 모방을 통해 정확한 동작을 수행할 수 있도록 한다.

19 유아체육수업의 환경 조성에 관한 설명으로 옳지 않은 것은?

기출 18·20·23

① 유아가 선호하는 하나의 교구만을 배치한다.
② 다양한 감각 자극을 제공할 수 있는 환경을 조성한다.
③ 유아가 자유롭게 몸을 움직일 수 있도록 충분한 공간을 확보한다.
④ 적절한 교구 배치를 통해 효과적 지도가 가능한 환경을 조성한다.

해설
유아체육수업에서는 발달심리에 적합한 교구와 교재를 준비해야 한다. 특히 유아들은 집중력이 떨어지고 쉽게 흥미를 잃어버리는 특성이 있기 때문에 흥미유발을 위해 다양한 교구를 사용하도록 한다.

20 누리과정(2019)에서 '신체운동·건강 영역'의 내용 범주로 옳지 않은 것은?

기출 16·18·19·20

① 신체활동 즐기기
② 건강하게 생활하기
③ 안전하게 생활하기
④ 창의적으로 표현하기

해설
2019 개정 누리과정 - 신체운동·건강 영역

내용 범주	내용
신체활동 즐기기	• 신체를 인식하고 움직인다. • 신체 움직임을 조절한다. • 기초적인 이동 운동, 제자리 운동, 도구를 이용한 운동을 한다. • 실내외 신체활동에 자발적으로 참여한다.
건강하게 생활하기	• 자신의 몸과 주변을 깨끗이 한다. • 몸에 좋은 음식에 관심을 가지고 바른 태도로 즐겁게 먹는다. • 하루 일과에서 적당한 휴식을 취한다. • 질병을 예방하는 방법을 알고 실천한다.
안전하게 생활하기	• 일상에서 안전하게 놀이하고 생활한다. • TV, 컴퓨터, 스마트폰 등을 바르게 사용한다. • 교통안전 규칙을 지킨다. • 안전사고, 화재, 재난, 학대, 유괴 등에 대처하는 방법을 경험한다.

정답 18 ④ 19 ① 20 ④

제3과목 노인체육론

01 노화로 인한 생리적 변화로 옳지 않은 것은?

기출 18·19·20·23·24

① 최대 산소섭취량의 감소
② 폐의 탄력성과 호흡기 근력의 저하
③ 수축기 및 이완기 혈압수치의 감소
④ 동정맥산소차의 감소

해설
노인은 성인에 비해 수축기 혈압과 이완기 혈압이 증가하고 혈압의 수치도 증가하여 심혈관계 질환인 고혈압이 나타난다.

해설
노화의 생물학적 이론
㉠ 유전적 이론 : 인간의 세포는 유전학적으로 계획되어 제한된 횟수만큼만 분열한다. 즉, 유전적 요인에 의해 노화의 속도는 결정되어 있다.
㉡ 손상 이론 : 자유기에 의한 세포손상의 누적이 세포의 기능장애와 괴사의 핵심적 결정요소로 노화를 야기한다.
㉢ 점진적 불균형 이론 : 인체의 각 기관이 서로 다른 속도로 노화되면서 중추신경계와 내분비계의 불균형을 초래한다.
이 외에도 노화의 생물학적 이론에는 성공적 노화 이론과 지속성 이론이 있다.
• 성공적 노화 이론 : 건강, 사회적 관계, 심리적 특성, 신체적·인지적 기능, 생산 활동의 5가지 영역으로 성공적인 노화의 개념을 설명하는 이론이다.
• 지속성 이론 : 노인은 일반적인 활동에서 과거에 자신이 했던 역할과 비슷한 형태의 역할을 유지하고자 하는 경향이 강하다고 보는 이론이다.

02 〈보기〉의 ㉠~㉢에 해당하는 노화의 생물학적 이론으로 옳은 것은?

기출 16·17·19

• (㉠) : 유전적 요인이 노화의 속도를 결정한다.
• (㉡) : 세포손상의 누적이 세포의 기능 장애에 결정요소로 작용한다.
• (㉢) : 인체기관이 다른 속도로 노화하면서 신경내분비계에 불균형을 초래한다.

	㉠	㉡	㉢
①	유전적 이론	손상 이론	점진적 불균형 이론
②	성공적 노화 이론	손상 이론	점진적 불균형 이론
③	손상 이론	점진적 불균형 이론	유전적 이론
④	지속성 이론	점진적 불균형 이론	손상 이론

03 에릭슨(E. Erikson)의 심리사회 발달단계에 관한 내용으로 옳은 것은?

기출 16·17·24

	연령	단계	긍정적 결과
①	13~18세	역량 대 열등감	어떻게 살기 원하는지에 대한 생각을 발달시킨다.
②	젊은 성인	독자성 대 역할혼동	타인과 밀접한 관계를 형성한다.
③	중년 성인	친분 대 고독	가족의 부양 또는 어떤 형태의 일을 통해 생산적인 생활을 할 수 있다.
④	노년기	자아주체성 대 절망	자부심과 만족을 느끼면서 삶을 되돌아볼 수 있다.

정답 01 ③ 02 ① 03 ④

해설

심리사회 발달단계(E. Erikson)

연 령	발달과업 단계	긍정적 결과
13~18세	정체성 대 역할혼돈	자신이 누구인지 그리고 어떻게 삶을 살기 원하는지에 대한 느낌을 발달시킨다.
젊은 성인	친분 대 고독	친밀한 대인관계를 형성할 수 있다.
중년 성인	생산성 대 침체성	가족의 부양 또는 어떤 형태의 일을 하는 등 생산적이다.
노년기	자아통합 대 절망	자부심과 만족을 느끼면서 자기 삶을 되돌아보며 죽음을 위엄 있게 받아들인다.

05 노인체육 관련 용어의 의미가 옳지 않은 것은?

① 신체활동(Physical Activity) : 골격근에 의해 에너지 소비가 이루어지는 신체의 움직임
② 운동(Exercise) : 관찰 가능한 외현적인 움직임
③ 체력(Physical Fitness) : 신체활동을 수행할 수 있는 기능적 특성
④ 건강(Health) : 질병이 없거나 허약하지 않을 뿐만 아니라 신체적, 심리적, 사회적으로 안녕한 상태

해설

운동(Exercise)은 체력을 향상시키기 위해 수행되는 계획적·반복적 신체 움직임으로서, 에너지를 소모하는 골격근에 의해 이루어지며 건강과 삶의 질에 영향을 미친다.

04 〈보기〉에서 설명하는 노화에 관한 심리학적 관점으로 옳은 것은?

기출 16·18·23

- 성공적 노화는 신체적, 정신적, 사회적 손실에 대한 적응력과 관련이 있다.
- 기능적 능력의 향상을 통해 노화로 인한 손실을 보완하도록 도움을 준다.

① 성공적 노화 모델
② 분리 이론
③ 자아통합 이론
④ 보상이 수반된 선택적 적정화 모델

해설

보상을 수반한 선택적 적정화 이론(M. Baltes & P. Baltes)
- 성공적 노화가 선택, 적정화, 보상이라는 세 가지 전략과 관련된 과정이라고 설명한다.
- 노화에 따른 신체적, 정신적, 사회적 손실이 있더라도, 개인의 능력에 적합한 활동을 선택하고 최적화하며 손실된 것을 보상하고 적응함으로써 성공적 노화에 이를 수 있다고 설명한다.
- 수명, 생물학적 건강, 정신건강, 인지적 효능, 사회적 능력 및 생산성, 개인적 통제, 생활만족 등 7가지를 성공적 노화의 지표로 제시하였다.

06 〈보기〉의 대화에서 노인에게 나타날 수 있는 증상으로 옳지 않은 것은?

> A : 코로나19로 경로당 운영이 중단돼서 운동도 못하고, 친구들도 못 만나니 너무 두렵고 슬퍼. 예전에 친구들과 함께 운동하던 때가 그립구만…….
> B : 나도 그래. 최근 옆집에 혼자 사는 최 씨가 안 보여 찾아가 보니 술로 잠을 자려고 하던데 정말 걱정이야. 밖으로 나가 운동도 하고 친구도 만나야 하는데……. 저러다 치매에 걸릴까 겁이 나네.

① 수면 장애   ② 불안감 고조
③ 고립감 약화   ④ 사고력 약화

해설

코로나19로 인해 외부활동이 단절되어 고립감이 증가되었다.

노년기 심리적 특성의 변화
- 우울증 경향 증가 : 신체적 질병, 배우자의 죽음, 경제능력의 약화 등으로 인해 고립감이 증가하고 우울증 경향이 증가한다.
- 내향성 및 수동성 증가 : 스스로의 생각과 감정에 의해서 사물을 판단하게 되는 경향이 많아지고 누군가의 도움을 받아 문제를 해결하려고 하는 수동적 경향이 증가한다.
- 경직성 증가 : 새로운 환경에 적응하기가 어렵고 이로 인하여 학습능력과 문제해결 능력이 저하된다.
- 조심성 증가 : 자신감이 쇠퇴하기 때문에 확실한 경우에만 행동하는 경향이 있다.

04 ④ 05 ② 06 ③ **정답**

07 노인의 운동참여에서 불안과 두려움을 극복하기 위한 반두라(A. Bandura)의 자기효능감 이론의 변인과 증진전략으로 옳지 않은 것은?

기출 15·16·18

	변 인	증진전략
①	성공수행경험	운동참여에 대한 불안과 두려움을 극복하는 경험을 갖도록 지도한다.
②	간접경험	운동에 함께 참여하는 동료 노인을 통해 간접경험을 갖게 한다.
③	언어적 설득	운동과 관련된 의사결정을 스스로 내리도록 한다.
④	정서적 상태	불안과 두려움을 조절할 수 있도록 인지적 훈련을 시킨다.

해설
언어적 설득 : 타인으로부터 격려의 말을 자주 들을 수 있게 한다.

자기효능감 이론(A. Bandura)
개인이 과제를 성공적으로 수행할 수 있을 것이라는 자신감, 자기 능력에 대한 확신을 의미한다. 자기효능감이 낮으면 과제를 회피하고, 자기효능감이 높으면 과제를 적극적으로 수행한다고 보았다.

08 노인과의 올바른 의사소통 방법으로 옳지 않은 것은?

기출 15·19·20·23

① 노인이 원하는 존칭을 사용한다.
② 어린아이를 다루듯 말한다.
③ 분명하고 천천히 말한다.
④ 따뜻한 표정으로 비언어적 의사소통을 사용한다.

해설
노인을 대상으로 한 의사소통 방법
• 노인의 말에 공감을 표현하여 경청하고 있음을 드러낸다.
• 분명하고 명확하게, 적절한 속도로 말한다.
• 노인은 인지능력이 저하되므로 한 번에 전달할 정보의 양이 지나치게 많아지지 않도록 조심해야 한다.
• 이해하기 쉬운 시각적 도구를 활용하면 의사소통에 효과적이다.
• 어린아이 다루듯 하지 않고 소리 지르듯 이야기하지 않는다.
• 노인에 대한 선입관으로 미루어 짐작하지 않는다.
• 접촉을 두려워하지 않는다.

09 행동주의적 지도방법으로 옳지 않은 것은?

① 개별상담을 통해 운동의 중요성을 인식하게 한다.
② 체육관 복도에 출석률을 게시한다.
③ 성공적인 운동참여에 대해 긍정적 강화를 제공한다.
④ 런닝머신 걷기를 할 때만 좋아하는 연속극을 시청하게 한다.

해설
행동주의 학습지도의 기본원리
• 작은 단계의 원리 : 학습과정을 세부 단계로 나눈 후 난도를 점차 올린다.
• 적극적 반응의 원리 : 학습자가 적극적으로 활동하도록 유도한다. (④)
• 즉시 확인의 원리 : 즉각적으로 피드백한다. (②)
• 학습자 검증의 원리(즉각적 강화의 원리) : 학습자 자신이 학습한 결과에 대해 알도록 하여 학습의욕을 높인다. (③)
• 자기 진도의 원리 : 개인차에 따라 진도를 조절한다.

10 〈보기〉의 ㉠, ㉡에 해당하는 노인체력검사(SFT) 항목으로 옳은 것은?

기출 16·17·19·20·23

• (㉠) : 식료품 나르기와 손자 안아주기가 어렵다.
• (㉡) : 버스에서 신속하게 내리기가 어렵다.

	㉠	㉡
①	30초 아령 들기	등 뒤에서 양손 마주잡기
②	30초 아령 들기	2.4m 왕복 걷기
③	등 뒤에서 양손 마주잡기	2분 제자리 걷기
④	2.4m 왕복 걷기	2분 제자리 걷기

해설
㉠ 30초 아령 들기 : 장보기, 가방 나르기, 물건 들어 올리기 같은 활동을 할 때 필요한 상체 근력을 측정한다.
㉡ 2.4m 왕복 걷기 : 갑자기 버스 정거장에서 내리기, 일어서서 화장실 가기, 전화 받기와 같이 빠른 동작을 할 때 필요한 민첩성과 평형성을 측정한다.

정답 07 ③ 08 ② 09 ① 10 ②

11 운동경험이 없는 노인이 장기간 저항성 운동을 했을 때 예상되는 변화로 옳은 것은? 기출 15·17·18·19·20

① 골밀도와 낙상 위험의 감소
② 20대의 근비대 수준으로 근력 회복
③ 근력과 제지방량의 증가
④ 혈관 경직도 증가

해설
저항성 운동은 근육의 수축과 이완을 하여 근력을 강화하는 무산소 운동이다(덤벨 들기, 바벨 들기 등). 저항성 운동을 하였을 경우 근력과 제지방량이 증가한다.

12 미국스포츠의학회(ACSM)가 제시한 노인을 대상으로 한 운동부하검사의 고려사항으로 옳지 않은 것은? 기출 16

① 시력 손상, 보행 실조, 발에 문제가 있는 경우 자전거 에르고미터 검사를 실시한다.
② 트레드밀 부하는 경사도보다는 속도를 증가시킨다.
③ 균형감과 근력이 낮고, 신경근 협응력이 저조하여 검사에 두려움이 있다면 트레드밀의 양측 손잡이를 잡고 검사를 실시한다.
④ 낮은 체력을 가진 노인은 초기 부하가 낮고(3METs 이하), 부하 증가량도 작은(0.5~1.0METs) 노턴(Naughton) 트레드밀 프로토콜을 이용한다.

해설
노인이나 허약자, 관상동맥질환자 등을 대상으로 한 트레드밀은 속도를 1.7mph로 고정하고 경사도의 증가 폭은 0%에서 3분간 실시하고, 3분마다 5%씩 증가시킨다.

13 노인을 위한 수중 운동 지도방법으로 옳지 않은 것은?

① 안전을 위해 처음 몇 회는 물속에서 자세를 취하는 방법을 가르친다.
② 물에 저항하여 움직이도록 지도하여 에너지 소비를 증가시킨다.
③ 관절염을 앓고 있는 노인은 아픈 관절이 물에 잠기게 한다.
④ 물이 몸통 근육의 역할을 하도록 직립자세로 서서 운동하게 한다.

해설
① 수중 운동은 노인에게 나타나는 부상과 관련된 두려움#심리적 문제를 완화할 수 있는 재활운동이다. 하지만 수중 운동에 익숙지 않은 노인을 위해 처음 몇 회는 물에 익숙해지도록 해야 한다.
② 물의 밀도와 점성으로 인해 움직임에 저항이 발생하여 에너지 소비가 증가하고 근력이 강화된다.
③ 물의 부력이 체중을 35~90% 정도 감소시켜 관절과 관절 사이 공간을 넓혀주기에 관절염이 있는 노인에게 적합하다.
④ 수중 운동의 종류로는 옆으로 걷기, 발끝 걷기, 뒤꿈치 걷기 등이 있으며 직립자세의 유산소 신체활동 효과가 있다.

※ 출제오류로 전항 정답 처리되었다.

14 요통을 예방하는 방법으로 옳은 것은?

① 등을 굽히고 선다.
② 등을 굽히고 걷는다.
③ 장시간 계속 서 있는 것을 피한다.
④ 등을 굽히고 앉는다.

해설
바른 자세보다 구부정한 자세가 허리에 부담이 크며, 바로 앉은 자세보다 구부정하게 앞으로 숙여서 앉은 자세가 허리에 통증을 더 많이 유발한다. 또한 서 있는 자세보다 앉은 자세가 허리에 부담이 가중되지만, 서 있는 자세나 앉은 자세를 오래 유지하는 것도 요통을 유발하므로 피하는 것이 좋다.

11 ③　12 ②　13 전항 정답　14 ③　**정답**

15 〈보기〉의 특성을 보인 노인에게 미국스포츠의학회(ACSM)가 제시한 관상동맥질환의 위험인자로 옳은 것을 모두 고른 것은?

기출 20

- 연령 : 71세, 성별 : 여자, 신장 : 158cm, 체중 : 54kg
- 가족력 : 어머니는 54세에 심혈관 질환으로 돌아가셨다.
- 허리둘레 : 79cm
- 총콜레스테롤 : 200mg/dL
- 고밀도지단백질 콜레스테롤 : 30mg/dL
- 공복혈당 : 135mg/dL
- 안정 시 혈압 : 190mmHg/90mmHg
- 10대 때 흡연(하루에 20개비 이상)
- 평생 전업주부로 생활하고 현재 특별한 신체활동은 하지 않았다.

① 연령, 가족력, 허리둘레, 혈압, 흡연
② 비만, 공복혈당, 혈압, 흡연, 신체활동
③ 가족력, 총콜레스테롤, 고밀도지단백질 콜레스테롤, 혈압, 신체활동
④ 허리둘레, 총콜레스테롤, 고밀도지단백질 콜레스테롤, 공복혈당, 혈압

해설

〈보기〉의 사례에서 관상동맥질환의 위험인자는 다음과 같다.
- 연령 : 고령으로 인한 혈관약화
- 가족력 : 직계가족이 심혈관질환으로 사망
- 총콜레스테롤 : 200mg/dL 이상인 경우
- 고밀도지단백질 콜레스테롤 : 35mg/dL 미만으로 낮은 경우
- 고혈압 : 정상혈압은 140mmHg/90mmHg 이상
- 흡연 : 현재 흡연(10대부터 하루 20개비 이상)
- 신체활동 : 운동부족

16 미국스포츠의학회(ACSM)가 제시한 노인 신체활동 프로그램으로 옳지 않은 것은?

기출 16·18·19·20

① 고강도로 주 3일 이상 또는 중강도로 주 5일 이상의 유산소 운동
② 체중부하 유연체조와 계단 오르기를 제외한 근력강화 운동
③ 근육의 긴장과 약간의 불편감이 느껴질 정도의 유연성 운동
④ 저·중강도로 주 2회 이상의 대근육군을 이용한 저항 운동

해설

미국스포츠의학회(ACSM)가 제시한 노인의 신체활동 권고 지침

구분	빈도	강도 (RPE 10점 도구)	시간	유형
유산소 운동	•중강도 : 일주일에 최소 5회 •고강도 : 일주일에 최소 3회	•중강도 : 5~6 •고강도 : 7~8	•중강도 : 최소 30분 이상 •고강도 : 최소 20분 이상 ※ 최소 10분은 쉬지 않고 지속해야 함	골격계에 낮은 스트레스를 주는 활동
저항 운동	일주일에 최소 2회	•중강도 : 5~6 •고강도 : 7~8	8~10개 운동을 10~15회 반복 ※ 처음 시작 시 1RM의 40~50%로 실시	주 근육을 사용하는 운동으로 계단 오르기 등
유연성 운동	일주일에 최소 2회	중강도 : 5~6	최소 10분	각주 근육군의 지속적인 정적 스트레칭

정답 15 ③ 16 ②

17 노인을 위한 준비 및 정리운동의 생리적 효과에 관한 설명으로 옳지 않은 것은? 기출 16

① 준비운동은 혈중산소포화도를 증가시켜 근육의 산소 이용률을 증가시킨다.
② 준비운동은 폐 혈류의 저항을 증가시켜 폐의 혈액순환을 향상시킨다.
③ 정리운동은 호흡, 체온, 심박수를 활동 전 수준으로 되돌리는 데 도움을 준다.
④ 정리운동은 혈중젖산농도를 낮추는 데 도움을 준다.

해설
노인 준비운동의 효과
- 심장 혈류량이 증가한다.
- 폐 혈류의 저항을 감소시키고, 폐순환을 증가시킨다.
- 신체 협응력이 향상된다.
- 관절의 가동범위가 증가한다.
- 신체 반응시간이 단축된다.

18 노인의 걷기 특성으로 옳지 않은 것은?

① 분당 보폭수(Cadence)의 증가
② 보행주기 중 양발 지지기(Double Support Time) 비율의 증가
③ 안정된 걷기를 위한 의식적 관여의 증가
④ 보폭(Step Length)의 증가와 활보장(Stride Length)의 감소

해설
인간은 노화가 진행됨에 따라 점차 걸음의 속도가 느려지고 보폭이 짧아지면서, 보행주기에서 두 발로 지탱하는 양발 지지기가 차지하는 비율이 점차 늘어나게 된다. 또한 걸을 때 안정적으로 걷기 위해 양발의 간격은 약간 넓어지고, 구부정한 자세를 유지하려는 경향과 보폭과 활보장이 감소하는 경향을 보인다.
- 활보장(보행주기, Stride Length) : 걸을 때 오른발에서 시작해서 다음 오른발을 디뎠을 때의 뒤꿈치까지의 길이를 말한다.
- 보폭(Step Length) : 오른발 뒤꿈치부터 왼발 뒤꿈치까지의 거리를 말한다.

19 노인의 단기기억 문제를 고려한 지도방법으로 옳지 않은 것은? 기출 16

① 각자의 페이스로 동작을 수행하도록 한다.
② 동작을 단순화하여 반복적으로 시범을 보여 준다.
③ 동작의 속도와 방향을 다양하게 한다.
④ 심상훈련을 활용한다.

해설
인지력 저하 노인 지도방법
- 대화와 운동의 템포를 늦춘다.
- 시각자료를 사용한다.
- 적절한 시간 간격을 두고, 반복적으로 학습하는 것이 좋다.

20 노인의 균형감에 관한 설명으로 옳은 것은? 기출 23

① 의식적인 노력은 균형감 향상과 무관하다.
② 시력 약화는 균형감을 향상시킨다.
③ 전정계 기능의 저하는 균형감을 향상시킨다.
④ 체성감각 기능의 저하는 균형감을 떨어뜨린다.

해설
신체의 균형감을 유지하는 것은 시감각기·전정기관·체성 감각 영역의 상호작용을 통해서 이루어진다. 시각은 주변 사물과의 상대적인 위치 정보를 파악하고, 전정감각은 신체의 움직임에 대한 정보를, 체성감각은 신체와 접촉한 사물에 대한 정보를 파악한다. 세 가지 감각 중 하나에 이상이 생길 경우 충분한 정보를 얻지 못해 균형감이 떨어지게 된다. 사람은 노화가 진행됨에 따라 시각·전정·체성감각 기능이 점차 저하되어 균형감이 떨어져 젊은 사람에 비해 낙상사고가 많이 발생한다. 노화로 인한 시력 저하에 대비해 안경을 쓴다거나 병원 등을 찾아 귀의 전정기관·체성감각 이상을 치료하는 의식적인 노력을 통해 균형감을 향상시킬 수 있다.

17 ② 18 ④ 19 ③ 20 ④ **정답**

CHAPTER 05

2020년 필수과목 기출문제

2급(전문·생활)+장애인+유소년+노인 스포츠지도사

제1과목 특수체육론

01 특수체육(Adapted Physical Activity)의 개념에 관한 설명 중 옳지 않은 것은?   기출 15·16·21·23

① 법률에 기초하여 신체활동 서비스를 제공한다.
② 신체활동 참여에서 임파워먼트(Empowerment)를 강조한다.
③ 심동적 문제의 발견과 해결을 목적으로 하는 다학문적 지식체계이다.
④ 개인적 요구를 충족시켜주기 위해 분리된 환경에서의 서비스 제공을 기본으로 한다.

해설
- 특수체육에 대한 정의는 다양하지만 가장 오래된 것은 미국 체육학회 특수체육위원회가 1952년에 'Adapted Physical Education'을 정의한 것이다.
- 장애인의 독특한 요구를 충족하기 위해 시행되는 다양한 신체활동을 포함한다.
- 특수체육은 정의적, 심동적, 인지적 목표를 추구한다.
- 법률에 기초하여 신체활동 서비스를 제공한다.
- 신체활동 참여에서 임파워먼트(Empowerment)를 강조한다.
- 심동적 문제의 발견과 해결을 목적으로 하는 다학문적 지식체계이다.

02 휠체어 농구 기술수행 검사의 타당성과 관련한 내용으로 옳은 것은?   기출 21

① 최소의 시간과 비용으로 측정할 수 있는가?
② 여러 사람이 측정하여도 그 결과가 같은가?
③ 검사를 두 번 반복하였을 때에도 그 결과가 일치하는가?
④ 휠체어 조작 기술과 농구 기술을 정확하게 측정할 수 있는가?

해설
타당도는 조사자가 측정하고자 하는 것을 실제로 얼마나 잘 측정했는가를 나타내는 정도이다. 즉 조사 결과가 측정하고자 하는 내용과 관련된 정도라고 할 수 있다. 휠체어 조작 기술과 농구 기술을 정확하게 측정하는 것은 휠체어농구 기술수행 검사에서 조사자가 알고자 하는 내용이므로 ④는 타당도와 관련된 내용이다. ①은 실용도, ②·③은 신뢰도와 관련된 항목이다. 신뢰도는 시간, 문항, 평가자와 무관하게 얼마나 일관된 결과를 제공하느냐의 문제이다. 즉 검사 시기를 달리하거나 검사횟수를 반복하거나, 더 많은 사람이 측정하더라도, 일관된 결과가 나오는지의 문제인 것이다.

03 〈보기〉의 세부내용을 설명하는 용어는?   기출 16

프로그램	휠체어 테니스 교실	대상	지체장애인
내용	백 핸드 스트로크		
세부내용	1. 수행이 이루어지는 동안 계속해서 공을 본다. 2. 풋워크를 통해 재빨리 공에 접근한다. 3. 라켓을 몸 중심에서 뒤로 가져간다(백스윙). 4. 엉덩이와 어깨를 네트와 수직으로 위치시킨다. 5. 공을 칠 때 엉덩이와 어깨를 회전시키면서 무게중심을 앞발로 옮긴다. 6. 공이 엉덩이 앞쪽에 올 때 공을 친다. 7. 공을 칠 때 손목을 고정시킨다. 8. 반대쪽 팔은 중심을 잡기 위해 몸 바깥쪽으로 뻗는다. 9. 팔로우 스루를 어깨높이나 그 이상에서 계속해서 유지한다.		

① 준거참조평가   ② 과제분석
③ 근거기반실무   ④ 과정중심평가

정답 01 ④ 02 ④ 03 ②

해설
과제분석
- 어떤 목적을 달성하기 위하여 세부적으로 과제를 분류하여 효과적으로 과제수행을 진행하는 준비과정을 의미한다.
- 스포츠 지도 현장에서 활동과제 및 동작의 특성과 난이도에 따라 범위나 기준이 달라질 수 있다.

04 〈보기〉와 같은 평가 방법은?
기출 17·19·21

환경	잠실 실내수영장	과제	비어 있는 사물함 찾기
세부환경	탈의실	수행자	지적 장애인

관찰 내용	반응 평가 O	반응 평가 X
1. 탈의실 출입문을 찾아서 들어간다.	✓	
2. 문이 열려 있는 사물함을 찾는다.		✓
3. 다른 사람이 찾는 것을 보고 문이 열려 있는 사물함을 찾는다.	✓	
4. 문이 열린 사물함으로 다가간다.	✓	
5. 사물함이 비어있는 것을 확인한다.		✓

평가결과 :
1. 탈의실 출입문을 찾을 수 있다.
2. 문이 열려 있는 사물함을 찾아야 한다는 과제를 이해하지 못하고 있다.
3. 타인의 행동과 주변 환경에 대한 관찰을 통해서 문이 열려 있는 사물함을 찾을 수 있다.
4. 문이 열린 사물함으로 다가갈 수 있다.
5. 사물함이 비어있는지 확인해야 한다는 것을 이해하지 못하고 있다.

① 루브릭
② 포트폴리오
③ 생태학적 평가
④ 규준참조평가

해설
생태학적 평가
- 순차적 과제 : 시간의 순서 또는 간단한 것으로부터 복잡한 요소로 기술을 세분화하는 것이다.
- 과제나 기술의 수행에 영향을 미칠 수 있는 환경요인들뿐 아니라 장애인의 한계나 제한점(지적 장애, 낮은 수준의 유연성)도 다루어야 한다.
- 대상 학생을 중심으로 체육현장에서 실제적으로 평가하는 방법이다.

05 장애인에게 적합한 신체활동 변형에 관한 설명으로 옳지 않은 것은?
기출 15·18·19·21

① 활동의 본질적인 특성을 변형한다.
② 참여를 촉진하는 방향으로 변형한다.
③ 최적의 수행능력을 발휘하도록 변형한다.
④ 장애로 인해서 제한이 발생하지 않도록 변형한다.

해설
활동의 본질적인 특성을 변형하지 않는 선에서 체육환경, 경기장, 용기구, 참여인원, 활동유형, 교수유형, 기타 사항들을 수정 및 보완하여 사용하는 것이 바람직하다.

06 시각 장애인을 위한 신체활동 지도법으로 옳지 않은 것은?
기출 15·16·17·19·24

① 과제의 전체 동작과 부분 동작을 순서대로 시범 보인다.
② 신체적 가이던스(Physical Guidance)의 강도를 점진적으로 줄인다.
③ 독립성을 기르기 위해 청각 및 촉각을 활용하지 않도록 습관화하여야 한다.
④ 동작의 확인을 돕기 위해 '만져서 자세를 확인하는 방법(Brailling)'을 사용한다.

해설
시각 장애인일 경우에는 청각과 촉각에 시각 정보를 함께 활용하도록 지도한다.

시각 장애인을 위한 스포츠 지도전략
- 학생의 현재 수행능력을 판단하고, 자립심을 키우는 방법을 사용한다.
- 시각 장애 아동에게 활동을 지도할 때마다 선택의 기회를 제공하는 것이 중요하다.
- 언어적 설명, 교사 또는 동료에 의한 시범, 교사 또는 동료로부터의 신체 보조, 교사 또는 동료시범을 촉각으로 학습하는 방법을 사용한다.
- 과제의 전체 동작과 부분 동작을 순서대로 시범을 보인다.
- 동작의 확인을 돕기 위해 '만져서 자세를 확인하는 방법(Brailling)'을 사용한다.
- 지도자와 성별이 다른 경우에는 신체 접촉에 대한 주의를 기울여야 한다.
- 시각 장애인이 놀라지 않도록 신체적 가이던스(Physical Guidance)를 제공하기 전에 미리 알려주고, 그 강도를 점진적으로 줄인다.

정답 04 ③ 05 ① 06 ③

07 〈보기〉에서 설명하는 수업 스타일은?   기출 18

프로그램	생활체육 통합농구교실		
목표	2점 슛을 성공할 수 있다.	내용	자유투 라인에서 슛을 한다.
대상	발달 장애인	장소	실내체육관
수업 스타일			

- 경험 많은 참여자가 보조지도자로서 신규 참여자를 지도한다.
- 지도자에 대한 참여자의 비율을 줄이는 효과가 있다.

① 팀 교수(Team Teaching)
② 또래 교수(Peer Tutoring)
③ 협동 학습(Cooperative Learning)
④ 역주류화 수업(Reverse Mainstreaming)

해설
또래 교수는 또래로 하여금 다른 아동의 학습이나 참여를 촉진하게 하는 학습 전략이다. 또래 교수는 교과나 사회적 기술에 대한 일대일 교수 상황에 대한 대안으로 활용되고 있다.

08 〈보기〉에서 세계보건기구(WHO)의 '기능, 장애, 건강에 대한 국제 분류(International Classification of Functioning, Disability, and Health ; ICF)'에 대한 설명 중 빈칸 안에 들어갈 가장 적절한 말은?   기출 21·23

장애는 ( )의 세 가지 영역 모두 또는 어느 한 가지 영역에서 겪게 되는 어려움으로 발생하며, 개인적·환경적 요인들에 의해서도 영향을 받는다.

① 지능, 신체 기능과 구조, 참여
② 활동, 대인관계 능력, 신체 기능
③ 신체 기능과 구조, 활동, 참여
④ 지능, 대인관계 능력, 신체 구조

해설
장애는 신체 기능과 구조, 활동, 참여의 세 가지 영역 모두 또는 어느 한 가지 영역에서 겪게 되는 어려움으로 발생하며, 개인적·환경적 요인들에 의해서도 영향을 받는다. 신체 기능과 구조는 실제 장애인의 생물학적·신체적 특성을 의미하며, 활동과 참여는 의사소통, 타인과의 상호작용, 학습, 이동 등과 같은 장애인의 개인적인 기능 상태에 대해 강조한다.

09 〈보기〉의 ㉠, ㉡에 들어갈 장애의 정의로 알맞은 것은?   기출 22·24

- −2 표준편차 이하의 지적 기능을 나타낸다.
- (㉠) 영역에서 적응 행동의 제한이 명백히 나타난다.
- (㉡) 이전에 시작된다.
  − 미국지적장애 및 발달장애협회(AAIDD, 2010) −

	㉠	㉡
①	발달적, 사회적, 실제적	18세
②	개념적, 실제적, 사회적	19세
③	실제적, 사회적, 개념적	18세
④	교육적, 행동적, 사회적	19세

해설
미국지적장애 및 발달장애협회(AAIDD, 2021)의 지적 장애 정의 지적 장애란 지적기능성과 개념적·사회적·실제적 적응기술로 표현되는 적응 행동의 양 영역에서 유의하게 제한성을 보이는 것이다. 기존에는 18세 이전에 시작된다고 하였으나 2021년 개정 시 22세 이전에 시작되는 것으로 변경되었다.

10 자폐성 장애인의 문제점과 해결할 수 있는 전략이 바르게 묶인 것은?   기출 16·17·18·21

	문제점	해결 전략
①	부정적인 신체적 자아개념	불필요한 자극을 줄인다.
②	상동행동	지도 환경을 구조화하고 지도 방식의 일관성을 유지한다.
③	의사소통의 어려움	언어적 단서를 줄이고 수업환경에서 자연스러운 단서를 활용한다.
④	감각자극에 대한 비정상적인 반응	개인 활동에서 시작하여 단체 활동으로 발전시킨다.

해설
자폐성 장애인은 기능적인 언어 발달의 부족으로 의사소통의 어려움이 있을 수 있으므로 언어적 단서를 줄이고 자연스러운 환경 단서를 활용한다. 자폐성 장애인의 체육수업 시 교사는 공간을 구조화하여 예측 가능한 환경을 만들어 자연스럽게 환경 단서를 제공하도록 한다.

정답 07 ② 08 ③ 09 ③ 10 ③

11 뇌성마비의 분류기준과 예시를 바르게 연결한 것은?

기출 16·17·19·21

① 형태적 분류 – 대뇌피질성, 기저핵성, 소뇌성
② 스포츠등급 분류 – 단마비, 편마비, 양측마비
③ 운동기능적 분류 – 경직성, 무정위 운동성, 운동 실조성
④ 신경해부학적 분류 – CP1, CP2, CP3, CP4, CP5, CP6, CP7, CP8

> **해설**
> 뇌의 손상 부위에 따른 운동 능력의 제한 정도에 따라 경직성, 무정위 운동성, 운동 실조성으로 나눌 수 있다.

12 〈보기〉의 ㉠, ㉡, ㉢에 들어갈 용어로 바르게 묶인 것은?

기출 18·21

> • (㉠)은 바이러스 감염에 의한 마비로서 척수의 운동 세포에 영향을 미쳐 뼈의 변형이나 보행에 문제를 일으킨다.
> • (㉡)은 중추신경계 질환으로 몸의 여러 곳에 염증이 발생하여 근육이 굳어지며 전반적인 무력감을 일으킨다.
> • (㉢)은 근육 퇴화를 유발하는 유전 질환으로 호흡 장애와 심장질환 등의 합병증을 유발한다.

	㉠	㉡	㉢
①	회백수염 (Poliomyelitis)	근이영양증 (Muscular Dystrophy)	다발성경화증 (Multiple Sclerosis)
②	다발성경화증 (Multiple Sclerosis)	회백수염 (Poliomyelitis)	근이영양증 (Muscular Dystrophy)
③	다발성경화증 (Multiple Sclerosis)	근이영양증 (Muscular Dystrophy)	회백수염 (Poliomyelitis)
④	회백수염 (Poliomyelitis)	다발성경화증 (Multiple Sclerosis)	근이영양증 (Muscular Dystrophy)

> **해설**
> 지체 장애의 유형별 특징
> • 회백수염(Poliomyelitis) : 바이러스 감염에 의한 마비로서 척수의 운동 세포에 영향을 미쳐 뼈의 변형이나 보행에 문제를 일으킨다.
> • 다발성경화증(Multiple Sclerosis) : 몸의 여러 곳에 동시다발적으로 염증이 발생하여 근육이 굳어지며 전반적인 무력감이 나타난다.
> • 근이영양증(Muscular Dystrophy) : 여러 근육군의 퇴화가 서서히 진행되는 유전성 질환으로 호흡 장애와 심장질환 등의 합병증을 유발한다.

13 절단 장애인에게 신체활동을 지도할 때 고려사항으로 적절하지 않은 것은?

기출 17·19

① 염증이나 감염을 방지하기 위해 절단 부위를 관리한다.
② 신체활동 강도에 따라 휴식 시간을 조절하여 피로 발생을 완화한다.
③ 운동역학적 효율성을 고려하여 무게중심의 변화에 적응하도록 한다.
④ 자율신경계 반사 부전증을 일으키는 요인을 인식하여 문제 발생을 예방한다.

> **해설**
> ④ 척수 장애인의 지도 고려사항이다. 자율신경계 반사 부전증은 제6흉수 이상의 척수 레벨의 손상을 받은 환자가 유해한 자극을 받아서 교감신경 반사 반응이 급격히 일어나는 경우에 발생하는 증상을 말한다.

11 ③   12 ④   13 ④   **정답**

14 뇌성마비 장애인의 체력프로그램에서 고려할 사항이 아닌 것은?   기출 16

① 근육의 긴장이 높은 경우에는 운동시간을 길게 설정한다.
② 원시 반사의 영향과 적절한 운동신경의 조절 능력을 확인한다.
③ 스포츠기술의 수행능력 향상을 위해서 스피드 훈련을 실시한다.
④ 매우 낮은 운동강도에서도 에너지 소비가 높기 때문에 강도 조절에 유의한다.

해설
① 뇌성마비는 뇌의 일부분이 손상되어 수의적 운동 기능장애를 특징으로 하는 일련의 의학적·신체적 증상이다. 뇌성마비 장애인은 과도한 근긴장으로 운동에 어려움을 겪으므로 신체활동 지속 시간을 단축해야 한다.
③ 근력에 불균형적인 부위가 있는 뇌성마비 장애인들은 빠른 운동보다는 중간 정도의 속도로 근력강화운동을 실시해야 한다.
④ 뇌성마비 아동들의 경우 최대운동강도의 약 70% 정도인 중간 강도의 신체활동을 15분 정도 지속하는 것이 일반적인 유산소성 능력의 기준이 된다. 뇌성마비인들은 일반인보다 낮은 신체적 능률 수준을 보이기 때문에 신체활동 지속시간을 단축해야 하는 것은 맞지만 중간 강도의 운동은 가능하다.

※ 출제오류로 복수 정답 처리되었다.

15 〈보기〉에서 빈칸 안에 해당하는 문제행동 관리의 절차는?

> 1. 문제행동이 무엇인지 파악한다.
> 2. (   )
> 3. 적절한 행동 관리법을 선정한다.
> 4. 효과적인 강화물을 조사하고 선정한다.

① 행동 관리를 시작한다.
② 행동 변화를 파악한다.
③ 행동 관리의 효과를 파악한다.
④ 문제행동이 발생하는 빈도, 기간, 유형 등을 파악한다.

해설
문제행동 관리 절차 과정
1. 문제행동 파악
2. 발생 빈도, 기간, 유형들의 자료 파악
3. 적절한 행동 관리 방법 선정
4. 효과적인 강화물의 조사와 선정
5. 행동 관리 시작
6. 행동 관리 시행에 따른 효과를 관찰과 기록
7. 행동 관리법에 사용된 강화물을 점차적으로 줄여나감

16 장애 유형별로 실시한 체력프로그램으로 적절하지 않은 것은?   기출 19

① 척수 장애인에게 최대근력을 고려한 근력 운동을 지도했다.
② 다운증후군 지적 장애인에게 과신전 유연성 운동을 지도했다.
③ 과잉행동 주의력결핍 장애인(ADHD)에게 유산소성 운동을 지도했다.
④ 청각 장애인에게 비장애인과 똑같은 빈도로 심폐지구력 운동을 지도했다.

해설
다운증후군 지적 장애인은 근육의 탄력성이 부족하여 관절이 과신전되는 현상을 보이므로 신체활동 시 고관절의 과신전에 의한 부상에 주의하여야 한다.

정답 14 ① · ③ · ④   15 ④   16 ②

17 지적 장애인을 위한 신체활동 지도전략으로 적절하지 않은 것은?   기출 15·16·17·18·19·21

① 활동을 단순화시키고 강화를 제공한다.
② 참여자의 활동을 지도자가 결정해 준다.
③ 학습 동기가 감소할 경우 활동내용에 변화를 준다.
④ 운동기술의 습득과 전이가 이루어지고 있는지 수시로 점검한다.

해설
지적 장애인을 위한 신체활동 지도전략
- 지도는 구체적이어야 하며 가장 중요한 과제 단서를 강조해야 한다.
- 운동기술의 습득, 파지, 전이가 이루어지고 있는지 수시로 점검한다.
- 언어적 지도 및 단서는 짧고 간단해야 하며, 동작을 나타내는 단어를 강조해야 한다.
- 순차적 과제-시간의 순서 또는 간단한 것으로부터 복잡한 요소로 기술을 세분화해야 한다.
- 지적 장애인의 개인별 선호도와 선택권을 존중한다.
- 단서제공, 강화, 수정과 같은 행동관리 원칙을 적용하는 것이 중요하다. 강화제를 즉시 지급하기 어려울 경우 토큰경제법을 활용한다.
- 학습 동기가 감소할 경우 활동내용에 변화를 준다.
- 익숙한 과제에서 새로운 과제로 접근한다.
- 장애 정도에 따라 규칙이나 기술을 변형한다.

18 시각 장애와 관련된 설명으로 옳은 것은?   기출 15·23

① 시각(Vision)은 눈을 통해 빛의 자극을 받아들이는 과정이다.
② 시력(Visual Acuity)은 시각을 사용하여 과제를 수행하는 능력이다.
③ 약시(Amblyopia)는 터널 속에서 터널 입구를 바라보는 모양으로 시야가 제한된 상태이다.
④ 법적맹(Legally Blind)은 교정시력이 20/20ft 이하이거나 시야가 20° 이하인 상태이다.

해설
② 시각을 사용하여 과제를 수행하는 능력은 시기능이며, 시력은 물체의 존재나 형상을 인식하는 눈의 능력, 눈으로 두 광점을 구별할 수 있는 능력이다.
③ 터널 속에서 터널 입구를 바라보는 모양으로 시야가 제한된 상태는 터널시야이며 약시는 안구에 기질적인 이상 없이 발생하는 시력 저하이다.
④ 법적맹은 법률에 의하여 정의된 맹(盲)으로서, 일반적으로 스넬렌 시력표에서 6/60이나 20/200 이하의 시력 또는 좋은 눈의 시야가 20° 이하로 감소한 상태이다.

19 청각 장애인에게 신체활동을 지도할 때의 유의점으로 적절하지 않은 것은?   기출 15·16·21

① 신체활동 지도에 필요한 수어를 사용할 수 있도록 준비한다.
② 인공와우 수술을 받은 청각 장애인은 축구와 레슬링 같은 활동을 피하게 한다.
③ 과장된 표정과 입술 모양은 부담을 줄 수 있으므로 구화보다는 수어 사용에 중점을 둔다.
④ 인공와우 수술을 받은 청각 장애인은 정전기를 유발할 수 있는 기구를 사용하지 않게 한다.

해설
청각 장애인의 신체활동을 지도할 때는 구화나 수어 어느 하나만을 사용하는 것이 아니라, 청각 장애인의 의사소통 능력을 확인하여 자연스러운 입 모양과 얼굴 표정을 이용한 구화와 수어를 적절히 사용해야 한다.

17 ② 18 ① 19 ③ **정답**

20 척수 장애인에게 신체활동을 지도할 때의 고려할 사항으로 적절한 것은? 기출 16·17·19·24

① 손상 부위에 따라 적합한 운동기구를 활용하는지 점검한다.
② 손상 부위가 같으면 체력 수준도 유사하므로 같은 프로그램을 제공한다.
③ 체온 조절 능력이 상실되었으므로 온도와 습도를 고려하지 않는다.
④ 잔존 운동기능의 정도와 상관없이 재활과 치료중심의 활동에 참여하게 한다.

해설

척수 장애인은 흔히 근육 불균형과 경축(본인의 의지와 무관하게 발생하는 갑작스러운 근육의 수축 현상)으로 인해 신체역학적으로 좋지 못한 상태이므로 신체자각과 교정에 도움이 되는 운동과 활동이 강조되어야 한다. 다양한 부목과 브레이스, 플라스틱 보조기구, 다리 보조기, 지팡이와 보행기 등의 다양한 보조기구를 사용한다.

② 손상 부위가 같아도 체력 수준은 다르므로 근력과 유산소 능력이 부족한 장애 학생은 활동을 변형시키거나 선택적으로 제공한다.
③ 너무 춥거나 더운 환경에서 운동을 하지 않도록 온·습도변화에 대처한다.
④ 잔존 운동기능의 정도에 따른 알맞은 강도의 유산소성 운동, 재활과 치료의 적절한 병행이 요구된다.

제2과목 유아체육론

01 유아의 발달적 특성을 고려한 신체활동 지도방법으로 적절하지 않은 것은? 기출 15·18·19·24

① 지도 내용과 방법에 변화를 준다.
② 목표 설정이 없는 동일한 활동을 반복한다.
③ 개인차를 고려하여 적절한 자극을 부여한다.
④ 놀이 상대를 바꾸어 주어 흥미를 유지한다.

해설

유아의 발달적 특성을 고려하여 신체활동을 증가시키기 위해서는 구체적이고 실제적인 목표를 제시하여 의욕을 갖고 운동에 임하도록 해야 한다.

유아의 발달적 특성을 고려한 신체활동 지도방법
- 발육발달 수준에 맞는 신체활동 프로그램을 전개한다. 즉 유아의 신체 발달 및 운동 능력을 정확히 파악하고 개인차를 고려하여 계획해야 한다.
- 활동적으로 참여하는 것에 대해 긍정적인 피드백을 제공한다.
- 유아들의 흥미를 유발할 수 있는 다양한 활동을 제공하며 지도 내용과 방법에 변화를 준다. 또한 다양한 영역의 활동 경험과 통합적으로 다루어질 수 있도록 구성되어야 한다.
- 지시는 간결하고 명료하게 하며, 안전에 유의하면서 움직임을 촉진하기 위한 지시를 한다.
- 활발한 신체활동 후에는 반드시 휴식을 취할 수 있도록 계획해야 한다.

02 미국스포츠·체육교육협회(NASPE)의 유아기 신체활동 촉진을 위한 지도지침으로 적절하지 않은 것은? 기출 15·17·18·21

① 근육과 뼈를 강화시키는 신체활동은 피하도록 한다.
② 매일 최소 60분의 계획된 신체활동에 참여해야 한다.
③ 안전한 실내와 실외에서 대근육 활동을 해야 한다.
④ 수면시간을 제외하고 60분 이상 눕거나 앉아 있지 않도록 한다.

해설

미국스포츠·체육교육협회(NASPE)의 유아기 신체활동 촉진을 위한 지도지침에 따르면 유아들은 뼈와 근육을 강화하는 신체활동을 권장한다고 되어있다.

미국스포츠·체육교육협회의 유아기 신체활동 촉진 지도지침
- 하루에 최소 1시간 정도의 구조화된 신체활동을 해야 한다.
- 하루에 최소 1시간 이상 비구조화된 신체활동을 해야 하고, 수면을 제외하고 60분 이상 앉아 있지 않게 해야 한다.
- 유아들은 블록을 쌓거나 좀 더 복잡한 운동작업을 필요로 하는 운동기술을 발달시켜야 한다.
- 유아들은 대근육 운동을 하기 위해 권장안전기준에 적합한 실내공간과 실외공간에 있어야 한다.
- 유아들 개개인의 신체활동에 대한 중요성을 인식하고 유아의 운동기술을 용이하게 해야 한다.

정답 20 ① 01 ② 02 ①

03 유아발달에 적합한 실내·외 지도 환경에 대한 설명으로 적절하지 않은 것은? 기출 18·21·23

① 공간의 구성은 놀이 형태와 지속시간에 영향을 준다.
② 놀이 공간과 놀이 교구는 유아의 놀이에 영향을 미친다.
③ 활동성을 고려해 좁은 공간을 확보하는 것이 바람직하다.
④ 발달과 학습을 유도할 수 있는 환경을 의도적으로 구성해야 한다.

해설
발달심리에 적합한 교구와 교재를 준비하며 유아들의 인지적·정서적·사회적·언어적·신체적 발달을 고려하여 실내·외 지도 환경을 조성해야 하며 안전한 유아체육 활동을 위해서 신체활동을 위한 넓은 공간을 확보하는 것이 필요하다.

04 유아의 체력 요소 검사 방법으로 적절하지 않은 것은? 기출 16·18·21·23·24

① 순발력 : 모둠발로 멀리 뛴 거리를 측정한다.
② 균형성 : 평균대 위에서 외발로 서 있는 시간을 측정한다.
③ 근지구력 : 스키핑 동작으로 뛴 높이를 측정한다.
④ 민첩성 : 7m 거리를 왕복하여 달린 시간을 측정한다.

해설
근지구력은 오래 달리거나 근육을 오래 움직일 수 있는 능력으로 일정한 근력을 반복적으로 지속할 수 있는 능력을 의미하며 오래 매달리기, 오래 달리기, 계단 오르기 등으로 측정할 수 있다. 스키핑(Skipping)은 두 다리를 교대로 한 발씩 점프하는 동작으로 신체의 협응력을 높여 준다.

05 영아기 반사의 기능이 아닌 것은? 기출 18·23

① 생존을 돕는다.
② 운동 행동을 진단한다.
③ 미래의 움직임을 예측한다.
④ 미래에 발현하는 불수의적인 움직임을 자의적으로 연습하게 한다.

해설
영아기 반사는 주로 먹는 기능과 생리적 기능을 유지하는 데 사용되며 생존을 위한 활동이다. 이러한 반사를 통해 운동발달의 기초를 다지고 영아의 중추신경계 장애를 진단할 수 있다.

06 신체활동 프로그램에서 실제학습시간(Academic Learning Time ; ALT)을 증가시키는 전략으로 적절하지 않은 것은? 기출 16·18·21

① 설명은 간결하고 명확하게 한다.
② 주의집중을 위해 상호 간에 약속된 신호를 만든다.
③ 수업 시작 전 교구를 효율적으로 배치한다.
④ 동작에 대한 시범을 위해 오랜 시간을 할애한다.

해설
실제학습시간(Academic Learning Time ; ALT)은 학습자가 학습 목표와 부합한 과제의 성공을 경험하며 참여한 시간을 말한다. 동작에 대한 시범을 보여 주는 것은 좋으나 오랜 시간을 할애하는 것은 학습과제의 집중도를 떨어뜨릴 수 있어 오히려 ALT를 감소시킨다.

07 「영유아보육법」 제1장 제2조에서 정의한 영유아에 관한 내용으로 옳은 것은? 기출 18

① 생후 4주부터 1년까지의 아동을 말한다.
② 7세 이하의 취학 전 아동을 말한다.
③ 만 3세부터 초등학교 2학년까지의 아동을 말한다.
④ 만 6세부터 초등학교 6학년까지의 아동을 말한다.

해설
「영유아보육법」 제1장 제2조 제1호에서는 "영유아"를 7세 이하의 취학 전 아동으로 규정한다.

정답 03 ③ 04 ③ 05 ④ 06 ④ 07 ②

08 〈보기〉에서 운동 발달과 관련성이 높은 감각체계들을 바르게 고른 것은?

기출 16·17·19

㉠ 시각(Visual) 체계
㉡ 운동감각(Kinesthetic) 체계
㉢ 미각(Gustatory) 체계
㉣ 후각(Olfactory) 체계

① ㉠, ㉡ ② ㉠, ㉣
③ ㉠, ㉢ ④ ㉡, ㉢

해설
신체가 다양한 환경적 조건과 상호작용하여 운동 발달이 가능하도록 하기 위해서는 시각, 청각, 운동감각 등의 감각체계들의 기능이 중요하다. 시각은 감각체계 중 외부 환경으로부터 신체로 유입되는 정보를 가장 많이 수집하고 처리한다. 운동감각은 외부 환경보다 신체 자체에 대한 정보를 처리하여 운동감각 체계가 안전하게 운동할 수 있는 감각체계를 제공하게 한다. 청각은 동작을 계획·실행하는 데 필요한 정보를 제공하여 자세 유지, 머리 운동 등의 제어에 사용된다.

09 〈보기〉의 후트(C. Hutt)가 제시한 놀이 관련 행동에 대한 설명에서 ㉠, ㉡에 들어갈 용어는?

구분	(㉠)	(㉡)
맥락	새로운 물체	익숙한 물체
목적	정보 획득	자극 생성
행동	정형화됨	다양함
기분	심각함	행복함
심장박동 변화	낮은 변화성	높은 변화성

	㉠	㉡
①	모방	놀이
②	모방	과제 관련 행동
③	탐색	놀이
④	탐색	과제 관련 행동

해설
놀이와 탐색(C. Hutt)

놀이	'이 물건을 가지고 무엇을 할 수 있는가'라는 의문과 관련된 행동 → 즐거움과 만족감 추구
탐색	익숙하지 않은 사물에 호기심을 갖고 '이 물건의 속성은 무엇인가'라는 의문을 갖는 것으로 낯선 물건을 대할 때나 물건에 대한 정보를 수집해야 할 때 주로 나타남 → 물건에 대한 정보를 획득

10 〈보기〉에 해당하는 에릭슨(E. Erikson)의 심리사회 발달단계는?

기출 21

- 목표나 계획을 세워 성공하고자 노력하는 시기이다.
- 이동성이 커지면서 성인과 다를 바 없다는 사실을 자각한다.
- 아동은 의미 있는 놀잇감을 조작하면서 만족스러운 성취감을 경험한다.

① 1단계 : 신뢰감(Trust) 대 불신감(Mistrust)
② 2단계 : 자율성(Autonomy) 대 수치심(Shame)
③ 3단계 : 주도성(Initiative) 대 죄책감(Guilt)
④ 4단계 : 친밀성(Intimacy) 대 고립감(Isolation)

해설
3단계(주도성 대 죄책감 단계)는 유아기(3~5세)로 언어 능력과 운동기능이 성숙하면서 호기심이 많아지는 시기이다. 유아는 스스로 목표를 설정하고 계획을 세우며 그것을 달성하기 위해 노력하는 주도성을 보인다. 그러나 유아는 아직 미숙하므로 실패를 경험하며 위험한 충동과 환상을 억제하기 위한 사회 금기·자기 억제 등을 배우고 죄의식 또는 죄책감도 경험하게 된다.

정답 08 ① 09 ③ 10 ③

11 〈보기〉에 해당하는 이동 운동 기술은?

- 체중을 한 발에서 다른 발로 이동시키는 기술이다.
- 달리기보다 더 높이, 더 멀리 뛰면서 바닥을 접촉하지 않는 상태를 유지한다.
- 한 발로 멀리 건너뛰기를 하거나 보폭을 크게 하여 달리는 모습과 비슷하다.

① 갤러핑(Galloping)   ② 슬라이딩(Sliding)
③ 호핑(Hopping)   ④ 리핑(Leaping)

해설
① 갤러핑 : 한 발을 앞이나 옆으로 디디며 다른 발을 빨리 끌어와 부딪히며 걷는 동작이다.
② 슬라이딩 : 한 발을 옆으로 놓으며 미끄러지듯이 다른 발을 재빨리 붙이고 미는 동작이다.
③ 호핑 : 한 발을 사용하여 뛰어오른 후 동일한 발로 착지를 하는 점핑의 발달된 형태이다.

12 유아기 발달에 관한 이론의 설명으로 적절하지 않은 것은?
기출 15·17·18·19·21·24

① 성숙주의 이론(A. Gesell) : 인간의 발달은 유전적 요인에 기인한다고 주장하였다.
② 인지발달 이론(J. Piaget) : 인간의 본성은 태어날 때부터 환경에 따른 훈련에 의해 만들어진다고 주장하였다.
③ 사회적놀이 이론(M. Parten) : 파튼은 사회적 놀이를 사회적 참여도에 따라 여섯 가지 형태로 분류하였다.
④ 도덕성발달 이론(L. Kohlberg) : 인간의 존엄성과 양심에 따라 자율적이고 독립적 판단이 가능하다고 주장하였다.

해설
피아제의 인지발달 이론은 유아의 인지발달단계에 따라 놀이도 감각적인 연습놀이 수준에서 점차 상징놀이, 역할놀이 시기를 거쳐 규칙 있는 게임 수준으로 변화한다는 이론이다. 피아제는 인간의 발달을 도식의 조절과 동화를 통한 평형화 과정이라고 주장하였으며, 이에 따른 인지발달을 네 단계로 제시하였다.

13 〈보기〉의 ㉠, ㉡에 들어갈 유아체육 프로그램의 구성 원리는?
기출 16·17·18·19·21·23

(㉠)	• 연령에 따른 민감기를 고려하여 적절한 운동이 적용되면 운동발달에 효과적이다. • 신체활동의 경험, 기술 및 발달 수준, 체력을 고려한 프로그램 구성이 필요하다.
(㉡)	운동발달 프로그램을 구성할 때 개개인의 유전과 환경요인이 반영된 개인차를 고려하여 구성한다.

	㉠	㉡
①	연계성 원리	특이성 원리
②	연계성 원리	적합성 원리
③	적합성 원리	특이성 원리
④	적합성 원리	연계성 원리

해설
- 적합성의 원리 : 결정적 시기(민감기)를 고려하여 발달단계별로 적합한 신체활동과 운동학습이 가능하도록 프로그램을 구성한다는 원리로 같은 연령의 유아라도 신체발달, 체력, 운동기술 수준 등을 고려하여 프로그램을 적용한다는 것이다.
- 특이성의 원리 : 일반적인 발달 특성뿐만 아니라 개개인의 유전과 환경요인에 따른 개인차를 고려하여 프로그램을 구성한다는 원리로 유아의 자발성이나 창의성도 고려해야 한다는 것이다.

정답 11 ④ 12 ② 13 ③

14 유아체육 지도방법과 해당 설명의 연결이 올바르지 않은 것은?   기출 15·17

① 지시적 방법 – 시범 보이기, 연습해 보기, 일반적인 언급해 주기, 보충설명과 시범 다시 보이기
② 과제제시 방법 – 동작을 위해 지도자나 또래의 활동을 관찰함으로써 과제수행 방법을 이해시키기
③ 안내·발견적 방법 – 올바른 동작 방법을 제시하고 자유롭고 창의적으로 표현하게 하기
④ 탐구적 방법 – 동작 과제나 질문을 제시하고 유아들이 제안한 다양한 해결방법을 인정하고 받아들이기

해설
과제제시 방법에서 유아의 활동은 교사가 정하지만, 어느 정도 유아의 의사결정이 허용되는 방법으로 활동수준이 여러 가지 있음을 설명하고 시범 보이기, 유아 자신이 수준을 선택하여 과제 연습하기 등을 이용한다. 과제수행 유아는 높은 수준의 체육활동 참여하기 등 유아에게 개별적 선택의 기회도 부여한다.

15 파튼(M. Parten)의 사회적 놀이 발달 이론에 대한 설명으로 적절하지 않은 것은?   기출 16

① 혼자(단독)놀이 : 다른 친구의 놀이를 지켜보며 가끔씩 구경하는 친구에게 말을 걸기도 한다.
② 병행놀이 : 주변의 친구들과 동일한 놀이를 하지만 함께 놀이를 하지는 않는다.
③ 연합놀이 : 다른 유아와 활동을 공유하며 놀이에 대해 이야기를 주고받거나 놀잇감을 빌려주기도 하지만 놀이 내용이 조직적으로 전개되지는 않는다.
④ 협동놀이 : 역할의 분담과 목적의 공유가 이루어지는 단계로서 병원놀이 같은 것이 있다.

해설
혼자(단독)놀이는 자기중심적 사고를 하는 2~3세 유아들이 독자적으로 자기 놀이에 몰두하며 다른 아이들과 가까이 있어도 대화가 거의 없는 단계를 의미한다. 다른 아이들이 노는 것을 지켜보며 시간을 보내며, 가끔 말을 걸기도 하지만 직접 참여하지는 않는 것은 지켜보기 단계이다.

정답 14 ② 15 ① 16 ①

16 〈표〉의 ㉠, ㉡, ㉢에 들어갈 던지기(Overarm Throw) 동작의 발달단계를 바르게 짝지은 것은?   기출 17·21

발달단계	특징	동작
㉠	• 체중은 명확하게 앞쪽으로 이동됨 • 던지는 팔과 같은 쪽의 다리를 앞으로 내밂	
㉡	• 준비 움직임 동안 체중을 뒷발에 실음 • 체중이 이동하면서 반대 발이 앞으로 나아감	
㉢	• 양발은 고정된 상태를 유지함 • 던지기를 준비하는 동안 양발을 이동하는 경우가 자주 있으나 특별한 목적은 없음	

	㉠	㉡	㉢
①	초보	성숙	시작
②	성숙	시작	초보
③	시작	성숙	초보
④	초보	시작	성숙

해설
던지기는 도구 없이 물체에 힘을 가하여 이동시키는 동작으로 시작 → 초보 → 성숙의 단계로 발달한다.

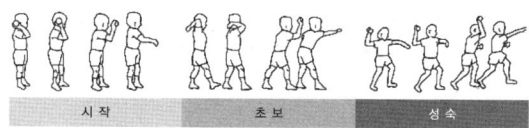
시작   초보   성숙

17 〈보기〉의 ㉠, ㉡에 들어갈 기본 운동발달의 요소는?

기출 16·17·18·19·21·23·24

(㉠)	• 배트로 치기 연습하기(Striking) • 날아오르는 공을 발로 잡기(Trapping)
(㉡)	• 철봉 잡고 앞뒤로 흔들기(Swinging) • 몸통을 굽히거나 접기(Bending)

	㉠	㉡
①	이동 운동	조작 운동
②	조작 운동	안정성 운동
③	안정성 운동	조작 운동
④	조작 운동	이동 운동

해설

- 조작 운동은 기구를 다루는 능력을 기르는 운동으로 그중 추진 조작 운동은 기구를 몸 안쪽에서 바깥쪽으로 내보내는 움직임(예 굴리기, 던지기, 치기, 차기, 튀기기, 펀칭, 맞히기, 되받아치기 등)이고 흡수 조작 운동은 외부에서 몸을 향해 들어오는 기구를 받는 움직임(예 잡기, 볼 멈추기 등)을 말한다.
- 안정성 운동은 이동하지 않고 서거나 앉아서 균형감각을 기르는 운동으로 축을 중심으로 하는 안정성 운동에는 굽히기, 늘리기, 비틀기, 돌기, 흔들기 등이 있고 정적·동적 안정성 운동으로 물구나무서기, 구르기, 재빨리 피하기 등이 있다.

18 〈보기〉의 밑줄 친 ㉠과 관련 깊은 지각운동의 유형은?

기출 16·21·23

지도사 : 오늘은 잡기 놀이를 해 볼까요? 술래 친구가 정해지면 술래를 피해 달아나 보세요. 술래를 잘 피하려면 어떻게 해야 할까요?
유 아 : 술래에게 안 잡히려고 빨리 도망가야 해요!
지도사 : 네! 맞았어요. ㉠ 술래가 움직이는 걸 보고 술래의 앞쪽이나 뒤쪽, 술래의 왼쪽이나 오른쪽으로 가면 잡히지 않고 도망갈 수 있어요. 그럼 우리 모두 한번 해 볼까요?
유 아 : 네!

① 시간지각
② 관계지각
③ 신체지각
④ 방향지각

해설

방향지각은 전후, 좌우, 상하를 지각하는 양측성과 자기 신체를 중심으로 좌우, 앞뒤를 변별하고 두 물체 간의 좌우 변별 등 위치 관계를 이해하는 등의 방향성을 인지하는 것을 의미한다.

17 ② 18 ④ **정답**

19 2019 개정 누리과정에서 '신체운동·건강' 영역의 세부내용에 대한 설명으로 적절하지 않은 것은?

기출 16·18·19·21

① 신체 움직임을 조절한다.
② 신체를 인식하고 움직인다.
③ 경쟁 활동을 통해 스포츠기술을 습득하고 건강을 증진한다.
④ 기초적인 이동 운동, 제자리 운동, 도구를 이용한 운동을 한다.

해설

2019 개정 누리과정 중 신체운동·건강 영역

신체활동 즐기기	• 신체를 인식하고 움직인다. • 신체 움직임을 조절한다. • 기초적인 이동 운동, 제자리 운동, 도구를 이용한 운동을 한다. • 실내외 신체활동에 자발적으로 참여한다.
건강하게 생활하기	• 자신의 몸과 주변을 깨끗이 한다. • 몸에 좋은 음식에 관심을 가지고 바른 태도로 즐겁게 먹는다. • 하루 일과에서 적당한 휴식을 취한다. • 질병을 예방하는 방법을 알고 실천한다.
안전하게 생활하기	• 일상에서 안전하게 놀이하고 생활한다. • TV, 컴퓨터, 스마트폰 등을 바르게 사용한다. • 교통안전 규칙을 지킨다. • 안전사고, 화재, 재난, 학대, 유괴 등에 대처 방법을 경험한다.

20 〈보기〉가 설명하는 질환은?

- 주로 생후 6개월~5세 사이의 영유아에게서 발생한다.
- 갑자기 올라간 고열과 함께 경련을 일으킨다.
- 주된 원인으로 고열, 뇌 손상, 유전적인 요인 등이 거론된다.

① 독감
② 근육경련
③ 2도 화상
④ 열성경련

해설

열성경련은 생후 6개월~5세의 소아가 발열을 동반한 경련을 하는 것을 말한다. 열성경련의 정확한 원인은 밝혀지지 않았지만 유전적 영향이 있을 것으로 추측되며 급성경련 시기에 치료만 잘하면 특별한 신경학적인 후유증을 남기지 않는 것이 일반적이다.

정답 19 ③ 20 ④ 01 ① 02 ②

제3과목 노인체육론

01 우리나라 인구 변화에 관한 설명으로 적절하지 않은 것은?

기출 15·16

① 저출산으로 고령화가 감소하고 있다.
② 현재 노인인구의 비율이 14% 이상인 고령사회이다.
③ 노인인구 증가로 인해 국가의 의료비 부담이 증가하고 있다.
④ 노인인구 증가로 인해 생산가능 인구의 노인에 대한 부양비가 증가하고 있다.

해설

고령화 사회는 인구 65세 이상의 인구 비율이 7% 이상 14% 미만인 사회를 의미한다. 우리나라의 고령화 속도는 다른 선진국에 비해 빠르며, 급속한 노령인구의 증가로 실버산업의 성장이 가속화되고 있다.

02 〈보기〉의 ㉠, ㉡, ㉢, ㉣에 들어갈 용어로 알맞은 것은?

기출 18·19·21·23·24

노인은 연령이 높아질수록 근육량은 (㉠)하고, 최대 심박수는 (㉡)하고, 혈관 경직도는 (㉢)하고, 최대 산소섭취량은 (㉣)한다.

	㉠	㉡	㉢	㉣
①	증가	증가	감소	증가
②	감소	감소	증가	감소
③	감소	증가	감소	감소
④	증가	감소	증가	증가

해설

노화에 따른 신체적 변화
- 근육(골격근)의 양과 근력 감소로 유연성, 민첩성, 속도 및 평형성이 저하된다.
- 최대 산소섭취량이 감소하여 최대 심박출량을 감소시키는 원인이 된다.
- 호르몬의 역할 저하로 근육이 손실되며, 혈관 경직도는 증가한다.

03 노인에게 낙상의 위험성이 높은 원인으로 적절한 것은?   기출 16·17·19·23

① 보폭의 증가
② 자세 동요의 감소
③ 발목 가동성의 감소
④ 보행 속도의 증가

해설
낙상사고는 65세 이상 노인의 주요 사망 원인으로 주로 팔뚝(전완)과 엉덩이 관절(고관절)에 골절이 발생하는 것이다. 낙상의 원인은 노화로 인한 신체의 생리적 변화인데, 이 중 발목 등의 관절의 움직임 감소에 따른 것이다.

04 중강도의 규칙적인 운동이 노인의 건강에 미치는 영향으로 적절한 것은?   기출 15·17·18·19·21·23

① 근력의 감소
② 수면의 질 감소
③ 뇌 혈류량의 감소
④ 인슐린 저항성의 감소

해설
① 근육층의 발달로 인한 근력의 증가
② 수면상태 및 우울증의 호전
③ 뇌 혈류량 증가로 인한 기억력 향상 및 치매 발생의 억제

05 노인의 지속적인 운동참여를 위한 동기유발 방법으로 적절하지 않은 것은?

① 모험적인 목표를 세워 동기를 유발한다.
② 운동 시설에 대한 접근성을 높인다.
③ 동료의 성공적인 경험을 공유하게 한다.
④ 체력 수준에 맞게 운동 목표를 구체적으로 설정한다.

해설
노인의 운동참여를 위한 동기유발 방법은 모험적인 목표가 아닌 실제 측정 가능한 목표를 운동시간·운동강도 등의 근거를 두어 구체적이고 현실적으로 설정하는 것이다.

06 하비거스트(R. Havighurst)의 발달과업 이론에서 노년기의 과업으로 적절하지 않은 것은?

① 배우자의 죽음에 대한 적응
② 은퇴와 수입 감소에 대한 적응
③ 선호하는 사회적 모임에 대한 적응
④ 근력 감소와 건강 약화에 대한 적응

해설
노년기 발달과업(R. Havighurst)
• 육체적·정신적 체력 및 건강의 약화에 적응한다.
• 은퇴와 경제적 수입 감소에 적응한다.
• 배우자 등의 사망에 적응한다.
• 동년배와 친숙한 관계를 갖는다.
• 사회적이며 시민적인 책임을 충실히 이행한다.
• 만족할 수 있는 생활조건을 갖춘다.

07 〈보기〉에서 설명하는 행동 변화 이론으로 가장 적절한 것은?   기출 17·18

> 65세인 조 할머니는 요즘 살이 계속 찌고 움직이는 것도 점점 힘들어졌다. 가족과 친구들이 운동을 권유하였으나 완강하게 거부하며 운동을 하지 않았다. 그러나 최근 병원에서 당뇨병 판정을 받고 의사의 운동 권유로 운동에 대한 믿음과 의지가 생겨서 구체적인 운동 목표를 세우고 헬스센터장에서 운동을 시작하였다.

① 지속성 이론
② 사회생태 이론
③ 자기효능감 이론
④ 계획행동 이론

해설
조 할머니가 의사의 권유에 의해 자신의 주관적인 믿음과 의지(주관적인 규범)로 운동계획을 세우고(지각된 행동 통제) 운동을 시작한다(행동에 대한 태도)는 것으로 보아 계획행동 이론으로 보는 것이 적절하다.

계획행동 이론(PBT)
주관적인 규범과 지각된 행동 통제와 행동에 대한 태도가 개인의 행동을 형성한다.
• 주관적 규범 : 중요한 타인(준거집단)의 기대를 따르려는 동기
• 지각된 행동 통제 : 행동 수행의 용이성 및 장애에 대한 신념
• 행동에 대한 태도 : 행동 결과에 대한 신념, 행동 결과에 대한 가치·평가

03 ③ 04 ④ 05 ① 06 ③ 07 ④ **정답**

08 〈보기〉의 ㉠과 ㉡에 들어갈 심박수(회/분)는?

> 70세 남성 노인이 달리기 운동을 할 때, Karvonen(여유심박수, %HRR) 공식을 활용한 목표심박수의 범위는 (㉠)에서부터 (㉡)까지다.
> [분당 안정 시 심박수 70회, 여유심박수 60~70% 강도]

	㉠	㉡
①	90	105
②	112	119
③	118	126
④	124	138

해설
- 최대 심박수 = 220 − 70 = 150
- 여유심박수 = 150 − 70 = 80
- 목표심박수 = (80 × 0.6) + 70 = 118, (80 × 0.7) + 70 = 126

Karvonen(여유심박수, %HRR) 공식
- 최대 심박수 = 220 − 나이
- 여유심박수 = 최대 심박수 − 안정 시 심박수
- 목표심박수 = (여유심박수 × 운동강도) + 안정 시 심박수

09 〈보기〉에서 김 할아버지의 죽상경화증 심혈관질환의 위험요인을 바르게 제시한 것은? 기출 21

> 건강증진 운동프로그램에 참여하고자 하는 김 할아버지의 정보
> - 연령 : 67세, 성별 : 남성, 신장 : 170cm, 체중 : 87kg
> - 총콜레스테롤 : 190mg/dL
> - 안정 시 혈압 : 130mmHg/85mmHg
> - 공복혈당 : 135mg/dL
> - 흡연 : 30대부터 하루에 10~20개비
> * 미국스포츠의학회(ACSM)를 참고한 기준 적용

① 연령, 과체중, 혈압, 흡연
② 비만, 총콜레스테롤, 혈압, 흡연
③ 연령, 비만, 당뇨병, 흡연
④ 과체중, 총콜레스테롤, 혈압, 당뇨병

해설
김 할아버지의 경우 죽상경화증 심혈관질환 위험요인에 해당하는 것은 연령(67세), 흡연(1일 10~20개비), 당뇨병(공복혈당 126mg/dL 이상 → 현재 135mg/dL), 비만(표준체중은 63kg → 현재 체중 87kg)이다.
- 총콜레스테롤 농도 : 200mg/dL 미만(LDL 콜레스테롤이 130mg/dL 미만, HDL 콜레스테롤이 60mg/dL 이상)
- 혈압 : 120mmHg/80mmHg(고혈압은 140mmHg/90mmHg 이상)
- 당뇨병 : 공복 시 혈당 수치가 126mg/dL 이상
- 표준체중 : (신장 − 100) × 0.9
- 비만도(%) = [(현재체중 − 표준체중) ÷ 표준체중] × 100

죽상경화증 심혈관질환
동맥의 내막에 콜레스테롤 등이 축적되어 단단한 덩어리를 형성해 혈류를 저해하는 질환이다. 위험인자로는 흡연, 고콜레스테롤, 고혈압, 당뇨병, 과체중, 운동부족, 과도한 지방섭취 등이 있다.

10 〈보기〉에 적용되는 트레이닝 원리는? 기출 18·19

> 올해 70세인 박 할머니는 지난 6개월 동안 집 근처 헬스장에서 하루 1시간씩, 주 5회 이상 노인스포츠지도사와 운동을 하여 체력이 향상되었으나 최근 코로나19(COVID-19) 때문에 운동을 3개월 동안 하지 못하여 지금은 계단을 오르기조차 힘들어졌다.

① 개별성의 원리
② 특이성의 원리
③ 과부하의 원리
④ 가역성의 원리

해설
① 개별성의 원리 : 개인의 건강 정도나 체력 등의 운동 능력 수준에 따라 운동의 종류나 강도를 조절해야 한다.
② 특이성의 원리 : 운동의 효과는 운동 중 사용한 특정 근육 및 부위에만 적용되므로, 운동을 하고자 하는 목적에 알맞은 운동을 해야 한다.
③ 과부하의 원리 : 기능 향상을 위해서는 신체의 적응능력 이상의 부하로 적응 수준을 높여야 한다.

정답 08 ③ 09 ③ 10 ④

11 〈보기〉에서 ㉠, ㉡에 들어갈 용어를 바르게 나열한 것은?

기출 16·17·19·21·24

리클리와 존스(Rikli & Jones)의 노인체력검사(Senior Fitness Test ; SFT)		
검사항목	㉠	㉡
일상생활 능력	• 욕실에서 머리 감기 • 상의를 입고 벗기 • 차에서 안전벨트 매기	• 걷기 • 계단 오르기 • 자동차 타고 내리기

	㉠	㉡
①	등 뒤에서 양손 마주 잡기	의자에 앉아 윗몸 앞으로 굽히기
②	등 뒤에서 양손 마주 잡기	의자에 앉았다가 일어서기
③	아령 들기	의자에 앉았다가 일어서기
④	아령 들기	의자에 앉아 윗몸 앞으로 굽히기

해설

노인체력검사(Senior Fitness Test ; SFT) 항목
- 하체 근력 : 30초간 의자에 앉았다 일어서기, 계단 오르기, 걷기, 차에서 내리기
- 상체 근력 : 30초간 아령·덤벨 들기, 장보기, 가방 나르기, 물건 들어 올리기
- 심폐지구력 : 2분 제자리 걷기, 계단 오르기, 쇼핑, 관광활동, 6분 걷기
- 하체 유연성 : 의자에 앉아 앞으로 손 뻗기, 정상적인 걸음걸이 유지하기, 차에 타고 내리기
- 상체 유연성 : 등 뒤로 양손 마주 잡기, 자기 머리 빗기, 머리 위로 옷 입기와 벗기, 안전벨트 매기, 욕실에서 머리 감기
- 민첩성(보행) 및 동적 평형성 : 의자에서 일어나 장애물(2.44m) 돌아와서 다시 앉기, 급히 버스 정거장에서 내리기, 일어서서 화장실 가기, 빨리 일어나서 전화 받기
- 평형성 : 눈감고 외발서기

12 미국스포츠의학회(ACSM)에서 제시한 노인을 위한 운동 권장 사항으로 적절한 것은?

기출 16·18·19·21

① 저항 운동은 체력수준을 고려하지 않고 실시한다.
② 저항 운동을 처음 시작할 경우 1RM의 40~50%로 실시한다.
③ 유연성 향상을 위해 정적스트레칭을 60~90초 동안 유지한다.
④ 중강도 유산소 운동을 처음 시작할 경우 주당 총 300~450분을 실시한다.

해설

① 저항 운동은 노화에 따른 체력, 신체조건에 개인차가 크므로 운동의 안전성 여부를 점검하고 실시한다.
③ 유연성 향상을 위한 스트레칭은 10~30초 동안 긴장되거나 약간의 불편함이 느껴지는 지점까지 유지한다.
④ 중강도 유산소 운동은 처음 시작할 경우 주당 최소 150~300분, 한 번에 최소 30분 이상 실시한다.

13 노인을 위한 스트레칭에 관한 설명으로 적절한 것은?

기출 18·19

① 탄성 스트레칭을 우선적으로 권장한다.
② 스트레칭은 관절의 가동범위와 관련이 없다.
③ 정적 스트레칭은 동적 스트레칭에 비해 상해 위험이 적다.
④ 고유수용성 신경근 촉진법은 효과가 없어 사용하지 않는다.

해설

① 탄성 스트레칭은 스트레칭 동작의 마지막 범위에서 탄성을 이용하여 동작에 반동을 주는 방법이다.
② 동적 스트레칭은 관절의 가동범위를 확장시키는 스트레칭이다.
④ 고유수용성 신경근 촉진법은 유연성 증가와 신경근 촉진, 근력 증가에 효과가 있어 스포츠에서도 활용한다.

정답 11 ② 12 ② 13 ③

14 〈보기〉에 해당하는 프로차스카(J. Prochaska)의 범이론적 모형 단계와 지도 내용을 바르게 나열한 것은?

기출 17

> 운동을 하지 않았던 김 할아버지는 당뇨병 진단을 받은 후 지난 한 해 동안 매일 만보계를 가지고 중강도의 걷기 운동을 하고 있다.

	단계(Stage)	지도내용
①	무의식 (Precontemplation)	운동이 당뇨에 미치는 효과를 지도
②	의식 (Contemplation)	운동방법 및 만보계 사용법을 지도
③	행동 (Action)	운동강도 조절에 관하여 지도
④	유지 (Maintenance)	즐길 수 있는 스포츠를 경험하도록 지도

해설
범이론적 모형 단계 중 개인의 행동변화 5단계 과정

단계구분	행동변화의 형태	변화 전략
계획이전단계	6개월 내 행동변화 의사가 없는 상태	행동변화의 필요성을 인식하게 유도
계획단계	6개월 내 행동변화 의사는 있지만, 구체적 계획은 없는 상태	행동의 동기부여, 구체적 계획을 세우도록 격려
준비단계	1개월 내 행동변화 의사와 계획이 있음	구체적 행동계획 개발, 실천 교육
행동단계	6개월 미만 동안 행동 변화	피드백, 문제해결책, 사회적 지지
유지단계	6개월 이상 행동 변화	사회적 지지, 추후 관리

15 이상지질혈증이 있는 노인을 위한 운동방법으로 적절하지 않은 것은?

기출 18·23

① 하루 30~60분의 운동이 적당하다.
② 유연성 운동, 저항 운동 및 유산소 운동을 실시한다.
③ 대근육을 이용한 지속적이고 리드미컬한 형태의 운동을 한다.
④ 에너지 소비를 최대로 증가시키기 위해 고강도 운동을 한다.

해설
이상지질혈증 환자의 경우 중강도의 유산소 운동(주 5회 30분)과 근력 운동(주 2회)을 병행할 것을 권장한다.

16 골다공증이 있는 노인의 운동에 관한 설명으로 적절하지 않은 것은?

기출 17

① 심각한 골다공증이 있는 노인에게는 최대근력검사를 권장하지 않는다.
② 통증을 유발하지 않는 중강도 운동을 권장한다.
③ 체중 지지 운동은 권장하지 않는다.
④ 평형성 향상을 위한 운동을 권장한다.

해설
골다공증 운동에는 체중 지지 운동과 저항 운동 등이 포함된다. 체중 지지 운동은 체중이 뼈로 이동되는 운동으로 중력의 작용에 의한 것이다. 주로 걷기, 조깅, 댄스, 하이킹, 계단오르기 등 유산소 운동들이 여기에 해당된다. 저항 운동은 뼈에 근육의 장력이 발생하는 운동으로 근육을 강하게 하고 뼈를 자극하여 보다 강하게 자라게 한다.

정답 14 ④ 15 ④ 16 ③

17 〈보기〉에서 바람직하지 않은 노인스포츠지도사는?

기출 15·19·21·23

> • 김 지도사 : 어르신의 이해를 돕기 위해 시각 정보 없이 언어 정보만을 제공한다.
> • 박 지도사 : 어르신들의 신체활동에 대한 개인차를 고려하여 수준별로 운동을 지도한다.
> • 최 지도사 : 어르신의 특성을 고려해서 한 번에 한두 가지의 동작에 대한 시범을 보여 준다.
> • 이 지도사 : 운동을 지도할 때, 어르신들이 이해할 수 있는 언어와 그림을 함께 사용한다.

① 김 지도사 ② 이 지도사
③ 박 지도사 ④ 최 지도사

해설

노인과의 의사소통 방법
• 노인의 말에 공감을 표현하여 경청하고 있음을 드러낸다.
• 일상적인 단어를 사용하고 간결·명확한 대화를 적절한 속도로 말한다.
• 노인은 인지능력이 저하되어 있으므로 한 번에 많은 양을 전달하지 않도록 조심한다.
• 이해하기 쉬운 시각적 도구의 활용이 의사소통에 효과적이다.
• 방어적인 성향의 노인은 감정표현이 어색하므로 충분히 배려한다.
• 수업이 끝나면 긍정적인 대화 등을 통해 성취감을 느끼게 한다.

18 미국스포츠의학회(ACSM)에서 제시한 노인의 중강도 신체활동으로 적절하지 않은 것은?

기출 19

① 3.0mi/h(4.83km/h)의 속도로 걷기
② 축구, 농구, 배구와 같은 경쟁 스포츠
③ 청소, 창 닦기, 세차, 페인팅 등의 가사 활동
④ 보그 스케일(Borg Scale)의 운동자각도(RPE)에서 12~13 수준의 신체활동

해설

② 축구, 농구, 배구 등은 고강도 신체활동에 해당한다.

중강도 신체활동
• 운동자각도(RPE)에서 12~13 수준의 신체활동
• 유리창 닦기, 세차, 청소, 걷기(4.8km/h, 3.0MET), 빠르게 걷기
• 볼룸 댄싱, 골프, 비경쟁적 배구, 탁구, 배드민턴, 더블 테니스, 윈드서핑 등

19 노인에게 운동을 지도할 때, 주의사항으로 적절하지 않은 것은?

기출 16·23

① 운동강도를 높일수록 단열성이 높은 의복을 착용하게 한다.
② 탈수증상을 대비하여 수분을 미리 보충하게 한다.
③ 낙상의 위험을 최소화하기 위해 적절한 신발을 착용하게 한다.
④ 추운 환경에서는 준비운동을 평소보다 오랜 시간 진행하도록 한다.

해설

의복은 운동강도와 관련 없이 가볍고 습기를 잘 흡수하며 공기가 잘 통하는 면제품이 좋으며, 신발은 가볍고 굽이 낮은 것이 좋다. 특히 직사광선이 강할 때에는 피부를 많이 노출하지 않는 복장이 좋다.

20 운동 중 노인의 심정지 상황에 대한 응급처치로 적절하지 않은 것은?

기출 17·23

① 자동제세동기를 이용할 수 있는 경우 사용한다.
② 의식의 확인과 119 신고 후, 심폐소생술을 실시한다.
③ 의식이 없으면 묵시적 동의라고 간주하고 심폐소생술을 실시한다.
④ 심폐소생술 실시 중 의식이 돌아오지 않으면 가슴 압박을 중단한다.

해설

심폐소생술의 응급조치
• 환자의 반응을 확인한다.
• 반응이 없으면 즉시 119에 신고를 요청(신고)한다.
• 환자의 호흡이 없으면 심정지가 발생한 것으로 판단한다.
• 가슴 압박과 심폐소생술을 실시한다.
• 환자가 의식이 돌아오지 않아도 구급요원에게 인계할 때까지 심폐소생술과 가슴 압박을 멈추지 않는다.

17 ① 18 ② 19 ① 20 ④ **정답**

좋은 책을 만드는 길, 독자님과 함께하겠습니다.

2026 시대에듀 스포츠지도사 2급 필기 기출문제집

개정6판1쇄 발행	2025년 08월 20일 (인쇄 2025년 06월 19일)
초 판 발 행	2020년 03월 10일 (인쇄 2020년 02월 06일)
발 행 인	박영일
책 임 편 집	이해욱
편 저	시대기획연구소
편 집 진 행	박종옥 · 장민영
표지디자인	하연주
편집디자인	조은아 · 임창규
발 행 처	(주)시대고시기획
출 판 등 록	제10-1521호
주 소	서울시 마포구 큰우물로 75 [도화동 538 성지 B/D] 9F
전 화	1600-3600
팩 스	02-701-8823
홈 페 이 지	www.sdedu.co.kr
I S B N	979-11-383-9504-5 (13690)
정 가	28,000원

※ 이 책은 저작권법의 보호를 받는 저작물이므로 동영상 제작 및 무단전재와 배포를 금합니다.
※ 잘못된 책은 구입하신 서점에서 바꾸어 드립니다.

남에게 이기는 방법의 하나는 예의범절로 이기는 것이다.

– 조쉬 빌링스 –

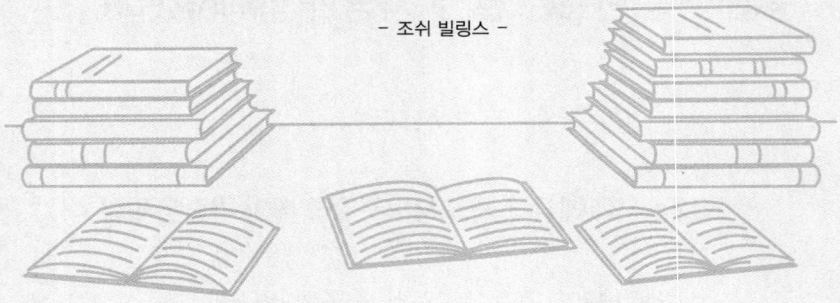

시험에서 **일**순위 개념집으로
당당히 **백** 퍼센트 합격!

일.당.백.
10개년 빈출개념.zip

2025년 최신 기출 키워드

제1과목 스포츠사회학   3
제2과목 스포츠교육학   7
제3과목 스포츠심리학   10
제4과목 한국체육사   13
제5과목 운동생리학   16
제6과목 운동역학   19
제7과목 스포츠윤리   21
제8과목 특수체육론   24
제9과목 유아체육론   27
제10과목 노인체육론   30

일당백 최신 기출 키워드

일 순위 개념집으로
당당히
백 퍼센트 합격!

한 권이 100권의 노트의 몫을 해냅니다!

1. 2025년 최신 기출문제에 실제로 나왔던 키워드 중 일부를 요약 정리하였습니다.
2. 소지가 간편한 사이즈로 구성하여, 시간과 장소에 구애받지 않고 학습할 수 있도록 하였습니다.
3. 이론별 관련 개념을 수록하였습니다. 개념 간 관계성이나 하위 개념 및 자세한 포함관계는 본문에서 확인할 수 있습니다.

일당백 최신 기출 키워드를 활용한 추천 학습방법

1. 본격적인 학습에 앞서서 내용을 파악하기 위한 **예습노트**!
2. 교재를 정독하며 개념을 정리하는 나만의 **요약노트**!
3. 교재 학습을 끝낸 후 개념을 재확인하는 **복습노트**!
4. 시험 보기 직전 **최종 점검노트**!

※ 본 내용은 저작권법에 의해 보호를 받는 저작물입니다. 당사의 허가 없이 무단전재 및 복제, 재배포 등이 이루어질 경우에는 저작권법에 따라 처벌을 받으실 수 있습니다.

제1과목 스포츠사회학

2급(전문·생활)+장애인+유소년+노인 스포츠지도사

01 스포츠사회학의 연구 영역
- 스포츠 맥락에서 인간의 행위와 상호작용 현상 연구
- 스포츠 사회 내 규범, 신념, 이데올로기, 환경의 변화 연구
- 스포츠집단의 유형, 특성, 기능, 구조, 변화 과정 연구

02 스포츠의 교육적 기능

순기능	• 사회통합 : 학교 내 통합, 학교와 지역사회 통합, 규칙과 질서 준수 • 전인교육 : 학업 활동 격려, 사회화 촉진, 정서 순화, 사회 적응력 향상 • 사회선도 : 인권 의식 신장, 여권신장, 장애인의 적응력 배양, 평생체육 기반 조성
역기능	• 부정행위 조장 : 학원스포츠의 상업화, 위선과 착취, 학업에 대한 편법과 관행, 일탈과 부정행위 • 교육목표 훼손 : 승리 지상주의, 참여기회 제한, 성차별의 간접교육 • 편협한 인간 육성 : 비인간적 훈련, 독재적 코치, 선후배·동료 간 갈등, 잘못된 규범의 복종

03 미디어스포츠 수용자의 욕구 유형
- 인지적 욕구 : 스포츠 경기의 결과, 선수와 팀에 대한 통계적 지식 제공
- 정의적 욕구 : 스포츠에 대한 흥미와 흥분 제공
- 통합적 욕구 : 다른 사회집단과 경험을 공유하게 하며 공동체 의식을 갖게 함
- 도피적 욕구 : 스포츠를 통해 불안, 초조, 욕구불만, 좌절 등의 감정을 정화·충족하게 함

04 국제스포츠이벤트의 긍정적 영향
- 경제 부문 : 경제 활성화, 고용 창출, 생산 유발, 부가가치 유발, 관광 수입
- 사회 부문 : 국가·지역의 자긍심, 국민 통합, 기업들의 인지도 및 인식 향상, 사회간접자본 시설 확충, 지역·국가 브랜드 가치 향상, 건강 증진 및 참여 확대

05 미래 스포츠의 특성
- 노년층 스포츠 참가에 대한 중요성 증가
- 프로스포츠에서 스포츠과학의 중요성 증가
- 정보 기술의 발달과 스포츠 참여 형태의 다양화
- 탄소배출을 최소화한 친환경스포츠의 중요성 증가
- 정보 통신 기술의 발달로 스포츠 관람 형태가 다양화
- 기술 도핑(Technical Doping)은 스포츠의 공정성 훼손
- 다양한 신소재의 개발은 스포츠의 용품 및 장비 개발에 활용
- 통신 및 전자 매체의 발달로 스포츠에서 미디어의 영향력 증가

06 사회계층의 특성(Tumin)
- 보편성 : 대부분의 스포츠 현상에는 계층 불평등이 나타남
- 다양성 : 스포츠계층은 소득, 교육, 직업 등 다양한 기준으로 나뉨
- 역사성 : 스포츠계층은 오랜 시간을 거쳐 변천
- 영향성 : 스포츠계층은 개인의 생활기회와 생활양식의 변화에 영향을 미침
- 사회성 : 스포츠계층은 다양한 사회문화적 현상을 반영

07 미디어가 스포츠에 미친 영향
- 긍정적 영향 : 스포츠 인구의 증가, 스포츠 용구의 변화, 스포츠 기술의 향상, 새로운 종목의 창출, 스포츠에 대한 관심과 인기 증가
- 부정적 영향 : 스포츠의 상품화, 경기 일정 과부하, 옐로 저널리즘으로 인한 선수의 프라이버시 침해, 규칙 변경의 부작용, 비인기 종목의 소외

08 상징적 상호작용론
- 인간은 사회제도나 규칙에 대해 능동적으로 사고하고 의미를 부여하며 행동
- 스포츠 팀의 주장은 리더십이 필요하기 때문에 점차 그 역할에 맞는 리더십 발휘

09 국제정치 관계에서 스포츠 기능별 사례
- 정치이념 선전 : 1936년 베를린 올림픽
- 외교적 도구 : 1971년 미국 탁구팀의 중화인민공화국 방문
- 갈등 및 적대감의 표출 : 1972년 뮌헨올림픽에서의 검은구월단 사건
- 외교적 항의 : 남아프리카공화국의 아파르트헤이트에 대한 국제사회의 대응

10 스포츠 노동이주 유형
- 세방화 : 어떤 지역이 지닌 고유한 전통이 경쟁력을 높여서 세계적인 보편성을 획득하는 현상
- 용병형 : 스포츠 노동이주를 통해 경제적인 보상을 꾀하는 추구하는 유형

11 머튼의 일탈행동 유형
- 도피주의 : 스포츠에 내재된 비인간성, 승리지상주의, 상업주의, 학업 결손 등에 염증을 느껴서 스포츠 참가 중단 또는 포기
- 혁신주의 : 승리하기 위해서 수단과 방법을 가리지 않는 것으로, 불법 스카우트, 금지약물 복용, 경기장 폭력 등
- 의례주의 : 승패에 집착하지 않고 참가에 의의를 두는 것으로, 결과보다는 경기 내용 중시로 목표 포기 일탈에 해당

12 스포츠 계층 이동 유형
- 이동 주체
  - 개인 : 개인의 능력과 노력에 의하여 사회적 상승의 기회가 실현되는 경우
  - 집단 : 유사한 조건을 갖추고 있는 집단이 어떤 촉매적 계기를 통하여 집단적으로 이동하는 현상
- 이동 방향
  - 수직이동 : 집단 또는 개인이 지녔던 종전의 계층적 지위가 상하로 변화하는 경우
  - 수평이동 : 계층적 지위의 변화가 없는 단순한 자리바꿈
- 시간적 거리
  - 세대 내 이동 : 개인의 생애주기 가운데 발생하는 지위의 변화로 경력이동이라고도 함
  - 세대 간 이동 : 한 세대로부터 다음 세대로 이어지는 과정에서 발생하는 사회·경제적 지위의 변화

13 다양한 스포츠사회화 이론
- 역할 이론 : 개인이 사회구조 속에 처한 상황을 인식하여 자기 역할을 완전하게 수행하려고 시도하면서 사회화가 이루어진다는 이론
- 준거집단 이론 : 타인이나 어떤 준거가 되는 집단의 행동, 감정, 태도 등을 자신의 준거 척도로 삼는다는 이론
- 문화규범 이론 : 미디어가 스포츠를 보도하는 형태에 따라서 스포츠에 대한 태도가 바뀐다는 이론

14 선순환모델
스포츠 선진국의 엘리트 스포츠 발전으로 학생 선수들이 우수한 성과를 내면 일반 청소년들의 스포츠 참여 확대가 일어난다. 그 결과 대중의 스포츠 참여가 확대되어 우수한 스포츠 선수를 육성할 수 있다고 본다.

15 근대스포츠의 특징
- 관료화 : 규칙을 정하고 경기를 조직적으로 운영
- 전문화 : 포지션 분화와 리그의 세분화 촉진
- 세속화 : 즐거움, 건강, 경제적 이익, 명예 등 개인의 성취와 승리 중시
- 평등화 : 자산, 지위, 계층과 관계없이 동일한 조건에서 참여
- 합리화 : 규칙·전략과 같은 합리적인 수단으로 구성
- 수량화 : 시간, 거리, 점수 등 측정 가능한 숫자로 표현
- 기록화 : 기록 수립과 경신 중요

16 스포츠 일탈이론 - 낙인 이론 (Labeling Theory)
특정인의 우연적이고 일시적인 일탈행위(1차적 일탈)를 다른 사람들이 일탈자로 낙인찍었기 때문에 일탈자로서 자아정체성이 형성되고, 이로 인해 의도적이고 지속적인 일탈(2차적 일탈)이 발생하게 된다는 이론이다.

17 상업주의 스포츠 출현의 사회적·경제적 조건
- 자본주의적 시장 경제 체계 : 스포츠와 관련된 경제적 보상 체계가 발달
- 인구 밀도가 높은 대도시 : 스포츠와 관련하여 흥행 가능성이 높아짐
- 자본의 집중 : 대단위 체육시설의 유치 및 유지 용이
- 소비문화의 발전 : 스포츠를 통한 소비가 촉진

18 정치의 스포츠 이용
- 조작 : 정치가 비리, 부정 등을 은폐하기 위해 스포츠를 이용하는 행위로, 정치는 조작을 통해 여론을 통치에 용이한 방향으로 조장하고, 여론에 직접 관여함으로써 체제를 유지·강화한다.
- 상징 : 스포츠 경기에서의 승리가 개인의 성취보다 그가 속한 성, 인종, 지역, 민족, 국가의 영광으로 해석되는 것으로, 대표팀이 소속 국가의 국기를 부착하거나 경기 시작 전 국가가 연주되는 등의 행위이다.
- 동일화 : 대중이 선수나 대표팀과 자신을 일치시키는 태도로, 경기 장면에서 선수의 상황에 몰입하는 것뿐 아니라, 선수나 대표팀에 대해 강력한 기대를 품는 것도 포함한다.

19 스포츠사회화 과정

- 스포츠로의 사회화 : 스포츠 참가를 의미하며, 주관자로는 가정, 또래집단, 학교, 지역사회, 대중매체 등이 있다.
- 스포츠로의 재사회화 : 스포츠 활동을 중단하고 있던 비참가자가 새로운 종목이나 위치로 활동을 재개하는 것을 의미한다.
- 스포츠를 통한 사회화 : 스포츠 참가를 통해 결과가 나타나는 것으로, 스포츠에서 학습한 기능·특성·가치·태도·지식 등이 다른 사회현상으로 전이되는 과정이다.
- 스포츠 탈사회화 : 참여 중단, 중도 탈락, 은퇴 등 중도 포기나 그만두는 것으로, 환경, 취업, 정서 등의 요인은 스포츠 탈사회화에 영향을 미친다.

20 스포츠사회화 주관자(주요 타자)

가정, 동료집단, 학교, 지역 사회, 대중매체 등을 스포츠사회화 주관자라고 말하며, 개인의 스포츠사회화에 큰 영향을 미친다.

제2과목 스포츠교육학

2급(전문·생활)+장애인+유소년+노인 스포츠지도사

01 생활스포츠교육프로그램의 내용 선정 원리
- 인지적 영역 : 스포츠를 잘 이해하도록 해야 한다.
- 심동적 영역 : 스포츠에 참여하도록 해야 한다.
- 정의적 영역 : 정서적 능력이나 품성을 쌓을 수 있어야 한다.

02 학습자에게 지도 과제를 전달하는 방법
- 스포츠 경험이 많지 않은 학습자는 구체적인 언어 전달이 필요하다.
- 개방기능의 단서는 복잡한 환경을 폐쇄기능의 연습 조건 수준으로 단순화한다.
- 집중력이 높지 않은 어린 학습자는 말이나 행동 정보 외에 매체를 활용하면 효과적이다.

03 진단평가
- 수업 시작 전 학생들의 출발점 행동을 파악하기 위해 이루어지는 평가
- 평가결과는 교사의 교수계획을 수립하는 데 중요한 정보 제공

04 스포츠교육프로그램의 지도원리
- 통합성의 원리 : 교수 학습 내용의 다양화와 신체 활동의 총체적 체험을 위한 지도
- 개별성의 원리 : 개인차를 고려한 다양한 수준별 지도
- 자발성의 원리 : 참가자의 개별 흥미를 파악하여 참가자들이 자발적으로 참여하도록 지도
- 적합성의 원리 : 지도자의 창의적인 지도 활동을 적합하게 선정하여 지도
- 효율성의 원리 : 최소의 노력으로 최대 효과를 얻을 수 있도록 지도

05 링크의 학습 과제 발달단계
- 시작형(전달) : 기초적인 단계의 학습 과제
- 확대형(확장형) : 난이도와 복잡성이 추가된 과제
- 세련형(세련) : 기능의 질적 측면에 집중된 학습 과제
- 응용형(적용) : 학습한 운동 기능을 실제 상황에 활용할 수 있도록 제작한 학습 과제

06 학생 팀-성취배분(STAD)
- 모든 팀원들의 점수가 합쳐져 팀 점수가 됨
- 개인별 점수는 발표되지 않고 팀 점수만 발표되므로 팀 내 협동 유발

07 생활체육 진흥 기본계획의 수립 등(「생활체육진흥법」 제6조 제1항)
문화체육관광부장관은 생활체육의 진흥을 위한 기본계획을 5년마다 수립·시행하여야 한다.

08 상호작용 교수(적극적 수업)
- 초보 단계에 있는 학습자 대상
- 교사 중심으로 이루어지는 직접교수방법
- 교사가 지시·질문·피드백을 제공하고 학생은 지시된 과제 수행
- 학습 경험이 상호작용적이며 내용의 개별화 가능
- 구조화된 과제에 효과적인 수업 형태

09 모스턴(M. Mosston)의 교수 스타일
- 비대비 접근 방식에 근거를 둔다.
- 과제 활동 전, 중, 후의 의사결정으로 구분된다.
- 체육 교수 스타일을 수업의 연속적 의사결정 과정으로 정의한다.
- 모방과 창조를 반영하여 교수 스타일을 구분한다.

10 게임수행평가도구(GPAI) 게임수행 점수 계산
- 의사결정 지수(DMI)
$$\frac{\text{적절한 의사결정}}{\text{적절한 의사결정} + \text{부적절한 의사결정}} \times 100$$
- 기술실행 지수(SEI)
$$\frac{\text{효율적 기술실행}}{\text{효율적 기술실행} + \text{비효율적 기술실행}} \times 100$$
- 보조하기 지수(SI)
$$\frac{\text{적절한 보조하기}}{\text{적절한 보조하기} + \text{부적절한 보조하기}} \times 100$$
- 게임 참여
  적절한 의사결정 + 부적절한 의사결정 + 효율적 기술실행 + 비효율적 기술실행 + 적절한 보조하기
- 게임 수행력
  (DIM + SEI + SI) ÷ 3

11 포괄형 교수 스타일
학습자가 자신의 수준을 인식하고 수행할 수 있는 난이도의 과제를 선택해 수업 진행

12 이해중심게임 수업모형(Teaching Games for Understanding)
- 전술게임모형이라고도 하며, 게임 상황과 유사한 환경에서 학습
- 게임과 게임 유형에 대한 학습자의 흥미와 열정은 모형에서 긍정적인 동기유발의 소재로 활용
- 학습자는 자신이 이해한 것을 게임에 적용하여 수행
- 진행 단계 : 게임 소개 → 게임 이해 → 전술 인지 → 의사결정 → 기술 연습 → 실제 게임 수행

13 싱글 엘리미네이션
싱글 엘리미네이션(Single Elimination) 또는 녹아웃(Knockout) 토너먼트는 승리한 팀은 계속하여 다른 승리한 팀과 경기를 진행하고, 패배하는 순간 대회가 종료된다. 패자부활전이 있는 게임은 더블 엘리미네이션 토너먼트이다.

14 학교 체육의 진흥을 위한 조치(「국민체육진흥법」 시행령 제6조)
- 운동회나 체육대회의 실시
- 학생에 대한 한 종목 이상의 운동 권장과 지도
- 체육동호인조직의 결성 등 학생의 자발적 체육 활동의 육성·지원
- 운동경기부와 선수의 육성·지원
- 그 밖에 학교 체육의 진흥을 위하여 필요한 사항

15 사건 기록법
피드백 유형별 발생 빈도를 체크하는 방법으로 불연속적인 사건의 발생 빈도에 관한 자료를 제공한다.

16 직접교수모형의 학습 영역 우선순위
심동적 영역(1순위) − 인지적 영역(2순위) − 정의적 영역(3순위)

17 수업 운영 시간

수업 운영은 실제 학습 시간 외의 상규적 활동을 줄이는 전략으로 이루어지며, 초기 활동 통제, 수업 시간 엄수, 출석 점검 시간 절약, 적극적 수업 진행, 피드백과 상호작용, 주의집중, 절차의 훈련, 관리 행동 등이 해당한다.

18 신호간섭(Signal Interference)

학습자의 이탈 행동을 예방하고 과제에 집중하게 하기 위해 교사가 간단한 신호를 사용하여 학습자에게 알리는 방법이다. 이 방법은 시선 마주침, 손 움직임 등 학습자에게 특정 신호를 보냄으로써 학습자가 과제에서 이탈하지 않도록 한다.

19 마튼스(R. Martens)의 전문체육 프로그램 개발 단계

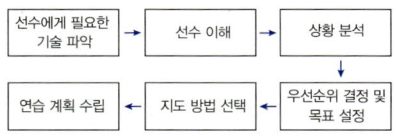

20 과제 전달 시의 질문 유형

- 회상형(회고적) 질문 : 기억 수준의 질문
- 확산형(분산적) 질문 : 경험한 적 없는 문제 상황을 해결하는 데 필요한 질문
- 가치형(가치적) 질문 : 가치판단에 따른 선택·태도·의견을 표현하는 질문
- 수렴형(집중적) 질문 : 경험했던 내용을 분석·통합하는 데 필요한 질문

제3과목 스포츠심리학

2급(전문·생활)+장애인+유소년+노인 스포츠지도사

01 스포츠심리학자의 역할

- 연 구
  - 심리적 요인이 경기력 및 운동 수행에 미치는 영향을 분석하고 검증
  - 스포츠심리학 관련 연구를 수행하고 현장에 응용
  - 자신의 연구 성과를 발표하고 검증받기도 함
- 교 육
  - 선수, 코치, 학습자 등을 대상으로 스포츠심리학의 학문적 지식 전달
  - 스포츠심리학, 운동학습, 운동제어, 운동발달 등을 가르침
- 상 담
  - 심리상담이 필요한 대상에게 정신 건강 지원 및 불안 등의 심리상담 시행
  - 운동선수뿐만 아니라 상담이 필요한 수행자를 대상으로 상담
  - 상담을 통해 선수가 필요로 하는 심리 기술 훈련을 하기도 함

02 심 상

기억 속에 있는 감각 경험을 회상하며, 외적 자극 없이 내적으로 운동을 수행하는 과정을 상상하는 것을 말한다. 이러한 심상은 통증과 부상에 대처하는 데도 도움이 된다.

03 내적 동기

감각체험, 과제성취, 지식습득

04 목표 설정 원리

- 수행목표 설정
- 구체적이고 객관적인 목표 설정
- 단기·중기·장기목표의 연계 설정
- 도전적이면서도 성취 가능한 목표 설정
- 부정적인 목표보다 긍정적인 목표 강조
- 팀 목표와 개인 목표를 충분히 검토하여 적절한 목표 설정

05 모노아민가설

운동이 우울증에 효과가 되는 근거를 설명하는 가설로, 운동이 세로토닌, 노르에피네프린, 도파민과 같은 신경전달물질 분비를 증가시켜 우울증을 개선한다고 본다.

06 콜먼 그리피스(Coleman Griffith)

- 미국의 교육 심리학 교수로 1920~1930년대 스포츠심리학 연구에서 선구자 역할을 함
- 스포츠 선수들의 심리적·생리학적 특성 이해 등 자신이 연구한 여러 주제를 코치들과 선수들에게 적용
- 최초로 스포츠심리학 실험실을 설립
- 시카고 컵스 야구팀 스포츠심리 상담사로 활동
- 스포츠심리학의 아버지라고 불림

07 고원현상

운동 과정에서 처음에는 실력이 빠르게 향상되다가 어느 순간 정체되는 현상으로 협응 구조가 형성되는 과정이며 질적인 변화가 계속 나타나는 시기이다.

08 루틴(Routine)

선수들이 최상의 운동 수행을 발휘하는 데 필요한 이상적인 상태를 갖추기 위한 자신만의 고유한 동작이나 절차이다. 루틴은 운동 수행에 앞서 사전에 설정된 수행 과정을 제공함으로써 일관된 운동 수행을 돕고, 경기 당일에는 루틴 변경을 방지한다.

09 체계적 둔감화

불안을 적게 느끼는 상황부터 불안을 많이 느끼는 상황의 단계를 개발한 후 각각의 단계에서 불안을 극복하도록 유도하여 결국 가장 불안을 가장 많이 느끼는 상황을 극복하도록 독려하는 심리기술훈련이다.

10 반응 시간(Reaction Time)

- 단순반응 시간(Simple Reaction Time) : 하나의 자극 신호가 주어지고, 하나의 반응을 요구하는 경우(달리기에서 출발신호에 달려 나가는 상황)
- 변별반응 시간(Discrimination Reaction Time) : 두 개 이상의 자극이 주어질 때, 어느 특정 자극에 반응하는 경우(야구에서 직구만 노려 타격하는 상황)
- 선택반응 시간(Choice Reaction Time) : 두 개 이상의 자극이 주어졌을 때, 각 자극에 대한 서로 다른 반응을 요구하는 경우(농구의 쓰리 맨 속공 상황)

11 스포츠심리상담사의 상담 윤리

- 알고 지내는 사람과 전문적인 상담을 진행하지 않는다.
- 특수 상황이 아니면 내담자와 사적 관계를 유지해서는 안 된다.
- 언어적 메시지와 비언어적 메시지 둘 다에 집중한다.
- 상담 내용은 내담자의 동의가 있어야 타인과 공유할 수 있다.

12 추동이론(Drive Theory)

운동 수행의 결과가 경쟁불안의 정도인 각성수준과 비례하여 증가한다는 이론

13 링겔만 효과 – 사회적 태만 현상

- 모일수록 책임감이 분산되는 현상
- 집단의 잠재 능력에 비해 실제 능력이 줄어드는 이유는 각자의 동기가 줄어들기(동기 손실) 때문
- 원인으로는 할당 전략, 최소화 전략, 무임승차 전략, 반무임승차 전략 등이 있음

14 질문지 측정법 도구

- POMS(Profile of Mood States)
- MBTI(MyersBriggs Type Indicator)
- 16PF(16 Personality Factor Questionnaire)

15 운동변화단계 이론

- 계획 전 단계(무관심) : 현재 운동을 하지 않으며, 6개월 이내에 운동을 시작할 의도가 없음
- 계획 단계(관심) : 현재 운동을 하지 않지만, 6개월 이내에 운동을 시작할 의도가 있음
- 준비 단계 : 현재 운동을 하지 않지만, 1개월 이내에 운동을 시작할 의도가 있음
- 실천 단계 : 운동하고 있지만 6개월이 아직 안 되었음
- 유지 단계 : 중간 정도 강도로 매일 30분씩 6개월 이상 운동하고 있음

16 본능 이론(Instinct Theory)

인간의 내부에는 공격성을 유발하는 에너지가 존재하며, 본능적으로 분출되어 나오는 공격에너지가 공격 행동을 일으킨다.

17 베일리(R. Vealey)의 스포츠 자신감 이론

- 스포츠 자신감은 개인이 스포츠에서 성공할 수 있는 능력이 있다는 믿음이나 확실한 정도를 말한다.
- 객관적 경쟁 상황에서 운동선수들은 특성 스포츠 자신감과 경쟁을 지향한다.
- 상태 스포츠 자신감은 수행이나 명백한 행동 반응을 예언한다.
- 특성 스포츠 자신감과 경쟁 지향성이 높은 사람 → 상태 스포츠 자신감이 높다. → 행동에 있어서의 만족감, 성공감, 개인의 주관적 정서와 판단을 결정하는 데 영향을 미친다.

18 주의집중

연습이나 시합에 임할 때 수행해야 할 기술 또는 유의해야 할 경기 상황 외에 다른 어떤 것에도 신경 쓰지 않고 집중하는 상태를 말한다. 주의집중을 높이는 훈련으로는 심상훈련, 참선훈련, 격자판 훈련, 모의훈련, 신뢰훈련 등이 있다.

19 와인버그(R. S. Weinberg)와 굴드(D. Gould)의 처벌 행동 지침

- 사람이 아니라 행동을 처벌한다.
- 처벌이 필요한 경우에는 처벌의 이유를 정확하게 말한다.
- 동일한 규칙위반에 대해 누구에게나 동일하게 처벌한다.
- 규칙 위반에 관한 처벌 규정을 만들 때 선수의 의견을 반영한다.
- 신체활동을 처벌로 이용하지 않는다.
- 개인적인 감정으로 처벌하지 않는다.
- 전체 선수나 학생 앞에서 개인 선수에게 창피를 주지 않는다.
- 처벌이 필요할 때에는 단호함을 보여야 한다.

20 맥락간섭

연습 시 개입된 사건이나 경험으로 인하여 발생하는 문제 때문에 학습이나 기억이 방해받는 현상을 말하며, 운동 기술을 연습하는 상황에서 운동 기술에 포함된 하위 요소 간에 간섭 현상이 발생하는 현상을 맥락간섭 효과라고 한다.

제4과목 한국체육사

2급(전문·생활)+장애인+유소년+노인 스포츠지도사

01 각저총(角抵塚) 벽화
각저총의 벽화는 고구려 시대 무덤 안 벽에 그려진 그림이며, 각저(角觝)는 두 사람이 맨손으로 허리의 띠를 맞잡고 힘과 기를 겨루어 넘어뜨리는 경기로 씨름과 비슷한 신체 활동이다.

02 체육사관(體育史觀)
- 체육과 스포츠의 역사에 대한 견해, 해석, 관념, 사상 등을 의미
- 유물 사관, 관념 사관, 진보 사관, 순환 사관 등이 있으며, 이에 따라 체육사적 해석이 다를 때도 있음
- 체육 역사가의 관점으로 다양한 과거의 역사적 사실을 해석
- 체육과 스포츠의 역사 서술과 역사가의 견해 형성에 바탕이 됨

03 대향사례(大鄕射禮)
유교의 예(禮) 중 하나로 조선 시대 유교적 질서 안에서 이루어진 예의 체육 행사이다.

04 화랑도의 체육 활동과 사상
- 신체의 미(美)와 탁월성 중시
- 불국토 사상 – 편력 활동과 연계
- 심신일체론에 바탕을 둔 신체관
- 세속오계(도의교육의 핵심)와 군사주의 체육 사상 내포
- 효(孝)와 신(信) 등의 윤리 강조
- 무예 활동을 통한 덕(德)의 함양

05 구당서(舊唐書)
"고구려의 풍속은 책 읽기를 좋아하며, 허름한 서민의 집에 이르기까지 거리에 큰 집을 지어 이를 경당이라고 하고, 미혼의 자제들이 여기에서 밤낮으로 독서하고 활쏘기(궁술)를 익힌다."

06 고려의 민속놀이
- 풍연(風鳶) : 연날리기
- 석전(石戰) : 돌싸움
- 추천(鞦韆) : 그네뛰기
- 축국(蹴鞠) : 발 공놀이

07 방응(放鷹)
- 매를 조련하여 수렵에 활용하였다.
- 응방도감(鷹坊都監)에서 관장하였다.
- 무예 훈련의 성격을 띠기도 하였다.
- 고려 후기에 크게 번성하여 관리 관청인 응방도감이 설치되어 체계적으로 관리되었다.

08 훈련원(訓鍊院)
- 조선시대 무인 양성과 관련된 공식적인 교육 기관
- 활쏘기, 마상무예 훈련 등을 실시
- 『무경칠서(武經七書)』, 『병장설(兵將說)』 등의 병서 습득 장려
- 군사의 시재(試才) 담당

09 활인심방(活人心房)
- 조선시대 퇴계 이황이 명나라 주권의 도가서 『활인심(活人心)』을 근거로 간행된 보건 실용서
- 중화탕, 양생지법, 치심, 도인법, 거병연수육자결, 양오장법, 보양정신, 보양음식으로 이루어짐

10 식년무과(式年武科)
- 초시(初試), 복시(覆試), 전시(殿試)의 단계로 실시
- 최종시험인 전시(殿試)에서는 격구(기격구, 보격구) 실시

11 체조
- 개화기 학교체육 제3기(1905~1910) 근대체육의 정립기 때 체육이 정식 교과목으로 채택되며 필수 과목으로 자리 잡음
- 기독교계 사립학교와 일반학교 체계에서 군사훈련을 모델로 한 병식체조가 정규 교과로 편성
- 병식체조는 체력 증진보다는 군사적 단련과 충성심 함양을 목표로 함

12 민족말살기(1931~1945)
- 일본에 의해 황국신민체조가 도입되었고 전시동원체제에 맞는 학제로 개편하여 체육의 군사화를 실시
- 체조과를 체련과로 변경하는 등 학교체육을 점차 교련화함

13 서상천(徐相天)
- 1923년 일본체육회 체조학교 졸업
- 1926년 역도 국내 도입
- 1926년 휘문고등보통학교 체육 교사 역임
- 조선체력증진법연구회 설립
- 대한체조협회 회장, 대한씨름협회 회장 역임
- 『현대체력증진법』, 『현대철봉운동법』 등을 발간

14 원산학사(1883)
- 정현석, 어윤중 등이 추진한 한국 최초의 근대식 학교
- 무비자강(武備自强)을 강조하고 교과 과정에 전통무예 포함
- 문사 양성을 위한 문예반(50명)과 무사 양성을 위한 무예반(200명) 개설
- 무사 양성에 주력하여 무예반에서 별군관 양성
- 서양식 교육 체계를 도입하여 우리나라 근대교육의 초석을 다지는 데 중요한 역할
- 교과과정은 산수, 과학, 기계, 농업 등의 실용 과목과 경서, 병서 등으로 구성

15 남북한 단일팀
- 1991년 4월 세계탁구선수권대회와 6월 제6회 세계청소년축구대회에 남북단일팀을 구성하여 '코리아', 'KOREA'란 이름으로 출전
- 1991년 제6회 세계청소년축구대회에 청소년 대표팀이 남북 단일팀으로 참가하여 8강 진출

16 제5공화국
- 국군체육부대 창설, 체육부 신설
- 1986년 제10회 서울 아시아경기대회 개최
- '엘리트 스포츠' 중심에서 '대중 스포츠' 중심으로 전환하면서 야구, 축구, 씨름 프로리그 출범

17 생모리츠 동계올림픽경기대회
우리나라가 광복 이후 대한민국 국호와 태극기를 들고 최초로 참가한 대회로 세 명의 선수가 출전

18 광복 이후 체육사상

- 건민주의 : 건전한 정신과 강인한 체력 육성으로 강인한 국민성 함양
- 국가주의 · 엘리트주의
  - 국가주의(민족주의)적 이데올로기가 내재된 체육(국민 통합 수단)
  - 국위선양을 위한 엘리트 체육 육성
  - 국민 모두의 생활체육을 강조한 스포츠 대중화 지향

19 국민생활체육진흥종합계획(호돌이 계획)

국민생활체육협의회 창설과 서울올림픽기념생활관이 건립되는 등 생활체육 진흥을 위한 실질적인 정책 기반을 마련하였다.

20 광복 이후의 우리나라 체육

- 광복 이후 우리나라에 미군정이 주둔하면서 체육계는 미국 '신체육'의 영향을 받았다.
- 1945년 9월 조선체육동지회가 결성되고, 그해 11월 조선체육회를 재건하여 민족 체육 재건의 계기가 되었다.
- 1949년 '대한민국 학도호국단 규정'이 공포되면서 학도호국단이 결성되었고, 각 학교 단장은 대학 총장 · 학장 · 학교장이 맡았으며, 교관은 주로 체육 교사들이 맡아서 수행하였다.

제5과목 운동생리학

01 글루코스(Glucose)
- 포도당으로 불리는 대표적인 단 당
- 전력 질주 시 근육 속의 글루코스가 피루브산으로 분해되는 무산소성 해당과정(Glycolysis)이 일어남

02 혈중 알부민
혈액 속 혈장단백질로, 혈액의 삼투압 조절과 완충작용 및 운반 작용을 하며, ATP 합성에는 사용되지 않는다.

03 장기간의 무산소 트레이닝에 대한 적응
- 근비대와 근력의 증가
  - 속근섬유(FT섬유)의 근비대
  - 근육의 수축 속도 증가
  - 근력의 증가로 피로에 견디는 능력 향상
- ATP-PCr 시스템과 해당과정 시스템에 관련된 효소(PFK) 활성화

04 해당과정
무산소성 에너지 시스템으로, 근육 속의 포도당(글루코스)이 피루브산(Pyruvate)으로 분해되는 과정을 의미한다. 포도당이 피루브산으로 분해될 때는 2분자의 ATP가 소모(에너지 투자)되어 4분자의 ATP가 생성(에너지 생성)되므로 결과적으로 2분자의 ATP가 생성되게 된다. 이때 산소 불충분 시 피루브산이 젖산으로 전환되어 축적되는 젖산 시스템이 일어난다.

05 골지건기관(건방추)
- 수용기가 활성되면 주동근의 수축을 억제
- 저항성 운동에 중요한 역할
- 근육 수축을 통해 발생되는 장력 변화 감지
- 장력을 억제하여 잠재적 위험성 감소, 근육 손상 예방 기능

06 장기간 유산소 트레이닝에 의한 적응
- 심폐조직의 유산소 능력 향상
  - 좌심실의 용적 증가
  - 1회 박출량(Stroke Volume) 증가
  - 혈액량 및 헤모글로빈 증가
- 근육 조직의 유산소성 대사 능력 향상
  - 미토콘드리아 및 마이오글로빈 밀도 증가
  - 근섬유를 둘러싼 모세혈관의 밀도 증가
  - 지근섬유의 비대
  - 산화적 인산화에 관여하는 효소 증가

07 골격근 수축 과정
- 골격근막의 활동전위는 가로세관을 타고 이동하여 근형질세망으로부터 칼슘이온의 유리를 자극한다.
- 근형질세망으로부터 방출된 칼슘이온(Ca^{2+})이 트로포닌과 결합하게 되면 트로포마이오신의 위치를 이동시켜 마이오신 머리와 액틴 필라멘트가 강하게 결합하게 한다.
- 액틴과 결합된 마이오신 머리에서 ATP가 ADP와 Pi로 분해 및 방출되고, 액틴이 근섬유 마디 중심으로 미끄러져 들어가 근육이 짧아지며 근수축이 발생한다.

08 동-정맥 산소 차이(Arteriovenous Oxygen Difference)

동맥과 정맥 사이의 산소 함량 차이를 말하며, 고강도 운동 시 근육세포의 산소소비량이 증가하므로 안정 시와 비교하여 증가한다.

09 건강관련체력 요인

근력, 유연성, 근지구력, 신체구성(체지방율, 제지방율), 심폐지구력

10 동방결절(SA Node)

우심방 벽 중 우심방과 상대정맥이 만나는 곳에 위치하며, 스스로 심장수축을 위한 전기적 신호를 발생시키는 박동원으로, 맥박조정자(Pacemaker)라고 한다.

11 1회박출량(Stroke Volume)

1회박출량은 심장이 1회 수축하면서 내뿜는 혈액의 양으로, 확장기말 용적에서 수축기말 용적을 뺀 값이다. 1회박출량을 결정하는 요인으로는 정맥환류량, 심장의 수축력, 혈압 등이 있다.

12 고지대 장기간 노출로 인한 인체의 변화

- 적응에 의한 환기량 증가
- 적혈구 수 증가로 산소 이용 능력 증대
- 주어진 절대강도 운동 시 폐환기량 증가
- 근육 조직의 모세혈관 밀도와 미토콘트리아 밀도 증가

13 연 수

심박수 및 호흡 조절, 혈압 조절과 같은 인체의 생명 유지에 필수적 기능을 담당하는 중추로, 운동 종료 시 미주 신경을 통해 심박수를 낮추는 역할을 한다.

14 근육의 수축

운동신경자극이 축삭 종말 끝부분에 도달 → 아세틸콜린 방출로 근세포막이 탈분극됨 → 종판전위(미약한 전류) 발생 → 근섬유에서 활동전위 발생 → 근형질세망에 저장되어 있던 다량의 칼슘이온이 근형질로 방출 → 칼슘이온과 트로포닌이 결합하여 트로포마이오신을 들어올림 → 마이오신이 저장된 ATP를 ADP와 인산(Pi)으로 분해하고 액틴분자와 결합 → 마이오신이 액틴세사를 근원섬유의 마디로 끌어당기면서 근육이 짧아지고 근수축이 발생 → 마이오신이 액틴과 분리되고 새로운 근수축 시작

15 속근섬유(Type II)

- '백근'이라고도 함
- 지근섬유에 비해 쉽게 피로해짐
- 탄수화물 분해 능력이 크기 때문에 산소가 없어도 단기간 활동에 적합
- 인원질의 양이 많고 마이오신 ATPase 활성도가 높아 무산소성 대사능력이 높음
- 젖산을 분해하여 에너지를 빠르게 생성
- 폭발적인 근수축이 필요한 운동에 동원

16 판 막

혈액의 역류를 막기 위해 심장 및 정맥에 존재한다. 특히, 하지정맥에는 중력에 의한 혈액 역류를 방지하고 심장 방향으로 혈액을 유도하기 위한 다수의 판막이 존재한다.

17 글루카곤

췌장의 알파세포에서 분비되며, 간의 글리코겐을 분해하여 혈중 글루코스(포도당)의 농도를 높인다. 글루카곤은 인슐린과 함께 길항작용으로 혈당량 조절에 관여한다.

18 운동단위(Motor Unit)
- 하나의 운동신경과 이것이 지배하는 근육섬유
- 자극비율이란 단일운동신경에 연결되어 있는 근섬유의 수
- 자극비율이 낮은 근육은 정교한 움직임에 적합
- 운동신경에 연결된 근섬유 수가 증가할수록 큰 힘을 내는 데 유리

19 마이오글로빈(Myoglobin)
근육세포 안에 있는 산소 저장 단백질로, 근육 조직에서 산소를 저장하고, 운반하는 데 중요한 역할을 한다. 마이오글로빈이 많은 근육일수록 붉은색(적근)을 띤다.

20 세동맥(Arteriole)
세동맥은 대동맥과 모세혈관을 이어주는 혈관으로 혈류저항이 크고 혈관의 굵기가 급격하게 감소하면서 혈압이 가장 크게 감소한다.

제6과목 운동역학

2급(전문·생활)+장애인+유소년+노인 스포츠지도사

01 운동역학의 연구 목적
- 경기력 및 운동 기술 향상
- 운동 수행 시 힘의 측정
- 운동 수행 안전성 향상
- 과학적 스포츠 장비 개발

02 정성적 분석
연구자의 경험과 지식을 바탕으로 진행하므로 주관적인 판단이 개입될 수 있다.

03 병진운동(선운동)
- 직선운동 : 인체나 물체의 각 점이 직선을 따라 움직이는 경우
- 곡선운동 : 각 점의 경로가 평행하게 곡선을 이루는 경우

04 운동역학 사슬(Kinetic Chain)
- 열린형 운동역학 사슬(Open Kinetic Chain) : 사지말단이 자유롭게 움직이는 운동(예 레그익스텐션, 랫풀다운, 레그컬, 덤벨바이셉스컬 등)
- 닫힌형 운동역학 사슬(Closed Kinetic Chain) : 사지말단이 지지면에 안정되거나 고정된 상태에서 하는 운동(예 스쿼트, 런지, 푸쉬업 등)

05 전단응력(Shear)
조직의 장축을 따라 평행하게 작용하는 힘

06 내력과 외력
- 내력(Internal Force) : 어떤 물체의 외부에 힘을 가했을 때 물체가 자기의 형상을 유지하기 위해 내부에서 버티는 힘
- 외력(External Force) : 외부에서 물체에 가하는 힘

07 평균 속도
전체 변위 ÷ 걸린 시간

08 각가속도
각속도가 시간에 따라 변화하는 정도로, 회전하는 물체의 각가속도가 0이 되면, 물체의 각속도는 변하지 않고 일정하게 유지되며 회전한다.

09 충격량
충격력(F) × (충돌) 시간(t)

10 선운동량 보존의 법칙
(클럽의 질량 × 클럽의 임팩트 직전 선속도) = (클럽의 질량 × 클럽의 임팩트 직후 선속도) + (골프공의 질량 × 임팩트 직후 골프공의 선속도)

11 각속도(Angular Velocity)
- 벡터양으로 단위 시간당 각변위의 변화율을 의미한다.
- 그래프에서 각변위 곡선의 접선의 기울기이다.

12 근육 수축(근육 움직임) 형태

분류		근육 길이 변화
정적 수축(등척성 수축)		변화 없음
동적 수축	등장성 수축 — 단축성 수축(구심성 수축)	내적 토크 > 외적 토크 → 짧아짐
	등장성 수축 — 신장성 수축(원심성 수축)	내적 토크 < 외적 토크 → 늘어남
	등속성 수축	변 함

13 관성모멘트(Moment of Inertia)

관성모멘트(관성능률, 회전모멘트)는 회전운동에서 외부에서 가해진 회전력에 대해 물체의 운동 상태를 변화시키지 않으려는 저항 특성이다. 관성모멘트의 크기는 물체의 질량이 회전축으로부터 멀리 분포될수록, 회전반지름이 클수록 증가하며 외부에서 힘이 작용하지 않는다면 관성모멘트가 클수록 각속도가 작아지게 된다.

14 공의 반발계수(복원계수)

$$\sqrt{\frac{H_{up}(튀어오른\ 높이)}{H_{down}(자유낙하시킨\ 높이)}}$$

15 압력중심점(Center of Pressure ; COP)

- 지면에 접촉하는 부분 중 지면반력 전체가 작용된다고 가정되는 어느 한 점
- 균형능력을 평가하기 위한 자료로 활용

16 에너지(Energy)

- 운동의 원천으로서, 일을 할 수 있는 능력
- 운동에너지(Kinetic Energy ; KE) : 운동하고 있는 물체가 갖고 있는 에너지
- 위치에너지(Potential Energy ; PE) : 높은 곳에 있는 물체가 높이에 따라 갖게 되는 에너지

17 이동거리

물체의 처음 위치부터 마지막 위치까지 물체가 실제로 이동한 운동 경로에 따른 길이의 측정치

18 일과 일률

- 일의 단위는 J(줄)과 N·m(뉴턴미터)이며, 일률의 단위는 W(와트) 또는 J/s(줄 퍼 세크)
- 일률은 힘과 속도의 곱으로 산출
- 일률은 일의 양을 단위 시간(1초)로 나눈 것
- 일의 양은 힘과 이동거리의 곱으로 나타내기 때문에 이동거리를 고려하지 않을 수 없음
- 일은 가해진 힘의 크기에 비례

19 안정성을 높이는 요인

- 기저면이 넓을수록 안정성이 향상된다.
- 무게중심선이 기저면 안에 있으면 안정한 상태가 된다.
- 수직 무게중심선이 기저면 중앙에 가까울수록 안정성이 향상된다.
- 무게중심 높이가 낮을수록 안정성이 향상된다.
- 몸무게가 무거울수록 안정성이 향상된다.

20 마찰력

항상 물질을 움직이게 하는 힘과 반대로 작용하며, 물질이 움직이는 평면과 평행하게 작용하여 물체의 이동을 방해하는 힘

제7과목 스포츠윤리

2급(전문·생활)+장애인+유소년+노인 스포츠지도사

01 스포츠윤리센터에서 하는 사업(「국민체육진흥법」 제18조의3 제3항)
- 체육계 인권 침해 및 스포츠 비리 등에 대한 신고 접수와 조사
- 신고자 및 피해자에 대한 치료 및 상담, 법률 지원, 임시 보호 및 연계
- 긴급 보호가 필요한 신고자 및 피해자를 위한 임시 보호 시설 운영
- 체육계 현장의 인권 침해 조사·조치 상황 등을 상시 점검할 수 있는 인권 보호관 운영
- 스포츠 비리 및 체육계 인권 침해에 대한 실태 조사 및 예방을 위한 연구
- 스포츠 비리 및 체육계 인권 침해 방지를 위한 예방 교육
- 체육의 공정성 확보 및 체육인의 인권 보호를 위하여 필요한 사업

02 가치판단
마땅히 그렇게 돼야 할 것(당위)을 지시하거나 옳고 그름 등 어떤 기준·규범에 따르는 것으로 개인의 가치관이 개입되는 주관적인 판단

03 게발트(Gewalt)
독일어로 '폭력'이라는 뜻으로 스포츠 폭력의 이중성을 가리키는 말로 쓰인다. 스포츠는 통제된 힘을 사용하는 것은 정당한 폭력으로 보고 태권도·권투와 같은 스포츠의 공격성은 지향하나 경기 중 규칙을 벗어난 행동은 제재하는 등, 폭력적 성향의 분출을 자극함과 동시에 감시·제어하는 이중성을 가지고 있다.

04 타이틀 나인(Title IX)
1972년 미국에서 모든 교육프로그램에서 성별에 의한 차별을 금지하기 위해 제정되었으며, 미국 교육에서 성차별을 금지한 최초의 법이다.

05 세계도핑방지기구(WADC) 도핑 금지 방법의 분류
- 혈액 및 혈액성분의 조작
- 화학적·물리적 조작
- 유전자 및 세포 도핑

06 레건(T. Regan)의 동물권리론
레건은 반종차별주의자로 동물권리론을 주장하며, 모든 의식 있는 생명체는 도덕적 권리를 지니고 이에 따라 인간과 동물은 동등한 '본래적 가치'를 지니므로 동물의 가치를 침해해서는 안 된다고 하였다.

07 정의(Justice)의 유형
- 평균적 정의 : 모든 인간은 동등한 가치를 지녔으므로 똑같이 대우해야 한다는 절대적 평등 이론으로 절대적, 산술적, 형식적 평등을 주장
- 절차적 정의 : 공정한 절차가 있어 그 절차만 제대로 따르면 내용에 상관없이 그 결과도 공정한 것으로 간주하는 방식
- 분배적 정의 : 개인은 서로 다른 능력과 가치를 지녔으므로 집단에 기여하는 공헌도와 능력에 맞게 대우해야 한다는 실질적 평등 이론으로 상대적, 비례적, 실질적 평등을 주장
- 법률적 정의 : 사회는 개인의 권리를 존중하

고 개인은 구성원으로서 의무를 다해야 한다는 이론으로 권리와 의무의 내용이 법에 규정되어 있음

08 규칙 위반 유형

구 분		규칙의 유형	
		구성적 규칙 (일반적인 규칙과 경기 진행방식)	규제적 규칙 (개별행위의 세밀한 규칙)
반칙의 동기와 목표	분명	의도적 구성 규칙 위반	의도적 규제 규칙 위반
	불분명	비의도적(무지적) 구성 규칙 위반	비의도적(무지적) 규제 규칙 위반

09 칸트(I. Kant)의 의무론

칸트는 도덕성과 합법성의 차이는 '행위의 동기'로부터 나타난다고 하였다. 도덕성은 행위의 동기로 '의무감'을 가지고 있지만 합법성은 행위의 '결과'에 관심을 가진다는 것이다. 이에 따라 도덕성에 대해 '의무에서 나온 행위'라고 하였으며 합법성을 '의무에 합치하는 행위'라고 하였다.

10 부올레(P. Vuolle)의 스포츠 환경 3가지 범주

- 순수 환경 : 자연 그대로의 상태에서 스포츠 행위가 이루어짐(스쿠버다이빙, 트레일 러닝, 등산, 서핑 등)
- 개발 환경 : 자연의 상태를 변형한 후 스포츠 행위가 이루어짐(골프 코스, 스키 슬로프, 공원 조깅 트랙 등)
- 시설 환경 : 완전한 실내 공간에서 스포츠 행위가 이루어짐(실내체육관, 축구 경기장, 야구장, 수영장, 아이스링크 등)

11 뒤르켐(E. Durkheim)의 도덕사회화론

- 목표 : 개인의 도덕적 사회화를 통한 사회적 존재로서의 '품성' 함양
- 도덕적 사회화 : 개인을 사회의 집단적 규범과 이상에 일치하여 그 사회의 전체 이익을 위하여 도덕적으로 행동하는 사람으로 만드는 것으로, 도덕성의 세 가지 요소의 개발에 의해 이루어짐
- 도덕성의 세 가지 요소 : 사회적 규율, 집단에 대한 애착, 자율성(자기결정)
- 교육 방법 : 도덕적 습관과 행동을 중요시하며 도덕 교육을 받은 사람들의 구체적인 행동, 즉 결과에 초점을 둠

12 스포츠조직의 윤리경영

윤리경영은 조직 경영 및 활동에 있어 윤리를 최우선 가치로 여기고, 투명하고 공정하며 합리적인 업무 수행을 추구하는 경영 정신을 말한다.

13 맹자의 사단(四端)

- 수오지심(羞惡之心) : 자기의 잘못을 부끄러워하고 악을 미워하는 마음
- 측은지심(惻隱之心) : 남의 불행을 보고 불쌍히 여기고 측은하게 생각하는 마음
- 사양지심(辭讓之心) : 겸손하고 양보하는 마음
- 시비지심(是非之心) : 옳고 그름을 분별하는 마음

14 공리주의 윤리 규범

행위의 옳고 그름을 판단함에 있어 행위의 의도나 수단보다는 행위의 결과를 중시하는 규범으로, 최대 다수가 최대 행복을 느낀다면 그것은 옳은 행동이라 주장하며 행위의 유용성과 행복의 총량을 극대화하는 이론이다.

15 체육활동의 차별금지(「장애인차별금지법」 제25조 제1항)

체육 활동을 주최·주관하는 기관이나 단체, 체육 활동을 목적으로 하는 체육시설의 소유·관리자는 체육 활동의 참여를 원하는 장애인을 장애를 이유로 제한·배제·분리·거부하여서는 아니 된다.

16 악의 평범성(Banality of Evil)

독일의 정치철학자 한나 아렌트(H. Arendt)는 홀로코스트와 같은 역사 속 악행은 광신자나 반사회성 인격 장애자들이 아니라 국가에 순응하며 자신들의 행동을 보통이라고 여기는 평범한 사람들에 의해 행해진다고 주장했다. 스포츠계에서도 폭력에 길든 위계질서와 문화로 인한 잘못된 관행에 복종하는 데 익숙해진 나머지, 폭력을 폭력으로 인식하지 못하고 이를 지속하는 데 기여하게 된다.

17 의무주의 윤리 규범

행위를 결과가 아닌 절대적인 도덕 규칙에 따라 판단하며 행위에 있어 선의지를 중요하게 생각한다. 선의지는 도덕적인 선수가 갖추어야 할 내적인 태도로, 도덕적인 선수는 선의지를 가지고 자신의 양심에 따라 행동해야 한다고 본다. 따라서 반칙에 대해 '옳지 않기 때문에 하지 않겠다'라고 생각하는 것은 의무주의 윤리 규범에 근거한 태도이다.

18 스포츠 불평등

- 인종차별
- 장애차별
- 성차별

19 탈리오 법칙(Lex Talionis)

피해자가 입은 피해와 동일한 손해를 가해자에게 가하는 보복의 법칙이다. 야구 경기에서 빈볼을 맞았을 때 빈볼을 던진 상대 팀에 빈볼을 던져 보복하는 것은 탈리오 법칙이 정확하게 적용된 상황이라 할 수 있다.

20 인종차별

인종 집단에 따라 행동 특성의 차이나 우열이 존재한다는 신념, 또는 이에 기반한 행위

제8과목 특수체육론

2급(전문·생활)+장애인+유소년+노인 스포츠지도사

01 특수체육(Adapted Physical Activity)
특수체육은 장애학생들이 일반체육의 활발한 활동 프로그램에 안전하고 성공적으로 참여할 수 있도록 장애학생들의 흥미와 능력을 고려하고, 장애한계에 적합하도록 계획된 발달활동과 게임, 스포츠, 무용 등의 다양한 프로그램을 말한다. 장애를 치료하기 위한 목적이 아니라 장애학생들의 사회성 발달, 흥미로운 활동 경험 등에 목적을 둔 다양한 신체활동이다.

02 지적 장애인을 위한 체육 활동 지도
- 지도는 구체적이어야 하며 가장 중요한 과제 단서를 강조해야 한다.
- 운동기술의 습득, 파지, 전이가 이루어지고 있는지 수시로 점검한다.
- 언어적 지도 및 단서는 짧고 간단해야 하며, 동작을 나타내는 단어를 강조해야 한다.
- 순차적 과제-시간의 순서 또는 간단한 것으로부터 복잡한 요소로 기술을 세분화해야 한다.
- 지적 장애인의 개인별 선호도와 선택권을 존중한다.
- 단서제공, 강화, 수정과 같은 행동관리 원칙을 적용하는 것이 중요하다.
- 학습 동기가 감소할 경우 활동내용에 변화를 준다.
- 익숙한 과제에서 새로운 과제로 접근한다.
- 장애 정도에 따라 규칙이나 기술을 변형한다.

03 역주류화 수업(Reverse Mainstreaming)
장애가 있는 학생을 위한 수업에 비장애 학생이 참여하는 수업 방식

04 정서·행동장애 학생의 특성을 고려한 체육 활동 지도 전략
- 주의를 분산하는 자극 최소화
- 활동 규칙을 정하고 안전교육 실시
- 환경 구조화, 예측 가능한 과제 제시

05 쇼다운(Showdown)
시각 장애인을 위한 종목으로 탁구대와 비슷한 테이블 위에서 소리가 나는 공을 배트로 쳐서 테이블 중앙에 설치된 센터스크린 밑을 통과해 상대의 골 포켓에 공을 넣는 경기

06 지체 장애인 운동 지도 시 주의사항
- 절단 장애인의 절주 부위를 마사지하여 예민함 감소
- 절단 장애인의 절주 부위 땀과 체액 분비물을 주기적으로 닦기
- 척수손상 장애인의 과도한 체온 상승 예방을 위해 휴식을 취하고 수분을 섭취

07 휠체어 스포츠
- 휠체어 농구 : 공을 잡고 휠체어를 2회 밀면 드리블을 해야 한다. 3회 이상 휠체어를 밀고 이동하면 바이얼레이션이다.
- 휠체어 컬링 : 모든 선수는 고정된 휠체어에서 스톤을 투구해야 하며 발이 얼음에 닿으면 안 된다.
- 휠체어 테니스 : 투 바운드는 허용되며, 두 번째 바운드는 코트의 바깥 부분도 무방하나 신체를 이용한 중심이동은 금지된다.

08 체력운동의 원리

- 다양성의 원리 : 운동이 몸에 적절한 자극으로 작용하고, 프로그램이 지루해지지 않도록 다양하고 새로운 트레이닝 프로그램을 개발해야 한다.
- 특수성(특이성)의 원리 : 운동의 효과는 운동 중 사용한 특정 근육 및 부위에만 적용되므로, 운동을 하고자 하는 목적에 알맞게 해야 한다.
- 전면성의 원리 : 다양한 체력 요소가 골고루 발전되도록 운동해야 한다.
- 가역성의 원리 : 운동으로 인해 초래된 인체의 변화는 훈련을 중지하면 운동 전의 상태로 돌아간다.

09 특수체육 평가도구

- PDMS-2 : 0~72개월 아동의 대상으로 하며, 아동의 전반적인 운동 발달을 대운동과 소운동을 나누어 평가한다.
- BOT-2 : 만 4~21세를 대상으로 하며, 8영역(소근육의 정밀함, 소근육의 통합, 정교함, 양측 협응, 균형, 달리기 속도와 민첩성, 상지 협응, 근력)으로 나누어 검사한다.
- PAPS-D : 특수교육대상 학생의 장애 유형과 특성을 고려하여 건강체력을 평가하는 검사이다. 검사는 필수평가[심폐 지구력, 유연성, 근력·근지구력, 순발력, 신체구성(비만)]와 선택평가(비만평가, 자기신체평가, 자세평가)로 구분된다.

10 용암법(Fading)

어떤 행동이 다른 상황에서도 발생할 수 있도록 연속적인 시도를 통해 반응을 유도하는 어떤 식별 자극이나 촉구를 점진적으로 줄이는 기법

11 TGMD-3(Test of Gross Motor Development-3)

- 3~10세의 아동들 대상
- 규준지향검사와 준거지향검사 방식을 모두 적용
- 6가지 이동기술(달리기, 질주하기, 뛰어오르기, 한 발로 뛰기, 수직점프, 슬라이딩) 검사와 6가지 공 기술(정지한 공 치기, 드리블, 차기, 붙잡기, 던지기, 굴리기) 검사 포함
- 각 검사항목의 수행 준거를 정확하게 수행하면 1점, 정확하게 수행하지 못하면 0점 부여

12 뇌성마비(Cerebral Palsy)

- 미성숙한 뇌의 손상으로 운동기능에 이상이 생기는 질환으로 뇌손상은 영구적이지만 자라면서 진행되지는 않는다.
- 뇌의 손상 부위에 따른 운동능력의 제한 정도에 따라 경직성, 무정위운동성, 운동실조성으로 나눌 수 있으며 효율적인 움직임이 어려울 수 있다.

13 셰릴(C. Sherrill)의 특수체육 서비스 전달체계 진행 순서

계획 → 진단·사정 → 개별화교육계획 → 교수·상담·지도 → 평가

14 갤러핑(Galloping)

한 발을 앞이나 옆으로 디디며 다른 발을 빨리 끌어와 부딪히며 걷는 동작

15 청각 장애인 신체활동 지도 시 주의사항

구화나 수어 어느 하나만을 사용하는 것이 아니라, 청각 장애인의 의사소통 능력을 확인하여 자연스러운 입 모양과 표정을 이용한 구화와 수어를 적절히 사용해야 한다.

16 지적 장애인을 위한 체육 활동의 변형
- 지적 장애인의 특성을 정확히 파악
- 개별 학생에게 적절한 체육 프로그램 제공
- 지적 장애인은 발달 속도, 근지구력 활동 부족 등이 부족하여 근력이 약함
- 치기와 받기에서 더 부드럽고 가볍고, 느린 비치볼(Beach Ball)을 사용하며 활동에 필요한 규칙을 좀 더 단순화하는 것이 좋음

17 개별화교육프로그램(IEP) 목표 진술
조건(Condition), 기준(Criterion), 행동(Action)

18 패럴림픽
- 1948년 영국의 구트만 박사 주도로 상이군인 재활을 목적으로 척수 장애인 체육대회를 조직
- 1960년 이탈리아 로마에서 제1회 하계 패럴림픽대회 개최
- 하반신 마비를 의미하는 'Paraplegia'와 'Olympic'을 합성하여 만든 용어였으나 신체가 불편한 모든 장애인을 대상으로 범위가 확대됨
- 국제장애인올림픽위원회(IPC)가 주최하여 4년 주기로 개최되는 신체 장애인들의 국제 경기 대회

19 장애인을 위한 체육 활동 변형
- 참여를 촉진하는 방향으로 변형
- 최적의 수행능력을 발휘하도록 변형
- 장애로 인해서 제한이 발생하지 않도록 변형

20 시각 장애인의 지도전략
- 시범은 잔존시력 범위에서 보이면서 언어적 설명을 병행하는 것이 효과적
- 지도자는 지도할 때 시각 장애인에게 신체 접촉의 형태, 방법, 이유 등을 구체적으로 안내해야 함
- 전맹의 경우 스포츠 동작에 대한 이해도를 높이기 위해 관절이 굽어지는 인체 모형을 사용할 수 있음

제9과목 유아체육론

01 안정성 기술
굽히기, 늘리기, 비틀기, 돌기, 흔들기, 직립 균형, 거꾸로 균형, 구르기, 멈추기, 피하기

02 운동 기술의 일차원적 분류
- 움직임의 근육
- 움직임의 시간적 연속성
- 움직임의 환경
- 움직임의 기능

03 건강 및 수행 관련 체력 요소
- 평형성 : 신체의 자세를 유지하는 능력
- 유연성 : 신체를 부드럽게 움직일 수 있는 능력
- 민첩성 : 자극에 반응하여 속도·방향을 신속하게 전환하는 능력
- 협응성 : 각각의 운동 체계와 다양한 감각 양식을 효율적인 운동 패턴으로 통합하는 능력

04 원시반사(Primitive Reflex) 유형
- 모로반사(Moro Reflex) : 갑자기 건드리거나 큰 소리에 자극을 받은 아기가 팔과 다리를 벌리고 손가락을 폈다가 다시 몸 쪽으로 팔과 다리를 움츠리는 것
- 긴장성 미로반사(Tonic Labyrinthine Reflex) : 신체의 균형이 깨져 내이(內耳)의 세반고리관이 자극되었을 때, 몸 전체의 신전근의 긴장도가 증가하여 팔다리가 움츠러들거나 뻗어지는 것
- 비대칭목경직 반사(Asymmetrical Tonic Neck Reflex) : 신생아가 양쪽 팔다리를 오므리고 있을 때 머리를 한쪽으로 돌리면 같은 쪽의 팔다리의 긴장이 사라져 팔과 다리를 펴는 것

05 유아발달 프로그램의 기본 원리
- 연계성의 원리 : 운동발달, 인지발달, 사회성 및 정서발달의 상호작용을 통한 발달이 이루어지도록 프로그램을 연계적으로 구성해야 한다.
- 안전성의 원리 : 안전을 최우선으로 고려하여 프로그램을 구성해야 한다.
- 적합성의 원리 : 결정적 시기를 고려하여 적합한 운동을 프로그램에 구성해야 한다.
- 방향성의 원리 : 신체발달의 방향성을 고려하여 적절한 운동을 프로그램에 구성해야 한다.
- 특이성의 원리 : 유전과 환경요인에 따른 개인차를 고려하여 프로그램을 구성해야 한다.
- 다양성의 원리 : 전체적인 신체발달을 돕는 다양한 프로그램을 구성해야 한다.

06 심리사회발달단계
- 유아기(출생~1세) : 기본적 신뢰감 대 불신감
- 초기 아동기(1~3세) : 자율성 대 수치심·회의
- 학령 전기 또는 유희기(3~5세) : 주도성 대 죄의식(죄책감)
- 학령기(5~12세) : 근면성 대 열등감
- 청소년기(12~20세) : 자아정체감 대 정체감 혼란
- 성인 초기(20~24세) : 친밀감 대 고립감
- 성인기(24~65세) : 생산성 대 침체
- 노년기(65세 이후) : 자아통합 대 절망

07 하비거스트(R. Havighurst)의 발달과업 이론
- 영·유아기 : 사회적·물리적 실체 묘사를 위한 개념 습득
- 아동기 : 자신에 대한 건전한 태도 확립
- 청년기 : 행동을 이끄는 가치 체계 획득
- 장년기 : 가족 형성, 직장생활 시작, 시민으로서의 책임 인식
- 중년기 : 성인 시민으로서의 사회적 책임 성취, 중년기 신체적 변화 수용·적응
- 노년기 : 감소되는 체력·건강에의 적응, 동년배 집단과 긴밀한 관계 형성

08 공 치기(Ball Striking) 동작의 시작 단계
- 동작은 등 뒤에서 앞으로 치는 형태를 보임
- 발은 움직임 없이 고정되어 있고, 몸통은 공이 오는 방향을 향하며, 회전이 없음
- 모든 치기 동작은 팔꿈치가 굽혀진 상태에서 이루어짐

09 정보부호화 단계
- 태아기를 거쳐 생후 약 4개월까지 관찰될 수 있는 불수의적 움직임의 특징을 보임
- 뇌 중추는 다양한 강도와 지속시간을 가진 여러 자극에 대해 불수의적 반응을 유발할 수 있음
- 뇌하부 중추는 운동 피질보다 더 많이 발달하며 태아와 신생아의 움직임을 제어하는 데 필수

10 PDMS-2 검사
- 0~72개월 아동의 운동 능력을 평가하고 측정하는 검사도구
- 0~72개월의 영유아 시기에는 반사 작용의 발생 여부로 신체 기능·발달 이상을 진단할 수 있기 때문에 평가영역에 '반사'가 포함되어 있음

11 스테이션 교수(Station Teaching)
- 교사 한 명이 둘 이상의 과제가 동시에 진행되도록 스테이션(학습 환경)을 설계하여 지도하는 수업 방법
- 기구가 부족한 상황에서 적용할 수 있고, 학습자가 자신의 수업 내용을 능동적으로 선택할 수 있음

12 유아체육 프로그램의 기본 원리
- 적합성의 원리
  - 발달지향적이고 적절한 신체 활동을 고려하여 구성
  - 발달 상태와 신체 활동에 대한 경험, 기술, 수준, 체력, 연령 등을 고려
- 특이성의 원리
  - 유아의 유전과 환경 요인을 고려한 개인차 반영
  - 유아의 자발성이나 창의성 고려
- 안전성의 원리
  - 자신의 능력을 과대평가하는 아동의 성향을 고려한 운동 환경 마련
  - 우발적 사고에 대한 부모나 지도자의 올바른 인식이 중요
- 연계성의 원리
  - 신체적, 사회적, 정서적 발달을 함께 고려
  - 발육발달과 운동기술발달의 수준을 동시에 고려
  - 쉬운 과제에서 어려운 과제의 순서로 구성

13 얼릭(D. Ulrich)의 대근운동발달의 시기와 단계

- 1단계(신생아기) : 반사와 반응
- 2단계(학령 전 및 초등 저학년기) : 기본 대근운동 기술과 양식
- 3단계(초등 3~4학년 시기) : 리드-업(Lead-up) 게임과 기술
- 4단계(초등 고학년에서 청소년 시기) : 여가 활동, 스포츠 및 댄스 기술

14 유소년 스포츠지도사의 정의(「국민체육진흥법」 시행령 제2조 제9호)

'유소년 스포츠지도사'란 유소년의 행동양식, 신체발달 등에 대한 지식을 갖추고 법령상의 자격 종목에 대하여 유소년을 대상으로 체육을 지도하는 사람을 말한다.

15 유아 주도적 교수 방법

- 탐색적 방법 : 시범이나 언어적 설명 없이 유아가 자신에게 적합하다고 생각하는 활동 과제를 수행하는 방법으로 학습의 결과보다 과정에 중점을 두는 방법
- 안내-발견적 방법 : 유아에게 교사의 활동을 관찰할 기회를 주고 유아가 또래나 교사의 동작을 관찰함으로써 과제 수행의 방법을 이해하도록 하는 방법

16 조작 운동

던지기, 차기, 치기, 받기, 때리기, 튀기기, 되받아치기 등

17 이해중심 게임수업(Teaching Games For Understanding)

- '어떻게(기술)'를 가르치기 전에 '왜, 무엇(전술)'을 가르친다.
- 학생 중심의 학습 교육과정으로, 게임 상황과 유사한 환경에서 학습한다.
- 학습자 스스로 이해를 바탕으로 의미를 구성하며, 학생의 총체적 경험을 중요시한다.

18 유아기 걷기 동작의 단계

- 시작 단계 : 팔을 올리고 발바닥으로 터벅거리며, 기저면이 넓고 다리가 중심선에서 외전된다.
- 초보 단계 : 보폭이 길어지고 팔 흔들림이 적으며, 발뒤꿈치가 힐-토우(Heel Toe) 모양이다.
- 성숙 단계 : 발이 신체 중심선에서 움직이고 뚜렷한 힐-토우(Heel Toe) 모양이 나타난다.

19 피아제(J. Piaget)의 인지발달 4단계

- 감각운동기(0~2세) : 감각을 사용하여 주변을 탐색하고, 새로운 경험을 찾기 위한 신체활동을 한다(연습놀이).
- 전조작기(2~7세) : 지각 운동 시기로 사물과 사건의 관계를 인식하는 사고 능력의 진보가 이루어지지만 자기중심성이 강하여 다른 사람의 관점에서 사물을 이해할 수 없다.
- 구체적 조작기(7~11세) : 탈중심적 사고에 들어서고 사회지향적인 특징을 보이며, 구체적인 문제에 대한 논리적 사고가 가능하다(규칙이 있는 게임).
- 형식적 조작기(청소년~성인) : 가설적·연역적 사고가 가능하고, 논리적 사고에 의해서 문제를 해결한다.

20 반두라(A. Bandura)의 사회학습 이론

- 인간은 다른 사람의 행동을 관찰·모방하면서 발달한다.
- 아동은 주변 친구들의 운동기술을 관찰하여 자신의 운동 기술을 개발한다.

제10과목 노인체육론

2급(전문·생활)+장애인+유소년+노인 스포츠지도사

01 활동이론
- 일생에 걸쳐 일상 생활의 정신적, 신체적 활동을 지속하는 사람은 건강하고 행복하게 늙는다.
- 분리 이론과 대립되는 이론이다.
- 지속적인 활동이 성공적인 노화의 핵심이다.
- 노인의 사회활동 참여 정도가 높을수록 생활만족도가 높아진다.

02 근감소증(Sarcopenia)
- 노화와 관련한 대표적인 증상
- 유산소 능력, 골밀도, 인슐린 민감성 및 신진대사율 감소를 유발할 수 있음

03 생물학적 노화
모든 사람들이 보편적으로 겪는 생물학·심리·사회·점진적 변화이며, 노인의 속도와 기능의 저하 정도는 개인차가 존재한다. 또한 환경적 요인을 배제한 내재적인 요인에 의해 발생한다.

04 체중부하운동
뼈에 적당한 충격을 주어 골밀도를 높이고 근기능 강화에 도움이 되는 운동으로 걷기, 계단오르기, 줄넘기, 등산, 댄스, 테니스, 스케이팅 등이 있다.

05 노인의 운동 빈도
- 고령자는 운동 강도를 낮추고 운동 빈도를 늘리는 것이 효과적이다.
- 노인은 운동 빈도를 규칙적으로 하고 활동량은 적절하게 배분할 것을 권장한다.
- 운동 초기에는 근피로 회복, 뼈와 관절의 손상 방지를 위해 격일제 운동을 하고 이후에는 일주일에 4~5일 정도의 운동 자극이 효과적이다.
- 노인 질병 예방 운동프로그램에서는 운동 빈도를 주 3회 이상으로 정하고 있다.

06 만성질환 노인의 운동 효과
- 비만 노인의 체지방량이 감소하고 근육량은 유지되거나 증가된다.
- 골다공증 노인의 골밀도 감소가 개선되고 낙상과 골절이 예방된다.
- 당뇨 노인의 혈당량이 감소하고 인슐린 감수성이 향상한다.
- 퇴행성관절염 노인의 유연성이 향상되고 관절의 가동 범위가 증가된다.

07 뇌졸중 노인의 운동 시 고려사항
- 마비된 쪽과 건강한 쪽을 다 같이 운동한다(스트레칭).
- 상지는 어깨관절부터 팔꿈치, 손목, 손가락 순으로, 하지는 허벅지, 무릎, 발 순으로 운동한다.
- 아침·저녁 운동을 반복하는데, 힘들면 짧게 여러 번 반복한다.
- 운동 시에 낙상 위험 등이 있으면 보호자와 함께 한다.
- 우측 마비 노인의 경우, 언어지시보다 행동적 시범을 보인다.

08 관절염 노인의 운동 방법
- 운동 시 통증 완화가 중요하므로 운동 강도는 통증 정도를 고려한다.
- 통증으로 동작 제한이 되는 경우 통증 없는 범위 내에서 관절을 움직인다(류머티즘성 관절염).
- 사지를 동시에 사용하는 운동기구를 사용하며, 운동 전후 냉·온찜질을 실시한다.
- 저강도 걷기, 자전거 타기, 수중 운동, 밴드를 이용한 운동 등을 실시한다.

09 노화의 이론
- 사용마모 이론 : 인체가 마치 기계처럼 사용에 따라 점차 마모되어 노화가 진행된다.
- 면역반응 이론 : 항체의 이물질에 대한 식별 능력이 저하되어 이물질이 체내에 있으면서 부작용을 일으켜 노화 촉진, 즉 면역 기능이 저하되어 노화가 발생한다.
- 교차결합 이론 : 결합조직의 커다란 분자에 교차결합이 일어나면서 노화가 발생한다.

10 텔로미어
유전인자 텔로미어는 염색체 말단의 보호 구조에 해당하는 것으로, 세포 분열 시 유전 정보를 대신하여 사라지는 보호막 역할을 수행한다. 텔로미어의 길이가 일정 수준 이하로 짧아지면 세포는 분열을 멈추는 세포 노화 상태로 접어들게 된다.

11 노인 준비운동의 효과
- 심장 혈류량 증가
- 협응력 향상
- 관절가동범위 증가
- 신체반응시간 단축

12 노인 운동 지도 시 손상 방지 및 응급상황에 관한 안전관리 예방지침
- 운동 중에 적정한 실내 온도가 유지되는지 확인
- 운동 시작 전에 모든 참여자에게 사전 검사를 하여 현재 상태 파악
- 실외 운동 시작 전에 모든 참여자에게 선글라스와 모자 등을 착용하도록 안내
- 운동 중 가슴 통증, 불규칙한 심박수, 호흡곤란, 현기증 등이 나타나면 곧바로 운동을 중단하고 병원으로 이동

13 전 생애적 발달(Life-span Development)
발테스는 성공적인 노화를 비롯한 인간의 전 생애 발달이 3가지 전략과 관련된 과정이라고 설명하였다. 성공적 노화는 노화에 따른 손실이 있더라도 개인의 능력에 적합한 활동을 선택하고 최적화하며 손실한 것을 보상함으로써 성공적 노화에 이를 수 있다는 것이다.

14 청각적 문제가 있는 경우 운동 안전관리 지침
- 운동 장소는 소음이 적은 조용한 곳을 선정한다.
- 운동 지도 시 잘 들리는 귀 쪽으로 가서 설명한다.
- 운동 지도 시 입술 모양이나 표정을 활용해 지도한다.
- 복잡한 운동 방법이나 기술을 설명할 때는 시범이나 사진과 같은 보조물을 활용한다.

15 노인의 평형성 운동
- 일상 활동 시 균형을 잡는 운동이다(뒤로 걷기, 옆으로 걷기, 발끝으로 걷기, 앉았다 일어서기 등).

- 주 2~3회, 하루에 20~30분 이상 운동을 수행한다.
- 평형성 운동을 통해 균형 감각을 길러 낙상을 예방하거나 줄일 수 있다.

16 노인의 저항성 운동 효과
- 근육량 증가
- 혈중지질 감소
- 인슐린 감수성 증가
- 젖산에 대한 내성 증가

17 노인 운동 참여의 사회적 효과
- 사회적 통합 증진의 역할
- 새로운 친구 맺기
- 사회문화적 네트워크 확장
- 역할 유지 및 새로운 역할 습득
- 세대 간 연결 기회 제공과 교류 확대
- 원만한 인간관계 유지

18 노인 운동의 목표 설정
- 측정 여부 : 측정 가능한 목표의 설정(장·단기 목표 구분)
- 구체적 : 운동 시간·강도에 근거를 둔 구체적인 설정
- 현실적 : 성취 가능하고 무리 없는 목표 설정
- 행동적 : 행동 지향적 목표로 직접 통제할 수 있음

19 노인 운동 시 주의 사항
- 평형성 운동 시 모든 균형의 이동은 천천히, 신중하게 수행할 수 있도록 한다.
- 유산소 운동 시 과부하를 증가하기 전에 최소 2주의 적응 기간을 준다.
- 유연성 운동 시 정적 스트레칭은 천천히 부드럽게 신장되는 느낌이 들도록 실시하며, 통증을 유발하지 않은 범위까지만 한다.
- 저항성 운동 시 부하를 사용하는 경우가 있기 때문에 운동 중의 노인들은 세심하게 감독하고 관찰한다.

20 노인스포츠지도사의 마음가짐
- 노인들과 사교적 관계를 조성하여 우호적인 운동환경을 유지하되, 노인들을 존중하는 태도와 언어 사용은 필수적이므로 반말 등은 피하는 것이 좋다.
- 과제 해결을 위한 문제 의식과 사명감을 가지고 임해야 한다.
- 노인 운동 참여자의 운동 몰입 및 지속을 이끌어내는 마음가짐이 필요하다.
- 기능 제한이 있는 노인에게는 처한 상황을 극복할 수 있게 조력자가 되어야 한다.

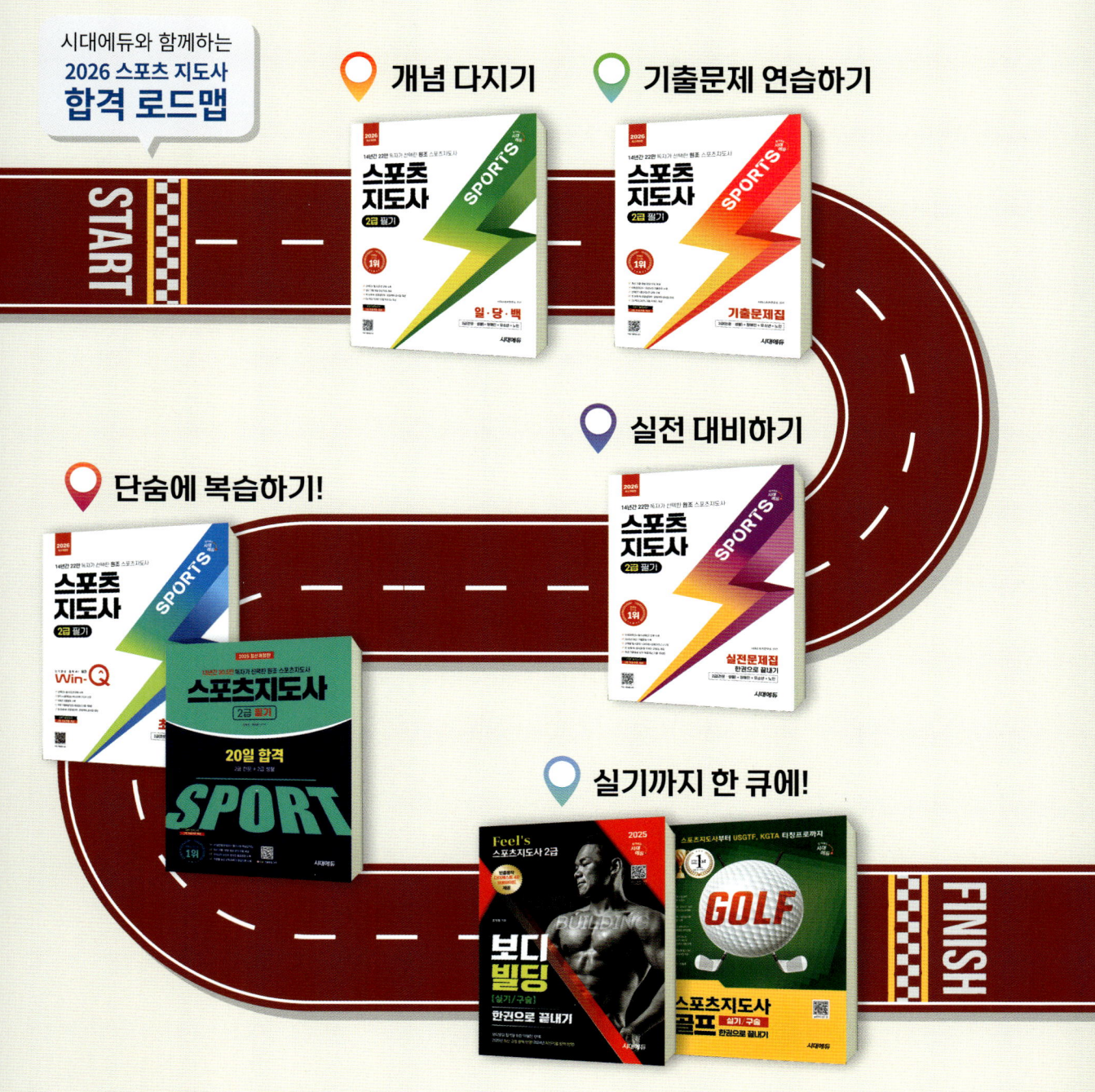

좀 더 빠른 합격을 원한다면,
Win-Q! 초단기 합격

과목·파트별 핵심만 담아 학습 시간을 단축할 수 있습니다.

CHAPTER 02

PART 01 핵심이론+핵심예제

스포츠교육학

제1절 | 스포츠교육의 배경

핵심이론 01 스포츠교육의 주요 개념

① 스포츠교육학의 개념
  ㉠ 스포츠를 통해 삶의 의미를 추구하는 신체 활동을 모두 포괄한다.
  ㉡ 다양한 스포츠 활동의 참여 과정 내에서 일어나는 여러 교육적 현상을 분석·기술하는 과학적 학문이다.
  ㉢ 학교체육, 생활체육, 전문체육을 모두 포괄한다.
  ㉣ 체육교과과정, 체육수업, 체육교사 교육 등을 연구영역으로 한다.
  ㉤ 교육적 관점에서 모든 연령층의 신체 활동을 다룬다.

② 스포츠교육의 지향점
  ㉠ 활동 목표와 내용, 방법의 통합화와 다양화를 추진한다.
  ㉡ 훈련 과정에서 학습자의 개인적 특성과 현재 수준을 종합적으로 고려하여 지도해야 한다.
  ㉢ 유아, 청소년, 성인, 노인, 장애인 등 다양한 학습자를 대상으로 한다.
  ㉣ 학교체육-생활체육-전문체육을 연계적으로 발전시키고자 한다.

③ 스포츠교육 이론의 변천
  ㉠ 진보주의 교육이론 : '체조 중심의 체육'에서 '신체를 통한 교육'으로 전환되는 철학적 근거를 마련해 주었으며, 신체육의 철학적 근거를 마련하여 신체를 통한 교육으로서의 체육을 강조하였다. 루소와 존 듀이 사상의 영향으로 놀이, 게임, 레크리에이션의 의미가 부각되었다.
  ㉡ 체력 중심의 교육 : 스포츠교육의 발전 과정에서 체조 중심의 체육으로 건강 중심적, 이상적인 남성상, 아마추어리즘과 페어플레이 정신이 강조되었다.
  ㉢ 신체의 교육 : 20세기 초까지의 스포츠교육은 당시 학교교육의 이론적 기반이었던 '신체의 교육'에 바탕을 두고, 신체의 발달과 건강을 위한 '신체 기능 교육'을 위한 교과로서 편성되었다.
  ㉣ 움직임 교육 : 1950년대 이후, 교육 체조, 교육 무용, 교육 게임으로 구분되며, 탐색과 발견을 교육 방법으로 활용하였다.

핵심예제

스포츠교육이 지향하고 있는 내용으로 옳지 않은 것은? [2019]
① 활동 목표와 내용, 방법에 있어 통합화와 다양화를 추진하고 있다.
② 훈련 과정에서 지도자 자신의 직관에만 근거하여 지도한다.
③ 유아, 청소년, 성인, 노인, 장애인 등 다양한 학습자를 대상으로 한다.
④ 학교체육-생활체육-전문체육을 연계적으로 발전시키고자 한다.

|해설|
훈련 과정에서 지도자 자신의 직관에만 근거하여 지도해서는 안 되며, 학습자의 개인적 특성, 수준 등을 고려하여 체계적이고 과학적인 방법을 적용하여 지도해야 한다.

정답 ②

스포츠지도사 2급 필기 초단기 합격, Win-Q!

▸ 시험에 자주 나오는 이론 312개를 뽑아 확인 예제와 함께 구성하였습니다.
▸ 5개년(2021~2025년) 기출문제를 수록해 312개의 이론을 체계적으로 연습 및 점검할 수 있습니다.
▸ 공부할 때, 시험 직전에 일당백의 역할을 하는 운동생리학·운동역학 공식집도 수록하였습니다.

> 학습한 내용을 바로 복습·점검할 수 있도록 핵심예제를 핵심이론 바로 옆에 배치하였습니다.

핵심이론 19 스포츠와 계층이동

① 스포츠 계층이동의 유형
  ㉠ 수직이동과 수평이동

수직이동	상승이동	지위의 변화가 발생할 때, 높은 위치로 이동하는 경우(운동 선수가 코치가 되는 경우, 후보선수로 있다가 주전선수가 되는 경우)
	하강이동	지위의 변화가 발생할 때, 낮은 위치로 이동하는 경우(주전선수가 실수를 연발하여 후보선수가 되는 경우)
수평이동		지위의 변화 없는 경우의 계층이동(A팀의 주전선수로 있다가 비슷한 수준에 있는 B팀으로 동일한 대우를 받고 이동하는 경우)

  ㉡ 세대 간 이동과 세대 내 이동

세대 간 이동	둘 이상의 세대를 거쳐 이루어지는 계층이동
세대 내 이동	개인의 생애 내에서 발생하는 계층이동

  ㉢ 개인이동과 집단이동

개인이동	개인의 능력과 노력에 기인하여 개인의 이동이 발생하는 경우의 계층이동
집단이동	어떠한 계기를 통해 팀 전체나 집단의 이동이 발생하는 경우의 계층이동

② 로이(J. Loy)와 레오나르드(G. Leonard)가 제시한 사회이동 기제로서 스포츠의 역할
  ㉠ 긍정적 역할
  • 스포츠 참가가 사회적 상승이동을 촉진하는 매개체 역할을 한다.
  • 프로스포츠와 같은 전문 직종에 입문할 수 있는 신체적 기량 및 능력이 발달한다.
  • 프로스포츠 선수들은 다양한 형태의 후원 및 광고 출연의 기회가 있다.
  • 조직적인 스포츠 참가는 직·간접적으로 교육적 성취도를 향상시킨다.
  • 사회생활을 하는 데에 가치가 있다고 여겨지는 태도 및 행동양식을 학습시킨다.
  ㉡ 부정적 역할
  • 불평등한 사회현실을 은폐하기 위해 스포츠를 이용한다.
  • 누구나 노력하면 [이데올로기를] 대중에[게 주입시킬] 수 있다는 일종의 성공[신화를 고취시킨다.]

핵심예제

19-1. 〈보기〉의 스포츠 계층 이동 유형의 사례에 관한 설명으로 옳은 것을 모두 고른 것은? [2025]

| 보기 |
㉠ 프로야구 선수가 대회에서 [뛰어난] 모습을 보여 2군으로 강등된 것은 수직이동[의 사례이다.]
㉡ [올림픽에서 메달을 딴] 운동선수의 지위가 전반[적으로 상승한 것]은 집단이동의 사례이다.
㉢ 1980년대 프로스포츠에서 일용직 노동자였던 부모님에 비해 높은 수입과 높은 명성을 얻게 된 것은 세대 내 이동의 사례이다.
㉣ 고등학교 배구 선수가 전학 간 후에도 같은 포지션으로 활동한 것은 수평이동의 사례이다.

① ㉠, ㉡
② ㉢, ㉣
③ ㉠, ㉡, ㉣
④ ㉡, ㉢, ㉣

19-2. 스포츠에서 나타나는 사회계층 이동에 대한 설명으로 옳지 않은 것은? [2024]
① 스포츠는 계층 이동을 위한 수단으로 활용된다.
② 사회계층의 이동은 사회적 상황과 개인적 상황을 반영한다.
③ 사회 지위나 보상 체계에 차이가 뚜렷하게 발생하는 계층 이동은 '수직 이동'이다.
④ 사회계층의 이동 유형은 이동 방향에 따라 '세대 내 이동', '세대 간 이동'으로 구분한다.

|해설|
19-1
㉢은 세대 간 이동의 사례이다.
19-2
세대 간·세대 내 이동은 시간적 거리에 따라 구분한 것이다. 한편, 사회계층을 이동 방향에 따라 구분하면 수직 이동과 수평 이동으로 구분할 수 있다.

정답 19-1 ③ 19-2 ④

CHAPTER 01 스포츠사회학 ■ 31

❖ 도서의 이미지 및 구성은 변경될 수 있습니다.

나는 이렇게 합격했다

자격명: 위험물산업기사
구분: 합격수기
작성자: 배*상

나는 할 수 있다

69년생 50중반 직장인 입니다. 요즘 자격증을 2개 정도는 가지고 입사하는 젊은친구들에게 일을 시키고 지시하는 역할이지만 정작 제자신에게 부족한점이 많다는것을 느꼈기 때문에 자격증을 따야겠다고 결심했습니다. 처음 시작할때는 과연되겠냐? 하는 의문과 걱정이 한가득이었지만 시대에듀 인강을 우연히 접하게 되었고 잘 차려진 밥상과 같은 커리큘럼은 뒤늦게 시작한 늦깍이 수험생이었던 저를 합격의 길로 인도해주었습니다. 직장생활을 하면서 취득했기에 더욱 기뻤습니다.

합격은 시대에듀

감사합니다! ♥

당신의 합격 스토리를 들려주세요.
추첨을 통해 선물을 드립니다.

QR코드 스캔하고 ▷▷▶
이벤트 참여해 푸짐한 경품받자!

베스트 리뷰	상/하반기 추천 리뷰	인터뷰 참여
갤럭시탭/ 버즈 2	상품권/ 스벅커피	백화점 상품권

합격의 공식